HANDBUCH

D1721498

IP-/IT-Mediation

von

Dr. Michael Groß

Rechtsanwalt und Mediator in München

3., neu bearbeitete und erweiterte Auflage 2018

Fachmedien Recht und Wirtschaft | dfv Mediengruppe | Frankfurt am Main

Bibliografische Information der Deutschen Nationalbibliothek

Die Deutsche Nationalbibliothek verzeichnet diese Publikation in der Deutschen Nationalbibliografie; detaillierte bibliografische Daten sind im Internet über http://dnb.de abrufbar.

ISBN 978-3-8005-0002-4

dfv Mediengruppe

Satzkonvertierung: Lichtsatz Michael Glaese GmbH, 69502 Hemsbach

Druck und Verarbeitung: WIRmachenDRUCK GmbH, 71522 Backnang

Vorwort

In immer mehr europäischen Unternehmen gibt es Vorstandsbeschlüsse, wonach bei IPR-Streitigkeiten

- als bevorzugte Variante, und zwar vor (!) Schiedsverfahren und staatlichen Gerichtsverfahren die Mediation zur Streitschlichtung verwandt wird und
- von diesen Firmen nur noch Kanzleien mandatiert werden, die in der Lage sind, in allen Arten der Streitschlichtung (z.B. Verhandeln, staatliche Gerichtsverfahren, Schiedsverfahren, Mediation) beraten zu können.

Diese Tendenz hat sich in den letzten fünf Jahren weiter verstärkt. Aussagen u.a. von Unternehmensjuristen und die eigenen Erfahrungen des Verfassers als Schiedsrichter, Schiedsgutachter und Mediator seit 1993 zeigen, dass gerade bei der Industrie ein wachsender Bedarf für schnelle und preiswerte Streitvermeidungs- und Streitlösungsmechanismen besteht. Ein effizientes Risiko- und Konfliktmanagement wird umso dringlicher, als angesichts immer komplexerer Produkte, kürzerer Produktlaufzeiten und gleichzeitiger Internationalisierung der Geschäftsbeziehungen nicht nur bei der Produktentwicklung und -vermarktung, sondern auch bei Streitigkeiten Kosten und Zeit eine noch wesentlichere Rolle spielen, als dies früher der Fall war. Bei sinkenden Margen und kürzeren Produktzyklen müssen auch die Streitigkeiten möglichst zeitnah und kostengünstig beigelegt werden. Aufgrund der genannten Faktoren ist jedoch das Gegenteil die Regel.

Die zeitnahe Streitbeilegung steht dabei absolut im Vordergrund. Der Zeitfaktor wird im Hinblick auf neue Technologien noch entscheidender werden. Als Beispiele, denen auch die EU-Kommission einen sehr hohen Stellenwert einräumt, seien nur der ab 2020 geltende neue Mobilfunkstandard 5G und IoT (Internet of Things) genannt.[1]

Sehr herzlich danke ich auch

- Frau *Marianne Bösl*, Rechtsanwältin/Mediatorin, Weßling,
- Herrn Prof. *Dr. Reinhard Greger*, Professor an der Friedrich-Alexander-Universität Erlangen-Nürnberg i.R., Richter am Bundesgerichtshof a.D.,

---

1 Diese Thematik, die von der EU-Kommission in einer Stellungnahme vom 29.11.2017 behandelt wird, ist Gegenstand des neuen ausführlichen Teils D.

- Frau *Tina Marschall*, Rechtsanwältin/Mediatorin, Leitung Recht, Patente & Lizenzen, Medigate GmbH der Universitätsklinik Hamburg-Eppendorf,
- Frau *Judith Schallnau*, Rechtsanwältin/Mediatorin, WIPO Schiedsgerichts- und Mediationszentrum, Genf, Schweiz, und
- Herrn *Volker Schlehe*, Rechtsanwalt/Mediator, München,

für ihre Gastbeiträge.

Der Autor beabsichtigt mit diesem Werk die folgenden Ziele:

- Am Beispiel der Mediation im IP-/IT-Recht soll gezeigt werden, dass alle Firmen sich mehr als bisher bewusst werden, dass – falls noch nicht geschehen – ein effizientes Risiko- und Konfliktmanagement im Unternehmen einzuführen ist;
- dass die Mediation ein (!) geeignetes Mittel ist, IP- und IT-Streitigkeiten schnell und kosteneffizient beizulegen.

Für Anregungen und den Austausch von Erfahrungen bin ich sehr dankbar.

München, Juni 2018 *Dr. Michael Groß*
Rechtsanwalt, Mediator

Inhaltsverzeichnis

Anhang

Abkürzungsverzeichnis

a. A.	anderer Ansicht
ABl.	Amtsblatt der Europäischen Gemeinschaft
Abs.	Absatz
Abschn.	Abschnitt
a. F.	alte Fassung
AIPPI	Association International de Protection de Propiété Intellectuelle
Alt.	Alternative
a. M.	anderer Meinung
Amtsbl. EPA	Amtsblatt des Europäischen Patentamts
Anh.	Anhang
Anm.	Anmerkung
ArbNErf/ArbEG	Gesetz über Arbeitnehmererfindungen (BGBl. I 1956, 756)
ArbGG	Arbeitsgerichtsgesetz
Art.	Artikel
Aufl.	Auflage
Az.	Aktenzeichen
Bay. JAPO	Bayerische Juristen-Ausbildungs- und Prüfungsordnung
BB	Betriebs-Berater
Bd.	Band
BE	Begründungserwägung(en)
Beschl.	Beschluss
betr.	betreffend
BetriebsVG	Betriebsverfassungsgesetz
BGB	Bürgerliches Gesetzbuch
BGBl.	Bundesgesetzblatt
BGH	Bundesgerichtshof
BGHZ	Entscheidungen des Bundesgerichtshofs in Zivilsachen
BKartA	Bundeskartellamt
Bl.	Blatt für Patent-, Muster- und Zeichenwesen
BMJV	Bundesministerium der Justiz und für Verbraucherschutz
BNotO	Bundesnotarordnung
BPatG	Bundespatentgericht
BRAO	Bundesrechtsanwaltsordnung
BR-Drucks.	Bundesratsdrucksache
BT-Drucks.	Bundestagsdrucksache
BVerfG	Bundesverfassungsgericht
BVerfGE	Entscheidungen des Bundesverfassungsgerichts
bzw.	beziehungsweise
CEDR	Centre for Effective Dispute Resolution
CR	Computer und Recht
CRi	Computer und Recht international

dgl.	dergleichen
DGRI	Deutsche Gesellschaft für Recht und Informatik
DIS	Deutsche Institution für Schiedsgerichtsbarkeit
d. h.	das heißt
DriG	Deutsches Richtergesetz
Drucks.	Drucksache
DVO	Durchführungsverordnung
EG	Europäische Gemeinschaft
EGV	EG-Vertrag
EGZPO	Einführungsgesetz zur Zivilprozessordnung
endg.	endgültig
EPA	Europäisches Patentamt
EPA ABl.	Europäisches Patentamt, Amtsblatt
EPGÜ	Übereinkommen über ein Einheitliches Patentgericht
EPÜ	Europäisches Patentübereinkommen
EuG	Europäischer Gerichtshof 1. Instanz
EuGH	Europäischer Gerichtshof
EuGVVO	Verordnung (EG) Nr. 44/2001 des Rates über die gerichtliche Zuständigkeit und die Anerkennung und Vollstreckung von Entscheidungen
EUR	Euro
EuR	Europarecht
EuGVÜ	Europäische Gemeinschaft – Übereinkommen über die gerichtliche Zuständigkeit und die Vollstreckung gerichtlicher Entscheidungen in Zivil- und Handelssachen
EV (zu WuW/E)	Europäische Verträge
evtl.	eventuell
EWG, EG	Europäische Wirtschaftsgemeinschaft, Europäische Gemeinschaft
FamG	Gesetz über das Verfahren in Familiensachen und in den Angelegenheiten der freiwilligen Gerichtsbarkeit
f.	folgende
ff.	fortfolgende
FGG	Gesetz über die Angelegenheiten der freiwilligen Gerichtsbarkeit
Fn.	Fußnote
FS	Festschrift
GebrMG, GbmG	Gebrauchsmustergesetz (BGBl. I 1968 S. 24)
gem.	gemäß
GG	Grundgesetz
ggf.	gegebenenfalls
GPÜ	Gemeinschaftspatentübereinkommen (BGBl. II 1979 S. 833)
GRUR	Gewerblicher Rechtsschutz und Urheberrecht
GRUR Int.	Gewerblicher Rechtsschutz und Urheberrecht, Auslands- und internationaler Teil

GRUR-RR	Gewerblicher Rechtsschutz und Urheberrecht, Rechtsprechungs-Report vereinigt mit NJWE-WettbR
GVG	Gerichtsverfassungsgesetz (BGBl. I 1975 S. 1077)
GVO	Gruppenfreistellungsverordnung
GVO TT	Gruppenfreistellungsverordnung für Technologietransfervereinbarungen
GWB	Gesetz gegen Wettbewerbsbeschränkungen (BGBl. I 1980, 1761)
HGB	Handelsgesetzbuch
h. L.	herrschende Lehre
h. M.	herrschende Meinung
HS	Halbsatz
ICC	International Chamber of Commerce
i. d. F.	in der Fassung
IDR	Journal of International Dispute Resolution
i. d. S.	in diesem Sinne
i. e. S.	in engerem Sinne
i. S. d.	im Sinne des
IHK	Industrie- und Handelskammer
IIC	International Review of Industrial Property and Copyright
InsO	Insolvenzordnung
intern.	international
IoT	Internet of Things
IPR	Internationales Privatrecht
IPRG	Gesetz zur Neuregelung des Internationalen Privatrechts (BGBl. I 1142)
IPRspr.	die deutsche Rechtsprechung auf dem Gebiet des internationalen Privatrechts
i. V. m.	in Verbindung mit
Kap.	Kapitel
KG	Kammergericht
KOM	Kommission der EG
KostO	Kostenordnung
les Nouvelles	les Nouvelles, Journal of the Licensing Executives Society
LG	Landgericht
li. Sp.	linke Spalte
LL	Leitlinien
LL GVO TT	s. LL und GVO TT
LL HZ	Leitlinien über horizontale Vereinbarungen
m. w. N.	mit weiteren Nachweisen
NJW	Neue Juristische Wochenschrift
Nr.	Nummer
OLG	Oberlandesgericht
PatBl.	Patentblatt
PatG	Patentgesetz (BGBl. I 1981 S. 1)

PMZ, Bl. f.	Blatt für Patent-, Muster- und Zeichenwesen
PVÜ	Pariser Verbandsübereinkunft zum Schutz des gewerblichen Eigentums
Rn.	Randnummer
RBerG	Rechtsberatungsgesetz
RDG	Rechtsdienstleistungsgesetz
re. Sp.	rechte Spalte
Rs.	Rechtssache
RVG	Rechtsanwaltsvergütungsgesetz
s.	siehe
S.	Seite/Satz
SchiedsVfG	Schiedsverfahrensneuregelungsgesetz
SchiedsVZ	Zeitschrift für Schiedsverfahren
SEPs	Standard Essential Patents
SGB	Sozialgesetzbuch
Slg.	Sammlung
sog.	sogenannte
TKG	Telekommunikationsgesetz
Tz.	Textziffer
u. Ä.	und Ähnliches
UPC	Unified Patent Court
UrhG	Urheberrechtsgesetz (BGBl. I S. 1273)
usw.	und so weiter
u. U.	unter Umständen
UWG	Gesetz gegen den unlauteren Wettbewerb
v.	versus
v. g.	vorgenannt
vgl.	vergleiche
VO	Verordnung
VPP-Rundbrief	Deutscher Verband der Patentingenieure und Patentassessoren e. V. – Rundbrief
VSBG	Verbraucherstreitbeilegungsgesetz
WIPO	World Intellectual Property Organization
WIPO AMC	World Intellectual Property Organization Arbitration and Mediation Center
WRP	Wettbewerb in Recht und Praxis
WuW	Wirtschaft und Wettbewerb
z. B.	zum Beispiel
Zeitschr.	Zeitschrift
Ziff.	Ziffer
ZKM	Zeitschrift für Konflikt-Management
ZMediatAusbV	Zertifizierte-Mediatoren-Ausbildungsverordnung
ZPO	Zivilprozessordnung
ZUM	Zeitschrift für Urheber- und Medienrecht
zz.	zurzeit

Teil A
Einleitung

Im politischen Umfeld gab es immer schon Versuche, sich mit Hilfe Drit- **1**
ter zu einigen:

„Jimmy Carters Mediation in Camp David" ist der Titel einer sehr lesenswerten Seminararbeit, die *Patrick Horvath* im Wintersemester
1999/2000 an der Universität Wien verfasst hat.[1] Der damalige amerika-
nische Präsident Jimmy Carter, der sich selbst als „mediator and active
negotiator" bezeichnete, lud den israelischen Ministerpräsidenten Begin
und den ägyptischen Präsidenten Sadat zu Friedensverhandlungen zwischen diesen beiden Staaten nach Camp David, USA, ein. Carter hielt
Camp David, den Wochenendsitz des amerikanischen Präsidenten, für
die Gespräche deshalb für geeignet, um „an atmosphere of both isolation and intimacy, conductive to easing tensions and encouraging infor-
mality" zu schaffen. Die Gespräche mündeten in zwei Abkommen vom
17.9.1978, die wiederum im Friedensvertrag vom 26.3.1979 umgesetzt
wurden.

In Deutschland ist die Mediation seit ca. 1990 bekannt. Das Familien- **2**
recht bildet nach wie vor den Schwerpunkt der Mediationsverfahren. In
den letzten fünfzehn Jahren haben sich nach und nach die Fallzahlen erhöht. Dies gilt aber auch für andere Bereiche, z. B. für das Baurecht, das
Erbrecht, Nachbarstreitigkeiten, das Gesellschaftsrecht und zunehmend
auch für den Gewerblichen Rechtsschutz sowie das Urheberrecht.

Inzwischen gibt es ca. 7.500 Mediatoren, von denen etwa die Hälfte in **3**
Verbänden organisiert ist. Wirtschaftsmediatoren arbeiten für ca. EUR
150,– bis ca. EUR 400,– je Stunde. Dies entspricht einem Tagessatz von
durchschnittlich ca. EUR 2.000,– und mehr.

Auch die gerichtsinterne und die gerichtsnahe Mediation, bei der die **4**
sog. Richtermediatoren bei gerichtlichen Streitigkeiten in Modellprojek-
ten seit einigen Jahren in verschiedenen Bundesländern zum Einsatz kamen, fand immer mehr Zuspruch und führte wie die „gerichtsfreie" Mediation zu Vergleichsquoten von ca. 70–80% aller Fälle. Ab dem zweiten
Jahr nach Inkrafttreten des MediationsG (§ 9 Abs. 1 MediationsG) gibt
es statt der gerichtsinternen Mediation nur noch den Güterichter gemäß

---

1 http://members.surfeu.at/patrick.horvath/carter.htm.

§ 278 Abs. 5 ZPO, der „alle Methoden der Konfliktbeilegung einschließlich der Mediation" einsetzen kann.[2]

5   Auch bei den Firmen setzt sich immer mehr die Erkenntnis durch, dass
dem Konfliktmanagement die Zukunft gehört: Der Unternehmensjurist
bestimmt zur Streitvermeidung in Verträgen oder bei entstandenen Streitigkeiten aus der gesamten Palette der Möglichkeiten (z.B.: Verhandeln,
Verfahren vor einem staatlichen Gericht oder einem Schiedsgericht,
(Co-)Mediation, Schiedsgutachten, Dispute Boards, Adjudication,
Schlichtung, Mini Trial) nach bestimmten Entscheidungsrastern, ggf.
unter Beteiligung anderer Fachbereiche, des Managements oder des Vorstands bzw. der Geschäftsführung und/oder externer Berater, die im Einzelfall für sinnvoll gehaltene Variante zur Streitbeilegung und versucht,
diese in den Verträgen zu verankern bzw. bei entstandenen Streitigkeiten
diese dann zur Beilegung der Streitigkeiten einzusetzen. Diese Überlegungen und deren Umsetzung finden sich vermehrt in der Großindustrie,
wie z.B. bei Siemens[3] oder bei E.ON.[4] Ähnliche Bemühungen gibt es
z.B. bei Areva, Audi, Bayer, Bombardier, Deutsche Bahn, EnBW, Fraunhofer-Gesellschaft, LandesbankBaWü, O2, SAP, ZDF und Porsche.

6   Trotz all dieser Bemühungen ist es immer noch erforderlich, für die Mediation in den Firmen und auch bei den Anwälten zu werben. *Hammacher*[5] führt dies bei den Rechtsanwälten – dies gilt nach den Erfahrungen
des Verfassers auch für die Patentanwälte, die sich ebenfalls erst vorsich-
tig dem Thema Mediation widmen – auf folgende Gesichtspunkte bzw.
Vorbehalte zurück:

- Mediation ist noch zu wenig (bei den Anwälten) bekannt,
- von dem Anwalt wird eine kämpferische Haltung erwartet,
- der Anwalt wendet selbst mediative Elemente in seiner Praxis an,
- der Auftritt vor Gericht prägt noch immer das Image des Anwalts,
- das Vertrauen in ein Urteil oder einen gerichtlichen Vergleich ist hoch,
- der Anwalt hat kein Vertrauen in die Konfliktfähigkeit seines Mandanten,
- die Verhandlungsführung liegt bei dem Mediator,
- die Auswahl des Mediators ist schwierig,

---

2 S. a. Rn. 111.

3 *Hobeck/Mahnken/Koebke*, Schiedsgerichtsbarkeit im Internationalen Anlagenbau – Ein
   Auslaufmodell?, SchiedsVZ 2007, 225 ff.

4 *Klowait/Hill*, Corporate Pledge – Königsweg zur Implementierung von Mediation in der
   Wirtschaft?, SchiedsVZ 2007, 83 ff.

5 *Hammacher*, Rechtsanwälte: Widerstand gegen die Mediation abbauen, SchiedsVZ
   2008, 30 ff.

- Mediation kostet Zeit,
- die Einschaltung von Mediatoren kostet Geld,
- die Mediation „lohnt" sich nicht,
- Unsicherheit des Anwalts auf ungewohntem Terrain.

Paul Jacobs,[6] ein kanadischer Anwalt, beschreibt im Jahr 2007 seine Er- 7
fahrungen wie folgt:

„... Even ten or 15 years ago I had to check with the lawyers privately in advance of a mediation to find out if they had ever attended one before and to learn what they had explained to their clients about the process. This was not a step I took lightly because I did not want to insult, but at the same time it was more than apparent that many lawyers had never been to a mediation and really did not understand how it worked. Many were wary of embarking on a process that they were unfamiliar with. In those days, when I lectured on the topic, I told lawyers they could compare the process in some ways with sex. Before anyone tried it, they had heard lots about it, knew that they wanted to try it, but were a little bit intimidated and embarrassed before their first time. On the other hand, once they had experienced it, they were converts and wanted more of it. Today that might be a politically incorrect way of describing the situation, but it certainly opened eyes and made people listen in those days.

Mediation is now widely used in North America.

There are jurisdictions in which mediation is prescribed by statute, by rule of practice, by judicial direction, or by judicial order. Of course, there is voluntary mediation in any type of situation when the parties choose to access the process.

There are both mandatory and voluntary forms of mediation in litigation matters. The experience in my jurisdiction of Ontario, Canada is that mandatory mediations achieve a level of approximately 45 per cent success and voluntary mediations achieve settlement rates with over 80 per cent success ...".

Weiter gefördert wird die Mediation durch die bereits im Vorwort er- 8
wähnte EU-Mediationsrichtlinie, die im Jahr 2012 in deutsches Recht umgesetzt wurde.[7] Dieses neue Recht soll auch zur Vereinheitlichung

---

6 Mediation then and now, MEDIATION COMMITTEE NEWSLETTER July 2007, 14 ff.
7 ABl. L 136, 3 ff., BGBl. 2012, Teil 1, Nr. 35, 1577. Siehe zur Umsetzung der EU-Richtlinie in den Mitgliedstaaten *Friel/Toms/Rudnick*, The European Mediation Directive – Legal and Political Support for Alternative Dispute Resolution in Europe, Bloomberg Law Reports, 2011. S. a. *Prantl*, „Die Blumen des Guten", SZ, 2. 7. 2012, 4 und *ders.*, „Ein Recht für eine fortgeschrittene Zivilgesellschaft", SZ, 2.7.2012, 5.

der Ausbildung der Mediatoren und der Anwendung der Mediation führen. Man darf gespannt sein, inwieweit die Mediation in Deutschland neue Impulse durch das Mediationsgesetz erhält.

Am 19.7.2017 veröffentlichte die Bundesregierung den Bericht über die Auswirkungen des Mediationsgesetzes auf die Entwicklung der Mediation in Deutschland und über die Situation der Aus- und Forthildung der Mediatoren.[8] Der Evaluationsbericht ist ziemlich ernüchternd und im direkten Kontrast zu der im Folgenden beschriebenen Erfolgsgeschichte des MediationsZentrums der IHK für München und Oberbayern und insbesondere zu dem Fall „Stadt Starnberg/Deutsche Bahn AG": Die Zahl der durchgeführten Mediationen verharrt auf einem gleichbleibend niedrigen Niveau. In 2016 wurden ca. 7405 Mediationen in Deutschland durchgeführt. 12% der Fälle entfielen auf die Wirtschaftsmediation (B2B). Die Bundesregierung sieht jedoch keinen „unmittelbaren gesetzgeberischen Handlungsbedarf". Von einer Regelung der Mediationskostenhilfe und von Sonderregelungen zur Vollstreckbarkeit von Mediationsvereinbarungen rät der Bericht ab. Die Bundesregierung will aber überlegen, „wie das mit dem Mediationsgesetz verfolgte Ziel der Förderung von Mediation langfristig noch besser verwirklicht werden kann".[9]

Seit 1.1.2012 besteht in München aufgrund einer Vereinbarung der Gerichtspräsidenten, der Rechtsanwaltskammer München und der IHK für München und Oberbayern die Möglichkeit, nach der sich die Parteien während eines zivilrechtlichen Verfahrens noch auf eine Wirtschaftsmediation einigen können. Die Parteien können aus mehr als 200 qualifizierten Experten aus 70 verschiedenen Fachgebieten und 24 Berufsgruppen einen Mediator auswählen. Das MediationsZentrum der IHK München für München und Oberbayern hat inzwischen eine signifikante Stellung erlangt. Dies ergibt sich generell aus den Jahresberichten und nicht zuletzt aus einer Ende 2017 zwischen der Stadt Starnberg und der Deutschen Bahn AG beschlossenen und vom MediationsZentrum administrierten Mediation, die „von 2018 an eine Klage auf Schadensersatz zum 1987 geschlossenen Bahnvertrag verhindern". Der Streitwert be-

---

8 Evaluationsbericht 2, 5; s. a. die Webseite von *Greger*, www.reinhard-greger.de und www.schlichtungsforum.de, Kritische Stellungnahmen zur Evaluierung des Mediationsgesetzes mit weiteren Links.

9 Evaluationsbericht 3; siehe auch *Schlehe*, 5 Jahre MediationsG – Nutzung gerichtsnaher Mediation, ZKM 2/2017, 61 ff.

trägt anscheinend ca. 120 Millionen Euro.[10] „Die Stadt Starnberg hatte sich (damals) u. a. dazu verpflichtet, die Gleisanlagen am Bahnhof See oberirdisch zu verlegen. Im Gegenzug hätte sie freiwerdende Grundstücke zur Verwertung bekommen. Bei prognostizierten Kosten von rund 110 Millionen Euro hat der Stadtrat die Gleisverlegung im vergangenen Jahr zu Grabe getragen. Die Stadt hat also nicht erfüllt, etwaige Ansprüche daraus – dem Vernehmen nach wurde von rund 100 Millionen Euro gesprochen – möchte die Bahn aber nicht einfach so nach 30 Jahren verjähren lassen".[11] Dieses Verfahren hat zwar mit dem IP-/IT-Bezugs dieses Werks nichts zu tun, wird aber auch nur deswegen erwähnt, weil dieses Verfahren wohl das bisher vom Streitwert her größte „reine" Mediationsverfahren sein dürfte, was öffentlich bekannt wurde, und eine Signalwirkung für die Anwendung von Mediationsverfahren haben könnte und hoffentlich hat.[12]

Ab 15.5.2018 gelten die neuen Regeln 2018 der Schiedsgerichtsordnung der IHK für München und Oberbayern in Verbindung mit der Schiedsgerichtsordnung der Deutschen Institution für Schiedsgerichtsbarkeit e. V. (DIS). Diese Regeln der IHK für München und Oberbayern sehen (§ 4) abweichend von Art. 10 der DIS-Schiedsordnung einen Einzelschiedsrichter vor, solange die Parteien nichts anderes vereinbart haben. Auch kann gem. § 7 der IHK-Regeln eine Mediation unter bis zu zweimonatiger Aussetzung des Schiedsverfahrens erfolgen.

Bei einem beschleunigten Schiedsverfahren kann eine 20%-ige Reduktion der Bearbeitungsgebühr erfolgen (§ 9).

---

10 Im Kapitel B V.1.I), Rn. 185 wird bei den empirischen Daten der Jahresbericht 2016 des MediationsZentrums gezeigt, dessen Zahlen eindrucksvoll den die immer mehr ansteigenden Fallzahlen dokumentieren. Siehe zum Fall Stadt Starnberg/Deutsche Bahn AG Süddeutsche Zeitung, www.sueddeutsche.de, 15.12.2017.

11 www.merkur.de, 15.12.2017.

12 Dieser Fall ist eine reine Mediation und damit von anderen „angeblichen" Mediationen wie z. B. der Schlichtung im Fall „Hauptbahnhof Stuttgart" zu unterscheiden. Zu den Unterschieden s. u. Rn. 62 ff.

Teil B
Allgemein

I. Geschichte

Insbesondere in der deutschsprachigen Literatur wird in den letzten 45 **9** bis 50 Jahren der Eindruck erweckt, dass die Mediation eine evolutionäre Form der Konfliktbehandlung darstellt. Die Mediation ist zu Beginn der 70er Jahre in den USA angewandt worden, um dann in der Folgezeit in Europa und nicht zuletzt auch in Deutschland wie eine große Flutwelle aufzuschlagen und sich zu verbreiten.

Die Mediation wurde zwar in den letzten ca. fünf Jahrzehnten in den **10** USA maßgeblich geprägt. Die Mediation bildete und bildet dabei in den USA jedoch nur eine Möglichkeit der Alternative Dispute Resolution (ADR) ab. Auf die unterschiedlichen Arten der Streitvermeidung und Streitschlichtung wird im nächsten Abschnitt noch ausführlich eingegangen.

Die Vermittlung bei Streitigkeiten zwischen zwei oder mehreren Partei- **11** en kann auf eine sehr lange Tradition verweisen. Seit mehr als 2000 Jahren ist insbesondere im asiatischen Raum und insoweit vor allem in Japan und China die Idee der Vermittlung zur Konfliktbeilegung bekannt.[1] Seit dieser Zeit sind also nicht nur die sog. Strategeme („Kriegslisten") der Chinesen,[2] sondern auch Mechanismen zur Konfliktbeilegung bekannt.[3]

In Europa spielte das antike Griechenland eine Vorreiterrolle. *Hehn*[4] be- **12** schreibt, dass bei Streitigkeiten zwischen den Stadtstaaten Sparta und Athen Vermittlungsdienste von zahlreichen kleineren griechischen Städten angeboten wurden. Eine weitere Quelle zeigt, dass der Athener Staatsmann *Solon* 594 und 593 v. Chr. auch als „Mediator" tätig war. *Solon* vermittelte erfolgreich bei Streitigkeiten, die das Zusammenleben der verschiedenen Klassen in Athen betrafen. Ein weiteres von *Hehn* beschriebenes Mediationsbeispiel ist der Westfälische Friede von 1648.[5]

---

1 Haft/Schlieffen-*Hehn* 78 ff.
2 *Von Senger* 18 ff.
3 S. a. *Tao* 10, 12 ff.
4 Haft/Schlieffen-*Hehn* 82.
5 Haft/Schlieffen-*Hehn* 82 f.

Der 30-jährige Krieg war von verschiedenen Vermittlungsversuchen geprägt. Papst Urban VII und der französische König versuchten neben anderen Personen zwischen den einzelnen Konfliktparteien zu vermitteln. Dies geschah ab dem Jahr 1630, also 18 Jahre vor dem Abschluss des Friedensvertrags im Jahr 1648. *Hehn* verweist auf zwei „Mediatoren", die maßgeblich auf den „Friedensschluss von Münster und Osnabrück" Einfluss hatten. Dies waren der Kölner Nuntius und spätere Papst Alexander VII, Fabio Chigi, und der venezianische Gesandte Alvise Contarini. Contarini, der auf einem zeitgenössischen Stich ausdrücklich als „Mediator" („Eques patricius, Venetus extraordinarius ad pacis Tractatus Universales, Legatus et **Mediator**") bezeichnet wird, schaffte es erst nach ca. fünf Jahren, die streitenden Parteien zu einem gemeinsamen Ergebnis zu führen. Der Münsteraner Friedensvertrag sieht in der Einleitung ausdrücklich vor, dass der Vertrag zwischen den streitenden Parteien „durch Vermittlung und Mühewaltung des Hoch- und Wohlgeborenen venezianischen Gesandten und Senators, Herrn Alvise Contarini, Ritters, der das Amt eines Mittlers (Mediators) ohne Parteilichkeit beinahe ganze fünf Jahre lang unverdrossen ausgeübt hat" zustande gekommen sei. Interessant ist in diesem Zusammenhang, dass bereits zu jener Zeit es als bedeutsam angesehen wurde, dass der Mediator „ohne Parteilichkeit" sein Amt als Mittler ausüben sollte. Chigi hat bereits im Jahr 1647 seine Tätigkeit wie folgt beschrieben: „Mediation ist mit dem Amt eines entscheidungsbefugten Schiedsrichters unvereinbar." Contarinis Tätigkeitsbeschreibung für die Mediation beinhaltet, dass „er keine Sachentscheidungen zu treffen habe und sich um keine anderen politischen Dinge zu kümmern habe als die Vermittlungstätigkeit selbst".[6]

13 Völkerrechtliche Mediationen erfolgten immer wieder in den sich anschließenden Jahrhunderten, wobei Frankreich und Großbritannien und im letzten Jahrhundert auch die Präsidenten der USA immer wieder in Erscheinung traten. Auf den Friedensvertrag von Camp David wurde bereits in der Einleitung hingewiesen.[7]

14 In der Bundesrepublik Deutschland gibt es seit ca. 175 Jahren das „Schiedsmannamt", in dem ehrenamtliche Laien die Schlichtertätigkeit ausüben. Berufsorganisationen und Handwerksverbände, wie z.B. Industrie- und Handelskammern, Handwerkskammern, Architektenkammern, Rechtsanwaltskammern und Ärztekammern haben vor ca. 45 Jahren Schieds- und Schlichtungsstellen gegründet. Diese Einrichtungen

---

6 Haft/Schlieffen-*Hehn* 83 m.w.N.
7 Haft/Schlieffen-*Hehn* 84.

dienen der Behandlung berufsständischer Konflikte.[8] Im Gegensatz zur Familienmediation und zur Mediation im öffentlichen Bereich, die jeweils seit ca. 25 Jahren ihre Verbreitung gefunden haben, hat die sog. Wirtschaftsmediation nach Auffassung von *Ponschab* immer noch ein erhebliches Entwicklungspotenzial.[9] *Ponschab* sieht zu Recht, dass „weniger ein theoretischer als vielmehr ein praktischer Nachholbedarf" auf dem Gebiet der Wirtschaftsmediation besteht. Dies beruhe vor allem auf

- mangelnder Informiertheit des Managements über Mediation,
- geringerem Leidensdruck durch einen Prozess im Vergleich zu den USA,
- der Tendenz der Deutschen zu Rechthaberei,
- dem Fehlen von geeigneten Mediatoren,
- fehlendem institutionellen Rahmen,
- mangelnder Erfassung der tatsächlichen Kosten eines Rechtsstreits.[10]

Diese Ausführungen aus dem Jahre 2002 sind mit folgenden Einschränkungen auch heute noch aktuell:

- Inzwischen ist das Management in vielen Unternehmen erheblich besser über die Mediation informiert. Es gibt auch schon Arbeitskreise zwischen Vertretern der Industrie, von Versicherungen und Banken und Forschungsgesellschaften, wobei es sich zwar immer noch überwiegend bei den Vertretern dieser Firmen um Juristen handelt, aber auch aus anderen Berufssparten immer mehr Teilnehmer gewonnen werden können.
- Geeignete Mediatoren aus den verschiedensten Berufssparten bemühen sich um immer mehr Fälle. Es wurde bereits erwähnt, dass ca. 7.500 Mediatoren in Deutschland tätig sind. Auch der bisher fehlende institutionelle Rahmen dürfte mit der Umsetzung der EU-Mediationsrichtlinie in nationales Recht in allen EU-Mitgliedstaaten geschaffen werden.

---

8 Siehe z. B. Heussen-*Ponschab* 857 ff. m. w. N.
9 Heussen-*Ponschab* 861.
10 Heussen-*Ponschab* 861.

II. Typen/Arten der Streitvermeidung und Streitschlichtung

1. Multi-Door Courthouse

15 *Frank E. A. Sander* hielt im April 1976 in Saint Paul, Minnesota, USA, einen Vortrag auf der Pound Conference mit dem Titel „National Conference on the Causes of Popular Dissatisfaction with the Administration of Justice". Die Konferenz wurde abgehalten, um sich der Frage zu widmen, wie das Interesse der Justiz, schnellere und kostengünstige Verfahren zur Verfügung zu haben, bedient werden könnte. Die schon zu diesem Zeitpunkt bestehende Überlastung der Gerichte war Ursache für diese Fragestellung. Es sollte einerseits geklärt werden, welche Typen von Streitigkeiten durch welche Gerichtsverfahren am sinnvollsten behandelt werden könnten und andererseits, welche alternativen Verfahren den Gerichtsverfahren vorzuziehen sind.[11] *Sander* hatte die Idee eines „Gerichtsgebäudes mit vielen Türen", d.h. eines umfassenden Zentrums für Streitbeilegung, bei dem jede „Tür" ein Verfahren bedeutet, dem jeder Einzelfall zugeführt werden könnte.[12] Zwei Merkmale bestimmen das Multi-Door Courthouse Modell. Zunächst gibt es ein zentrales Eingangs- und Verweisungsverfahren, in dem der Rechtsstreit präzise analysiert wird. Zudem gibt es dann als alternatives Merkmal eine Vielzahl von Streitbeilegungsmechanismen, den „Türen", die den jeweiligen Rechtsstreit dann behandeln. Das Modell des Multi-Door Courthouse wurde zunächst in drei Städten (Tulsa, Houston, Washington, D. C.) umgesetzt. Diese drei Testzentren unterschieden sich stark in ihrer Struktur und wurden an die Ansprüche und Bedürfnisse der Parteien jedes dieser drei Gerichtsbezirke angepasst. Dies war wohl auch der Grund für den Erfolg aller drei Projekte.[13]

16 Die folgenden beiden Abbildungen zeigen im Überblick die von *Sander* aufgezeigten „Alternativen Verfahren der Streitbeilegung" (Abb. 1) und in Abbildung 2 die Möglichkeiten, die mit Entscheidungsverfahren bzw. einer interessenorientierten Schlichtung (Mediation) verbunden sind.

---

11 *Birner* 45 ff.
12 *Birner* 46 ff.
13 *Birner* 85 f.

Primäre Verfahren der Streitbeilegung

Streitentscheidung (durch Dritte) (adjudication)	Schlichtung (mediation)	Vermittlungs- verhandlung (negotiation)
Gericht Schiedsrichter – freiwillig, bindend – zwangsweise, nicht bindend Verwaltungsbehörde	– an der Rechtslage orientiert (rechtsorientiert) – an der Interessenlage orientiert (interessenorientiert)	

Mischformen
Neutrale Beurteilung, die vorab erfolgt
Miniverfahren
Verkürztes Verfahren unter Beteiligung einer Jury
(summary jury trial)
Neutraler Sachverständiger
Schlichtung/Schiedsverfahren
(mediation/arbitration)

Abbildung 1: Alternative Verfahren der Streitbeilegung

Entscheidungsverfahren (Adjudication)	Interessenorientierte Schlichtung (Mediation)
Blick zurück in die Vergangenheit Konzentriert sich auf die Fakten Ist bestrebt, Schuld und Haftung festzustellen Führt zu einem Gewinner und Verlierer Führt zu einer allgemeingültigen Regelung Wird von den Anwälten dominiert	Blick in die Zukunft Konzentriert sich auf die Beziehung Ist bestrebt, die Beziehung wiederherzu- stellen Führt zu einer einvernehmlichen Regelung Führt zu einer Regelung entsprechend den subjektiven Gerechtigkeitsvorstel- lungen der Beteiligten Lässt Spielraum für die Konfliktbeteilig- ten selbst

---

Abbildung 2: Entscheidungsverfahren und interessenorientierte Schlichtung

Im Folgenden werden nun die jeweiligen Vor- und Nachteile der unterschiedlich gezeigten Verfahren der Streitbeilegung behandelt.

11

2. Verhandeln

a) USA

17 In der sehr lesenswerten Dissertation von *Schoen*, die in 2003 erschienen ist und „Konfliktmanagementsysteme für Wirtschaftsunternehmen" aus deutscher und US-amerikanischer Sicht betrachtet, werden u.a. auch Verhandlungsstrategien in USA und in Deutschland untersucht.[14]

18 Verhandlungen bildeten seit jeher und bilden auch heutzutage die Hauptform zur Vermeidung und auch zur Beilegung von Konflikten.

19 Dies ergibt sich nicht nur aus der Literatur,[15] sondern inzwischen auch aus Studien, auf die im späteren Verlauf dieses Werks noch detailliert eingegangen wird.[16] So ergibt sich z.B. aus der Studie aus dem Jahre 2005, die gemeinsam von PricewaterhouseCoopers in Zusammenarbeit mit der Europa-Universität Viadrina Frankfurt (Oder) herausgegeben wurde, dass die Verhandlung von allen Konfliktlösungsarten in allen Kategorien die häufigsten Vorteilsnennungen, die in der Regel deutlich über 80% liegen, erreicht.[17]

20 Die Beliebtheit des Verhandelns liegt darin begründet, dass die Parteien den Ablauf und den Ausgang am ehesten kontrollieren können. Bei allen anderen Optionen, in dem ein Dritter eingebunden wird, geht es letztlich um die Strukturierung des jeweiligen Verfahrens, um ein bestmögliches Ergebnis zu erzielen.

21 Bei den Verhandlungen und den alternativen Konfliktbehandlungsverfahren geht es weniger um eher rechtlich orientierte, in die Vergangenheit zielende Verhandlungen bzw. Regelungen, sondern um hauptsächlich zukunfts- und interessenorientierte Verhandlungen bzw. Regelungen. Die rechtlich orientierten oder auch positionsbezogen genannten Verhandlungen werden auch als „distributive Verhandlungsstrategie" bezeichnet.

aa) Distributive Verhandlungsstrategie

22 Das Wort „distributive" zeigt die Richtung dieser Verhandlungsstrategie. Es geht um die „Gewinnmaximierung in Form der Verteilung der Ver-

---

14 *Schoen* 87.
15 Wie vor.
16 S. a. Rn. 154 ff.
17 S. 8 der PwC-Studie; s. auch die PwC-Studie „Orientierung für Unternehmen auf dem Weg zu einem systematischen Umgang mit Konflikten", 1/2011, www.pwc.de.

handlungsmasse".[18] Der „vorhandene Kuchen" wird letztlich nur zwischen den Parteien in einem zu vereinbarenden Verhältnis geteilt. Die Chancen sind damit für die streitenden Parteien sehr begrenzt.

Die Verhandlungen weisen vier Phasen auf: **23**

– In der Phase 1 wird das optimale Verhandlungsziel für die Parteien festgelegt („Aspiration Level").
– In Phase 2 legt jede Partei für sich eine Verhandlungsgrenze fest, bei deren Überschreiten nur noch der Weg zu einem Gericht bleibt oder aber nicht weiter verhandelt wird („Reservation Point").
– Phase 3 dient dazu, die jeweils andere Partei aus der Reserve zu locken, d. h., den „Reservation Point" der anderen Seite herauszufinden. Diese dritte Phase wird auch als „Negotiation Dance" bezeichnet.
– In der Phase 4 wird dann versucht, in dem von den „Reservation Levels" gesteckten Rahmen eine Einigung zu erreichen.[19]

Bei der distributiven Verhandlungsstrategie wird zwischen einer kompe- **24** titiven und andererseits einer kooperativen Verhandlungstaktik unterschieden.

Die kompetitive Verhandlungstaktik bezweckt die Erschütterung des **25** Vertrauens der Gegenseite in ihre eigene Verhandlungsposition, damit diese mehr Zugeständnisse macht. Bei dieser Verhandlungstaktik werden häufig sehr hohe Angebote zu Beginn der Verhandlungen unterbreitet. Dies führt dazu, dass in vielen Fällen die andere Seite ihrerseits dem Anbietenden erheblich mehr als notwendig entgegenkommt. Mit dem hohen Anfangsangebot wird ein „Anker" ausgeworfen, der wiederum der Maßstab für anschließende Zugeständnisse ist und infolgedessen diese Zugeständnisse einen relativ hohen Stellenwert bekommen. Bei dieser Verhandlungstaktik werden nur sehr bedingt eigene Informationen und Intentionen offenbart. Der Verhandlungspartner soll über die eigenen Ziele im Unklaren gelassen werden. Ziel ist es, die andere Partei aus der Reserve zu locken. Zugeständnisse werden so gut wie nicht gemacht und dafür aber von dem anderen Partner verlangt, um dann wieder sich selbst zu weiteren Verhandlungen bereit zu erklären. Es werden massive Geschütze (z. B. Gesetze, Urteile, herrschende Meinungen von herausragenden Größen der Literatur etc.) aufgefahren, um den Anderen herabzusetzen. Ist diese Vorgehensweise erfolglos, wird zu noch massiveren Mitteln (z. B. „Täuschungen, Drohungen oder persönlichen Angriffen")

---

18 *Schoen* 89 f. m. w. N.
19 *Schoen* 91 m. w. N.

übergegangen, um die eigene Position maximal zu stärken. Weitere Mittel sind auch „ein zur Schau gestelltes völlig irrationales Verhalten" (z. B. lautstarkes Lamentieren, Verlassen des Verhandlungsraums etc.). Ein beliebtes Mittel ist auch der Hinweis auf die eigene fehlende Vollmacht, eine Entscheidung zu treffen. Aus diesem Grund wird oft auch die Geschäftsführung oder ein Vorstand nicht an derartigen Gesprächen persönlich beteiligt, um sich auf diese Person bei Bedarf zurückziehen zu können.[20] Die kooperative Verhandlungstaktik versucht demgegenüber in einer für die Verhandlungsparteien akzeptablen Art gemeinsam getragene Ergebnisse zu erhalten. Von Anfang an werden Zugeständnisse gemacht, um bei dem anderen Verhandlungspartner ein Zeichen in der Weise zu setzen, dass hier eine Partei bemüht ist, eine vertrauensvolle zukünftige Zusammenarbeit zu fördern und zu erreichen. Es werden auch erheblich mehr Informationen von Anfang an gegeben, als dies bei der kompetitiven Verhandlungsart der Fall ist. Sehr wichtig ist auch ein „flexibles Verhandeln". Je nach Gegenangebot wird durch eigene neue Zugeständnisse versucht, eine Einigung zu erzielen. Diese Verhandlungstaktik setzt letztlich wie die kompetitive Verhandlungsführung auch wieder auf einen Kompromiss. Das anfängliche Anbieten von Zugeständnissen kann auch ziemlich schnell dazu führen, dass diese „Großzügigkeit" nicht erwidert wird und dann derjenige, der von Anfang an Zugeständnisse eingeräumt hat, mehr oder weniger „in der Falle sitzt".[21] Der Verfasser ist allerdings gerade bei Verträgen im gewerblichen Rechtsschutz und insbesondere im Hinblick auf Lizenzverträge der Ansicht, dass insbesondere bei diesen Dauerschuldverhältnissen nur ein derartiges „offenes Verhandeln" zum Erfolg führt. Nach Erfahrungen mit mehr als 10.000 Lizenzverträgen in einem Zeitraum von 24 Jahren und einer Vielzahl von Forschungs- und Entwicklungsverträgen erscheint es sinnvoll, wenn die Parteien von vornherein mit „offenen Karten" spielen. Andernfalls wird eine vertrauensvolle Zusammenarbeit nur sehr schwierig zu begründen sein. Wenn von Anfang an bei derart lang andauernden Verhältnissen – die meisten Lizenzverträge laufen 10 bis 15 Jahre – keine vertrauensbildenden Maßnahmen zu Beginn der Vertragsverhandlungen getroffen werden, ist man vor Überraschungen nicht sicher. Diese können sich natürlich auch trotz anfänglicher vertrauensvoller Zusammenarbeit ereignen. Andererseits ist aber das „offene Verhandeln" auch ein Test der Gegenseite. Der Verhandlungspartner wird ziemlich schnell zu erkennen geben, ob er ebenfalls bereit ist, sich auf

---

20 Siehe z. B. *Schoen* 92, Fn. 29 und 93 m. w. N.; *Ury* 1 ff.
21 *Schoen* 94.

diesen „offenen Verhandlungsstil" einzulassen. Wenn der Verhandlungspartner z. B. den kompetitiven Verhandlungsstil pflegt, ist dies zumindest ein Zeichen dafür, dass die zukünftige Zusammenarbeit, wenn sie denn überhaupt in Gang gesetzt werden kann, sich schwierig gestalten wird. Man hat dann zumindest die Möglichkeit, die Verhandlungen frühzeitig abzubrechen oder aber entsprechende Klauseln (z. B. Kündigungsklausel) in den Vertrag einzubauen, die einem dann zu einem späteren Zeitpunkt ein relativ schnelles Ausscheiden aus dem Vertrag ermöglichen.

Schoen[22] ist jedenfalls beizupflichten, wenn er der distributiven Verhand- **26** lungsstrategie vorhält, dass diese „zu vereinfachend" sei, da „nur über einen einzigen, bereits fixierten Sachverhalt verhandelt" werde. Es gibt in der Regel nicht nur „die Lösung". Die Parteien fixieren sich bei dieser Verhandlungsstrategie nur auf ihre „Positionen", auf ihr „Recht". Das interessenorientierte Verhandeln wird nicht als Möglichkeit erkannt und schon gar nicht berücksichtigt. Die streitenden Parteien werden durch das enge Korsett des Vertrags und der anderen rechtlichen Rahmenbedingungen eng begrenzt. Das Ganze läuft letztlich auf ein „Null-Summen-Spiel" hinaus.[23] Aufgrund dieses Null-Summen-Spiels ist somit letztlich auch die potenziell interessante Einigung zwischen den streitenden Parteien gefährdet.

Weitere Hindernisse können sein **27**

– die distributive Verhandlungsstrategie ist eine Alles- oder Nichts-Entscheidung,
– die Parteien verstecken sich hinter ihren vermeintlichen Ansprüchen;
– die zukünftigen Geschäftsbeziehungen werden belastet.[24]

bb) Integrative Verhandlungsstrategie

Unter dieser Verhandlungsstrategie versteht man den Versuch der Partei- **28** en, unabhängig von den von ihnen vertretenden Positionen, die tatsächlichen jeweiligen Interessen und Bedürfnisse dieser Parteien auch durch kreative Lösungen kenntlich zu machen und umzusetzen, wobei der rechtliche Rahmen, der durch Gesetze oder Verträge gegeben ist, gewahrt wird. Der „Kuchen" wird größer! Da die Interessen beider Parteien eher berücksichtigt werden, ist zumindest finanziell eine vertrauensvolle Geschäftsbeziehung auf Dauer möglich.

---

22 *Schoen* 94.
23 *Schoen* 91.
24 *Schoen* 95.

29 *Fisher/Ury*[25] und *Schoen*[26] sehen vier Techniken für das integrative Verhandeln. Dies ist das sog. „Harvard Concept":

- Die Sachprobleme werden von den verhandelnden Personen und damit von deren persönlichen Vorbehalten getrennt. Es geht also tatsächlich um die „Versachlichung" der Streitigkeiten, um die gewünschten Verhandlungsziele schneller zu erreichen.
- Im Vordergrund stehen nicht die Positionen, sondern die Interessen der Parteien. Um diese Interessen herauszufinden, zu kennzeichnen und im beiderseitigen Einvernehmen umzusetzen, ist zwar ein erheblich kreativeres Potenzial beider Verhandlungsführer notwendig, gleichwohl – dies zeigt auch die eigene Verhandlungserfahrung des Verfassers – lassen sich hierdurch erheblich bessere Verhandlungsergebnisse, die tragfähiger für die Zukunft sind, erzielen, als es bei dem Beharren auf vor allem rechtlichen Positionen der Fall wäre. Die „Verhandlungstendenz" des distributiven Verhandlungsstils wird durch das „offene Verhandeln" ersetzt.
- Wenn die Parteien sich über ihre Interessen wechselseitig klar geworden sind, müssen Optionen aufgezeigt werden, die für beide Parteien akzeptabel sind. Das „rechtlich Mögliche" tritt hierbei (noch) in den Hintergrund. Wie schon an anderer Stelle gesagt: Der „Kuchen" wird größer.
- Wichtig ist es bei dieser Verhandlungsstrategie, dass die am Anfang Streitenden aufgrund „objektiver Kriterien" eine vernünftige Befriedung ihrer Zwistigkeiten versuchen.[27]

30 Um den störenden kompetitiven Verhandlungsstil zu vermeiden bzw. ihm zu begegnen, hat *Ury*[28] fünf Schritte aufgezeigt:

- Man soll seinem integrativen Stil treu bleiben und sich von der anderen Partei nicht provozieren lassen („Go to the Balcony").
- Statt dem Aufbau einer Gegenposition soll ein produktives Arbeitsklima entwickelt werden, und zwar durch Klärung der eigenen Standpunkte und dem Verständnis für die Person des Verhandlungspartners.
- In einem dritten Schritt sollen dann in dem Gespräch die eigentlichen Interessen ermittelt werden. Jede Partei soll sich über ihre eigenen eigentlichen Interessen und die der anderen Seite klar werden.

---

25 *Fischer/Ury* 17 ff.
26 *Schoen* 96 ff.
27 *Schoen* 99.
28 *Ury* 143 ff.

- Der anderen Partei ist „eine goldene Brücke zu bauen". Es geht darum, dass die andere Partei nicht „ihr Gesicht verliert". Dies soll dadurch erleichtert werden, dass der anderen Seite die Vorteile der vorgeschlagenen Aspekte für beide Parteien verständlich gemacht werden.
- In einem letzten Schritt ist dem Verhandlungspartner klarzumachen, dass seine Art der Verhandlung nicht akzeptabel ist. Gleichzeitig muss die andere Partei die Folgen des eigenen Scheiterns verinnerlichen und demgegenüber den Vorteil des „größeren Kuchens" erkennen und letztlich zugestehen.

Schoen[29] hält auch den integrativen Verhandlungsstil für zu einseitig. **31** Die Festlegung auf Positionen und andererseits Interessen berücksichtigt nicht andere Faktoren wie „Stimmungen, Überzeugungen und Wahrnehmungen". Das distributive Element von Verhandlungen wird nicht genug berücksichtigt. Diese Ansicht, die letztlich auf der Überzeugung US-amerikanischer Autoren beruht – führt letztlich zu den sog. analytischen Verhandlungsmodellen.

cc) Analytische Verhandlungsmodelle

Die analytischen Verhandlungsmodelle unterscheiden sich von den di- **32** stributiven und integrativen Verhandlungsstrategien insoweit, als sie Kriterien zur Auswahl der jeweils geeigneten Strategie betrachten.

Aufgrund des Spannungsverhältnisses zwischen distributiven und inte- **33** grativen Verhandlungsansätzen kommt es zwangsläufig zum „Verhandlungsdilemma", das dem in der Spieltheorie entwickelten Gefangenendilemma ähnlich ist. Beim Verhandlungsdilemma kommt es mangels Informationen (bei der distributiven Verhandlungsstrategie) nicht zur Entwicklung von interessengerechten Lösungen, die beide Parteien akzeptieren können. Dies gilt insbesondere auch für die bei diesem Verhandlungsstil häufig vorgebrachten Täuschungsmanöver und Drohgebärden. Bei der integrativen Verhandlungsform wird der grundsätzlich zu begrüßende Informationsfluss der einen Partei von der anderen Seite einseitig genutzt. Es kommt somit zu einseitigen Aktionen, die eine potenzielle Wertsteigerung zumindest teilweise verhindern.[30]

---

29 *Schoen* 101.
30 *Schoen* 102 ff.

34 *Duve*[31] und *Schoen*[32] beschreiben das Gefangenendilemma wie folgt:

„Im Gefangenendilemma befinden sich 2 Gefangene, denen nicht erlaubt ist, miteinander zu sprechen, vor folgender Situation: Wenn beide ein Geständnis ablegen, werden beide wegen eines Diebstahls in einem besonders schweren Fall zu 2 Jahren Gefängnis verurteilt. Wenn keiner von beiden gesteht, werden sie nur wegen Hehlerei zu jeweils 6 Monaten Gefängnis verurteilt. Wenn nur der eine gesteht, der andere aber nicht, trifft den Gestehenden keine Haftstrafe, während der andere zu einer 5-jährigen Haftstrafe verurteilt wird. Um der 5-jährigen Haftstrafe zu entgehen, werden beide Gefangene gestehen und somit zu 2 Jahren Haft verurteilt. Das für beide Gefangene optimale Ergebnis einer 6-monatigen Haftstrafe wird mithin nicht erzielt."

35 Als Antwort auf das Verhandlungsdilemma wurde von *Lax/Sebenius*[33] die Strategie der „Conditional Openness" entwickelt. Nach anfänglichem integrativem Verhandeln werden die Züge der Gegenseite wiederholt. Dies führt dazu, dass während der Verhandlungsdauer neue Werte entstehen und das Risiko der missbräuchlichen Ausnutzung der Offenheit der Gegenseite verringert wird.[34]

36 Fraglich ist jedoch nach Auffassung von *Schoen*,[35] ob diese analytischen Modelle auf tatsächliche Verhandlungen anwendbar sind. Das „reziproke Vorgehen" wird dann als nützlich angesehen, wenn ständig neu verhandelt werden muss. Für die verhandelnden Parteien ergibt sich ein stärkeres Interesse im Hinblick auf Vereinbarungen in der Zukunft, mit Hilfe der integrativen Verhandlungsstrategie die späteren Verhandlungen und deren Ergebnisse zu optimieren. Dies gilt insbesondere für Vereinbarungen über einen sehr langen Zeitraum, wobei ständig neue Verträge geschlossen werden. Dies soll aber auch für nur eine Verhandlung gelten, wenn das Problem in zahlreiche Problemteile aufgespalten wird und somit entsprechend viele Einigungen über jedes Teilproblem getroffen werden müssen. Das reziproke Vorgehen soll auch für das Verhandeln mit zukünftigen potenziellen Vertragspartnern vorteilhaft sein.

37 Das starke Interesse verhandelnder Parteien an integrativen Verhandlungsstrategien kann aus der Praxis des Verfassers ohne Einschränkung

---

31 *Duve/Eidenmüller/Hacke*, 55.
32 *Schoen* 104.
33 *Schoen* 104 unter Verweis auf *Lax/Sebenius*, 154 ff.
34 *Schoen* 105 unter Verweis auf *Lax/Sebenius* 159 und *Gifford* 41, 60.
35 *Schoen* 105 ff.

bestätigt werden. Gerade bei Lizenzverträgen über gewerbliche Schutz-rechte und insbesondere über Software-Urheberrechte und auch über technisches Know-how sowie bei Forschungs- und Entwicklungsverträ-gen, wobei insbesondere Rahmenverträge immer mehr an Bedeutung ge-winnen, sind letztlich nur integrative Verhandlungsstile erfolgreich.

Neben dem Fortsetzungszusammenhang bei Verhandlungen ist auch die **38** Kommunikation der Parteien bei tatsächlich stattfindenden Verhandlun-gen von sehr großer Bedeutung. Diese Möglichkeit gibt es beim analyti-schen Verhandlungsdilemma nicht. Bei tatsächlichen Verhandlungen ha-ben die verhandelnden Parteien die Chance, Informationen über den Ver-handlungsstil der anderen Seite zu generieren. Auf dieser Basis kann dann entschieden werden, wie diesem Verhandlungsstil begegnet wird. Optimal wäre es in diesem Zusammenhang natürlich, wenn die Parteien von vornherein auch eine Vereinbarung über den Verhandlungsstil tref-fen könnten. Diese Vorgehensweise ist jedoch leider immer noch sehr selten. Dies mag daran liegen, dass die meisten Verhandlungspartner auf beiden Seiten nicht die unterschiedlichen Variationen der Verhandlungs-strategien kennen und demgemäß nicht anwenden können.

Unabhängig davon werden die Parteien aufgrund der eigenen Kenntnisse **39** und Fähigkeiten und aufgrund der Vorgaben ihres jeweiligen Umfelds gar nicht in der Lage sein, die „theoretischen Verhandlungsstrategien" zu befolgen, geschweige denn durchzusetzen.

Im Gegensatz zu der Situation beim Verhandlungsdilemma ist es bei Ver- **40** handlungssituationen in der Realität nicht immer klar, ob die andere Par-tei überhaupt eine Verhandlungsstrategie verfolgt und wenn ja, in wel-chem Umfang sie diese auch tatsächlich benutzt. Je nach Erfahrung der anderen Seite und nach Verhandlungssituation kann es allenfalls bei „Dauerschuldverhältnissen" (z. B. Lizenzverträge, Forschungs- und Ent-wicklungsrahmenverträge) relativ schnell klar werden, welche Strategie die andere Seite verfolgt.

Schließlich spielen auch die unterschiedlichen Gewinnerwartungen der **41** verhandelnden Parteien eine erhebliche Rolle. Wenn bei distributivem Verhandeln der jeweilige Gewinn nicht erheblich ist, sind beide Parteien eher daran interessiert, integrativ zu verhandeln, um jeweils eine höhere Gewinnerwartung zu realisieren.

Die eigentliche Essenz dieser Überlegungen in jeweiligen Verhandlungs- **42** strategien ist jedoch, dass die verhandelnden Parteien ständig diese Stra-tegie dahingehend überprüfen müssen, ob sie der jeweiligen Verhand-

lungssituation gerecht wird, um dann bei Bedarf neue Verhandlungs-
aspekte einbringen zu können.[36]

b) Deutschland

43 Nach wie vor gibt es in Deutschland nur zaghafte Ansätze in Forschung
und Lehre, sich der Verhandlungslehre zu widmen. Beispielhaft sind hier
seit einiger Zeit die Professoren *Breidenbach* (Frankfurt/Oder), *Eidenmüller* (München) und *Spindler* (Göttingen).

44 Auch in den Unternehmen werden zwar zunehmend insbesondere Juristen und Mitarbeiter in den Personalabteilungen zu Mediatoren ausgebildet. Gleichwohl steht diese Ausbildung und insbesondere die Bearbeitung von Fällen noch ganz am Anfang. Lediglich in wenigen Firmen gibt
es fest installierte Mediatoren für die Streitigkeiten zwischen Arbeitnehmern und Arbeitgebern und für die Streitigkeiten zwischen Abteilungen
bzw. Konzern-Gesellschaften. Streitigkeiten zwischen Mitgliedern der
Geschäftsleitung oder des Vorstands werden bisher hauptsächlich von externen Mediatoren begleitet. Diese Erfahrungen gibt es auch erst seit ca.
2005. Weitere Details hierzu werden im Rahmen der Darstellung der empirischen Studien insbesondere in Deutschland und Österreich erörtert.

45 In vielen Unternehmen[37] sind Verhandlungsstrategien und insbesondere
kooperative Verhandlungsstrategien nur unzureichend oder gar nicht bekannt. Dies gilt auch für die einzelnen Konfliktbeilegungsverfahren.

3. Streitentscheidung durch Dritte

a) Staatliche Gerichte

46 IP- und IT-Streitigkeiten haben zwar in den letzten Jahren erheblich zu-
genommen. Nach wie vor beschränkt sich aber ein erheblicher Anteil der
Streitigkeiten auf Verletzungsstreitigkeiten zwischen zumindest einer
dominierenden Partei und einer „schwächeren" Partei oder zwischen
zwei annähernd gleichstarken Parteien. Dies liegt u. a. daran, dass sehr
große Stückzahlen in der Regel nur von einem Konzern weltweit hergestellt und vertrieben werden können. Bei IP-Verletzungsstreitigkeiten
folgt die große Zahl von Verletzungsstreitigkeiten, die von großen Unternehmen geführt werden, daraus, dass kleine und mittlere Unternehmen
im Gegensatz zu großen Unternehmen den Zeitvorsprung durch geheim

---

36 *Schoen* 108 f.
37 *Schoen* 113, spricht von 17% der Unternehmen.

gehaltenes Know-how, das in den Produkten und/oder Verfahren steckt, erheblich höher einschätzen, als dies bei Produkten und Verfahren der Fall ist, die durch Patente geschützt werden. Letztlich resultiert bei kleinen und mittleren Unternehmen der Wettbewerbsvorsprung also aus dem Zeitvorsprung. Je länger das Know-how geheim gehalten wird, desto länger kann der Wettbewerbsvorsprung gehalten werden. Dies würde durch Patente, die zumindest einen Großteil des eigenen geheimen Know-how enthalten und dann offengelegt bzw. durch Patenterteilung veröffentlicht werden, vereitelt werden. Darüber hinaus ist es kleinen und mittleren Unternehmen schlichtweg zu kostenintensiv, Patente anzumelden und über die gesamte Produktlaufzeit aufrechtzuerhalten, zu verteidigen und gegen Verletzer durchzusetzen. Das mangelnde Vertrauen in die Durchsetzbarkeit der Patente[38] erscheint dagegen von untergeordneter Bedeutung. Ein weiterer wichtiger Grund ist das Kopieren der Produkte und Verfahren im Ausland, und zwar nicht nur im asiatischen Raum. Dieser Grund fällt jedoch wieder unter die Rubrik „Durchsetzung von Patentansprüchen gegenüber Verletzern", der bereits besprochen wurde.

Inzwischen sind auch 9- und 10-stellige Streitwerte bei insbesondere Patent-, aber auch bei Urheberrechtsverletzungsprozessen bei Massenprodukten nicht mehr ungewöhnlich. Angesichts dieser sehr hohen Streitwerte explodieren in den letzten Jahren daher auch die Prozesskosten, und zwar einerseits – streitwertabhängig – bei den Gerichts- und Anwaltskosten. Dies gilt erst recht, wenn die Verletzungsverfahren bei einstweiligen Verfügungen durch zwei Instanzen und in Hauptsacheverfahren zusätzlich noch durch drei Instanzen durchgefochten werden. Rechtsschutzversicherungen gibt es im Hinblick auf den Gewerblichen Rechtsschutz und das Urheberrecht wohl bisher nicht. In letzter Zeit sind hingegen Einzelfälle bekannt geworden, in denen Finanzinvestoren das Kostenrisiko zumindest teilweise tragen, um dann überproportional am möglichen Erfolg derartiger Verfahren zu verdienen. **47**

Bei sehr umfangreichen technischen Fragestellungen kommt es auch immer häufiger zur Einschaltung von technischen Gutachtern bzw. Sachverständigen, die nicht nur in technischer, sondern auch gerade in patentrechtlicher Hinsicht als Gutachter eingeschaltet werden. Bei Patentverletzungsstreitigkeiten werden daher auch immer häufiger Patentanwälte als Gutachter bzw. Sachverständige beauftragt. Die Prozesskosten erhöhen sich dann erst recht, wenn Parteigutachten von beiden Parteien er- **48**

---

38 Siehe z. B. *Schoen* 11, unter Verweis auf eine Hebung des Roland-Berger-Forschungsinstituts für Markt-Systemforschung im Auftrag des EPA, GRUR 1995, 112 f. und 260 f.

stellt werden und zusätzlich dann noch ein von einem Gericht bestellter Sachverständiger bzw. mehrere Sachverständige ggf. noch tätig werden müssen. Wenn dann diese Sachverständigen noch in mehreren Instanzen aktiv werden müssen, entstehen auch insoweit immer häufiger sehr hohe Kosten. Gutachten zur Höhe des Schadensersatzes ergänzen die Tätigkeit der Sachverständigen, die in technischer Hinsicht tätig werden. Hinzu kommen noch die in den meisten Fällen oft vernachlässigten eigenen Kosten jeder Partei. Diese sog. Transaktionskosten werden nach wie vor nur in wichtigen Fällen von den Parteien bei der Abschätzung der Prozessrisiken berücksichtigt. Derartige Transaktionskosten werden von Praktikern noch einmal mit der mindestens gleichen Summe angesetzt, die für die externen Kosten einer Streitigkeit als Summe auflaufen. Die externen Prozesskosten verdoppeln sich damit. Völlig unberücksichtigt bleiben in der Regel auch die Kosten, die in der Folgezeit nach Prozessende daraus resultieren, dass ein bisheriger Geschäftspartner wegfällt und damit erhebliche Anstrengungen wieder unternommen werden müssen, um einen neuen Geschäftspartner möglichst schnell als Ersatz für den bisherigen Partner zu finden. Diese Überlegungen spielen zwar keine größere Rolle bei Wettbewerbern, jedoch gerade bei kleinen und mittleren Unternehmen und bei den streitenden Parteien, die schon über einen gewissen Zeitraum geschäftlich miteinander verbunden waren.

49 Wenn dann noch Verletzungsstreitigkeiten in mehreren Ländern parallel geführt werden müssen, weil beispielsweise ein Wettbewerber in diesen Ländern parallel die dort vorhandenen Schutzrechte des Klägers verletzt, potenzieren sich die externen und internen Kosten schlagartig. Angesichts eines weltweit nach wie vor relativ uneinheitlichen Patentrechts sowie nationaler, oft unterschiedlicher Regelungen bzgl. des Prozessrechts (z. B. des Rechts für einstweilige Verfügungen) ist erheblich mehr Zeit notwendig, um Prozesse parallel in mehreren Ländern zu führen, als wenn ein Prozess beispielsweise „nur" in Deutschland geführt würde.[39] Wenn dann noch zusätzlich eine Patentverletzungsklage mit einer Nichtigkeitsklage des Beklagten bzgl. der streitigen Schutzrechte erhoben wird, entstehen sehr schnell weitere interne und externe Prozesskosten. Diese Prozesskosten werden noch in einem gesonderten Abschnitt behandelt.[40]

50 Bei Patentverletzungsverfahren ist in den letzten Jahren als zusätzliche Klippe noch die „kartellrechtliche Zwangslizenz" zu nennen.

---

39 Siehe im Einzelnen z.B. von *Meibom*, Mitt. 1996, 181 ff.; *Raden*, GRUR 1998, 449, jeweils m. w. N.
40 VI., Rn. 223 ff., 236 ff.

Neben den allgemeinen prozessrechtlichen und materiellrechtlichen Fra- **51**
gestellungen, die sehr kostenintensiv behandelt werden müssen, ergeben
sich weitere Kosten im Hinblick auf die Anerkennung und Vollstreckung
von staatlichen Gerichtsurteilen, insbesondere im Ausland. Zum Teil
werden Urteile eines Staates in anderen Staaten nicht anerkannt und/oder
müssen zumindest in einem sehr kurzen intensiven Verfahren vollstreckt
werden, wobei die Zeitverzögerung und die Kosten dieser Maßnahmen
sich dann erneut abschreckend für den potenziellen oder aktiven Kläger
darstellen.

Im Folgenden werden Vor- und Nachteile eines staatlichen Gerichtsver- **52**
fahrens bei Patent- und Urheberrechtsstreitigkeiten beispielhaft dargestellt:

Vorteile:

— drei Berufsrichter (= Juristen)
— drei Instanzen (= Filter für „gerechte" Entscheidung)
— neutrale Entscheidung
— Beweiserhebung durch objektive Dritte + Beweiserhebung sonst nicht
  möglich
— Druck durch öffentliches Verfahren („schlechte Presse" für Wettbewerber
  führt zu Konsumverzicht bei Wettbewerbsprodukten)
— Wettbewerber kann vom Markt ausgeschlossen werden
— evtl. „Sieg" durch Prozesskostendruck in 3 Instanzen
— Präzedenzfall schaffen → „Gemeinkosten"-Urteil des BGH
— Verhandlungszwang durch Klageerhebung

Nachteile:

— Richter oft keine technische/wirtschaftliche Kompetenz
— „willkürliche" Entscheidung der Richter ohne Einfluss der Parteien
— lange Prozessdauer (1. mündliche Verhandlung
  > DE; nach 9–12 Monaten – Prozessdauer durch 3 Instanzen 8–10 Jahre
  > Italien: mehrere Jahre bis zum Verhandlungsbeginn
  > Indien: 20 Jahre)
— teuer, wenn drei Instanzen und viele Beweismittel („discovery" in USA;
  Zeugen/Sachverständige/Gutachten)
— öffentliches Verfahren
— erhebliche Emotionen über sehr langen Zeitraum

Im Vergleich zur Anzahl von IP- und/oder IT-Verletzungsstreitigkeiten **53**
bilden im Rahmen des Gewerblichen Rechtsschutzes und Urheberrechts

Streitigkeiten bei Forschungs- und Entwicklungs(rahmen)verträgen sowie Lizenzverträgen vor staatlichen Gerichten nur eine untergeordnete
Rolle. Andererseits nehmen Vertragsstreitigkeiten – dies ist aber nur eine
Erfahrung des Verfassers – in den letzten Jahren erheblich zu. Dies ist
nach Auffassung des Verfassers darauf zurückzuführen, dass immer
mehr insbesondere auch kleine und mittlere Unternehmen im Ausland
tätig werden müssen, um wirtschaftlich überlebensfähig zu werden und/
oder zu bleiben. Angesichts der bereits beschriebenen Zurückhaltung
kleiner und mittlerer Unternehmen bei der Anmeldung, Aufrechterhaltung, Beteiligung und Durchsetzung von gewerblichen Schutzrechten
und Urheberrechten verwundert es daher nicht, wenn sich diese Firmen
mit ihnen fremden rechtlichen Situationen auseinandersetzen müssen
und zudem dann auch noch ihnen unbekannte rechtliche Systeme eine
Rolle spielen. Hinzu kommt dann die mangelnde Übung, sich mit derart
komplexen rechtlichen Fragen auseinanderzusetzen. Schließlich sind
dann die bereits genannten erheblichen Kosten gerade für kleine und
mittlere Unternehmen in den meisten Fällen nicht tragbar. Zumindest
werden für derartige Verfahren oft keine Rücklagen gebildet. Bei Stundensätzen zwischen 300,– und 1.000,– EUR je Std. bei den wenigen hoch
spezialisierten Rechts- und Patentanwaltskanzleien für den Fall, dass
lediglich Beratungsleistungen erbracht werden, und bei darüber hinaus
bereits angedeuteten sehr hohen Kosten bei hohen Streitwerten, müssen
kleine und mittlere Unternehmen es oft hinnehmen, dass mangels der
Möglichkeit, in erheblichem Umfang Verfahrenskosten zu tragen, die eigenen Rechte entweder verletzt werden oder aber mangels vorhandener
Rechte insbesondere im Ausland Wettbewerber unangetastet die gleichen Produkte in Verkehr bringen können.

b) Schiedsgerichte

54 Eine andere Form der Streitentscheidung durch Dritte sind die Schiedsgerichte. Seit etwa 40 Jahren hat die Schiedsgerichtsbarkeit in Deutschland einen gewissen Aufschwung erfahren. Zum Beispiel ist die Vereinbarung eines Schiedsgerichts bei „größeren Bau- und Anlagenverträgen
mit ausländischen Kunden anstelle der staatlichen Gerichte im Lande
des Kunden nahezu unverzichtbar".[41]

55 Im Laufe der Zeit stellte es sich jedoch heraus, dass die Schiedsgerichtsverfahren, die nur eine Instanz für die Streiterledigung aufweisen, im
Hinblick auf Kosten und Zeitaufwand im Vergleich zu staatlichen Ge-

---

41 *Greger/Stubbe* 6 ff. m. w. N.

richtsverfahren in der ersten Instanz durchaus ebenbürtig wurden und sind.[42]

Schiedsgerichte bestehen entweder aus einem Schiedsrichter oder aber **56** aus drei Schiedsrichtern. Aus Kostengründen vereinbaren Parteien, insbesondere von Lizenzverträgen, Schiedsgerichte mit lediglich einem Schiedsrichter. Da die Entscheidung eines Schiedsgerichts in der Regel abschließend ist, sind die Parteien dann den Sach- und Rechtskenntnissen einer einzelnen Person ausgesetzt. Eine ausgewogenere Entscheidung ist daher in der Regel von drei Schiedsrichtern zu erwarten, wobei dann allerdings die Kosten erheblich höher sind.

Auf jeden Fall ist es sinnvoll, sich die einzelnen Schiedsordnungen (z.B. **57** die Regelungen der ICC, LCIA, WIPO, DIS etc.) genau anzuschauen, da es auch hier wieder jeweils unterschiedliche Regelungen zu Verfahrensabläufen, Zeitdauer und Kosten etc. gibt, die jeweils gut abgewogen werden müssen.[43]

Bei der Schiedsgerichtsbarkeit wird zwischen bindender und nicht bin- **58** dender Schiedsgerichtsbarkeit unterschieden. Sollte das Ergebnis des Schiedsgerichtsverfahrens für die Verfahrensparteien unverbindlich sein, steht es diesen Parteien offen, ob sie der Entscheidung des Schiedsgerichts zustimmen oder nicht zustimmen. Soll dagegen das Ergebnis des Schiedsgerichtsverfahrens für beide Parteien bindend sein, steht ihnen die v. g. Entscheidungsfreiheit nicht zu.[44]

Eine weitere Unterscheidung könnte bei Schiedsgerichten zwischen den **59** freiwillig und zwangsweise erfolgenden Schiedsverfahren getroffen werden. Das bedeutet, dass die Parteien bei „freiwilliger" Einsetzung eines Schiedsgerichts entscheiden „können", ob sie ein Schiedsverfahren einleiten oder nicht einleiten wollen. Haben die Parteien diese Entscheidungsmöglichkeit nicht, handelt es sich um ein „zwangsweise" einzuleitendes Schiedsverfahren. Es liegt also z.B. an der vertraglichen Gestaltung von Lizenzverträgen, ob die Parteien es sich noch offenhalten, sich einem Schiedsgericht zu unterwerfen oder dies nicht zu tun.

Des Weiteren können die Parteien entscheiden, ob sie „ad hoc" ein **60** Schiedsgericht nach eigenen Regeln oder nach den UNCITRAL-Regeln

---

42 *Greger/Stubbe* wie vor und *Hobeck/Mahnken/Koebke*, SchiedsVZ 2007, 225 ff., jeweils m. w. N.; s. a. FOCUS 2011, 20, „Toll Collect wird teurer", wonach der seit 2004 andauernde Streit Bund/Toll Collect vor einem Schiedsgericht bisher 72,9 Mio. EUR an Kosten für Anwälte, Schiedsrichtervergütungen und Gerichtsauslagen verursacht hat.

43 Siehe hierzu z. B. die Webseiten im Literaturverzeichnis (dort unter 4.).

44 Siehe z. B. *Schoen* 43 f. m. w. N.

ein Schiedsgericht anrufen wollen oder ob sie ihre Streitigkeiten den Regeln einer institutionellen Schiedsgerichtsbarkeit unterwerfen wollen. Falls Letzteres dem Parteiwillen entspricht, sollten die Parteien entweder nur die „Musterklausel" der jeweiligen Institution in die jeweilige vertragliche Vereinbarung einfügen oder aber zumindest auf dieser entsprechenden Musterklausel der gewählten Institution aufbauen. Es kommt leider immer wieder vor, dass die Parteien bei der Gestaltung der Schiedsvereinbarung zu kreativ sind und dadurch schon Streitigkeiten über Umfang und Inhalt der Schiedsabrede verursacht werden. Diese Streitigkeiten können dann je nach Gestaltung entweder vor einem staatlichen oder aber einem Schiedsgericht ausgetragen werden, wobei dann der eigentliche Streitanlass wiederum je nach Fallgestaltung vor einem staatlichen Gericht, das gerade vermieden werden sollte, oder aber von einem Schiedsgericht behandelt wird, wenn der Streit über die Schiedsgerichtsklausel entschieden wurde.

61 Im Folgenden werden auch bei dieser Streitentscheidung durch Dritte die Vor- und Nachteile von Schiedsgerichtsverfahren gegenübergestellt:

Vorteile:

- ein oder drei Schiedsrichter
  (oft Rechtsanwälte/Richter) führen „neutrale" Entscheidung
  (Schiedsspruch = „Urteil") herbei
- Beginn des Verfahrens innerhalb weniger Tage/Wochen, nur eine Instanz
- geheimes Verfahren
- preiswert, da nur eine Instanz

Nachteile:

- Schiedsrichter oft keine technische/wirtschaftliche Kompetenz
  Juristen neigen zum „Streiten"
  (Rechtsanwalt wird in DE zum Richter erzogen
  → „Befähigung zum Richteramt")
- wenn nur ein Schiedsrichter, „willkürliche" Entscheidung der Richter
  ohne Einfluss der Parteien
- nur eine Instanz
- wenn streitwertabhängiges Verfahren, nicht unbedingt preiswerter
  als 1. Instanz bei einem staatlichen Gericht
- kann auch sehr lang dauern
- erhebliche Emotionen

4. Außergerichtliche Konfliktbeilegung

Es gibt letztlich zwei Arten der außergerichtlichen Konfliktbeilegungs- **62** verfahren. Es handelt sich dabei um die prozessorientierten Verfahren, z. B. in Form der Mediation und der Schlichtung und andererseits um die ergebnisorientierten Verfahren, wozu z. B. Schiedsgutachten, Sachverständigengutachten, Adjudication, Dispute Boards gehören.

a) Schlichtung

Es wurde bereits erwähnt, dass es in Deutschland in großem Umfang be- **63** reits Schlichtungsstellen gibt. Insbesondere bei Tarifverhandlungen werden Schlichter eingesetzt. Immer wieder kommt es zwischen den Tarifpartnern insbesondere der großen, oft öffentlich strukturierten Unternehmen, die für den Transport von Personen und Gütern zuständig sind, zu Streitigkeiten. Die von den Tarifparteien benannten Schlichter oder der Schlichter arbeiten bzw. unterbreiten nach Anhörung der oder nach Diskussion mit den Parteien einen Einigungsvorschlag oder aber einen Schlichterspruch (aus), den die Parteien entweder akzeptieren oder nicht akzeptieren können.

Vorteile der Schlichtung sind: **64**

– neutraler Dritter unterbreitet Lösungsvorschlag
– der Streit wird durch den neutralen Vorschlag örtlich, zeitlich und bzgl. der Kosten eingegrenzt.

Nachteile der Schlichtung sind: **65**

– streitende Parteien verlieren z. T. die Kontrolle über das Verfahren
– weniger Zugeständnisse beider Parteien, da der Einigungsvorschlag und/ oder der Schlichterspruch als Kompromiss eher den Standpunkt jeder Partei trifft
– Gefahr der Passivität der Parteien, wenn nach einigen Schlichtungsverfahren der Schlichter anstatt der Parteien Lösungsvorschläge unterbreitet
– der Schlichter setzt sich bei einem Einigungsvorschlag oder einem Schlichterspruch bei sehr komplexen Sachverhalten schnell den Vorwurf der Befangenheit aus, wodurch eine Einigung der Tarifparteien zumindest schwierig wird.[45]

---

45 *Mannhart* 67 ff.; *Greger/Stubbe* 26, jeweils m. w. N.

b) Mediation

66 „Mediation" bedeutet Vermittlung.

67 Die Mediation ist nach Definition der WIPO „a non-binding procedure in which a neutral intermediary, the mediator, assists the parties in reaching a settlement of the dispute".

68 *Schiffer*[46] beschreibt den Begriff der Mediation wie folgt:

„Die Mediation wendet sich von dem vergangenheitsbezogenen Anspruchsdenken ab und will den Parteien eine Plattform bieten, ausgehend von ihren Interessen ihren Konflikt selbst mit einem Blick nach vorne zu regeln."

69 *Heussen*[47] definiert die Mediation wie folgt:

„Parteien ... versuchen ... bei der Mediation unter Einschaltung eines Dritten ohne Entscheidungsgewalt ein für beide Seiten optimales Ergebnis zu schaffen."

70 Es geht also letztlich bei der Mediation darum, den „Kuchen größer zu machen". Die Eingrenzung der Lösungsmöglichkeiten durch das Anrufen eines Gerichts bzw. die Entscheidung eines Richters wird bei der Mediation durch eine interessengerechte, kreative Gestaltung der Zukunft der Parteien ersetzt.

71 Wichtig ist auch, dass die Parteien selbst entscheiden können, wie sie den Konflikt zu einer interessengerechten Lösung führen. Gerade die Geschäftsleitung eines Unternehmens ist in der Regel mit einer derartigen Verfahrensführung und interessenorientierten Lösung eher zufriedenzustellen, als wenn ein Richter eine Entscheidung oktroyiert. Dies hat *Eidenmüller*[48] aufgrund eigener persönlicher Erfahrungen festgestellt.

72 Diese Feststellung kann aus der eigenen Praxis des Verfassers ebenfalls bestätigt werden. Der Verfasser hat in letzter Zeit bei mehreren Schiedsverfahren im Gewerblichen Rechtsschutz und Urheberrecht festgestellt, dass gerade auch durch die Einbeziehung von Elementen anderer Konfliktbeilegungsverfahren (z. B. Mediation) das vom Verfasser bereits mehrfach angesprochene und befürwortete „offene Verhandeln" auch im Rahmen eines Schiedsverfahrens zu einer interessengerechten Lösung für beide Parteien geführt hat. Einige Schiedsverfahren „mutierten" (fast) zu „Mediationen".

---

46 *Schiffer* 241.
47 *Heussen* 855.
48 *Eidenmüller*, RIW 2002, 1 f.

Bei streitigen Verfahren kommt es sehr häufig dazu, dass die entschei- 73
dungsbefugten Personen aus den beteiligten Unternehmen durch interne
und externe Juristen/Rechtsanwälte vertreten werden und damit nicht direkt über den Fortgang des Verfahrens informiert werden, dies zum Teil
auch nicht wünschen, und somit die Kommunikation zwischen den internen Fachabteilungen und den externen Parteivertretern oft gar nicht oder
nur sehr beschränkt stattfindet. Hinderlich ist zugleich auch die juristische Fachsprache. Auch in den Unternehmen – dies kann der Verfasser
aus seiner eigenen mehr als 28-jährigen anwaltlichen Erfahrung bestätigen – werden die entsprechenden Fachabteilungen von den internen
Juristen oft nur in geringem Umfang informiert. Diese Information erfolgt zudem noch in einer auch für die Entscheidungsträger schwer verständlichen „Fachsprache". Betriebswirte und Techniker sind oft nicht in
der Lage, die Fachsprache der internen Juristen zu verstehen, geschweige
denn, diese rechtlichen Informationen wiederum ihren eigenen Vorstän-
den verständlich mitzuteilen. Dies führt häufig auch zu weiteren Miss-
verständnissen. Es kommt also maßgeblich darauf an, dass die internen
Juristen die Ausführungen der externen Parteivertreter verständlich und
mit den damit verbundenen wirtschaftlichen Konsequenzen zu den entsprechenden Fachbereichen und Entscheidungsträgern transportieren.
Wenn dagegen die Geschäftsleitung die Möglichkeit erhält, mit Hilfe interner und externer fachlicher Unterstützung auch über andere Konflikt-
beilegungsmechanismen die Vor- und Nachteile der einzelnen Konfliktbeilegungsverfahren abzuwägen und schließlich über die Auswahl zu
entscheiden und dann möglichst auch noch das ausgewählte Verfahren
selbst zu begleiten, ist es erheblich leichter, eine interessengerechte Lösung unter Beachtung zukünftiger wirtschaftlicher Interessen und anderer Aspekte herbeizuführen. Das Ergebnis des Konflikts wird dann von
der Geschäftsleitung mit herbeigeführt und kann daher auch schneller
akzeptiert werden. Es lassen sich auf diesem Weg auch erhebliche externe Beratungskosten vermeiden. Führungskräfte in Unternehmen müssen
beachten, dass Patent- und Rechtsanwälte – aus ihrer Sicht verständli-
cherweise – ein sehr hohes Interesse daran haben, hohe Streitwerte oder
aber eine große Anzahl von abrechenbaren Stunden zu generieren. Hie-
ran wird auch die ab 1.7.2008 für Anwälte mögliche „Erfolgsbeteili-
gung", die nur unter sehr eingegrenzten Bedingungen möglich ist, nicht
unbedingt etwas ändern. Die Anwälte jedoch, die sich mit derartigen
Konfliktbeilegungsmöglichkeiten beschäftigen und damit das Bera-
tungsspektrum erweitern können, dürften hiervon in erheblichem Umfang profitieren. Es darf hier noch einmal auf die Eingangsbemerkung

verwiesen werden, wonach bei einer Veranstaltung der WIPO die Referenten aus der Industrie nachdrücklich darauf hingewiesen haben, dass in der Zukunft von bestimmten Unternehmen nur noch die Kanzleien mandatiert werden, die das gesamte Spektrum der Konfliktbeilegungsmöglichkeiten erklären und insoweit beraten können und deren Mediation von anderen Streitbeilegungsmöglichkeiten der Vorrang bei diesen Unternehmen eingeräumt wird. Die Unternehmen sollten also die Kriterien festlegen, die bei der Auswahl von Rechts- und Patentanwälten und/oder von Streitschlichtern (z. B. Mediatoren) hilfreich sein könnten.

74 Bei Streitigkeiten im IP- und IT-Bereich kommt es oft nicht nur auf die rechtlichen und finanziellen Beweggründe für die jeweilige Streitigkeit an. Oft geht es auch um sehr diffizile technische Fragestellungen. Es könnte sich daher gerade bei patentrechtlichen Streitigkeiten anbieten, einen Mediator zu nehmen, der als beruflichen Hintergrund die Patentanwaltsausbildung aufweist und somit den Parteien bei technischen Fragen, soweit sie sein Fachgebiet betreffen, als „Mittler" zur Verfügung stehen könnte. Dies gilt umso mehr, als ein Patentanwalt auch in einem speziellen Umfang (patent-)rechtliche Kenntnisse aufweist, die ihn befähigen, den Parteien bei der Suche nach einer interessengerechten Lösung zu helfen.

75 Das Mediationsverfahren unterliegt wie ein Schiedsverfahren der Geheimhaltung. Dies erleichtert die Auswahl der Mediation als Konfliktbeilegungsverfahren und hilft gerade auch den beteiligten Personen, die zur Geschäftsleitung gehören, sich an dem Verfahren zu beteiligen und eine Entscheidung zu erarbeiten und zu treffen. Der Verfasser kann gerade aus der jüngeren und jüngsten Vergangenheit heraus auf verschiedene Streitigkeiten zurückblicken, in denen die Parteien vom Verfasser gebeten wurden, bereits zu der ersten gemeinsamen Sitzung der Parteien einen Vertreter des Vorstands bzw. der Geschäftsleitung zum Termin mitzubringen, um zu gewährleisten, dass unter Ausschluss der Öffentlichkeit bei entsprechendem Ablauf der Gespräche diese leitenden Personen unmittelbar an der Entscheidungsfindung beteiligt werden und bei möglicher Einigung der Parteien die gemeinsame Entscheidung gleich mit formulieren können. Dies führte in den Verfahren des Verfassers in den letzten 8 Jahren dazu, dass die Verfahren, bis auf eine Ausnahme, bereits in der ersten mündlichen Verhandlung bzw. Sitzung mit einem Vergleich jeweils beendet wurden und – falls es sich um einen finanziellen Ausgleich handelte – ohne gerichtliche Vollstreckung gezahlt wurde und die Vergleiche bis zur Erstellung dieses Werks (Sommer 2012) „gehalten" haben.

Ein sehr wichtiges Kriterium für die Auswahl der Mediation im Ver- **76** gleich zu Schieds- oder staatlichen Gerichtsverfahren ist insbesondere auch die Frage der Verfahrenskosten. Die Verfahrenskosten könnten aus der Praxiserfahrung des Verfassers heraus maßgeblich gesenkt werden. In der Regel gibt es bei Anwendung alternativer Konfliktbeilegungsverfahren relativ geringe externe und interne Kosten. Dies führt bei den beteiligten Parteien in der Regel zu einer erhöhten Akzeptanz schon bei der Verfahrensauswahl und im Rahmen des dann angefangenen Verfahrens bei der Entscheidungsfindung. Es wurde bei den einleitenden Worten ebenfalls bereits erwähnt, dass Unternehmen daran interessiert sind, Streitigkeiten preiswert und schnell zu beenden. Die Aufnahme neuer oder die Beibehaltung bestehender Geschäftsbeziehungen spielt hierbei keine überragende Rolle. Wenn dann das Verfahren auch noch vertraulich behandelt werden kann, führt dies ebenfalls zu einer Kostenreduzierung insoweit, als das Unternehmen sich nicht mit Hilfe teurer Pressekampagnen für bestimmte Streitigkeiten „rechtfertigen" muss. Man könnte sogar so weit gehen und die Behauptung aufstellen, dass durch das Nichtöffentlichwerden des Streits das Ansehen der beteiligten Unternehmen im Markt nicht leidet und insofern die Wertigkeit der Unternehmen nicht geschmälert wird, wie das bei einem staatlichen Gerichtsverfahren der Fall wäre, wenn der Streit in die Öffentlichkeit gelangt und zudem dann, wenn es einen „Verlierer" gibt, der Wert dieses Unternehmens nicht nur in der Öffentlichkeitswahrnehmung abnimmt, sondern auch bei börsennotierten Unternehmen der Marktwert sinkt. Dies ist insbesondere auch bei großen Patentverletzungsverfahren schon häufiger beobachtet worden. Wenn ein Patentstreit erfolgreich durchgeführt wurde, sinken die Reputation und der Aktienkurs des „Verlierers". Gleichzeitig steigt der Aktienkurs der „obsiegenden" Partei.

Spezifische Anlässe für immer häufigere Mediationsverfahren bei IP- **77** und IT-Streitigkeiten sind

- extrem hohe Prozesskosten in den USA,
- generell nicht einheitliche Rechtssysteme und insbesondere keine einheitlichen „Patentsysteme" insbesondere in den USA, Japan und der EU.
- Darüber hinaus besteht auch ein steigendes Interesse, auch gegen Know-how-Verletzungen vorzugehen.

Des Weiteren wird auch immer mehr Forschung und Entwicklung durch- **78** geführt, um innovative Produkte schneller und generell in den Verkehr zu bringen. Vermehrt Streitigkeiten gibt es in diesem Zusammenhang auch deshalb, weil immer mehr Forschung und Entwicklung ausgelagert wird. Dies betrifft nicht nur die Auslagerung auf Zulieferer, sondern auch auf Forschungsinstitute. Darüber hinaus erfahren der Gewerbliche Rechtsschutz und das Urheberrecht eine höhere Wertschätzung durch viel häufigere Ein- und Auslizenzierung. Auch bei Unternehmensausgründungen und -fusionen spielt der Gewerbliche Rechtsschutz eine immer größere Rolle. Dies bezieht sich insbesondere auf die Bewertung der Gewerblichen Schutzrechte und Urheberrechte.

79   Kleine und mittlere Unternehmen haben in der Regel aus Kosten- und Geheimhaltungsgründen – wie schon erwähnt – kein Interesse an der Anmeldung, Aufrechterhaltung, Verteidigung und Durchsetzung von gewerblichen Schutzrechten und Urheberrechten. Insofern wird um das eigene Know-how auch intensiver gekämpft und gestritten.

80   Eine Spielart der Mediation ist die Co-Mediation, bei der zwei Mediatoren im Auftrag der Parteien tätig werden. Durch die Co-Mediation wird die Arbeit des (Haupt-)Mediators zum Teil verlagert bzw. aufgeteilt. Dies bietet sich insbesondere bei sehr komplexen Sachverhalten an. Die beiden Mediatoren können sich bei Bedarf austauschen, um z. B. Verfahrens- und Sachfragen besser abschätzen zu können. Auch besteht dadurch die Möglichkeit, dass jeder Mediator durch den anderen Mediator eine „Rückkoppelung" erhält. Dies kann gerade bei komplexen Sachverhalten und/oder mehreren Parteien mit jeweils mehreren Vertretern und daraus resultierenden zahlreichen Beiträgen sinnvoll sein. Es werden dann z. B. keine Beiträge der Teilnehmer „aufgrund der Fülle der Beiträge vergessen". Der eine Mediator kann Zusatzfragen stellen, die der andere Mediator nicht (ad hoc) gestellt hätte. Der eine Mediator kann dem anderen Mediator und/oder den Parteien Zwischenstände des Verfahrens darstellen. Bei IP-Streitigkeiten bietet sich eine Co-Mediation z. B. dann an, wenn ein technischer Sachverständiger oder aber ein Patentanwalt nötig ist, um entweder die technischen oder patentrechtlichen Fragen zu klären. Generell sinnvoll wäre in diesem Zusammenhang das Tätigwerden eines Rechtsanwalts als ein Mediator und die zusätzliche Einbindung eines technischen Sachverständigen. Durch die bessere Durchdringung des Sachverhalts und die mithin gezieltere Verfahrensführung muss eine Mediation nicht unbedingt kostenintensiver sein, selbst wenn auf den ersten Blick höhere Mediatorenhonorare anfallen.

c) Weitere ergebnisorientierte Verfahren

Greger/Stubbe[49] führen neben den Schiedsgutachten die Schlichtung, **81**
Dispute Board und Adjudication und beispielhaft für die USA die Neutral Evaluation, Early Neutral Evaluation (ENE), Rent a Judge, Non binding arbitration, Expert Determination, Expert Opinion sowie Mini Trial
auf. Im Folgenden sollen nur einige dieser Formen beispielhaft erläutert
werden. All diesen genannten Verfahren ist nach Auffassung der wohl
herrschenden Meinung in der Literatur gemeinsam, dass es bei jeder dieser Formen erhebliche Probleme gibt, jede Verfahrensform gegenüber
den anderen Verfahrensformen abzugrenzen. Dies liegt wohl einmal daran, dass je Verfahrenstyp keine einheitliche Begriffsdefinition besteht,
vielmehr je nach Anwender letztlich diese Formen mehr oder weniger
„definiert" werden. Es gibt keine gesetzlichen Vorgaben, so dass von
„unbestimmten Rechtsbegriffen" ausgegangen werden kann. Ein weiterer Grund ist darin zu finden, dass weltweit in den letzten Jahren mehr
oder weniger willkürlich einzelne Verfahrensarten genutzt und gleichzeitig miteinander verknüpft werden. Dies liegt wohl daran, dass die Anwender bestrebt sind, nur die Vorteile der einzelnen Verfahrensarten miteinander zu verweben, um im jeweiligen Einzelfall die „optimale" Form
der Streitbeilegung anzuwenden oder erst während des Verfahrens zu
finden.[50]

aa) Schiedsgutachten

Im Hinblick auf Schiedsgutachten sei insbesondere auch auf die Ab- **82**
handlungen von *Greger/Stubbe*[51] und in jüngerer Zeit von *Schlehe*[52] verwiesen.

Greger/Stubbe und auch *Schlehe*[53] zeigen beispielhaft an der Konflikt- **83**
beilegungsform des Schiedsgutachtens, dass jede dieser Streitbeile-
gungsformen rechtlich nicht klar definiert ist.

Greger/Stubbe[54] schaffen es aus Sicht des Verfassers, diesen Missstand **84**
bzgl. des Schiedsgutachtens zu beseitigen. Sie favorisieren eine Dreitei-

49 *Greger/Stubbe* 26 ff.
50 *Greger/Stubbe* 26 ff.
51 *Greger/Stubbe* 1 ff.
52 *Schlehe*, 445 ff.
53 *Greger/Stubbe* 35 ff.; *Schlehe* 450 ff., 472 ff.
54 *Greger/Stubbe* 35 ff.

lung bei der rechtlichen Behandlung des Schiedsgutachtens und stellen auf die Wirkung dieser Gutachten bei dieser Dreiteilung ab:

– Schiedsgutachten mit gestaltender Wirkung,
– Schiedsgutachten mit Feststellungswirkung und
– Schiedsgutachten mit beschränkter Bindungswirkung.

Schlehe[55] unterscheidet drei Hauptgruppen der Einsatzmöglichkeiten von Schiedsgutachten, die seiner Ansicht nach – dies zu Recht – in der Praxis häufig in Mischformen vorkommen:

– Tatsachengutachten,
– Wertgutachten und
– rechtsfeststellende und rechtsgestaltende Schiedsgutachten.

85   Bei Schiedsgutachten mit rechtsgestaltender Wirkung vereinbaren die Parteien, die das Schiedsgutachten in Auftrag geben, dass eine vertragliche Lücke (z. B. lässt der Vertrag es offen, in welchem Umfang die eine Partei bei der Erstellung einer industriellen Anlage Pflichten erfüllen muss) durch das Schiedsgutachten geschlossen wird. Der Schiedsgutachter soll also festlegen, in welchem Umfang in dem Beispielsfall die Pflichten erfüllt werden müssen. Eine rechtsgestaltende Wirkung kann auch dann angenommen werden, wenn durch das Schiedsgutachten der streitige Vertrag „an veränderte Umstände angepasst werden soll".

86   Durch das Gutachten mit Feststellungswirkung soll dagegen keine Vertragslücke geschlossen werden und keine Vertragsanpassung erfolgen, sondern es soll den Parteien dabei geholfen werden, dass der Sachverhalt in einem bestimmten, von den Parteien vorgegebenen Umfang in tatsächlicher und/oder rechtlicher Form festgestellt wird. Hier geht es z. B. um den Umfang oder das Bestehen von Mitwirkungspflichten oder das Feststellen eines Produktmangels oder die Feststellung finanzieller Leistungspflichten.[56]

87   Schließlich werden Gutachten mit beschränkter Bindungswirkung erläutert. In diesem Fall soll eine Streitigkeit „durch das Schiedsgutachten beendet werden". Die Möglichkeit der Überprüfung des Ergebnisses dieses Gutachtens wird in der Regel, aber nicht immer ausgeschlossen.

---

55 *Schlehe* 8 f., der zu Recht die rechtliche Bewertung von Tatsachen ausdrücklich und ausschließlich den rechtsberatenden Berufen schon aus Haftungsgründen, zuordnet. In der Praxis neigen gerade auch rechtlich nicht ausgebildete Schiedsgutachter immer wieder dazu, rechtliche Einschätzungen (ungefragt) in ihren Gutachten zum Ausdruck zu bringen. S. a. *Schlehe* 450.

56 *Greger/Stubbe* 48 ff.; *Schlehe*, wie vor.

bb) Adjudication

Unter Adjudication versteht man die vorläufig bindende Entscheidung **88** eines Sachverständigen oder mehrerer Sachverständiger, die von den streitenden Parteien beauftragt wurden. In Großbritannien gibt es dieses Verfahren aufgrund eines Gesetzes seit 1998 für Baustreitigkeiten.[57]

cc) Dispute Boards

Dispute Boards sind begrifflich dann gegeben, wenn die Parteien ein **89** oder drei oder ggf. noch mehr unabhängige Dritte beauftragen, den Parteien bei der Konfliktbeilegung durch bindende oder vorläufig bindende Entscheidung oder aber durch nicht bindende Empfehlungen zur Seite zu stehen.[58]

dd) Neutral Evaluation und Early Neutral Evaluation/Mini-Trial, Final-Offer-Arbitration, Mediation/Arbitration

Diese ganzen Verfahrensarten, deren genaue Definitionen nicht einheit- **90** lich[59] sind, sind letztlich Verfahren, die Teile der bisher beschriebenen Verfahren kombinieren.

Die Neutral Evaluation und die Early Neutral Evaluation bezeichnen **91** Verfahren, bei denen ein unabhängiger Dritter zu Beginn eines Verfahrens oder im Laufe des Verfahrens von den Parteien bzw. deren Anwälten eine Zusammenfassung des streitigen Falls erhält. Der Dritte soll die Vor- und Nachteile der Standpunkte der Parteien begutachten, wobei die Gefahr besteht, dass die Aussagen des Dritten für den weiteren Verlauf des Verfahrens zumindest sehr stark mit prägend sind. Andererseits findet eine Versachlichung der Streitigkeit und eine Effizienzsteigerung und letztlich daher eine Deeskalation statt.[60]

Sander[61] beschreibt, dass das Mini-Trial 1976 im Rahmen einer Streitig- **92** keit, die eine Patent- und Markenverletzung betraf, entstand. Dieses Verfahren wurde jahrelang im Bundesgericht in Los Angeles ohne erkennbaren Erfolg unter Einsatz hoher Anwaltskosten behandelt. Die Anwälte fassten den Entschluss, eine unkonventionelle Lösung zur Beilegung der Streitigkeiten anzugehen. Es wurde von den Anwälten ein pensionierter

---

57 *Mannhart* 86 Fn. 427 und *Greger/Stubbe* 13 f., jeweils m. w. N.
58 Siehe z. B. *Greger/Stubbe* 14 f. m. w. N.; s. a. *Stubbe/Wietzorek*, Das 1+1-Modell: Optimierung von Dispute Boards, SchiedsVZ 2011, 328 ff.
59 *Greger/Stubbe* 27.
60 *Birner* 128 f.
61 *Sander*, in: Gottwald/Strempel 22, 35.

Richter beauftragt, unter Leitung dieses Richters einen Informationsaustausch zwischen den Parteien herbeizuführen. Es wurde ein Verfahren festgelegt, wonach der Kläger einen halben bis zu einem ganzen Tag die wesentlichen Aspekte seiner Position mit Hilfe seines Anwalts oder aufgrund von Unterlagen oder unter Einsatz eines wichtigen Zeugen erklären konnte. Im Anschluss an die Ausführungen des klägerischen Anwalts konnte der Beklagtenanwalt den Kläger zu dessen offenkundigen Argumentationsschwachstellen befragen. Im Anschluss an diese Befragung konnte dann der Beklagte seinerseits die für ihn wichtigen Punkte vortragen. Wichtig war bei diesem Verfahren, dass leitende Angestellte des Klägers und des Beklagten an der Verhandlung teilnehmen und bevollmächtigt waren, einen Vergleich abzuschließen. Dieser Vergleich musste nicht in der rechtlichen Fachsprache zum Ausdruck kommen. Wichtiger war es, „die Schwierigkeiten, die sich in der Beziehung zwischen den Parteien ergeben hatten, auszubügeln". In dem genannten Fall wurde von den beiden leitenden Angestellten die beiderseitig akzeptable Geschäftslösung innerhalb eines Zeitraums von weniger als einer Stunde erzielt. Der „Mini-Prozess" muss nicht bereits vor einem Gericht als Lösungsversuch eingesetzt werden. Auch bei sich anbahnenden Streitigkeiten kann dieses Verfahren zum Tragen kommen. Das Verfahren kann flexibel auf die Bedürfnisse des jeweiligen Falls zugeschnitten werden.[62]

93   Final-Offer-Arbitration wird seit 1966 als Konfliktbeilegungsverfahren in dem Fall eingesetzt, wenn es zwischen den Parteien nur noch darum geht, eine bestimmte Höhe des Geldbetrags festzulegen. Beide Parteien geben ihr letztes Angebot (Final Offer), und zwar ohne Kenntnis der anderen Partei nur gegenüber dem Schiedsrichter oder auch für die andere Partei einsichtig ab. Der Schiedsrichter entscheidet dann, welches Angebot seiner Meinung nach „gerecht" ist und erklärt dieses Angebot für verbindlich.[63] Die Final-Offer-Arbitration beinhaltet zwar – dies kann als Vorteil angesehen werden –, dass die „typische Basarsituation"[64] vermieden wird. Andererseits kann z. B. bei fehlender ausreichender vorheriger Erörterung der Positionen und Interessen der Parteien die Gefahr bestehen, dass die Entscheidung des Schiedsrichters für ein Angebot nicht die Vorstellung der anderen Partei trifft. Einschlägige Untersuchungen ergaben, dass die streitenden Parteien von der Fehleinschätzung getrieben werden, dass der Schiedsrichter „ihr" Angebot als das verbind-

---

62 *Gottwald/Strempel* 22, 35.
63 *Mannhart* 86 ff.
64 *Mannhart* 87.

liche Angebot auswählen wird.[65] Auch für den Schiedsrichter kann sich eine missliche Situation ergeben, wenn die beiden letzten Angebote der Parteien so weit auseinander liegen, dass „das Verlustrisiko des Einzelnen inakzeptabel hoch ist",[66] gleichzeitig aber der Schiedsrichter nur noch die Auswahl zwischen diesen beiden Angeboten hat und keine vermittelnde Lösung mehr vorschlagen kann. *Mannhart*[67] geht zu Recht davon aus, dass gerade auch im Hinblick auf das Beispiel eines Patentlizenzvertrages die Final-Offer-Arbitration derart dazu führen kann, dass während des streitigen Verfahrens bereits eine Lösung erkennbar wird, gleichwohl die Parteien dazu verleitet werden, ein Angebot abzugeben, das nicht „fair" ist, sondern den Vorstellungen des Schiedsrichters entspricht. Dies dürfte nicht gerade zu einer positiven Grundstimmung der Parteien und damit auch nicht zu einer positiven Umsetzung des Patentlizenzvertrags führen. Der Schiedsrichter wird aufgrund seiner Bindung an die Angebote der Parteien sich relativ schnell auch Befangenheitsvorwürfen der Parteien aussetzen.[68]

In Lizenzverträgen über Patente, Software, Urheberrechte und techni- **94** sches Know-how und in Forschungs- und Entwicklungsverträgen werden in den letzten Jahren immer häufiger Streitbeilegungsklauseln vereinbart, die eine Mischung aus Mediation und Schiedsgerichtsverfahren beinhalten. Diese Entwicklung besteht aufgrund eigener Erfahrungen des Verfassers mit derartigen Verträgen etwa seit dem Jahr 2005. Wie schon häufiger erwähnt, ist es gerade bei Lizenzverträgen und auch bei Forschungs- und Entwicklungsverträgen, die über einen längeren Zeitraum gehen, extrem wichtig, dass aufgrund der finanziellen und technischen Unwägbarkeiten, die über einen langen Zeitraum bestehen und/oder sich entwickeln können, schnelle Lösungen bei Streitigkeiten gefunden und die Kosten niedrig gehalten werden. Es empfiehlt sich, für die Mediation einen relativ kurzen Zeitraum festzulegen, damit dem Risiko entgegengesteuert wird, dass eine Partei versucht, durch das Mediationsverfahren Zeit zu gewinnen, um beispielsweise „Munition" für das anschließende Schiedsverfahren zu sammeln. Es bietet sich hier ein Zeitraum von ca. 30 bis höchstens 90 Kalendertagen an. Durch eine kürzere Frist wird der Druck auf die Parteien erhöht, sich zu einigen. Der Mediator sollte auch nicht in einem sich anschließenden Verfahren als Schiedsrichter tätig werden, da andernfalls die Gefahr besteht, dass der Schieds-

---

65 *Mannhart* 87.
66 *Mannhart* 87.
67 *Mannhart* 87.
68 *Mannhart* 88.

richter aufgrund seiner im Mediationsverfahren gewonnenen Erkenntnisse sich selbst für befangen erklären muss oder aber von einer oder beiden Parteien für befangen erklärt wird. Ein im Falle der Nichteinigung der Parteien im Mediationsverfahrensteil sich anschließendes Schiedsverfahren sollte auch zeitlich befristet werden. Es bieten sich daher Regelungen einschlägiger Organisationen (z. B. DIS, WIPO; diese Regelungen sind im Anhang abgedruckt) an, um auch die dann abschließende Entscheidung des Schiedsgerichts mit einem oder drei Schiedsrichtern (bei der beschleunigten Schiedsgerichtsbarkeit nur mit einem Schiedsrichter) innerhalb eines überschaubaren Zeitraums abzuschließen.

95   Wenn sich also z. B. in einem auf 30 Kalendertage befristeten Mediationsverfahren keine Einigung der Parteien erzielen lässt, wird auf Antrag einer Partei ein Schiedsverfahren mit nur einem Schiedsrichter beim beschleunigten Schiedsverfahren durchgeführt. Dieser Antrag auf Durchführung eines Schiedsverfahrens ist verbunden mit einer entsprechenden Klageschrift. Innerhalb von z. B. 20 Tagen nach Empfang der v. g. Erklärung der einen Partei müssen der Antrag und die Klageschrift von der anderen Partei beantwortet und gleichzeitig die Klageerwiderung beigefügt werden. Mit Zustellung der Antwort und der Klageerwiderungsschrift beginnt eine Frist von 30 Kalendertagen, innerhalb der nur ein Schiedsrichter entweder einvernehmlich von den Parteien oder aber durch die Schiedsgerichtsorganisation bestellt wird. Wenn innerhalb dieser 30-Tage-Frist die Klageerwiderung vom Kläger empfangen wird, läuft ab Empfangsdatum eine weitere Frist von 20 Kalendertagen zur Beantwortung der Klageerwiderung. Unabhängig davon findet innerhalb der 30-Tage-Frist, die ab Empfang der Klageschrift beginnt, eine mündliche Verhandlung statt, die innerhalb dieses Zeitraums vom Einzelschiedsrichter für ein bestimmtes Datum an einem bestimmten Ort festgesetzt wird. Innerhalb von drei Monaten nach dem Empfang der Klageerwiderungsschrift oder nach der Benennung des Einzelschiedsrichters wird das Verfahren geschlossen. Innerhalb eines weiteren Monats nach Schließung des Verfahrens erlässt der Einzelschiedsrichter dann seine Entscheidung. Im beschleunigten Schiedsverfahren sind die Kosten bis zu einem Streitwert von z. B. 10 Mio. US-Dollar begrenzt.

96   Denkbar ist auch noch eine andere Reihenfolge dieses gemischten Verfahrenstyps. Der „neutrale Dritte" trifft in einem Schiedsverfahren eine Entscheidung. Diese Entscheidung wird in einem verschlossenen Umschlag verwahrt und den Parteien zur Verfügung gestellt. In einem sich anschließenden Mediationsverfahren agiert der „Schiedsrichter" als „Mediator". Da die Parteien aufgrund des verschlossenen Umschlags die Entscheidung des „Schiedsrichters" nicht kennen, können sie daraus auch keinen Vorteil für das sich anschließende Mediationsverfahren verschaffen. Gleichzeitig behält der ehemalige „Schiedsrichter" seine „Neutralität", da er sich bereits auf eine Entscheidung festgelegt hat und seine Entscheidung daher nicht mehr durch die folgenden Parteivorbringen im Mediationsverfahren beeinflusst werden kann, zumindest dieses Risiko sehr stark reduziert wird.[69]

In beiden Varianten sollte von den streitenden Parteien genau überlegt **97** werden, ob sie entgegen den v.g. Äußerungen dieselbe Person als Schiedsrichter und Mediator oder zunächst als Mediator und dann als Schiedsrichter nehmen wollen.

Sehr kritisch kann es bei gemischten Mediations-/Schiedsgerichtsverfahren auch gerade dann werden, wenn z.B. zunächst ein Schiedsverfahren begonnen wurde und während des Schiedsverfahrens dann der oder die Schiedsrichter als Mediator tätig werden.

Beispielhaft ist in jederlei Hinsicht der „IBM-FUJITSU-Fall".[70] IBM **98** warf Ende der 70er Jahre des letzten Jahrhunderts Fujitsu vor, dass deren bestimmtes Betriebssystem die Urheberrechte der IBM verletzen würde. Im Jahr 1983 einigten sich die beiden Parteien. Fujitsu zahlte an IBM eine einmalige Summe und sich anschließende halbjährliche Lizenzgebühren. Im Gegenzug verzichtete IBM auf die Geltendmachung seiner Urheberrechte und erteilte Fujitsu die Erlaubnis, eine bestimmte Anzahl definierter Software-Programme zu nutzen. Diese Vereinbarung wurde von zusätzlichen Vereinbarungen begleitet. Da die im Jahr 1983 getroffene Vereinbarung nicht präzise genug war, und folgende Verhandlungsversuche scheiterten, beantragte IBM 1986 die Durchführung eines in dem Vertrag aus dem Jahre 1983 für den Fall von Streitigkeiten vereinbarten Schiedsgerichtsverfahrens. IBM und Fujitsu wendeten alle erdenklichen Formen der Streitbeilegung an. Dazu gehörte u.a. „Mini-Trial". Die Prozessanwälte und Experten beider Parteien offenbarten diesen die jeweiligen Ansichten beider Parteien, wobei ein hochrangiges Mitglied der Geschäftsleitung jeder Partei anwesend war. Da das Mini-Trial keinen Erfolg hatte, wurde vereinbart, dass die von beiden Parteien benannten Schiedsrichter als Mediatoren die beiden wesentlichen Punkte des Streits behandeln sollten. Die Mediatoren, die vorher Schiedsrichter waren, wiesen sowohl Erfahrungen im Zusammenhang mit Computer-

---

69 *Birner* 132 f.
70 *Kirchhoff/Scherer* 255 ff.; *Anita Stork*, The use of arbitration in Copyright Disputes: IBM v. FUJITSU, ohne Fundstelle.

technologie und gleichzeitig mit Streitschlichtung auf. Die Mediatoren wandten alle denkbaren Mediationstechniken an. Hierzu gehörten auch getrennte Gespräche der Mediatoren mit jeder Partei. Um nicht für befangen erklärt zu werden, führten die Mediatoren diese getrennten Gespräche mit den Parteien immer nur als Mediatorenteam und nie allein. 1987 kam es dann zu einer Einigung bzgl. der grundlegenden Streitpunkte. Einzelheiten der den Streit beendenden Einigung wurden dem Schiedsgericht überlassen. Der Vorsitzende des Schiedsgerichts zog sich im Mai 1987 aus dem Schiedsgericht zurück. Gleichwohl entschieden die Parteien, dass die verbleibenden zwei der von den Parteien ernannten Schiedsrichter weiterhin tätig werden sollten. Nur bei Uneinigkeit dieser beiden verbleibenden Schiedsrichter sollten diese berechtigt sein, unverzüglich einen dritten Schiedsrichter zu engagieren, um „den Knoten durchzuschlagen". Außerdem wurden die Schiedsrichter für einen Zeitraum von 15 Jahren verpflichtet, um als ständiges Streitschlichtungsgremium die Umsetzung des Inhalts der Einigung zu begleiten und bei Bedarf neue Streitigkeiten zu schlichten. Die beiden Schiedsrichter entschieden sich dafür, zunächst Regelungen für die zukünftige Umsetzung der Vereinbarung festzulegen und sich dann erst den einzelnen Inhalten der Vereinbarung zu widmen. Obwohl dann diese Regelungen im September 1987 zur Zufriedenheit beider Parteien festgelegt wurden, konnte die genaue Festlegung des vereinbarten und überwachten Austausches von Informationen und der Festlegung der jährlichen Lizenzgebühren nur durch eine weitere Einschaltung der beiden Schiedsrichter erreicht werden. Ständig verhandelten Teams technischer Experten beider Parteien auf der Basis der von den Schiedsrichtern festgelegten Richtlinien und versuchten einzelne Streitpunkte zu bestimmen. Ungelöste Streitpunkte wurden dann wieder den beiden Schiedsrichtern zur gezielten Teilentscheidung vorgelegt, um dann aufgrund weiterer neuer Entscheidungen und „guidelines" wieder zu verhandeln. Die beiden Schiedsrichter mussten dann letztlich nur noch eine kleinere Anzahl von streitigen Punkten entscheiden. Bevor die Schiedsrichter den Betrag für die nach oben begrenzten Lizenzgebühren festlegten, wurden beide Parteien gebeten, die Grundlagen für die Berechnung der einmaligen Lizenzgebühr festzulegen. Im Anschluss daran wurde die Anzahl der von Fujitsu zu nutzenden Software-Programme in einer mündlichen Verhandlung, die sieben Tage dauerte, diskutiert und bestimmt. Die Schiedsrichter präsentierten zum Abschluss dieser mündlichen Verhandlung auch keine Entscheidung, sondern überließen diese letztlich wieder den Parteien. Am siebten Tag der mündlichen Verhandlung legten die Schiedsrichter lediglich grundlegende Regelungen zur Bestimmung der einmaligen Lizenzgebühr vor und baten dann die Parteien, selbst ein Berechnungsmodell in der Weise zu erarbeiten, dass die Schiedsrichter dann auf der Basis dieses Modells die Lizenzgebühren wiederum auf der Basis der von den Schiedsrichtern genannten Faktoren errechnen konnten. Die von den Parteien erarbeiteten Berechnungsmodelle wurden dann mit den Schiedsrichtern diskutiert. Die Parteien hatten die Möglichkeit, ihre Berechnungsmodelle noch zu verändern. Im Anschluss daran verglichen die beiden Schiedsrichter die beiden Modelle der Parteien mit denen der von den Schiedsrichtern in den Richtlinien der festgelegten Werte und trafen letztlich ihre Entscheidung. Die Parteien schöpften den Zeitraum von 15 Jahren, den sie 1987 für die Überwachung der vereinbarten Regelungen durch die Schiedsrichter festgelegt hatten, nicht aus, sondern entschlossen sich bereits 1997, also 10 Jahre später, die Vereinbarung mit den Schiedsrichtern aufzuheben, da diese nicht mehr benötigt wurden.

Dieser außergewöhnliche Fall zeigt beispielhaft an einem Praxisfall den **99** extremen Hintergrund für eine Streitschlichtung:

– zwei unterschiedliche Rechtssysteme; ein Rechtsgebiet, was nicht nur vor mehr als 35 Jahren, sondern auch heute noch von vielen Lücken geprägt ist („Softwareurheberrecht"),
– Schiedsrichter mussten Basisregeln für die Zusammenarbeit erstellen und gleichzeitig das für die Parteien für einen bestimmten Zeitraum anwendbare „Software-(Urheber-)Recht" vorgeben.[71]

Sehr bemerkenswert ist auch das von den beiden Schiedsrichtern ange- **100** wandte Verfahren oder besser gesagt, die angewandten Verfahren zur Streitschlichtung. Die Schiedsrichter wandten einen Großteil der Streitschlichtungsmöglichkeiten an:

– strukturierte Verhandlungen,
– Mini-Trial – Mediation – Final-Offer-Arbitration,
– durch die Schiedsrichter erleichtertes Verhandeln von zu schaffenden Rahmenregelungen für eine Zusammenarbeit,
– die Überwachung der Erfüllung dieser Regeln durch neutrale Sachverständige,
– fortlaufende Streitschlichtung durch ein ständiges Gremium von zwei Schiedsrichtern mit der Möglichkeit, einen dritten Schiedsrichter ad hoc einzubeziehen,
– während der gesamten Streitdauer (ca. zwölf Jahre), bestand eine sehr komplexe Beziehung zwischen dem Verhandeln und Adjudication,

---

71 *Kirchhoff/Scherer* 258.

- der Durchbruch der Verhandlungen erfolgte dadurch, dass zwei der drei Schiedsrichter die Möglichkeit hatten, sich zeitweise als Mediatoren zu betätigen und so die Vereinbarung ermöglichten, die für alle folgenden Festlegungen die Basis bildeten:
  - Die Entscheidung, alle Streitigkeiten mit Bezug zu den bestehenden Software-Programmen durch Zahlung einer einmaligen Lizenzgebühr zu beenden
  - und die Entscheidung, ein „sicheres System" für den kontrollierten Austausch zukünftiger Software-Daten zu schaffen.

101 Diese zwei Schlüsselelemente der endgültigen Lösung konnten die Schiedsrichter den Parteien nicht verbindlich auferlegen bzw. wurden nicht auferlegt. Erst als zu einem späteren Zeitpunkt die Einzelheiten dieser beiden Schlüsselelemente ausgearbeitet wurden, gab es ein rotierendes Verfahren, das wie ein Pendel zwischen Verhandeln und Adjudication hin und her schlug. Schrittweise wurden durch Verhandlungsrunden, die sich mit „Orientierungshilfen" der Schiedsrichter und der Adjudication von eingegrenzten Themen abwechselten, die streitigen Inhalte durch die Parteien eingegrenzt, bis schließlich nur noch die essenziellen Daten und Zahlen übrig blieben, die dann die Grundlage für die Entscheidung der beiden Schiedsrichter waren.[72]

102 Die Schiedsrichter schafften es in diesem beispielhaften Fall, unter der Berücksichtigung der eigentlichen Interessen der Parteien ein rechtlich orientiertes (Schieds-)Verfahren in ein interessenorientiertes und in die Zukunft gerichtetes Streitschlichtungsverfahren umzuwandeln. Die endgültige Lösung enthielt in hohem Maße von den Parteien einvernehmlich bewertete und entschiedene Bestandteile und schuf letztlich die Basis für einen zum Nutzen beider Parteien einvernehmlich geregelten Technologietransfer. *Kirchhoff* und *Scherer*[73] zitieren insoweit einen hochrangigen Berater einer der Parteien, der letztlich darauf abstellt, dass der Erfolg in diesem Beispielsfall letztlich von den folgenden Faktoren geprägt war:

- Die Persönlichkeit der Schiedsrichter, die die seltene Gabe hatten, in dem beschriebenen Umfang tätig zu werden,
- einen starken Charakter der Schiedsrichter und
- das absolute Vertrauen beider Parteien.

103 Der Verfasser, der selbst seit mehr als 30 Jahren als In-House-Counsel und auch als Rechtsanwalt tätig ist, kann diese Merkmale uneingeschränkt bejahen. Aufgrund der Begleitung von Schieds- und Mediati-

---

72 *Kirchhoff/Scherer* 258.
73 *Kirchhoff/Scherer* 259.

onsverfahren insbesondere im Gewerblichen Rechtsschutz und Urheberrecht und aufgrund der eigenen Tätigkeit in diesem Bereich als Schiedsrichter, Mediator und Schiedsgutachter seit 1993 kann nur nachdrücklich dazu geraten werden, sich aus diesem Grund sehr viel Zeit bei der Auswahl des „neutralen Dritten" zu nehmen. Auf die Gesichtspunkte bei der Auswahl des „neutralen Dritten" wird noch in einem späteren Kapitel näher eingegangen.[74]

Aus der Sicht eines „neutralen Dritten" und insbesondere aus eigener Erfahrung kann gesagt werden, dass letztlich erst aufgrund einer Spezialisierung in einem bestimmten technischen und/oder rechtlichen Bereich gekoppelt mit einer sehr hohen Bereitschaft zur eigenen Zurückhaltung (zuhören können!), dem Beherrschen und der situationsabhängigen Anwendung der oder Teilen der einzelnen Streitbeilegungsverfahren, einer erheblichen Verhandlungserfahrung insbesondere auch mit ausländischen Verhandlungspartnern verschiedener Länder und nicht zuletzt einer gehörigen Portion „Menschenkenntnis" es ermöglicht wird, zumindest die Basis für einen Konsens der streitenden Parteien zu schaffen. Nicht zuletzt sei darauf verwiesen, dass diese Art der „Streitbeilegung" für alle Beteiligten extrem anstrengend ist und daher unbedingt darauf geachtet werden muss, dass derartige Gespräche – dies wird noch einmal an anderer Stelle in diesem Werk beschrieben[75] – in einer möglichst stressfreien Atmosphäre durchgeführt werden muss. **104**

III. Rechtliche Grundlagen

1. Einführung

Zum Thema „Streitschlichtung" gab es bisher nur einzelne Regelungen in verschiedenen Gesetzen: **105**

Arbeitsrecht: Schlichtungsausschüsse gibt es seit 1890 bezüglich der Gewerbegerichtsbarkeit. Für Seeleute gibt es eine besondere Schlichtungsstelle, das Seemannsamt.[76] Nach dem Betriebsverfassungsgesetz gibt es eine Einigungsstelle.[77] **106**

---

74 Rn. 130 ff.
75 Rn. 131 ff.
76 § 111 Abs. 1 S. 2 ArbGG i. V. m. §§ 14–19 SeemannsVO.
77 § 76 BetriebsVG.

107   **Familienrecht:**   Im Familienrecht gab es vor dem 1.9.2009 die sog. Eheberatungsstelle bei Ehescheidung.[78] Bei Sorgerechtsentscheidungen des Familiengerichts war eine „Vermittlung" möglich.[79] Eine ähnliche Unterstützung gibt es auch bei der Kinder- und Jugendhilfe.[80]

108   **Wirtschaftsrecht:** Bei Wettbewerbsstreitigkeiten können die Einigungsstellen bei den Industrie- und Handelskammern angerufen werden.[81] In bestimmten Fällen kann bei Streitigkeiten im Bereich der Telekommunikation die Regulierungsbehörde eine Mediationsverhandlung vorschlagen.[82]

109   Bei Verbraucherinsolvenzen hat der Schuldner mit dem schriftlich einzureichenden Antrag auf Eröffnung des Insolvenzverfahrens oder unverzüglich nach diesem Antrag u.a. eine Bescheinigung vorzulegen, die von einer geeigneten Person oder Stelle ausgestellt ist und aus der sich ergibt, dass eine außergerichtliche Einigung mit den Gläubigern über die Schuldenbereinigung auf der Grundlage eines Plans innerhalb der letzten sechs Monate vor dem Eröffnungsantrag erfolglos versucht worden ist.[83] In Nachbarschafts- und Ehrschutzstreitigkeiten ist bei Streitwerten von bis zu EUR 750,– ein Schlichtungsverfahren obligatorisch.[84] Aus § 15a Abs. 6 EGZPO ergibt sich, dass Gütestellen auch durch Landesrecht anerkannt werden können. Die von diesen Gütestellen geschlossenen Vergleiche gelten als Vergleiche gem. § 794 Abs. 1 Nr. 1 der ZPO.

110   Die gütliche Streitbeilegung, die Güteverhandlung und der Vergleich fanden und finden vor und nach Inkrafttreten des MediationsG in der Zivilprozessordnung ihren Niederschlag in § 278. In Abs. 1 dieser Regelung ist festgehalten, dass das Gericht in jeder Lage des Verfahrens auf eine gütliche Beilegung des Rechtsstreits oder einzelner Streitpunkte bedacht sein soll.

---

78 § 614 Abs. 5 ZPO a.F., vor dem 1.9.2009.
79 § 52a FGG a.F. vor dem 1.9.2009.
80 § 17 Abs. 2 SGB VIII.
81 § 15 UWG.
82 § 124 TKG.
83 § 305 Abs. 1 Nr. 1 InsO.
84 § 15a EGZPO.

Der mündlichen Verhandlung[85] geht zum Zwecke der gütlichen Beile- **111** gung des Rechtsstreits eine Güteverhandlung voraus, es sei denn, es hat bereits einen Einigungsversuch vor einer außergerichtlichen Gütestelle stattgefunden oder die Güterverhandlung erscheint erkennbar aussichtslos. Das Gericht hat in der Güteverhandlung den Sach- und Streitstand mit den Parteien unter freier Würdigung aller Umstände zu erörtern und, soweit erforderlich, Fragen zu stellen. Die erschienenen Parteien sollen hierzu persönlich gehört werden. § 278 Abs. 5 ZPO sah vor Inkrafttreten des MediationsG vor, dass das Gericht die Parteien für die Güteverhandlung vor einen beauftragten und ersuchten Richter verweisen kann. In geeigneten Fällen konnte das Gericht den Parteien eine außergerichtliche Streitschlichtung vorschlagen.

Entsprechend dieser Regelung liefen und laufen seit einigen Jahren in bestimmten Bundesländern (z. B. in Baden-Württemberg, Bayern) Pilotprojekte, die die gerichtsinterne Mediation beinhalten. Die „normalen" Richter erfahren in diesem Zusammenhang eine Ausbildung zum „Güterichter" (Mediator). Mit Zustimmung der Parteien kann der nach dem Geschäftsverteilungsplan zuständige Richter den Fall an den Güterichter weiterleiten. Sollten die Parteien im Rahmen der dann stattfindenden Mediation sich nicht einigen können und auch ein Vergleich vor dem zuständigen Gericht nicht möglich sein, wird dann von dem zuständigen Richter ein Urteil erlassen. Gemäß der neuen Fassung des § 278 Abs. 5 ZPO kann das Gericht die Parteien für die Güteverhandlung sowie für weitere Güteversuche vor einem hierfür bestimmten und nicht entscheidungsbefugten Richter (Güterichter) verweisen. Der Güterichter kann alle Methoden der Konfliktbeilegung einschließlich der Mediation einsetzen. Ergänzt wird die neue Regelung des § 278 Abs. 5 ZPO durch § 278a ZPO. § 278a Abs. 1 ZPO bildet die Basis für die (außergerichtliche) Mediation. Das Gericht kann den Parteien eine Mediation oder ein anderes Verfahren der außergerichtlichen Konfliktbeilegung vorschlagen. Abs. 2 sieht vor, dass das Gericht das Ruhen des Verfahrens anordnet, wenn die Parteien sich für ein Verfahren der außergerichtlichen Konfliktbeilegung entschieden haben.

Im Rechtsdienstleistungsgesetz, das am 1.7.2008 in Kraft getreten ist, **112** wird in § 2 Abs. 3 Nr. IV die Mediation und jede vergleichbare Form der alternativen Streitbeilegung, sofern die Tätigkeit nicht durch rechtliche Regelungsvorschläge in die Gespräche der Beteiligten eingreift, ausdrücklich vom Begriff der „Rechtsdienstleistung" ausgeschlossen. Da-

---

85 § 278 Abs. 2 ZPO.

mit sind nicht nur Rechtsanwälte befugt, die Mediation als Dienstleistung anzubieten. Dies wurde auch schon durch das Bundesverfassungsgericht am 27.9.2002 einstimmig beschlossen.[86]

113 Des Weiteren ist auf einen weiteren sehr bemerkenswerten Beschluss des Bundesverfassungsgerichts vom 14.2.2007[87] hinzuweisen: Im Rahmen einer Verfassungsbeschwerde, bei der es um die Abweisung einer Schadensersatzklage wegen Nichtdurchführung eines Schlichtungsverfahrens gemäß § 10 des Gütestellen- und Schlichtungsgesetzes des Landes Nordrhein-Westfalen[88] ging, hat das Bundesverfassungsgericht u. a. Folgendes ausgeführt:

„Der möglichen Beeinträchtigung (des Justizgewährungsanspruchs) stehen hinreichende Vorteile für den Rechtsuchenden gegenüber. Im Erfolgsfalle führt die außergerichtliche Streitschlichtung dazu, dass eine Inanspruchnahme der staatlichen Gerichte wegen der schon erreichten Einigung entfällt, so dass die Streitschlichtung für die Betroffenen kostengünstiger und vielfach wohl auch schneller erfolgen kann als eine gerichtliche Auseinandersetzung. Führt sie zu Lösungen, die in der Rechtsordnung so nicht vorgesehen sind, die von den Betroffenen aber – wie ihr Konsens zeigt – als gerecht empfunden werden, dann deutet auch dies auf eine befriedigende Bewältigung des Konflikts hin. Eine zunächst streitige Problemlage durch eine einverständliche Lösung zu bewältigen, ist auch in einem Rechtsstaat grundsätzlich vorzugswürdig gegenüber einer richterlichen Streitentscheidung."

114 Diese bisher einzigartige Feststellung eines deutschen Gerichts und zudem des Bundesverfassungsgerichts zeigt, dass in den letzten Jahren ein gravierender Wandel bzgl. der Akzeptanz der Streitschlichtung sich vollzog. Dieser Beschluss des Bundesverfassungsgerichts, zumindest der letzte Satz der wiedergegebenen Begründung des Beschlusses, sollte in allen Unternehmen der Geschäftsleitung bzw. dem Vorstand nicht nur bei bereits entstandenen Streitigkeiten, sondern auch bei – soweit noch nicht geschehen – der Einführung von Streitvermeidungs- und Streitbeilegungssystemen in den Firmen vorgelegt werden!

115 Zu begrüßen ist es daher auch, dass nun endlich auch bei der Ausbildung des juristischen Nachwuchses,[89] im Kostenrecht,[90] in der Berufsordnung

---

86 NJW 2002, 3531.
87 1 BvR 1351/01.
88 GüschlG NRW.
89 § 5a Abs. 3 DRiG, § 58 Abs. 2 Nr. 3e Bay. JAPO.
90 § 34 RVG.

der Rechtsanwälte[91] und bei der Verjährung[92] die Mediation nunmehr eine nicht mehr zu übersehende Rolle spielt (siehe zu diesen rechtlichen Grundlagen und auch zu anderen Fragen der Mediation die Arbeit von *Schlehe* „Mediationsgesetz für Deutschland nach österreichischem Vorbild?", die Schlehe im Rahmen seiner Ausbildung zum Wirtschaftsmediator im Februar 2007 erstellt hat.

In Deutschland gab es früher als ausführliche gesetzliche Regelung lediglich den Entwurf eines Gesetzes über die Einführung eines Mediations- und Gütestellengesetzes sowie zur Änderung anderer Gesetze für das Land Niedersachsen vom 17.4.2007.[93]   **116**

Im europäischen Ausland wurde zuerst in Österreich das Zivilrechts-Mediations-Gesetz vom 1.5.2004[94] und die entsprechende Zivilrechts-Mediations-Ausbildungsverordnung vom 22.1.2004 eingeführt.[95]   **117**

In anderen europäischen Ländern (z.B. in Liechtenstein, Luxemburg und Ungarn) fanden sich ähnliche Regelungen.[96]   **118**

Auf EU-Ebene gab es bis Mitte 2008 nur den Richtlinienvorschlag über bestimmte Aspekte der Mediation in Zivil- und Handelssachen aus dem Jahre 2004 vom 22.10.2004.[97] Dieser Richtlinienvorschlag basiert letztlich auf dem Grünbuch über alternative Verfahren zur Streitbeilegung im Zivil- und Handelsrecht vom 19.4.2002,[98] dem europäischen Verhaltenskodex für Mediatoren.[99]   **119**

Am 10.6.2008 trat dann die EU-Mediationsrichtlinie in Kraft. Mit der Richtlinie wird der Vorgabe des Europäischen Rates von 1999, alternative außergerichtliche Streitbeilegungsverfahren zu schaffen, Rechnung getragen. Mit dieser EU-Richtlinie, die innerhalb von drei Jahren in nationales Recht umgesetzt werden musste, besteht ein rechtlicher Rahmen für grenzüberschreitende Streitigkeiten innerhalb der EU für Mediationen. Es sind insoweit die Vorgaben der Richtlinie 2008/52/EG vom   **120**

---

91 §§ 7a, 18 BORA.
92 §§ 203, 204 BGB.
93 Drs. 15/3708.
94 BGBl. I Nr. 29/2003.
95 BGBl. II Nr. 47/2004; siehe *Pitkowitz*, Die neuen Mediationsregeln der EU – Ist Österreich noch Wegbereiter?, SchiedsVZ 2005, 81 ff.
96 Siehe http://ec.europa.eu/civiljustice.
97 KOM (2004) 718 endg., 2004/0251 (COD).
98 KOM (2002) 16 endg.
99 European Code of Conduct for Mediators (http://ec.europa.eu/civiljustice/adr/adr_ec_code_conduct_en.htm).

21.5.2008 zu erfüllen. Die Richtlinie bezweckt einerseits die Förderung der Mediation durch die Mitgliedstaaten der EU und entfaltet andererseits bestimmte Rechtswirkungen, die die Mitgliedstaaten sicherzustellen haben. Die Mitgliedstaaten müssen z.B. die Ausbildung von Mediatoren sowie die Entwicklung von freiwilligen Verhaltensnormen fördern. Wer Mediationsdienste erbringen möchte, muss sich bestimmten Verfahren zur Qualitätskontrolle unterwerfen. Auch muss ein mit einer Klage befasstes Gericht die Parteien auffordern, zur Streitbeilegung die Mediation anzuwenden. Auf Antrag der Parteien oder einer Partei mit ausdrücklicher Zustimmung der anderen Parteien kann die im Rahmen einer Mediation getroffene Vereinbarung durch gerichtliches Urteil für vollstreckbar erklärt werden. Die Vorschriften für die Anerkennung und Vollstreckung der Vereinbarung in einem anderen Mitgliedstaat dürfen nicht berührt werden. Maßgeblich sind die Regeln der Europäischen Gerichtsstand- und Vollstreckungsvereinbarung. Nach der EU-Richtlinie ist die Mediation vertraulich. Grundsätzlich dürfen weder die Mediatoren noch die Parteien noch in die Abwicklung des Mediationsverfahrens eingebundene Personen gezwungen werden, bei Gerichtsverfahren in Zivil- und Handelssachen oder in Schiedsverfahren Dritten Informationen, die sich aus einer Mediation ergeben oder mit ihr in Zusammenhang stehen, zu geben oder Aussagen zu ihnen zu machen. Lediglich bei Vorliegen zwingender Gründe der öffentlichen Ordnung oder anderen triftigen Gründen oder wenn die Preisgabe der vertraulichen Informationen für die Durchführung oder Vollstreckung der Mediationsverfahren erzielten Vereinbarung erforderlich ist, gelten insofern Ausnahmen.

121   Die Mitgliedstaaten werden darüber hinaus aufgefordert sicherzustellen, dass etwaige Verjährungsfristen das Beschreiten des Rechtsweges nicht be- bzw. verhindern.

122   Die in das nationale Recht der Mitgliedstaaten umzusetzende EU-Richtlinie wurde seit April 2008 von einer Expertengruppe im Hinblick auf den Bedarf von möglichem Inhalt einer gesetzlichen Regelung zur Mediation in Deutschland geprüft. Das Bundesjustizministerium hatte diese Expertengruppe berufen. Sie bestand aus Vertretern der Wissenschaft, der berufsständischen Verbände sowie der Bundesländer. Diese Expertengruppe sollte ausdrücklich auch Regelungen für rein innerstaatliche Konflikte behandeln.

2. Das deutsche Mediationsgesetz

a) IP-Regelungen

Das „Gesetz zur Förderung der Mediation und anderer Verfahren der au-   **123**
ßergerichtlichen Konfliktbeilegung", das in Art. 1 das MediationsG und
in den Art. 2 bis 9 die Änderung einiger Gesetze und das Inkrafttreten
des erstgenannten Gesetzes beinhaltet, setzt die bereits besprochene EU-
Richtlinie mit Verzögerung von mehr als einem Jahr um. Unabhängig
von bisheriger und sehr wahrscheinlich auch zukünftiger Kritik an den
vom Gesetzgeber getroffenen Regelungen wird dieses Gesetz jedenfalls
dazu beitragen, dass nationale und mithin auch in gewissem Umfang internationale Streitigkeiten unabhängig davon, ob es sich um Streitigkeiten im Zusammenhang mit einem Gerichtsverfahren oder unabhängig
von einem Gerichtsverfahren handelt, nun auch in Deutschland in einem
definierten gesetzlichen Umfang mittels der Möglichkeit der Mediation
schnell und kostengünstig geführt und beendet werden können.[100]

Die im Mediationsgesetz zunächst für das Patent- und Markenrecht ausdrücklich vorgesehene Mediation (Art. 10 und 11) wurde letztlich in der
Endfassung des Mediationsgesetzes nicht berücksichtigt.

Aufgrund der Beschlussempfehlung und des Berichts des Rechtsaus-
schusses (6. Ausschuss) vom 1.12.2011[101] wurden (für viele Interessierte
etwas überraschend) aufgrund der Streichung der „gerichtsinternen"
Mediation und der dafür vorgeschlagenen „Überführung der gerichtsinternen Mediation in ein erheblich erweitertes Institut des Güterichters
und der Ausdehnung dieses Instituts auch auf die Verfahrensordnungen
der Arbeits-, Sozial-, Verwaltungs-, Patent-, Marken- sowie Finanzgerichte" die bisher vorgeschlagenen Art. 10 und 11 ersatzlos gestrichen
und als Begründung ausgeführt: „Vor einer zunächst erwogenen Einführung von Gebühren für die gerichtsinterne Mediation hat der Rechtsausschuss wieder Abstand genommen, da hiermit ein nicht unerheblicher
bürokratischer Aufwand für die Gebührenerhebung verbunden gewesen
wäre und die Förderung der nicht-richterlichen Mediation nur in unzu-
reichendem Umfang zu erwarten gewesen wäre. Deshalb schlägt der
Rechtsausschuss vor, die bisher praktizierten unterschiedlichen Modelle
der gerichtsinternen Mediation in ein erheblich erweitertes Institut des

---

100 S. a. *Duve*, Das Gesetz zur Rettung der gerichtlichen Mediation, ZKM 2012, 108 f.;
   Wagner, Das Mediationsgesetz – Ende gut, alles gut?, ZKM 2012, 110 ff. Siehe auch
   § 124 TKG.
101 BT-Drs. 17/8058, 15.

Güterichters zu überführen und dieses Institut auch auf die Verfahrensordnungen der Arbeits-, Sozial-, Verwaltungs-, Patent-, Marken- und Finanzgerichte auszudehnen. Mit dieser Regelung werden die Möglichkeiten für die Entwicklung der außergerichtlichen Mediation und anderer Formen der außergerichtlichen Konfliktbeilegung erweitert."[102] Es wurde also mit einem bürokratischen Aufwand für die Gebührenerhebung und einer unzureichenden Förderung der nicht-richterlichen Mediation argumentiert, wobei offen bleibt, ob diese beiden Gründe unabhängig voneinander oder kumulativ gelten sollen. Letzteres dürfte angesichts des zitierten letzten Satzes der Begründung der Fall sein.

Die Streichung der geplanten Art. 10 PatG und Art. 11 MarkenG wurde wie folgt begründet: „Der Aufnahme einer Verweisung im Patentgesetz und im Markengesetz auf die neuen Regelungen gemäß § 278 Abs. 5 und § 278a der Zivilprozessordnung in die generell verweisende Norm des § 99 Abs. 1 des Patentgesetzes bzw. § 82 Abs. 1 des Markengesetzes bedarf es nicht. Im Verfahren vor dem Patentgericht sind die Vorschriften der Zivilprozessordnung gemäß § 99 Abs. 1 des Patentgesetzes bzw. § 82 Abs. 1 des Markengesetzes ohnehin immer anwendbar, soweit die Besonderheiten des patentgerichtlichen Verfahrens dies nicht ausschließen. Dass diese Besonderheiten der Anwendung von Vorschriften über den Güterichter und über die Möglichkeiten außergerichtlicher Konfliktbeilegung entgegenstehen könnten, ist nicht ersichtlich. Das Verfahren vor dem Patentgericht wird überwiegend, ähnlich dem Verfahren vor den Zivilgerichten, als Verfahren zwischen zwei Parteien geführt. Es ist daher offen für Institute der gütlichen Konfliktbeilegung vor dem Güterichter oder in außergerichtlicher Weise. Auch wird für das patentgerichtliche Verfahren – anders als beim Verwaltungsgerichtsverfahren – in Wissenschaft und Lehre nicht in Zweifel gezogen, dass in diesem Verfahren eine alternative Konfliktbewältigung möglich ist." Es erscheint zunächst nicht nachvollziehbar, dass der Gesetzgeber nach einer derart langen Vorbereitungszeit erst jetzt bemerkt, dass das Verfahren vor dem Bundespatentgericht „für Institute der gütlichen Konfliktbeilegung vor dem Güterichter oder in außergerichtlicher Weise offen ist". Es könnte aber evtl. einen anderen, einen gesetzeshistorischen Grund für die Implementierung der vorgenannten Vorschriften gegeben haben. Ursprünglich wurde – wie oben gezeigt – im ersten Gesetzentwurf die Richtermediation eingeführt. Bei Streitigkeiten vor dem Bundespatentgericht ging der Gesetzgeber

---

102 BT-Drs. 17/8058, 17. Vgl. zum Bereich IP-/IT-Mediation auch *Groß*, Intellectual Property und Mediation, in: Klowait/Gläßer, Mediationsgesetz, 2. Aufl., 681 ff.; s. o. zum Evaluationsbericht der Bundesregierung zum MediationsG Einleitung, Rn. 9.

möglicherweise davon aus, dass bei z. B. Patentnichtigkeitsverfahren, die in der Praxis häufig mit Patentverletzungsverfahren – Letztere werden bei den Patentstreitkammern bestimmter Landgerichte geführt – verknüpft werden, taktische Erwägungen eine nicht unerhebliche Rolle spielen. Die richterliche Mediation wurde beim Bundespatentgericht – wohl als erstem Gericht – schon in der Weise ausgeübt, dass das Bundespatentgericht eigene Richter, die als Mediatoren ausgebildet sind, als Richtermediatoren bei Bedarf an die entsprechenden Patentstreitkammern der Landgerichte abgeordnet hatte. Es liegt nun nahe, dass dieses Vorgehen für alle (!) Gerichtszweige übergreifend geregelt werden musste und es daher zur Implementierung in allen Verfahrensordnungen kam. Möglicherweise hat also der Gesetzgeber diese Implementierung rückgängig machen wollen und daher jetzt zum Instrument des Güterichters und dem Verweis auf die außergerichtliche Konfliktbeilegung gegriffen.

b) Gastbeitrag: Mediation während eines laufenden Gerichtsverfahrens (*Volker Schlehe*)[103]

Am 27.6.2012 wurde im Vermittlungsausschuss eine Einigung zwischen **124** Bundestag und Bundesrat bezüglich des „Gesetzes zur Förderung der Mediation und anderer Verfahren der außergerichtlichen Konfliktbeilegung" erzielt. Damit wird die Richtlinie 2008/52/EG des Europäischen Parlaments und des Rates vom 21.5.2008 über bestimmte Aspekte der Mediation in Zivil-und Handelssachen (Mediationsrichtlinie), die eine Umsetzungsfrist bis Mai 2011 vorsah, mit über einem Jahr Verspätung auch in Deutschland in nationales Recht umgesetzt. Auslöser für die Anrufung des Vermittlungsausschusses durch den Bundesrat war vor allem die Frage, wie die gerichtliche Mediation in Zukunft genau ausgestaltet werden sollte.

Während in § 1 des Gesetzesentwurfs der Bundesregierung vom April 2011 (Bundestagsdrucksache 17/5335) noch Begriffsdefinitionen bezüglich der außergerichtlichen Mediation auf der einen Seite und der gerichtsnahen sowie der gerichtsinternen Mediation auf der anderen Seite enthalten waren, wurden diese Definitionen im Laufe des Gesetzgebungsverfahrens wieder aus dem Gesetzestext herausgenommen. Das Gleiche gilt auch für die Endfassung des § 278a ZPO, in dem nicht mehr zwischen gerichtsnaher und gerichtsinterner Mediation unterschieden wird. Zur Begründung wurde ausgeführt, dass mit der Überführung in das Güterichterkonzept die Notwendigkeit der Bezugnahme auf ein ge-

---

103 RA *Volker Schlehe*, München, kanzlei@schlehe.de, www.schlehe.de.

richtliches Verfahren entfällt. Diese Begründung überzeugt bei genauerem Hinsehen jedoch nicht vollständig.

Aus Sicht des Verfassers wären diese Definitionen bereits zum besseren Verständnis der Einsatzgebiete der Mediation gerade für den nicht mediationskundigen Leser durchaus hilfreich gewesen. Denn es ist nicht selbsterklärend und sorgt in der Beratungspraxis immer wieder für Erstaunen, dass ein Mediationsverfahren auch während eines laufenden Gerichtsverfahrens durchgeführt werden kann. Außerdem bestehen tatsächlich signifikante Unterschiede zwischen dem Güterichterkonzept und der gerichtsnahen Mediation, wie weiter unten ausgeführt werden wird. Gerade die gerichtsnahe Mediation, die im Vergleich zum Güterichtermodell noch kaum praktiziert wird, könnte jedoch in Zukunft an Bedeutung gewinnen. Projektversuche zur Etablierung der gerichtsnahen Mediation liefen in Bayern beim Landgericht München I in Kooperation mit der IHK für München und Oberbayern und der Rechtsanwaltskammer München. Ein ähnliches Projekt läuft in Niedersachsen zwischen dem Landgericht Stade, der IHK und der örtlichen Rechtsanwaltskammer.

Die Streichung der Definitionen und die Nichterwähnung der gerichtsnahen Mediation im finalen Gesetzestext bedeutet jedoch nicht, dass die gerichtsnahe Mediation nicht mehr zulässig wäre. Vielmehr handelt es sich hier um bloße redaktionelle Änderungen. Die bisherige Regelung des § 278 Abs. 5 S. 2 ZPO, findet sich jetzt in § 278a Abs. 1 ZPO wieder.

Das folgende Schaubild soll für die Beratungspraxis das gesamte Spektrum der außergerichtlichen und der gerichtlichen Mediation verdeutlichen.

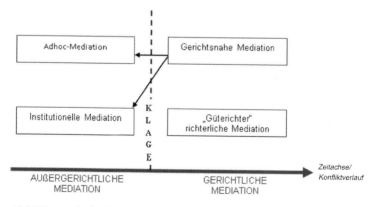

Abbildung 3: Spektrum der Mediation

Ad-hoc-Mediation

Eine Ad-hoc-Mediation ist die schnellste und unbürokratischste Form der Mediation. Die streitenden Parteien einigen sich außergerichtlich auf die Durchführung einer Mediation und die Person des Mediators. Im Anschluss daran wird der Mediator von den Parteien mündlich oder schriftlich mit der Durchführung beauftragt und schon kann das Verfahren starten. Die Ad-hoc-Mediation klingt verlockend einfach. In der Praxis gelingt jedoch die Einigung auf Mediation und Mediator häufig nicht, weil Informationsdefizite oder Misstrauen bezüglich des Verfahrens oder Vorbehalte gegen die von der anderen Partei vorgeschlagenen Personen bestehen.

Institutionelle Mediation

Bei der institutionellen Mediation berät und unterstützt eine neutrale Stelle bei der Auswahl des passenden ADR-Verfahrens und dessen anschließender Administrierung. Meist einigen sich die Parteien bereits bei Vertragsschluss mittels einer ADR-Klausel auf eine bestimmte Institution und ein bestimmtes ADR-Verfahren. Damit ist sichergestellt, dass im Streitfall schnell gehandelt werden kann. Die benannte Institution schlägt dann einen oder mehrere Mediatoren zur Auswahl vor oder benennt verbindlich eine bestimmte Person, wenn sich die Parteien innerhalb bestimmter Fristen nicht einigen können. Die institutionelle Mediation hat den Vorteil, dass die Parteien und der Mediator auf klare Regeln (Mediationsordnungen) zurückgreifen können, bei der Durchführung des Verfahrens praktische Unterstützung bekommen und auch jederzeit Rat einholen können, was insgesamt für mehr Rechtssicherheit sorgt. Die institutionelle Mediation ist aufgrund der zusätzlichen Verfahrenskosten jedoch etwas teurer. Auch die Einleitung des Mediationsverfahrens dauert in der Regel etwas länger als bei der Ad-hoc-Mediation.

Güterichtermodell

Nach dem neuen Güterichtermodell kann während eines laufenden Rechtsstreits in Zivilsachen das entscheidungsbefugte Gericht die Parteien für die Güteverhandlung sowie für weitere Güteversuche vor einen hierfür bestimmten und nicht entscheidungsbefugten Richter (Güterichter) verweisen. Der Güterichter darf alle Methoden der Konfliktbeilegung einschließlich der Mediation einsetzen, wobei hierfür keine zusätzlichen Gerichtskosten entstehen. Die Parteien können damit auch während eines Gerichtsverfahrens ohne großen Aufwand einen Mediationsversuch unternehmen. Die bisherigen Erfahrungen mit dem Güterichtermodell werden von allen Beteiligten als durchweg sehr positiv bewertet. Einigungsquoten von über 70% sind die Regel. Sollte ein Mediationsversuch einmal nicht erfolgreich sein, kann der Rechtsstreit ohne großen Zeit- und Kostenverlust fortgesetzt werden. Zu berücksichtigen ist jedoch, dass die Güterichter oft zeitlichen Restriktionen unterliegen, die Parteien den Güterichter nicht selbst auswählen können und die meisten Güterichter nicht über eine Ausbildung gemäß den Anforderungen für einen zertifizierten Mediator gemäß §§ 5 und 6 des neuen Mediationsgesetzes verfügen. Auch ist die Atmosphäre in den Räumen des Gerichts nicht immer ideal für die Durchführung von Mediationsverhandlungen.

Gerichtsnahe Mediation

Bei der gerichtsnahen Mediation können sich die Prozessparteien auf Anraten des Gerichts für ein Mediationsverfahren mittels eines externen Dritten entscheiden. Während der Durchführung des externen Mediationsverfahrens ordnet das Gericht das Ruhen des Rechtsstreits an, § 278a Abs. 2 ZPO (neu). Da anders als bei der richterlichen Mediation mit der gerichtsnahen Mediation noch wenig Erfahrungswerte bestehen, soll im Folgenden aufgezeigt werden, wann eine extern durchgeführte Mediation sinnvoll sein kann.

Manchmal kommen Verhandlungen nicht richtig in Gang, weil eine Partei kein gesteigertes Interesse an einer schnellen Lösung hat, bewusst auf Zeit spielt oder sich aus sonstigen Gründen nicht mit dem schwelenden Konflikt auseinandersetzen will. Erst wenn tatsächlich Klage erhoben wurde, besteht Veranlassung, sich mit dem Konflikt näher zu beschäftigen. In dieser Situation kann es sinnvoll sein, bereits vor der Abfassung einer Klageerwiderung, einen außergerichtlichen Mediationsversuch zu unternehmen. Dabei ist von Vorteil, dass die Parteien sich den Mediator nach eigenen Wünschen auswählen können. Somit besteht die Chance, in Eigenregie eine gemeinsame Vertrauensperson, die idealerweise Branchenkenntnisse besitzt, auszuwählen oder spezifisches Know-how wie es z. B. ein Sachverständiger mit Mediationsausbildung einbringen kann, nutzbar zu machen.

Eine weitere Motivation für die gerichtsnahe Mediation besteht dann, wenn die Parteien zunächst die rechtliche Einschätzung des staatlichen Gerichts einholen wollen, um ihre Erfolgsaussichten besser einschätzen zu können, beispielsweise wenn die Verjährung des mit der Klage geltend gemachten Anspruchs im Raum steht. Ebenso kann es sinnvoll sein, im Wege des Grundurteils zu klären, ob ein behaupteter Schadensersatzanspruch überhaupt besteht. Wenn das erkennende Gericht den Schadensersatzanspruch dem Grunde nach stattgibt, sollten die Parteien prüfen, ob statt des anschließenden Betragsverfahrens und der damit verbundenen möglicherweise umfangreichen Beweisaufnahmen, ein Mediationsversuch zunächst gegenüber dem Gerichtsverfahren vorzugswürdig ist. Bei der gerichtsnahen Mediation ist hier insbesondere auch an die Co-Mediation zu denken. Konkret wird dabei das Mediationsverfahren unter der Leitung eines versierten Juristen und eines Sachverständigen als sogenannter Co-Mediator durchgeführt. Die zusätzlichen Kosten, die durch die Einschaltung der beiden Mediatoren entstehen, werden dabei erfahrungsgemäß – zumindest bei komplexen Verfahren – durch die Einsparung von Kosten für gerichtliche Sachverständigengutachten um ein Vielfaches reduziert.

Schließlich ist die gerichtsnahe Mediation eine echte Chance, wenn die Parteien und das Gericht nach etlichen Verhandlungsterminen und mehreren Jahren Rechtsstreit prozessmüde geworden sind und ein Ende des Gerichtsverfahrens immer noch nicht in Sicht ist, weil der Streitstoff noch lange nicht vollständig ausgeschöpft ist. In dieser Situation sollte man sich darüber Gedanken machen, das juristische Verfahren auszusetzen und einen Perspektivenwechsel hin zu einer rein wirtschaftlichen Betrachtung des Konflikts zu versuchen. Manchmal kann ein Mediator, der über keine juristischen Fachkenntnisse verfügt, dann die Stimmungslage nutzen und auf wundersame Weise die Parteien zu einer einvernehmlichen, wirtschaftlichen Lösung führen.

Es ist daher zu hoffen, dass die gerichtsnahe Mediation in Zukunft mehr an Bedeutung gewinnen wird.

3. Gastbeitrag: Nicht geregelte Fragen (*Prof. Dr. Reinhard Greger*)[104]

a) Einstweiliger Rechtsschutz

aa) Allgemeine Bedeutung

Gerade im IT-/IP-Bereich besteht ein großes Interesse an schnellen, zumindest vorläufigen Konfliktregelungen. Ein Urteil, welches erst nach vielen Jahren eine Verletzung geistigen Eigentums feststellt, hat allenfalls noch für den Schadensausgleich Bedeutung, kann aber die andauernde Rechtsbeeinträchtigung nicht ungeschehen machen. Und wenn ein

125

---

104 Professor *Dr. Reinhard Greger*, Friedrich-Alexander-Universität Erlangen-Nürnberg i. R., Richter am Bundesgerichtshof a. D.

IT-Dienstleister seine Tätigkeit wegen vermeintlicher Zahlungsrückstände einstellt, können immense Schäden drohen.

Das Prozessrecht bietet die Möglichkeit, bei zu besorgenden Rechtsverletzungen eine einstweilige Verfügung des für die Durchsetzung des Rechts zuständigen Gerichts zu beantragen (§§ 935 ff. ZPO). Diese Verfügung kann in kürzester Zeit, ggf. binnen weniger Stunden, erreicht werden, denn es bedarf hierfür keiner mündlichen Verhandlung (§ 937 Abs. 2 ZPO) und keiner Beweiserhebung: Es genügt, dass der Antragsteller sein Recht und die Dringlichkeit[105] dessen Schutzes glaubhaft macht, was in der Regel durch eidesstattliche Versicherungen geschieht (§ 936 i.V.m. § 920 Abs. 2, § 294 ZPO). Nach Zustellung der einstweiligen Verfügung kann diese wie ein Urteil vollstreckt werden (§ 936 i.V.m. § 928 ZPO). Ordnet sie eine Unterlassung an, kann ein Ordnungsgeld bis zu 250.000 Euro oder Ordnungshaft bis zu zwei Jahren angedroht und im Falle der Zuwiderhandlung vollstreckt werden (§ 890 ZPO). Wird dem Antragsgegner eine vorläufige Leistungspflicht auferlegt, kann diese ebenfalls nach den Regeln der Zwangsvollstreckung durchgesetzt werden.

Grundsätzlich darf durch einstweilige Verfügungen nicht die Entscheidung im Verfahren zur Hauptsache vorweggenommen werden. Für Ansprüche auf Auskunft bestehen im gewerblichen Rechtsschutz jedoch Sondervorschriften, die bei offensichtlicher Rechtsverletzung derartige Verfügungen zulassen (§ 140b Abs. 7 PatG, § 24b Abs. 7 GebrMG, § 46 Abs. 7 DesignG, § 19 Abs. 7 MarkenG, § 101 Abs. 7 UrhG).

Vor ungerechtfertigten Anordnungen wird der Antragsgegner durch die Schadensersatzpflicht geschützt, die den Antragsteller im Falle einer Aufhebung trifft (§ 945 ZPO). Darüber hinaus hat die Rechtsprechung Grundsätze entwickelt, die vor einer zu starken Beeinträchtigung durch einstweilige Verfügungen schützen sollen. Diese werden, soweit für den IP-/IT-Bereich von Bedeutung, unter cc) dargestellt. Zunächst ist jedoch zu klären, inwieweit einstweiliger Rechtsschutz auch möglich ist, wenn sich die Konfliktparteien auf ein außergerichtliches Verfahren, d.h. einen zumindest temporären Ausschluss des Rechtswegs, verständigt haben.

---

105 Bei Ansprüchen nach dem UWG wird diese vermutet (§ 12 Abs. 2 UWG), ebenso beim Anspruch auf Einräumung eines Nutzungsrechts (§ 42a Abs. 6 S. 2 UrhG).

bb) Einstweiliger Rechtsschutz in außergerichtlichen Verfahren

(1) Schiedsgerichtsverfahren

Eine Schiedsvereinbarung schließt die Anrufung der staatlichen Gerichte grundsätzlich aus (§ 1032 ZPO). § 1033 ZPO lässt es jedoch zu, „eine vorläufige oder sichernde Maßnahme in Bezug auf den Streitgegenstand des schiedsrichterlichen Verfahrens" zu beantragen. Der von der ZPO gewährte einstweilige Rechtsschutz bleibt also auch bei einer Schiedsgerichtsabrede gewährleistet. Darunter fällt außer dem Verfahren der einstweiligen Verfügung auch das selbständige Beweisverfahren nach §§ 485 ff. ZPO.[106]

§ 1033 ZPO kommt bei internationalen Streitigkeiten jedoch nur zur Anwendung, wenn die deutschen Gerichte nach den getroffenen Vereinbarungen bzw. den Regeln des Internationalen Verfahrensrechts zuständig sind;[107] ansonsten kommt es auf die Vorschriften der maßgeblichen Rechtsordnung an. Allein durch die Vereinbarung eines Schiedsgerichts mit Sitz im Ausland wird die an sich gegebene Zuständigkeit der deutschen Gerichte zum Erlass von Eilmaßnahmen nicht ausgeschlossen.[108]

Ob die Parteien den einstweiligen Rechtsschutz durch staatliche Gerichte mittels ausdrücklicher Vereinbarung ausschließen können, ist streitig.[109]

Nach § 1041 Abs. 1 ZPO können vorläufige oder sichernde Maßnahmen aber auch beim Schiedsgericht beantragt werden, sofern die Parteien nichts anderes vereinbart haben. Der Vorteil gegenüber dem Eilverfahren vor dem staatlichen Gericht besteht darin, dass Eil- und Hauptsacheentscheidung in einer Hand, und zwar bei der von den Parteien eingesetzten Institution, liegen, und dass das Schiedsgericht nicht an die Vorschriften der ZPO gebunden ist. Andererseits vergeht bis zur Einsetzung des Schiedsgerichts u. U. wertvolle Zeit, und zudem bedarf es zur Vollziehung seiner Eilmaßnahmen doch wieder der Einschaltung des staatlichen Gerichts (§ 1041 Abs. 2 ZPO). Dieses kann die Vollziehung, z. B. aus Gründen der Verhältnismäßigkeit, versagen, die Anordnung auch abweichend fassen. Auch ist das Schiedsgericht nicht zur Abnahme eidesstatt-

---

106 OLG Brandenburg, MDR 2011, 941; Zöller/*Geimer*, § 1033 Rn. 9.
107 OLG Düsseldorf, SchiedsVZ 2008, 258. Zur Zuständigkeit im Geltungsbereich der EuGVVO s. EuGH JZ 1999, 1103.
108 OLG Köln, IPRspr 2002, Nr. 209, 540; Stein/Jonas/*Schlosser*, § 1033 Rn. 11; Zöller/ *Geimer*, § 1033 Rn. 12.
109 Dafür unter Berufung auf § 1042 Abs. 3 ZPO, Zöller/*Geimer*, § 1033 Rn. 12; dagegen *Münch*, in: Münchener Kommentar zur ZPO, § 1033 Rn. 18; *Lachmann*, Rn. 2853.

licher Versicherungen befugt, was die Glaubhaftmachung erschweren kann. Ordnungsstrafen nach § 890 ZPO kann das Schiedsgericht nicht androhen; dies müsste ebenfalls durch das staatliche Gericht geschehen. Die Wege nach § 1033 und § 1041 ZPO stehen, sofern nichts anderes vereinbart ist, wahlweise neben einander, können auch parallel beschritten werden (nach § 1041 Abs. 2 S. 1 ZPO scheidet dann allerdings eine Vollziehbarerklärung der schiedsrichterlichen Entscheidung aus). Aus den vorgenannten Gründen spricht viel für den einstweiligen Rechtsschutz durch das staatliche Gericht. Der Vorzug schiedsrichterlicher Eilmaßnahmen besteht jedoch in der Vertraulichkeit und Flexibilität des Verfahrens sowie in der größeren Gestaltungsfreiheit: Das Schiedsgericht ist nicht auf die Formen des einstweiligen Rechtsschutzes nach der ZPO festgelegt; es kann auch anstelle von Maßnahmen nach § 1041 ZPO per Schiedsspruch auf die Dauer des Schiedsverfahrens beschränkte Vorabentscheidungen über Leistungs- oder Unterlassungspflichten treffen oder Sicherheitsleistungen anordnen.[110]

Bei der Anrufung institutionalisierter Schiedsgerichte verliert auch der Aspekt des Zeitverlusts an Bedeutung. Viele Schiedsorganisationen bieten zudem besondere Verfahren für die Anrufung von Eilschiedsrichtern (*Emergency Arbitrators*) an, die innerhalb weniger Tage eine einstweilige Entscheidung treffen.[111]

(2) Verfahren zur einvernehmlichen Konfliktlösung

Die Vereinbarung einer Mediation, Schlichtung, Evaluation o. Ä. bewirkt zwar in der Regel einen temporären Klageverzicht, hindert die Parteien aber nicht, einen Antrag auf einstweiligen Rechtsschutz, insb. einstweilige Verfügung oder selbständiges Beweisverfahren, bei Gericht zu stellen. Dies ergibt sich *a maiore ad minus* aus § 1033 ZPO und ist ein Gebot des effizienten Rechtsschutzes.[112] Es ist zwar nicht zu leugnen, dass eine einstweilige Verfügung konfliktverschärfend wirken kann; sie kann die Bereitschaft, im Verhandlungswege eine Lösung zu suchen, aber auch verstärken.

Vorzugswürdig ist es freilich, wenn sich die Konfliktparteien, ggf. unter Vermittlung des neutralen Dritten, autonom auf eine interimistische Re-

---

110 Zöller-*Geimer*, § 1041 Rn. 6 ff.; *Schroth*, SchiedsVZ 2003, 102, 103 f., 108 f.
111 S. z. B. Art. 29 und Anhang V der ICC-Schiedsgerichtsordnung; Art. 49 WIPO Arbitration Rules; Anhang II SCC-Arbitration Rules.
112 Greger/Unberath/Steffek-*Greger*, § 1 MediationsG Rn. 209 und Teil E Rn. 240; *Risse*, § 3 Rn. 22; *Loos/Brewitz*, SchiedsVZ 2012, 305, 310.

gelung verständigen, also z. b. den vorübergehenden Verzicht auf bestimmte Handlungen, eine vorläufige Nutzungserlaubnis, eine Sicherheitsleistung, Abschlagszahlung o. dgl.

In bestimmten Situationen kann eine Adjudikation angezeigt sein. Hier vereinbaren die Parteien, dass ein neutraler Experte zu der zwischen ihnen streitigen Frage (z. b. der Auslegung eines Vertrages, der Vertragsgemäßheit einer Leistung, der Fälligkeit einer Zahlung) innerhalb einer kurzen Frist ein Votum erstellen soll, an welches sich die Parteien bis zu einer einvernehmlichen Lösung, hilfsweise bis zu einer Entscheidung des Gerichts oder Schiedsgerichts, bei Meidung vertragsrechtlicher Sanktionen halten werden. Es handelt sich hierbei um eine Form außergerichtlichen einstweiligen Rechtsschutzes, die sich insbesondere dann empfiehlt, wenn zwischen den Parteien eine Dauerbeziehung besteht, die durch die Aufarbeitung des Konflikts nicht gestört werden soll (z. B. Errichtung oder Betrieb einer Anlage, Kooperations- oder Lizenzvertrag).

cc) Rechtsprechung zum einstweiligen Rechtsschutz in IP-/IT-Sachen

Bei Patentverletzungen werden Unterlassungsverfügungen nur erlassen, wenn die Verletzungsfrage einfach zu beantworten ist und sich keine Zweifel am Bestehen des Schutzrechts aufdrängen.[113] Ergänzend ist eine Bewertung und Abwägung der Interessen der Parteien vorzunehmen.[114]

Im Urheberrecht kommt ein Verbot im Rahmen des einstweiligen Rechtsschutzes nur nach einer Interessenabwägung und in der Regel nur dann in Betracht, wenn keine gewichtigen Zweifel an einer Urheberrechtsverletzung bestehen.[115]

Die Dringlichkeitsvermutung des § 12 Abs. 2 UWG gilt bei Schutzrechtsverletzungen nicht.[116] Für den Erlass einer einstweiligen Verfügung muss daher besonders dargetan werden, dass Dringlichkeit besteht, z. B. weil die behauptete Verletzungshandlung zu einer fortdauernden Schädigung des Rechtsinhabers führen kann.[117] Erforderliche Maßnahmen müssen eilig veranlasst worden sein.[118] Auch die Erfolgsaussicht

---

113 OLG Karlsruhe, GRUR 1988, 900; gegen entspr. Anforderungen im Kennzeichenrecht *Ingerl/Rohnke*, a. a. O., vor §§ 14–19d Rn. 190.
114 OLG Karlsruhe, GRUR-RR 2009, 442.
115 KG, BB 1994, 1596.
116 Zöller-*G. Vollkommer*, § 940 Rn. 8 „Gewerblicher Rechtsschutz" m. w. N.
117 OLG München, WRP 2007, 201.
118 OLG Düsseldorf, GRUR 1994, 508; OLG Frankfurt, WRP 2014, 981.

der Schutzrechtsdurchsetzung kann bei der Interessenabwägung berücksichtigt werden.[119] Im Urheberrecht kann Dringlichkeit bejaht werden, wenn die drohende Beeinträchtigung der Verwertungsrechte durch Sekundäransprüche nicht angemessen ausgeglichen werden könnte.[120]

b)   Zwangsvollstreckung

aa)   Bedeutung

Urteile und Vergleiche im Gerichtsverfahren können, wenn sie nicht freiwillig erfüllt werden, mit staatlichen Zwangsmitteln (Pfändung, Ordnungsmittel usw.) vollstreckt werden.

Im Schiedsgerichtsverfahren bedarf es hierzu einer Vollstreckbarerklärung des Schiedsspruchs durch das staatliche Gericht (§§ 1060 f. ZPO). Diese wird erteilt, sofern der Schiedsspruch nicht unter einem so gravierenden Mangel leidet, dass er nach § 1059 ZPO der Aufhebung unterliegt. Das gerichtliche Verfahren ist in §§ 1062 ff. ZPO geregelt.

Einigungen, die in einer Mediation oder einem anderen konsensualen Verfahren zustande kommen, sind nicht zwangsweise vollstreckbar. Es wäre zwar zu wünschen, dass bei solchen, auf dem autonomen Willen der Parteien beruhenden Vereinbarungen für eine Vollstreckung überhaupt kein Bedarf besteht, doch dies entspricht nicht der Realität. Konfliktparteien, die sich auf eine einvernehmliche, häufig mit Konzessionen verbundene Absprache eingelassen haben, müssen die Sicherheit haben, dass die Zusagen der anderen Seite auch eingehalten werden. Zwar kann auf die Einhaltung einer durch Vergleichsvertrag eingegangenen Verpflichtung notfalls geklagt und das erstrittene Urteil dann vollstreckt werden; den Weg zu den Gerichten wollten die Konfliktparteien mit ihrer Mediations- oder Schlichtungsabrede ja aber gerade vermeiden. Wo kein absolutes Vertrauen in die Vertragstreue der Gegenseite besteht, kann die fehlende Vollstreckungsmöglichkeit demnach die Einlassung auf ein Mediationsverfahren oder jedenfalls das Gelingen eines solchen verhindern.

Aus diesem Grund verlangt Art. 6 der EU-Mediationsrichtlinie[121] nationale Regelungen, wonach von den Parteien beantragt werden kann, den Inhalt einer im Mediationsverfahren erzielten schriftlichen Vereinbarung vollstreckbar zu machen. Eine im Entwurf des Mediationsförderungsge-

---

119 OLG Düsseldorf, GRUR-RR 2002, 212.
120 OLG München, WRP 2012, 1298
121 Richtlinie 2008/52/EG über bestimmte Aspekte der Mediation in Zivil- und Handelssachen v. 21.5.2008, ABl. L 136.

setzes vorgesehene Regelung, die eine Vollstreckbarerklärung von Mediationsvergleichen durch das Amtsgericht ermöglicht hätte,[122] ist nicht
Gesetz geworden. Der Bundestag war der Ansicht, dass die Vollstreckungsmöglichkeit auf andere Weise sichergestellt werden kann.[123]

bb) Lösungen

(1) Ist die Abschlussvereinbarung in einem anhängigen Gerichtsverfahren zustande gekommen (beim Güterichter nach § 278 Abs. 5 ZPO oder
in der gerichtsnahen Mediation nach § 278a ZPO), kann sie als Prozessvergleich beurkundet werden; dieser ist Vollstreckungstitel (§ 794
Abs. 1 Nr. 1 ZPO). In den Prozessvergleich können auch Regelungen
aufgenommen werden, die über den Streitgegenstand des Prozesses hi-
nausgehen, mit ihm aber in einem inneren Zusammenhang stehen.[124]

(2) Vollstreckungstitel i. S. v. § 794 Abs. 1 Nr. 1 ZPO sind auch Vergleiche, die vor einer durch die Landesjustizverwaltung eingerichteten oder
anerkannten Gütestelle abgeschlossen werden. Die Einrichtung solcher
Stellen ist landesrechtlich völlig uneinheitlich geregelt.[125] Das zugrunde
liegende Mediations- oder Schlichtungsverfahren muss bei der betr. Stelle durchgeführt worden sein; es genügt nicht, eine anderswo abgeschlossene Vereinbarung lediglich dort beurkunden zu lassen.[126]

(3) Die Parteien können auch vereinbaren, dass über ihre Übereinkunft
eine vollstreckbare notarielle Urkunde i. S. v. § 794 Abs. 1 Nr. 5 ZPO errichtet wird.[127] Hat ein Notar die Mediation durchgeführt, kann er grundsätzlich auch die Beurkundung vornehmen;[128] dies gilt nicht, wenn er die
Mediation außerhalb seiner Amtstätigkeit (z. B. in anwaltlicher Eigen-
schaft) durchgeführt hat und die Beurkundung auch für eine an der Mediation nicht beteiligte Person erfolgen soll (§ 3 Abs. 1 Nr. 7 BeurkG).

(4) Eine weitere Möglichkeit bietet der Anwaltsvergleich i. S. § 796a
Abs. 1 ZPO. Er muss von Rechtsanwälten der Parteien schriftlich abgeschlossen werden und wird auf Antrag einer Partei von dem Gericht, wel-

---

122 BT-Drs. 17/5335, S. 21.
123 BT-Drs. 17/8058, S. 21.
124 BGHZ 191, 1 = NJW 2011, 3451.
125 S. dazu *Greger*, Die von der Landesjustizverwaltung anerkannten Gütestellen; Alter
   Zopf mit Zukunftschancen, NJW 2011, 1478; Überblick in: Greger/Unberath/Steffek-
   Greger, Teil A Rn. 42.
126 Greger/Unberath/Steffek-*Greger*, § 2 MediationsG Rn. 338 m. w. N.
127 Zu Einzelheiten s. Greger/Unberath/Steffek-*Greger*, § 2 MediationsG Rn. 340 ff.
128 Greger/Unberath/Steffek-*Greger*, § 3 MediationsG Rn. 62.

ches für einen Rechtsstreit über seinen Gegenstand zuständig wäre, für vollstreckbar erklärt, wenn sich darin der Schuldner einer Leistung der sofortigen Zwangsvollstreckung unterworfen hat und der Vergleich unter Angabe des Tages seines Zustandekommens beim Amtsgericht am Wohnsitz einer der Parteien niedergelegt wurde. Nach § 796c ZPO kann er auch von einem Notar in Verwahrung genommen und für vollstreckbar erklärt werden.

Ob der Vergleich unter Mitwirkung der Anwälte zustande gekommen ist, ist unerheblich. Es kann deshalb auch eine Abschlussvereinbarung, die im Wege einer Mediation von den Parteien persönlich herbeigeführt wurde, als Anwaltsvergleich übernommen und um die Vollstreckungsunterwerfung ergänzt werden.[129] Durch die Mitwirkung beim Abschluss des Vergleichs übernehmen die Anwälte aber Mitverantwortung für seine Rechtswirksamkeit und Vollstreckungsfähigkeit, insbesondere die Bestimmtheit des titulierten Anspruchs.[130]

Das Gericht hat die Vollstreckbarerklärung des Anwaltsvergleichs abzulehnen, wenn er unwirksam ist, z.B. gegen zwingendes Recht verstößt (§ 796a Abs. 3 ZPO). Dem in dieser Vorschrift genannten Verstoß gegen die öffentliche Ordnung kommt daneben keine eigene Bedeutung zu; auch wenn der Vergleich fremdem Recht unterliegt, wird der *ordre public* bereits bei der Prüfung der Wirksamkeit berücksichtigt.[131]

(5) Legen die Mediationsbeteiligten Wert auf eine Vollstreckbarkeit ihrer Abschlussvereinbarung, können sie auch in ein Schiedsgerichtsverfahren übergehen und dort einen Schiedsspruch mit vereinbartem Wortlaut (§ 1053 ZPO) beantragen. Dieser steht in seinen Wirkungen einem Schiedsspruch im streitigen Verfahren gleich, kann also wie ein solcher für vollstreckbar erklärt werden (s. oben). Die Parteien können den bisherigen Mediator als Schiedsrichter bestellen; der Ausschluss nach § 41 Nr. 8 ZPO gilt für ihn nicht.[132] Das von ihm einzuleitende Schiedsverfahren darf sich aber nicht auf die Protokollierung des bereits ausgehandelten Vergleichs beschränken, da sonst der Vorwurf eines Rechtsmissbrauchs erhoben werden könnte.[133] Es ist vielmehr ein reguläres Schiedsverfahren durchzuführen, verbunden mit dem Risiko, dass es nicht zu

---

129 *Leutner/Hacker* NJW 2012, 1318, 1319.

130 Greger/Unberath/Steffek-*Greger*, § 2 MediationsG Rn. 346.

131 Greger/Unberath/Steffek-*Greger*, § 2 MediationsG Rn. 347.

132 Haft/Schlieffen-*Lörcher/Lörcher* § 30 Rn. 38.

133 Vgl. *Lachmann*, Rn. 1697 ff.; Greger/Unberath/Steffek-*Greger*, § 2 MediationsG Rn. 351 m. w. N.

der angestrebten Einigung kommt, sondern unter Ausschluss der staatlichen Gerichtsbarkeit ein kontradiktorischer Schiedsspruch ergeht.[134]

(6) Bei internationaler Mediation sollte die Vollstreckbarkeit der Abschlussvereinbarung möglichst nach dem Recht des Staates herbeigeführt werden, in dem ggf. vollstreckt werden soll. Unproblematisch ist nach dem New Yorker Übereinkommen über die Anerkennung und Vollstreckung ausländischer Schiedssprüche die Vollstreckbarerklärung von Schiedssprüchen mit vereinbartem Wortlaut (jedenfalls soweit kein Formenmissbrauch vorgenannter Art vorliegt). Im Bereich der EU sind vollstreckbare öffentliche Urkunden aus einem anderen Mitgliedstaat ohne weiteres vollstreckbar (Art. 58 EuGVVO). Darunter fallen außer den notariellen Urkunden auch vom Gericht oder Notar für vollstreckbar erklärte Anwaltsvergleiche sowie Gütestellenvergleiche.[135] Im Verhältnis zu Norwegen, Island und der Schweiz gilt nach Art. 57 des Lugano-Übereinkommens dasselbe, jedoch bedarf es hier eines Exequaturverfahrens. Öffentliche Urkunden können auch zum Gegenstand eines Europäischen Vollstreckungstitels nach der EuVTVO gemacht und dann ohne Exequaturverfahren vollstreckt werden.

(7) Das auf Konsens aufbauende Mediationsverfahren bietet jedoch die Möglichkeit, durch besondere Ausgestaltung der Abschlussvereinbarung eine zwangsweise Durchsetzung der gefundenen Lösungen weithin entbehrlich zu machen, etwa durch die Vereinbarung von Verfallsklauseln oder Bedingungen, die den automatischen Eintritt einer bestimmten Rechtsfolge auslösen. So können die Parteien z. B. vereinbaren, dass die Abschlussvereinbarung erst dann wirksam wird, wenn bestimmte Leistungen erbracht sind oder für den Fall der Nichterbringung ein Rücktrittsrecht vereinbaren; es können Treuhandverhältnisse oder Sicherheitsleistungen begründet werden; anders als in einer streitigen Entscheidung kann hier die ganze Kunst der Kautelarjurisprudenz einfließen. Auch wenn es nicht zu den Aufgaben des Mediators gehört, solche Regelungen zu kreieren, wird er in geeigneten Fällen die Suche nach ihnen zumindest anregen.[136]

---

134 Haft/Schlieffen-*Lörcher/Lörcher*, § 30 Rn. 42.
135 Greger/Unberath/Steffek-*Steffek*, Teil F Rn. 56.
136 Näher hierzu Greger/Unberath/Steffek-*Greger*, § 2 MediationsG Rn. 352; Eidenmüller/Wagner-*Hacke*, Kap. 6 Rn. 139 ff.

cc) Besonderheiten bei Unterlassungspflichten

Im IP-Bereich sind Unterlassungsansprüche von besonderer Bedeutung, denn die Inhaber von Schutzrechten sind besonders daran interessiert, dass deren Verletzung künftig unterbleibt. Die ZPO ermöglicht eine zwangsweise Durchsetzung solcher Ansprüche auf die Weise, dass der Gläubiger bei Zuwiderhandlung gegen eine vom Gericht titulierte Unterlassungspflicht die Verhängung eines Ordnungsgeldes bis zu 250.000 Euro oder von Ordnungshaft bis zu sechs Monaten durch das Prozessgericht beantragen kann (§ 890 Abs. 1 ZPO). Durch die Strafdrohung soll der Schuldner zur Einhaltung der Unterlassungspflicht veranlasst werden; sie muss daher im Urteil bzw. der einstweiligen Verfügung oder durch einen gesonderten Beschluss ausgesprochen werden (§ 890 Abs. 2 ZPO).

Die Androhung ist bereits ein Akt der Zwangsvollstreckung und kann daher nur durch das Gericht erfolgen, nicht in einem zwischen den Parteien vereinbarten Vergleich.[137] Die Durchsetzbarkeit von einvernehmlich, z.B. in einer Mediation, begründeten Unterlassungspflichten kann daher nicht auf diesem Weg, sondern nur durch Vereinbarung einer Vertragsstrafe herbeigeführt werden (§ 339 S. 2 BGB). Diese muss ggf. eingeklagt werden, fließt aber (anders als das Ordnungsgeld nach § 890 ZPO) dem Gläubiger zu. Mediation bietet aber auch die Chance, anstelle von Verboten und Sanktionen konstruktive Lösungen wie z.B. Lizenz- oder Kooperationsvereinbarungen zu entwickeln.

dd) Besonderheiten bei Abgabe von Willenserklärungen

Über die Rechtsbeständigkeit von Patenten und Marken kann nur in einem besonderen gerichtlichen Verfahren entschieden werden (§§ 81 ff. PatG, § 55 MarkenG). Wegen der *inter omnes*-Wirkung solcher Entscheidungen können sie nicht in einem privatrechtlichen Vergleich oder in einem Schiedsverfahren getroffen werden.[138] Die Parteien können aber vereinbaren und das Schiedsgericht kann aussprechen, dass der Rechteinhaber verpflichtet ist, gegenüber dem Patentamt auf sein Recht zu verzichten bzw. in die Löschung der Marke einzuwilligen.[139] Dabei handelt es sich um die Verpflichtung zur Abgabe einer Willenserklärung, die, falls sie durch Urteil ausgesprochen würde, mit Eintritt der Rechts-

---

137 BGH, MDR 2012, 1060.
138 Haft/Schlieffen-*Chrocziel/Samson-Himmelstjerna*, § 39 Rn. 7.
139 Zöller-*Geimer*, § 1030 Rn. 15.

kraft als abgegeben gölte (§ 894 ZPO).[140] Beim Schiedsspruch tritt diese Wirkung mit Rechtskraft der Vollstreckbarerklärung (§ 1060 ZPO) ein.[141]

Auf vollstreckbare Vergleiche i. S. v. § 794 Abs. 1 Nr. 1 ZPO ist § 894 ZPO nicht anwendbar.[142] In einem Anwaltsvergleich begründete Verpflichtungen zur Abgabe einer Willenserklärung können nicht für vollstreckbar erklärt werden (§ 796a Abs. 2 ZPO); dasselbe gilt für notarielle Urkunden nach § 794 Abs. 1 Nr. 5 ZPO.

Verständigen sich die Parteien eines außergerichtlichen Verfahrens auf die Aufhebung eines Schutzrechts, wird die hierfür erforderliche Erklärung aber nicht abgegeben, müsste auf die Abgabe geklagt werden;[143] mit Rechtskraft des entsprechenden Urteils gölte die Erklärung als abgegeben und die Löschung könnte vollzogen werden. Möglich wäre auch die Einleitung eines Schiedsverfahrens und die Aufnahme der Verpflichtung in einen Schiedsspruch mit vereinbartem Wortlaut (s. oben bb (5)), der dann für vollstreckbar erklärt werden könnte. Um diese beschwerlichen Prozeduren zu vermeiden, empfiehlt es sich jedoch, in der Erklärung zum Abschluss des außergerichtlichen Verfahrens nicht lediglich eine Verpflichtung zur Abgabe des Verzichts bzw. Löschungsantrags zu begründen, sondern die Beendigung des Verfahrens von der Abgabe dieser Erklärungen abhängig zu machen; eine etwa hierfür versprochene Gegenleistung kann unter die Bedingung gestellt werden, dass das betr. Schutzrecht erloschen ist.

IV. Risikoanalyse, Phasen der Mediation

1. Risikoanalyse

Aufgrund der eigenen Erfahrungen des Verfassers wird nach wie vor in **126** der Industrie – dort bei den Rechts- und Personalabteilungen – und seitens der Anwaltsmediatoren zu wenig oder gar nicht auf eine Risikoanalyse als Vorbereitung für die Wahl der „geeigneten" Konfliktbeilegungs-

---

140 Haft/Schlieffen-*Chrocziel/Samson-Himmelstjerna*, § 39 Rn. 8.
141 Zöller-*Geimer*, § 1030 Rn. 15.
142 Zöller-*Seibel*, § 894 Rn. 4.
143 Nach BGHZ 98, 127 gilt dies auch, wenn (wie beim Prozessvergleich) eine Vollstreckung nach § 888 ZPO in Frage käme.

art und den damit verbundenen Konsequenzen Wert gelegt. Ist die Mediation tatsächlich die „passende" Konfliktbeilegungsart?

127   Fünf Stufen sollten bei der Risikoanalyse auf jeden Fall beachtet werden:

- Zunächst sind der Streit und die damit verbundenen Risiken so zu segmentieren, dass sowohl der Streit als auch die einzelnen Risiken „sichtbar" werden.
- In der zweiten Stufe sind dann die einzelnen Streitpunkte und die damit verbundenen Risiken den in Betracht kommenden Konfliktbeilegungsarten (z. B. Verhandlung, Mediation, Schiedsgutachten, Schiedsgerichtsverfahren, staatliches Gerichtsverfahren) gegenüberzustellen oder insbesondere auch hinsichtlich der Kostenrisiken zuzuordnen.
- In der dritten Phase sollte eine realitätsnahe Bewertung der Erfolgsaussichten bzgl. jeder in Betracht gezogenen Konfliktbeilegungsart erfolgen. Die Erfolgschancen sollten nicht zu euphorisch gesehen werden.
- In der vierten Stufe sind alle, das heißt auch die auf den ersten Blick nicht direkt relevanten, gesammelten rechtlichen und sachlichen Informationen den einzelnen Konfliktbeilegungsarten zuzuordnen.
- In der fünften und letzten Stufe sind die „besten" Alternativen zu bilden. Im Anschluss ist dann die Entscheidung zu treffen.

128   Auf jeder Stufe dieser Risikoanalyse sind folgende weitere Aspekte sowohl bei jedem Medianden als auch den internen und externen (rechtlichen) Beratern und nicht zuletzt auch von dem Anwaltsmediator, der Mediationsverfahren akquirieren möchte und/oder den Medianden bei der Vorbereitung der Mediationsverhandlung helfen möchte, zu beachten:

- Akzeptanz, Verfügbarkeit, Qualifikation, Sachverhaltskenntnis, Zeitdauer, Kosten interner und externer Mitarbeiter/Berater, Koordination.
- Wird die Mediation oder ein anderes Konfliktbeilegungsverfahren im Unternehmen auf allen Organisationsstufen akzeptiert? Wird das Verfahren also sowohl vom Vorstand bzw. der Geschäftsführung, vom Management und auch auf der Arbeitsebene akzeptiert?
- Welche Mitarbeiter aus welchen Abteilungen an welchen Standorten müssen wie lange für welche Themen eingebunden werden?
- Welche externen Berater (z. B. Patent- und Rechtsanwälte, Wirtschaftsprüfer, Steuerberater, Sachverständige) müssen für welche Themen wie lange eingebunden werden? In diesem Zusammenhang stellt sich insbesondere die Frage, welche Verfahrensbevollmächtigten der Parteien (z. B. Patent- und/oder Rechtsanwälte bei Streitigkeiten im

gewerblichen Rechtsschutz) ausgewählt werden. Auch bei diesen Anwälten ist wieder zu unterscheiden, ob die betreffenden Anwälte besondere Erfahrungen, z. B. wenn es um ein Patentverletzungsverfahren geht, in diesem Bereich haben. Ein Anwalt, der sich z. b. sehr häufig mit Lizenz- und/oder Forschungsverträgen befasst, wird nicht unbedingt der Experte in Patentverletzungsstreitigkeiten sein.

Wenn Anwälte ausgesucht werden sollen, muss also geklärt werden, ob hier in dem speziellen Fall (spezialisierte) Rechtsanwälte eingebunden werden müssen und/oder ob Patentanwälte bei patentrechtlichen/technischen Fragestellungen notwendig sind.

– Welche sonstigen Qualifikationen haben die gesuchten Anwälte? Hilfreich ist im Falle eines Mediationsverfahrens auf jeden Fall, dass auch der gewünschte Anwalt nicht nur eine große Erfahrung in dem rechtlichen konkreten Zusammenhang, sondern möglichst auch eine Ausbildung zum Mediator aufweisen kann, zumindest aber sehr viel Erfahrung als Verhandler in dem entsprechenden Fachgebiet nachweislich hat und zusätzlich die Fähigkeit zur Risikoanalyse in rechtlicher, finanzieller und technischer Hinsicht nachweislich bieten kann. Der entsprechend ausgewählte Parteivertreter sollte von sich aus die Vor- und Nachteile aller denkbaren Konfliktlösungsarten dem potenziellen Mandanten darlegen können. Aus Sicht des Unternehmens sollte dies von dem gewünschten Anwalt ohne Nachfrage auch angeboten werden. Aus Sicht des potenziellen Parteianwalts ist dies auch eine Akquisitionshilfe, wenn er diese entsprechenden Vor- und Nachteile selbstständig anbieten kann. Auf jeden Fall sollte das Unternehmen, falls der gewünschte Anwalt nicht von sich aus mit der genannten Darlegung in die Offensive geht, den gewünschten Anwalt nach den Vor- und Nachteilen aller denkbaren Konfliktlösungsarten und hinsichtlich seiner Fähigkeit zur Risikoanalyse in rechtlicher, finanzieller und technischer Sicht befragen, um „Überraschungen" während des Verfahrens zu vermeiden.

– Für die potenziellen Parteivertreter, d. h. die Patent-/Rechtsanwälte oder das beratende Team können bzw. kann allein durch diese Unterstützungsarbeit zumindest potenziell mehr Honorarvolumen bereits durch Kenntnisse und Durchführung der passenden Konfliktlösungsart erzeugen.

Erwähnt werden soll in diesem Zusammenhang auch noch einmal die bereits im Vorwort angesprochene Konferenz der WIPO am 25./26.4.2005 in Genf. Die Referenten, die in Industrieunternehmen arbeiteten, berich-

129

teten einheitlich von Vorstandsbeschlüssen in ihren Unternehmen, die im Wesentlichen zwei Botschaften zum Thema Mediation enthielten:

- „Mediation first", d. h., dass die Mediation sowohl einem Schiedsgerichtsverfahren als auch einem staatlichen Gerichtsverfahren vorgezogen wird!
- Es werden nur noch Anwaltskanzleien mandatiert, die in allen (!) Konfliktlösungsarten beraten können! Dies sollte ein Anreiz für die Patent- und Rechtsanwälte sein, insbesondere im IP- und IT-Bereich sich diesen Anforderungen zu stellen. Gleichzeitig sind damit die Anwaltsmediatoren aufgerufen, diese Botschaft bei Vorträgen und in Veröffentlichungen im eigenen Interesse zu vermarkten.

Zu beachten ist darüber hinaus der Zeitaufwand für die internen und externen Beteiligten für

- die Vorbereitung,
- die Durchführung und
- die Nachbereitung

der Mediation und eventuell sich anschließender Verfahren (z. B. Schiedsverfahren staatliches Gerichtsverfahren durch drei Instanzen). Beispielhaft wird hier auf das Mediationsverfahren am Flughafen Wien-Schwechat hingewiesen. Das Mediationsverfahren wurde von 2000–2005 mit 58 Gruppen und 66 Vertretern in mehr als 500 Sitzungen durchgeführt![144]

Extrem wichtig ist auch die Frage, wer alle Schritte der Partei intern und extern (Zeit, Kosten, Qualifikation, Akzeptanz) koordiniert und wie diese Schritte dann vom Koordinator dokumentiert und auf welche Weise diese Dokumentation für die betreffenden Beteiligten im Unternehmen (jederzeit) verfügbar gemacht wird.

Sehr entscheidend ist auch die Beantwortung der Frage, welche Kosten entstehen können:

- Welche eigenen Kosten im(!) Unternehmen können bzw. werden voraussichtlich bei den einzelnen Konfliktlösungsarten anfallen?
- Welche Kosten der (externen) Berater/Sachverständigen können entstehen?

---

144 Vgl. www.viemediation.at; sehr informativ ist insoweit das Werk von *Falk/Heintel/ Krainer*, das eine Dokumentation und Analyse sowie Hintergrundtheorien zu diesem Mediationsverfahren bietet. S. a. *Risse*, Prozessrisikoanalyse, ZKM 2010, 107 ff., und *Hagel*, Der Unternehmensjurist als Risikomanager – Die mysteriöse Welt von Risikoanalysen und Entscheidungsbäumen, SchiedsVZ 2010, 65 ff.

– Welche Kosten der anderen Partei (interne und externe Kosten) werden voraussichtlich im Fall des eventuellen eigenen (teilweisen) „Unterliegens" entstehen?
– Welche Kosten wird voraussichtlich der Mediator verursachen?
– Welche Folgekosten entstehen, falls die Mediation scheitert (interne und externe Gesamtkosten bei einem staatlichen Gerichtsverfahren durch drei Instanzen oder bei einem Schiedsgerichtsverfahren)?

Sollte ein „Prozessprovider" zur Begleitung und Beratung zur Vorberei- **130** tung der Mediation eingeschaltet werden? Zur Vorbereitung des Mediationsverfahrens am Flughafen Wien-Schwechat wurde ein Wiener Rechtsanwalt und Mediator beauftragt, der zusammen mit einer „Vorbereitungsgruppe" von zwölf Personen von Januar bis Dezember 2000

– ein Mediationsteam auswählte und letztlich beauftragte,
– die Zusammensetzung des zukünftigen Mediationsteams definierte und
– in einer Auftaktveranstaltung eine breite Öffentlichkeit hierüber informierte.[145]

An welchem Ort soll jeweils die Vorbereitung, Durchführung und Nach- **131** bereitung des Mediationsverfahrens stattfinden? Welche Reisekosten sind insofern zu veranschlagen? Der ausgesuchte Koordinator sollte auch insoweit tätig werden. Beispielhaft sei auf den von *Wälde*[146] geschilderten Fall verwiesen. In diesem Fall ging es um einen Streit zwischen der schwedischen Firma Vattenfall und dem staatlichen polnischen Elektrizitätsunternehmen PSE, die einen Vertrag schlossen. Vattenfall finanzierte Mitte der 1990er Jahre das damals weltweit größte Unterseestromkabel, mit dem aus Sicht von Vattenfall ein neuer Stromexportmarkt in Polen erschlossen werden sollte, da Vattenfall damals damit die Überkapazität bei der Stromerzeugung in Skandinavien abbauen wollte. Polen hatte das Interesse daran, eine Region, in der der Strom mit Wasserkraftwerken erzeugt wurde, mit einer anderen Region, in der Strom mit Kohlekraftwerken erzeugt werden sollte, zu verbinden. Als Schweden dann 2000/2001 der EU beitrat, änderte sich für die Vertragspartner die Situation dramatisch. Schweden musste sich den EU-Wettbewerbs- und -Elektrizitätsmarktregeln unterordnen. Aufgrund „trockener Winde" erhöhte sich der Strompreis in Skandinavien erheblich. Polen wollte

---

145 *Falk/Heintel/Krainer* 2, 12 ff.
146 TDM 2007, 14 ff. Zu den Erwartungen der Unternehmen an ihre Berater bei der Konfliktbearbeitung und -beilegung siehe auch ausführlich Round Table – Mediation & Konfliktmanagement der Deutschen Wirtschaft, SchiedsVZ 2012, 254 ff.

selbst sich der EU anschließen. PSE wurde privatisiert. PSE musste zudem aufgrund von Langzeitlieferverträgen überhöhte Preise zahlen. Dieser Fall wurde deswegen gewählt und wird auch noch bei den Beispielsfällen in Kapitel C besprochen, da auch im IP-/IT-Bereich Langzeitverträge in Form von Lizenz- oder auch Softwarelieferverträgen aufgrund der langen Laufzeit mit Problemen behaftet sind, die sich aufgrund sich ändernder Marktbedingungen ergeben.

132 Bezüglich des Ortes der Vorbereitung, Durchführung, Nachbereitung des Verfahrens erläutert *Wälde*,[147] dass nach Durchsicht der Unterlagen zunächst das Mediationsteam, bestehend aus dem Mediator, Prof. *Wälde*, und drei erfahrenen Spezialisten in dem speziellen Wettbewerbsbereich, dem speziellen technischen und dem speziellen finanziellen Bereich, die beiden Parteien in Stockholm und Warschau besuchte und sich auch mit der EU-Kommission in Brüssel beriet. Zusätzlich fanden zahlreiche Telefonkonferenzen in Form von persönlichen telefonischen Interviews in allen Hierarchiestufen jedes Unternehmens statt. Die Hauptphase der Mediation benötigte ca. 75 Tage und mündete letztlich in eine zweitägige Mediation (plus einem Reservetag) in St. Andrews, Schottland. Die Mediation wurde in einem Hotel durchgeführt. Anschließend wurde zwischen den Parteien noch drei bis vier Monate der „Vergleich" verhandelt. Der Fall war also mit einem erheblichen organisatorischen Aufwand verbunden.

133 Nicht zu unterschätzen ist bei der Vorbereitung, Durchführung und Nachbereitung der Mediation, wie die Mediation durch wen, wann, intern und extern kommuniziert wird:

– Soll die Kommunikation intern und auch extern per E-Mail (mit welchem Verteiler?) erfolgen? Erfolgt die Kommunikation nur im Intranet und/oder auf der Webseite des Unternehmens? Soll die Kommunikation in überörtlichen wichtigen Tageszeitungen erfolgen? Ist es sinnvoll, auch im Fernsehen einen Bericht bringen zu lassen?
– Soll es interne und externe persönliche Treffen mit den Beteiligten zunächst jeder Partei und dann mit den entsprechenden Beteiligten der anderen Partei geben?
– Kommuniziert das Unternehmen selbst und/oder durch seine Berater?
– Wann wird kommuniziert?
– Durch wen?

---

147 TDM 2007, 20 ff.

Diese Fragen zeigen bereits ansatzweise, dass der Kommunikation ein **134** erheblicher Stellenwert zukommt und gerade auch bezüglich der externen Kommunikation erhebliche Auswirkungen auf das Verfahren haben kann.

Entscheidend ist in diesem Zusammenhang, ob die Parteien die Media- **135** tion geheim halten wollen oder nicht.

Wer sucht nach welchen Kriterien Mediatoren aus? **136**

Wer: Sucht die Rechtsabteilung Mediatoren aus?

Kriterien:

- Gibt es eine Ausschreibung? Wie erfolgt die Kontaktaufnahme?
- Soll nur eine Person als Mediator in Erscheinung treten oder soll es eine Co-Mediation (z. B. ein Anwaltsmediator und ein technischer Sachverständiger oder ein Patentanwalt) sein? Oder soll es sogar ein Team mit verschiedenen Fachleuten sein, wie z. B. in dem Fall Vattenfall/PSE, der bereits ansatzweise geschildert wurde?
- Soll der Mediator weiblich oder männlich sein?
- Welche Nationalität soll der Mediator haben?
- Welche fachliche Qualifikation soll der Mediator haben? Bei IP-/IT-Streitigkeiten könnten hier Patentanwälte, Rechtsanwälte, technische Experten sowie Wirtschaftsprüfer, Steuerberater bei entsprechenden Fachfragen in Betracht kommen.

Für die fachliche Qualifikation spielen, wie bereits an anderer Stelle er- **137** wähnt, auch die Veröffentlichungen des Mediators, seine Seminartätigkeit, die Mediatorenausbildung und -erfahrung sowie auch die Erfolgsquote und die jeweiligen Streitwerte der einzelnen Fälle eine Rolle.

- Ist der Mediator in dem gewünschten Umfang verfügbar?
- Welche Akzeptanz hat der Mediator im eigenen Unternehmen und könnte er im gegnerischen Unternehmen haben?
- Welches Ansehen hat der Mediator?
- Welches Alter hat der Mediator?
- Über welche Sprachkenntnisse verfügt der Mediator?
- In welchen Ländern ist der Mediator als Mediator tätig gewesen?
- Welche Vorstellungen sollte der Mediator vom Verfahrensablauf haben?
- Hat der Mediator ein eher aktives oder aber ein passives Verhalten und wie könnte sich das konkrete Verhalten des Mediators auf das Verfahren und auf die gegnerische Partei auswirken?
- Welche soziale und emotionale Intelligenz hat der Mediator?

- Verfügt der Mediator über eine wirtschaftliche Denkweise?
- Welches Honorar verlangt der Mediator: Rechnet er nach Stundensätzen oder nach Streitwert ab oder verlangt er ein Erfolgshonorar oder einen „Mix" aus diesen Honorarbausteinen?

138 Wer stellt mit welchem Inhalt wann und mit wem für welche Kostenstelle

- die Mediationsvereinbarung zwischen den Parteien und
- den Mediatorvertrag zwischen den Parteien und dem Mediator und
- die „Vergleichsvereinbarung" als Abschluss des Mediationsverfahrens?

139 Wer: Soll die Rechtsabteilung und/oder der externe beratende Anwalt einen Teil oder alle diese Vereinbarungen gestalten?

Wann: Es empfiehlt sich, bereits vor dem Streit derartige Vereinbarungen als „Muster" bei nichtvertraglichen Streitigkeiten und für Verträge als Musterklausel vor Vertragsabschluss zumindest in Deutsch und in Englisch „in der Schublade" vorzuhalten. Es sollten hier auch bei jedem Muster verschiedene Textbausteine je Klausel verfügbar sein, und zwar ebenfalls in Deutsch und in Englisch. Außerdem sollten die Vor- und Nachteile dieser jeweiligen Klauseln in Deutsch und in Englisch beschrieben werden. Diese Arbeitsweise erleichtert dann im „Ernstfall" die schnelle und bedarfsgerechte Diskussion und Reaktion. Ergänzend wird auf entsprechende Vereinbarungen im Anhang verwiesen und auf die im Literaturverzeichnis aufgeführte Literatur und die entsprechenden Webseiten. Diese Verweise bieten die Möglichkeit, zumindest Hilfestellungen für die eigene Vertragsgestaltung zu bieten.

140 Die oben aufgeführten einzelnen Gesichtspunkte sind im jeweiligen Unternehmen in Checklisten zumindest in Deutsch und in Englisch aus den genannten Gründen vorzuhalten.

141 Sehr wichtig ist auch die Frage, ob das Unternehmen dazu bereit ist, dass der Mediator den vom Mediator (!) gewünschten Mitarbeitern auf allen Hierarchieebenen (Verfügbarkeit der Mitarbeiter?) Fragen stellen kann. Auch hierzu muss es eine Regelung bei Unternehmen geben, damit nicht erst bei Bedarf über alle Hierarchiestufen hinweg geklärt werden muss (Zeit!), ob ein Mediator überhaupt und wenn, welche Mitarbeiter in welchen Hierarchiestufen befragen kann.

2. Phasen der Mediation

Wenn sich die Parteien für die Mediation als Streitbeilegungsart ent- 142
schieden haben, ist zunächst die Strukturierung des Verfahrens sehr
wichtig. In der Regel werden sechs Phasen, die das Mediationsverfahren
bestimmen, vorgeschlagen.[148]

a) Phase 1: Mediationsvertrag, Planung und Beginn der Mediation

Soweit die streitenden Parteien noch keinen Mediationsvertrag geschlos- 143
sen haben, ist dieser zu vereinbaren. Es ist einmal zwischen dem Mediationsvertrag zwischen den Parteien selbst und der Vereinbarung zwischen den Parteien und der ggf. von den Parteien einzubeziehenden Me-
diationseinrichtung zu unterscheiden. Zur Planung und dem Beginn der
Mediation müssen eine Vielzahl von Aspekten beachtet werden, wie
z.B. die Recherche, welche Informationen vorhanden sind und welche
Informationen noch gesammelt werden müssen, um die streitige Situation untersuchen zu können. Welche Personen müssen beteiligt werden?
Welche Zielvorstellungen haben die Parteien? Wie soll das Verfahren
strukturiert werden und ablaufen? Wo soll das Verfahren zu welchem ge-
nauen Zeitpunkt wie lange und mit welchen Personen stattfinden? Diese
Punkte sind nur beispielhaft. Es müssen generell wieder die Punkte bei
der Mediation beachtet werden, die auch schon bei der generellen Risikoanalyse eine Rolle spielen.[149] Für die Vorbereitung ist auch die Checkliste von *Kessen/Troja*[150] sehr zu empfehlen. Diese Checkliste sollte bei
Bedarf ergänzt bzw. gekürzt werden und auch ruhig entweder von einer
Partei oder beiden Parteien untereinander ausgetauscht werden, um die
Strukturierung des Verfahrens im eigenen Interesse jeder Partei zu fördern. Gegebenenfalls kann dies auch der Mediator – falls die Parteien
dies nicht bereits selbst vorgenommen haben – anregen. Er sollte dies
vor dem ersten Treffen schriftlich und/oder telefonisch den Parteien und
deren Vertretern vermitteln.

Die Konfliktparteien treffen sich dann mit dem Mediator zum ersten Ter- 144
min einer mündlichen Verhandlung. Der Mediator oder die Mediatoren
versuchen dann den Parteien noch einmal die Struktur des Verfahrens na-

---

148 Henssler/Koch-*Kessen* 271 ff.; Duve/Eidenmüller/Hacke-*Duve* 77 ff.; Haft/Schlieffen-
   Kessen/Troja 329 ff., jeweils m.w.N.
149 Vgl. zunächst Rn. 223 ff. sowie Rn. 126 ff. zur „Risikoanalyse".
150 Rn. 153.

hezubringen. Es werden auch noch einmal die v. g. Verfahrensfragen in der ersten mündlichen Verhandlung geklärt.

b) Phase 2: Informationssammlung/Bestimmung von Themen

145 In der Phase 2 werden mit Hilfe des Mediators von den Parteien alle Informationen gesammelt, die zur Klärung des Sachverhalts maßgeblich sein könnten. Es muss von den Beteiligten präzise formuliert werden, welches Anliegen sie haben. Dazu gehören u. a. auch die Offenlegung von internen Maßnahmen, Planungen und Weichenstellungen in der Vergangenheit und in der Zukunft. Es muss versucht werden, den Sachverhalt so aufzuarbeiten, dass er für jede Partei transparent ist. Die (rechtlichen) Positionen der Parteien müssen so strukturiert und formuliert werden, dass sie als für den maßgeblichen Sachverhalt notwendige Bestandteile bestimmt und strukturiert werden können. Zur Strukturierung gehört auch die Gewichtung dieser Themen durch die beteiligten Parteien. Der Mediator muss unbedingt darauf achten, dass der Sachverhalt komplett erfasst und dann bzgl. der einzelnen Positionen der Parteien zusammengefasst, visualisiert und gewichtet wird. Es kann dabei auch hilfreich sein, dass den Parteien hierbei in emotioneller Hinsicht und in vertretbarem Umfang ein Freiraum gelassen wird. Dem Verfasser ist es als Mediator vor nicht allzu langer Zeit bei einer Mediation passiert, dass – bei den Parteien handelte es sich um zwei Maschinenbaufirmen, deren Geschäftsführer an der Mediation teilnahmen – eine Partei (ein Geschäftsführer) der anderen Partei (dem Hauptgeschäftsführer und den weiteren Führungskräften der anderen Partei) wörtlich sagte, dass er nicht mit „Zahnradschnitzern" in dieser Weise verhandeln würde.

146 Den Parteien muss klargemacht werden, dass diese Sachverhaltsaufbereitung essenziell für den weiteren Ablauf des Verfahrens ist und auf dieser Basis des annähernd geklärten Sachverhalts dann die weiteren Schritte des Verfahrens aufbauen. Sie können dann noch einmal in Erinnerung gerufen werden. Da die Konfliktparteien in der Regel sehr emotionell engagiert sind, werden, selbst wenn vor Beginn der ersten mündlichen Verhandlung Verfahrensschemata zugesandt wurden und in der Phase 1 die Phasen des Verfahrens ausgiebig erklärt wurden, immer wieder Phasen oder Bestandteile des Verfahrens (oft unbeabsichtigt) verwechselt und damit die Struktur und der Erfolg gefährdet. Hier muss der Mediator insbesondere durch Paraphrasieren und aktives Zuhören den Ausführungen der Parteien Raum verschaffen und gleichzeitig zugunsten beider

Parteien Klarheit bei der Bestimmung der einzelnen Themenbereiche schaffen. Flipcharts sind dabei sehr hilfreich, um die Aussagen bzw. die Themen darzustellen. Sinnvoll ist es, mit ca. mindestens fünf Flipcharts zu arbeiten oder aber Möglichkeiten in dem Besprechungsraum zu schaffen, dass Einzelblätter der Flipcharts für alle Beteiligten gut sichtbar befestigt werden können. Wenn komplexe Sachverhalte aufbereitet werden müssen, kann es durchaus passieren, dass ca. 50–100 Flipchart-Blätter vorhanden sind und befestigt werden müssen.

c) Phase 3: Eigentliche Interessen der Parteien

In dieser extrem wichtigen Phase geht es darum, die hinter den von den **147** Parteien in Phase 2 erklärten und strukturierten Positionen liegenden Interessen der Parteien als Partei(!) wahrzunehmen und in der Weise sichtbar zu machen, dass diese für alle Beteiligten klar erkennbar, verstanden und möglichst von der anderen Partei anerkannt werden. Die eigentlichen Interessen beider Parteien müssen dann möglich komplett gesammelt, bewertet und wieder visuell dargestellt werden (Flipcharts!). Es ist daher extrem bedeutsam, dass der Mediator sehr „neugierig" bleibt und so lange nachfragt, bis alle den Eindruck gewinnen, dass die eigentlichen Interessen aller Parteien vollständig dargelegt und von der jeweils anderen Partei auch akzeptiert werden. Sehr wichtig ist in diesem Abschnitt des Verfahrens, dass der Mediator diese „Interessenfindung" immer wieder strukturiert. Der Mediator muss immer wieder einzelne Aussagen der Parteien in verständlichen kurzen Statements zusammenfassen und auch diese Zusammenfassungen in verschiedener Weise formulieren, um sicherzugehen, dass die Parteien den gleichen Erkenntnis-, Verständnis- und Akzeptanzgrad haben. Hierbei kann es auch hilfreich sein, dass die Parteien wechselseitig sich in die Position der anderen Partei versetzen und deren Interesse aus ihrer Sicht spiegeln. Gerade in diesem Stadium kommt es sehr häufig zu atmosphärischen Störungen. Den Parteien gehen die Pferde durch, weil sie entweder die eigentlichen Interessen der anderen Partei nicht verstehen und/oder akzeptieren wollen. Der Mediator muss dabei darauf bedacht sein, diese Störungen z.T. zwar zu akzeptieren, aber es darf selbstverständlich nicht dazu kommen, dass durch derartige Emotionen das Verfahren leidet oder sogar, dass es zum Abbruch des Verfahrens kommt. Hilfreich kann es sein, dass der Mediator dann in eskalierenden Situationen eine Pause vorschlägt oder aber durch gezielte Fragen versucht, auf einer sachlichen Ebene das Verfahren fortzuführen. Auch hier ist wieder ein aktives Zuhören, Paraphrasieren und die Darstellung z. B. auf Flipcharts hilfreich. Auch in dieser Phase kann ein Co-Mediator wertvolle Hilfe leisten.

d) Phase 4: Suche nach kreativen Lösungen

148 Phase 4 wird dadurch bestimmt, dass nun auf der Basis der in Phase 3 herausgearbeiteten Interessen beider Parteien kreative Lösungen gesucht werden, um letztlich die Möglichkeit einer Einigung zu erhöhen. In dieser Phase geht es jedoch nur darum, diese Lösungsoptionen darzustellen und aufzulisten. Es ist zwar grundsätzlich der Kreativität beider Parteien keine Grenze gesetzt. Jedoch muss die Kreativität sich an den Parteien oder insbesondere den handelnden Personen orientieren. Es kann dabei auch sehr schnell passieren, dass im Rahmen dieser „Kreativitätsphase" neue Positionen von den Parteien oder aber alte Positionen von diesen aufgebaut werden und dann die Verhandlungen sich wieder in die Phase 2 und 3 begeben müssen. Bei in Phase 3 noch nicht generierten Interessen, die in der Phase 4 auch entdeckt werden, muss ggf. die Phase 3 erneut durchlaufen werden.

e) Phase 5: Konfliktlösungsoptionen

149 Nachdem die Konfliktlösungsoptionen gesammelt wurden, werden nun in dieser Phase 5 diese Optionen gewichtet und von den Parteien dahingehend ausgewählt, ob sie gemeinsame Ansätze für eine Lösung bilden können. Die Parteien müssen sich auch insbesondere darüber klar werden, ob diese Lösungen, die sie bewertet und ausgewählt haben, auch hinterher umsetzbar sind. Bei Streitigkeiten, denen Gewerbliche Schutzrechte, Software-Urheberrechte und/oder technische Sachverhalte zugrunde liegen, ist die Umsetzbarkeit in rechtlicher und technischer Hinsicht und oft auch in finanzieller Hinsicht zu prüfen. Prüfungsrelevant ist auch z. B. die Frage, ob nicht nur die jeweilige Geschäftsleitung die potenzielle Lösung akzeptiert, sondern ob auch die untergeordneten Abteilungen, die die Entscheidung für eine Option umsetzen müssen, zunächst bereit sind, eine derartige Lösung umzusetzen und auch die Umsetzbarkeit aus tatsächlichen Gründen gewährleistet ist. Der Mediator muss daran denken, dass insbesondere die Kriterien für die Lösungen und deren Umsetzbarkeit für alle Parteien verständlich und in realistischer Weise akzeptierbar sind. Auch für die konkrete Umsetzbarkeit müssen Verfahrensabläufe gebildet werden, die wiederum in den beteiligten Unternehmen ohne größeren Aufwand nachvollziehbar und umsetzbar sind.

f) Phase 6: Mediationsvereinbarung und ihre praxisnahe Umsetzung

In der letzten Phase wird zwischen den Parteien eine Mediationsverein- **150** barung abgeschlossen. Neben den Adressen der beteiligten Parteien wird auch die Anschrift des beteiligten Mediators vermerkt. Der Verfahrensablauf wird dargestellt und das Ergebnis, auf das sich die Parteien geeinigt haben, konkretisiert. Zur Abgrenzung können auch nicht geregelte Themenbereiche aufgelistet werden. Hierzu können nicht behandelte Sachverhaltskomplexe und/oder rechtliche Fragen zählen. Gegebenenfalls ist auch zu klären, wie ein derartiger Vergleich[151] vollstreckt werden kann. Ist eine Vollstreckung als „Prozessvergleich" gemäß § 794 Abs. 1 Nr. 1 ZPO möglich? Das MediationsZentrum der IHK für München und Oberbayern sieht in § 6 der Verfahrensordnung vor, dass auf Antrag der Parteien eine vollstreckbare Urkunde über die in der Schlussvereinbarung enthaltene Einigung[152] erteilt wird, soweit die rechtlichen Voraussetzungen hierzu gegeben sind.

Im Hinblick auf Patentnichtigkeitsverfahren, das Gegenstand einer Me- **151** diation ist, kann die Freiheit der Parteien, sich im Rahmen einer Mediation zu vergleichen, nicht unerheblich eingeschränkt sein. Eine Nichtigkeitsklage gemäß § 81 PatG kann bis zum Erlassen der Berufungsentscheidung zurückgenommen werden, so dass das Verfahren nicht von Amts wegen fortgesetzt werden kann und sogar ein bereits ergangenes, noch nicht rechtskräftiges Urteil nach § 269 Abs. 3 ZPO als nicht anhängig geworden anzusehen ist und insofern keine Wirkung mehr entfaltet. Dies gilt auch für Patentverletzungsverfahren gemäß §§ 139 ff. PatG, nicht jedoch für Einspruchsverfahren vor dem Patentamt gemäß § 59 PatG. Das Einspruchsverfahren wird von Amts wegen geführt und muss daher auch von Amts wegen durch Beschluss beendet werden.[153]

Auch auf vertragliche Konsequenzen z.B. im Zusammenhang mit **152** Lizenzverträgen wird noch an anderer Stelle in diesem Werk eingegangen.[154]

Zur Ergänzung der Ausführungen zu den sechs Phasen eines Mediations- **153** verfahrens wird im Folgenden noch die sehr empfehlenswerte Übersicht von *Kessen/Troja*[155] wiedergegeben:

---

151 Z.B. im Sinne des § 779 Abs. 1 BGB.
152 Vgl. § 794 Abs. 1 Nr. 1 ZPO.
153 Vgl. z.B. *Mannhart* 176 m.w.N.
154 Rn. 254 ff.; vgl. auch *Mannhart* 177 ff.
155 Haft/Schlieffen-*Kessen/Troja* 331 ff.

Teil B   Allgemein

Prozessschritt	Inhalte	Worauf ist besonders zu achten?
Phase 1: Vorbereitung und Mediationsvertrag „Wie wollen Sie miteinander und mit dem Mediator arbeiten?" ⊗ ◄——► ⊗	Konfliktanalyse: ☐ Informationen aufbereiten und Sachlage analysieren ☐ Zu beteiligende Personen und Gruppen identifizieren ☐ Erwartungen an die Mediation erfragen ☐ Konflikteskalation analysieren ☐ Entwurf eines Prozessdesigns und -verlaufs Klärung organisatorischer und verfahrensrelevanter Fragen (insb. bei Vielparteienkonflikten): ☐ Verhandlungsmandate klären ☐ Einigung auf Interessenrepräsentation und Gruppengröße ☐ Organisation des Verfahrens (u. a. Ort, Zeit) ☐ Einigung über den Einsatz von Gutachten und Experten Klärung des Mediationsprozesses: ☐ Ziel der Mediation klären ☐ Rolle und Haltung des Mediators klären ☐ Arbeitsbündnis über die Rahmenbedingungen des gemeinsamen Arbeitens in der Mediation erstellen ☐ Mediationsvertrag (innerer und äußerer Auftrag) mit allen Beteiligten abschließen	☐ Vollständigkeit des Teilnehmerkreises ☐ Falleignung; Rolle und Haltung des Mediators ☐ Eskalationsstufe ☐ Ggf. Vorgespräche mit allen potenziellen Konfliktbeteiligten (v. a. bei Vielparteienkonflikten) ☐ Evtl. Vortreffen der Mediationsrunde zur Klärung der Verfahrensorganisation ☐ Für die Mediation geeignete und für alle Beteiligten akzeptable Räumlichkeiten ☐ Klar ausgesprochene und mit den Mediationsprinzipien vereinbarte Erwartungen ☐ Die Beteiligten für ihre Bereitschaft zur Mediation und ihr gemeinsames Kommen wertschätzen ☐ Eine angenehme Atmosphäre schaffen (durch Gestaltung der Raumsituation und Sitzordnung sowie durch wertschätzende erste Worte) ☐ Identifikation der Beteiligten mit dem Mediationsverfahren unterstützen ☐ Interessen und Bedürfnisse auf der Verfahrensebene klären (ggf. Mediation in der Mediation)

Prozessschritt	Inhalte	Worauf ist besonders zu achten?
Phase 2: Informations- und Themensammlung „Was wollen Sie im Einzelnen besprechen/ klären?" 😑 🙂 ◄────► 😐 ☹️	☐ Bestandsaufnahme und Informationsausgleich ☐ Bisherige und anstehende Planungen und Entscheidungen offenlegen ☐ Klären, welche Informationen ggf. noch benötigt werden, um den Konflikt bearbeiten zu können ☐ Positionen in Themen umformulieren	☐ Visualisierung der Themen im Dialog mit den Konfliktbeteiligten ☐ Vereinbarung darüber herstellen, mit welchem Thema die Beteiligten beginnen wollen ☐ Zusammenfassung der unterschiedlichen Positionen, Sichtweisen und Anliegen zu bewertungsneutralen und lösungsoffenen Themen ☐ Emotionen Raum lassen ☐ Den Konfliktbeteiligten vergegenwärtigen, dass die Bearbeitung aller Themen für die Regelung des Konflikts notwendig ist
Phase 3: Interessenklärung „Was ist Ihnen jeweils wichtig?" 😐 ◄────► 😐	☐ Interessen und Bedürfnisse hinter den Positionen erkennen ☐ Die tatsächlichen Bedürfnisse und Interessen der Konfliktbeteiligten herausarbeiten ☐ Die Konfliktbeteiligten darin unterstützen, ihre Bedürfnisse und Interessen zu erkennen und zu artikulieren (Empowerment) … ☐ … und die Bedürfnisse und Interessen der anderen anzuerkennen (Recognition) ☐ Konsens und Dissens verdeutlichen ☐ Vollständigkeit der gesammelten Interessen überprüfen	☐ Möglichst vollständig Bedürfnisse und Interessen herausarbeiten und visualisieren ☐ Vertiefend nach den Motiven, Beweggründen, Bedürfnissen fragen ☐ Allen Konfliktbeteiligten ausreichend Raum und Zeit geben ☐ Respektvoll neugierig sein ☐ Gegenseitiges Verstehen erzeugen durch permanentes Zusammenfassen und Umformulieren ☐ Konfliktbeteiligte zum Perspektivenwechsel anregen ☐ Raum für Gefühle/ Emotionen geben ☐ Überwindung von Blockadesituationen bspw. durch lösungsorientiertes Fragen ☐ Annäherung der Konfliktbeteiligten unterstützen

Prozessschritt	Inhalte	Worauf ist besonders zu achten?
Phase 4: Kreative Ideensuche/Optionen bilden „Was wäre alles denkbar?" 😊 😊 ◄——► 😊 😊	☐ Sammlung von Ideen, Auf- und Entdeckung neuer Optionen auf der Grundlage der Interessen ☐ Erweiterung des Verhandlungsspielraums	☐ Anwendung von Kreativitätstechniken ☐ Kreative Atmosphäre schaffen ☐ Auf die Beteiligten zugeschnittener Einsatz von Kreativitätstechniken ☐ Beim Auftauchen neuer Konfliktthemen oder unbearbeiteter Interessen in Phase 2 oder 3 zurückkehren ☐ Nach einer ersten Lösungsoption versuchen, weitere zu finden
Phase 5: Bewertung und Auswahl von Optionen „Wie genau kann es gehen?" 😊 ◄——► 😊	☐ Neue Argumente und Einsichten durch Perspektivenwechsel ☐ Integratives Verhandeln ☐ Bewertung und Auswahl von Lösungsoptionen ☐ Konkrete und genaue Ausgestaltung und Umsetzung einer Lösung erarbeiten ☐ Gemeinsame Bewertungsmaßstäbe entwickeln ☐ Für alle akzeptable Regelungen bzw. Lösungen entwickeln durch Interessenvermittlung bzw. -ausgleich ☐ Realisierbarkeit der angedachten Lösungen prüfen	☐ Lösungen müssen die Interessen und Bedürfnisse aller Konfliktbeteiligter berücksichtigen ☐ Prüfkriterien anlegen (rechtlich, technisch, wirtschaftlich, psychologisch, ökologisch, sozial, …) ☐ Ggf. integrative Verhandlungstechniken anwenden (Erweiterung des Kuchens, Paketlösungen, Kompensationen, Bridging) ☐ Ggf. PMI (Plus-Minus-Interessant) und andere Bewertungstabellen bzw. Matrizen einsetzen ☐ Bewertungskriterien müssen für alle Konfliktbeteiligten argumentativ nachvollziehbar und akzeptabel sein ☐ Ggf. einen Aktionsplan für die nächsten Schritte aufstellen: Wer, macht was, wie, bis wann?

Prozessschritt	Inhalte	Worauf ist besonders zu achten?
Phase 6: Vereinbarung und Umsetzung Dokumentation, Implementation und kontinuierliche Anpassung der Ergebnisse ☺ & ☺	☐ Mediationsvereinbarung mit folgenden Inhalten formulieren: Informationen zu den Konfliktbeteiligten, Informationen über den Ablauf der Mediation und Namen der Mediation, Ergebnis der Mediation, ggf. offengebliebene Fragen, rechtliche Rahmenbedingungen und nächste Schritte, abschließende Bemerkungen, Datum und Unterschriften ☐ Ggf. rechtliche Prüfung und notarielle Beurkundung ☐ Klärung der Umsetzung ☐ Ggf. Nachfolgetreffen vereinbaren ☐ Ggf. die Möglichkeit von Nachverhandlungen festlegen (Mediationsklausel) ☐ Etablierung langfristig kooperativer Beziehungen ☐ Abschlussritual durchführen	☐ Mindestens die wesentlichen Eckpunkte der Vereinbarung müssen durch die Konfliktbeteiligten formuliert werden ☐ Ein-Text-Verfahren anstreben ☐ Vereinbarung SMART (specific, measurable, achievable, realistic, timed) formulieren ☐ Die einzelnen Elemente einer Vereinbarung auf ihre Nachhaltigkeit und Realisierbarkeit hin prüfen ☐ Verlässlichkeit für vereinbarte Schritte herstellen ☐ Langfristig kooperative Beziehungen zwischen den Beteiligten etablieren ☐ Die geleistete gemeinsame Arbeit der Beteiligten würdigen ☐ Das Mediationsverfahren angemessen abschließen

V. Empirische Daten

1. Deutschland

a) Kathrin Lambrette/Melanie Herrmann: Eine explorative Studie zur Akzeptanz von Wirtschafts- und Arbeitsmediation in Deutschland, Dresden 2002

154 *Lambrette* und *Herrmann* haben an der TU Dresden an der Fakultät Mathematik und Naturwissenschaften in der Fachrichtung Psychologie in 2002 eine Diplomarbeit erstellt, die sich in zwei Teilen mit der Akzeptanz von Wirtschafts- und Arbeitsmediation in Deutschland befasst. Teil 1 behandelt das Thema „Mediatoren und Erfolg", Teil 2 das Thema „Unternehmen und Mediation".

155 Die Befragung von 65 Mediatoren führte zu folgenden Ergebnissen:

- Der Erfolg eines Mediators ist altersunabhängig, nicht geschlechtsspezifisch und auch nicht abhängig von seiner ursprünglichen eigentlichen Ausbildung, wie z. B. Jura, Sozialwissenschaften, Wirtschaftswissenschaften. Auch eine zusätzliche Mediationsausbildung ist nicht maßgeblich für den Erfolg des Mediators.
- Erfolgsgarant ist weiterhin die Berufserfahrung. Einher geht damit, dass 39% aller Mediatoren 41 bis 50 Jahre und 29% aller Mediatoren 51 bis 60 Jahre alt sind. 68% aller Mediatoren sind somit 41 bis 60 Jahre alt.
- Wichtig für den Erfolg als Mediator ist auch der Arbeitsschwerpunkt in den alten Bundesländern, die Kompetenz in verschiedenen Mediationsfeldern und die Größe des jeweiligen Unternehmens, in dem der Mediator seine Tätigkeit verrichtet. Erfolgreiche Mediatoren bieten ihre Tätigkeit in kleinen, mittleren und großen Unternehmen an.
- Wichtig ist für den erfolgreichen Mediator auch die Vermarktung („Intensität der Akquisition, das aktive Zugehen auf die potenzielle Zielgruppe und eine aktive Öffentlichkeitsarbeit").[156] Für die Werbung ist bedeutsam, dass der „Zeit- und Kostenvorteil", die „Vertraulichkeit" und der „zivilisierte Umgang" beworben wird. Sehr wichtig für die Akquisition ist das „persönliche Gespräch" vor Ort, die Darlegung „spezifischer Fallerfahrungen im Bereich der Wirtschaftsmediation", die „prozentualen Erfolgsaussichten", die „möglichen Refe-

---

156 *Lambrette/Herrmann* 150.

renzen" und nicht zuletzt die Darstellung der eigentlichen beruflichen Erfahrungen des Mediators.[157]

- *Lambrette* und *Herrmann* verweisen auf weitere Faktoren für den Erfolg eines Mediators aus der Literatur:
  - „Prozesskompetenz" (*Eidenmüller*, 2000),
  - „Sicherheitsgefühl" des Mediators (*Montada & Kals*, 2001),
  - Marketingfertigkeiten,
  - Ausstrahlung einer gewissen Autorität,
  - richtige Fallerkennung in der Akquisitionsphase,
  - zu viele Fälle werden als mediationsungeeignet abgelehnt.[158]

Lambrette und *Herrmann* führen die zum Zeitpunkt der Untersuchung **156** noch fehlende Akzeptanz von Wirtschafts- und Arbeitsmediation in Deutschland „hauptsächlich" auf die „Unbekanntheit des Verfahrens" zurück. Sie regen daher an, nicht zu sehr mit der „Eigenverantwortlichkeit" der Parteien bei Durchführung eines Mediationsverfahrens – dies führe bei „Erstnutzern zu einer Verunsicherung" und damit zu einer „Ablehnung des Verfahrens" – zu werben, sondern für eine schnellere Akzeptanz eher an „bereits bekannte Konfliktlösungsverfahren, wie z. B. die Konfliktmoderation anzuknüpfen".[159]

Im Teil 2 der Diplomarbeit wird die Akzeptanz der Mediation in 15 Un- **157** ternehmen untersucht:

- 93% der befragten Unternehmensvertreter waren zwischen 30 und 60 Jahren alt.
- 60% der befragten Unternehmensvertreter waren Juristen (40%) oder Betriebswirte (20%).[160]
- 40% der befragten Unternehmen kamen aus den Bereichen Technologie, Telekommunikation, Entertainment, Automobilindustrie, wobei auf die ersten drei Branchen und andererseits die Automobilindustrie je 20% entfielen.[161]
- 14 von den befragten 15 Unternehmen waren große Unternehmen und ein Unternehmen ein mittelgroßes Unternehmen.[162]

---

157 *Lambrette/Hermann* 150.
158 *Lambrette/Hermann* 150.
159 *Lambrette/Hermann* 150 f.
160 *Lambrette/Hermann* 153 f.
161 *Lambrette/Hermann* 155.
162 *Lambrette/Hermann* 156.

- Unternehmen mit Mediationserfahrung bieten häufiger im Unternehmen selbst Schulungen zum Konfliktmanagement und zur Mediation an.[163]
- Unternehmen mit Mediationserfahrung haben eine strukturiertere Vorstellung, was mit dem Thema Mediation zu verbinden ist. Gleichzeitig bestehen bei Unternehmen mit Mediationserfahrungen aber auch „genauso viele nicht zutreffende Vorstellungen von dem Verfahren wie Unternehmen ohne Mediationserfahrung".[164]
- Unternehmen ohne Mediationserfahrung und auch Unternehmen mit Mediationserfahrung haben insgesamt gesehen noch zu wenig Kenntnis von dem Thema „Mediation". Unternehmen sehen immer noch die Mediation als „riskant" an.[165]
- Interessant ist auch die in diesem Teil 2 die Untersuchung der „Zufriedenheit deutscher Unternehmen mit ihrem momentanen Konfliktmanagement". Der überwiegende Anteil der Unternehmen ohne Mediationserfahrung war mit dem eigenen Konfliktmanagement zum Zeitpunkt der Untersuchung[166] zufrieden. Die Unternehmen mit Mediationserfahrung waren mit ihrem Konfliktmanagement zum Zeitpunkt der Untersuchung eher unzufrieden. Die Zufriedenheit war in erster Linie darauf zurückzuführen, dass Konflikte vermieden wurden und „Konfliktmanagement-Kompetenz im Unternehmen, die einen guten Umgang mit schwierigen Fällen ermöglichen". Gründe für die Unzufriedenheit waren insbesondere staatliche Gerichts- und Schiedsgerichtsverfahren.[167]
- Informativ ist auch im Teil 2 die Teiluntersuchung der „Kompatibilität der Vermarktungsstrategien von Mediatoren mit den Erwartungen der Unternehmen". Die Unternehmen hatten folgende Erwartung: Die Anwendung der Mediation diente der Vermeidung der „Nachteile traditioneller Konfliktlösungsverfahren wie z.B. Prozess". Eine wesentliche Rolle spielte auch die „Zeit- und Kosteneffizienz", der „angenehme Umgang mit dem Konflikt und den Streitparteien", der „vorhandene Leidensdruck sowie die persönliche Neugier, die Offenheit für Neues". Gegen die Anwendung der Mediation sprachen die „Zufriedenheit mit dem jeweiligen Konfliktmanagement des befragten Unternehmens" die „Angst vor psychologischen Themen und Methoden". Problema-

---

163 *Lambrette/Hermann* 175.
164 *Lambrette/Hermann* 175.
165 *Lambrette/Hermann* 178.
166 2000 bis 2002.
167 *Lambrette/Hermann* 178 f.

tisch war für die Unternehmen auch, dass der „Mediator nicht wirklich neutral und fachkompetent sein könnte". Der überwiegende Anteil der Unternehmen suchte sich selbst aktiv den Mediator aus. Die Initiative ging also nicht vom Mediator aus. Wichtig waren bei der Suche nach Mediatoren die „informellen Kontakte" über z. B. Bekannte oder das persönliche Erleben eines Mediators bei einem Seminar oder in einer anderen vorherigen Zusammenarbeit. Einige Unternehmen lassen sich auch Mediatoren durch institutionelle Anbieter empfehlen. Wenn aber der Mediator auf das Unternehmen zugegangen war und sich an die „direkten Entscheider" insbesondere in einem persönlichen Gespräch gerichtet hatte, hatte die Vermarktung des Mediators Erfolg. Für die Unternehmen war es auch wichtig, dass der Mediator „Fach- und Sozialkompetenz" sowie (Mediations-)Erfahrung hatte. Die Unternehmen waren auch daran interessiert, dass der Mediator ein „passendes Alter" hatte. Wichtig ist insofern, „das zum Fall und den Beteiligten passende Alter". Eine Mediationsausbildung erwarteten die Unternehmen ebenfalls. Diese Anforderung war jedoch nicht vorrangig. Wenn „Erfolgsquoten" vorliegen, sollte diese von den Mediatoren unbedingt erwähnt werden. Sinnvoll ist es aufgrund der Ergebnisse dieser Diplomarbeit, dass der Mediator „Fachkompetenz" hat und sich daher „auf einen bestimmten Wirtschaftszweig konzentrieren sollte".

b) Dr. Myrto Leiss: Zur Effizienz außergerichtlicher Verfahren im Wirtschaftsrecht – Eine empirische Untersuchung von Verhandlung und Mediation, München 2005

Leiss hat in ihrer Dissertation zwei empirische Untersuchungen durchge- **158** führt. In Teil I, § 5 wird die empirische Untersuchung des Verhandlungsverhaltens von Anwälten einer internationalen wirtschaftsrechtlichen Anwaltssozietät und in Teil II, § 8 die empirische Evaluationsstudie des Mediationsverfahrens anhand eines Trainingsseminars für Wirtschaftsmediation vorgestellt.

aa) Empirische Untersuchung des Verhandlungsverhaltens von Anwälten einer internationalen wirtschaftsrechtlichen Anwaltssozietät

Das durchschnittliche Verhandlungsverhalten der untersuchten Anwälte **159** wird wie folgt zusammengefasst: „Insgesamt betrachtet lässt sich damit aufgrund der Daten feststellen, dass eine hohe Übereinstimmung des durchschnittlichen Verhandlungsverhaltens der befragten Anwälte mit dem interessenzentrierten Verhandlungsansatz, wie er überwiegend in der Verhandlungsliteratur vertreten wird, nicht besteht, vielmehr ist die Verhandlungsführung als tendenziell kompetitiv zu beschreiben. Ob dieser Stil überwiegend aktiv oder reaktiv ist, d. h. als Reaktion auf fremde Verhandlungsstile zustande kommt, kann hier nicht entschieden werden. Vor dem Hintergrund ökonomischer Betrachtung sind damit auf der Basis des überwiegend praktizierten Ansatzes Verhandlungsergebnisse zu erwarten, die vorhandene Wertschöpfungsmöglichkeiten nicht nutzen und damit bzgl. ihrer Effizienz suboptimal sind."

160 Der Einfluss demographischer Faktoren auf die Ergebnisse der Untersuchung zum Verhandlungsverhalten berücksichtigt das Tätigkeitsfeld bzw. das Rechtsgebiet, in dem die befragten Anwälte tätig waren. Die meist befragten Anwälte waren in den Bereichen „Banking", „M&A" und „sonstige" tätig. Im Bereich „M&A" wurden signifikant mehr Lösungsoptionen für den jeweiligen Fall von den Anwälten erarbeitet. Nach Auffassung von *Leiss*, der uneingeschränkt zugestimmt werden kann, besteht in diesem rechtlichen Bereich ein „besonders großer Gestaltungsspielraum und damit auch die Notwendigkeit, diesen durch das Generieren von verschiedensten Lösungsmöglichkeiten zu nutzen".[168] Ein weiterer untersuchter Faktor ist der „Internationale Vergleich". Bedeutsame Unterschiede zwischen den einzelnen europäischen Ländern wurden bzgl. des Verhandlungsverhaltens von *Leiss* nicht festgestellt. Es gab eine Ausnahme: Die Wichtigkeit der Geschäftsbeziehung. Interessant ist auch die Erkenntnis von *Leiss*, dass „aus eigener Sicht (der der Anwälte) in einer durchschnittlichen Verhandlungssituation deutlich mehr Aktivitäten unternommen werden, um die Interessenlage der anderen Seite zu verstehen, als umgekehrt Aktivitäten unternommen werden, der anderen Seite Einblick und Verständnis in die Interessenlage der eigenen Seite zu vermitteln, …".[169]

161 Der dritte demographische Faktor war „Status und Berufserfahrung". Diese untersuchten Merkmale zeigten keine neuen Erkenntnisse. Status und Berufserfahrung spielten keine größere Rolle beim Verhandlungsverhalten der Anwälte. Es spielte auch keine größere Rolle, ob männliche oder weibliche Teilnehmer der Studie ihr Verhandlungsverhalten beschrieben.[170]

162 Interessanter waren dann wieder die Erkenntnisse bei der Abfrage der „Charakteristika guter Verhandlungsführung nach Ansicht der befragten

---

168 *Leiss* 72.
169 *Leiss* 72.
170 *Leiss* 74.

Anwälte". 21% der Befragten hatten sich mit dem „Verständnis der Interessenlage der anderen Seite", jedoch nur 7% der Befragten mit der „Vermittlung der eigenen Interessen an die andere Partei" beschäftigt! 15% der befragten Anwälte beschäftigten sich mit Aspekten der Geschäftsbeziehung und 5% davon entfielen auf „Höflichkeit und Respekt". 8% der Antworten befassten sich mit dem „Bewahren von Ruhe" und 11% der Antworten bezogen sich auf „Kooperationsbereitschaft und Flexibilität".[171]

Des Weiteren wurden die „häufigsten Verhandlungs- und Einigungshindernisse aus Sicht der befragten Anwälte" abgefragt. Scheiterungsgründe waren z. B. „Inkompatibilität von Zielen oder Interessen" (10%), „wirtschaftliche Gründe" (3%), „Mandanten" (7%). Die übrigen 80% der Antworten betrafen nicht fallspezifische Gründe:　**163**

- „Kommunikation" (24%),
- „Geschäftsbeziehung" (18%),
- „fehlendes Vertrauen/Lügen" (3%).

Andere Gründe wurden nicht prozentual wiedergegeben, dafür aber wurde aufgrund der Befragungsergebnisse zu den „häufigsten Gründen für das Scheitern von Verhandlungen" davon ausgegangen, dass „nicht nur Vorschläge und Zugeständnisse, die von der anderen Partei gemacht werden, sondern auch eigene an die andere Partei nicht den Anklang finden, den sie hätten, würden sie von einer als neutral wahrgenommenen Person stammen".[172]

bb) Empirische Evaluationsstudie des Mediationsverfahrens anhand eines Trainingsseminars für Wirtschaftsmediation

Ziel dieser Studie war es zu untersuchen, ob die Mediation „tatsächlich das Potenzial für eine sehr effiziente Regelung von Wirtschaftskonflikten" ist. Es sollte einmal „die Erfüllung verfahrensbezogener Zielkriterien durch das interessenzentrierte Moderieren über die Mediationsverfahren überprüft werden". Darüber hinaus sollte untersucht werden, „ob und inwieweit die im Rahmen des interessenzentrierten moderierenden Mediationsansatzes erforderliche Verhaltensweisen trainierbar sind und inwieweit diese tatsächlich durch die Mediatoren eingehalten wurden".[173]　**164**

---

171 *Leiss* 74 f.
172 *Leiss* 76.
173 *Leiss* 101.

165 In einem Mediationsverfahren, das mit trainierten Mediatoren durchgeführt wurde, zeigten sich folgende Ergebnisse:

- „Sehr hohe Zufriedenheitswerte der Parteien mit dem Ergebnis der Mediation." Es wurde „im Rahmen des hier vermittelten interessenzentrierten moderierenden Mediationsansatzes auf der Basis einer umfassenden Konfliktberatung wesentlich auf wirtschaftliche und persönliche Interessen und Bedürfnisse der Beteiligten abgestellt und auf dieser Basis Lösungen entwickelt, die gerade auf diese Interessenlage zugeschnitten sind und so Wertschöpfungspotenziale für die Parteien ausgeschöpft wurden".
- „Sehr hohe Zufriedenheitswerte der Parteien mit dem Prozess des Mediationsverfahrens. Dies ist sehr plausibel, denn die Parteien können im Rahmen der durch die Mediator gesteuerten Kommunikationen in der Verhandlung nicht nur ihre Sichtweite des Falles selbst mitteilen, und damit diejenigen Aspekte in den Vordergrund stellen, die ihrer Auffassung nach relevant sind – seien sie nun durch das Recht abgedeckt oder nicht –, sondern sie können auch selbstständig unter Beteiligung ihrer Parteianwälte an einer ihren Interessen und deren Priorisierung entsprechenden Einigung arbeiten."
- Die „mittels des Mediationsverfahrens entwickelte Einigung wurde von den Parteien auch als sehr fair eingestuft".
- „Die Qualität der Geschäftsbeziehung durch die Parteien im Anschluss an eine Wirtschaftsmediation mit trainierten Mediatoren wurde als hoch eingeschätzt." Dies wird darauf zurückgeführt, dass „der neutrale Dritte die Kommunikation zwischen den Parteien so zu steuern versucht, dass die Wahrnehmung der Gegnerschaft reduziert wird und die Parteien gemeinsam und problemorientiert an der Lösung des Konfliktes arbeiten können, indem sie ein gegenseitiges Verständnis ihrer Interessen sowie deren Priorisierungen entwickeln, das wiederum als Basis für die Entwicklung von Einigungsoptionen dienen kann".

166 Die Resultate dieser Teiluntersuchung lassen nach Auffassung von *Leiss* folgende Annahmen zu:

- Hohe Befolgungs- und Implementationsrate der vereinbarten Regelung ohne gerichtliche Zwangsmaßnahmen,
- maximale Wahrscheinlichkeit für Einhaltung und Umsetzung des vereinbarten Ergebnisses,
- kein Anlass, Konflikte in der Zukunft wieder aufleben zu lassen, da sehr hohe Ergebniszufriedenheit und gute Geschäftsbeziehung zwischen den Parteien,

– aufgrund dieser Ergebnisse hohe Kostenersparnisse wegen im Vergleich zu einem staatlichen oder schiedsgerichtlichen Verfahren eingesparter Transaktionskosten und aufgrund erheblich geringerer zeitlicher Einbindung zahlreicher Mitarbeiter und zugleich finanzielle und personelle Entlastung der Justiz.[174]

Der zweite Aspekt der Trainierbarkeit und Einhaltung der während des **167** Trainings vermittelten Mediationstechniken durch den Mediator konnte ebenfalls bestätigt werden. Bei den trainierten Teilnehmern konnten im Vergleich zur ersten Mediation bei Beginn des Trainings aufgrund der trainierten Mediationstechniken folgende Verbesserungen ermittelt werden:

– Vermittlung der Unparteilichkeit des Mediators,
– Leitung und Strukturierung des Verhandlungsprozesses ohne Rekurrierung auf ihre persönliche Auffasung zum Fall und infolgedessen den Parteien überlassene Verantwortung für die Entwicklung von Lösungsmöglichkeiten,
– deutliche Steigerungen der Erforschung der Interessenlage.

Nur leichte Steigerungen konnten im Vergleich zur ersten Mediation bei **168** folgenden Aspekten erzielt werden:

– Stellen förderlicher Fragen,
– zusammenfassende Wiedergabe des durch die Parteien Gesagten,
– Förderung des Verständnisses für die Wahrnehmung der Interessen der jeweils anderen Partei,
– anregende Generierung von Lösungsoptionen durch die Mediatoren.

Eine Steigerung konnte dagegen nicht hinsichtlich der Anregung der **169** Parteien zur Prüfung von Nichteinigungsalternativen durch die Mediatoren erzielt werden.[175]

Die wirtschaftliche Schlussfolgerung von *Leiss*[176] ist, dass Mediation bei **170** internen Streitigkeiten in einem Unternehmen als auch bei Streitigkeiten zwischen Unternehmen einsetzbar ist, da

– flexible und interessengerechte Lösungen
– unter Ausschluss der Öffentlichkeit
– unter Schonung der Geschäftsbeziehung der Parteien,
– unter Kostenreduktion der Konfliktregelung und
– unter Zeitersparnis

geschaffen werden.

---

174 *Leiss* 119 ff.
175 *Leiss* 121 f.
176 *Leiss* 142 ff.

171 Zur Förderung des Einsatzes der Mediation und anderer Konfliktbeile-
gungsmechanismen empfiehlt der Verfasser, dass in den Unternehmen
die Fragebögen von *Leiss* zur Untersuchung des Verhandlungsfalls im
Wirtschaftsrecht praktizierender Anwälte in den Rechts-, Patent- und Li-
zenzabteilungen der Unternehmen[177] und zum Verhandlungsverhalten in
allen Abteilungen des Unternehmens einschließlich der Geschäftsleitung
bzw. des Vorstands[178] eingesetzt werden. Empfehlenswert erscheinen
auch Anhang VI,[179] der den Evaluationsfragebogen für das Mediationsverfahren enthält, und Anhang VII,[180] der die Ergebnistabellierung zur
Evaluation des Mediationsverfahrens beinhaltet. Mit diesem Evaluationsfragebogen und der Ergebnistabellierung könnten dann auch unternehmensinterne Mediationsschulungen bewertet werden.

c) Gerald Spindler: Gerichtsnahe Mediation in Niedersachsen – Bilanz eines Forschungsprojekts, Göttingen 2006[181]

172 In Niedersachsen wurde im Jahr 2003 das Modellprojekt „Gerichtsnahe
Mediation in Niedersachsen" gekoppelt mit einem Forschungsprojekt
begonnen. Das Forschungsprojekt ging von der These aus, dass eine gerichtsnahe Mediation nur dann erfolgreich sein kann, wenn bestimmte
„Anreizfaktoren" vorliegen:

– Richter dürfen unliebsame Verfahren abschieben und müssen auch
  selbst eine Perspektive über die klassischen Vergleichsverhandlungen
  hinaus in den neuen Verfahren sehen,
– Anwälte dürfen die Verfahren nicht nur als lästiges Beiwerk und Zeit-
  verschwendung empfinden und
– die streitenden Parteien müssen eine dauerhafte Lösung in der Mediation erkennen, die mehr als ein Vergleich eine Befriedigung der Streitigkeiten herbeiführen kann.[182]

---

177 *Leiss* Anhang I, 157 f.
178 *Leiss* Anhang II, 159 ff.
179 *Leiss* 172 ff.
180 *Leiss* 176 ff.
181 http://lehrstuhl-spindler.uni-goettingen.de, Downloads, Gutachten; Kurzform des
   Gutachtens: *Spindler*, ZKM 2007, 79 ff.
182 *Spindler*, ZKM 2007, 83.

In dem Modellprojekt ergab sich eine „vorsichtige Bestätigung der meis-   **173**
ten Annahmen":

- Eine leichte Mehrheit der Richter konnte sich der These anschließen,
  dass sie sich aufgrund der gerichtsnahen Mediation den wirklich
  rechtlich und tatsächlich komplexen, für die Mediation nicht geeigneten Fällen besser widmen könnten,
- eine große Mehrheit bestätigte, dass durch die Mediation eine umfangreiche und zeitaufwendige Beweisaufnahme vermieden werden
  konnte,
- unliebsame Fälle würden nicht „abgedrückt",
- die Richter befürchten durch die gerichtsnahe Mediation keinen An-
  sehensverlust ihres Amtes,
- aus Sicht der Richter ergaben sich erhebliche Zeit- und Kostenersparnisse, allerdings mit teilweise gravierenden Ausnahmen,
- die meisten befragten Anwälte erklärten, dass durch die gerichtsnahe
  Mediation Beschleunigungen und Erleichterungen eintraten,
- hinsichtlich der Parteien fielen die Ergebnisse vielschichtig aus; die
  Parteien gaben als Vorteil der gerichtsnahen Mediation eher die individuelle Zufriedenheit und weniger die Kostenersparnis an.

Hess sieht in der Regelung auf Landesebene ein „grundsätzliches Defizit   **174**
des obligatorischen Streitschlichtungsverfahrens". Damit werde die
Rechtseinheit im Prozessrecht aufgegeben; der Zugang zum Gericht be-
stimme sich nach den Grenzen der Bundesländer, lokales Recht bewirke
Rechtsunsicherheit.[183]

d) PricewaterhouseCoopers-Studie 2005: „Commercial Dispute Resolution – Konfliktbearbeitungsverfahren im Vergleich"

PricewaterhouseCoopers hat in Zusammenarbeit mit der Europa-Univer-   **175**
sität Viadrina Frankfurt (Oder) im April 2005 die Studie „Commercial
Dispute Resolution – Konfliktbearbeitungsverfahren im Vergleich" veröffentlicht. Thema der Studie war, wie deutsche Unternehmen ihre Konflikte mit anderen Unternehmen bearbeiten. Im Rahmen der Befragung
wurde untersucht, welche Art der Konfliktbeilegungsverfahren (Gerichtsverfahren und verschiedene außergerichtliche Verfahren) die Unternehmen angewandt hatten und welche Vorstellungen, Referenzen,

---

183 *Hess* F 134.

Veränderungsbedarf und Ansätze künftiger Entwicklungen die Parteien mit diesen Verfahren verknüpft hatten.

176   Erstaunlich war das Ergebnis. Die von den Unternehmen mit den Konfliktbearbeitungsverfahren verbundenen Vorstellungen und Erwartungen entsprachen nicht in vollem Umfang dem eigentlichen Vorgehen im jeweiligen Streit. Dem Verhandeln wird zwar in der überwiegenden Anzahl der Fälle der Vorrang eingeräumt, jedoch bei Scheitern der Verhandlungen der Weg zum staatlichen Gericht und in geringerem Umfang der Weg zu Schiedsgerichten gewählt. Obwohl im Gegensatz zum überaus positiv bewertetem Verhandeln das Verfahren vor einem staatlichen Gericht eher negativ eingeschätzt wurde und darüber hinaus auch die Verfahren der außergerichtlichen Konfliktbeilegung mittels Schiedsgerichtsverfahren, Schiedsgutachten, Schlichtung und Mediation als positiv bewertet wurden, wurden diese Verfahren nicht sehr oft genutzt. Der Einsatz staatlicher Gerichte wird in der Regel als „unvermeidbar wahrgenommen". Gründe hierfür sind das „Scheitern vorgeschalteter Verfahren, Klageerhebung des Gegners oder mangelnde Bereitschaft der Gegenseite, sich auf andere Verfahren einzulassen". Immerhin haben 83% der an der Untersuchung beteiligten Unternehmen in gewissem Umfang Erfahrungen mit außergerichtlichen Verfahren unter Einsatz eines Dritten gewinnen können. Je größer das jeweilige Unternehmen ist, desto eher ist das Interesse ausgeprägt, außergerichtliche Verfahren unter Einsatz eines Dritten durchzuführen. Noch krasser erscheint der Unterschied zwischen Konfliktbearbeitung und andererseits der Erwartungshaltung der Unternehmen bei der Zuordnung der Vorteile (z.B. Kosten, Ergebnisqualität, Nachhaltigkeit, Gestaltungsautonomie) der einzelnen Konfliktbeilegungsverfahren. Wie schon erwähnt, wird nach einer gescheiterten Verhandlung zwar am häufigsten ein staatliches Gerichtsverfahren zur Konfliktbeilegung eingesetzt, obwohl alle Befragten dem staatlichen Gerichtsverfahren die größten Nachteile zuordnen, gleichwohl aber Gerichtsverfahren, Schiedsgutachten, Schlichtung und der Mediation in dieser Reihenfolge ein stark vermindertes Interesse bzgl. des Einsatzes dieser Verfahren entgegengebracht. Die Mediation wird insoweit im Vergleich zu staatlichen Gerichtsverfahren fast nie eingesetzt, erhält aber bei der Beurteilung der Vorteile der einzelnen Verfahren die zweitbeste Einschätzung nach der Verhandlung. Es folgen die Schlichtung, Schiedsgutachten, Schiedsgerichtsverfahren und mit großem Abstand Gerichtsverfahren. Zur Veranschaulichung werden die beiden folgenden Schaubilder aus der genannten Studie aufgeführt:

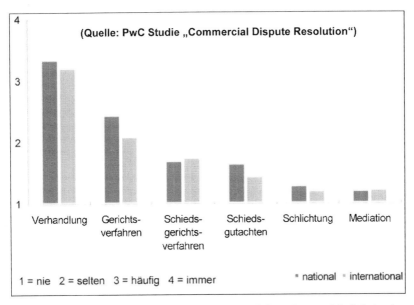

Abbildung 4: Einsatz der Verfahren im Vergleich (mittlere Nutzungshäufigkeiten)

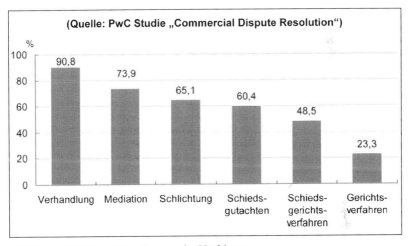

Abbildung 5: Mittlere Vorteilswerte der Verfahren

177 Relativ häufig werden außergerichtliche Verfahren unter Einsatz eines Dritten in den Bereichen Energie & Bergbau, Banken & Versicherungen eingesetzt. Die höchste Nutzungshäufigkeit wurde im Bereich Bau & Immobilien, die geringste Einsatzhäufigkeit in den Bereichen Verarbeitende Industrie, Handel & Dienstleistungen und IT & Medien verzeichnet.

178 Tendenziell wurde als Ergebnis der Studie formuliert, dass „das Ausmaß praktischer Erfahrung mit außergerichtlichen Verfahren trotz theoretisch bereits vorhandener Überzeugungen noch nicht ausreicht, um bekannte Verhaltensmuster nachhaltig zu verändern. Der Befund, dass mit zunehmender Unternehmensgröße der Einfluss der Rechtsabteilung auf die Verfahrenswahl und die Einsatzhäufigkeit von außergerichtlichen Verfahren steigt, kann dahingehend interpretiert werden, dass ein systematischeres Konfliktmanagement zu einer effizienteren Nutzung der unterschiedlichen Verfahrensvorteile führt. Insgesamt legen die Vorstellungen die Präferenz der Befragten wie der zuletzt dargestellte Trend nahe, dass die erkannten Vorteile der außergerichtlichen Verfahren in Zukunft stärker in Anspruch genommen werden. Zukunftsträchtig sind hier insbesondere Verfahren oder Verfahrenskombinationen („Hybride Verfahren"), die den Parteien eine ähnlich Gestaltungsautonomie wie die Verhandlungen zusätzlich die Vorteile der Unterstützung durch neutrale Dritte bieten".[184]

e) PricewaterhouseCoopers-Studie 2007: „Praxis des Konfliktmanagements deutscher Unternehmen" – Ergebnisse einer qualitativen Folgestudie zu „Commercial Dispute Resolution – Konfliktbearbeitungsverfahren im Vergleich"

179 PricewaterhouseCoopers veröffentlichte im Oktober 2007 in Zusammenarbeit mit dem Master-Studiengang Mediation an der Europa-Universität Viadrina Frankfurt (Oder) die Ergebnisse einer qualitativen Folgestudie zu „Commercial Dispute Resolution – Konfliktbearbeitungsverfahren im Vergleich".

180 Es wurde in dieser zweiten Studie das in der Studie aus dem Jahr 2005 festgestellte Auseinanderfallen der positiven Bewertung und andererseits des tatsächlichen Einsatzes von Konfliktbearbeitungsverfahren von deut-

---

184 https://www.ikm.europa-uni.de/de/publikationen/Studie_Commercial_Dispute_Re solution_2005.pdf, 4 ff.

schen Unternehmen in Verbindung mit der Frage, was unter „Ergebnisqualität" von Konfliktbearbeitungsverfahren zu verstehen sei, untersucht.

Die wichtigsten Ergebnisse dieser zweiten Studie sind: **181**

– Nach wie vor werden außergerichtliche Konfliktbeilegungsverfahren
  selten eingesetzt. Dies liegt an immer noch nicht ausreichenden theoretischen Kenntnissen in den Unternehmen, bei den streitenden Parteien, den beauftragten Anwälten und den geringen Praxiserfahrun-
  gen mit derartigen Verfahren.
– Die immer noch seltene Nutzung außergerichtlicher Verfahren liegt
  nicht unbedingt an mangelndem „Leidensdruck" der streitenden Parteien bzgl. der Qualität staatlicher Gerichtsverfahren. Sehr groß ist
  dagegen die Unzufriedenheit der Unternehmen bzgl. Kosten und Zeitaufwand bei durchgeführten staatlichen Gerichtsverfahren.
– Hinderlich sind ebenfalls immer noch bzgl. des Einsatzes des Verfah-
  rensspektrums, die mangelhafte Kommunikation im bzw. in den Unternehmen und die Ablehnung derartiger Verfahren seitens der jeweiligen Geschäftsleitung.
– Entgegen den Ergebnissen der Studie aus dem Jahr 2005, wonach außergerichtliche Konfliktbeilegungsverfahren in den Unternehmen zumindest teilweise dokumentiert und systematisch gesteuert wurden,
  konnte in dieser Folgestudie festgestellt werden, dass diese Verfah-
  renssteuerung in diesen Unternehmen „optimierungsbedürftig" ist.
– Erfreulich ist die Bestätigung des Ergebnisses der ersten Studie aus
  dem Jahr 2005 in der Hinsicht, dass die Unternehmen nach wie vor der
  Auffassung sind, dass außergerichtliche Konfliktbeilegungsverfahren
  erheblich mehr Vorteile als staatliche Gerichtsverfahren aufweisen.
– In einer nicht unbeträchtlichen Anzahl von Unternehmen fehlen gezielte und zukunftsorientierte Maßnahmen für die Bearbeitung von
  Konflikten. Die Unternehmen wünschen sich zwar „maßgeschneiderte Maßnahmen, die für eine Anpassung der Unternehmensphiloso-
  phie bis hin zu unternehmensspezifischen Konfliktmanagementmo-
  dellen reichen", jedoch mangelt es – wie erwähnt – an der Umsetzung
  des als notwendig erkannten Änderungsbedarfs.
– In dieser zweiten Studie wurde des Weiteren die Erkenntnis gewonnen, dass „Unternehmensjuristen ihre Rolle als Rechtsanwälte erweitern und sich zu aktiven Konfliktmanagern wandeln sollten, die be-
  triebliche Managementmodelle und -prinzipien auf die Konfliktbearbeitung in ihren Unternehmen übertragen. Dies bedeutet, in der Konfliktbearbeitung das gesamte zur Verfügung stehende Verfahrens-
  spektrum einzubeziehen, bei der Verfahrensauswahl wirtschaftlicher

Aspekte verstärkt zu berücksichtigen und die betrieblichen Prozesse zu optimieren".[185]

f) PricewaterhouseCoopers-Studie 2011: „Konfliktmanagement – Von den Elementen zum System"

182 Die dritte Studie, die von PricewaterhouseCoopers in Kooperation mit der Europa-Universität Viadrina Frankfurt (Oder) im Januar 2011 herausgegeben wurde, ergab folgende Schlussfolgerungen und Handlungsempfehlungen:

1. Sinnhaftigkeit der Etablierung einzelner Elemente von Konfliktmanagement

   Auch die Einführung von (zunächst nur) einzelnen Elementen von Konfliktmanagement ist sinnvoll.

2. Notwendigkeit des Blicks auf ein (potenzielles) Gesamtsystem

   Gerade wenn (zunächst) nur Einzelmaßnahmen angedacht sind, sollte frühzeitig und explizit eine geeignete Person/Instanz im Unternehmen damit mandatiert werden, den Blick auf einen potenziellen „Masterplan Konfliktmanagement(-system)" zu richten und darauf hinzuwirken, dass die einzelnen Konfliktmanagement-Elemente diesem Gesamtplan entsprechend gestaltet werden.

3. Verortung bestehender Anlaufstellen und Funktionen

   Ein umfassendes Mapping der bereits existierenden Stellen, Verfahren, Funktionsträger und ihrer Rollenbezeichnungen ist ein notwendiger erster Schritt, um Übersicht über die im Bereich Konfliktbearbeitung relevanten Strukturen und Akteure herzustellen und eine Bedarfsanalyse als Grundlage für maßgeschneiderte Konfliktmanagement-Strukturen durchzuführen.

4. Bekenntnis der Unternehmensleitung

   Für geplante Aktivitäten und Strukturen im Bereich Konfliktmanagement ist ein möglichst frühzeitiges Commitment der Unternehmensleitung erforderlich, das gegebenenfalls zunächst auch schrittweise für einzelne Etablierungsabschnitte eingeholt werden kann.

5. Ressourcenausstattung

   Neben dem Rückhalt der Unternehmensleitung muss eine möglichst langfristige Budgetzusage für den Bereich Konfliktmanagement bestehen, die den Aufgaben und Zielen angemessen ist.

---

185 https://www.ikm.europa-uni.de/de/publikationen/Studie_KMS_II_2007.pdf, 7 ff.

6. Rollenklarheit

Um Intransparenz und Überforderung zu vermeiden, sollten die tragenden Akteure von Konfliktmanagement-Strukturen mit einer klar begrenzten, dafür aber eindeutigen Rolle ausgestattet werden.

7. Verstetigung von Strukturen

Um den Fortbestand von Konfliktmanagement-Aktivitäten unabhängig von konkreten Personen zu sichern, ist es notwendig, die von Pionierpersönlichkeiten wahrgenommenen Funktionen zu analysieren und durch die Etablierung entsprechender – von individuellen Personen unabhängiger – Rollen und Strukturen zu verstetigen.

8. Synergieeffekte innerhalb des Unternehmens

Sowohl die einzelnen Elemente und Komponenten von Konfliktmanagement als auch die Rechts- und Personalabteilung eines Unternehmens sollten auf organisatorisch-funktioneller und personeller Ebene systematisch vernetzt werden und in ihrer Arbeitsweise kompatibel sein. Sämtliche für den Bereich Konfliktmanagement im Unternehmen verfügbaren Promotoren sollen identifiziert und aktiv eingebunden werden.

9. Controlling und Qualitätssicherung

Voraussetzung für ein sinnvolles Controlling und Qualitätsmanagement sind klare Zielvorgaben und eine realistische Erfolgsdefinition für die Konfliktmanagement-Maßnahmen sowie ein adäquater Zeitrahmen für die Messungen. Gerade im Bereich Konfliktmanagement empfiehlt es sich – gegebenenfalls unter Hinzuziehung externer Experten –, gemeinsam mit den in der Regel sehr engagierten Akteuren das Qualitätsmanagement-Konzept im Sinne einer (Selbst-)Evaluation mit möglichst einfach zu handhabenden Messgrößen zu erarbeiten.

10. Austausch mit anderen Unternehmen und Experten

Der regelmäßige Austausch mit Konfliktmanagement-Promotoren anderer Unternehmen, Wissenschaftlern und qualifizierten Beratern sowie die Einbeziehung dieser externen Perspektiven und Erfahrungen verhindern die Entstehung blinder Flecken, bringen wertvolle neue Anregungen und stärken die Motivation im eigenen Unternehmen. Die Nutzung gleicher Terminologien und Dokumentationssysteme gewährleistet dabei einen unkomplizierten Wissenstransfer.[186]

---

186 https://www.ikm.europa-uni.de/de/publikationen/EUV_PwC_Studie_Konfliktmanagement-Systeme_2011_DRUCK-V15.pdf, 69 ff.

g) PricewaterhouseCoopers-Studie 2013: „Konfliktmanagement als Instrument werteorientierter Unternehmensführung"

183 Die vierte Studie der PricewaterhouseCoopers-Studienreihe baut (auch) auf dem Nachweis des Ergebnisses der „erheblichen Diskrepanz zwischen Erwartungen und Realität in der Konfliktbearbeitung im Kontext deutscher Unternehmen" der ersten Studie auf und skizziert zusammenfassend sieben Perspektiven auf das Themenfeld KMS (Meta-, System-, Kosten-, Management-, Qualitäts-, Controlling-, Ethikperspektive). In allen sieben Feldern gibt es erheblichen Steigerungsbedarf.[187]

h) PricewaterhouseCoopers-Studie 2015: „Konfliktmanagement in der deutschen Wirtschaft – Entwicklungen eines Jahrzehnts"

184 Die fünfte und letzte PricewaterhouseCoopers-Studie kommt letztlich zu der Erkenntnis, dass die ADR- und Mediations-Revolution ausgeblieben, dafür aber in den zehn Jahren, die die fünf Studien abdecken, eine „kontinuierliche Evolution" eingetreten ist.[188]

i) MediationsZentrum der IHK für München und Oberbayern: Jahresbericht 2016[189]

185 Der stetige Anstieg der Fallzahlen bei den Mediationsverfahren des MediationsZentrums der IHK für München und Oberbayern hat sich auch im Jahr 2016 fortgesetzt. Dies belegt anschaulich die Seite 1 des Jahresberichts 2016:

Jahresbericht 2016
I. Mediationsverfahren

Administrierte Verfahren	16
Nichtadministrierte (sog. Ad-hoc-)Verfahren[190]	197
Mediatorenbenennung/-vorschläge	40

---

187 https://www.ikm.europa-uni.de/de/publikationen/PwC_EUV_KMS-Studie-IV_131010_final.pdf.

188 https://www.ikm.europa-uni.de/de/publikationen/PwC_EUV_KMS-Studie-V_161014_final.pdf.

189 www.ihk-muenchen.de/mediationszentrum.

190 Ergebnis der turnusmäßigen schriftlichen Befragung aller registrierten Mediatoren (Antworten von 30 Mediatoren).

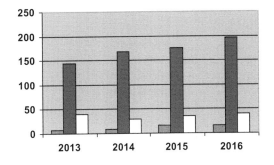

II. Mediatorenpool 2016

Anzahl der Mediatoren insgesamt (Stand: 12/2016)	140
Austritte aus dem Mediatorenpool	15
Neuaufnahmen in den Mediatorenpool	18

Maßgeblich für diesen Erfolg sind mithin zwei Aspekte:

- zunächst ist dies die kontinuierliche Öffentlichkeitsarbeit des Mediationszentrums und
- vor allem aber die sehr gute Administrierung der Mediationsfälle, die der Autor als Mediator und Parteivertreter auch schon seit mehr als zehn Jahren genießen durfte.

j) Zur Effizienz der Schlichtung im IT-Bereich – Eine Auswertung der Verfahrensakten der DGRI-Schlichtungsstelle seit 1991[191]

Unter diesem Titel haben *Metzger/Klein* die Verfahrensakten der DGRI-Schlichtungsstelle seit 1991 ausgewertet. Zwischen 1991 und 2016 wurden 104 Schlichtungsverfahren betreut, d.h. ca. 6,5 Verfahren/Jahr. Ca. 60% der Verfahren wurden verglichen. Der Streitwert pro Verfahren liegt bei etwa 400.000,– EUR. Die durchschnittliche Verfahrensdauer beträgt ca. sieben Monate.[192]

186

---

191 *Metzger/Klein* 1 ff., mit vielen lesenswerten Einzelheiten bzgl. der Verfahren; www.dgri.de.
192 *Metzger/Klein* 1 ff.

2. Ausland: EU

a) Österreich

aa) Alpen-Adria Universität Klagenfurt: Wirtschaftsmediation für Klein- und Mittelunternehmen in Österreich im Auftrag des Bundesministeriums für Wirtschaft und Arbeit, 2005[193]

187 Ende 2003 bis Anfang 2004 wurden von der Universität Klagenfurt 558 Klein- und Mittelunternehmen in Österreich hinsichtlich ihrer Erfahrungen im Bereich der Wirtschaftsmediation um Auskunft gebeten. 5,2% aller befragten Unternehmen benannten den Bereich „Nutzungsrechte & Patente" als Grund und Gegenstand ihrer Konflikte. Zum Zeitpunkt der Untersuchung besaßen erst 5% der befragten österreichischen Unternehmen über eigene Erfahrungen hinsichtlich der Wirtschaftsmediation,[194] der überwiegende Anteil dieser Unternehmen (90%) bewertete die Erfahrungen mit der Wirtschaftsmediation als positiv und mehr als 80% der befragten Anwender der Wirtschaftsmediation würden diese auch anderen Unternehmen zur Konfliktbearbeitung empfehlen.[195]

Folgende Hürden wurden als Ergebnis der Studie definiert:

– *Hürde 1:* Tabuthemakonflikt – Konflikt als Managementversagen: „Fremder" Konflikt. Vermittler stören die Intimität kleinerer Unternehmen und Familienbetriebe schon durch ihre Anwesenheit und zeigen außerdem noch „wie's geht". Als nachteilig wird es auch empfunden, dass über die Medien ständig das Versagen von Führungskräften offenkundig gemacht wird.[196]

– *Hürde 2:* Ausblendung von Konfliktfolgekosten: Ein Ergebnis der quantitativen Studie ist es, dass es zu wenig „Bewusstsein für die ökonomischen Folgen eines Konfliktes" in den befragten Unternehmen gibt. Es besteht z.B. bei den befragten Unternehmen keine Kenntnis darüber, „welche Kosten durch den Wegfall bisheriger Kunden oder den Neuaufbau von Lieferantenbeziehungen entstehen. Selbst die Kosten für die Rekrutierung von neuen Mitarbeitern und deren Einarbeitung als Folge von Konflikten können zahlenmäßig in der Mehrzahl der Unternehmen nicht angegeben werden und fließen daher bei der Entscheidung für die jeweilige Konfliktbearbeitungsstrategie nicht ein. Indirekte Kosten, die etwa aufgrund von verzögerten Entscheidun-

---

193 www.konfliktkultur.com/Artikel/Endbericht_Wirtschaftsmediation.pdf.
194 www.konfliktkultur.com/Artikel/Endbericht_Wirtschaftsmediation.pdf, 4.
195 www.konfliktkultur.com/Artikel/Endbericht_Wirtschaftsmediation.pdf, 5.
196 www.konfliktkultur.com/Artikel/Endbericht_Wirtschaftsmediation.pdf, 157 f.

gen, Diebstählen oder Beschädigungen von Produktionsmitteln entstehen, werden aufgrund dessen noch viel weniger berücksichtigt".[197]

– *Hürde 3:* Ausblendung von Kosten der Konfliktbearbeitung: Fast alle befragten Unternehmen sehen die Notwendigkeit, ein Konfliktmanagement zu betreiben. Nur ein geringer Anteil dieser Firmen setzt jedoch entsprechende Verfahren ein. Es gibt keine formalen Regeln und vorgegebenen Verfahrensabläufe bei der Konfliktbearbeitung. Dies führt zu einer nicht unerheblichen zeitlichen und psychischen Belastung der Beteiligten und steigert daher die internen Kosten, die aufgrund der nicht strukturierten Verfahrensabläufe nicht erkennbar werden. Dies führt sogar zu der Annahme, dass die Bearbeitung kosteneffektiver erscheint. Bei Einschaltung externer Dritter werden nur die erkennbaren Kosten für Rechtsanwälte und die Gerichtskosten berücksichtigt. Der unternehmensinterne Aufwand wird nicht berücksichtigt.[198]

– *Hürde 4:* Selber bewältigen statt externer Unterstützung: Die befragten Mitarbeiter setzten sich als überwiegend „Konsensorientierte" ein und bevorzugten eine aktive Strategie der Konfliktbearbeitung. Ein Drittel der befragten Unternehmen ist grundsätzlich der Auffassung, dass die Einschaltung von Dritten nicht notwendig ist. Die Einbeziehung eines Dritten wird erst dann akzeptiert, wenn „man sich dem externen Konfliktgegner unterlegen fühlt oder wenn die internen Ressourcen und Mechanismen der Konfliktbearbeitung nicht mehr ausreichen, zumeist in bereits stark eskalierten Konflikten".[199]

– *Hürde 5:* Erwartungshaltungsentlastung: In der Regel gibt es bei den Unternehmen „hohe, aber tendenziell auch eher diffuse Erwartungen" an die Mediatoren. Gewünscht ist bei der Einschaltung von Mediatoren die Delegation der Konfliktlösung mit der Folge, dass die in Österreich als notwendig angesehene Anwesenheit von Mediatoren zur Enttäuschung von Erwartungen führt, wobei diese einerseits auf die Reduzierung des zeitlichen Einsatzes von Führungskräften und darüber hinaus auf eine Reduzierung der „emotionalen Kosten" abzielen. Die Befragten möchten den Streit lieber delegieren, um sich aus „Angst vor weiteren Kränkungen möglichst wenig mit der anderen Seite und der Konfliktthematik weiter beschäftigen zu müssen".[200]

---

197 www.konfliktkultur.com/Artikel/Endbericht_Wirtschaftsmediation.pdf, 158 f.
198 www.konfliktkultur.com/Artikel/Endbericht_Wirtschaftsmediation.pdf, 159 f.
199 www.konfliktkultur.com/Artikel/Endbericht_Wirtschaftsmediation.pdf, 160 f.
200 www.konfliktkultur.com/Artikel/Endbericht_Wirtschaftsmediation.pdf, 161 f.

bb)   Studie „Angstkultur statt Konfliktlösungskultur in österreichischen Unternehmen?", 2004, und Studie „Konfliktlösung und Wirtschaftsmediation in den Österreichischen Unternehmen", 2006, der Unternehmensberatung Wietasch & Partner und des Instituts für Grundlagenforschung GmbH (IGF) im Auftrag der Wirtschaftskammer Österreich

188   Die beiden Studien wurden mit dem Ziel erhoben, den Bekanntheitsgrad und die Einstellung zum Thema Wirtschaftsmediation und Umgang mit Konfliktsituationen in den österreichischen Unternehmen zu untersuchen. Es wurden 300 Interviews geführt. In der zweiten Studie im Jahr 2006 wurden dann in denselben Unternehmen, allerdings nur noch in Unternehmen mit 80 und mehr Mitarbeitern die gleichen Fragen wie in der Studie aus dem Jahr 2004 gestellt.

Es gab folgende Ergebnisse:

- In einem Drittel der befragten Unternehmen gab es sowohl im Jahr 2004 als auch im Jahr 2006 speziell ausgebildete Mitarbeiter für die Konfliktlösung.
- In 14% der Unternehmen gibt es schriftlich dokumentierte und jedem Mitarbeiter bekannte Richtlinien für den Umgang mit Konflikten/ Konfliktpotenzialen. In weiteren 30% der Unternehmen gibt es ebenfalls diese Richtlinien, jedoch nicht in schriftlicher Form.
- Im Jahr 2006 (21%) kannten die befragten Unternehmen im Vergleich zum 2004 (13%) erheblich mehr Betriebe, in denen eine Wirtschaftsmediation eingesetzt wurde.
- Im Jahr 2006 (13%) wurden im Vergleich zum Jahr 2004 (6%) mehr als doppelt so oft Wirtschaftsmediatoren im Unternehmen eingesetzt.
- Wenn ein Mediator im Unternehmen eingesetzt worden war, waren 97% der befragten Unternehmen mit der Lösung zumindest teilweise (25%) zufrieden, bzw. zufrieden (40%) bzw. sehr zufrieden (33%).
- Bei 51% aller externen Konflikte, bei 54% aller Konflikte im unternehmensstrategischen Bereich und bei 63% aller Konflikte im zwischenmenschlichen Bereich wurden Wirtschaftsmediatoren eingesetzt.
- Als hauptsächliche Vorteile der Mediation für das Unternehmen wurden im Vergleichszeitraum von dreiviertel aller Unternehmen die „Konfliktlösung durch eine neutrale Person" genannt. „Kosten- und Zeiteffizienz" wurden jeweils mit 13% im Mai 2006 als weitere stark im Vordergrund stehende Vorteile genannt. Es folgten die „Vermei-

dungen juristischer Auseinandersetzungen" (12%) und die „bessere Kommunikation" (11%) im Mai 2006.

- Das Image von Wirtschaftsmediation/Mediatoren wurde als sehr/eher positiv in 37% der Betriebe mit 80–149 Mitarbeitern und in 56% der Betriebe mit 500 und mehr Mitarbeitern gesehen.
- 75% der Befragten gingen im Mai 2006 davon aus, dass sich die Wirtschaftsmediation in Österreich in den nächsten 2–3 Jahren wahrscheinlich (67%) bzw. ganz sicher (8%) durchsetzen wird.

Laukemann[201] geht davon aus, dass die die von dem österreichischen Bundesgesetz über Mediation in Zivilrechtssachen (ZivMediatG vom 1.5. 2004) „erhofften Impulse zur Festigung der gerichtsnahen Mediation als alternatives Instrument der Konfliktbewältigung ausgeblieben sind".[202]

cc) Forschungsprojekt des „Europäischen Instituts für Wirtschaftsmediation" im Auftrag des Bundesministerium für Wirtschaft und Arbeit: Wirtschaftsmediation im Europäischen Vergleich, Wien 2005

Dieses Forschungsprojekt widmete sich den Ländern Frankreich, **189** Deutschland, Österreich sowie den skandinavischen Ländern.

Als Ergebnis dieser Studie kann festgehalten werden, dass in Europa zum Zeitpunkt der Untersuchung die Wirtschaftsmediation noch nicht sehr stark verbreitet ist. Lediglich in Großbritannien kann von einer Vielzahl erfahrener Wirtschaftsmediatoren ausgegangen werden. Dies mag daran liegen, dass Großbritannien „10 Jahre Entwicklungsvorsprung" hat. Im Übrigen kann auf Ergebnisse der bisher dargestellten Ergebnisse der anderen genannten Studien verwiesen werden. Bezeichnend ist der erste Satz des 10. Abschnitts dieses Forschungsprojekts.[203] „Der Wirtschaftsmediation steht in Europa noch die Morgenröte im Antlitz!"

b) Frankreich

In Frankreich ist seit 1996 die gerichtsnahe Mediation („médiation judi- **190** ciaire") geregelt (Art. 131–1 bis 131–15 Nouveau Code de Procédure Civile). Bisher ist die Erfolgsquote gering. Im Jahr 2000 wurde in nur 185 Fällen von 35 000 Verfahren vor der Cour d'Appel de Paris ein gerichtsnahes Mediationsverfahren durchgeführt.[204]

---

201 *Laukemann*, in: Hess F 75 ff.
202 F 83 und siehe auch *Schlehe* 7 ff.
203 Europäisches Institut für Wirtschaftsmediation (2005) 468.
204 *Lacabarats*, ZKM 2003, 153 ff.

191 In den letzten Jahren ist jedoch ein Wandel eingetreten. In Wirtschaftsstreitigkeiten ist ein Trend zugunsten der Mediation zu verzeichnen. Der
Cour de Cassation hatte am 13.2.2004 einen Fall zu behandeln, der die
Wirksamkeit vertraglicher Mediationsklauseln betraf. Aufgrund des Vertrags musste als erster Schritt vor irgendwelchen anderen rechtlichen
Verfahren die Mediation gewählt werden. Aufgrund dieser Klausel war
die Mediation als erster Schritt, um den Streit zu beenden, zwingend vorgeschrieben. Das Gericht entschied, dass gerichtliche Verfahren, die von
einer Partei ohne die Folgemediation begonnen werden, nicht länger zulässig sind.

192 Die CMAP (Paris Mediation and Arbitration Centre, eine Abteilung der
Handelskammer Paris) veröffentlichte im Jahr 2005 eine Statistik, wonach in 60% der Fälle, in denen vor Beginn eines Rechtsstreits ein Angebot zur Durchführung der Mediation an die gegnerische Partei geschickt
wurde, dieses Angebot akzeptiert wurde. In 71% der Fälle führten die
bei der CMAP durchgeführten Mediationen zu einem Vergleich zwischen den Parteien. 12% der in 2005 bei der CMAP durchgeführten Mediationen betrafen IP-Streitigkeiten.

193 Unter der Führung des französischen Ministers für Wirtschaft und Finan-
zen wurde am 22.11.2005 die „Charta für Mediation" von 55 der größten
französischen Firmen unterschrieben. Am 16.10.2006 wurde dann eine
entsprechende Charta für Mediation von französischen Anwälten unter-
zeichnet.[205]

c) Großbritannien

aa) „Woolf-Report" 1996

194 In Großbritannien übergab 1996 Lord *Woolf*, Master of the Rolls, seinen
Abschlussbericht über das Zivilrechtssystem in England und Wales
(„Access to Justice") dem Lord Chancellor. Dieser Bericht (heute oft
„*Woolf*-Report" genannt) forderte eine faire, schnelle und angemessene
Streitlösung und den Einsatz alternativer Verfahren zur Streitlösung vor
der Inanspruchnahme staatlicher Gerichte. Diese Prinzipien wurden im
Jahr 1999 in das Zivilprozessrecht („Civil Procedure Rules") integriert.
Weitere Anstrengungen wurden in den letzten Jahren unternommen, um
die Alternative Dispute Resolution (ADR) verstärkt einzuführen. Zum
Beispiel bekam das UK Patent Office die rechtlichen Möglichkeiten,

---

205 Siehe zur gerichtsnahen Mediation in Zivilsachen in Frankreich *Hess* F 83 ff.; und zu
den übrigen im Text genannten statistischen Daten und Chartas *Barbier/Drouault-
Gardrat*, Mediation in France, les Nouvelles 2007, 335.

nicht bindende Stellungnahmen/Gutachten bzgl. der Nichtigkeit und der Verletzung von Patenten zu erteilen.[206]

Das UK Patent Office bot dann ab April 2006 einen Mediation Service **195** an, um bei IP-Streitigkeiten Firmen und einzelnen Personen eine Hilfestellung zu geben. Das UK Patent Office erklärt ausdrücklich, dass es Streitigkeiten über Lizenzverträge, Patentverletzungen und Schutzrechtseigentumsfragen für mediationsgeeignet hält. Obwohl der Woolf-Report schon 16 Jahre alt ist, hat die Industrie in Großbritannien die Mediation nur zögerlich akzeptiert. So hat der Court of Appeal im Jahr 2004 in dem Fall Reed Executive and others v. Reed Business Information and others et al., EWCA Civ 887, entschieden, dass Mediation nicht für jedermann zugänglich ist. Es wurde entschieden, dass eine Partei die Kosten des Verfahrens nicht zu tragen hat, wenn sie sich vorher geweigert hatte, eine Mediation durchzuführen. Der Court of Appeal hat in dem Fall IDA Ltd and others v The University of Southampton and others im Jahr 2006 entschieden, dass die Mediation für IP-Streitigkeiten geeignet ist. Dieser Fall betraf Fragen zum Eigentum an bestimmten Patenten bzgl. einer Insektenfalle. Der Court of Appeal legte dar, dass Streitigkeiten vor staatlichen Gerichten „could be protracted, very very expensive and emotionally draining," and „On top of that, very often development or exploitation of the invention under dispute will be stultified by the dead hand of unresolved litigation. This sort of dispute is particularly apt for early mediation." Die Kommentare des Gerichts in diesem Fall zeigen an, dass ein steigender Druck auf bestimmte Streittypen – wie z. B. das Eigentum an IP und Lizenzgebührenstreitigkeiten – durch Mediation zunächst gelöst werden sollen. Diese Erwartung wird durch eine Veröffentlichung des UK Government commissioned report[207] reflektiert. In diesem Bericht wird erklärt, dass die Anzahl der IP-Fälle vor staatlichen Gerichten durch ADR reduziert werden sollten und dass die streitenden Parteien ein größeres Interesse daran haben sollten, ihre Streitigkeiten durch Mediation zu lösen.[208]

---

206 Sections 74A und 74B des Patentgesetzes von 1977 mit Änderungen und Rules 77A bis 77K der Patents Rules 1995 mit Änderungen, die am 1.10.2005 wirksam wurden.
207 Gowers Review of Intellectual Property December 2006.
208 *Hayley French*, Mediation and Arbitration in England, les Nouvelles 2007, 333 f.; zur gerichtsnahen Mediation in England vgl. *Hess* F 70 ff.

bb) CEDR

196 Das Centre for Effective Dispute Resolution (CEDR) hat in „The Seventh (Third) Mediation Audit" vom 11.5.2016 (8.11.2007)[209] ausgeführt, dass aufgrund der Zahlen der wesentlichen Mediationseinrichtungen in Großbritannien es im Jahr 2016 ca. 10.000 Mediationsfälle (2007 ca. 3400–3700 Mediationsfälle) gab. Der Markt wird immer noch von relativ wenigen Mediatoren dominiert. Eine Gruppe von ca. 100 Mediatoren, die in 7 großen Organisationen/Gruppen organisiert sind, ist in fast 86% aller ad hoc-Fälle involviert. Im Jahr 2007 waren es 80 Mediatoren, die 80% der ad hoc-Fälle bearbeiteten. 54% aller Mediatoren sind sehr erfahren, 22% aller Mediatoren durchschnittlich erfahren und 24% aller Mediatoren sind neu in diesem Geschäft. 56% aller Mediatoren berichteten, dass sie weniger als zehn Mediationen je Jahr hatten, dagegen die erfahrenen Mediatoren mehr als zehn Mediationen pro Jahr und Mediator betreuten. Das Durchschnittsalter der Mediatoren ist zwei Jahre höher als bei der letzten Umfrage in 2005. Bei weiblichen Mediatoren beträgt das Durchschnittsalter 50 und bei männlichen Mediatoren 57 Jahre und sind damit ca. zwölf Jahre älter als die Partner von Rechtsanwaltskanzleien. 40% (2007: 31%) der befragten Mediatoren sind Vollzeitmediatoren. Der Anteil der Anwaltsmediatoren sinkt weiter und beträgt 43%. Die Verdienstmöglichkeiten haben sich im Vergleich zum Jahr 2007 bei weniger erfahrenen Mediatoren verbessert und liegen bei einem Tagessatz von ca. 1.545 £ (2007: 1.200 £). Die erfahrenen Mediatoren haben dagegen mit einem Tagessatz von 4.500 £ (2007: 2.196 £), einen deutlichen Anstieg verzeichnen können. Der Jahresverdienst erfahrener Mediatoren wird wie folgt aufgeführt:

- Mediatoren, die 20–30 Mediationen pro Jahr durchführen, verdienen pro Jahr 55.000 £ (2007: 53.000 £; 2005: 43.000 £),
- Mediatoren, die 30–50 Mediationen pro Jahr durchführen, verdienen ca. 175.000 £ (2007: 121.000 £) pro Jahr (2005: 102.000 £),
- Mediatoren, die mehr als 50 Mediationsfälle pro Jahr bearbeiten, verdienen ca. 400.000 £ (2007: 282.000 £) pro Jahr (2005: 177.000 £). Der erfolgreichste Mediator verdiente bei ca. 90 Fällen mehr als 775.000 £.

---

209 www.cedr.com; 1 ff. (1 ff.); vgl. zunächst Rn. 238 ff. und auch KING'S College, University of London, www.kcl.ac.uk. The Use of Mediation in Construction Disputes, Summary Report oft the Final Results, 7 May 2009, Mediating Construction Disputes: An Evaluation of Existing Practice, January 2010. S. a. AG Lübeck, NJW 2007, 3789 f., das von „üblichen" Stundensätzen von 150 bis 300 EUR ausgeht.

Die Mediatoren berichteten, dass 67% (2007: 75%) aller Fälle am ersten **197** Verhandlungstag des Mediationsverfahrens und weitere 19% (2007: 13%) kurz danach verglichen wurden, was zu einer Vergleichsrate von 86% (2007: 88%) führt. In 2005 betrug diese Rate 93%.

Die Mediatoren wurden auch nach dem Verhalten der streitenden Parteien und deren Anwälten gefragt:

- 69% (2007: 64%) der Anwälte und 64% (2007: 63%) der Mandanten wurde ein gutes bis sehr gutes Verhalten bei der Durchführung der Mediation attestiert.
- 19% (2007: 17%) der Anwälte und 21% (2007: 20%) der Mandanten wurden bezüglich ihres Verhaltens als angemessen beurteilt.
- 12% (2007: 19%) der Anwälte und 15% (2007: 17%) der Mandanten wurden bezüglich ihres Verhaltens als weniger adäquat eingestuft.

Die beteiligten Anwälte schätzten das Verhalten ihrer gegnerischen Kollegen zu 60% (2007: 52%) als gut oder sehr gut und das Verhalten ihrer Mandanten zu 70% (2007: 62%) als gut oder sehr gut ein. 13% (2007: 17%) der gegnerischen Anwälte und 4% (2007: 10%) der Mandanten wurden als unterdurchschnittlich bezüglich ihres Verhaltens eingestuft.

Das Verhalten der Mediatoren wurde von den Parteianwälten wie folgt eingestuft:

- 81% (2007: 80%) der Mediatoren wurden als sehr gut oder gut eingestuft, wobei 60% (2007: 56%) als sehr gut eingestuft wurden.
- 14% (2007: 14%) der Mediatoren wurden als durchschnittlich eingestuft und
- nur 5% (2007: 6%) als unterdurchschnittlich eingeschätzt.

cc) Pre-empting and Resolving Technology, Media and Telecoms Disputes – International Dispute Resolution Survey, Queen Mary University of London/Pinsent Masons LLP, London, November 2016

Im Rahmen dieser sehr interessanten Untersuchung aus November 2016 **198** wurden Anbieter und Abnehmer von Technologien aus den Bereichen Telekom und Media nach den Hauptarten von Streitigkeiten aus diesen Bereichen und danach befragt, wie diese Streitigkeiten effektiv gelöst werden könnten.

Ein Ergebnis dieser Untersuchung ist, dass bei den 75% der Befragten, die eine Dispute Resolution Policy haben, die Mediation vor der Schiedsgerichtsbarkeit präferiert ist.[210]

d)   Mediations- und Schiedszentrum für Patentsachen, Art. 35 EPGÜ

199   Die Regelungen des EPGÜ, die aufgrund des BREXIT und einer Verfassungsbeschwerde beim deutschen BVerfG noch nicht (Stand: Februar 2018) in Kraft treten können, sehen in Art. 35 Abs. 1 ein „Mediations- und Schiedszentrum für Patentsachen" mit Sitzen in Ljubljana und Lissabon vor. Dort werden gemäß Art. 35 Abs. 2 EPGÜ Dienste für Mediation und Schiedsgerichtsverfahren in Patentstreitigkeiten, die unter das EPGÜ fallen, zur Verfügung gestellt. Wichtig ist, dass gemäß Art 35 Abs. 2 S. 3 EPGÜ in Mediation und Schiedsgerichtsverfahren ein Patent weder für nichtig erklärt noch beschränkt werden darf. Art. 35 Abs. 3 EPGÜ regelt die Mediations- und Schiedsordnung, die das Zentrum festlegt. Schließlich wird im Abs. 4 des Art. 35 EPGÜ gesagt, dass das Zentrum ein Verzeichnis der Mediatoren und Schiedsrichter aufstellt, die die Parteien bei der Streitbeilegung unterstützen.[211]

3. Ausland: International

a)   Australien

200   Alternative Dispute Resolution (ADR) wird auch in Australien regelmäßig für IP-Streitigkeiten eingesetzt. Der Federal Court of Australia, Annual Report 2005/2006, enthält zwar keine statistischen Daten speziell für IP-Mediationsfälle, sondern enthält nur generelle statistische Daten, die auch IP-Fälle enthalten. Im Zeitraum 2005/2006 gab es insgesamt 369 Mediationssitzungen, die von Gerichtsmediatoren behandelt wurden, wobei 36 Fälle mittels einer Mediation weitergeführt wurden. 56% der Fälle wurden durch Streitbeilegung beendet.[212]

---

210 Weitere Einzelheiten der Ergebnisse dieser Untersuchung werden im Teil D (S. 381 ff.) besprochen.

211 Der Autor hatte die Ehre, das BMJV bei der Erstellung der Mediations- und Schiedsordnung unterstützen zu dürfen. S. a. *Picht* zur Kompetenzreichweite des Mediations- und Schiedszentrums beim Einheitspatentsystem, GRUR Int. 2018, 1 ff.

212 *Khajaque Kortian*, Mediation And Arbitration Of Intellectual Property Disputes In Australia, les Nouvelles 2007, 315 f.

b) China

In China gibt es kein spezifisches Mediationsgesetz. Eine Mediationsin- **201** stanz ist die CCPIT/CCOIC Conciliation Center („CCC"). CCC wurde 1987 gegründet. Inzwischen gibt es mehr als 40 dezentrale Center der CCC in China. Die CCC hat bisher mehr als 4000 Fälle in unterschiedlichen Branchen und in mehr als 30 Ländern und Regionen betreut. 80% der Fälle wurden erfolgreich durch Conciliation verglichen.[213]

c) Japan

Das 1998 gegründete Japan Intellectual Property Arbitration Center (JI- **202** PAC) betreut IP-Streitigkeiten. Das JIPAC hat eine Kooperationsvereinbarung mit der WIPO. Das JIPAC verwaltet alle Arten von IP-Streitigkeiten über z. B. die Zuordnung des Rechts auf Anmeldung eines Patents in einem gemeinsamen Forschungs- und Entwicklungsvorhaben, Lizenzgebührensatz, Zahlungsverzug, Erfindervergütung, Patentverletzung und/ oder Nichtigkeitsklagen bzgl. ausländischer Patente. Zwischen 1998 und 2004 ist die Anzahl der Mediations-/Schiedsgerichtsfälle von einigen wenigen auf 20 angestiegen. 95% der Fälle vor dem JIPAC waren Mediationsfälle, die übrigen 5% waren Schiedsgerichtsfälle. 61% der Fälle betrafen Patente, 18% Marken, 10% Geschmacksmuster, 5% Urheberrechte, 3% Unlauteren Wettbewerb und 3% betrafen Verträge. Die durchschnittliche Mediationsdauer vor dem JIPAC beträgt 4,8 Monate.[214]

d) Singapur

Das Intellectual Property Office Of Singapore hatte im März 2008 die **203** folgende Statistik für Mediationsfälle im IP-Bereich für die Jahre 2001–2007 veröffentlicht:

Hearings and Mediation Statistics

	2001	2002	2003	2004	2005	2006	2007
Pre-hearing Reviews	19	49	69	73	55	65	98
Interlocutory Hearings	23	29	16	13	20	10	12
Full Hearings	15	6	15	17	30	18	19
Case Management Conferences	0	9	11	20	2	4	5

---

213 *John Budge/Wang Dong Hui*, les Nouvelles 2007, 328, 331 f.; s. a. *Shaojie Chi*, les Nouvelles 1996, 77 ff.
214 *Kei Konishi*, Mediation/Arbitration Under Japanese Law, les Nouvelles 2007, 337 f.

Da inzwischen das WIPO AMC die Schieds- und Mediationsfälle betreut, findet man die Fälle, die veröffentlicht werden dürfen, auf der Webseite des WIPO AMC.

e) USA

aa) Brousseau/Chasserant/Bessy/Cocurderoy, The Diversity of Technology Licensing Agreements And Their Causes[215]

204 Hinsichtlich der USA werden nur empirische Daten eines Aufsatzes von *Brousseau/Chasserant/Bessy/Coeurderoy*, The Diversity of Technology Licensing Agreements And Their Causes, wiedergegeben, da in diesem Aufsatz sehr interessante Bezüge auch zur Streitschlichtung enthalten sind. Die Untersuchung begann im Frühjahr 2001. Es wurden 2685 Firmen angeschrieben. 35,5% aller angeschriebenen Firmen hatten ihren Sitz in Europa, 13% in Japan und 48,5% in Nordamerika. 160 Fragebögen (6%) wurden lediglich ausgefüllt und zurückgeschickt. Diese Fragebögen enthalten Antworten zu insgesamt 297 Technologielizenzverträgen.

205 Die folgenden Übersichten[216] beinhalten die empirischen Untersuchungsergebnisse im Hinblick auf Regelungen zur Streitschlichtung:

Übersicht 1: The Role of Private Institutions on Licensing Practices, by Industry

Collective organizations facilitate TLA by:	Raw Material Transformation	Che-micals	Equip-ment	Servi-ces	Other	Total
Facilitating contacts	66.7	81.5	25	58.1	63.6	59.9
Producing information	20	46.3	22.2	19.4	27.3	26.5
Publishing guidelines	20	31.5	8.3	41.9	27.3	30.6
Providing disputes resolution mechanisms	33.3	25.9	5.6	3.2	9.1	30.6
Total number of responses	**15**	**54**	**36**	**31**	**11**	**147**

Quelle: *Brousseau/Chasserant/Bessy/Coeurderoy*, les Nouvelles 2005, 179 ff.

---

215 Les Nouvelles 2005, 179 ff.; s. auch Rn. 278; s. auch *Marx*, Das Prinzip der Freiwilligkeit der Mediation, ZKM, 2010, 132 ff., mit empirischen Ergebnissen zur angeordneten und obligatorischen Mediation in den USA.
216 Die Nummerierung der Übersichten wurde für dieses Werk geändert.

Übersicht 2: The Role of Private Intermediaries and Institutions

Services provided by private entities	Number	%
Reference In matter of TLA conditions Regarding financial conditions **Total number of responses**	33 57 **279**	11.8 20.4
Supervision **Total number of responses**	32 **277**	11.6
Dispute resolution **Total number of responses**	117 **280**	41.8

Quelle: *Brousseau/Chasserant/Bessy/Coeurderoy*, les Nouvelles 2005, 179 ff.

Übersicht 3: IPRS related Conflicts, by Industry

More frequent type of conflict (scale from 1 to 5)	Raw Material Transformation	Chemicals	Equipment	Services	Other
Infringement	2.8 (0.7)	3.1 (1)	2.9 (1.1)	2.7 (1)	2.6 (1.1)
Violation of payment obligations	1.8 (0.7)	2.4 (1)	1.8 (0.8)	2.8 (1.2)	2.5 (0.8)
Violation of other obligations	2.0 (0.4)	2.2 (0.8)	2.0 (0.7)	2.3 (1)	2.2 (0.7)
Violation of secrecy	1.7 (0.5)	2.1 (0.9)	1.9 (0.8)	2.2 (0.9)	1.9 (0.5)
Total number of responses	**16**	**27**	**35**	**32**	**11**

Quelle: *Brousseau/Chasserant/Bessy/Coeurderoy*, les Nouvelles 2005, 179 ff.

Übersicht 4: IPRS related Conflicts, by Region

More frequent type of conflict (scale from 1 to 5)	North America	Europe	Japan	Rest of the world	Other
Infringement	3.1 (1)	2.7 (1)	2.8 (1)	2 (1.1)	2.9 (1)
Violation of payment obligations	2.6 (1)	2.1 (1.1)	1.8 (0.8)	2.4 (1)	2.3 (1)
Violation of other obligations	2.3 (0.8)	2.1 (0.8)	1.7 (0.6)	2.6 (1.6)	2.1 (0.8)
Violation of secrecy	2.3 (0.9)	2 (0.8)	1.6 (0.6)	2.2 (1.2)	2 (0.9)
Total number of responses	**68**	**41**	**37**	**5**	**151**

Quelle: *Brousseau/Chasserant/Bessy/Coeurderoy*, les Nouvelles 2005, 179 ff.

Übersicht 5: Governance Mechanismus, by Industry (in percent of the subpopulations)

Characteristics of the contracts:	Raw Mat. Trans-foma-tion	Chemi-cals	Equip-ment	Servi-ces	Other	Total
Renegotiation						
Provision of renegotiation	56.3	36.6	50	40.7	42.1	43.5
For royalty rate	15.6	15.8	27	30.5	15.8	21.8
For geographical extension	21.9	11.9	14.9	22	26.3	16.8
For provided technology	18.8	13.9	17.6	22	10.5	16.8
For the entire contract	37.5	10.9	20.3	22	15.8	18.9
Total number of responses	**32**	**101**	**74**	**59**	**19**	**285**
Formal negotiation mechanism	18.8	44.6	23.6	22.8	29.4	30.8
Total number of responses	**32**	**101**	**72**	**57**	**17**	**279**
Supervision						
Formal supervision mechanism	15.6	28	9.6	11.9	18.8	17.9
Committee	15.6	28	5.5	6.8	0	14.6
Independent third party	0	0	4.1	5.1	18.8	3.2
Total number of responses	**32**	**100**	**73**	**59**	**16**	**280**
Inspection Rights						
On books	78.1	79.4	79.7	82.8	63.2	78.9
Licensor	25	33.3	44.6	43.1	31.6	37.2
Third party	37.5	39.2	27	39.7	26.3	35.1
Both	15.6	6.9	8.1	0	5.3	6.7
On products	62.5	19.6	43.2	43.1	42.1	36.8
Licensor	50	9.8	33.8	3.1	2.9	27.4
Third party	87.3	60.8	0	0	0	6.7
Both	12.7	39.2	0	0	0	2.8
On industrial installations	34.4	25.5	21.6	36.2	5.3	26.3

Characteristics of the contracts:	Raw Mat. Trans- foma- tion	Chemi- cals	Equip- ment	Servi- ces	Other	Total
Licensor	31.3	18.6	16.2	25.9	5.3	20
Third party	0	2.9	1.4	10.3	0	3.5
Both	3.1	3.9	4.1	0	0	2.8
On R&D projects	6.3	11.8	6.8	13.8	10.5	10.2
Licensor	6.3	8.8	5.4	10.3	10.5	8.1
Third party	0	2	1.4	3.4	0	1.8
Both	0	1	0	0	0	0.4
Total number of responses	**32**	**102**	**74**	**58**	**19**	**285**
Dispute resolution						
Formal mechanism	77.4	78.4	59.5	42.6	78.9	65.9
A committee	6.5	8.8	0	1.6	10.5	4.9
An independent arbitrator	29	42.2	29.7	16.4	57.9	33.1
A private authority	41.9	19.6	25.7	23	5.3	23.3
A combination of these mechanism	0	2	1	0.4	1.3	3.1
Total number of responses	**31**	**102**	**74**	**61**	**19**	**287**
Suspending mechanism	40	53	28.8	30.5	29.4	39.1
Total number of responses	**30**	**100**	**73**	**59**	**17**	**279**

Quelle: *Brousseau/Chasserant/Bessy/Coeurderoy*, les Nouvelles 2005, 179 ff.

113

Teil B Allgemein

Übersicht 6: A characterization of TLAs in function of their governance mechanisms and recourse to „external" devices (in percent)

Variables	Typological class (No. of contracts)	Total (297)	Clas 1 (91)	Clas 2 (123)	Clas 3 (37)	Clas 4 (46)
Intellectual property						
	Right to use the brand	29.3	24.2	28 5	18.9	50.0
	Right to use other IPRs.	64.0	58.2	65.9	70.3	65.2
Transfer of resources						
	„Tacit knowledge" (at least one element)	36.7	23.1	40.7	40.5	50.0
	Codified data (at least on element)	73.1	64.8	72.4	89.2	78.3
	Inputs	12.8	7.7	12.2	18.9	19.6
Modus of payment						
	No payment	5.1	7.8	2.4	8.1	4.4
	Royalties	20.9	13.2	25.2	13.5	30.4
	Mixed	61.3	61.5	65.0	59.5	52.2
	Lump sums	11.5	16.5	4.9	18.9	13.0
Sole or exclusive license		54.2	49.5	53.7	64.9	56.5
Industries						
	Raw material transformation	10.8	6.5	13.0	13.5	10.9
	Chemical industry	36.0	34.1	28.5	48.7	50.0
	Machine tools and equipment	25.3	28.6	27.6	16.2	19.6
	Services	21.5	18.7	26.8	16.2	17.4
	Other	6.4	12.1	4.1	5.4	2.2
Partner's description						
	Equity relationships	22.2	18.7	26.1	35.1	8.7
	Prior licensing agreement	25.3	23.1	27.6	27.0	21.7
	Wider agreement (R&D project, partnership, …)	39.0	25.6	42.3	59.5	39.1

Variables	Typological class (No. of contracts)	Total (297)	Clas 1 (91)	Clas 2 (123)	Clas 3 (37)	Clas 4 (46)
Safeguards						
	Restrictions	62.0	52.8	67.5	73.0	56.5
	Reselling of rights forbidden	57.5	60.4	46.3	67.6	73.9
	Sub-licensing forbidden	41.8	58.2	20.3	40.5	67.4
	Grant-back	54.2	16.5	75.6	75.7	54.4
	Perpetuation of the license in the case of improvement	63.6	18.7	91.1	83.8	63.0
	Most favored licensee provision	22.9	6.6	39.8	16.2	15.2
	Minimal performances	39.1	34.1	44.7	40.5	32.8
	Bundling	20.9	17.6	11.4	27.1	47.8
	Guarantee of an absence of infringement problems	22.2	4.4	17.9	12.2	73.9
	„Patent immunity"	20.2	8.8	4.1	21.6	84.8
Governance provisions						
	Renegotiation	45.8	24.2	62.6	40.5	47.8
	Supervision mechanism	16.9	5.5	3.3	91.9	15.2
	Audit of facilities and products	39.4	33.0	41.5	40.5	45.7
	Audit of books	79.8	67.0	87.8	83.8	80.4
	Professional standards	19.2	13.2	26.8	10.8	17.4
	Professional instances of legation settlement	39.4	29.7	40.7	56.8	41.3

Quelle: *Brousseau/Chasserant/Bessy/Coeurderoy*, les Nouvelles 2005, 179 ff.

bb) Studie zur Mediation in Patentsachen[217]

206 *Slowinski* hat 2011 eine Studie zur Patentmediation in Deutschland an der Stanford Law School in den USA betreut, die folgende Komponenten enthielt:

- eine Befragung von Rechts- und Patentanwälten,
- eine Evaluierung des Münchener Modellprojekts zur Patentmediation am LG München I und
- eine Untersuchung zu Perspektiven und Erfahrungen von Unternehmen mit Mediation in Patentstreitsachen. Diese Studie wurde dann in Deutschland ergänzt (Stand: 17.8.2012). Die folgenden Ausführungen geben in stark gekürzter Form einige Ergebnisse der Studie nur bzgl. der Nutzung der Mediation in Deutschland durch Rechts- und Patentanwälte wieder. Auf der Website *www.ip-mediation.eu* werden die Forschungsergebnisse von Slowinski auszugsweise veröffentlicht.

Von 1.563 befragten Rechts- und Patentanwälten antworteten 209 Rechts- (123) und Patentanwälte (86), von denen ca. 2/3 Entscheidungsträger sind. Die befragten Rechts- und Patentanwälte hatten durchschnittlich 14 bzw. 12 Jahre Berufserfahrung.

26% der Anwälte hatten die Mediation in der Praxis als Berater einer Partei erlebt. Ca. 90% dieser Anwälte hatten bis zu 5 Mediationen erlebt. Ca. 30% der Patentmediationen entfielen auf private und ungefähr 20% auf gerichtsinterne Mediationen. Ohne die Mediationen in Patentstreitsachen wurden ca. 40% der Fälle durch private Mediationen im Inland und ca. 27% dieser Fälle durch gerichtsinterne Mediationen behandelt.

Von den befragten Anwälten hatten 9% die Mediation als Mediatoren erlebt. Beachtliche 50% der Befragten waren im Patentrecht als Mediatoren tätig.

Slowinski stellt in seiner Untersuchung als ein weiteres Ergebnis fest, dass es „keinen Zusammenhang zwischen der Teilnahme an einer Mediationsausbildung und praktischer Erfahrung im Bereich Mediation zu geben scheint". Der Anteil der Anwälte, die an einer Mediation als Parteivertreter oder Mediator teilnahmen, ohne über eine Mediationsausbildung oder ein Verhandlungstraining zu verfügen, ist überraschend hoch.

In der Beratung hatten 45% der Befragten das Mittel der Mediation mit ihren Mandanten nicht, 40% der Befragten nur selten mit ihren Mandanten besprochen. *Slowinski* geht zu Recht davon aus, dass die Anwälte

---

217 *Peter R. Slowinski*, J.S. M. (Stanford), Rechtsassessor, Mediator (CVM), peter.slowinski@ip-mediation.eu, www.ip-mediation.eu.

aufgrund des durch das neue Mediationsgesetz geänderten § 253 Abs. 3 ZPO, wonach die Klageschrift die Angabe enthalten soll, ob der Klageerhebung der Versuch einer Mediation oder eines anderen Verfahrens der außergerichtlichen Konfliktbeilegung vorausgegangen ist, sowie eine Äußerung dazu, ob einem solchen Verfahren Gründe entgegenstehen, ihrer ohnehin bereits vor Inkrafttreten des Mediationsgesetzes bestehenden umfassenden Beratungspflicht nun noch intensiver nachkommen müssen.

Nur ca. 10% der Anwälte sehen in der Mediation aus prozesstaktischen Gründen eine Alternative zum staatlichen Gerichtsverfahren. Ca. 35% berücksichtigen die Mediation gar nicht bei ihren prozesstaktischen Überlegungen. 48% überlegen sich diese Alternative in weniger als 10% der Fälle.

Die Gründe für eine Berücksichtigung der Mediation sind:

- Kostenersparnis und Vertraulichkeit (großer Einfluss),
- Zeitersparnis (geringerer Einfluss),
- Qualifikation des Mediators (kein Einfluss).

Die Gründe, die gegen eine Mediation sprechen, sind:

- Ca. 85% der befragten Anwälte sagten, dass der jeweilige Mandant der entscheidende Faktor sei, der gegen die Mediation spricht. Bemerkenswert ist in diesem Zusammenhang, dass 18,84% dieser Anwälte parallel erklärten, dass sie die Mediation als andere Möglichkeit „erst gar nicht mit dem Mandanten besprechen" (!) und weitere 53,62% die Mediation mit dem Mandanten in „weniger als 10% der Fälle als Alternative" besprechen. *Slowinski* kann nur ermuntert werden, diese Ergebnisse – wie von ihm selbst für erforderlich gehalten – Unternehmen zur Überprüfung zu geben. Es bieten sich hier z.B. die Firmen des *www.RTMKM.de* an, die nach Kenntnis des Autors überwiegend gute Erfahrungen mit der Mediation gemacht haben.
- Gut 62% halten die Ungeeignetheit der Fälle für sehr bedeutend,
- 48% gehen von einer großen Chance der vergleichsweisen Beendigung des Streits im Gerichtsverfahren aus und
- 54% sehen vergleichbare Ergebnisse in direkten Verhandlungen.

So ist es auch nicht verwunderlich, wenn *Slowinski* auf seine Fragen zum subjektiven Vergleich zwischen streitigen Verfahren und Mediation von 30% der Anwälte die Antwort erhält, dass sie ein streitiges Verfahren der Mediation vorziehen und weitere 50% dieser Antwort zumindest teilweise zustimmen. Folgerichtig ist es daher auch, wenn 38,75% der Rechtsanwälte und 14,29% der Patentanwälte ein streitiges Verfahren bevorzugen.

Bei der Frage nach der Profitabilität der Mediation im Vergleich zum streitigen Verfahren für den Anwalt sagen nur 11% der Anwälte, dass bei einer Mediation weniger Gewinn erarbeitet wird. Der Prozentsatz der Anwälte, die keine Gewinneinbußen durch Mediation sehen, erhöht sich sogar auf nahezu 60%, wenn man bei der Frage die Antworten mit „keine Angabe" abzieht. Als Ergebnis dieses gesamten Fragenkomplexes (die Mehrheit der Befragten rechnet nach Stundensätzen ab) ergibt sich erstaunlicherweise, dass „aus der Anwendung von Mediation als zeitsparendem Verfahren trotz Abrechnung auf Stundenbasis keine Gewinneinbußen erwartet werden"!

Die Mehrheit der Befragten stimmt einer „Aussage im Hinblick auf eigene oder fremde schlechte Erfahrungen mit Mediation nicht zu"!

Die überwiegende Anzahl der Anwälte ist der Meinung, dass es „nicht genügend Anreize für die Mediation gibt". Immerhin sehen 42% der Anwälte für sich genügend Anreize. Lediglich 34% der Befragten sehen dagegen für die Medianden hinreichende Anreize. *Slowinski* – der Autor teilt diese Ansicht – findet diese divergierende Wahrnehmung der Anwälte erstaunlich, da die Mediation doch vorrangig den Interessen der Medianden dienen soll. Vielleicht hängt diese Wahrnehmung ja mit dem von *Slowinski* erfragten Teilergebnis zusammen, dass 85% der befragten Anwälte mit ihren Mandanten in der Beratung die Mediation als Streitschlichtungsmittel gar nicht (45%) oder nur selten (40%) besprechen. Es kann daher *Slowinski* auch insoweit nur nochmals empfohlen werden, die von ihm schon selbst angedachte Überprüfung auch dieser Aussagen der Anwälte mit Firmen anzugehen.

Bei der Frage der für die Mediation geeigneten Fälle antworteten die Anwälte wie folgt:

- 63,94% der Anwälte halten die Mediation als das für Streitigkeiten bei bestehenden Lizenzverträgen immer (8,20%) oder meistens (55,74%) geeignete Mittel,
- 1,69% (immer) bzw. 41,53% (meistens) sehen die Mediation bei Streit um die Patentinhaberschaft als sinnvoll an,
- 0,83% (immer) bzw. 15,83% (meistens) halten die Mediation bei Patentverletzungen für das geeignete Verfahren.

Diese Zahlen decken sich mit den Erfahrungen des Autors in seiner eigenen Praxis als Berater, insbesondere aber auch als Mediator und Schiedsrichter. Diese Fälle können auf der Vertragsseite noch durch vertikale und horizontale Forschungs- und Entwicklungsverträge ergänzt werden. Es kann insoweit auch auf die Fallbeispiele in Kapitel C verwiesen werden.

66% der befragten Anwälte sehen kein überdurchschnittliches Potenzial der Mediation bei grenzüberschreitenden Streitigkeiten. Der Autor ist dagegen der Auffassung, dass gerade auch in diesem Bereich die Mediation zunehmen wird. Immer mehr Lizenz- und Forschungs- und Entwicklungsverträge werden zwischen Partner aus zwei oder mehr Ländern geschlossen. Dies liegt – wie schon erläutert – daran, dass immer mehr Firmen mangels eigenem ausreichenden Know-how, dass zudem immer schneller aufgrund immer kürzerer Produktzyklen verfügbar sein muss, mangels eigenem ausreichenden Forschungs- und Entwicklungsbudget für komplett neu zu entwickelnde innovative Produkte international zusammenarbeiten müssen, um diese fehlenden eigenen Ressourcen zu kompensieren. Zwangsläufig gibt es auch immer mehr Streitigkeiten, nicht zuletzt auch aufgrund unterschiedlicher kultureller und insbesondere sprachlicher Schwierigkeiten. Bei länderübergreifenden Kooperationen gibt es schon bei der Vertragsanbahnung erhebliche Probleme bei der Vereinbarung des anwendbaren Rechts und des Gerichtsstands. Wenn bei gestuften Streitschlichtungsklauseln (> Verhandeln > Schiedsgericht oder staatliches Gericht) noch nach dem Verhandeln die Mediation als (befristeter) Zwischenschritt häufiger eingebaut würde, können derartige Streitigkeiten erheblich preiswerter und schneller zumindest teilweise beendet werden. Dies zeigt jedenfalls die Praxiserfahrung des Autors.

Ca. 92% der Anwälte halten ein technisches Verständnis des Mediators für sehr wichtig (ca. 50%) oder zumindest für wichtig (ca. 42%). 60% der Befragten halten die „förmliche Mediationsausbildung" für wichtig. Deshalb ist der Autor auch aus eigener Erfahrung der Meinung, dass gerade bei technisch orientierten Streitigkeiten sehr wichtig ist, dass die Co-Mediation eine sinnvolle Variante der Mediation ist. Das Team der Co-Mediatoren sollte dann aus einem Rechtsanwalt und einem Patentanwalt bestehen. Bei (komplexen) Softwarestreitigkeiten haben sich Teams aus je einem Rechtsanwalt und einem Softwaresachverständigen (z.B. Informatiker) bewährt. Dies wird auch durch die Untersuchung von *Slowinski* bestätigt. Man darf gespannt sein, wie die im Mediationsgesetz verankerte Möglichkeit des „zertifizierten Mediators" genutzt wird bzw. sich in der Praxis auswirkt. Wichtig ist insofern auch die zukünftige Ausbildung der Mediatoren, die bis 1.8.2013 in einer Rechtsverordnung verankert werden sollte (§§ 5, 6, 9 MediationsG) aber erst mit der ZMediatAusbV vom 21.8.2016, die am 1.9.2017 in Kraft trat, manifestiert wurde.

Da es bisher kein zentrales oder regionales Register gibt – es gibt nach Kenntnis des Autors bisher nur Listen bei Streitschlichtungsorganisationen wie z. b. WIPO, ICC, DIS, IHK, Rechtsanwaltskammern, die nur z. T. öffentlich/online einsehbar sind – wurden die Anwälte nach ihrer Zustimmung zu Mediatorenpools nach Berufsgruppen gefragt:

- 56% würden einen bei einem Gericht registrierten Mediatorenpool bevorzugen;
- ca. 51% würden einen Mediatorenpool bei der Patentanwaltskammer und
- 45% einen Mediatorenpool bei einer Rechtsanwaltskammer bevorzugen.

Insofern dürfte die von den Landgerichten in München seit 2012 in Zusammenarbeit mit der IHK München und Oberbayern angebotene Möglichkeit, bei Zivilverfahren auch während des Verfahrens auf dort registrierte Mediatoren zurückgreifen zu können, bestimmt Zuspruch finden.

Insgesamt gesehen zeigt die Studie von *Slowinski*, dass die Mediation im IP-Bereich in Deutschland in jederlei Hinsicht noch ausbaufähig ist. Das Interesse wächst aber stetig. Auch sollten weitere empirische Studien nicht nur von *Slowinski* (demnächst wird er eine Veröffentlichung vornehmen, die die dargestellten Ergebnisse noch erweitert), dem für seine sehr zeitaufwendige und sehr aufschlussreiche Arbeit schon jetzt im Interesse aller einschlägig Tätigen vielmals zu danken ist, folgen, und zwar im Abgleich mit der Industrie, um Wechselwirkungen darstellen zu können.

f) Südamerika Praxisbericht[218]

Rechtliche Rahmenbedingungen in Brasilien

207 Mediation (und Schiedsgerichtsbarkeit) gewinnen in Brasilien zunehmend an Bedeutung. Auf dem Gebiet der Schiedsgerichtsbarkeit drückt sich dies in dem Gesetz über die Schiedsgerichtsbarkeit vom 23.9.1996 (Lei de Arbitragem, $N°$ 9.307/1996) aus. Bereits im Jahr 2002 wurde ein Entwurf eines Mediationsgesetzes (Lei $N°$ 94/2002) vorgelegt, welcher jedoch bislang noch nicht verabschiedet wurde.

Art. 1 dieses Entwurfs legt den Rahmen fest, innerhalb dessen Mediation zulässig ist. Hiernach sind objektiv mediationsfähig Streitgegenstände,

---

218 RA *Dr. Gerhard Hölzlwimmer*, g.hoelzlwimmer@bender-harrer.de.

soweit dies gesetzlich zulässig ist. Im Ergebnis sind dies vermögens-rechtliche Angelegenheiten. Hinzuweisen ist in diesem Zusammenhang jedoch darauf, dass verbraucherrechtliche Sachverhalte nicht hierunter fallen und der Anwendungsbereich des Verbraucherschutzgesetzbuches sehr groß ist. Teilweise werden Franchiseverträge als hierunter fallend angesehen. Art. 2 bestimmt, dass jede natürliche Person Mediator sein kann, die über eine entsprechende (technische) Ausbildung oder prakti-sche Erfahrung verfügt, kraft derer sie in der Lage ist, den Konflikt bei-zulegen. Ebenso können juristische Personen Mediatoren stellen, sofern die juristische Person als solche satzungsgemäß Mediation wahrnimmt und die von ihr als Mediator zu entsendenden (natürlichen) Personen die Anforderungen erfüllen, die das Gesetz an natürliche Personen als Me-diator stellt (Art. 2 § 1). Art. 4 sieht vor, dass Gerichte in jedem Stand und zu jeder Zeit des Verfahrens den Parteien eine Mediation vorschla-gen können und dafür das Verfahren bis zu drei Monate ausgesetzt wird, wobei diese Aussetzung für jeweils gleiche Zeiträume verlängert werden kann. Art. 6 sieht vor, dass eine Streitpartei (denknotwendigerweise stets der Kläger) vor Verfahrenseröffnung beim zuständigen Richter beantra-gen kann, dass dieser zum Zweck einer Mediation die Gegenpartei lädt und anhört, ohne dass dies auf eine spätere Entscheidung in der Sache selbst (wenn eine Mediation scheitert) von Einfluss ist.

Es bleibt abzuwarten, ob und wann das Gesetz verabschiedet wird. Denn seit 2010 liegt ein weiterer Entwurf über Regelungen zur Mediation vor, welcher jedoch in einer Änderung der Zivilprozessordnung besteht. Ak-tuell ist es wahrscheinlicher, dass dieser Entwurf seine Zustimmung fin-det; nach dem derzeitigen Stand des Gesetzgebungsverfahrens ist mit einer Verabschiedung frühestens in 2013 zu rechnen.

Der wesentliche Unterschied zwischen beiden Gesetzentwürfen besteht darin, dass der neuere Entwurf vorsieht, dass als Mediatoren nur Richter, Anwälte und Staatsanwälte in Frage kommen (Art. 145). Beide Parteien sollen übereinstimmend den Mediator bestimmen; kommt eine Einigung nicht zustande, wird dieser vom Gericht durch Auslosung unter den bei Gericht registrierten Mediatoren bestimmt (Art. 146). Gerade wegen der vorerwähnten Beschränkung des Kreises der Personen, die als Mediator zugelassen werden können, regt sich Widerstand gegen diesen Entwurf.

Einzige derzeit gültige Rechtsquelle ist die Resolution 125 des National-rats für Justiz (Conselho Nacional de Justi¢a), veröffentlicht am 29.11.2010. Diese Resolution regelt die Öffnung der staatlichen Gerichte für ADR-Verfahren und enthält in Art. 12 eine Regelung für Mediation und Schlichtung, die sich jedoch darauf beschränkt, zu bestimmen, welche Voraussetzungen ein Mediator bzw. Schlichter mitbringen muss, um als solcher zu agieren: Die Gerichte können nur solche Mediatoren und Schlichter zulassen, die über eine entsprechende Ausbildung verfügen.

Mediation in Brasilien

Obwohl weder das Mediationsgesetz noch die geplante Änderung der Zivilprozessordnung verabschiedet wurden, gibt es zahlreiche Bestrebungen, Mediation durchzuführen. Hierzu haben sich etliche Organisationen gebildet, welche ihrerseits Mediationsverfahren anbieten und Mediatoren ausbilden. Die nachfolgende Liste, welche keinen Anspruch auf Vollständigkeit erhebt, soll diesen Umstand verdeutlichen:

- Conselho Nacional das Instituições de Mediação e Arbitragem CONIMA (www.conima.org.br)
- Associação Brasileira de Mediatores ABRAME (www.abrame.com. br)
- Instituto de Mediação e Arbitragem do Brasil IMAB (www.imab-br. net)
- Centro Brasileiro de Mediação e Arbitragem CBMA (www.cbma. com.br)
- Mediação e Arbitragem em São Paulo MASP (www.masparbitragem. com.br). Diese Organisation ist ansässig in São Paulo und bietet auch Mediation auf dem Gebiet des Urheberrechts an.
- Instituto Nacional de Mediação e Arbitragem INAMA (www.inama. org.br)

Mediation im Bereich IP- und IT-Recht

Wie oben aus der Liste der Organisationen ersichtlich, ist Mediation in Brasilien auf dem Vormarsch; eine überwiegende Spezialisierung auf IP- oder IT-Recht ist im Allgemeinen jedoch nicht auszumachen. Allerdings existiert in Brasilien die Associação Brasileira da Propriedade Intelectual – ABPI (Brasilianische Vereinigung für Geistiges Eigentum), der landesweit größte Zusammenschluss im Bereich des IP-Rechts (www.abpi.org.br). Die Vereinigung hat am 28.4.2011 eine interne Regelung (Statuten) über die Durchführung von Mediationen auf dem Gebiet des IP- und IT-Rechts erlassen und hat hierzu ein ADR-Zentrum errichtet (Centro de Solução de Disputas, Mediação e Arbitragem em Propriedade Intelectual – CSD-PI). Ihre Statuten sehen Folgendes vor:

Nach *Art. 1* versteht sich das ADR-Zentrum als ein Organ der Brasilianischen Vereinigung für Geistiges Eigentum zum Zweck der alternativen Streitschlichtung auf dem Gebiet des geistigen Eigentums einschließlich Auseinandersetzungen betreffend Domainnamen.

Art. 2 bestimmt, dass das ADR-Zentrum vertreten wird durch ihren Präsidenten, dem ein Generalsekretär zur Seite steht. Es werden folgende Kammern gebildet: Kammer zur Streitschlichtung bei Domainnamen; Kammer für Mediation; Kammer für Schiedsgerichtsbarkeit. §§ 1–6 des Art. 2 regeln die Besetzung und Wahl der Vertreter des ADR-Zentrums und der sonach zu bildenden Kammern, wobei der Präsident für einen Zeitraum von vier Jahren gewählt wird und das Präsidium sich aus fünf Personen einschließlich des Präsidenten zusammensetzt. Die Mitglieder des Präsidiums müssen nicht aus den Reihen der Mitglieder der brasilianischen Vereinigung für Geistiges Eigentum stammen.

Art. 3 enthält Regelungen für die Wahl des Präsidenten; *Art. 4* solche für die Wahl der übrigen Mitglieder des Präsidiums und *Art. 5* regelt die Wahl des Generalsekretärs.

Gemäß *Art. 6* ist der Präsident verpflichtet, alle zwei Monate über die Aktivitäten des ADR-Zentrums zu berichten und die Zahl der eingegangenen Verfahren zu melden.

Art. 7 regelt Fragen der Beratung des Präsidiums.

In *Art. 8* werden weitere interne Befugnisse des Präsidiums geregelt.

Die *Art. 9* mit 12 beschäftigen sich mit der Zuziehung von Fachberatern, wobei Art. 9 vorsieht, dass jede Kammer einen Pool aus fachlichen Beratern hat, der sich aus den Beratern zusammensetzt, welche sich als solche haben registrieren lassen. Die §§ 1 und 2 des Art. 9 regeln die Zulassungsbedingungen im Einzelnen und fordern beispielsweise, dass der Fachberater seine fachliche Qualifikation gegenüber der Kammer offenzulegen hat.

Art. 10 bestimmt, dass die Fachberater, welche sich registrieren lassen wollen, bestimmte Voraussetzungen in persönlicher Hinsicht erfüllen müssen, wie beispielsweise ein hohes sittliches Ansehen und einen gewissen Bekanntheitsgrad hinsichtlich ihrer fachlichen Qualifikationen.

Nach *Art. 11* haben die fachlichen Berater ihre Tätigkeit unabhängig und unparteiisch, mit Kompetenz, Sorgfalt und Verschwiegenheit zu erfüllen.

Art. 12 regelt die Ablehnungsgründe wie beispielsweise freundschaftliche und/oder berufliche Verbundenheit eines Fachberaters mit den Parteien.

Nach *Art. 13* bedarf der Antrag auf Durchführung eines Mediationsverfahrens einer Darlegung der Gründe und Vorlage der erforderlichen Unterlagen sowie des Nachweises der Einzahlung der Gebühren für das Verfahren. Soweit sich eine Partei durch einen Dritten vertreten lässt, muss eine Vollmacht vorgelegt werden.

Art. 14 bestimmt, dass die Kommunikation zwischen den Parteien unter Vermittlung der Geschäftsstelle des ADR-Zentrums erfolgt.

Art. 15 ordnet an, dass alle Mitteilungen, Schriftsätze und Dokumente in physischer oder elektronischer Form in der Zeit von 9:00 h bis 17:00 h beim Sekretariat eingehen müssen. Gehen vorgenannte Schriftstücke verspätet ein, gelten sie als am kommenden Tag eingegangen.

Nach *Art. 16* müssen Kopien nicht beglaubigt werden.

Art. 17 fordert die Parteien und ihre Vertreter auf, ihre Kontaktdaten ständig aktuell zu halten.

Art. 18 regelt das Inkrafttreten.

Nachdem Art. 2 der vorbehandelten Statuten des ADR-Zentrums bereits die Gründung einer Kammer für Streitigkeiten über Domainnamen anordnet, hat die brasilianische Vereinigung für geistiges Eigentum gleichzeitig (28.4.2011) Regelungen für diese Kammer erlassen, welche einen vergleichbaren Inhalt haben wie die Statuten des CSD-PI.

Mediationsverfahren wurden vor dem ADR-Zentrum jedoch bislang noch nicht durchgeführt. Das liegt zum einen daran, dass die vorerwähnten Statuten erst im Jahr 2011 verabschiedet wurden; zum anderen hat die ABPI mitgeteilt, dass ihre Statuten in jüngster Zeit beanstandet wurden (ohne dies näher darzulegen), weshalb erst nach einer Überarbeitung die Tätigkeit aufgenommen wird.

Aktuell bietet das brasilianische Patent- und Markenamt (Instituto Nacional de Propriedade Intelectual – INPI) durch das Zentrum für Schutz des Geistigen Eigentums (Centro de Defesa da Propriedade Intelectual – CEDPI) in Zusammenarbeit mit der WIPO einen Kurs über Mediation im IP-Recht an. Damit zeigen sich die Bemühungen zur Verstärkung der Mediation als alternative Streitschlichtung auf diesem Rechtsgebiet eindringlich.

Länderbericht Argentinien

Am 6.5.2010 trat in Argentinien das Gesetz Nr. 26.589 (Mediations- und Schlichtungsgesetz) in Kraft, welches vor Durchführung gerichtlicher Verfahren obligatorisch eine vorgerichtliche Mediation anordnet. Ausgenommen von der vorgerichtlichen Mediation sind u. a. Familien-, Arbeits- und Strafsachen. Damit fallen die Bereiche des IP- und IT-Rechts unter die obligatorische Mediation, wobei in diesem Zusammenhang zu betonen ist, dass Unterlassungsklagen und einstweilige Verfügungen einer Mediation nicht zugänglich sind. Gleiches gilt, wenn die Streitparteien sich einem Schiedsverfahren unterworfen haben; auch hier ist eine obligatorisch vorgeschaltete Mediation ausgeschlossen.

Die argentinische Handelskammer unterhält ein Zentrum für Mediation und Schiedsgerichtsbarkeit (Centro de Mediacon y Arbitraje), welches eine eigene Schiedsordnung besitzt. Art. 21 dieser Schiedsordnung sieht vor, dass in jeder Lage des Schiedsverfahrens die Parteien das Schiedsgericht auffordern können, eine Mediation durchzuführen.

Inwieweit Einrichtungen bestehen, welche insbesondere IP- und IT-Angelegenheiten betreiben, konnte nicht in Erfahrung gebracht werden.

Länderbericht Paraguay

Mediation in Paraguay ist geregelt durch Gesetz Nr. 1.879/02, welches Vorschriften über das Schiedsverfahren und die Mediation enthält. Das Mediationsverfahren als solches ist geregelt in den §§ 53–67 dieses Gesetzes.

Mediation ist zulässig, soweit die Verfahrensbeteiligten über den Streitgegenstand vertraglich verfügen können (Art. 54). Eine Mediation kann bis zur Rechtskraft eines (bereits vorliegenden) Urteils durchgeführt werden (Art. 56). Wird die Durchführung einer Mediation beantragt, ist innerhalb von 5 Arbeitstagen ein Mediator zu bestellen und ein Gütetermin anzuberaumen (Art. 59). Scheitert die Mediation, kann der Mediator in einem Rechtsstreit zwischen den Parteien nicht als Zeuge auftreten (Art. 57). In Art. 63 wird angeordnet, dass für Mediationsverfahren Mediationszentren errichtet werden. Mediator kann sein, wer eine dementsprechende Schulung an einem Mediationszentrum gemacht hat (Art. 65).

Inwieweit spezielle Anstrengungen unternommen werden, IP- und IT-Streitigkeiten einer Mediation zuzuführen, ist nicht bekannt.

g) WIPO Arbitration and Mediation Center, International Survey on Dispute Resolution in Technology Transactions, March 2013[219]

208   **WIPO-Verfahren: Rechtsgebiete**

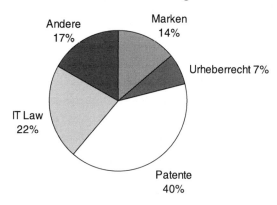

Andere 17%

Marken 14%

Urheberrecht 7%

IT Law 22%

Patente 40%

International Survey on Dispute Resolution in Technology Transactions (Vorschau)

Internationale Transaktionen
– 91% der Umfrageteilnehmer: Verträge mit Partnern aus anderen Ländern

In mehreren Ländern geschütztes IP
– +75% der Umfrageteilnehmer: Verträge über Technologien mit Patentschutz in verschiedenen Ländern

+390 Antworten weltweit
– u.a. Pharma, IT, mechanische Industrie, Verbrauchsgüterbereich

---

219 Der Inhalt dieses Abschnitts war Teil eines Vortrags von Frau *Judith Schallnau*, Legal Officer, WIPO Arbitration and Mediation Center, den sie am 11.10.2012 in Düsseldorf gehalten hat. Der abgedruckte Vortragsteil enthält einen Teil der vorläufigen Ergebnisse der internationalen Studie der WIPO. S. a. die Fallbeispiele der WIPO, Rn. 279 ff. Aktuelle Statistiken sind verfügbar unter http://www.wipo.int/amc/eu.

Kosten Patentverfahren

Country	Characteristic of Legal System	Average Length	Average Costs
France	- Civil Law - Unified Litigation - No specialized courts	First Instance: 12-24months Appeal: 18-24 months	€ 80,000-150,000 (1st Inst.)
Germany	- Civil Law - Bifurcated Litigation - Specialized courts	First Instance: 12 months Appeal: 15-18 months	€ 50,000 (1st Inst.) € 70,000 (App.)
Italy	- Civil Law - Unified Litigation - Specialized courts	First Instance: Few months - 24 months Appeal: 18-24 months	€ 50,000-150,000 (1st Inst.) € 30,000-70,000 (App.)
Spain	- Civil Law - Unified Litigation - Commercial courts	First Instance: 12 months Appeal: 12-24 months	€ 100,000 (1st Inst.) € 50,000 (App.)
UK	- Common Law - Unified Litigation - Specialized courts - Mediation promoted	First Instance: 12 months Court of Appeal: 12 months Supreme Court: 24 months	€ 550,000-1,500,000 (1st Inst.) € 150,000-1,500,000 (App.) € 150,000-1,500,000 (Supreme Court)
China	- Civil Law - Bifurcated Litigation - Specialized courts	First Instance: 6 months Appeal: 3 months	USD 150,000 (1st Inst.) USD 50,000 (App.)
Japan	- Civil Law - Bifurcated Litigation - Specialized courts	First Instance: 14 months Appeal: 9 months	USD 300,000 (1st Inst.) USD 100,000 (App.)
USA	- Common Law - Unified Litigation - Specialized court of appeals (CAFC) - Jury trial available - Mediation promoted	First Instance: up to 24 months Appeal: 12+ months	USD 650,000-5,000,000* (1st Inst.) USD 150,000-250,000 (App.)

Source: This Chart is based on figures provided in Patent Litigation – Jurisdictional Comparisons, Thierry Calame, Massimo Sterpi (ed.), The European Lawyer Ltd, London 2006.

* Report of the Economic Survey, Prepared Under the Direction of Law Practice Management Committee, AIPLA, Arlington 2011.

WIPO-Verfahrensstatistik

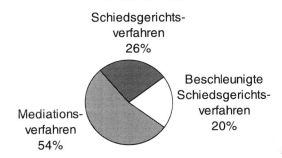

Schiedsgerichts-
verfahren
26%

Beschleunigte
Schiedsgerichts-
verfahren
20%

Mediations-
verfahren
54%

- Häufigkeit:
  1. Genf
  2. Berlin
  3. London
- Deutschland weitere: Frankfurt, Hamburg
- USA: New York, Los Angeles (California), San Francisco (California), Jacksonville (Florida)
- Weitere: Zürich, Paris

WIPO-Verfahren: Wirtschaftszweige

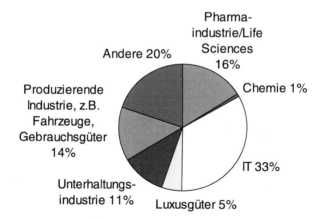

Pharma-
industrie/Life
Sciences 16%

Andere 20%

Chemie 1%

Produzierende
Industrie, z.B.
Fahrzeuge,
Gebrauchsgüter
14%

IT 33%

Unterhaltungs-
industrie 11%

Luxusgüter 5%

International Survey on Dispute Resolution in Technology Transactions (Vorschau)

- Gründe für Mediation

- internationale Verträge:
  - Kosten (84%)
  - Zeit (79%)
  - Business Solution (53%)
  - Neutrales Forum (42%)

- Nationale Verträge:
  - Kosten (89%)
  - Zeit (83%)
  - Business Solution, Qualitätsresultat (spezialisierter Mediator), Vertraulichkeit (39%)

- Erfahrung der Umfrageteilnehmer mit Mediation:

- acht Monate Durchschnittsdauer

- WIPO Fälle: fünf Monate

- Kosten unter 100.000 US-Dollar
  (91% der Umfrageteilnehmer)

- WIPO Fälle: Durchschnitt 21.000 US-Dollar

- Gründe für Schiedsgerichtsbarkeit

- internationale Verträge:
  - Zeit (64%)
  - Kosten (58%)
  - Qualitätsresultat (spezialisiertes Schiedsgericht) (56%)

- Nationale Verträge
  - Zeit (71%)
  - Kosten (60%)
  - Qualitätsresultat (spezialisiertes Schiedsgericht) (50%)

- Erfahrungen der Umfrageteilnehmer mit Schiedsgerichtsbarkeit

- 61% der Umfrageteilnehmer: 6–12 Monate Durchschnittsdauer

- WIPO Fälle: beschleunigte Schiedsgerichtsverfahren 7 Monate

- Durchschnittskosten 400.000 US-Dollar – 425.000 US-Dollar

- WIPO Fälle: Durchschnitt 165.000 US-Dollar

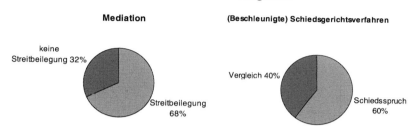

WIPO-Verfahren – Vergleich

Mediation   (Beschleunigte) Schiedsgerichtsverfahren

keine
Streitbeilegung 32%

Streitbeilegung
68%

Vergleich 40%

Schiedsspruch
60%

h) WIPO Guide on Alternative Dispute Resolution Options for Intellectual Property Offices and Courts, July 2015[220]

209   Dieser Führer bezweckt eine breitgefächerte Übersicht über ADR bei IP-Streitigkeiten, um interessierten Patentämtern, Gerichten und anderen Einrichtungen die Option zu geben, ADR-Verfahren in ihre Dienstleistungen zu integrieren. Es werden sehr instruktiv alle Aspekte der ADR, und zwar vor einem weltweiten Hintergrund erläutert, so z. B. der historische Hintergrund, die Vorteile der ADR bei IP-Streitigkeiten, die Arten der ADR, die bei IP-Streitigkeiten genutzt werden können.

4. Hopt/Steffek: Rechtsvergleichendes Gutachten des Max-Planck-Instituts für ausländisches und internationales Privatrecht zur Mediation im Auftrag des Bundesministeriums der Justiz, Hamburg 2008[221]

210   Das rechtsvergleichende Gutachten zur Mediation, das vom Max-Planck-Institut für ausländisches und internationales Privatrecht, Hamburg, im Auftrag des Bundesministeriums der Justiz erstellt wurde, ist die Grundlage für die Umsetzung der EU-Mediationsrichtlinie in deutsches Recht.

Hopt/Steffek haben mit ihrem Team rechtsvergleichende Untersuchungen zu Rechtstatsachen und Regelungen der Mediation in 20 Rechtsord-

---

220 www.wipo.int/amc. Eine Aktualisierung des Dokuments 2018 ist verfügbar unter http://wipo.int/amc/eu/center/specific_sectors/ipoffices/.
221 Passim; s. a. die Fallbeispiele der WIPO, Rn. 279 ff.

nungen vorgenommen. Dieses Werk beinhaltet sechs umfangreiche Untersuchungen zu Regelungen und Praxis der Mediation in Österreich, Frankreich, England, den Niederlanden, den USA und Japan. Kürzere Berichte zur Mediation in Australien, Bulgarien, China, Irland, Kanada, Neuseeland, Norwegen, Polen, Portugal, Russland, Schweiz, Spanien und Ungarn ergänzen diese sechs Untersuchungen. Die Länderberichte weisen umfangreiche Passagen mit statistischen Angaben und empirischen Befunden auf. Die Erkenntnisse aus den Länderberichten werden in einem Generalbericht dargestellt. Rechtsvergleichend werden Regelungsmodelle, Grundsatzprobleme und Rechtstatsachen mit einer Fokussierung auf Deutschland und Europa dargestellt. Das Werk enthält zusätzlich eine ökonomische Analyse der Mediation zwischen Rechtsschutz und Privatisierung der Justiz in den USA. Ergänzend werden Normtexte und Materialien zur Mediation dargestellt. Dieses Werk hat den Stand vom 1.5.2008 und bildet eine aktuelle Grundlage für die Überlegungen einerseits des Bundesjustizministeriums zur Umsetzung der EU-Mediationsrichtlinie. Andererseits sollte diese Untersuchung auch die Basis für z. B. Industrieunternehmen für die Ausgestaltung ihres zukünftigen Konfliktmanagements sein.

Es werden im Folgenden die empirischen Befunde[222] nur ansatzweise wiedergegeben. Es kann nur empfohlen werden, dieses Werk nicht nur bei den Überlegungen zur Mediation in IP-/IT-Streitigkeiten durchzuarbeiten und zu berücksichtigen. *Hopt, Steffek* und das Team wurden „dafür sensibilisiert, dass sich die Mediation abstrakt als Methode nicht statistisch erfassen und bewerten lässt. Ihre Wirkung und Bedeutung für die Rechtspraxis ergibt und erklärt sich vielmehr erst im Zusammenspiel mit dem Rechtsumfeld und der Streitbewältigungskultur, in die sie eingebettet ist ... . Aufschlussreicher ist demgegenüber eine wertende Gegenüberstellung von Recht, Rechtskultur und Rechtstatsachen, die im Folgenden vorgenommen wird. Dabei ist zu berücksichtigen, dass die Mediation in vielen Ländern eine neue Streitschlichtungsmethode ist, deren rechtliche und kulturelle Rahmenbedingungen sich rasant ändern. Nicht selten geben daher nur wenige Jahre alte Statistiken nicht mehr den aktuellen Stand wieder". Ein relativ uneinheitliches Bild ergab sich bei dem statistischen Vergleich der Bedeutung der Mediation in den untersuchten Ländern.[223] Das Verhältnis von Zivilschlichtungsanträgen zu eingereichten Klagen lag in Japan 1999 bei ca. 1 zu 2, in China dagegen

---

222 *Hopt/Steffek* 77 ff.
223 *Hopt/Steffek* 77 ff.

in 2004 bei durch Volksschlichtungskomitees beigelegten Streitigkeiten im Vergleich zu den vor den Volksgerichten erster Instanz in Zivilsachen beigelegten Streitigkeiten in einem Verhältnis von ca. 1 zu 1.[224] In England und Wales wurden in den Jahren 2005 und 2006 74% der arbeitsrechtlichen Streitigkeiten – in nicht beträchtlichem Umfang durch Mediation – beigelegt.[225] Vor US-Bundesgerichten werden im Wesentlichen durch Mediation 2/3 und mehr Verfahren im Wege des Vergleichs beendet.[226]

211 Auch die Erfolgsquote in diesen Ländern spricht für die Akzeptanz der Mediation: Bei der Schlichtung japanischer zivilrechtlicher Streitigkeiten liegt die Erfolgsquote bei etwa 2/3.[227] In China liegt die Erfolgsrate in den Jahren 2003–2006 bei mehr als 95%.[228] Geringere Akzeptanz der Mediation findet sich z. B. in Polen, Russland, Schweiz, Niederlande und in einigen Rechtsgebieten in Frankreich.[229] In den Niederlanden wurde eine Erfolgsquote von 60% und mehr festgestellt. Die „Zufriedenheitsrate" lag bei ca. 80%. In England gab es nicht nur erfolgreiche Modellprojekte. In einem Projekt des Manchester County Court (Start 2005) wurde in 41% der Fälle eine Mediation durchgeführt. Die Erfolgsrate lag bei etwa 80%.[230] Die Modellprojekte in den Niederlanden und England wurden analysiert. Die Analyse zeigte, dass „die Mediation bei attraktiven Rahmenbedingungen in geeigneten Fällen durchaus als Methode der Streitschlichtung gewählt wird und dann auch hohe Erfolgschancen hat... . Fördernd wirkte sich hier aus, dass Gerichte und Mediatoren bereits vor der Mediationssitzung telefonischen Kontakt mit den Parteien aufnahmen und diesen die Streitschlichtungsmethode erklärten. Essenz der Erfahrungen in den Niederlanden war, dass die erfolgreiche Institutionalisierung der Mediation wesentlich auf der Ausbildung einer entsprechenden Infrastruktur in Justiz und Verwaltung aufbaute. Dazu gehörte die Anstellung spezieller Mediationskoordinatoren, die als Ansprechpartner für Richter und Parteien zur Verfügung stehen, sowie die Schulung der beteiligten Richter und Mitarbeiter. Weitere wichtige Aspekte des Erfolgs der Mediation waren die Sicherung der Teilnahme von gut ausgebildeten Mediatoren sowie finanzielle Anreize der Parteien

---

224 *Hopt/Steffek* 77.
225 *Hopt/Steffek* 77.
226 *Hopt/Steffek* 77 f.
227 *Hopt/Steffek* 78.
228 *Hopt/Steffek* 78.
229 *Hopt/Steffek* 78.
230 *Hopt/Steffek* 79.

hinsichtlich der Kosten der Mediation". Die Autoren des Gutachtens kamen letztlich zu dem Ergebnis, dass „die Mediation eine sinnvolle und förderungswürdige Methode der Streitbewältigung ist. Sie erreicht ihr Potenzial allerdings nur, wenn sie aus Sicht der Beteiligten attraktiv im System der Konfliktbewältigungsmethoden verankert wird".

Die Autoren des Gutachtens konnten darüber hinaus auch bzgl. der Dauer und der Kosten der Mediation aufgrund ihrer rechtstatsächlichen Untersuchungen feststellen, dass „die Mediation aufs Ganze gesehen durchweg schneller und günstiger für die Beteiligten als das klassische streitige Gerichtsverfahren ist".[231] Eine untersuchte Studie zur Mediation im englischen Familienrecht von 2004–2006 zeigte, dass die durchschnittlichen Kosten einer Mediation nicht einmal die Hälfte der Kosten eines Gerichtsverfahrens betrugen. Auch der Faktor Zeit sprach letztlich für die Mediation: Eine Mediation dauerte im Durchschnitt ca. 110 Tage, ein Gerichtsverfahren dagegen ca. 435 Tage.[232] Die Dauer eines Mediationsverfahrens betrug also im Durchschnitt nur 1/4 des Zeitaufwands eines Gerichtsverfahrens! In den Niederlanden entschieden sich aus Kostengründen 41% der streitenden Parteien für die Mediation und nur 10% für ein Gerichtsverfahren. Ohne Bezug zu einem Gerichtsverfahren entschieden sich sogar 61–69% der Parteien aus Kostengründen für die Mediation. Nur 1–3% der Parteien sprachen sich aus Kostengründen gegen die Mediation aus. Auch bei der Zeitdauer schnitt die Mediation erheblich besser ab als ein Gerichtsverfahren. Eine erfolgreiche Mediation ersparte im Vergleich zum Gerichtsverfahren etwa 1/3 bis 1/2 der Zeit. War die Mediation dagegen nicht erfolgreich, verlängerte sich im Vergleich zum Gerichtsverfahren die Verfahrensdauer um ca. 1/3.[233]

213

In Deutschland konnten dagegen nur Statistiken für die Dauer von Gerichtsverfahren ausgewertet werden, da in Deutschland der Zeitumfang von Mediationen nur vereinzelt bisher dargestellt wurde und daher keine verlässliche Quelle bildet. Im Jahr 2005 betrug die durchschnittliche Verfahrensdauer in Zivilprozessen vor den Amtsgerichten 4,4 Monate, vor den Landgerichten in 1. Instanz 7,4 Monate, vor den Landgerichten in der Berufungsinstanz 15,5 Monate und vor den Oberlandesgerichten in der Berufungsinstanz 23,2 Monate. Der Literatur wurden Beispiele für die Zeitdauer einer Mediation von „max. 2–3 Monaten", „selten länger als ein paar Wochen" und „2 Wochen – 2 Monate" entnommen. Beim

231 *Hopt/Steffek* 80.
232 *Hopt/Steffek* 80.
233 *Hopt/Steffek* 80.

Landgericht Rostock wurden in einem Pilotprojekt zur gerichtsnahen bzw. gerichtsinternen Mediation hinsichtlich des Abschlusses der Mediationsverfahren durchschnittlich „1 Termin, selten 2 oder mehrere Termine mit einer Durchschnittsdauer von ca. 3,5 Stunden" je Termin genannt. Das Landgericht Göttingen verweist auf durchschnittliche Sitzungsdauern von 2,5–3 Stunden. Im Modellprojekt „Gerichtsnahe Mediation Niedersachsen" bekundeten 97% der befragten Richtermediatoren, dass „die betreuten Mediationsverfahren kürzer als vergleichbare Gerichtsverfahren dauerten, wobei 71,2% das Prädikat „sehr viel kürzer" oder „viel kürzer" erteilten".[234] Ähnliche Erfahrungen gab es auch mit dem Bayerischen Schlichtungsgesetz, wobei 79% der untersuchten 749 Schlichtungsverfahren in nicht mehr als 2 Monaten beendet werden konnten.[235] 158 befragte Unternehmen bekundeten, dass die Mediation im Vergleich zum Gerichtsverfahren als „eindeutig schneller erfahren wird".[236]

214   Die Autoren der rechtsvergleichenden Studie kamen bei den „sonstigen Erfahrungen"[237] zu folgenden Ergebnissen bzw. stellten einige Aspekte in den Vordergrund:

– Erfolgsfaktoren

215   Bei einem Vergleich des Rechts der Mediation mit dem Vergleich der Rechtstatsachen kam zu Tage, dass „der Erfolg der Mediation als Institution nicht davon abhängt, ob ihr Verfahren umfassend und detailreich Normen zwingender Natur unterworfen wird oder ob sich die hoheitlichen Normengeber auf punktuelle Regelungen beschränken und auf die Marktkräfte vertrauen. Die Mediation hat sich in Rechtsordnungen mit geringer hoheitlicher Regelungsintensität wie den Niederlanden und vor allem England ebenso nachhaltig etabliert wie in den USA oder Japan, wo die Verrechtlichung der Mediation weiter fortgeschritten ist".[238]

„Entscheidend für die Akzeptanz der Mediation ist vielmehr zum einen ihre institutionelle Einbindung in die verschiedenen Verfahren der Streitlösung und das materielle Recht."[239] Die Autoren der Studie nennen als wichtigste Aspekte: „Institutionell verankerte Anreize für die Mediationseinleitung, attraktive Regelung betreffend die Kosten und Wirkungen

---

234 *Hopt/Steffek* 81 f.
235 *Hopt/Steffek* 82.
236 *Hopt/Steffek* 82.
237 *Hopt/Steffek* 82 ff.
238 *Hopt/Steffek* 82.
239 *Hopt/Steffek* 82.

der Mediation, Sicherung der Ergebnisse der Mediation und Vertraulichkeit."[240]

Wichtig ist für die Autoren auch die Erkenntnis, dass insbesondere auch **216** „nicht die Menschen vergessen werden sollten, denen sie (die Regeln) dienen und die sie anwenden".[241] Eine umfassende Untersuchung in England zeigt, dass mehr als 1/4 aller Mediatoren darauf hinwiesen, dass „die Anwälte als häufig erster Ansprechpartner bei Konflikten über die Mediation aufgeklärt und für die Mediation gewonnen werden müssten, um ihre Verbreitung sicherzustellen".[242] Zusätzlich ergaben Untersuchungen in England bzgl. des Jahres 2006, dass „die Vorteile der Mediation nicht nur den Anwälten bewusst sein müssen, sondern dass es auch gilt, die Parteien durch Information für die Mediation zu interessieren".[243]

– Versöhnungsfunktion

Analysiert wurde auch die Erfüllung niederländischer Mediationsvereinbarungen für den Zeitraum 2002 und 2003. Die Untersuchung ergab, **217** dass „innerhalb von 3 Monaten rund 2/3 der getroffenen Vereinbarungen vollständig und zusätzlich ca. 20% zumindest teilweise erfüllt wurden".[244] Aus einer Untersuchung, die sich mit den Auswirkungen gescheiterter Mediationsversuche befasste, ergab sich, dass „zwar 69% der Parteien – angesichts des Scheiterns im Ergebnis – über den Verlauf der Mediation nicht erfreut waren. Dennoch lag die Zufriedenheitsquote im Ganzen noch bei 79%, worin sich widerspiegelt, dass auch die im Ergebnis gescheiterten Mediationen letztlich Früchte getragen hatten.[245]

– Probleme

Die Autoren der Untersuchung stellen klar, dass „die Probleme der Me- **218** diation stets vor dem Hintergrund der jeweiligen Rechtsordnung zu sehen und zu analysieren sind".[246] Gleichwohl versuchen die Autoren, „Probleme" aufzuzeigen. Rechtsordnungen, in denen die Mediation erst ansatzweise verankert ist, weisen „Kinderkrankheiten" (z.B. mindere Qualität der Mediationsverfahren, fehlende Bekanntheit, mangelnde in-

---

240 *Hopt/Steffek* 82 f.
241 *Hopt/Steffek* 83.
242 *Hopt/Steffek* 83.
243 *Hopt/Steffek* 83.
244 *Hopt/Steffek* 84.
245 *Hopt/Steffek* 85.
246 *Hopt/Steffek* 85.

stitutionelle Unterstützung, fehlende Vertraulichkeit des Verfahrens und Missbrauch der Prozessverschleppung) auf.[247] In den Rechtskreisen, in denen die Mediation bereits häufiger in der Praxis eingesetzt wird, besteht z. T. ein „ausdifferenziertes Normgeflecht", das „sich letztlich doch wieder in Richtung des formellen und starren Prozessrechts entwickeln (könnte)".[248] Weiterer negativer Kritikpunkt ist, dass „das Normgeflecht mit der Zeit zu komplex werde".[249] „Verhandlungsschwache Parteien würden systematisch in Mediationsverfahren gelotst, wo die verhandlungsstarke Gegenseite die Abwesenheit eines Richters dazu ausnutzt, die schwache Partei zu einem nachteiligen Vergleich zu bewegen. Wegen der mangelnden Transparenz der Mediationsverfahren – so die Kritik – gäbe es in solchen Fällen zudem keine Möglichkeit nachträglicher Korrektur."[250] In Ländern mit Rechtsordnungen des common law bestehe bei in der Mediation geschlossenen Vergleichen „zudem die Gefahr, dass eine Rechtsfortentwicklung wie durch die veröffentlichten Gerichtsurteile unterbleibe".[251]

219 Alle untersuchten Rechtsordnungen müssten in der Zukunft noch Antworten zu folgendem Problemkreis geben: „Wonach bestimmt sich das Verhältnis von Mediation und klassischer Gerichtsbarkeit, welche Konflikte sind für die Mediation und welche für den Prozess geeignet und wie ist die Zuweisung der einzelnen Konflikte zum geeigneten Konfliktlösungsverfahren institutionell zu bewerkstelligen?"[252]

220 Die Vision des Multi-Door-Courthouse, das unter seinem Dach verschiedene Streitschlichtungsverfahren versammelt und die eingehenden Konflikte entsprechend zuweist, wartet bislang aber nicht nur darauf, dass das Gerichtsgebäude gebaut wird, sondern vor allem auch darauf, dass die Türen beschriftet werden.[253]

Die rechtsvergleichende Untersuchung führte bzgl. der Regelungsprobleme zu dem Teilergebnis, dass „Pilotprojekte in England eher zu dem Ergebnis kamen, dass erzwungene Mediation wenig Früchte tragen, in den USA scheint man mit Mediationspflichten gute Erfahrungen zu verbinden. Möglicherweise bietet sich für das Spannungsverhältnis zwi-

---

247 *Hopt/Steffek* 85.
248 *Hopt/Steffek* 86.
249 *Hopt/Steffek* 86.
250 *Hopt/Steffek* 86.
251 *Hopt/Steffek* 86.
252 *Hopt/Steffek* 87.
253 *Hopt/Steffek* 87.

schen Freiwilligkeit, Steuerung und Rechtsgewährung aber ein Mittel-
weg an. Nicht selten wird man durch gezielte Anreizsetzung eine ähnliche Verhaltenssteuerung erreichen wie durch zwingende Normen. Die
Regulierung der Mediatorentätigkeit in Österreich und Japan durch ein
System von Marktanreizen anstelle einer zwingenden Zulassungslösung
ist dafür nur ein Beispiel".[254]

Bei der Behandlung der Fragen der Umsetzung der EU-Mediationsricht-
linie in den Mitgliedstaaten verfolgen die Autoren einen pragmatischen
Ansatz, in dem sie sich auch bei den Sachverhalten, die die jeweilige
Rechtsordnung bereits zufriedenstellend regelt, für die deklaratorische
Normsetzung „ausnahmsweise" aussprechen, „um die Akzeptanz der
Mediation als Konfliktlösungsmethode dadurch zu fördern, dass man
den Rechtsanwendern durch klarstellende Regelung hinsichtlich kom-
plexer Rechtsfragen kosten- und zeitintensive Rechtsgutachten erspart".
Das Autorenteam schlägt dann eine Liste der Regelungsaspekte vor, die
von den EU-Mitgliedstaaten „hinsichtlich des Ob und Wie der rechtlichen Normierung zu bedenken" wären:[255]

Grundstrukturen: 221

- Regelungsbereich: Zivil- und Handelsrecht, allgemeines Mediations-
rahmengesetz, Sonderregeln;
- Normtypen: zwingendes oder dispositives Gesetzesrecht, Verordnun-
gen, Kodices, Modellverträge etc.; weiterhin: Integration in die ZPO
oder eigenständiges Gesetz; deklarative Normen zur Klarstellung;
- Abdingbarkeit durch die Parteien: einseitig oder einvernehmlich;
- Normgeber: Parlament, Exekutive, Gerichte, private Mediationsan-
bieter, unabhängige Institutionen, Parteien;

Definition und Abgrenzung der Mediation:

- Definition der Mediation: insbesondere Abgrenzung von anderen
Formen der außergerichtlichen Streitbeilegung, Verhältnis zu alltägli-
chen Schlichtungsversuchen und zur Tätigkeit der Anwalte, Psychologen etc.;

Mediation und Gerichtsverfahren:

- Verhältnis der Mediation zum Gerichtsverfahren: gemeinsame und/
oder abweichende Regeln zur gerichtsexternen, gerichtsnahen und

---

254 *Hopt/Steffek* 88 f.
255 *Hopt/Steffek* 94 ff.

gerichtsinternen Mediation; Information des Gerichts während des Mediationsverfahrens;
- Verankerung der Mediation vor Klageerhebung: Unzulässigkeit der Klage, Durchsetzbarkeit von Mediationsabreden, Hinweispflichten der Rechtsanwälte etc.;
- gerichtlich initiierte Mediation: Prüfungsrecht bzw. -pflicht, Hinweisrecht bzw. -pflicht, Anordnungsrecht bzw. -pflicht, Rechtsbehelf;

Kosten der Mediation:

- Kosten der Mediation: Kostenanreize und -sanktionen, staatliche Subvention, Verhältnis zu den Gerichtskosten, Regelung der Mediatorenhonorare, Kostenhilfe;

Mediation und Verjährung:

- Verjährung: Hemmung oder Neubeginn der Verjährungsfristen;
- Reichweite: Ansprüche, sonstige Rechte (insbes. materiell- und prozessrechtliche Ausschlussfristen), relative Wirkung zwischen den Medianden, Auswirkungen auf Dritte, Maßstab zur Bestimmung der betroffenen Ansprüche (und ggf. der sonstigen Rechte);
- Beginn der Mediation: Übereinkunft zur Mediation, Aufforderung zur Mediation bei Pflicht zur Mediation;
- Ende der Mediation: Erklärung einer Partei, beider Parteien oder des Mediators, die Mediation sei gescheitert, Medianden haben ein Ergebnis erzielt, Bewältigung unterbrochener und dann fortgesetzter Mediationen;
- Bestimmung von Beginn und Ende: Vermutungen, Absicherung durch Dokumentationspflichten;

Folgen einer erfolgreichen oder gescheiterten Mediation:

- Vereinbarung bei erfolgreicher Mediation: neuer Vertragstyp (Feststellungsvertrag) oder Bewältigung mit bestehenden Vertragstypen (insbes. Vergleich), rechtliche Grenzen der Vereinbarung;
- Vollstreckung der Vereinbarung: Vollstreckbarkeit, Verfahren zur Vollstreckbarkeit, Zuständigkeit für die Vollstreckbarkeitserklärung, materielle Überprüfung (falls ja: Überprüfungsmaßstab), Antragserfordernis (einer oder beider Parteien);
- Verfahren bei gescheiterter Mediation: Übergang in streitiges Verfahren, Verhältnis zu anderen Formen außergerichtlicher Streitschlichtung;

Vertraulichkeit:

- Grundlage: hoheitliche Normen oder Vertrag;
- materiellrechtliche und prozessrechtliche Vertraulichkeitsregeln;
- relevante Verfahren: Gerichtsverfahren, Schiedsverfahren;
- relevante Personen: Parteien, Mediatoren, Rechtsberater, Sachverständige, beteiligte Richter, sonstige Dritte und Hilfspersonen all dieser Personen;
- materiellrechtlich: Verschwiegenheits- und sonstige Vertraulichkeitspflichten;
- prozessrechtlich: Zeugnisverweigerungsrecht, Vortrags- und Beweismittelbeschränkungen;
- Reichweite: verschiedene Arten der Informationsträger und -weitergabe einerseits, Gefahr der „Flucht in die Mediation" andererseits, Beschränkung auf den Gegenstand und die Parteien der Mediation.

Mediationsverfahren:

- Struktur und Ablauf des Mediationsverfahrens: Regulierung des Mediationsverfahrens, Regelung der Vereinbarung zwischen den Parteien und dem Mediator, Rolle des Mediators, Regelungen zu Auswahl und Ablehnung des Mediators, Co-Mediation, Anwesenheit von Beratern, Höchstpersönlichkeit der Mediation, Protokollierung und entsprechende Pflichten, Dauer

Berufsrecht der Mediatoren:

- Regelungsansätze: Zulassungsmodell, Anreizmodell, Marktmodell;
- Berufszugang: Qualitätssicherung, Ausbildungsanforderungen, Zulassungsvoraussetzungen, Ausschlussgründe;
- Mediatorenliste(n): führende Institution(en), Eintragungsinhalte;
- Berufsausübung: Titelführung, zwingende Haftpflichtversicherung (falls ja: Versicherungssumme), Fortbildungspflichten, besonderer Verbraucherschutz, Verhältnis zu sonstigem Berufsrecht (Recht der Anwälte, Notare etc.);
- Institutionen der Berufsregulierung: hoheitliche Aufsicht, private Selbstregulierung, Zwischenlösungen;
- Mediatoren: Neutralität, Pflichten, Haftung, Rechte.

5. Gastbeitrag: WIPO Mediation und Schiedsgerichtsbarkeit (*Judith Schallnau*)[256]

a) WIPO Schiedsgerichts- und Mediationszentrum

222 Das WIPO Schiedsgerichts- und Mediationszentrum (WIPO Zentrum) ist Teil der Weltorganisation für geistiges Eigentum (WIPO) und eine neutrale internationale Schiedsinstitution für Wirtschaftsstreitigkeiten zwischen privaten Parteien nach WIPO Mediationsregeln, WIPO Schiedsgerichtsregeln, WIPO Regeln für das beschleunigte Schiedsgerichtsverfahren oder den Regeln für das WIPO Gutachterverfahren. Ein weiterer Teil der Arbeit des WIPO Zentrums sind Domain-Namensstreitigkeiten.[257]

Das WIPO Zentrum unterstützt Parteien bei der vertraglichen Gestaltung von Streitbeilegungsklauseln und Unterwerfungsvereinbarungen sowie Fragen zur Verfahrenseinleitung. Nach Verfahrensbeginn steht das WIPO Zentrum den Parteien, Mediatoren und Schiedsrichter unterstützend und beratend für den weiteren Verfahrensablauf zur Verfügung. Administrativ wird z. B. das Finanzmanagement übernommen, unentgeltlich WIPO Sitzungsräume in Genf bereit gestellt oder die Nutzung eines gesicherten elektronisches Dokumentenablagesystem (ECAF) angeboten.

Neben der Fallarbeit organisiert das WIPO Zentrum Konferenzen und Fortbildungen[258] zum Thema WIPO Streitbeilegung bzw. publiziert dazu[259] und entwickelt in Zusammenarbeit mit externen Partnern spezifische Streitbeilegungsmechanismen.[260]

---

256 *Judith Schallnau*, Rechtsanwältin, WIPO Schiedsgerichts- und Mediationszentrum, Genf.

257 Der vorliegende Beitrag beruht zu einem großen Teil auf dem Aufsatz *Schallnau/Feldges*, WIPO Mediation und Schiedsgerichtsbarkeit für den Grünen Bereich, GRUR Int. 1/2017, S. 21–33, und Informationen über das WIPO Zentrum abrufbar unter: http://www.wipo.int/amc. Die nachfolgenden links wurden zuletzt im Februar 2018 besucht. Die dargestellten Auffassungen sind die der Authorin und keine offiziellen Stellungnahmen der WIPO.

258 Weiterbildungen und Konferenzen siehe: http://www.wipo.int/amc/en/events/index.html.

259 Zur WIPO ADR Bibliographie: http://www.wipo.int/amc/en/center/bibliography/general.html.

260 Ein Beispiel ist die „Fast-Track Intellectual Property Dispute Resolution Procedure for Palexpo Trade Fairs", die von dem Schweizer Messeveranstalter Palexpo und dem WIPO Zentrum 2014 für die Beilegung von Streitigkeiten auf Messen entwickelt und seitdem regelmäßig, z. B. auf dem Internationalen Autosalon, angewandt wird, http://www.wipo.int/amc/de/center/specific-sectors/tradefairs/palexpo/.

b) Statistischer Überblick

Das WIPO Zentrum bearbeitete über 500 Verfahren, mit einem starken Verfahrensanstieg in den vergangenen drei Jahren.[261] Aktuell betrifft der Streitgegenstand von WIPO Verfahren überwiegend gewerbliche Schutzrechte (79%), hier in erster Linie Patentstreitigkeiten. 21% aller Fälle sind allgemeine Wirtschaftsstreitigkeiten, etwa zu Unternehmensanteilskaufverträgen.

75% der WIPO Verfahren sind international, mit Parteien bzw. Streitgegenständen in verschiedenen Ländern in Asien, Europa und Nordamerika. Die Verfahren wurden auf Deutsch, Englisch, Französisch, Spanisch und in anderen Sprachen durchgeführt.

Die Verfahrensbeteiligten waren in verschiedenen Wirtschaftszweigen tätig, etwa im Bereich Informationstechnologie (33%), produzierende Industrie (15%, z. B. Automobilindustrie), Pharma/Life Sciences (13%), Unterhaltungsindustrie (10%), Luxusgüter (3%), Chemie (1%) und weiteren (25%).

c) WIPO Alternative Dispute Resolution (ADR) Verfahren

Das WIPO ADR Verfahren kann von **jeder natürlichen oder juristischen Person** genutzt werden, unabhängig davon, ob sie die Nationalität eines WIPO Mitgliedsstaats bzw. dort ihren Sitz hat. **Sachlich** ist der **Anwendungsbereich** dieser privatrechtlichen Verfahren **unbeschränkt**, so dass einerseits sowohl Streitigkeiten zu gewerblichen Schutzrechten als auch allgemeine Wirtschaftsstreitigkeiten WIPO Regeln unterworfen werden können, und andererseits in einem Verfahren Fragen aus verschiedenen Rechtsgebieten bearbeitet werden, ohne jedwede Beschränkung auf gewerbliche Schutzrechte. Hervorzuheben ist weiterhin, dass die WIPO Regeln im Vergleich zu Verfahrensregeln anderer Institutionen sehr **detaillierte Vertraulichkeits- und Beweisregeln** enthalten, die den Parteibedürfnissen in Streitigkeiten über gewerbliche Schutzrechte Rechnung tragen.

aa) Definitionen

Mediation ist ein Verfahren bei dem ein neutraler Dritter, der Mediator, die Parteien bei der Beilegung ihres Streites unterstützt. Die Parteien bestimmen den Streitgegenstand, der rechtlicher, wirtschaftlicher oder an-

---

261 Ein Überblick über die bisherigen Verfahren ist unter http://www.wipo.int/amc/en/center/caseload.html einzusehen.

derer Natur sein kann, und können so verschiedene Streitaspekte in einem einzigen Verfahren klären. Die Parteien bestimmen den Verfahrensablauf, insbesondere die Wahl des Mediators, mögliche Schriftsatzwechsel, Treffen, den Zeitplan des Verfahrens und den Verfahrensausgang. Damit bleiben die Parteien – anders als bei Gerichts- oder Schiedsgerichtsverfahren – zu jedem Zeitpunkt „Herren des Verfahrens". Mediation ist ein vertrauliches Verfahren.[262] Mediation kann zu jedem Konfliktzeitpunkt begonnen werden, etwa nach gescheiterten Verhandlungen, vor oder während eines Gerichtsverfahrens oder eines Schiedsgerichtsverfahrens.

Schiedsgerichtsverfahren sind Verfahren bei denen eine Streitigkeit einem oder mehreren Schiedsrichtern zur abschließenden Entscheidung mittels eines Schiedsspruches unterworfen wird. Anders als bei Gerichtsverfahren können Streitigkeiten in verschiedenen Ländern in einem einzigen Verfahren gebündelt werden und die Parteien können das Verfahren erheblich mitgestalten, etwa durch die Wahl von Schiedsrichtern mit fallspezifischen Qualifikationen, Vereinbarungen zur Beweiserhebung oder Festlegungen zur Verfahrensdauer. Die Durchführung des Schiedsgerichtsverfahrens, Offenlegungen und der Schiedsspruch sind vertraulich.[263] Der Schiedsspruch ist bindend und endgültig, d. h. es gibt nur eine Instanz für die Streiterledigung. Internationale Schiedssprüche sind nach dem New Yorker UN-Übereinkommen über die Anerkennung und Vollstreckung ausländischer Schiedssprüche vom 10.6.1958 in den derzeit 157 Unterzeichnerstaaten durchsetzbar.[264]

Das WIPO Zentrum bietet Verfahrensregeln für **„reguläre" und beschleunigte Schiedsgerichtsverfahren**. Das beschleunigte Schiedsgerichtsverfahren sieht grundsätzlich nur einen Schriftsatzwechsel, verkürzte Fristen, einen Einzelschiedsrichter, kürzere Anhörungen und ein festgelegtes streitwertabhängiges Schiedsrichterhonorar vor. Beschleunigte Schiedsgerichtsverfahren werden von Parteien oft bei voraussichtlich weniger komplexen Streitigkeiten mit geringerem Streitwert gewählt, bei gegenständlich begrenzten Streitigkeiten in fortdauernden Geschäftsbeziehungen, limitierten Parteiressourcen oder bei besonderer Bedeutung eines zügigen Verfahrensabschlusses. Im Vergleich werden „reguläre" Schiedsgerichtsverfahren oft bei komplexen Streitigkeiten gewählt, in denen die Parteien eine Beurteilung durch drei Schiedsrichter anstelle eines Einzelschiedsrichters bevorzugen.

---

262 Art. 15–18 WIPO Mediationsverfahren.
263 Art. (48) 54, (68–71) 75–78 WIPO (beschleunigtes) Schiedsgerichtsverfahren.
264 Siehe http://www.uncitral.org/uncitral/en/uncitral_texts/arbitration/NYConvention_
status.html.

Gutachterverfahren sind Verfahren, in denen eine begrenzte, oft technische, wirtschaftliche oder rechtliche Frage einem oder mehreren Gutachtern vorgelegt wird. Beispiele sind die Valuierung von gewerblichen Schutzrechten, die Bestimmung von Lizenzgebühren, die Auslegung von Patentansprüchen oder Schadensersatzbestimmungen. Auch WIPO Gutachterverfahren sind vertraulich und flexibel gestaltbar, u.a. entscheiden die Parteien, ob das Gutachten bindende Wirkung entfaltet. Nachfolgend wird ausschließlich auf WIPO Mediations- und Schiedsverfahren eingegangen.

bb) Rechtsgrundlage

(1) Vertragsklauseln und Unterwerfungsvereinbarungen

Die Rechtsgrundlage für die Durchführung von ADR-Verfahren ist eine **Vereinbarung der Parteien**. Diese Einigung ist entweder in einer **vertraglich**en Streitbeilegungsklausel für zukünftige Streitigkeiten verkörpert (z.B. in einem Lizenzvertrag, Kaufvertrag, F&E-Vertrag), oder in einer separaten **Unterwerfungsvereinbarung** für bestehende Streitigkeiten (z.B. in nichtvertraglichen Konflikten wie Patent- oder Markenverletzungen).

Die Rechtsgrundlage für 57% der bisherigen WIPO Verfahren waren Streitbeilegungsklauseln in Verträgen, und 26% der WIPO Verfahren basierten auf Unterwerfungsvereinbarungen, die die Parteien nach dem Entstehen eines nichtvertraglichen Streits gemeinsam verfassten. Diese Statistik reflektiert die Schwierigkeit, sich bei bestehenden Konflikten auf einen außergerichtlichen Streitbeilegungsmechanismus zu einigen, insbesondere, wenn die Parteien noch keine Erfahrung mit ADR-Verfahren gemacht haben.

Für Mediation besteht die Möglichkeit bei Fehlen einer entsprechenden Streitbeilegungsklausel einseitig an das WIPO Zentrum mit dem Ersuchen um Kontaktaufnahme und eventuelle Beratung der anderen Partei zur Unterzeichnung einer Mediationsvereinbarung und nachfolgendem Verfahren heranzutreten, Art. 3 WIPO Mediationsregeln. 17% der Mediationsverfahren basieren auf dieser Art der Verfahrenseinleitung.

Parteien können sich auf **einstufige** Verfahren einigen, oder mehrere Verfahren kombinieren. In 40% der WIPO Verfahren wurden **mehrstufige** Verfahren vereinbart, und diverse Musterverträge, die WIPO Streitbeilegungsklauseln vorschlagen, wählen einen mehrstufigen Ansatz, z.B. Mediation als erste Konfliktlösungsstufe, gefolgt von Schiedsgerichtsbarkeit.[265] Ein Vorteil von mehrstufigen Verfahren ist u. a. die akkumulierte Wahrscheinlichkeit, einen Vergleich zu schließen: WIPO Mediationen enden zu 70% mit einem Vergleich, und Schiedsgerichtsverfahren zu 40% (hier wird der Vergleich in einem Schiedsspruch verschriftlicht und ist damit durchsetzbar).

(2) WIPO Musterstreitbeilegungsklauseln und Unterwerfungsvereinbarungen

Parteien können WIPO Musterstreitbeilegungsklauseln und Unterwerfungsvereinbarungen[266] verwenden. Diese von internationalen Experten verfassten und praxiserprobten Muster geben Anhaltspunkte, was grundsätzlich geregelt sein sollte. Mit dem Verweis auf WIPO Regeln im Vertrag gelten diese Regeln, vorbehaltlich anderweitiger Parteivereinbarungen, als Teil des Vertrages.[267] Hierbei ist zu betonen, das WIPO Verfahrensregeln für „common law" und „civil law" Verfahren gleichermaßen geeignet sind.[268] Während Musterklauseln naturgemäß angepasst werden können, sollte von Änderungen zurückhaltend und nach Fachberatung

---

265 Im Bereich Forschung und Entwicklung sehen der europäische DESCA Modellvertrag für Forschungskonsortien (http://www.desca-2020.eu/), die österreichischen IPAG Vertragsmuster für Lizenzverträge, Kaufverträge für gewerbliche Schutzrechte, Auftragsforschung, Forschungskooperationen, Geheimhaltungsvereinbarungen sowie Materialübertragungsvereinbarungen (http://www.wipo.int/amc/en/center/specific-sectors/rd/ipag/) als Option WIPO Mediation und WIPO beschleunigte Schiedsgerichtsverfahren vor. Die deutschen Mustervereinbarungen für Forschungs- und Entwicklungskooperationen 2010 des (damals) Bundesministeriums für Wirtschaft und Technologie sehen WIPO Mediation, gefolgt von WIPO Schiedsgerichtsverfahren vor (http://www.bmwi.de/Dateien/BMWi/PDF/mustervereinbarungen-fuer-forschungs-und-entwicklungskooperationen,property=pdf,bereich=bmwi2012,sprache=de,rwb=true.pdf).

266 Die Mustervereinbarungen sind in mehreren Sprachen abrufbar unter: http://www.wipo.int/amc/en/clauses/. Das WIPO Zentrum stellt auch einen „clause generator" zur Verfügung, der Hinweise für die Aufnahme weiterer Elemente gibt (http://www.wipo.int/amc-apps/clause-generator).

267 Das WIPO (beschleunigte) Schiedsgerichtsverfahren gilt nach Art. 2 „soweit die Parteien nicht Gegenteiliges vereinbart haben". Die WIPO Regeln betonen damit den Vorrang der Parteiautonomie stärker als andere institutionelle Regeln.

268 Marc Blessing, Conference on Rules for Institutional Arbitration and Mediation, The Conduct of Arbitral Proceedings Under Rules of Arbitration Institutions; The WIPO Arbitration Rules in a Comparative Perspective, 20 January 1995, Geneva, Switzerland, siehe Article 38 WIPO Schiedsgerichtsregeln: General Powers of the Tribunal: http://www.wipo.int/amc/en/events/conferences/1995/blessing.html; so gestattet etwa Art. (50) 56 (c) WIPO (beschleunigtes) Schiedsgerichtsverfahren die Vernehmung von Zeugen durch beide Parteien, und damit auch das Kreuzverhör, allerdings unter der Aufsicht des Schiedsgerichts, welches ebenfalls Fragen stellen kann.

Gebrauch gemacht werden, um die Wirksamkeit und Effektivität der Klauseln nicht zu beeinträchtigen.

cc) Entscheidungskriterien bei der Wahl von ADR-Verfahren

ADR-Verfahren erfreuen sich in der Praxis des gewerblichen Rechtsschutzes als Weg der Streitbeilegung und Alternative zur ordentlichen Gerichtsbarkeit einer wachsenden Beliebtheit, insbesondere bei Parteien, die am internationalen Wirtschaftsverkehr beteiligt sind.[269] Einige Gründe dafür sind nachfolgend aufgeführt.

(1) Kosten

Insbesondere bei Streitigkeiten über Technologien die eine kostenintensive und lange Forschungs- und Entwicklungsphase voraussetzen (z. B. Medikamente, hier noch die regulatorischen Vorbedingungen vor Marktzutritt und Kommerzialisierung), sowie einer zeitlich begrenzten Schutzdauer und Kostenamortisierung unterliegen, sind Überlegungen zu Kosten und Zeit für die Wahl von Streitbeilegungsmechanismen entscheidend. Bei Gerichtsverfahren in verschiedenen Ländern müssen Parteien akkumulierte Zeit und Kosten für Rechtsberatung, Managementzeit, Verfahrenskoordinierung, Reisekosten oder Übersetzungen einplanen. Auch wenn nur in einem Land Gerichtsverfahren anhängig sind, kann das erhebliche Kosten verursachen. Dieser Aufwand kann mit ADR-Verfahren deutlich reduziert werden, da Streitgegenstände in verschiedenen Ländern in einem einzigen Verfahren gemeinsam behandelt werden, und die Parteien die Verfahrensdauer, Beweiserhebungen und damit verbundene Kosten maßgeblich kontrollieren.

Die Kosten für WIPO ADR-Verfahren umfassen WIPO Gebühren, das Honorar des Mediators bzw. Schiedsgerichts und, als größten Kostenbestandteil, die Parteikosten inklusive Rechtsberatung. Die WIPO Gebühren für Mediation betragen streitwertabhängig 250 US-Dollar unter 250.000 US-Dollar Streitwert bzw. 0,1% des Streitwertes bei darüberliegenden Beträgen, sowie 1.000 US-Dollar für nicht bezifferte oder bezifferbare Streitwerte. In beschleunigten WIPO-Schiedsgerichtsverfahren betragen Antrags- und Verwaltungsgebühren jeweils 1.000 US-Dollar bzw. zwischen 2.5 Mio. US-Dollar und 10 Mio. US-Dollar Streitwert beträgt die Verwaltungsgebühr 5.000 US-Dollar.[270] Verschiedene Gebüh-

---

269 Siehe: http://www.wipo.int/amc/en/center/survey/results.html.
270 In „regulären" WIPO Schiedsgerichtsverfahren werden die Gebühren verdoppelt.

renermäßigungen bis zu 50% sind anwendbar.[271] Die Höhe des Honorars des Mediators bzw. Schiedsgerichts und die Bedingungen und der Zeitpunkt seiner Zahlung werden zu Verfahrensbeginn von dem WIPO Zentrum nach Beratung mit den Parteien und dem Mediator bzw. Schiedsgericht gemäß der anwendbaren Gebührentabelle festgelegt.[272]

Die **Durchschnittskosten** für **WIPO** Mediationen betragen 10.000 US-Dollar bzw. 24.000 US-Dollar für WIPO beschleunigte Schiedsgerichtsverfahren und 86.000 US-Dollar reguläre Schiedsgerichtsverfahren.

(2) Zeitliche Effizienz

In der Praxis des WIPO Zentrums sind Mediationen im Durchschnitt nach 4,5 Monaten abgeschlossen, und sind damit wesentlich kürzer als ordentliche Gerichtsverfahren. WIPO reguläre Schiedsgerichtsverfahren sind im Durchschnitte nach 13,5 Monaten beendet, und beschleunigte Schiedsverfahren nach sieben Monaten. Dazu kommt, das in einem Schiedsgerichtsverfahren Streitigkeiten verhandelt werden, die sonst in mehreren Ländern ausgetragen werden müssten, und das es nur eine Instanz gibt (siehe oben), was ebenfalls zur beschleunigten endgültigen Erledigung des Rechtsstreites beitragen kann.

(3) Kompetenz

In ADR-Verfahren können die Parteien Mediatoren oder Schiedsrichter mit fallspezifischen Kenntnissen bestimmen, was in Gerichtsverfahren nicht möglich ist und in Ländern ohne spezialisierte Gerichte oftmals dazu führt, das Praktiker mit begrenzten Kenntnissen im gewerblichen Rechtsschutz Fälle entscheiden, die rechtliches und technisches Spezialwissen erfordern. Dies gilt es insbesondere bei komplexen Patentstreitigkeiten zu berücksichtigen. Die Parteien können das WIPO Zentrum mit der Suche von geeigneten Kandidaten anhand von vorgegebenen Kriterien beauftragen. Das **WIPO Zentrum** verfügt über eine **Datenbank mit über 1.500 Spezialisten** in Bereichen des gewerblichen Rechtsschutzes und Wirtschaftsrechts. In Streitigkeiten zu gewerblichen

---

271 Die WIPO Gebühren- und Kostentabellen sehen eine Reduktion der Verwaltungsgebühren des WIPO Zentrums um 25% vor, sofern eine oder beide Parteien Nutzer des PCT, Haager oder Madrider Systems oder von WIPO Green sind. Bereichsspezifische 50%ige Gebührenermäßigungen z. B. für Nutzergruppen im Bereich F&E und ICT siehe: http://www.wipo.int/amc/en/center/specific-sectors/rd/; http://www.wipo.int/amc/en/center/specific-sectors/ict/.

272 Art. 22 WIPO Mediationsverfahren, Art. (64) 71 WIPO (beschleunigtes) Schiedsgerichtsverfahren.

Schutzrechten sind neben rechtlichen, gegebenenfalls technische und insbesondere Verfahrenskenntnisse gefragt. Parteien verlangen bei der Auswahl von Mediatoren oftmals auch die Fähigkeit betriebswirtschaftliche Entscheidungen erfassen und miterarbeiten zu können. Kenntnisse der Verfahrenssprache verstehen sich von selbst. Basierend auf den Angaben der Parteien ist die o.g. Datenbank der erste Ausgangspunkt für eine Suche nach geeigneten Kandidaten, die den Parteien vorgeschlagen werden.

(4) Neutralität

Ein Vorteil von ADR-Verfahren, insbesondere bei internationalen Streitigkeiten, ist ihre Neutralität. Parteien streiten nicht gerne vor Gerichten der gegnerischen Partei, müssen sie sich doch mit einem fremden Rechtssystem und prozessualen Besonderheiten vertraut macht, Rechtsbeistand in einem fremden Land finden und beauftragen, Dokumente übersetzen, reisen und Zeugen für Befragungen vorbereiten.[273] Gefühlte (oder reele) Vorteile der einheimischen Partei, der sog. „home court advantage", kommen hinzu. ADR-Verfahren erlauben eine gleichberechtigte Verfahrensbeteiligung aller Parteien und sind nicht national gebunden. Dazu trägt auch bei, dass als Mediator oder Schiedsrichter unter gleicher Beteiligung eine für allen Parteien neutral akzeptable Person bestimmt werden kann. Die Neutralität kann sich auf die Nationalität, Sprache, Erfahrungen mit internationalen Verfahren, Kenntnisse verschiedener Rechtssysteme und prozessualer Praktiken beziehen.

(5) Vertraulichkeit

Anders als ordentliche Gerichtsverfahren sind ADR-Verfahren vertraulich, so dass die Parteien möglichen Auswirkungen auf ihr Ansehen bzw. Marktwert vorbeugen. Langfristige Geschäftsbeziehungen können so oft besser aufrechterhalten werden als nach öffentlichen Gerichtsverfahren. Die WIPO Regeln sind hier unter Berücksichtigung der Besonderheiten von Streitigkeiten im gewerblichen Rechtsschutz besonders detailliert.[274] Die Geheimhaltungspflicht bezieht sich auf die Existenz des Verfahrens, die geäußerten Inhalte, sowie das Ergebnis.

---

273 *Trevor Cook/Alejandro I. Garcia*, International Intellectual Property Arbitration, Kluwer Law International, 2010, S. 27.

274 Art. 14 bis 17 der WIPO Mediationsverfahren, Art. (68) 75 bis (71) 78 der WIPO (beschleunigtes) Schiedsgerichtsverfahren. Hier gibt es große Unterschiede zu Verfahrensordnungen anderer Schiedseinrichtungen, die von den Parteien berücksichtigt werden sollten.

(6) Durchsetzbarkeit

Die Verfahrensergebnisse einer Mediation oder eines Schiedsgerichtsverfahren entfalten grundsätzlich nur Rechtswirkung zwischen den am Verfahren beteiligten Parteien (*inter partes*). Vergleiche, die im Rahmen einer Mediation geschlossen werden, sind nach dem anwendbaren nationalen Vertragsrecht durchsetzbar.[275] Schiedssprüche sind unmittelbar rechtskräftig und können in den Vertragsstaaten des New Yorker Übereinkommens (siehe oben) unter erleichterten Bedingungen anerkannt und vollstreckt werden.

(7) Flexibilität

Hinsichtlich des Verfahrensablaufs gilt als Grundregel, dass die Parteien diesen einverständlich an ihre Bedürfnisse anpassen können. Dies konkretisiert sich z. B. bei der Wahl des Mediators bzw. Schiedsrichters, prozessualen Fragen wie der Bestimmung über Beweismittel, z. B. discovery kann eingegrenzt werden. In Mediationen können die Parteien jederzeit entscheiden, ob z. B. ein Vergleich geschlossen, oder das Verfahren überhaupt fortgeführt wird. Auch im Schiedsgerichtsverfahren können sich die Parteien vor Erlass des Schiedsspruchs einigen.[276]

d) Beispiel für den Ablauf einer WIPO Mediation

Der folgende Fall illustriert den möglichen Ablauf einer WIPO Mediation.

Ein US-amerikanisches Unternehmen und ein Schweizer Unternehmen stritten in den USA über eine Verletzung von U.S. Patenten. Der Streit endete mit einem Vergleich, der den Abschluss eines Patentlizenzvertrages umfasste. Die Parteien entschieden in der Streitbeilegungsklausel des Patentlizenzvertrages, künftige Streitigkeiten im Wege eines WIPO Mediationsverfahren mit, für den Fall mangelnder Beilegung der Streitigkeit, nachfolgendem WIPO Schiedsgerichtsverfahren beizulegen. Die Parteien legten fest, dass der Ort für ein mögliches Mediationstreffen Genf sein sollte und die Verfahrenssprache Englisch. Zwei Jahre nach Abschluss des Patentlizenzvertrages stellte die US-amerikanische Partei

---

275 Derzeit diskutiert die Kommission der Vereinten Nationen für internationales Handelsrecht über die Einführung eines internationalen Rechtsinstruments zur Durchsetzung von Vergleichen internationaler Mediationsverfahren (UNCITRAL, Report of Working Group II (Arbitration and Conciliation) on the work of its sixty-second session (New York, 2.-6 February 2015), siehe http://www.uncitral.org/uncitral/en/commission/working_groups/2Arbitration.html.

276 Art. (60) 67 (b) WIPO (beschleunigtes) Schiedsgerichtsverfahren.

wegen angeblicher Patentverletzungen durch das Schweizer Unternehmen einen Antrag auf Durchführung des Mediationsverfahrens.

Verfahrenseinleitung

Die Verfahrenseinleitung erfolgt durch einen **Antrag** auf Durchführung eines Mediationsverfahrens durch eine Partei, oder möglicherweise durch alle Parteien. Der Mediationsantrag sollte die Kontaktdaten der Parteien und Parteivertreter, eine Kopie der Mediationsvereinbarung und eine kurze Beschreibung des Streits enthalten und an das WIPO Zentrum sowie die andere Partei gerichtet sein.[277] Mit der Einreichung des Mediationsantrags ist eine **Verwaltungsgebühr** zu entrichten.[278]

Bestellung des Mediators

Grundsätzlich können die **Parteien gemeinsam den Mediator bestimmen.**[279] Da dieser neutral, unparteiisch und unabhängig zu sein hat,[280] klärt das WIPO Zentrum mit ihm/ihr etwaige **Interessenkonflikte** und fordert den Mediator zur Abgabe einer gesonderten „Annahmeerklärung und Unparteilichkeits- und Unabhängigkeitserklärung" auf. Nach der Abgabe dieser Erklärung bestellt das WIPO Zentrum den vorgeschlagenen Mediator offiziell und berät gleichzeitig mit den Parteien und dem Mediator die Höhe des **Honorars** sowie die Zahlungsmodalitäten. Sofern sich die Parteien nicht auf einen Mediator einigen können, erörtert das WIPO Zentrum mit ihnen, über welche Qualifikationen dieser verfügen sollte und erstellt auf Grundlage dieser Beratungen eine Kandidatenliste mit den Lebensläufen der Kandidaten.[281] Auf Grundlage dieser Liste und nach möglichen Gesprächen mit den Kandidaten schickt jede Partei ihre Bewertung an das WIPO Zentrum. Der von allen Parteien höchstbewertete Kandidat wird nach Abgabe der oben genannten Erklärung vom WIPO Zentrum als Mediator bestellt.

So erfolgte auch die Mediatorenbestellung im vorliegenden Beispielsfall. Die Parteien konnten sich nicht auf einen Mediator einigen und beauftragten das WIPO Zentrum auf Grundlage von vorgegebenen Qualifika-

---

277 Art. 3, 4 WIPO Mediationsverfahren; siehe auch die WIPO „case filing guidelines" unter http://www.wipo.int/amc/en/filing/.

278 Art. 22 WIPO Mediationsverfahren.

279 Art. 7 WIPO Mediationsverfahren.

280 Art. 7 WIPO Mediationsverfahren.

281 Das „Listenverfahren" hat sich in der Praxis bewährt. Es wird in einem Großteil der WIPO Mediations- und (beschleunigten) Schiedsgerichtsverfahren angewendet.

tionen eine Kandidatenliste zu erstellen. Von dieser Liste wählten sie einen amerikanischen Rechtsanwalt, der auf amerikanisches Patentrecht spezialisiert war, über Mediationserfahrung verfügte und diese bereits in Patentverletzungsfällen angewendet hatte.

Verfahrensablauf

Im Anschluss an seine Bestellung übernimmt der Mediator das Verfahren. Nach den WIPO Mediationsregeln ist das Verfahren in der von den Parteien vereinbarten Art und Weise durchzuführen, bzw. im Falle einer fehlenden Parteiabrede entsprechend den WIPO Mediationsregeln. Die Parteien haben mit dem Mediator gemäß den Grundsätzen von Treu und Glauben zusammenzuarbeiten haben um einen zügigen Verfahrensablauf sicherzustellen. Der Mediator und die Parteien dürfen jeweils separat kommunizieren, wobei mitgeteilte Informationen nur mit ausdrücklicher Zustimmung einer Partei der anderen Partei mitgeteilt werden dürfen. Zur Verfahrensvorbereitung hat der Mediator mit den Parteien zeitnah nach seiner Bestellung einen Zeitplan für die weiteren Verfahrensschritte inklusive der Einreichung von Unterlagen und Treffen aufzustellen.[282]

In der Praxis haben Mediatoren mit den Parteien neben Dokumenten und Verfahrenszeitplan, Ort, Zeit und Ablauf von Treffen insbesondere vorgeklärt, ob und wie die Parteien in Treffen vertreten sein sollen, ob andere Verfahren anhängig sind, wenn ja, ob diese parallel weitergeführt oder ausgesetzt werden und ob eventuell Fristen oder anberaumte Termine zu beachten sind. Grundsätzlich müssen laufende Gerichtsverfahren nicht ausgesetzt werden, um eine Mediation durchzuführen.[283]

Die WIPO Regeln geben einen prozessualen Rahmen vor, der den Beteiligten die Durchführung des Mediationsverfahrens erleichtert. Ange-

---

282 Art. 10–13 WIPO Mediationsverfahren.

283 Gerichte haben jedoch verschiedentlich Verfahren ausgesetzt, wenn Streibeilegungsklauseln ausdrücklich die Durchführung einer Mediation als ersten Prozessschritt vorsahen. In einem Mediationsverfahren zwischen zwei US-amerikanischen Unternehmen betreffend einen Patentlizenzstreit im Bereich Informationstechnologien reichte eine Partei Klage vor einem US-amerikanischen Gericht ein. Aufgrund der Streitbeilegungsklausel in dem Lizenzvertrag, die WIPO Mediation als ersten Schritt der Streitbeilegung vorsah, setzte das Gericht das Verfahren aus und verwies die Parteien auf die Durchführung der WIPO Mediation. Parallel zu dem Mediationsverfahren stritten die Parteien vor mehreren Gerichten in Europa. Diese Verfahren betrafen nicht der obigen Streibeilegungsklausel. Gemäß der Parteivereinbarung hätte es den Parteien allerdings freigestanden, Streitigkeiten, die ursprünglich nicht von der Mediationsklausel erfasst waren, im Mediationsverfahren zu klären.

sichts der grundsätzlichen **Flexibilität** des Verfahrens werden jedoch keine Vorgaben für die Durchführung der Mediation als solcher, das Mediationstreffen oder die Arbeitsweise der Mediatoren gemacht.[284] Der Mediator sollte den fallspezifischen Bedürfnissen der Parteien entsprechend seine Techniken, Kenntnisse und Erfahrungen einsetzen, die die Parteien bei einer Streitbeilegung unterstützen.

Im vorliegenden Beispielsfall führte der Mediator vorbereitende Gespräche mit beiden Parteien gemeinsam und separat. Die Parteien einigten sich auf einen Termin für ein Mediationstreffen. Neben Mitgliedern aus der Geschäftsleitung beider Parteien nahmen auch deren Rechtsbeistände an der Mediation teil. Das zweitägige Treffen verdeutlichte das grundlegenden Interesse beider Parteien an einer weiteren Zusammenarbeit. Änderungen des Lizenzvertrages wurden diskutiert und die Parteien einigten sich auf eine Anpassung der Lizenzgebühren. Sie verfassten und unterzeichneten noch am Ende der Treffens einen Vergleichsentwurf mit den Kernpunkte ihrer Einigung. Damit beendeten sie in insgesamt fünf Monaten einen zwei Jahre andauernden Streit bei und legten die Grundlage für ihre weitere Zusammenarbeit.

Beendigung des Verfahrens

Eine Mediation kann entweder durch den Abschluss eines Vergleichs, die Entscheidung einer Partei oder die Entscheidung des Mediators das Verfahren nicht weiterzuführen beendet werden.[285] Die Parteien können zu jedem Zeitpunkt des Verfahrens frei entscheiden, das Verfahren weiterzuführen, oder nicht. In der Praxis signalisiert die freiwillige Investition von Zeit und Geld in den weiteren Prozess oft die Gesprächsbereitschaft der Parteien, bzw. die Bereitschaft an einer Einigung mitzuwirken.

Der Mediator informiert das WIPO Zentrum über die Beendigung des Verfahrens.[286] Vorbehaltlich anderslautender Parteiabreden oder gerichtlicher Anordnung, kann der Mediator in keinem anderen Gerichts-, Schiedsgerichts- oder sonstigen Verfahren, das eine Beziehung zum Gegenstand der Mediation hat, als Richter, Schiedsrichter, Sachverständiger oder in einer anderen Rolle als der des Mediators auftreten.[287]

---

284 Einzige Ausnahme ist, das der Mediator mit Annahme seines Amtes bestätigt, das Verfahren zügig durchzuführen, und dafür ausreichend Zeit zur Verfügung zu stellen, Art. 7 (c) WIPO Mediationsverfahren.
285 Art. 19 WIPO Mediationsverfahren.
286 Art. 20 WIPO Mediationsverfahren.
287 Art. 20 WIPO Mediationsverfahren.

Nach Beendigung des Mediationsverfahrens hat das WIPO Zentrum den Parteien eine Abrechnung aller geleisteten Kostenvorschüsse zu übermitteln und den Parteien jeden nicht verwendeten Saldobetrag zurückzuerstatten bzw. die Zahlung offener Beträge zu verlangen.[288]

VI. Verträge, Berufsrecht, Kosten der Mediation, Marketing, Ausbildung

1. Verträge

223 Es wird zwischen vier Arten von Verträgen unterschieden:

- Dem Mediationsvertrag zwischen den Parteien des Mediationsverfahrens, auch Mediandenvertrag genannt,
- dem Vertrag zwischen den Parteien (Medianden) und der Mediationsorganisation, falls eine derartige Organisation den Parteien bei der Organisation (z.B. bei der Suche und der Bestimmung des Mediators, der Zurverfügungstellung von Räumlichkeiten etc.) und der Durchführung des Mediationsverfahrens (z.B. unter Berücksichtigung der Verfahrensordnung einschl. der Kostenregelung für die Kosten des Mediators) behilflich sein soll,
- dem Mediatorvertrag, der das Verhältnis zwischen den streitenden Parteien und dem Mediator regelt und
- dem Mediationsvergleich, der eine abschließende und vollstreckbare Regelung zwischen den Parteien bewirken soll.[289]

a) Mediandenvertrag (Partei – Partei)

224 Mediandenvereinbarungen werden als „Vereinbarungen zwischen zwei oder mehr Personen (Konfliktparteien) über die Durchführung einer Mediation hinsichtlich eines bestimmten Konfliktgegenstandes im Konfliktfall" beschrieben. „Eine Mediationsvereinbarung ist der Weg in eine Mediation und gleichzeitig deren Grundgesetz im Verhältnis zwischen den

---

288 Art. 24 Mediationsverfahren.
289 Vgl. zur „Vertragsgestaltung im Kontext Mediation/ADR" Klowait/Gläßer-*Schmitz-Vornmoor*, 100 ff. mit vielen weiterführenden Hinweisen und insbesondere Formulierungsvorschlägen für Verträge/Vertragsklauseln.

Konfliktparteien. Sie kann selbstständig (Mediationsabrede), aber auch als Vertragsklausel (Mediationsklausel) getroffen werden."[290]

Von Schubert[291] schlägt folgende Regelungskategorien vor: **225**

– Die Streitigkeit sollte lediglich „thematisiert" und nicht allzu präzise beschrieben werden, um nicht mögliche Interessen und Ansprüche von Anfang an auszuklammern;

– dagegen ist insbesondere die Neutralität des Mediators hervorzuheben und die Aufgaben des Mediators so präzise wie möglich zu beschreiben. Insbesondere nichtanwaltliche Mediatoren sollten im eigenen Interesse darauf hinweisen, dass durch sie keine Rechtsberatung erfolgt;

– aufzunehmen ist auch der Hinweis, dass das Verfahren der Geheimhaltung unterliegt. Anwaltsmediatoren sind gemäß § 43a BRAO zur Verschwiegenheit verpflichtet. Auch müssen die Parteien daran denken, dass ihr Anwaltsmediator ein Zeugnisverweigerungsrecht gemäß § 383 Abs. 2 Nr. 6 ZPO hat. Die Parteien müssen zusätzlich vereinbaren, dass der Mediator Informationen, die ihm bei getrennten Gesprächen mit jeder Partei offenbart werden, nur mit ausdrücklicher Zustimmung der anderen Partei wiederum mitteilen darf (Caucus-Verfahren). Aus eigener Erfahrung sollte dann in dem Mediandenvertrag auch daran gedacht werden, dass bei derartigen Caucus-Verfahren auch geregelt werden sollte, dass die Parteien keine „Befangenheits"-Anträge gegenüber dem Mediator stellen werden, nur weil er in Abstimmung mit den Parteien ein Caucus-Verfahren durchführt. Eine derartige Regelung ist erst recht dann sinnvoll, wenn in einem Schiedsverfahren auch mediative Elemente in Abstimmung mit den Parteien einfließen sollen;

– geregelt werden muss auch, dass zu jedem Zeitpunkt des Mediationsverfahrens jede Partei (jeder Mediand) das Recht hat, den Vertrag auch ohne wichtigen Grund zu kündigen;

– wenn die Medianden sich entschlossen haben, mit Hilfe von Rechts- und/oder Patentanwälten (bei technischen Streitfragen) das Verfahren durchzuführen, sollten aus Gründen der „Waffengleichheit" alle Medianden durch Anwälte vertreten werden. Bei Inanspruchnahme der Anwälte ist vor Beauftragung des jeweiligen Anwalts zu klären, ob die Anwälte auch ausgebildete Mediatoren sind und in welchem Um-

---

290 *Eidenmüller* 8 m. w. N.; *Hutner* 11 f.
291 Schiffer-*von Schubert* 287 ff.

fang sie Mediationserfahrung in dem spezifischen Themenfeld aufweisen können. Der anwaltliche Beistand ist aus Sicht des Verfassers insbesondere dann sinnvoll, wenn der Rechtsbeistand die Mediatorausbildung hat und daher nicht nur aus rechtlicher Sicht, sondern auch aus Sicht eines Mediators das Verfahren besser strukturieren und begleiten kann;

- die Parteien sollten auch im eigenen Interesse daran denken, dass in dem Mediandenvertrag aufgeführt wird, dass bei allen Parteien Personen an dem Mediationsverfahren teilnehmen, die bevollmächtigt sind, jede erdenkliche Entscheidung mitzutragen und einen möglichen Vergleich vor Ort unterzeichnen zu können;
- da insbesondere bei umfangreichen Mediationsverfahren auch ein längerer Zeitraum für die Verhandlungen eingeplant werden muss, ist in dem Mediandenvertrag auch festzuhalten, dass auf die Erhebung der Einrede der Verjährung für die Dauer des Mediationsverfahrens verzichtet wird. Die Medianden sollten sich nicht selbst unter Zeitdruck setzen.[292]

b) Mediationsorganisationsvertrag (Medianden – Mediationsorganisation)

226 Unter einem Mediationsorganisationsvertrag wird die Vereinbarung zwischen den Medianden und einer Mediationsorganisation verstanden. Hier kann auf die entsprechenden Organisationen verwiesen werden (es wird insoweit auf die im Anhang aufgeführten Regelungen der IHK München, der DIS, der WIPO, der ICC und des UK Patent Office sowie die Webseiten im Literaturverzeichnis verwiesen).

c) Mediatorvertrag (Medianden – Mediator(en))

227 Der Mediatorvertrag wird zwischen den Medianden und dem Mediator geschlossen. Es kann hier zunächst auf die obigen Ausführungen zum Mediandenvertrag verwiesen werden. Dies gilt erst recht deshalb, weil in vielen Fällen in einer einzigen Vereinbarung das Verhältnis der Medianden untereinander und das Verhältnis der Medianden zum Mediator geregelt wird.

---

292 Schiffer-*von Schubert* 287 ff.; *Hutner* 11 f. und insbesondere auch *Nölting* 9 f.; vgl. auch *Schwarz*, Mediationsvereinbarung – Muster mit Kommentierungen, ZKM 2008, 111 ff.

Ausdrücklich wird noch einmal betont, dass auch in dem Mediatorver-   **228**
trag folgende Aspekte berücksichtigt werden müssen:

- Thematisierung der Streitigkeit,
- Beauftragung des Mediators mit der Leitung und Durchführung des Verfahrens unter präziser Bezeichnung der Rolle des Mediators (Neutralität, Verfahrensleitung, Förderung der Kommunikation und des wechselseitigen Verständnisses zwischen den Medianden, Herausarbeitung der Interessen der Medianden),
- Geheimhaltung der Existenz des Verfahrens und der Inhalte sowie der beteiligten Personen sowie das Recht des Mediators, ein Caucus-Verfahren durchführen zu können, ohne dabei die Weisung der jeweiligen Partei, nur in bestimmten Umfang Informationen an die andere Partei weiterzugeben, zu missachten,
- Dokumentationspflicht zumindest bzgl. wesentlicher Schritte und Ergebnisse des Verfahrens und Unterstützung der Medianden bei der Formulierung der einzelnen Teilergebnisse des Gesamtergebnisses des Mediationsverfahrens,
- jede Partei sollte entsprechend der Gesamtzahl der Parteien die Verfahrenskosten und das Honorar des Mediators zu gleichen Teilen tragen; die gesamtschuldnerische Haftung der beteiligten Medianden sollte ebenfalls geregelt werden. Die Transaktionskosten (interne Kosten jedes Medianden) und die eigenen Anwaltskosten sollte jeder Mediand tragen;
- Vertragsbeginn und -ende und die Möglichkeit zur Kündigung des Mediatorvertrags sollte ebenfalls schriftlich festgelegt werden. Beispielhaft sollten auch außerordentliche Kündigungsgründe bei der Kündigung aus wichtigem Grund erwähnt werden. Dies gilt insbesondere bzgl. der „Neutralität" jedes Mediators. Sollten Zweifel an der „Unparteilichkeit" des Mediators bestehen, sollten die Parteien verpflichtet sein, diese Verletzung der Neutralität detailliert darzulegen. Wenn ein Mediand die Mediatorvereinbarung kündigt, sollte auch der Vertrag der anderen Medianden mit dem Mediator konsequenterweise beendet sein. Unabhängig von der Beendigung des Mediatorenvertrages sollte die Mediandenvereinbarung weiterhin bestehen.[293]

---

293 Vgl. insbesondere *Nölting* 10 ff.; Henssler-*Koch* 323 ff.; *Hutner* 12 ff. Vgl. auch *Groß*, Der Mediatorvertrag, 2. Aufl., HMV 109, passim.

d) Mediationsvergleich

229 Art. 6 der EU-Mediationsrichtlinie sieht in Abs. 1 vor, dass die Mitgliedstaaten sicherstellen, dass von den Parteien – oder von einer Partei mit ausdrücklicher Zustimmung der anderen – beantragt werden kann, dass der Inhalt einer im Mediationsverfahren erzielten schriftlichen Vereinbarung vollstreckbar gemacht wird. Der Inhalt einer solchen Vereinbarung wird vollstreckbar gemacht, es sei denn, in dem betreffenden Fall steht der Inhalt der Vereinbarung dem Recht des Mitgliedstaats, in dem der Antrag gestellt wurde, entgegen oder das Recht des Mitgliedstaats sieht die Vollstreckbarkeit des Inhalts nicht vor.

In Abs. 2 des Art. 6 der EU-Mediationsrichtlinie wird bestimmt, dass der Inhalt der Vereinbarung von einem Gericht oder einer anderen zuständigen öffentlichen Stelle durch ein Urteil oder eine Entscheidung oder in einer öffentlichen Urkunde nach dem Recht des Mitgliedstaats, in dem der Antrag gestellt wurde, vollstreckbar gemacht werden kann.

230 Vor und nach Inkrafttreten des Mediationsgesetzes (26.7.2012) standen und stehen den Parteien im Wesentlichen vier Varianten offen:

– **Anwaltsvergleich**

Die Medianden können einen Anwaltsvergleich gemäß §§ 796a ff. ZPO schließen und gemäß § 794 Abs. 1 Nr. 4b ZPO vollstrecken. *Hess*[294] geht zu Recht davon aus, dass die Vollstreckung des Anwaltsvergleichs mit erheblichen Mühen und Kosten verbunden ist, da die Medianden sich durch Anwälte vertreten lassen müssen.[295] § 796a Abs. 3 ZPO sieht vor, dass die Rechtswirksamkeit des Vergleichs und ein evtl. ordre-public-Verstoß bei der Vollstreckbarerklärung des Anwaltsvergleichs zu prüfen sind. Vor der Entscheidung über den Antrag auf Vollstreckbarerklärung ist der Gegner zu hören.[296]

Aufgrund dieser Situation fallen bei der Vollstreckung des Anwaltsvergleichs zusätzliche Gebühren (0,3 Verfahrens- und eine 0,3 Terminegebühr (vom Streitwert abhängig)) an.[297] Der Anwaltsvergleich hat sich nach Meinung von *Hess* in der Mediation als Vollstreckungsmittel nicht durchsetzen können.[298]

---

294 F 110.
295 § 796a ZPO.
296 § 796b Abs. 2 ZPO; *Hess* F 110 unter Verweis auf *Münzberg*, NJW 1999, 1357, 1358 f.
297 *Hess* F 110 unter Verweis auf Münzberg, NJW 1999, 1157 f.
298 *Hess* F 110.

– Hinterlegung des Anwaltsvergleichs beim Notar

Die Hinterlegung des Anwaltsvergleichs beim Notar[299] hat sich aus den gleichen Gründen nicht bewährt. Die Kosten der Errichtung einer notariellen Urkunde, die gemäß § 794 Abs. 1 Nr. 5 ZPO vollstreckbar ist, ist mit Kosten verbunden, die sich nach dem Gegenstandswert richten.[300]

– Schiedsspruch mit vereinbartem Wortlaut durch den Mediator als Schiedsrichter

Nach bisher herrschender Meinung ist der Mediator nach Abschluss des Mediationsverfahrens nicht berechtigt, als Schiedsrichter einen Schiedsspruch mit vereinbartem Wortlaut[301] zu erlassen. Der Mediator, der anschließend als Schiedsrichter tätig wird, um mittels eines Schiedsspruchs mit vereinbartem Wortlaut den Mediationsvergleich vollstreckbar zu machen, könnte wegen Befangenheit gemäß § 1036 ZPO abgelehnt werden. *Hess*[302] sieht § 1053 Abs. 1 ZPO nicht als problematisch an, da § 1053 Abs. 1 S. 2 ZPO „keinerlei Vorgaben im Hinblick auf den Zeitpunkt, an dem ein Schiedsspruch mit vereinbartem Wortlaut frühestens abgeschlossen werden kann, enthält".

– Verfahren bei Gütestellenvergleichen

Ein Mediationsvergleich kann auch von einer durch die Landesjustizverwaltung eingerichteten oder anerkannten Gütestelle abgeschlossen werden.[303] Dies ist z.B. das IHK-Mediations-Zentrum der Industrie- und Handelskammer für München und Oberbayern.

Hess[304] schlägt daher bei der Umsetzung des Art. 6 der EU-Mediations- **231** richtlinie vor, den Anwaltsvergleich gemäß § 796a ZPO effektiver zu gestalten. *Hess* empfiehlt einen „Mediationsvergleich", in dem sich die Medianden der sofortigen Zwangsvollstreckung unterwerfen und verweist insoweit auf § 796a ZPO. Dieser Mediationsvergleich sollte nach Auffassung von *Hess* vom Anwaltsmediator abgefasst und unterschrieben werden.[305] Der Vergleich sollte dann beim am Sitz des Mediators örtlichen Amtsgericht niedergelegt und auf Antrag einer der Parteien für

---

299 § 796c ZPO.
300 § 140 S. 2 KostenO.
301 § 1053 Abs. 1 S. 2 ZPO.
302 *Hess* F 111, Fn. 656 unter Darstellung des Meinungsstreits in der Literatur.
303 §§ 794 Abs. 1 Nr. 1, 797a ZPO.
304 *Hess* F 112.
305 *Hess* F 112.

vollstreckbar erklärt werden.[306] Bei Ablehnung und bei Erteilung sollten beide Parteien die Möglichkeit gemäß § 796c Abs. 2 S. 2 ZPO haben, beim Prozessgericht Klage zu erheben. Diese Vorgehensweise ist nach *Hess*[307] geeignet, eine Stärkung der außergerichtlichen Mediation als eigenständige Form der Streitbeilegung zu fördern. Die Vollstreckung des Mediationsvergleich könnte schnell und preiswert erfolgen.[308]

232   Die United Nations Commission on International Trade Law (UNCITRAL), Working Group II, 2000 to present: Arbitration and Conciliation/Dispute Settlement, traf sich zu ihrer 68sten Sitzung vom 5.–9.2.2018 in New York, um sich wieder (seit 2000!) dem Thema „International commercial mediation: preparation of instruments on enforcement of international commercial settlement agreements resulting from mediation", also der Vollstreckung internationaler Streitbeilegungsvereinbarungen, die aus (einer) Mediation resultieren, zu widmen.

In den diese Sitzung vorbereitenden Unterlagen der UNCITRAL Working Group II ist auch die vor Beginn der vorgenannten Sitzung in New York bestehende jeweilige Entwurfsfassung der „United Nations Convention on International Settlement Agreements (resulting from mediation)" und des „UNCITRAL Model Law on International Commercial Mediation (2002), With Amendments as adopted in 201*" enthalten.[309]

In der vorgenannten Entwurfsfassung der Convention wird in Art. 1 Nr. 1 zunächst der Anwendungsbereich der Convention positiv abgegrenzt: Es geht um internationale Verträge, die aus (einer) Mediation resultieren und schriftlich zwischen den Parteien geschlossen wurden, um einen Streit über kommerzielle Sachverhalte beizulegen. Art. 1 Nr. 2 (a) legt in negativer Abgrenzung fest, dass diese Convention sich nicht auf private oder Familien- oder Haushaltsstreitigkeiten , wobei eine Partei Endverbraucher ist, und Art. 1 Nr. 2 (b) legt fest, dass sich die Convention nicht auf Familien-, Erb- oder Arbeitsrecht bezieht. Art. 1 Nr. 3 sieht vor, dass die Convention sich zudem nicht auf Streitbeilegungsvereinbarungen bezieht, die von einem Gericht genehmigt oder während eines Gerichtsverfahrens geschlossen wurden (Art. 1 Nr. 3 (a) (i) (ii)) und nicht auf die Streitbeilegungsverfahren bezieht, die als Schiedsgerichts-

---

306 § 697 ZPO.
307 *Hess* F 112 f.
308 *Hess* wie vor; vgl. auch *Eidenmüller* 43 ff. und insbesondere auch *Hutner* 14, 241 ff. und auch *Hacke* 33 ff., 272 ff. mit zahlreichen Klauselvorschlägen für die Formulierung von Mediationsvergleichen. S. auch oben *Greger* Rn. 125.
309 A/CN.9/WG.II/WP.205 und A/CN.9/WG.II/WP.205/Add.1.

entscheidung schriftlich festgehalten und für vollstreckbar erklärt wurden (Art. 1 Nr. 3. (b)).

Das o. g. Model Law legt in Art. 1 Nr. 1 fest, dass dieses Recht auf internationale Mediation über kommerzielle Sachverhalte und internationale Streitbeilegungsvereinbarungen anwendbar ist. In Art. 1 Nr. 2 wird definiert, dass der Mediator allein oder dass zwei oder mehr Mediatoren je nach Fall tätig werden können. Art. 1 Nr. 3 definiert schließlich den Begriff der Mediation: Darunter wird ein Verfahren verstanden, bei dem entweder der Ausdruck Mediation, Schlichtung oder ein Ausdruck gleichartiger Bedeutung benutzt wird, wobei die Parteien einen Dritten oder Dritte („den Mediator") auffordern, ihnen bei dem Versuch zu helfen, eine gütliche Einigung ihres Streits, der aus oder im Zusammenhang mit ihrer vertraglichen oder anderen rechtlichen Beziehung entstanden ist, herbeizuführen. Der Mediator hat nicht das Recht, den Parteien eine (Entscheidung über die) Lösung des Streits aufzuerlegen.

In der Sitzung vom 5.–9.2.2018 hat die UNCITRAL Working Group II (Dispute Settlement) in New York die Arbeiten an der Erstellung eines Entwurfs einer „Convention" und eines „Model Law on international settlement agreements resulting from mediation" abgeschlossen. Es wird erwartet, dass diese beiden Werke bei der nächsten Sitzung der „Commission" in New York (25.6.–13.7.2018) finalisiert werden.

2. Berufsrecht

a) Allgemein

Bei den berufsrechtlichen Aspekten der Mediation steht im Mittelpunkt des Interesses die Beantwortung der Frage, ob die Mediation nur Anwälten oder auch anderen Berufszweigen als Tätigkeitsfeld offenstehen soll. Bis zum 30.6.2008 fiel die Mediation zugunsten der Anwaltschaft unter das Rechtsberatungsgesetz.[310] Ab dem 1.7.2008 bestimmt das Rechtsdienstleistungsgesetz[311] ausdrücklich in § 2 Abs. 3 Nr. 4, dass die Mediation und jede vergleichbare Form der alternativen Streitbeilegung, sofern die Tätigkeit nicht durch rechtliche Regelungsvorschläge in die Gespräche der Beteiligten eingreift, nicht Rechtsdienstleistung ist. **233**

Da aber in der Regel die Medianden davon ausgehen, dass Anwaltsmediatoren zumindest geeignet sind, während des Mediationsverfahrens recht- **234**

---

310 RBerG.
311 RDG.

liche Sachverhalte zu denken und auch in der Lage sind und – dies gilt jedenfalls nach der Praxiserfahrung des Autors – rechtliche Hinweise zu geben, wird in der Praxis die Mediation sehr oft zu den Rechtsdienstleistungen gemäß RDG zu zählen seien. Es wird daher der Rechtsprechung obliegen, Haftungskriterien für die Tätigkeit anwaltlicher und nichtanwaltlicher Mediatoren zu entwickeln.[312] Bei der Umsetzung der EU-Mediationsrichtlinie wird auch der deutsche Gesetzgeber prüfen müssen, ob in den neuen Regelungen der Beruf des Mediators konkretisiert wird.[313] Zu berücksichtigen sein wird auch der Beschluss des Bundesverfassungsgerichts vom 27.9.2002 – 1 BvR 2251/01 –,[314] dass, „wenn eine Person berufsmäßig auf der Grundlage eines zivilrechtlichen Vertrags die Ermittlung von Tatsachen anbietet, um Rechtsansprüche durchzusetzen, die Berührungspunkte mit der Rechtspflege jedenfalls als gering einzustufen sind, wenn die eigentliche Rechtsbesorgung nach den Vertragsrechtsanwälten vorbehalten bleibt. Die Dienstleistung lässt sich dann in die Rechtsbesorgung und die sonstigen unterstützenden Tätigkeiten aufteilen. Letztere unterfallen nicht dem Erlaubnisvorbehalt des Rechtsberatungsgesetzes". Das Mediationsgesetz ist den Vorschlägen von *Hess* nicht gefolgt. *Hess*[315] ist ohne Einschränkung insoweit beizupflichten, als „Mediation nicht mehr eine bloße Methode der Streiterledigung ist – sie entwickelt sich zum eigenständigen Streitbeilegungs-, sprich Rechtsgebiet. Den veränderten Gegebenheiten ist durch entsprechende Gesetzgebung im anwaltlichen Berufsrecht Rechnung zu tragen".

b) Haftung, Verjährung, Versicherung

235 Wenn der Mediator die Pflichten aus dem Mediatorvertrag verletzt, haftet er gemäß §§ 280, 823 Abs. 1 BGB und der Notarmediator, wenn ihn gleichzeitig eine Amtspflichtverletzung trifft, gemäß § 19 BNotO. Das Haftungsrisiko ist allerdings für die Anwalts- und Notarmediatoren rela-

---

312 Siehe z.B. Schiffer-*von Schubert*, 282 ff.; *Hess* F 55 f.; Henssler/Koch-*Henssler* 100 ff. zum bis 30.6.2008 geltenden RBerG; zur Haftung der Anwaltsmediators siehe z.B. OLG Hamm, 20.10.1998 – 28 U 79/97, das nur die Pflicht des Anwaltsmediators bejahte, **eine „unterlegene" Partei** zu unterstützen, den gesamten Sachverhalt zu offenbaren. Diese Pflicht wurde im konkreten Fall aufgrund der Sachkunde dieser Partei verneint. Das AG Lübeck, NJW 2007, 3789, verneinte eine Haftung eines Anwaltsmediators, der ohne Aufforderung beider Parteien einen wohl nachweislich falschen Rechtsrat erteilt hatte und trotzdem nach Auffassung des AG Lübeck nicht hafte, da es seine primäre Aufgabe gewesen sei, als Mediator tätig zu werden. Diese Auffassung wäre also als „Freibrief" zu verstehen, was nicht akzeptabel ist.

313 Vgl. *Hess* F 56, 60 ff. m. w. N.

314 www.bundesverfassungsgericht.de/Entscheidungen, 2002, 5.

315 *Hess* F 64.

tiv gering, da die Medianden eine erhebliche Mitverantwortung aufgrund ihrer Mitgestaltung des Mediationsverfahrens haben. Dies gilt erst recht dann, wenn die Medianden durch Anwälte vertreten werden. Es kann auch insoweit wieder auf *Hess*[316] verwiesen werden, der zu Recht auf die unvollständige und systematische Regelung der berufsrechtlichen Voraussetzungen der Mediatorentätigkeit abhebt und daher eine den veränderten Gegebenheiten entsprechende Gesetzgebung im anwaltlichen Berufsrecht fordert.[317] *Hornung*,[318] deren Dissertation über „Rechtliche Rahmenbedingungen für die Tätigkeit freier Mediatoren" nicht nur im Hinblick auf die für den Mediator wichtigen Haftungsfragen sehr lesenswert ist, fasst die Aspekte der Haftung des Mediators außer den bereits genannten (geringes Haftungsrisiko für Mediatoren aufgrund der Einbindung der Parteien in das Mediationsverfahren; Haftung gemäß §§ 280, 823 Abs. 1 BGB bzw. § 19 BNotO) wie folgt zusammen:

- Fehlen allgemein gültiger Regeln über die kunstgerechte Vorgehensweise eines Mediators. Pflichtverletzungen sind bei Erfüllung der Hauptleistungspflicht daher oft nicht feststellbar.
- Schadensersatzansprüche können sich aus der Verletzung von Nebenleistungspflichten des Mediators ergeben. Aufgrund der Beweislastverteilung besteht die Gefahr der Inanspruchnahme des Mediators aber nur, wenn der Mediator nicht auf die Ungeeignetheit der Mediation für die Konfliktkonstellation, auf ein in seiner Person vorliegendes Neutralitätshindernis oder auf die dauernde Vermögenslosigkeit der schuldenden Partei hingewiesen hat.
- Ist der Anwaltsmediator Mitglied einer Sozietät, haften alle ihre Mitglieder. Die Haftung kann aber auf den handelnden Rechtsanwalt begrenzt werden.
- Das Haftungsrisiko wegen Kündigung des Mediators zu Unzeit oder wegen fehlerhafter oder unterlassener psychologischer Beratung ist gering.
- Die Schadensersatzpflicht wegen fehlerhafter Rechtsberatung folgt den für Rechtsanwälte und Notare entwickelten Maßstäben. Für Mediatoren ohne juristischen Grundberuf gilt ein geringerer Sorgfaltsmaßstab.
- Bei Notarmediatoren kommt § 16 KostO nur zur Anwendung, wenn der Mediator nicht auf die Ungeeignetheit der Mediation für die Konfliktkonstellation, auf einen in seiner Person liegendes Neutralitäts-

---

316 *Hess* F 63 f.
317 Siehe insoweit auch *Hornung* 286 ff., 315 ff.
318 Wie vor.

hindernis oder auf die dauernde Vermögenslosigkeit der schuldenden Partei hingewiesen hat.

– Anwalts- und Notarmediatoren können aus berufsrechtlichen Gründen keinen Haftungsausschluss vereinbaren. Anderen Mediatoren steht es offen, ihre Haftung für einfache Fahrlässigkeit in AGB oder individualvertraglich und ihre Haftung für grob fahrlässiges Verhalten individualvertraglich auszuschließen.

– Mediatoren können mit den Parteien Haftungshöchstsummen vereinbaren. Für die Haftung wegen leicht fahrlässigen Verhaltens ist dies in AGB möglich, soweit nicht die Haftung wegen einer Verletzung von Kardinalpflichten erfasst ist. Die Haftung wegen grob fahrlässigen Verhaltens kann nur durch Individualvereinbarungen summenmäßig begrenzt werden; für vorsätzliches Verhalten ist eine Begrenzung ausgeschlossen. Für Anwaltsmediatoren richtet sich die Zulässigkeit der Vereinbarung von Haftungshöchstsummen nach § 51a BRAO. Nur Notarmediatoren ist dieser Weg verwehrt.

– Mediatoren können sich nicht auf das Richterprivileg des § 839 Abs. 2 BGB oder eine stillschweigend geschlossene Vereinbarung desselben Inhalts berufen.

– Die Verjährung der Haftungsansprüche folgt in den allgemeinen Regelungen. Für Anwaltsmediatoren gilt § 51b BRAO.[319]

– Eine Verkürzung der Verjährung ist für die Haftung wegen vorsätzlichen Handelns ausgeschlossen. Für die Haftung wegen grob fahrlässigen Verhaltens ist dies nur individualvertraglich möglich. Anwaltsmediatoren müssen auch bei individualvertraglichen Vereinbarungen darauf achten, dass die gegenseitigen Interessen ausreichend berücksichtigt sind. Notarmediatoren können die Verjährung nicht abkürzen.

– Allen Mediatoren steht der Abschluss einer Haftpflichtversicherung offen. Für Rechtsanwälte, Notare und Psychologen ist die Mediatorentätigkeit von der Berufshaftpflichtversicherung erfasst. Für andere

---

319 Siehe zunächst zum BGH-Urteil vom 28.10.2015 – ZR IV 526/14, Rn. 21 *Bausch/Heetkamp*, Außergerichtliche Streitbeilegungsverfahren in Gefahr, DisputeResolution, Ausgabe 4, 6.12.2017, 3 ff., 5, die dem BGH attestieren, dass dessen Feststellung, dass „die Anrufung einer Streitbeilegungsstelle ausschließlich zum Zweck der Verjährungshemmung rechtsmissbräuchlich ist, wenn schon vor der Einreichung des Güteantrags feststeht, dass der Antragsgegner nicht bereit ist, an einem Güteverfahren mitzuwirken und sich auf eine außergerichtliche Einigung einzulassen und dies dem Antragsteller schon im Vorfeld in eindeutiger Weise mitgeteilt hat" nicht genau darlegt, was „in eindeutiger Weise" bedeutet und zudem auch nach dieser Entscheidung „unklar bleibt, welche konkreten Anforderungen an eine verjährungshemmende Individualisierung des Anspruchs gestellt werden.". S. a. Klowait/Gläßer-*Hagel*, 565 ff., 568 ff. und die „Zusammenfassung zum Lauf der Verjährungsfristen" (Schaubild) auf S. 571.

Mediatoren besteht die Möglichkeit, eine Mediatorenversicherung abzuschließen.

Zu Haftungsfragen sollten zusätzlich noch Henssler/Koch-*Brieske*[320], Haft/Schlieffen-*Jost*[321] sowie Klowait/Gläßer-*Lilja/v. Lucius/Tietz*[322] beachtet werden.

3. Kosten der Mediation

a) Empirische Daten

aa) Gerald Spindler

Spindler untersuchte in einem Forschungsprojekt mit dem Titel „Ge-   **236** richtsnahe Mediation Niedersachsen", der Bericht wurde 2006 veröffentlicht, die Rahmenbedingungen und Anreizwirkungen der gerichtsnahen Mediation in Niedersachsen unter Berücksichtigung rechts- und sozialwissenschaftlicher wie ökonomischer Aspekte.[323]

Die befragten Richter bestätigten im Raum dieser Untersuchung erhebli-   **237** che Zeit- und Kostenersparnisse, allerdings mit nicht unerheblichen Ausnahmen. Die befragten Anwälte erklärten überwiegend, dass aufgrund der gerichtsnahen Mediation die Verfahren erheblich schneller und einfacher wurden. Den befragten Parteien kam es weniger auf die Kostenersparnis an. Im Vordergrund standen bei den Parteien die persönliche Zufriedenheit sowie Vorteile bzgl. der abschließenden Streiterledigung.

bb) CEDR

Die CEDR hat am 8.11.2007 einen Überblick über das Verhalten von   **238** Mediatoren im Zusammenhang mit The Third European Mediation Congress veröffentlicht.[324]

Aus diesem Überblick ergibt sich u. a., dass in Großbritannien im Ver-   **239** gleich zum Jahr 2005, in dem ca. 2500–2700 Mediationen registriert

---

320 Henssler/Koch-*Brieske* 357 ff.
321 Haft/Schlieffen-*Jost* 635 ff.; s. a. *Unberath*, Mediationsverfahren – Struktur, Gefahren, Pflichten, ZKM 2010, 4 ff. und zuletzt insbesondere *Jost*, Das Mediationsgesetz und die Haftungsfrage, ZKM 2011, 168 ff.
322 Einleitung, 85 Rn. 85 ff. und Klowait/Gläßer-*Gläßer* 178 ff. Rn. 22 ff.
323 S. o. Rn. 172 ff.; ZKM 2007, 79 ff. m. w. N.
324 www.cedr.com; s. o. bereits ausführlicher Rn. 195 ff.; siehe auch zu den Kosten einer Mediation die Artikel auf der website der CEDR (News) sowie www.judiciary.gov. uk/about_judiciary/cost-review/reports.htm, www.ciarb.org: Review of Civil Litigation Costs: Final Report December 2009 und *Tony Allen*, Court support for mediating appeals: a note on Ghaith v. Indesit Co UK, www.cedr.com, Articles, 30 May 2012.

wurden, im Jahr 2007 ca. 3.400–3.700 Fälle, dies entspricht einem Wachstum gegenüber dem Jahr 2005 von 33%, behandelt wurden.

240   In 2007 waren 50% aller beteiligten Mediatoren sehr erfahren, 27% der Mediatoren relativ erfahren und 23% der Mediatoren mit wenig Erfahrung ausgestattet. Die weniger erfahrenen und relativ erfahrenen Mediatoren hatten im Schnitt mehr als 10 Mediationen pro Jahr je Mediator aufzuweisen. 31% der sehr erfahrenen Mediatoren sind Vollzeit-Mediatoren, die verbleibenden 69% der sehr erfahrenen Mediatoren kombinieren ihre Tätigkeit als Mediator mit einem anderen Beruf.

241   4% der überdurchschnittlich erfahrenen Mediatoren haben 20–30 Mediationen pro Jahr bei einem Verdienst im Jahr 2007 von 53.000 £ (2005: 43.000 £).

5% der überdurchschnittlich erfahrenen Mediatoren, die zwischen 30 und 50 Mediationen im Jahr 2007 durchführten, verdienten pro Jahr 121.000 £ (2005: 102.000 £).

13% der überdurchschnittlich erfahrenen Mediatoren, die mehr als 50 Fälle pro Jahr hatten, verdienten im Jahr 2007 282.000 £ (2005: 177.000 £). Dieser Einkommenszuwachs von fast 60% im Verhältnis zum Vergleichszeitraum 2005 bedeutet nicht nur einen Zuwachs der Honorare von 42%, sondern gleichzeitig eine Erhöhung der Fallzahlen dieser Gruppe. Die am meisten beschäftigten Mediatoren hatten 12% mehr Fälle als im Vergleichszeitraum.

242   Der Durchschnittsverdienst eines Mediators für eine eintägige Mediation lag überwiegend zwischen 501 £ und 2.500 £. Der erfolgreichste Mediator verzeichnete durchschnittliche Einkünfte von 6.500 £ bei einer Fallzahl von fast 100 Fällen, die insgesamt zu einem Jahreseinkommen von ca. 650.000 £ führten.

cc) Civil Procedure Rules (CPR 1998)

243   Aufgrund der 1999 in Kraft getretene Reform des Zivilprozessrechts in Großbritannien ist es den dortigen Gerichten möglich, die Kosten eines Rechtsstreits sogar im Fall des Obsiegens einer Partei ganz oder teilweise aufzuerlegen, wenn diese sich grundlos weigern, einen vom entscheidenden Gericht vorgeschlagenen Mediationsversuch zu unternehmen.[325]

---

325 S. o. bereits Rn. 194 und Halsey v. Milton Keynes General NHS Trust/Steel v. Halliday [2004] EWCA Civ 576, Nr. 16 ff.; *Niedostadek*, ZKM 2007, 50 ff., 52; *Spindler*, ZKM 2007, 79 ff., 82 f. m. w. N.

dd) EUCON

Auf der Webseite der EUCON[326] kann vergleichend festgestellt werden,   **244**
welche Kosten

- bei ordentlichen Gerichtsverfahren (1. + 2. Instanz),
- in einem Schiedsgerichtsverfahren (DIS-Tabelle),
- in einem Mediationsverfahren (mit Anwälten nach RVG oder auf Honorarbasis),
- Zusatzkosten (z. B. Gutachter),
- Opportunitäts-/Transaktionskosten (Arbeitsaufwand der Parteien),
- kalkulatorische Kosten (Zinsaufwand und Kundenverlust)

den Parteien tatsächlich entstehen.

Bei einem Streitwert von EUR 250.000 entstehen danach Kosten für ein

- Mediationsverfahren von EUR 26.035,58,
- Schiedsgerichtsverfahren von EUR 90.137,81,
- Streitiges Verfahren vor einem ordentlichen Gericht (2 Instanzen) von EUR 135.608,13.

ee) Ditges

Ditges[327] fokussiert in seinem sehr lesenswerten Aufsatz „Mediation und   **245**
Rechtsstreit – ein Kosten- und Effizienzvergleich" bereits in seinen Eingangsbemerkungen die Kostenproblematik der Mediation im Vergleich
zu einem Rechtsstreit vor einem staatlichen Gericht wie folgt: „Generell
rühmen die Anhänger der Mediation unter deren Vorteilen die relative
Kostengünstigkeit. Der Beweis ist nicht erbracht, weder im Bereich der
Kosten, die Ausgaben darstellen, noch hinsichtlich des weiteren, nicht
unmittelbar zahlungswirksamen Aufwands. Dessen Einbeziehung in die
Betrachtung eröffnet weitere Perspektiven des Kostenvergleichs. Es geht
um Ausgaben, um kalkulatorische und um Opportunitätskosten, um vor-,
außer- und gerichtliche sowie um entsprechende Kosten vor und während
der Mediation und um die Folgekosten. Eine systematisierende Erfassung
der gesamten Kostenarten sowie deren Interdependenzen und ein Kostenvergleich fehlen ebenso wie Einschätzungen zur Höhe der das Media-

---

326 www.eucon-institut.de; s. a. eucon Newsletter, Juni 2007, 2. Auf der website der EU-CON findet sich auch ein interessanter Vergleich von *Bregenhorn*, „Streiten", ein
kostenintensives Unterfangen, eucon news, Ausgabe 1, Mai 2011. 4 f., der an drei Beispielen die Kostenunterschiede zwischen Gerichts- und Mediationsverfahren auch unter Berücksichtigung der „nicht direkt sichtbaren Nebenkosten" darstellt.
327 IDR 2005, 74 ff.

tions- und das Gerichtsverfahren prägenden Kosten. Für die planerische Quantifizierung der Effizienz der Systeme gilt Entsprechendes. Sie folgt als Reflex aus der weiten Fassung des Kostenbegriffs."

Ditges zeigt in seinen Ausführungen unter Verwendung von ergänzenden Graphiken, tabellarischen Kostenanalysen und tabellarischen, beispielhaften Kostenberechnungen bzw. -vergleichen, dass tendenziell „die Kosten der Mediation mit steigendem Wert des Streitgegenstands zunehmend wesentlich geringer sind als die Kosten des Rechtsstreits. Im Durchschnitt der gebildeten Fälle machen die Kosten der Mediation ca. 3% der Vollkosten des Rechtsstreits aus. Ohne Opportunitätskosten entfallen auf die Mediation ca. 14% der im Rechtsstreit zu erwartenden Kosten".

ff) KPMG „Konfliktkostenstudie I", 2009, und „Konfliktkostenstudie II", 2012[328]

246 KPMG veröffentlichte 2009 die „Konfliktkostenstudie", die insbesondere folgende Ergebnisse hatte:

- Die ineffektive Nutzung der Arbeitszeit ist die Hauptursache von Konfliktkosten im Unternehmen.
- Konfliktkosten können gemessen werden und sind in drei Dimensionen und neun Konfliktkostenkategorien einteilbar (Circle of Conflict).
- Großer Nachholbedarf bei Unternehmen: sechs KK-Kategorien erfordern mehr Informationen und bessere Messungen. In mindestens zwei KK-Kategorien besteht akuter Interventionsbedarf (Konflikt-Kosten-matrix).
- Summe Konfliktkosten $\geq$ 20% der Personalkosten.
- Jährliches Reduktionspotenzial bei den Konfliktkosten: $\geq$ 25%.
- Messung und Bewertung der Konfliktkosten, um dann Zielgrößen und Key Performance Indikatoren (PKI) zu definieren.
- Interventionsmaßnahmen und -kosten sind bei Einsparpotenzialen zu berücksichtigen (Konfliktkostenformel).
- Konfliktkosten-Controlling zur Budgetierung funktionaler Konfliktkosten und zur Reduzierung dysfunktionaler Kosten. Konfliktkosten-Controlling setzt verborgenes Potenzial frei, das um 25% höher ist als bei der Einführung von HR-Shared Service Centern.

---

328 www.kpmg.com.

Die Konfliktkostenstudie II beschreibt u.a. sechs Konfliktfälle, die in deutschen Unternehmen zu Konfliktkosten von 60.000 bis 3 Mio. EUR je Jahr führten.

b) Transaktionskosten

Die bisherigen Ausführungen zu den Kosten zeigen – dies gilt insbesondere für die Ausführungen von *Ditges* –, dass trotz ausführlicher Behandlung der Kostenproblematik in der Literatur[329] insbesondere die Transaktionskosten, d. h. die bei den Medianden z. B. im jeweiligen Unternehmen anfallenden internen Kosten nicht oder nur unzureichend bisher berücksichtigt wurden und werden. Gerade in den Unternehmen ist es nach eigener Kenntnis des Verfassers versäumt worden, die internen Kosten bei den einzelnen Konfliktlösungsarten (z. B. Mediation, Schiedsverfahren, staatliche Gerichtsverfahren, Schiedsgutachten etc.) jeweils zu dokumentieren. Dies führt auch nach wie vor bei der Geschäftsleitung bzw. dem Vorstand, zumindest aber beim Controlling zu der Frage an die entsprechenden Abteilungen (z. B. Rechts-, Patent-, Lizenzabteilung), wo denn der finanzielle Vorteil z. B. einer Mediation gegenüber den anderen Konfliktbeilegungsarten zu sehen sei. Dies ist auch das Ergebnis entsprechender Fragen des Autors im Rahmen von ihm bei Seminarveranstalter und bei Firmen durchgeführten Seminaren. Insbesondere die deutsche Großindustrie ist daher seit ca. sechs Jahren bemüht, diesem Manko abzuhelfen. Es wird jedoch aufgrund dieser erst in den letzten Jahren begonnenen Bemühungen noch einige Jahre dauern, bis verlässliche Daten vorliegen, die aus Kostensicht eine verlässliche Basis für die Entscheidung für eine bestimmte Streitbeilegungsart bilden. Es sind daher insbesondere nicht nur die Großunternehmen, sondern auch gerade die kleinen und mittleren Unternehmen gefragt, zusammen mit ihrem jeweiligen Controlling die entsprechenden Kostendaten zu dokumentieren und vorzuhalten. Die externen Kosten ergeben sich (teilweise) auch aus den entsprechenden Kostentabellen der Schlichtungsorganisationen. Beispielhaft wird auf die im Anhang abgebildeten Schlichtungsordnungen verwiesen.

247

---

329 Vgl. auch zusätzlich zu den bereits angeführten Fundstellen *Hornung* 197 ff.; *Duve/ Eidenmüller/Hacke* 279 ff.; *Volpert* 18 ff.; Haft/Schlieffen-*Ponschab/Kracht* 1275 ff.; *Horst*, Mediatorenvergütung – Neuerungen durch das RVG, ZKM 2004, 178 ff.; *Rüssel/Sensborg*, Vergütungsvereinbarungen für die Durchführung von Mediationsverfahren nach der neuen Regelung des RVG zum 1.7.2006, SchiedsVZ 2006, 324 ff.; *Posner*, Transaction Costs And Antitrust Concerns In The Licensing Of Intellectual Property, les Nouvelles, 2005, 1 ff., jeweils m. w. N. Siehe auch *Bregenhorn* Fn. 232. Einen Überblick über Kostenstudien gibt auch *Sikor*, www.markus-sikor.de/blog/ 2010/05/21/Konfliktkosten/. Siehe auch *Thalhofer/Eggert* 90 ff. und *Engel/Müller*, Mediation und ihre Kosten – Wer zahlt die Rechnung, ZKM 2012, 39 ff.

4. Marketing

248   Angesichts der stetig wachsenden Zahl der MediatorInnen (ca. 7.500) und andererseits nicht stark steigenden Fallzahlen ist das Marketing insbesondere für den Mediator bzw. die Mediatorin eine nicht zu vernachlässigende Komponente.

Für interessierte Medianden ist es nur bedingt erkennbar, welcher Mediator für das konkrete Mediationsverfahren der Geeignetste ist. Hilfestellungen bieten insoweit die z. T. öffentlichen Datenbanken der Schlichtungsorganisationen. MediatorInnen, die (in erster Linie) als Rechtsanwälte bzw. Rechtsanwältinnen tätig sind, kann der Autor aus eigener Erfahrung die Empfehlung geben: „Je spezialisierter, desto mehr Akquisitionspotenzial!" Wenn z. B. ein Rechtsanwalt gleichzeitig ein Fachanwalt für Gewerblichen Rechtsschutz ist, dürfte es wohl keinen Sinn machen, die Mediationstätigkeit beispielsweise auf „Baustreitigkeiten" zu fokussieren. Trotz erheblicher Meinungsverschiedenheiten in der Literatur ist es nach Auffassung des Autors sehr hilfreich für einen Anwaltsmediator, wenn er in einem bestimmten Fachgebiet überdurchschnittliche Kenntnisse und Erfahrungen vorweisen kann. Medianden nehmen in erster Linie einen Mediator, der in einem speziellen Fachgebiet über einen längeren Zeitraum tätig war und dies durch hohe Fallzahlen sowie durch Veröffentlichungen und Vortragstätigkeit in einem speziellen Fachgebiet nachgewiesen hat. Hilfreich ist es insoweit auch, wenn neben der fachgebietsorientierten Veröffentlichungs- und Seminarpraxis dieses fachspezifische Marketing durch ein auf dieses Fachgebiet bezogenes Mediationsmarketing ergänzt wird. Förderlich ist es auf jeden Fall auch, nicht nur auf Seminaren großer Seminarveranstalter oder auf entsprechenden Veranstaltungen bekannter Schlichtungsorganisationen als Redner fachspezifisch seine Erfahrungen vorzutragen, sondern sich konkret bei den Führungskräften noch nicht zum Mandantenstamm gehörender Firmen zum Thema Mediation in einem speziellen Fachgebiet zu präsentieren.

249   Einzelheiten des Marketings können der Literatur[330] entnommen werden. Hilfreich sind auch insofern die Schlussfolgerungen und der Empfehlungskatalog bzgl. des Marketing der empirischen Studie der Alpen-Adria-Universität Klagenfurt „Wirtschaftsmediation für Klein- und Mit-

---

330 Haft/Schlieffen-*Krauter/Vaterrodt* 1257 ff., Henssler/Koch-*Hehn* 289 ff.

telunternehmen in Österreich"[331] sowie die Ergebnisse der empirischen Studie „Wirtschaftsmediation im europäischen Vergleich".[332]

Der Verfasser kann aufgrund eigener Erfahrungen bei der Einführung eines Konfliktmanagementsystems (KMS) in einem Unternehmen ab dem Jahr 2011 folgende Hinweise geben:

– Es sollten keine überzogenen Vorstellungen zu verwirklichen versucht werden. Bei getrennten Personal- und Rechtsabteilungen eines Unternehmens sollten lieber zwei Ansätze für diese beiden Abteilungen gefunden werden, da mithin Personalstreitigkeiten mit zum Teil anderen Streitschlichtungsmöglichkeiten betreut werden (z. B. Personalentwickler, Coaches, Mediation, Arbeitsrichter etc.) als Wirtschaftsstreitigkeiten zwischen zwei Firmen (z. B. Schiedsrichter, Zivilgerichte, Mediation, Adjudikation, Mini-Trial etc.).

– *Konkrete* Ziele des Unternehmens sollten bei der Gestaltung eines KMS im Vordergrund stehen („weniger ist mehr!").

– Die höchstrangigen Verantwortlichen sind von Anfang an einzubinden, dauerhaft zu überzeugen und als „Werbende" einzubinden.

5. Ausbildung

Aus der Sicht des Verfassers ist – wie bereits unter dem vorhergehenden **250** Abschnitt „Marketing" erwähnt – es essenziell, dass angehende und schon tätig werdende MediatorInnen sich möglichst fachspezifisch ausbilden lassen. Anwälte haben insofern den Vorteil, dass sie sich auch immer mehr der Fachanwaltsausbildung widmen und daher – wie bereits erwähnt – auch ihrer Mediationstätigkeit auf ihren rechtlichen Fachbereich zuschneiden sollten. Auf den ersten Blick ist dies eine Einschränkung der Verdienstmöglichkeiten. Auf mittlere Sicht (5–10 Jahre) führt hier wohl jedoch kein Weg daran vorbei. Vielleicht hilft hierbei die Überlegung, dass auch in anderen Berufsbildern schon seit Jahrtausenden eine Spezialisierung stattfand (z. B. bei Lehrern und Ärzten), bei den Anwälten jedoch erst in den letzten Jahrzehnten Ansätze zur Spezialisierung erkennbar wurden.

§ 5 und § 6 MediationsG regeln die Aus- und Fortbildung des Mediators. Der Mediator muss in eigener Verantwortung durch eine geeignete Ausbildung und eine regelmäßige Fortbildung sicherstellen, dass er über

---

331 172 ff.
332 93 ff. und dort für die Länder Österreich: 93 ff., Deutschland: 132 ff., 139 ff., Frankreich: 187, United Kingdom: 233 ff., Skandinavien: 321 ff. und insbesondere auch 407 ff.

theoretische Kenntnisse sowie praktische Erfahrungen verfügt, um die Parteien in sachkundiger Weise durch die Mediation führen zu können (§ 5 Abs. 1 S. 1 MediationsG).

Eine geeignete Ausbildung soll nach Auffassung des Gesetzgebers insbesondere

- Kenntnisse über Grundlagen der Mediation sowie deren Ablauf und Rahmenbedingungen,
- Verhandlungs- und Kommunikationstechniken,
- Konfliktkompetenz,
- Kenntnisse über das Recht der Mediation sowie über die Rolle des Rechts in der Mediation sowie
- praktische Übungen, Rollenspiele und Supervision

vermitteln (§ 5 Abs. 1 S. 2 Nr. 1–5 MediationsG).

§ 5 Abs. 2 MediationsG definiert dann den „zertifizierten" Mediator als den Mediator, der eine Ausbildung zum Mediator abgeschlossen hat, die den Anforderungen der Rechtsverordnung nach § 6 entspricht.

§ 5 Abs. 3 beinhaltet schließlich die Fortbildungspflicht des zertifizierten Mediators gemäß Rechtsverordnung nach § 6 MediationsG.

§ 6 MediationsG formuliert dann den Inhalt der Rechtsverordnung, wonach das BMJ ermächtigt wird, „nähere Bestimmungen über die Ausbildung zum zertifizierten Mediator und über die Fortbildung des zertifizierten Mediators sowie die Anforderungen an Aus- und Fortbildungseinrichtungen zu erlassen". Es werden dann beispielhaft zusätzlich zu den Anforderungen gem. § 5 Abs. 1 MediationsG weitere inhaltliche Anforderungen erwähnt. Hierzu gehören u.a. auch die Festlegung der Mindeststundenzahl für die Aus- und Fortbildung (§ 6 Nr. 3 MediationsG) sowie Übergangsbestimmungen für Personen, die bereits vor Inkrafttreten des MediationsG als Mediatoren tätig sind. Die Anforderungen der vorgeschriebenen Ausbildungsinhalte und die Einführung einer Mindestausbildungsstundenzahl werden in den Ergebnissen einer Umfrage von *Engel/Hornuf* zur Mediation in Deutschland 2011 mit großem Abstand als die beiden wichtigsten Merkmale zur Verbesserung der Qualifikation von Mediatoren aufgeführt. Nur 32% der Befragten hielten das Gros derjenigen, die sich als Mediatoren bezeichnen, für ausreichend qualifiziert.[333]

---

333 www.expendo.de/Ergebnisse-Mediationsstudie.pdf, Ziffer 3, 8.

Der Rechtsausschuss (6. Ausschuss) hatte bereits in seiner Beschluss-empfehlung und in seinem Bericht vom 30.11.2011[334] zum § 6 Media-tionsG angeregt, dass „die Ausbildung zum zertifizierten Mediator nach gegenwärtigem Erkenntnisstand eine Mindeststundenzahl von 120 Stun-den ... vorsehen sollte". Auch „die Mediatoren, die vor dem Inkrafttre-ten der Rechtsverordnung eine Ausbildung im Inland oder im Ausland absolviert haben, die den Anforderungen und der Mindeststundenzahl von 120 Stunden entspricht, dürfen sich mit Inkrafttreten der Rechtsver-ordnung als zertifizierte Mediatoren bezeichnen". Es genügt eine Nach-schulung zu fehlenden Ausbildungsinhalten. Diese können „durch prak-tische Erfahrungen als Mediator oder durch Fortbildungen ausgeglichen werden". „Die Rechtsverordnung soll erst ein Jahr nach ihrem Erlass in Kraft treten", damit die zuständigen Einrichtungen sich auf eine Stelle zur Zertifizierung der Ausbildungsträger und Letztere sich auf die Ent-wicklung von Lehrplänen einigen können. Inzwischen wurde § 6 MediationsG (31.8.2015)[335] geändert und dann die lang erwartete Ver-ordnung über die Aus- und Fortbildung von zertifizierten Mediatoren (Zertifizierte-Mediatoren-Ausbildungsverordnung – ZMediatAusbV) erlassen (21.8.2016).[336]

Anwälte und Anwältinnen, die sich der Mediation widmen möchten, wird empfohlen, sich die Ausbildungsmöglichkeiten auf den Webseiten der fachspezifischen Seminaranbieter der Schlichtungsorganisationen und der berufsständischen Anbieter anzuschauen und auch langjährig tä-tige Mediatoren nach ihren Ausbildungserfahrungen zu befragen.

Ergänzend wird auf *Koch*[337] verwiesen.

---

334 BT-Drs. 17/8058 vom 1.12.2011, S. 18 re. Sp., letzter Abs. , S. 20 li. Sp., Abs. 3 ff.
335 BGBl. I S. 1474.
336 BGBl. I. S. 1994. Siehe auch ausführlich hierzu Klowait/Gläßer-*Klowait* 489 ff.; *Klowait* a.a.O., 499, Rn. 13, ist uneingeschränkt zuzustimmen, wenn er höflicherweise davon ausgeht, dass die in § 2 Abs. 2 und 5 ZMediatAusbV genannte Zahl von einer Mediation „amtlich eine Fehlvorstellung der Qualifikation (eines derartigen Media-tors) bei potenziellen Medianden erweckt".
337 Henssler/Koch-*Koch* 195 ff.

Teil C
Praxisbeispiele für IP-/IT-Streitigkeiten

I. Rechtliche Bereiche bei IP-/IT-Streitigkeiten

In diesem Kapitel werden zunächst die rechtlichen Felder beispielhaft erörtert, in denen IP-/IT-Streitigkeiten relativ häufig entstehen

1. Verträge

a) Forschungs- und Entwicklungs-Verträge

IP-/IT-Streitigkeiten beginnen häufig schon bei Forschungs- und Ent- **251** wicklungs-Verträgen. Zu unterscheiden sind jeweils zunächst horizontale und vertikale Forschungs- und Entwicklungs-Verträge (F+E-Verträge).

aa) Horizontale F+E-Verträge

Zu den horizontalen F+E-Verträgen zählen insbesondere die Verträge, **252** die die sog. Verbundforschung beinhalten. Mehrere Firmen und/oder Forschungseinrichtungen arbeiten gleichrangig miteinander und versuchen im Rahmen des Verbunds, bestimmte F+E-Ergebnisse mit eigenen Mitteln und/oder öffentlichen Mitteln zu erzielen.

Diese Verträge werden teilweise auch Kooperationsverträge genannt.

bb) Vertikale F+E-Verträge

Im Gegensatz zu horizontalen Verträgen arbeiten die F+E-Partner nicht **253** gleichrangig, sondern in der Regel in der Weise zusammen, dass ein Vertragspartner dem anderen Vertragspartner einen Auftrag erteilt, unter bestimmten, zu definierenden Bedingungen bestimmte F+E-Ergebnisse zu erzielen. Die Auftragsforschung erfolgt sehr häufig im Verhältnis eines Industriepartners zu einem Forschungsinstitut, ist aber auch zwischen Industriepartnern untereinander oder auch zwischen Forschungseinrichtungen untereinander möglich.

b) Lizenzverträge

Auch bei den Lizenzverträgen ist zwischen horizontalen und vertikalen **254** Verträgen zu unterscheiden.

aa) Horizontale Lizenzverträge

255 Bei den horizontalen Verträgen kann es sich um Verträge handeln, die z. B.

- die Beziehungen von Mitinhabern gemeinschaftlicher Rechte (z. B. Gemeinschaftserfindungen, gemeinschaftliche Urheberrechte) regeln,
- das Verhältnis mehrerer Lizenzgeber regeln, die in einem Patentpool ihre Patente bündeln, um dann als Patentpool interessierten Dritten eine Lizenz an den gepoolten Patenten zu erteilen;
- die Beziehungen von zwei Parteien, die eine Crosslizenz vereinbart haben, bestimmen. Crosslizenzen werden in erster Linie aus zwei Gründen geschlossen. Oft handelt es sich um Wettbewerber, die die Crosslizenzvereinbarung schließen, um sich unabhängig von ihren jeweiligen Patenten nur um die Vermarktung ihrer Produkte kümmern zu können. Jede Partei erteilt der anderen Partei entweder eine entgeltliche oder unentgeltliche Lizenz an ihren eigenen jeweiligen Rechten. Eine Crosslizenz wird auch relativ häufig als „Vergleich" in einem Verletzungsstreit bei Patent- und/oder Softwareurheberrechtsstreitigkeiten vereinbart.

bb) Vertikale Lizenzverträge

256 Vertikale Lizenzverträge bilden in der Praxis die häufigste Form von Lizenzverträgen. Ein Lizenzgeber erteilt einem Lizenznehmer eine Lizenz an bestimmten Rechten (z. B. Patente, Software, Urheberrechte, Knowhow), damit diese unter bestimmten Voraussetzungen von dem Lizenznehmer verwertet werden.

c) Arbeitsverträge

257 Auch im Arbeitsrecht gibt es eine Vielzahl von Streitigkeiten. Dies betrifft Arbeitsverträge zwischen technologieorientierten Unternehmen und deren Arbeitnehmern.

d) Fusionen, Ausgründungen

258 Bei Firmenfusionen und auch bei Ausgründungen aus Unternehmen kommt es ebenfalls im IP-/IT-Bereich häufig zu Streitigkeiten, die in rechtlicher Hinsicht oft die Inhaberschaft an z. B. Erfindungen und Urheberrechten und deren Vergütung betreffen.

e) Verschiedene

Darüber hinaus gibt es immer häufiger auch Streitigkeiten zwischen Fi- **259**
nanzämtern und Firmen über „konzerninterne Verrechnungspreise", d.h.
die angemessene Bewertung von Rechten und Lizenzgebühren, die im
Konzern im Rahmen von Lizenzverträgen, die der Optimierung der Ge-
winne der einzelnen Unternehmensbestandteile dienen, und der Lizenzverträge zwischen Firmeninhabern und ihrem jeweiligen Unternehmen,
die von den Finanzämtern immer häufiger als „Mittel zur verdeckten Ge-
winnausschüttung" gesehen werden.[1]

2. Widerrechtliche Entnahme, Einspruch, Verletzungs- und Nichtigkeitsklagen

Angesichts eines immer intensiveren weltweiten Wettbewerbs werden **260**
gewerbliche Schutzrechte (z.B. Patente) und Urheberrechte immer wert-
voller und somit auch immer häufiger Gegenstand von entsprechenden
Streitigkeiten (z.B. widerrechtliche Entnahme, Einspruch, Patentverlet-
zungs- und Patentnichtigkeitsklagen).

3. Kartellrecht

Auch die Zahl der Streitigkeiten, die kartellrechtliche Aspekte beinhal- **261**
ten, wächst zunehmend. Dies gilt für den Bereich der F+E-Verträge, aber
auch für Lizenzverträge und nicht zuletzt auch im Rahmen von z.B. Pa-
tentverletzungsprozessen.

Zusammenfassend können hinsichtlich der in diesem Abschnitt aufge- **262**
führten rechtlichen Bereiche folgende Ursachen für Streitigkeiten genannt werden:

– Verletzung von Vertragspflichten (z.B. bezüglich der Abrechnung
  und Zahlung von Vergütungen sowie Rechts- und Sachmängel),
– Verletzung gewerblicher Schutzrechte und Urheberrechte,
– Kartellrecht.

---

[1] S.a. den interessanten Überblick bei *Hölzer*, Mediation im Steuerverfahren, ZKM 2012,
119 ff.; Klowait/Gläßer-*Berning*, 738 ff.

II. Praxisbeispiele

1. Forschung und Entwicklung

a) Allgemein

263 *Dietrich*[2] erläutert in dem Art. „Was Software-Entwickler von Ingenieuren lernen können" seinen Standpunkt „Mit weniger Fehlern könnte die deutsche Software-Industrie ihre Wettbewerbsposition verbessern". *Dietrich* ist der Auffassung, dass das größte Problem der Software-Branche in der „Verringerung der noch immer dramatisch hohen Fehlerquote bei der Entwicklung produktferner Software-Systeme" besteht. Die Untersuchungen z. B. der Standish Group zeigten, dass in den USA im Jahr 2006 jedes fünfte Software-Projekt auf der Strecke geblieben sei (2009: 24%). Weitere 46% (2009: 44%) aller Software-Vorhaben wären mit massiven Mängeln oder erst mit Verzögerungen zum Laufen gebracht worden und hätten das geplante Budget gesprengt. Lediglich 35% (2009: 32%) hätten planmäßig abgeschlossen werden können. Wie Software-Projekte zum Alptraum werden könnten, hätte der Start des Hongkonger Flughafens „Chek Lap Kok" vor wenigen Jahren auf einer künstlichen Insel im Südchinesischen Meer gezeigt. Das 20 Mrd. $ teure Prestige-Objekt sei zwar trotz aller Herausforderungen nahezu planmäßig in Betrieb gegangen, dann aber hätte die Software den Flughafen völlig lahmgelegt. Falsche Informationen auf den Hinweistafeln hätten die Passagiere in die Irre geführt. Gepäckstücke seien verschwunden. Telefonsysteme wären zusammengebrochen. Insgesamt hätte sich der Schaden auf 600 Mio. US-Dollar summiert. Allein in den USA verursachten Software-Fehler jährlich Schäden bis 50 Mrd. US-Dollar. Dies hätte eine Studie im Auftrag des National Institute of Standards & Technology ergeben. Mehr als die Hälfte dieser Kosten würden die Software-Entwicklungsfirmen aufgrund von Nachbesserungen und ineffizienten Teststrukturen tragen. Im Gegensatz z. B. zur Automobilindustrie, zur Luft- und Raumfahrt oder zum Anlagenbau würden Software-Entwickler keine komplexe Aufgabe beginnen, ohne vorab ein digitales Modell des künftigen Produkts aufzubauen. Dies sei die entscheidende Voraussetzung für das Gelingen jedes derartigen Projekts. Bei Software-Projekten sei es dagegen trotz der Möglichkeit einer Modellierung von Software-Projekten in vielen Fällen so, dass „auf Grundlage eines 400 Seiten umfassenden

---

2 VDI Nachrichten, 20.7.2007, 2; s. a. *Frank*, Bewegliche Vertragsgestaltung für agiles Programmieren, CR 2012, 138 ff. m. w. N.

Textes mit den Anforderungen des Auftraggebers direkt mit der Entwicklung einer groben Software-Architektur begonnen werde". Getestet wird in der Regel erst, wenn erste Teile des Projekts schon abgeschlossen seien. Dann optimierten sie in Zusammenarbeit mit dem Kunden das System so lange, bis es dessen Anforderungen weitgehend erfülle. Aufgrund dieser Vorgehensweise seien häufig nicht unerhebliche weitere manuelle Veränderungen notwendig, um das gesamte Projekt dann an die neue Situation anzupassen. Aus diesem Grund würden sehr viele Software-Projekte den Zeitrahmen sprengen.

Rosenberger/Wündisch-Schmeißer sind der mithin nicht sehr praxisnahen Auffassung, dass – „Mediation, Schlichtung, Schiedsgutachten", die zudem abschließend als ADR-Alternative Dispute Resolution bezeichnet werden, obwohl es erheblich mehr Verfahren der Streitbeilegung gibt, „keinen echten Mehrwert bringen, sondern zahlungsunwilligen Auftraggebern allenfalls einen Anreiz bieten, den ohnehin häufig bereits lang andauernden Prozess einer gütlichen Einigung noch weiter unnötig in die Länge ziehen".

– Auch gebe es bei Konsortial- und Kooperationsverträgen zumindest bei großen und langlaufenden F&E-Projekten aufgrund der einschlägigen Unwägbarkeiten Gremien zur Abstimmung und Koordinierung der F&E-Arbeiten mit entsprechenden Eskalationsmöglichkeiten.
– Zumindest wird zugestanden, dass es schon Sinn machen könnte, derartige Regelungen doch vorzusehen, wenn „klare Endzeitpunkte für Verhandlungen definiert" und darüber hinaus „Möglichkeiten zur Beantragung einstweiligen Rechtsschutzes" mit berücksichtigt werden.
– Zudem hätten ADR-Verfahren „nicht zwingend einen klar umgrenzten Streitgegenstand" und „könnten von einer an einer Einigung nicht wirklich interessierten Gegenpartei nicht nur zum Zeitgewinn, sondern insbesondere auch zur Gewinnung von ansonsten nicht ohne weiteres zugänglichen Informationen genutzt werden".
– Auch seien die „ADR-Verfahren, ebenso wie die Schiedsgerichtsbarkeit, primär auf Streitigkeiten zwischen zwei Parteien zugeschnitten. Verfahren mit mehreren Projektbeteiligten seien – insbesondere, wenn sie sich noch auf mehrere Verträge beziehen – schwierig durchzuführen, wenn alle Beteiligten gleiche Rechte haben sollen".
– Auch zeige die Einfügung der Nr. 14 in § 309 BGB (Klauselverbote ohne Wertungsmöglichkeit), dass auch der Gesetzgeber einer verbindlichen Mediation gegenüber äußerst zurückhaltend sei, da er eine Regelung als unwirksam ansehe, wonach der der andere Vertragsteil seine Ansprüche gegen den Verwender gerichtlich nur dann geltend

177

machen darf, nachdem er eine gütliche Einigung in einem Verfahren zur außergerichtlichen Streitbeilegung versucht hat. Zumindest sei es aufgrund der Rechtsprechung des BGH zur Wirksamkeit von AGB bzw. vorformulierten Vertragsbestimmungen im B2B-Bereich ungeachtet des § 310 Abs. 1 BGB mit Blick auf § 307 Abs. 2 Ziff. 1 BGB nicht auszuschließen, dass „die Parteien zur zwangsweisen Durchführung einer Mediation verpflichtende Klauseln auch in (F&E-)Verträgen zwischen Unternehmen von der Rechtsprechung als unwirksam erachtet werden, weil sie den Justizgewährungsanspruch unangemessen einschränken".

Diesen Ausführungen kann Folgendes zur Anregung für die effektive Konfliktvermeidung und -beilegung aus der Praxis entgegnet werden:

- Es wurde bereits darauf hingewiesen, dass es eine große Vielzahl von Verfahren inzwischen gibt, die auch angewandt werden und nicht nur die oben genannten drei „ADR-Verfahren". Es muss im Einzelfall abgewogen werden, welche Art der Streitbeilegung gewählt wird, um insbesondere Zeit und Geld zu sparen. Mediationen sind (ohne Vor- und Nachbereitung der eigentlichen Mediationstermine) in der Regel nach ein bis zwei Tagen, und zwar in ca. mehr als 70% der Fälle mit einem Vergleich beendet. Es dürfte sich gerade auch in zeitlicher Hinsicht lohnen, es zu versuchen, einen schon lange existierenden Streit zu beenden.

- Die bei Konsortial- und Kooperationsverträgen z. T. existierenden Gremien haben den Hauptnachteil, dass sie in der Regel nur mit Parteivertretern besetzt sind, zudem die Eskalationsmöglichkeiten bei zwischen Vorstands-/Geschäftsführungsmitgliedern zu führenden „Spitzengesprächen" ohne Beteiligung eines neutralen Dritten (z.B. Moderator, Mediator, Schlichter) enden und damit entsprechend oft vor Schiedsgerichten oder staatlichen Gerichten enden. Gerade im Technologiebereich ist insbesondere bei technisch schnell veralteten Produkten diese Art der „Kriegsführung" eher etwas für die ewig gestrigen, die sich dem notwendigen Wandel auch beim Konfliktmanagement verschließen. Gerade auch in Forschung & Entwicklung haben sich in den letzten Jahren andere Wege als sehr erfolgreich gezeigt. Dies gilt z.B. für die nicht nur bei neuen Technologien, sondern auch beim modernen Konfliktmanagement immer erfolgreichere Fraunhofer-Gesellschaft, aber auch für eine Reihe von in- und ausländischen Universitäten und anderen F&E-Einrichtungen. Auch die von der EU geförderten Forschungsverträge sehen bei den Konsortialverträgen als Standardregelung die Anwendung der WIPO Arbitration and Mediation Rules in einigen Varianten vor, auf die in diesem Werk schon eingegangen wurde und noch wird.[3] Auch weist die Deutsche Institution für Schiedsgerichtsbarkeit in ihrer sehr aktuellen neuen 2018 DIS-Schiedsgerichtsordnung (gilt ab 1.3.2018)[4] mit Einführung, dem „Kommentar"[5] sowie den „Erläuterungen"[6] darauf hin,[7] dass

– „der Leitgedanke der neuen Vorschriften in Art. 8 und 17–20 ist, dass der übereinstimmende Parteiwille für die Zulässigkeit von Verfahrensbindung, Beitritt zusätzlicher Parteien oder Mehrvertrags- und Mehrparteienverfahren maßgeblich sein muss."

– „An die Durchlässigkeit der Verfahrenstypen knüpft der in Art. 27.4 enthaltene Auftrag an, in der Verfahrenskonferenz alternative Streitbeilegungsoptionen zu erörtern."

– „Art. 2.2 und 27.3 verweisen zudem auf die Möglichkeit, einen Konfliktmanager nach der als Anlage 5 beigefügten Konfliktmanagementordnung vor oder nach Beginn des Schiedsverfahrens einzusetzen. Dieser unterstützt die Parteien darin, den für den Konflikt am besten geeigneten Streitbeilegungsmechanismus zu identifizieren."

Dem folgenden Teil des Schlussworts kann nur beigepflichtet werden:
„Inhaltlich setzten die neuen Schiedsregeln wichtige und innovative Akzente in den Bereichen Verfahrenseffizienz und Beschleunigung, zur Lösung von komplexen Streitigkeiten, und in der Betonung von Konfliktmanagement. Mit der Beibehaltung von civil law-Elementen einerseits, und der Abbildung von internationaler best practice und einer englischen Originalfassung andererseits, wurde die Grundlage für weiteres Wachstum der DIS in Deutschland wie im Ausland gelegt."

– Es werden schon seit einigen Jahren in der Praxis gestufte Klauseln[8] in den Verträgen berücksichtigt, die für die einzelnen Eskalationsstufen zeitliche Limitierungen und auch die Möglichkeit für Eilmaßnahmen, wie z.B. Mahnbescheide und einstweilige Verfügungen vorsehen.

– Auch wird der Streitgegenstand oft limitiert, und zwar je nach Verfahrensart. Die Ausforschung wird in der Praxis durch entsprechende

---

3 S. z.B. Rn. 267
4 S. zunächst www.disarb.org/ und die deutsche Fassung der 2018 DIS-Schiedsordnung (siehe auch die abgedruckten aktuellen Texte im Anhang IV. 2).
5 *Mazza/Menz*, a.a.O., 39 ff.
6 *Das Gupta*, a.a.O., 44 ff.
7 S. *Mazza/Menz*, a.a.O., 42 f.
8 S. o. Rn. 271 ff.

Geheimhaltungsregelungen (z. B. dürfen die in der Mediation gewonnenen Informationen nicht in Folgeverfahren genutzt werden) in einem Mediatorvertrag (Vereinbarung zwischen Mediator und den Parteien, den Medianden) unterbunden.[9]
– Die ADR-Verfahren werden auch nicht auf Zwei-Parteien-Verfahren begrenzt. Hierzu zählen z. B. die schon erwähnten EU-geförderten Verfahren (z. B. die ADR-Regeln im DESCA-Vertrag, die in der Praxis schon häufiger zur Anwendung kamen!), die sehr viele Parteien erfassen. Es gibt inzwischen EU-geförderte F6E-Verträge mir mehr als 200 Konsortialpartnern. Es seien an dieser Stelle auch schon einmal die zukünftigen IP-Streitigkeiten bei dem neuen, ab 2020 geltenden Mobilfunkstandard „5G" erwähnt, denen der in dieser Auflage neu hinzugekommene Teil D gewidmet ist. Auch die Schiedsverfahren werden nicht mehr nur von zwei Parteien geführt. Die häufigeren Streitigkeiten in Mehrvertrags- und mehrparteienverfahren haben ja gerade die DIS bewogen, flexiblere Regelungen – wie gerade ausgeführt – anzubieten!
– Auch die Ausführungen zu § 309 Nr. 14 BGB gerieten etwas einseitig: Aus der Regierungsbegründung des VSBG (Verbraucherstreitbeilegungsgesetz) ergibt sich, dass diese ab dem 26.2.2016 geltende BGB-Vorschrift insbesondere für Verbraucher gedacht ist. *Greger*[10] befürwortet zu Recht auch die zukünftige Anwendung von ADR-Klauseln und deren Wirksamkeit. Neben der schon genannten Beschränkung auf den Verbraucherschutz – der Gesetzgeber wollte die Versicherungsnehmer von Rechtsschutzversicherungen nicht in die Verbraucherstreitbeilegung zwingen – kann zudem ins Feld geführt werden, dass – auch unter Berücksichtigung des § 310 Abs. 1 S. 2 BGB, der bei unangemessener Benachteiligung durch eine Klausel auch Unternehmen untereinander schützt – Unternehmen im täglichen Miteinander missbräuchliche ADR-Verfahren sehr schnell wahrnehmen und auch handeln und dann im Zweifel ein staatliches Gericht oder ein Schiedsgericht mit dem Streit befassen. Die Interessierten sollten sich auch einmal die von Greger vorgestellten Streitschlichtungsklauseln ansehen.[11]

---

9 Siehe *Groß*, Der Mediatorvertrag, a.a.O., 1 ff.
10 ADR-Klauseln vor dem Aus?, SchiedsVZ 2016, 306 f.
11 AaO, 132 ff., 133; s. a. zur Vielfalt der Verfahren nur www.RTMKM.de, wo 17 Verfahren aufgeführt werden. Vgl. insbesondere auch *Arntz*, a.a.O., zu den Varianten bei Eskalationsklauseln.

Aus der Sicht des Autors ist jedoch nicht nur bei Software-Entwicklung, **265** sondern auch bei der Entwicklung anderer Technologien, gerade, aber nicht nur bei anwendungsorientierter Entwicklung, mit hohen Fehlerquoten zu rechnen. Diese Situation kann zwar rein theoretisch durch Projektkoordinatoren vermieden werden. In der Praxis lässt sich jedoch aufgrund des hohen Erwartungsdrucks der entwickelnden Parteien und der oft zu gering bemessenen Entwicklungszeit diese Fehlerquote sehr oft nicht vermeiden.

Die nachfolgenden Praxisbeispiele zeigen, wie in der Realität mit Streitigkeiten umgegangen wird.

b) IBM v. FUJITSU

Der „IBM-FUJITSU-Fall"[12] war aus Sicht des Autors der erste bekannt **266** gewordene Fall mit Pilotcharakter, der sehr anschaulich zeigte, wie aus einem ursprünglichen Schiedsverfahren letztlich ein Konfliktbeilegungsverfahren mit zahlreichen Facetten aufgrund der Flexibilität der „Schiedsrichter" wurde. Die Schiedsrichter wandten einen Großteil der Streitschlichtungsmöglichkeiten an:

– strukturierte Verhandlung,
– Mini-Trial – Mediation – Final-Offer-Arbitration,
– durch die Schiedsrichter erleichtertes Verhandeln von zu schaffenden Rahmenregelungen für eine Zusammenarbeit,
– die Überwachung der Erfüllung dieser Regeln durch neutrale Sachverständige,
– fortlaufende Streitschlichtung durch ein ständiges Gremium von zwei Schiedsrichtern mit der Möglichkeit, einen dritten Schiedsrichter ad hoc einzubeziehen,
– während der gesamten Streitdauer (ca. zwölf Jahre), bestand eine sehr komplexe Beziehung zwischen dem Verhandeln und Adjudication,
– der Durchbruch der Verhandlungen dadurch, dass zwei der drei Schiedsrichter die Möglichkeit hatten, sich zeitweise als Mediatoren zu betätigen und so die Vereinbarung ermöglichten, die für alle folgenden Festlegungen die Basis bildeten: die Entscheidung, alle Streitigkeiten mit Bezug zu den bestehenden Software-Programmen durch Zahlung einer einmaligen Lizenzgebühr zu beenden und die Entscheidung, ein „sicheres System" für den kontrollierten Austausch zukünftiger Software-Daten zu schaffen.

---

12 S. o. Rn. 98 f.

267   c) DESCA 2020 Model Consortium Agreement, Version 1.2.4, October 2018[13]

11.8 Settlement of disputes	
The parties shall endeavour to settle their disputes amicably. [Please choose an appropriate method of dispute resolution, possibly one of the options 1 (WIPO), 2 (ICC). Within option 1, please further choose, between 1.1. and 1.2] [Option 1: WIPO Mediation Followed, in the Absence of a Settlement, by WIPO Expedited Arbitration or by Court Litigation] Any dispute, controversy or claim arising under, out of or relating to this contract and any subsequent amendments of this contract, including, without limitation, its formation, validity, binding effect, interpretation, performance, breach or termination, as well as non-contractual claims, shall be submitted to mediation in accordance with the WIPO Mediation Rules. The place of mediation shall be Brussels unless otherwise agreed upon. The language to be used in the mediation shall be English unless otherwise agreed upon. [Please choose one of the following options.] [Option 1.1. WIPO Mediation Followed, in the Absence of a Settlement, by WIPO Expedited Arbitration] If, and to the extent that, any such dispute, controversy or claim has not been settled pursuant to the mediation within 60 calendar days of the commencement of the mediation, it shall, upon the filing of a Request for Arbitration by either Party, be referred to and finally determined by arbitration in accordance with the WIPO Expedited Arbitration Rules. Alternatively, if, before the expiration of the said period of 60 calendar days, either Party fails to participate or to continue to participate in the mediation, the dispute, controversy or claim shall, upon the filing of a Request for Arbitration by the other Party, be referred to and finally determined by	In cross-border disputes there are several issues to be considered in the context of dispute resolution: the costs of and time consumed by the process and the enforcement of the decision. As suggested by many stakeholders in the DESCA online-survey 2010, we decided to introduce a new step approach for the settlement of disputes for DESCA version 3.0: 1. Attempt to settle dispute within the consortium (if not successful) 2. Mediation, (if not successful) 3. Binding arbitration *or* Courts Disputes arising in related contracts concluded at the preparatory stage of a research collaboration (e. g. letters of intent, non-disclosure agreements, options), during a collaboration (e. g. the consortium agreement, sub-contracts, material transfer agreements) and after a collaboration (e. g. licensing agreements, purchase contracts) may require consistent dispute resolution clauses. DESCA suggests two different providers for mediation and arbitration services for this model clause. There are of course more providers and the choice of the ADR-provider should be discussed within the consortium. If the consortium opts for another mediation and arbitration provider, please make sure that

---

13 www.DESCA-2020.eu.

arbitration in accordance with the WIPO Expedited Arbitration Rules. The place of arbitration shall be Brussels unless otherwise agreed upon. The language to be used in the arbitral proceedings shall be English unless otherwise agreed upon.

[Option 1.2. WIPO Mediation Followed, in the Absence of a Settlement, by Court Litigation]

If, and to the extent that, any such dispute, controversy or claim has not been settled pursuant to the mediation within 60 calendar days of the commencement of the mediation, the courts of Brussels shall have exclusive jurisdiction.

[Option 2: ICC Arbitration]

All disputes arising out of or in connection with this Consortium Agreement, which cannot be solved amicably, shall be finally settled under the Rules of Arbitration of the International Chamber of Commerce by one or more arbitrators appointed in accordance with the said Rules.

The place of arbitration shall be Brussels if not otherwise agreed by the conflicting Parties.

The award of the arbitration will be final and binding upon the Parties.

Nothing in this Consortium Agreement shall limit the Parties'right to seek injunctive relief in any applicable competent court.

the ADR clause used in this consortium agreement is consistent with their specific procedures. In some cases, consortium partners will opt for mediation, followed by court litigation instead of arbitration. This is why DESCA proposes option 1.2. and 2.2 that refer the conflict to the courts instead of arbitration should the mediation fail.

For more information about the WIPO Arbitration and Mediation Center,
visit
http://www.wipo.int/amc/en/
For more information about
bMediation, visit
http://www.bmediation.eu/
For more information about the
CEPANI,
visit
http://www.cepani.be/en/

d) NATO SCIENCE FOR PEACE PROGRAMME (Project SfP-973 799 Semiconductors)

In Ziffer 7 des Projektvertrags aus dem Jahr 1999 zwischen der Technischen Universität Eindhoven und der Universität Novgorod wird bei der Streitschlichtung auf ein dreistufiges Konfliktbeilegungsverfahren abgestellt, wonach für den Fall, dass das IPR Committee den Konflikt nicht **268**

183

lösen kann, eine Mediation durchgeführt werden soll. Der Mediator wird benannt vom Assistant Secretary General for Scientific and Environmental Affairs. Sollte die Mediation nicht erfolgreich sein, kann eine Partei ein Schiedsgerichtsverfahren nach den Regeln der WIPO in Gang setzen. Interessant ist bei diesem Vertrag, dass als anwendbares Recht russisches Recht gewählt wurde und der Vertrag im Internet frei verfügbar ist.[14]

Ergänzend wird auf zwei Aufsätze von *Nicklisch*[15] verwiesen.

e) Gastbeitrag: Keine Kooperation ohne Mediation – Maßgeschneiderte ADR-Regelung für militärisches Technikprojekt eines Industriekonsortiums (*Volker Schlehe*)[16]

269 Kooperationen von Unternehmen sind eine interessante Möglichkeit, Know-how zu bündeln, Investitionen auf mehrere Schultern zu verteilen und damit die Marktchancen der Kooperationspartner zu vergrößern. Solange die beteiligten Unternehmen gut und vertrauensvoll zusammenarbeiten und sich regelmäßig informieren, sind Kooperationen häufig Erfolgsmodelle. Entsteht allerdings Streit zwischen den Partnern, droht Stillstand, der schnell zum Scheitern der ganzen Kooperation führen kann. Insbesondere bei IT-Projekten treten in der Umsetzungsphase regelmäßig Probleme auf. Mehr als 2/3 der Projekte erreichen deshalb entweder nicht das geplante Ziel, überschreiten das Budget oder den Zeitplan oder beides zusammen.

Deshalb ist es ein Gebot der Vernunft, bei wirtschaftlich bedeutenden Kooperationsprojekten bereits zu Beginn für den Streitfall Vorsorge zu treffen, geeignete Verfahren zur Streitbeilegung zu definieren und diese vertraglich zu vereinbaren. Für die vertragliche Gestaltung bei Kooperationen hat sich dabei folgende dreistufige Streitbeilegungsklausel (ADR-Klausel) bewährt:

---

14 www.rf.unn.ro/NATO/eng/IPR_E.html.
15 *Nicklisch*, BOT-Projekte: Vertragsstrukturen, Risikoverteilung und Streitbeilegung, BB 1998, 2 ff.; *ders.*, Vernetzte Projektverträge und vernetzte Streitbeilegungsverfahren, BB 2000, 2166 ff.; s. a. *Schneider*, Combining Arbitration with Conciliation, TDM 1 (2004), 1 ff. und zu Langzeitforschungs- und Kooperationsverträgen S. 19.
16 RA *Volker Schlehe*, München, kanzlei@schlehe.de, www.schlehe.de.

Mehrstufige ADR-Klausel

3. Stufe
Bei Nichteinigung innerhalb von **30 Tagen**
Einleitung eines Gerichts- oder Schiedsverfahrens

2. Stufe
Bei Nichteinigung innerhalb von **30 Tagen** Einleitung
eines Mediationsverfahrens

1. Stufe
Verhandlungen zwischen Parteien

Zusatz: Gerichtliche Eilverfahren bleiben zulässig!

Bei größeren Projekten kann es durchaus sinnvoll sein, die Klausel noch detaillierter auszugestalten. Im Falle eines Industriekonsortiums dreier Unternehmen, die gemeinsam in kurzer Zeit ein militärisches Technikprojekt mit einem Budget im dreistelligen Millionenbereich durchführen wollten, wurde deshalb eine maßgeschneiderte ADR-Regelung ausgearbeitet. Die Parteien vereinbarten präventiv für den Streitfall ein ADR-Board (Dispute-Board) einzurichten, das wie folgt besetzt wurde:

Bereits bei Vertragsschluss einigten sich die Beteiligten auf eine gemeinsame Liste von neun Experten. Unter diesen handverlesenen und als neutral befundenen Experten befanden sich sechs Sachverständige aus verschiedenen technischen Bereichen und drei Wirtschaftsanwälte. Einige der ausgewählten Experten verfügten neben speziellen Fach- und Branchenkenntnissen zusätzlich über einschlägige Erfahrungen als Schiedsrichter bzw. als Mediator.

Alle Personen hatten schriftlich ihr Einverständnis erklärt, im Falle eines Streites im Industriekonsortium zur Durchführung von ADR-Verfahren kurzfristig zur Verfügung zu stehen. Das Industriekonsortium verpflichtete sich im Gegenzug dazu, eine Einmalzahlung an jeden Experten zu leisten. Mit dieser Vergütung wurden die Aufwände für die Einrichtung des Dispute-Boards und die Rufbereitschaft für die Dauer der Projektdurchführung abgegolten. Außerdem wurde mit den Experten ein Stundensatz für den Fall eines konkreten Einsatzes vereinbart.

Im zweiten Schritt wurde der Präsident der örtlich zuständigen IHK als unabhängige Instanz gebeten, als sog. Nominating Authority für das Dispute-Board zu fungieren. Hierzu wurden diesem der Konsortialvertrag, der Zeitplan für das Projekt und die Liste mit den Experten übergeben. Der Präsident der IHK wurde beauftragt, im Streitfall nach Anhörung der Parteien mit verbindlicher Wirkung jeweils drei Personen aus der Liste für das Dispute-Board auszuwählen. Dabei mussten zwei Mitglieder des Boards Sachverständige und der Vorsitzende Jurist sein. Das auf diese Weise nominierte Board war befugt, nach eigenem Ermessen mit einfacher Mehrheit entscheiden zu können, welches ADR-Verfahren im konkreten Konfliktfall zum Einsatz kommt. Als mögliche Verfahren wurden in dem Konsortialvertrag ausdrücklich die Mediation, die Schlichtung, das Schiedsgutachten und das Schiedsgericht genannt, auch eine Kombination dieser Verfahrensarten war möglich.

Dieses Beispiel zeigt, wie die Parteien ein Konfliktmanagementsystem nach eigenen Vorstellungen ausgestalten können. Den Parteien ging es offensichtlich darum, einen Projektstillstand wegen Streits im Konsortium unbedingt schnell durch eine im Wege der Mediation einvernehmlich gefundene Lösung oder durch eine Entscheidung Dritter überwinden zu können. Die Verständigung auf das Dispute-Board und die Rufbereitschaft von ausgewählten Experten gewährleisten, dass der Präsident der IHK in kürzester Zeit ein Streitbeilegungsverfahren einleiten kann. Kontroverse und meist zeitaufwendige Diskussionen über das richtige ADR-Verfahren werden ebenso vermieden wie eine langwierige Suche nach geeigneten Persönlichkeiten für ein ADR-Verfahren. Auch die Gefahr, dass eine Streitpartei aus rein taktischen Überlegungen Befangenheitsanträge gegen Mitglieder des ADR-Board stellt, wird durch die Vorauswahl und die gemeinsame Abstimmung der Experten im Vorfeld nahezu ausgeschaltet. Dadurch, dass dem Dispute-Board die Auswahl des geeigneten Verfahrens übertragen wird, kann im gleichen Verfahren eine vorgeschaltete Konfliktanalyse des konkreten Streitfalls erfolgen und das am besten geeignete Verfahren ausgesucht werden. Die zugegebenermaßen nicht ganz unerheblichen Vorarbeiten für die Konstituierung und das Vorhalten des ADR-Board stehen im Streitfall somit handfeste Zeit- und Kostenvorteile gegenüber. Es bleibt daher zu wünschen, dass dieses Beispiel bei anderen Unternehmenskooperationen Schule macht.

f) Gastbeitrag: Mediative Vertragsgestaltung im B2B-Bereich (*Volker Schlehe*)[17]

Mediative Vertragsgestaltung im B2B-Bereich

Der Vorteil eines sorgfältig ausgehandelten schriftlichen Vertrages liegt   **270**
in der eindeutigen Zuordnung von Rechten und Pflichten der Vertragsparteien und einer klaren Risikoverteilung. Gute Verträge zeichnen sich
dadurch aus, dass sie für die Parteien verständlich sind, die wirtschaftlichen Interessen beider Seiten angemessen berücksichtigen, die Risiken
klar verteilen und eine tragfähige Vereinbarung für die Zukunft gestalten.

Die Erfahrung zeigt jedoch, dass häufig die wirtschaftlich stärkere Partei
den Inhalt von Verträgen einseitig diktieren will und dazu der anderen
Seite einen vor allem auf die eigenen Interessen zugeschnittenen Vertragsentwurf präsentiert. Dabei wird in vielen Unternehmensverträgen
durch geschickte vertragliche Gestaltung versucht, die für eine Leistung
zu bezahlende Vergütung so weit wie möglich zu reduzieren (Minimal-
prinzip) oder für eine bestimmte Vergütung möglichst viele zusätzliche
Leistungen und Garantien zu erhalten (Maximalprinzip). Die zur Erreichung des Vertragsziels zu erbringenden Leistungen des Vertragspartners sollen unbegrenzt sein.

Der potentielle Vertragspartner wird einen solchen Vertragsentwurf regelmäßig als unausgewogen zurückweisen. Der oben beschriebene und
oft genutzte eher kompetitive Verhandlungsstil führt oftmals zu Verunsicherung oder sogar Verärgerung beim Vertragspartner. Dieser sieht sich
dann veranlasst, den Entwurf bei wichtigen Geschäftsabschlüssen kritisch zu prüfen und seinerseits umfangreiche Änderungswünsche vorzu-
bringen, um dadurch vertragliche Gegen- und Schutzpositionen aufzubauen. Langwierige und hartnäckige Vertragsverhandlungen sind somit
vorprogrammiert. Das Ergebnis sind dann nicht selten verworrene und
komplizierte Vertragtexte mit schwer verständlichen Kompromissfor-
mulierungen. Die Vertrauensbasis der Vertragspartner kann hierdurch
empfindlich gestört werden.

Um solche Situationen zu vermeiden, bietet sich die Technik der mediativen Vertragsgestaltung an. Hier werden von Anfang an die aus der Mediation bekannten Verhandlungstechniken und Werkzeuge eingesetzt,
um möglichst schnell zu einem von beiden Seiten akzeptierten Vertrags-

---

17 RA *Volker Schlehe*, München, kanzlei@schlehe.de; www.schlehe.de.

text zu kommen. Dies setzt die Bereitschaft zum Verhandeln auf Augenhöhe voraus, zur Offenlegung wichtiger Informationen und der eigenen Ziele sowie zum fairen Interessensausgleich.

Im Zusammenhang mit dem avisierten Geschäftsabschluss sollten von den Parteien mögliche „Win-Win-Potentiale" identifiziert und etwaige zu erwartende Konfliktsituationen bei der späteren Vertragsdurchführung analysiert werden. Auch steuerliche Folgen eines Vertragsschlusses sind zu prüfen und bei der vertraglichen Gestaltung zu berücksichtigen.

Als Ausgangspunkt für mediativ geführte Verhandlungen bieten sich in der Praxis bewährte Standardverträge aus Formularhandbüchern an, die inhaltlich ausgewogene und allgemein akzeptierte Musterklauseln beinhalten. Bei komplexen Verträgen und im Gesellschaftsrecht kann der neutrale Vertragsentwurf eines Notars zur Orientierung hilfreich sein. Diese Vorlagen dienen den Parteien auch als Checkliste dafür, ob alle üblicherweise relevanten Punkte bedacht wurden.

Im nächsten Schritt werden diese Musterklauseln dann – soweit erforderlich – im Verhandlungswege an die wesentlichen Interessen und Bedürfnisse der Parteien angepasst. Dazu ist es notwendig, dass die Vertragspartner die für sie wichtigsten Punkte benennen und bereit sind, diese zu diskutieren. Eine Partei, die vom üblichen Vertragsstandard zu ihrem Vorteil abweichen will, sollte grundsätzlich bereit sein, hierfür der anderen Seite eine angemessene Kompensation anzubieten. Eine solche Verhandlungsstrategie erhöht die Akzeptanz und erleichtert dem Vertragspartner das Nachgeben. Auf diese Weise können bei der mediativen Vertragsgestaltung projektspezifische Risiken aktiv gemanagt und interessengerechte Lösungen vereinbart werden.

In vielen Verträgen ist die finanzielle Absicherung der Beteiligten im Falle einer Vertragskrise ein wichtiges Thema. In Musterverträgen werden deshalb bestimmte Negativszenarien (Schlechterfüllung, Insolvenz) standardmäßig durch eine Versicherung oder die Bürgschaft eines Dritten abgesichert. Bei der mediativen Vertragsgestaltung ist es wichtig, naheliegende Gefahren konkret anzusprechen. Dabei kann sich herausstellen, dass bestimmte Sicherungsmechanismen beispielsweise vor dem Hintergrund der guten Bonität des Vertragspartners gar nicht erforderlich sind und nur unnötig Aufwand und Kosten verursachen. Umgekehrt kann es im gemeinsamen Interesse liegen bestimmte Risiken, zusätzlich zu versichern und die Kosten hierfür zu teilen. Wenn auf diese Weise eine klare Risikoverteilung vorgenommen wird, sinkt gleichzeitig das Interesse der Parteien in den Vertrag für sich Rückzugspositionen und Schlupflöcher einbauen zu wollen.

Das Ergebnis von mediativ geführten Verhandlungen soll kein „weicher" oder unpräziser Vertrag sein, der nur allgemeine Kooperations- und Rücksichtnahmepflichten enthält und damit im Streitfall rechtlich kaum belastbar ist. Ganz im Gegenteil: Die Risiken und kritische Punkte sollten – wie bei jedem guten Vertrag – klar und eindeutig geregelt sein. Dies hat auch den von den Unternehmen gewünschten Effekt, dass die von ihnen verhandelten vertraglichen Regelungen im B2B-Bereich von der Rechtsprechung eher nicht als Allgemeine Geschäftsbedingungen (AGB) sondern als Individualvereinbarung eingestuft werden und damit nicht der strengen Inhaltskontrolle nach dem AGB-Recht unterliegen.

Der mediativ ausgehandelte Vertrag unterscheidet sich auch bei den verwendeten Vertragsinstrumenten vom konventionellen Vertrag. Beispielsweise wird statt der oft streitbefangenen Vertragsstrafen eher mit Anreizsystemen oder Boni bei planmäßiger Zielerreichung gearbeitet. Auch regelmäßig erwartbare Leistungsänderungswünsche nach Vertragsabschluss, die in der Praxis häufig auftreten, werden nicht kategorisch ausgeschlossen, sondern es wird von vorne herein ein standardisiertes Verfahren für Leistungsänderungen vereinbart. Anstatt typische Risiken abzuwälzen, werden diese angemessen verteilt oder durch Versicherungen abgefedert. Im Hinblick darauf, dass unwahrscheinliche Risikoszenarien in der Praxis nur selten eintreten, werden solche Ereignisse im Zweifel nicht bzw. nicht im Detail geregelt. Dahinter steckt auch die Erkenntnis, dass es kaum möglich ist, alle vorstellbaren möglichen Konfliktfälle im Detail vertraglich zu erfassen.

Dafür wird jedoch bei der mediativen Vertragsgestaltung für den stets möglichen Konfliktfall bereits im Vertrag mit einer maßgeschneiderten ADR-Klausel (Streitbeilegungsklausel) umfassend Vorsorge getroffen. Damit wissen die Parteien im Streitfall sofort, welche Maßnahmen zu ergreifen sind und müssen in der Vertragskrise keine wertvolle Zeit mit der Auswahl und der Einigung auf das am besten passende Streitbeilegungsverfahren aufwenden. Auch die Durchführung des vereinbarten ADR-Verfahrens erfordert in den meisten Fällen deutlich weniger Zeit als der Weg durch gegebenenfalls mehrere Gerichtsinstanzen. Die Einigungsquote bei ADR-Verfahren liegt nach einschlägigen Studien bei über 70%. Zudem ist die Durchführung eines ADR-Verfahrens finanziell in der Regel kostengünstiger als ein Gerichtsverfahren.

In der Praxis setzen sich deshalb zunehmend mehrstufige Streitbeilegungsklauseln durch. In der ersten Stufe verpflichten sich die Parteien im Streitfall zunächst zu Verhandlungen ggf. auch auf Ebene der Geschäftsleitung. Führen diese Gespräche nicht innerhalb einer bestimmten Frist zu einer Lösung des Konflikts, verpflichten sich die Parteien in der zweiten Stufe zur Teilnahme an einem Mediations- oder Schlichtungsverfahren. In bestimmten Branchen (z.B. IT oder Bau) können auch Schiedsgutachterklauseln oder die Durchführung eines Adjudikationsverfahrens auf der zweiten Stufe sinnvoll sein. Im Zweifel empfiehlt sich jedoch die Durchführung einer Mediation, da dieses Verfahren aufgrund seiner hohen Verfahrens- und Methodenflexibilität für fast alle Konfliktarten geeignet ist. Da aber Mediations- oder Schlichtungsverfahren die freiwillige Mitwirkung beider Parteien voraussetzen, und nur im Falle einer einvernehmlichen Lösung der Parteien der Konflikt beigelegt werden kann, sollte in der dritten Stufe für den Nichteinigungsfall geregelt werden, ob als Ultima Ratio die verbindliche Entscheidung durch das staatliche Gericht oder ein privates Schiedsgericht (unter Ausschluss des ordentlichen Rechtswegs) erfolgen soll.

Anders als bei der konventionellen Vertragsgestaltung wird bei der mediativen Methode von Anfang an versucht, Vertrauen zwischen den Parteien aufzubauen und möglichst nur die Punkte zu regeln, die für die Parteien essentiell sind. Auf diese Weise kann eine tragfähige Vertragsbasis für die Zukunft geschaffen werden. Da die wichtigsten Regelungen des Vertrages ausgehandelt wurden, erkennen die Parteien diese eher als für sich verbindlich an. Dadurch sinkt das Risiko, dass sie später den Vertrag in Zweifel ziehen und ihre Pflichten verletzen. Sollte es gleichwohl zu Streitfällen kommen, werden sie einem passenden Konfliktmanagementsystem zugeführt.

g) Gastbeitrag: Konfliktmanagementklauseln für Forschungs- und Entwicklungsverträge sowie Lizenzverträge (*Marianne Bösl*)[18]

271 Bei der Ausgestaltung von Verträgen für Projekte und Kooperationen mit besonderem Konfliktpotential oder schwer abschätzbaren Risiken ist immer die Aufnahme von Konfliktmanagementklauseln in Erwägung zu ziehen. Wichtiges Ziel hierbei ist, Instrumentarien vorzusehen, die helfen, bereits bei der Durchführung eines Vorhabens auftretende Unstim-

---

18 Rechtsanwältin/Mediatorin *Marianne Bösl*, Weßling.

migkeiten zügig, fachgerecht und professionell zu klären. Ergebnisse einer frühzeitigen Klärung können die Fortsetzung des Vorhabens wie geplant oder mit geänderten Inhalten, aber auch ein vorzeitiger, einvernehmlicher Abbruch des Vorhabens sein. Wesentliche Vorteile derartiger Instrumentarien sind bei erfolgreicher Anwendung eine zeitnahe, und damit kosten- und ressourcensparende, sachgerechte Lösung. Im Klärungsverfahren selbst werden die Geschäfts- und Betriebsgeheimnisse geschützt und häufig auch eine Fortsetzung der Zusammenarbeit ermöglicht.

Die folgenden Formulierungen basieren auf etablierten Verfahrensordnungen. Für Konflikte im Zusammenhang mit Forschungs- und Entwicklungsvorhaben und Lizenzverträgen verfügt insbesondere die WIPO z. B. über einen Pool von Mediatoren mit naturwissenschaftlicher oder technischer Expertise. Wir gehen davon aus, dass deutsches Recht vereinbart wird, auch wenn die Vertragspartner in unterschiedlichen Ländern ansässig sein sollten. Außerdem sehen die Klauseln vor, dass für die Geltendmachung von Zahlungsansprüchen die gerichtlichen Maßnahmen solange zulässig sind, wie keine Gegenmaßnahme (z. B. Widerspruch, Einspruch beim gerichtlichen Mahnverfahren nach deutschem Recht) des Schuldners ergriffen wird. Wenn es ausschließlich um die Durchsetzung eines Zahlungsanspruchs (FuE-Vergütung, Lizenzgebühr etc.) gehen sollte, wird das dreistufige Konfliktmanagement als zu zeit- und kostenintensiv gesehen.

aa) Konfliktmanagementklausel insbesondere mit deutschen Vertragspartnern

(1) IHK[19]

Y[20] Anwendbares Recht 272

Das anwendbare Recht ist deutsches Recht unter Ausschluss des Übereinkommens der Vereinten Nationen über den internationalen Warenkauf (CISG) und der Normen des Internationalen Privatrechts.

---

19 https://www.muenchen.ihk.de/de/recht/Anhaenge/Verfahrensordnung-des-Mediations Zentrums.pdf; https://www.muenchen.ihk.de/de/recht/Anhaenge/Verfahrensordnung-des-Schiedsgerichts-mit-Kostentabelle.pdf.
20 Sofern nicht bereits im Vertrag geregelt.

Z   Streitbeilegung

Z.1[21] Sollten im Zusammenhang mit diesem Vertrag Streitigkeiten entstehen, so bemühen sich die Parteien unter Beteiligung mindestens je eines Vertreters der nächsthöheren Entscheidungsebene die Streitigkeiten gütlich durch Vereinbarung beizulegen. Jede Partei ist jederzeit berechtigt, diese Verhandlung für beendet zu erklären und die Durchführung des im Folgenden genannten Verfahrens zu verlangen.

Z.2[22] Die Parteien verpflichten sich, im Falle einer sich aus diesem Vertrag ergebenden oder sich darauf beziehenden Streitigkeit vor Klageerhebung[23] bei einem ordentlichen Gericht oder einem Schiedsgericht eine Mediation nach den Bestimmungen der Mediationsordnung des MediationsZentrums der IHK für München und Oberbayern durchzuführen (im Folgenden Mediationsordnung genannt). Die Mediation findet in München[24] in deutscher[25] Sprache statt. Die Parteien verpflichten sich die Abschlussvereinbarung der Mediation notariell beurkunden zu lassen.[26]

Z.3   Wenn das Mediationsverfahren nicht innerhalb von 90[27] Kalendertagen ab dem Zugangs des Antrags einer Partei auf Einleitung des Mediationsverfahrens bei der IHK (§ 2 Mediationsordnung) beendet ist (§ 5 Mediationsordnung), werden die Streitigkeiten

---

21 Auf diesen Absatz kann ggf. verzichtet werden.

22 Anzahl der Mediatoren ist hier absichtlich offengelassen. Im Regelfall ist es ein Mediator (§ 3 VerfO Mediation IHK).

23 § 8 Nr. 2 der VerfO Mediation IHK: Die Parteien sorgen dafür, dass laufende Gerichts- und Schiedsgerichtsverfahren, denen derselbe Sachverhalt wie dem Mediationsverfahren zugrunde liegt, für die Dauer des Mediationsverfahrens ruhen und nicht neu eingeleitet werden. (Hinweis: Dazu zählen wohl auch gerichtliche Mahnverfahren.) Das gilt nicht für gerichtliche Eilverfahren/Verfahren des einstweiligen Rechtsschutzes.

24 Wenn nicht München, einen für die vorschlagende Partei gut erreichbaren, neutralen (d. h. nicht Sitz des Vertragspartners) Ort wählen.

25 Oder ggf. andere Sprache vereinbaren.

26 § 6 Nr. 3 VerfO Mediation IHK: Vollstreckungstitel durch Gütestelle, § 794 Abs. 1 Nr. 1 ZPO.

27 Andere Frist denkbar, z. B. 30 (sehr knapp) oder 60.

1. Variante[28]
durch das sachlich zuständige[29] Gericht entschieden.

2. Variante[30]
nach der Schiedsgerichtsordnung[31] der Industrie- und Handelskammer für München und Oberbayern (IHK München) unter Ausschluss des ordentlichen Rechtswegs[32] durch einen[33] Schiedsrichter endgültig entschieden[34]. Das schiedsrichterliche Verfahren[35] findet in deutscher[36] Sprache statt.

Z.4 Eilmaßnahmen (z.B. einstweilige Verfügung und selbständige Beweisverfahren), die Beantragung eines Mahnbescheides im Falle von Zahlungsverzug und ein darauf folgender Vollstreckungsbescheid und entsprechende Vollstreckungsmaßnahmen können abweichend von Z.2 und unabhängig von gemäß Ziffern Z.1 bis Z.2 laufenden Verfahren bei den ordentlichen Gerichten eingereicht werden. Im Falle von Rechtsmitteln gegen den vorgenannten Mahnbescheid oder Vollstreckungsbescheid ist das Verfahren der Ziffern Z.1 bis Z.2 vor der Beantragung des in Z.3 vorgesehenen Verfahrens durchzuführen.

---

28 Diese Variante wird für Deutschland und europäische Länder mit zügig handelnder Justiz (d.h. derzeit eher nicht für Italien, Belgien, Griechenland und die osteuropäischen Länder) empfohlen.

29 Bei Kaufmannseigenschaft könnte hier auch eine Vereinbarung über einen Gerichtsstand getroffen werden (§ 38 ZPO).

30 Auf Wunsch des Partners, oder bei besonderen Konstellationen, z.B. umfangreiche Projektrahmenverträge, besonderer Geheimhaltung etc.

31 I.V.m. der Schiedsgerichtsordnung der Deutschen Institution für Schiedsgerichtsbarkeit e.V. (DIS).

32 20.2 DIS-SchO: Die Schiedsvereinbarung schließt nicht aus, dass die Parteien vor oder nach Beginn des schiedsrichterlichen Verfahrens vorläufige oder sichernde Maßnahmen in Bezug auf den Streitgegenstand des schiedsrichterlichen Verfahrens bei einem staatlichen Gericht beantragen. Gem. § 1032 ZPO wäre eine den Streitgegenstand betreffende „normale" Klage aber unzulässig.

33 Ohne Regelung sind drei Schiedsrichter vorgesehen (§§ 3, 12), §14: Regelung für Einzelschiedsrichter.

34 §§ 1055, 1060 ff. ZPO zur Vollstreckung von Schiedsurteilen

35 Soweit nicht anders vereinbart ist der Sitz des Schiedsgerichts München (§ 2)

36 22.1 S. 2 DIS-SchO: Fehlt eine solche Vereinbarung, so bestimmt hierüber das Schiedsgericht.

(2) DIS[37]

273   Y[38]   Anwendbares Recht

Das anwendbare Recht ist deutsches Recht unter Ausschluss des Übereinkommens der Vereinten Nationen über den internationalen Warenkauf (CISG) und der Normen des Internationalen Privatrechts.

Z   Streitbeilegung

Z.1[39]   Sollten im Zusammenhang mit diesem Vertrag Streitigkeiten entstehen, so bemühen sich die Parteien unter Beteiligung mindestens je eines Vertreters der nächsthöheren Entscheidungsebene, die Streitigkeit gütlich durch Vereinbarung beizulegen. Jede Partei ist jederzeit berechtigt, die Verhandlung für beendet zu erklären und die Durchführung des im Folgenden genannten Verfahrens zu verlangen.

Z.2[40]   Hinsichtlich aller Streitigkeiten, die sich aus oder in Zusammenhang mit diesem Vertrag ergeben, wird vor Klageerhebung[41] ein Mediationsverfahren gemäß der Mediationsordnung der Deutschen Institution für Schiedsgerichtsbarkeit e. V. (DIS) durchgeführt (im Folgenden Mediationsordnung genannt). Die Mediation findet in München[42] in deutscher Sprache statt. Die Parteien verpflichten sich, die Vollstreckbarkeit der Abschlussvereinbarung der Mediation herbeizuführen.[43]

Z.3   Wenn das Mediationsverfahren nicht innerhalb von 90[44] Kalendertagen ab dem Datum des Zugangs der Antragskopie bei der DIS-

---

37 http://www.dis-arb.de/de/16/regeln/dis-mediationsordnung-10-medo-id19; http://www.dis-arb.de/de/16/regeln/dis-schiedsgerichtsordnung-98-id2; http://www.dis-arb.de/de/16/regeln/dis-ergänzende-regeln-für-beschleunigte-verfahren-08-erbv-id3.
38 Sofern nicht bereits im Vertrag geregelt.
39 Auf diesen Absatz kann ggf. verzichtet werden.
40 Anzahl der Mediatoren ist hier absichtlich offengelassen. Im Regelfall ist es ein Mediator (§ 4 Abs. 1 S. 2 DIS MedO).
41 9.3 DIS-MedO: Während des Mediationsverfahrens darf keine der Parteien eine Entscheidung über die streitige Angelegenheit vor einem (Schieds-)Gericht beantragen. Die Beantragung einstweiligen Rechtsschutzes ist den Parteien unbenommen.
42 Wenn nicht München, einen wegen der Reisekosten gut erreichbaren, neutralen (d. h. nicht Sitz des Vertragspartners) Ort wählen.
43 § 794 Abs. 1 Nr. 5 ZPO Notarielle Urkunde; §§ 796a, 796b ZPO Anwaltsvergleich.
44 Andere Frist denkbar, z. B. 30 (sehr knapp) oder 60.

Hauptgeschäftsstelle (§ 2 Abs. 3 Mediationsordnung) beendet ist (§ 8 Mediationsordnung), werden die Streitigkeiten

1. Variante[45]
durch das sachlich zuständige[46] Gericht entschieden.

2. Variante[47]
nach der Schiedsgerichtsordnung und den Ergänzenden Regeln für beschleunigte[48] Verfahren der Deutschen Institution für Schiedsgerichtsbarkeit e. V. (DIS) unter Ausschluss des ordentlichen Rechtsweges[49] endgültig[50] entschieden. Das schiedsrichterliche Verfahren findet in München[51] in deutscher[52] Sprache statt.

Z.4   Eilmaßnahmen (z. B. einstweilige Verfügungen und selbständige Beweisverfahren), die Beantragung eines Mahnbescheides im Falle von Zahlungsverzug und ein darauf folgender Vollstreckungsbescheid und entsprechende Vollstreckungsmaßnahmen können unabhängig von gemäß Ziffern Z.1 bis Z.2 laufenden Verfahren bei den ordentlichen Gerichten eingereicht werden. Im Falle von

---

45 Diese Variante wird für Deutschland und europäische Länder mit zügig handelnder Justiz (d. h. derzeit eher nicht für Italien, Belgien, Griechenland und die osteuropäischen Länder) empfohlen.

46 Wegen fehlender Bei Kaufmannseigenschaft könnte hier auch eine Vereinbarung über einen Gerichtsstand getroffen werden (§ 38 ZPO).

47 Auf Wunsch des Partners, oder bei besonderen Konstellationen, z. B. Projektrahmenverträge, besondere Geheimhaltung etc.

48 Im beschleunigten Verfahren ist abweichend von § 3 DIS-SchO (3 Schiedsrichter) bereits ein Einzelschiedsrichter vereinbart.

49 20 DIS-SchO: Haben die Parteien nichts anderes vereinbart, kann das Schiedsgericht auf Antrag einer Partei vorläufige oder sichernde Maßnahmen anordnen, die es in Bezug auf den Streitgegenstand für erforderlich hält. Das Schiedsgericht kann von jeder Partei im Zusammenhang mit einer solchen Maßnahme angemessene Sicherheit verlangen. Die Schiedsvereinbarung schließt nicht aus, dass die Parteien vor oder nach Beginn des schiedsrichterlichen Verfahrens vorläufige oder sichernde Maßnahmen in Bezug auf den Streitgegenstand des schiedsrichterlichen Verfahrens bei einem staatlichen Gericht beantragen.

50 §§ 1055, 1060 ff. ZPO zur Vollstreckung von Schiedsurteilen.

51 21 DIS-SchO: Haben die Parteien den Ort des schiedsrichterlichen Verfahrens nicht vereinbart, so wird er vom Schiedsgericht bestimmt. Haben die Parteien nichts anderes vereinbart, so kann das Schiedsgericht ungeachtet des Abs. 1 an jedem ihm geeignet erscheinenden Ort zu einer mündlichen Verhandlung, zur Vernehmung von Zeugen, Sachverständigen oder der Parteien, zur Beratung zwischen seinen Mitgliedern, zur Besichtigung von Sachen oder zur Einsichtnahme in Schriftstücke zusammentreten.

52 22.1 S. 2 DIS-SchO: Fehlt eine solche Vereinbarung, so bestimmt hierüber das Schiedsgericht.

Rechtsmitteln gegen den vorgenannten Mahnbescheid oder Vollstreckungsbescheid ist das Verfahren der Ziffern Z.1 bis Z.2 vor der Beantragung des in Z.3 vorgesehenen Verfahrens durchzuführen.

bb) Konfliktmanagementklausel mit ausländischen Vertragspartnern[53]

(1)[54] WIPO[55]

274 Y   Applicable Law

This contract shall be governed by and construed in accordance with the laws[56] of the Federal Republic of Germany without reference to its conflict of law provisions. The United Nations Convention on the International Sale of Goods (CISG) shall not apply.

---

53 Bei Vertragspartnern aus Europäischen Ländern mit zuverlässiger Justiz (derzeit noch nicht empfohlen für Italien, Belgien, Griechenland und osteuropäische Länder) können auch die Formulierungen unter aa) Rn. 272 ff.), ggf. in Englischer Sprache, vereinbart werden. Besondere Regelungen für einzelne Länder, z. B. für China Verfahren nach CIETAC müssten jedoch gesondert beachtet werden.

54 Für FuE- und Lizenzverträge kann die WIPO ggf. geringere Kosten im Vergleich zu anderen Verfahren berechnen (http://www.wipo.int/amc/en/arbitration/fees/) insbesondere wegen des 25%-Rabatts, den Patentanmelder gemäß der folgenden Ziffer der Kostenregelung erhalten: 8.A 25% reduction on the Center's registration and administration fees applies if a party (or both parties) to the dispute is (are) named as applicant or inventor in a published PCT application, holders of international registrations under the Hague system or the Madrid system, or WIPO GREEN technology providers or seekers.)

55 http://www.wipo.int/amc/en/mediation/rules/newrules.html; http://www.wipo.int/amc/en/arbitration/expedited-rules/.

56 Arbitration Rules 53 (a) The Tribunal shall decide the substance of the dispute in accordance with the law or rules of law chosen by the parties. Any designation of the law of a given State shall be construed, unless otherwise expressed, as directly referring to the substantive law of that State and not to its conflict of laws rules. Failing a choice by the parties, the Tribunal shall apply the law or rules of law that it determines to be appropriate. In all cases, the Tribunal shall decide having due regard to the terms of any relevant contract and taking into account applicable trade usages. The Tribunal may decide as amiable compositeur or ex aequo et bono only if the parties have expressly authorized it to do so. (b) The law applicable to the arbitration shall be the arbitration law of the place of arbitration, unless the parties have expressly agreed on the application of another arbitration law and such agreement is permitted by the law of the place of arbitration. (c) An Arbitration Agreement shall be regarded as effective if it conforms to the requirements concerning form, existence, validity and scope of either the law or rules of law applicable in accordance with paragraph (a), or the law applicable in accordance with paragraph (b).

Z   Conflict management

Z.1   If any dispute arises in connection with this contract, the parties shall attempt to settle such dispute in good faith involving at least one senior representative of each party. Each party is entitled to terminate the negotiations at any time and to have recourse to a proceeding set forth in the following through written notification to the other Party.

Z.2[57]   Any dispute, controversy or claim arising under, out of or relating to this contract and any subsequent amendments of this contract, including, without limitation, its formation, validity, binding effect, interpretation, performance, breach or termination, as well as non-contractual claims, shall be submitted to mediation in accordance with the WIPO Mediation Rules. The place of mediation shall be Munich[58]. The language to be used in the mediation shall be English. In case of a final agreement the parties are obliged to take all necessary measures to obtain an enforcement order[59].

Z.3   If, and to the extent that, any such dispute, controversy or claim has not been settled pursuant to the mediation within 90[60] days of the commencement of the mediation, it shall, upon the filing of a Request for Arbitration by either party, be referred to and finally determined[61] by arbitration in accordance with the WIPO Expedited[62] Arbitration Rules[63]. Alternatively, if, before the expiration of the said period of 90 days, either party fails to participate or to continue to participate in the mediation, the dispute, controversy or claim shall, upon the filing of a Request for Arbitration by the other party, be referred to and finally determined by arbitration in accordance with the WIPO Expedited Arbitration Rules. The place

---

57 Anzahl der Mediatoren ist hier absichtlich offengelassen. Im Regelfall ist es ein Mediator.

58 Wenn nicht München, einen für die vorschlagende Partei gut erreichbaren, neutralen (d. h. nicht Sitz des Vertragspartners) Ort wählen.

59 In Deutschland wären das notarielle Beurkundung (§ 794 Abs. 1 Nr. 5 ZPO) und Anwaltsvergleich (§§ 796a, 796b ZPO).

60 Andere Frist denkbar, z.B.: 30 (sehr knapp) oder 60.

61 Damit Ausschluss des ordentlichen Gerichtsweges. Vollstreckbarkeit international nach New Yorker Übereinkommen in den Mitgliedstaaten des Übereinkommens (aktuell über 150).

62 Article 14 b): Where the parties have not agreed on the number of arbitrators, the Tribunal shall consist of a sole arbitrator, except where the Center in its discretion determines that, in view of all the circumstances of the case, a Tribunal composed of three members is appropriate.

63 http://www.wipo.int/amc/en/arbitration/expedited-rules/.

of arbitration shall be Munich[64]. The language to be used in the arbitral proceedings shall be English[65].

Z.4   A request addressed by a party to a judicial authority for interim measures[66] or for security for the claim or counter-claim and the application of a court order in case of delay in payment and a thereupon following enforcement order or enforcement measures, shall not be deemed incompatible with the above conflict management provisions, or deemed to be a waiver of that agreement. In case of objection against the above mentioned court order or enforcement order, the proceedings of clauses Z.1 to Z.3 shall apply instead of further submission of legal action to the competent court.

(2) ICC[67]

275   Y   Applicable Law
This contract shall be governed by and construed in accordance with the laws[68] of the Federal Republic of Germany without reference to its conflict of law provisions. The United Nations Convention on the International Sale of Goods (CISG) shall not apply.

Z   Conflict Management

Z.1[69] If any dispute arises in connection with this contract, the parties shall attempt to settle such dispute in good faith involving at least one senior representative of each party. Each party is entitled to terminate the negotiations at any time and to have recourse to a proceeding set forth in the following through written notification to the other Party.

---

64 33 (a) Unless otherwise agreed by the parties, the place of arbitration shall be decided by the Center, taking into consideration any observations of the parties and the circumstances of the arbitration.

65 34 (a) Unless otherwise agreed by the parties, the language of the arbitration shall be the language of the Arbitration Agreement, subject to the power of the Tribunal to determine otherwise, having regard to any observations of the parties and the circumstances of the arbitration.

66 Mediation: keine Regelung vorhanden, daher in Klausel ausdrücklich formuliert; für SchiedsV: 48 (d) Arbitration Rules

67 http://www.iccwbo.org/products-and-services/arbitration-and-adr/mediation/rules/; http://www.iccwbo.org/products-and-services/arbitration-and-adr/arbitration/icc-rules-of-arbitration/.

68 21 (1) Satz 2 Arbitration Rules: In the absence of any such agreement, the arbitral tribunal shall apply the rules of law which it determines to be appropriate.

69 Auf diesen Absatz kann ggf. verzichtet werden.

Z.2[70] In the event of any dispute arising out of or in connection with the present contract, the parties shall first refer the dispute to procee- dings under the ICC Mediation Rules. The place of mediation shall be Munich[71]. The language to be used in the mediation shall be English[72]. In case of a final agreement the parties are obliged to take all necessary measures to obtain an enforcement order.

Z.3   If the dispute has not been settled pursuant to the said Rules within 90[73] days following the filing of a Request for Mediation or within such other period as the parties may agree in writing, such dispute shall thereafter be finally settled under the Rules of Arbitration of the International Chamber of Commerce by one[74] arbitrator ap- pointed in accordance with the said Rules of Arbitration. The place of arbitration shall be Munich[75]. The language to be used in the ar- bitral proceedings shall be English[76]. The Emergency Arbitrator Provisions[77] shall not apply.

---

70 Anzahl der Mediatoren ist hier absichtlich offengelassen. Im Regelfall ist es einer.

71 4.1: In the absence of an agreement of the parties, the Centre may determine the loca- tion of any physical meeting of the Mediator and the parties or may invite the Mediator to do so after the Mediator has been confirmed or appointed.

72 4.2: In the absence of an agreement of the parties, the Centre may determine the lang- uage(s) in which the mediation shall be conducted or may invite the Mediator to do so after the Mediator has been confirmed or appointed.

73 Andere Frist denkbar, z. B. 30 (sehr knapp) oder 60.

74 12 (2): Where the parties have not agreed upon the number of arbitrators, the Court shall appoint a sole arbitrator, save where it appears to the Court that the dispute is such as to warrant the appointment of three arbitrators.

75 18 (1): The place of the arbitration shall be fixed by the Court, unless agreed upon by the parties.

76 20: In the absence of an agreement by the parties, the arbitral tribunal shall determine the language or languages of the arbitration, due regard being given to all relevant cir- cumstances, including the language of the contract.

77 The 2012 ICC Rules of Arbitration („Rules") offer a procedure for parties to seek ur- gent interim relief that cannot await the constitution of an arbitral tribunal. Any emer- gency measure granted takes the form of an order, which may be later revisited by the arbitral tribunal, once constituted. Pursuant to Article 29 of the Rules and Appendix V („Emergency Arbitrator Provisions"), a party that needs urgent interim measures („Emergency Measures") that cannot await the constitution of an arbitral tribunal may make an application to the Secretariat of the ICC International Court of Arbitration („Secretariat"). The Emergency Arbitrator Provisions apply only to parties that are sig- natories to the arbitration agreement that is relied upon for the application or successors to such signatories. Furthermore, the Emergency Arbitrator Provisions shall not apply if: · the arbitration agreement under the Rules was concluded before 1 January 2012; · the parties have opted out of the Emergency Arbitrator Provisions (see the Standard ICC Arbitration Clauses); or · the parties have agreed to another pre-arbitral procedure that provides for the granting of conservatory, interim or similar measures.

Z.4 Before and during the proceedings for mediation or arbitration the parties may not commence or continue any judical, arbitral or similar proceeding in respect oft he dispute[78].

Z.5 Before and during a proceeding for mediation or arbitration the parties may apply to any competent judicial authority for interim or conservatoy measures or in deviation to clause Z.4 for a court order in case of delay in payment and thereupon following enforcement order or enforcement measures. Any such application shall not be deemed to be an infringement or a waiver of these conflict managment provisions. In case of objection against the above mentioned court order or enforcement order, the proceedings of clauses Z.1 to Z.3 shall apply instead of further submission of legal action to the competent court.

h) Gastbeitrag: Praxistipps für die Entwicklung eines Konfliktmanagementsystems am Beispiel des Universitätsklinikums Hamburg-Eppendorf (*Tina Marschall*)[79]

276 Bei einem Konfliktmanagementsystem (KMS) geht es um den systematischen und institutionalisierten Umgang mit Konflikten, welches der interessengerechten Streitbeilegung, der Prävention/Konfliktvermeidung und der Weiterentwicklung im Sinne einer lernenden Organisation dient.[80]

Bei der aktuellen Entwicklung seines KMS nutzt das UKE das Modell, die Komponenten, Begriffe und das Wissen der PWC-Viadrina-Studien, welche über ein Jahrzehnt Unternehmen bei der Einführung von KMS wissenschaftlich begleitet haben.[81]

Dieser Beitrag greift drei wesentliche Aspekte heraus, die für Dritte als Erfahrung aus der Praxis dienlich sein können: Eine (mittlerweile preisgekrönte) Struktur für das betriebsinterne Arbeiten im Netzwerk, das

---

78 Ausschluss gerichtlicher Parallelaktivitäten, in Abänderung von 10 (2) ICC Mediation Rules, § 1032 ZPO gilt für Schiedsverfahren.

79 *Tina Marschall*, Rechtsanwältin/Mediatorin/Leitung Recht, Patent & Lizenzen der MediGate GmbH für das Universitätsklinikum Hamburg-Eppendorf.

80 *Gramm*, a.a.O., 348 ff.

81 PWC-EUV-Studie III 2011, 18 ff.

Ziel, welches das UKE-Konzept mit dem KMS verfolgt und das Amt der Navigatoren als zentrale Konfliktanlaufstelle. Der Beitrag schließt mit weiteren Praxistipps.

aa) UKE Inside – Besonders gute Rahmenbedingungen

Am UKE gibt es eine besondere Struktur, in der das KMS entwickelt werden kann.

Um ein KMS zu konzipieren, einzuführen und zu verstetigen braucht es drei Arten von Unterstützern.[82] Fachpromotoren sind die Experten der Materie, sie bringen das Thema inhaltlich voran und bereiten Entscheidungen vor. Prozesspromotoren kennen ihr Unternehmen und seine (auch informellen) Prozesse und haben gute Kontakte – sie machen das KMS bekannt und sichern die notwendige breite Unterstützung im Unternehmen; und die Machtpromotoren, also die Entscheider (Vorstand/Führungskräfte). Der Erfolg eines KMS hängt von der Gewinnung und dem Zusammenspiel dieser drei Kräfte ab.

Das UKE stellt mit UKE INside eine Struktur her, in der Erreichbarkeit, Engagement und Vernetzung dieser Unterstützer möglich sind. Aufgehängt bei der Arbeitsgemeinschaft (AG) Führung arbeitet die Unterarbeitsgruppe (UAG) KMS mit allen Interessierten und Experten hierarchieunabhängig und interdisziplinär zusammen. Das bedeutet nicht nur einen sehr breiten Know-how- und Erfahrungsschatz, sondern es sichert auch die Einbindung/Information der dahinter stehenden Bereiche, die wiederum punktuell zu bestimmten Themen einen wertvollen Beitrag leisten können. Beispielsweise stellt der Geschäftsbereich Qualitätsmanagement dem KMS ein bestehendes IT-Tool zur Dokumentation und Evaluation zur Verfügung, die Koordinierungsstelle UKE INside übernimmt die Protokollierung und eine wichtige Fragestellung wird mithilfe einer Masterarbeit geklärt. Weiterer Vorteil ist die Transparenz, die durch die offene Teilnahme und Versendung der Protokolle entsteht und die eine Grundlage für Vertrauen ist.

In der übergeordneten Arbeitsgruppe Führung finden sich weitere Fach-, Prozess- und Machtpromotoren, hier auch der Vorstand. Eine breite und offene Diskussion bringt die Themen weiter nach vorne. Der nicht groß genug einzuschätzende Gewinn ist, dass der Vorstand auf diese Weise immer informiert ist, laufend Stellung nehmen und in der Sache entscheiden kann.

---

82 S. ausführlich von *Oertzen/Nöldeke*: Konfliktmanagement-Etablierungsprozesse und -strategien in PWC-EUV-Studie III 2011, 56 ff.

Dieses ist deswegen so herausragend, wenn man sieht, wie in vielen Unternehmen gerade der Zugang zum Topmanagement versperrt ist; oder wie das Projekt dort von einem einzigen Unterstützer abhängt, der das Unternehmen dann verlässt. UKE INside schafft es, viele Promotoren zu erreichen und zu gewinnen. Das Arbeiten in dieser Struktur wirkt selbstverständlich und auf natürliche Weise wertschätzend. Wenn man aber sieht, wie schwer es in diesem Bereich Akteure anderer Unternehmen haben, wird die einzigartige Struktur von UKE INside deutlich.

bb) Das Ziel des KMS

Am UKE bezieht sich das KMS allein auf Konflikte am Arbeitsplatz. (Demgegenüber hat z. B. Fraunhofer ein KMS für B2B (Business-to-Business)-Konflikte, also für Konflikte mit Externen, unter der Leitung von *Dr. Michael Groß* eingeführt). Das KMS ist so konzipiert, dass es drei Aspekte erfüllt: Das KMS stärkt seine Akteure, es hat eine klare Struktur und ist Ausdruck einer menschlichen Haltung:

Dem UKE ist es wichtig, Bestehendes und Bewährtes wertzuschätzen und daran anzuknüpfen. Das KMS soll seine Akteure (wie Ratsuchende, Konfliktbearbeiter, Führungskräfte) nicht nur durch Vernetzung, Bekanntmachung und Weiterbildung unterstützen, sondern auch stärken, indem es ihnen ganz klar ihre jeweilige Verantwortung im Konflikt nicht abnimmt: Sie verbleibt bei der jeweiligen Konfliktpartei, die Rolle und Verantwortung der Führungskraft bleibt unangetastet, die Konfliktbearbeiter behalten ihre Aufgaben und profitieren durch Netzwerktreffen und Rollenklarheit. Die Personalräte bleiben autark.

Das KMS braucht eine klare Struktur. Sie gibt dem Nutzer Orientierung und Verlässlichkeit. Ratsuchende haben ein besonderes Bedürfnis nach Sicherheit, um vertrauen zu können.

Ein wesentlicher Punkt ist, dass Rollen nicht vermischt werden. Navigatoren am UKE beispielsweise übernehmen keine Konfliktbearbeitung, ihre Funktion sieht dieses nicht vor.[83] Personalratsmitglieder oder Mediatoren, die ja Konflikte bearbeiten (der Personalrat als Interessenvertreter und Mediatoren als allparteiliche Bearbeiter), können daher keine Navigatoren werden.

Beim KMS darf nicht aus dem Auge verloren werden, worum es eigentlich geht: Es geht darum, wie wir miteinander umgehen und welche Kul-

---

[83] S. unter cc) (S. 203 f.).

tur wir im Unternehmen pflegen. *Jürgen Briem*[84]: „Es geht um den Menschen. Wir sind nicht in erster Linie IT-ler, Pfleger, Ärztin, Jurist. Wir sind emotionale Wesen. Geh' mit dem Menschen als Mensch um. Fehler dürfen sein. Sie befähigen uns zu lernen."

Wir sollten davon wegkommen, mit großem Aufwand Konfliktkosten berechnen zu wollen. Erstens ist die Erfassung von Konfliktkosten nicht präzise möglich. Während beispielsweise Gerichtskosten und Krankenstand quantifizierbar sind, ist der Schaden, der durch „innere Kündigung" oder „Dienst nach Vorschrift" entsteht, kaum zu erfassen (PWC-EUV-Studie V 2016, S. 27f.). Zweitens, und das ist viel entscheidender, ist doch allen, die mit Konflikten, Kündigungen, Neubesetzung und Einarbeitung zu tun haben, von vornherein klar: Eskalierte Konflikte kosten mehr als Fälle, die früh geklärt werden.

Beispielhaft für Grundsätze und Botschaften, die mit dem KMS verfolgt werden, seien hier einige aus dem UKE-Konzeptentwurf genannt: „Die Verantwortung für den Konflikt verbleibt bei den Konfliktparteien", „KMS unterstützt Konfliktlösung hierarchieunabhängig", „Konflikte können strukturelle Probleme aufzeigen. Diese sollen erkannt und daraus Verbesserungen abgeleitet werden (Qualitätszirkel, Prävention, Feedback-Kultur)".

cc) Navigatoren

Ein KMS, welches individuell zum Unternehmen passt, knüpft an Bewährtes an. Die Bestandsaufnahme des UKE brachte eine überraschend und erfreulich hohe Zahl an Angeboten zur Konfliktbearbeitung hervor. Damit die Beschäftigten einen Überblick über diese Angebote erhalten, plant das UKE bei 10.000 Mitarbeitern, zunächst zwölf sogenannte Navigatoren einzuführen. Bei Bedarf kann das UKE aufstocken.

Im Vergleich dazu: Das Universitätsklinikum Tübingen beginnt mit 32 Navigatoren auf 10.000 Beschäftigte und wählt den Ansatz, dass für jedes Klinikgebäude ein Navigator da ist, der den „Stallgeruch" aus diesem Hause mitbringt.

SAP mit 17.000 Beschäftigten begann 2009 damit, 170 Navigatoren auszubilden. Von diesen nahmen 120 ihr Amt auf. Ende 2016 arbeiteten noch 70 Beschäftigte als Navigatoren. Sie arbeiten maximal eine Stunde

---

84 Bei SAP SE bis Ende 2016 Head of Conflict Management Services (CMS@SAP) und Head of Mediator Pool SAP SE.

pro Woche für diese Aufgabe und sichern als Ansprechpartner vor Ort die wichtige Aufgabe der Prophylaxe.

Bei dem Navigatorenamt geht es darum, den Beschäftigten ein besonders niederschwelliges Angebot zu bieten. Denn je früher jemand mit einem Konflikt an die richtige Stelle kommt, desto leichter ist dieser zu bearbeiten. Navigatoren geben dem Anfragenden eine „Orientierung" über die UKE-Angebote und machen unverbindliche Empfehlungen. Die Entscheidung liegt bei dem Anfragenden allen, wie er/sie weiter geht.

Navigatoren sollen im Wesentlichen zwei Dinge können: Zuhören und das System kennen. Der Ansatz ist – theoretisch – , dass sie sich irgendwann selbst abschaffen, wenn die Beschäftigten sie nicht mehr zur Orientierung brauchen, weil sie das Angebot gut kennen. Diese Entwicklung ist natürlich utopisch bei einem Konzern wie dem UKE aufgrund der Weiterentwicklung seiner Angebote sowie der Fluktuation von Beschäftigten und Navigatoren. Sie macht aber die Funktion des Navigatorenamtes deutlich.

Das UKE hat sich für die Bezeichnung „Navigator" anstelle von „Lotse" entschieden. Ein Lotse ist jemand, der an Bord geht um das Schiff, wenn es schwierig wird, zu leiten und um aktiv einzugreifen. Navigatoren hingegen sollen gerade nicht durch den Konflikt leiten, sie machen keine Konfliktbearbeitung. Die Navigatoren sollen dem Anfragenden einen Überblick, eine Orientierung über die möglichen Angebote am UKE geben. Sie geben dem Anfragenden einen Kompass in die Hand.

Bei der Auswahl sollte auf Diversität geachtet werden, wie es für das jeweilige Haus passt. Geschlecht, Hierarchie, Religion, Kultur, Alter, Berufsgruppe – all diese Kriterien können für den Anfragenden wichtig sein, um Vertrauen, um ein Zutrauen für ein erstes Kontaktieren zu fassen.

dd) Weitere Praxistipps

(1) Arbeiten im Netzwerk

Es hat sich bewährt im Netzwerk zu arbeiten, um sich auszutauschen und Rückmeldung zu eigenen Ideen zu bekomme. So ist das UKE als öffentliche Körperschaft Gründungsmitglied des „Runden Tisches Mediation und Konflikt-Management in öffentlichen Organisationen" (RTMKÖ). Wirtschaftsunternehmen können z. B. Mitglied im „Round Table Mediation und Konfliktmanagement der deutschen Wirtschaft" (RTMKM) werden.

(2) Sich die Zeit nehmen, die die Entwicklung eines KMS braucht

Ein KMS zu etablieren ist etwas Besonderes, weil es keine allgemeingültige Blaupause gibt. Jede Einrichtung ist anders, hat eine andere Beschäftigtenzusammensetzung, eine andere Kultur, eine andere Historie, wie mit Konflikten umgegangen wurde. Und so ist es wichtig, sich Zeit zu nehmen, dieses Neue zu entwickeln.

Maßnahmen können ausprobiert und bei Bedarf korrigiert werden.

Das UKE nimmt sich diese Zeit. Konfliktbearbeiter, Personaler oder Personalrat sollen nicht nur mitgenommen werden oder sich informiert fühlen, sondern sich einbringen und mitgestalten können. Das kostet Zeit, manchmal Nerven. Aber nur so können wertvolle Kritik und Verbesserungsvorschläge das System voranbringen. Allerdings: Mit der Implementierung tickt die Zeit. Nach dem offiziellem Beginn des KMS gibt es eine Zeitspanne von ca. einem Jahr, in dem das KMS von den Mitarbeitern und Führungskräften angenommen oder abgelehnt wird.[85]

(3) Posten, Budget und Personal klären

Jürgen *Briem*: „Gerade am Anfang kann Euphorie das Projekt beflügeln. In der Umsetzungsphase, in der es um die Verteilung von Posten, Budget und Personal geht, kann die Stimmung jedoch kippen, und es zeigt sich, wer weiterhin der Sache oder den eigenen Interessen verschrieben ist."

(4) Breite Kommunikation auf allen Ebenen

Mangelnde Kenntnis ist die Ursache für die Nichtnutzung der Verfahren.[86] Das KMS braucht also eine groß angelegte Werbung und Bekanntmachung, denn es ist eine Sache, ein gutes KMS für sein Unternehmen zu entwickeln und zu implementieren; eine andere Sache ist es, dass die Beteiligten das KMS für sich annehmen und zum eigenen Wohle sowie zum Wohle des Unternehmens nutzen.

(5) Transfer

Durch den Transfer von Erfahrungen zurück in die Organisation auf der Grundlage von regelmäßiger Dokumentation und Evaluation bleibt das KMS anpassungsfähig im Sinne einer lernenden Organisation.

---

85 PWC-EUV-Studie V 2016, 28.
86 PWC-EUV-Studie V 2016, 79.

(6) Das KMS zukunftssicher machen

Um das KMS zu verstetigen, sollte es institutionell festgeschrieben und unabhängig werden.

2. Lizenzverträge

277 In dem Aufsatz „The Diversity Of Technology Licensing Agreements And Their Causes" von *Brousseau/Chasserant/Bessy/Coeurderoy*[87] wird in der Übersicht 4[88] hinsichtlich der untersuchten Lizenzverträge zwischen Industriepartnern und privaten Institutionen als Ergebnis gezeigt, dass je nach Branche nur zwischen 3,2% und 33,3% aller untersuchten Lizenzverträge Streitschlichtungsmechanismen aufgeführt werden. Die Übersicht 10[89] dieser empirischen Untersuchung zeigt des Weiteren, dass Lizenzvertragsparteien bestimmte Mechanismen nutzen, um im Nachhinein Anpassung und Durchsetzung der wechselseitigen Vereinbarungen zu ermöglichen.[90] Hierzu gehören das „Nachverhandeln", „formale Überwachungsmechanismen durch ein Komitee bzw. durch einen unabhängigen Dritten" oder durch Streitschlichtung mittels eines formalen Mechanismus, eines Komitees oder eines unabhängigen Schiedsrichters oder einer „privaten Autorität" oder in Form einer Kombination dieser genannten Mechanismen. Je nach Branche und Streitanlass und gewähltem Streitschlichtungsmechanismus variieren die Ergebnisse erheblich. Einen „formalen Mechanismus" haben unabhängig von der Branche durchschnittlich 65,9% aller Lizenzvertragspartner vorgesehen. Einen unabhängigen Schiedsrichter haben 33,1% und eine „Privatautorität" haben 23,3% aller Lizenzvertragspartner als Mittel zur Streitschlichtung gewählt. Ein Komitee bzw. eine Kombination dieser Mechanismen haben nur 4,9 bzw. 3,1% aller befragten Lizenzvertragspartner in ihren Verträgen vorgesehen:

---

87 *Brousseau/Chasserant/Bessy/Coeurderoy*, les Nouvelles 2005, 179 f.
88 *Brousseau/Chasserant/Bessy/Coeurderoy*, les Nouvelles 2005, 185.
89 *Brousseau/Chasserant/Bessy/Coeurderoy*, les Nouvelles 2005, 194.
90 *Brousseau/Chasserant/Bessy/Coeurderoy*, les Nouvelles 2005, 192 ff.

Tabelle: Governance Mechanisms, by Industry (in percent of the sub-populations)[91]

Characteristics of the contracts	Raw Mat. Trans-form.	Chemi-cals	Equip-ment	Servi-ces	Other	Total
Renegotiation						
Provision of renegotiation	56,3	36,6	50	40,7	42,1	43,5
For royalty rate	15,6	15,8	27	30,5	15,8	21,8
For geographical extension	21,9	11,9	14,9	22	26,3	16,8
For provided technology	18,8	13,9	17,6	22	10,5	16,8
For the entire contract	37,5	10,9	20,3	22	15,8	18,9
Total number of responses	**32**	**101**	**74**	**59**	**19**	**285**
Formal negotiation mechanism	18,8	44,6	23,6	22,8	29,4	30,8
Total number of responses	**32**	**101**	**72**	**57**	**17**	**279**
Supervision						
Formal Supervision mechanism	15,6	28	9,6	11,9	18,8	17,9
Committee	15,6	28	5,5	6,8	0	14,6
Independent third party	0	0	4,1	5,1	18,8	3,2
Total number of responses	**32**	**100**	**73**	**59**	**16**	**280**
Inspection Rights						
On books	78,1	79,4	79,7	82,8	63,2	78,9
Licensor	25	33,3	44,6	43,1	31,6	37,2
Third party	37,5	39,2	27	39,7	26,3	35,1
Both	15,6	6,9	8,1	0	5,3	6,7
On products	62,5	19,6	43,2	43,1	42,1	36,8
Licensor	50	9,8	33,8	3,1	2,9	27,4

91 Siehe auch Rn. 204 ff.

Characteristics of the contracts	Raw Mat. Transform.	Chemicals	Equipment	Services	Other	Total
Third party	87,3	60,8	0	0	0	6,7
Both	12,7	39,2	0	0	0	2,8
On industrial installations	34,4	25,5	21,6	36,2	5,3	26,3
Licensor	31,3	18,6	16,2	25,9	5,3	20
Third party	0	2,9	1,4	10,3	0	3,5
Both	3,1	3,9	4,1	0	0	2,8
On R&D projects	6,3	11,8	6,8	13,8	10,5	10,2
Licensor	6,3	8,8	5,4	10,3	10,5	8,1
Third party	0	2	1,4	3,4	0	1,8
Both	0	1	0	0	0	0,4
Total number of responses	**32**	**102**	**74**	**58**	**19**	**285**
Dispute resolution						
Formal mechanism	77,4	78,4	59,5	42,6	78,9	65,9
A committee	6,5	8,8	0	1,6	10,5	4,9
An independent arbitrator	29	42,2	29,7	16,4	57,9	33,1
A private authority	41,9	19,6	25,7	23	5,3	23,3
A combination of these mechanisms	0	2	1	0,4	1,3	3,1
Total number of responses	**31**	**102**	**74**	**61**	**19**	**287**
Suspending mechanism	40	53	28,8	30,5	29,4	39,1
Total number of responses	**30**	**100**	**73**	**59**	**17**	**279**

Ergänzend wird auf die beiden Aufsätze von *Wälde*[92] hingewiesen.

---

[92] Efficient Management of Transnational Disputes: Case Study of a Successful Interconnector Dispute Resolution, TDM 1 (2007), 1 ff., und Pro-Active Mediation of International Business and Investment Disputes Involving Long-Term Contracts: From Zero-Sum Litigation to Efficient Dispute Management, TDM 2 (2004), 1 ff.

3. WIPO Mediation Case Examples[93]

Set out below are examples of mediations conducted under the WIPO Rules. The **278** Center also makes available a summary overview of its caseload. These examples have been prepared while respecting the confidentiality of WIPO proceedings.[94]

a) M1. A WIPO Patent Mediation

A technology consulting company holding patents on three continents disclosed **279** a patented invention to a major manufacturer in the context of a consulting contract. The contract neither transferred nor licensed any rights to the manufacturer. When the manufacturer started selling products which the consulting company alleged included the patented invention, the consulting company threatened to file patent infringement court proceedings in all jurisdictions in which the consulting company was holding patents.

The parties started negotiating a patent license with the help of external experts but failed to agree on the royalty as the multimillion dollar damages sought by the consulting company significantly exceeded the amount the manufacturer was willing to offer.

The parties submitted their dispute to mediation under the WIPO Rules. The WIPO Arbitration and Mediation Center suggested to the parties potential mediators with specific expertise in patents and the relevant technology. The parties chose one of those rnediators, who conducted a two-day meeting in which the parties eventually reached a settlement that not only covered the royalty issue, but also included agreement on future consulting contracts.

The mediation was thus instrumental in transforming a hostile situation in which the parties were preparing to engage in prolonged and expensive litigation into one in which they were able to conclude an arrangement which suits the business interests of both parties and ensures the profitable use of the technology in the service of those interests.

The Center, together with the mediator, has prepared a more detailed, step-by-step description of the development of this WIPO mediation.

---

93 www.wipo.int/amc/en/center/caseload.html. Seit 1994 existiert das WIPO Arbitration and Mediation Center. Seit 1994 wurden mehr als 560 Mediationen, Schiedsverfahren und Expert Determinations betreut (Stand: 1.6.2018). Die meisten Verfahren wurden in den letzten Jahren begleitet. Hauptsächlich ging es um IP- (38%) und IT Law-/Copyright- (16%/12%) Streitigkeiten, gefolgt von Markenstreitigkeiten (14%). Die Parteien kamen z.B. aus Europa, Russland, Indien, Israel, Panama, Türkei und USA. Die Streitwerte variierten zwischen 20.000 US-Dollar und mehreren hundert Mio. US-Dollar. Siehe auch Rn. 208.

94 Available online at: http://www.wipo.int/amc/en/mediation/case-example.html.

b) M2. A WIPO Copyright Mediation

280 A Dutch company concluded a copyright license with a French company regarding the publication of a technical publication. The license agreement includes a WIPO mediation clause. The licensee became insolvent and defaulted on the royalties due under the license. When the licensor requested the mediation procedure, the Center, after consultation with the parties, and with approval of the court appointed liquidator, appointed an intellectual property specialist as the mediator. Following two meetings between the parties and the mediator, a settlement agreement was concluded.

c) M3. A WIPO Copyright Mediation Followed by Expedited Arbitration

281 A publishing house entered into a contract with a software company for the development of a new web presence. The project had to be completed within one year and included a clause submitting disputes to WIPO mediation and, if settlement could not be reached within 60 days, to WIPO expedited arbitration. After 18 months, the publishing house was not satisfied with the services delivered by the developer, refused to pay, threatened rescission of the contract and asked for damages. The publishing house filed a request for mediation. While the parties failed to reach a settlement, the mediation enabled them to focus the issues that were addressed in the ensuing expedited arbitration proceeding.

d) M4. A WIPO Mediation of an IT/Telecom Dispute

282 A software developer based in the United States licensed software applications to a European provider of telecommunications services. The agreement included a clause submitting disputes to WIPO Mediation, followed, in the absence of a settlement, by WIPO expedited arbitration.

A controversy arose as to whether the licensee was entitled to let certain affiliated parties have access to the software, and whether additional license fees were due in respect of those third parties. The dispute was submitted to WIPO mediation.

Taking into account the criteria identified by the parties, the Center proposed as mediator several candidates with experience in the area of software licensing and appointed a mediator in accordance with the parties' preferences.

Mediation sessions were held at a location that was convenient to both parties. The parties developed a mutually acceptable framework for the mediation process and solved a number of the issues in dispute. Using some of the options developed during the mediation, direct negotiations between the parties continued after the termination of the mediation to solve their remaining issues The WIPO expedited arbitration was not initiated.[95]

---

95 S. a. les Nouvelles 2007, 301 ff., 305.

e) M5. A WIPO Mediation of a Biotech Dispute

A French and a German company entered into a collaboration agreement for the **283** development of a human antibody for the treatment of a major disease. Two years later, a US corporation acquired the French company. Alleging that the US corporation shortly thereafter caused certain payments required under the collaboration agreement to be withheld the German entity filed an action for breach of contract against the US corporation in a district court in the United States. The US corporation filed counterclaims of rescission and breach of contract against the German company. After more than one year of court proceedings, the parties accepted the suggestion of the judge to submit their dispute to mediation and filed a joint request for mediation with the Center.

When the parties could not agree on the name of the mediator, the Center submitted for consideration of the parties a list of five possible candidates, meeting criteria set forth by the disputants in their mediation agreement. After some discussion, the parties agreed on one of the nominees proposed by the Center, an American intellectual property lawyer with considerable mediation experience.

The mediator conducted meetings with the parties in the United States. As a direct consequence of the facilitative role played by the mediator in the course of the case, the parties settled their dispute six months after the commencement of the mediation.[96]

f) M6. A WIPO IT Mediation

A European airline entered into an agreement with a US software company con- **284** cerning the development of a worldwide platform for the management of ticket sales. This was followed by a professional services agreement, which contained a more detailed description of the project as well as the support services to be delivered by the software company. The latter agreement included a WIPO mediation followed by WIPO expedited arbitration clause. The airline paid several million US$ for the application. Some years later, the airline terminated the agreement. In response, the software company asserted that, with the termination, the airline's rights in the application had lapsed and requested the software to be returned. The airline was of the position that it was entitled to retain the software application and initiated mediation. The result of the mediation was a new license between the parties.

g) M7. A WIPO Mediation of a Trademark Coexistence Dispute

After a dispute arose between them, a North American company requested medi- **285** ation with two Italian companies and one Spanish company on the basis of an agreement which the parties had reached for mediation under the WIPO Media-

---

96 S. a. les Nouvelles 2007, 301 ff., 305.

tion Rules. The goal of the mediation was to help the parties avoid confusion and misappropriation of their similar trademarks and to regulate future use of their marks. Although Italian was agreed as the language of proceedings, any settlement agreement would be recorded in both Italian and English.

The Center suggested to the parties potential mediators with specific expertise in European trademark law and fluency in Italian and English. The parties selected an Italian mediator with a trademark practice. The mediator conducted an initial telephone conference with the lawyers of the parties in which he scheduled the mediation timing, and agreed on the procedure.

Two months later, the mediator met with the parties in a two-day session in Milan. The meeting was held in joint session with the exception of two brief caucuses. At the end of the second day the parties – with the assistance of the mediator – were able to draft and sign a settlement agreement covering all of the pending issues in dispute.

h) M8. A WIPO Mediation of a Pharma Patent License

286 A European university holding pharmaceutical patent applications in several countries negotiated a license option agreement with a European pharmaceutical company. The pharmaceutical company exercised the option and the parties started to negotiate a license agreement. After three years of negotiations the parties were unable to agree on the terms of the license. At that point the parties submitted a joint request for WIPO mediation.

As requested by the parties, the Center appointed as mediator a lawyer who had worked in the pharmaceutical industry for many years and had considerable licensing experience. The parties requested that the mediator help them reach an agreement on the terms of the license.

The one-day meeting Session allowed the parties to identify the issues and deepen their understanding of the legal circumstances. On this basis, the parties continued direct negotiations amongst themselves and reached a settlement agreement.

i) M9. A WIPO Mediation of Telecom Patent License Dispute

287 A European telecom company licensed US, European and Asian patents relating to telecommunication technology to a US company involved in the development of wireless products. The license agreement contained a clause according to which any dispute arising out of or in connection with the agreement should be submitted to WIPO mediation, followed in the absence of settlement by WIPO arbitration.

Four years after concluding their agreement, the parties disagreed on the scope of the applications for which the licensee could use the licensed technology and, as a result, the licensor alleged that the licensee had violated its patents by using the licensed technologies beyond the scope of the license.

The European telecom company initiated a WIPO mediation. The Center suggested to the parties potential mediators with specific expertise in patents and telecommunication technology. With the mediator's assistance, the parties were able to settle their dispute within five months of the commencement of the mediation.

j) M10. A WIPO Mediation in the automotive sector

A US based manufacturer of automotive components concluded a settlement **288** agreement in the form of a patent license with one of its European competitors. This agreement contained a dispute resolution clause referring to WIPO Mediation to be followed, in the absence of settlement, by WIPO Arbitration with a three-member tribunal.

Two years after the conclusion of the settlement agreement, the US company submitted a request for mediation alleging infringement of its US patents and claiming royalty payments for the licensed automotive parts technology. The request specified the preferred qualifications of the appropriate mediator and the WIPO Arbitration and Mediation Center provided to the parties a list of candidates with specific expertise in patents and the relevant technology.

The parties selected one of the recommended mediators who convened a two-day meeting. The meeting involved various caucus sessions and the parties engaged in a continuous exchange of proposals and discussions. Such negotiations related to the amount of royalty payments sought by the US company and the renegotiation of the terms of the license relating to royalty payments.

At the end of the hearing the parties agreed on a term sheet laying down the terms of a final agreement, which enabled the parties to efficiently continue their business activities in this market.

k) M11. A WIPO Mediation of a Software/ IT Dispute

A public research center based in Europe and a technology company also based **289** in Europe signed a research and development agreement aimed at developing technological improvements to a phonetic recognition software. The agreement included a mediation clause under the WIPO Rules.

After several years, the technology company stopped complying with the agreed payment schedule alleging that the research center had not met the targets set and took unilateral decisions, including hiring other research groups outside the relationship while the contract with the research center was still in force.

The research center initiated mediation claiming damages. The Center proposed as mediator a lawyer with experience in technology contracts. After several months of intense negotiations facilitated by the mediator, the parties concluded a settlement agreement.

l) M12. A WIPO Mediation in the Area of Research and Development

290 A major European research institute and a French company entered into a license agreement. The agreement related to a technology in the area of building materials with an application for patent filed with the European Patent Office. The parties included in their contract a multi-tier dispute resolution clause providing for WIPO mediation, followed by court litigation.

Three years after the conclusion of the agreement the company alleged the invalidity of the license agreement and requested a refund of royalty payments in light of the rejection of the patent application by the European Patent Office. The research institute commenced mediation proceedings requesting payment of the royalty rates. The parties invited the WIPO Center to provide them with a list of mediator candidates experienced in mediation, drafting licensing agreements and specialized in patent law.

One of those mediators was selected by the parties. The mediator conducted a preparatory telephone conference with the parties including an explanation of mediation principles, the submission of documents as well as details of the mediation meeting, such as the timetable, venue and party representation. Following a dinner which proved useful to restore communication between the parties, a one-day mediation session took place in Munich, Germany. At the end of the mediation session the parties were able to conclude a settlement agreement. This settlement agreement included options for the amendment of the license agreement and payment of royalty rates, based on future decisions on the patent application, and the additional option to conclude a research and development agreement between the parties. Thus, the mediation settled within less than three months after its commencement and enabled further extended collaboration between the parties.

4. CEDR case studies[97]

a) Telecommunications contract dispute the risks of going to Court

291 Amount in dispute: £ 120,000 Time between referral and mediation: Two months Length of mediation: One day Cost: £ 1,300 per party

A dispute arose between a provider of telecommunication and data links and a bank in connection with a £120,000 claim for early termination of telecommunications links. The bank was purchased by a larger organisation, which terminated the agreement and claimed that they were exempt from cancellation charges.

---

97 www.cedr.com > CEDR Solve > CEDR Solve track record > ADR case studies > Industry sector.

The key issue was the interpretation of the contract. However there were questions in relation to an oral agreement and claim of misrepresentation.

The dispute began in early February 2000 and litigation was commenced in August 2000. The parties approached CEDR in November 2000 and a mediation was set up for January 2001.

Representatives from each side with sufficient authority to make a binding settlement attended the mediation together with their solicitors and barristers. The mediation opened with a joint session, where both parties and the mediator were present. The solicitor made an opening statement on behalf of the provider, whilst the principal representative made the opening statement for the bank.

After the opening statements were made, the mediator invited each of the parties to comment on the other side's statement. This opened up the discussions and the mediator allowed the joint session to continue until it became clear that private exploration of the issues was necessary.

A series of caucus sessions were held with each side. These enabled the mediator to further explore each side's case, to reality test their assumptions and to talk about the risks of proceeding to trial.

Although both sides believed their cases to be very strong, they acknowledged that the costs of going to trial would be very high. Furthermore, key witnesses were located abroad and a number of them no longer worked for the party concerned. This affected the prospects of success on the misrepresentation issues.

The parties then began to talk about settlement options. As well as looking.

b) Manufacturing IP dispute avoids adverse publicity through mediation

A British manufacturer was given a one-year licence by an international enter-   **292** tainment company to sell spin-off merchandise from a television series. When the licence expired, the entertainment company refused to renew the licence. The manufacturer allegedly continued to produce and sell the merchandise without a licence for a number of years.

Proceedings were issued for breach of copyright and passing off. The manufacturer counter-claimed for failure to renew the licence. In addition, the manufacturer claimed that some of their own merchandise, registered at the UK Design Registry of the Patent Office, predated the creation of the entertainment company's merchandise. They therefore claimed for breach of their own copyright against the licensor. The amount in dispute was around £ 150,000.

Proceedings had been issued in the Chancery division for an injunction and damages and an application was pending in the Design Registry for cancellation of the design. The dispute had been running for several years with proceedings issued one year prior to approaching CEDR Solve. The parties agreed to mediate before a trial date was set and the mediation took two months to arrange.

The mediator liased by telephone with the parties'legal representatives prior to the mediation session to discuss the mediation procedure. This helped to establish rapport.

During the exploration phase of the mediation it became clear that the entertainment company wanted to bring an end to the dispute and to avoid any adverse publicity. The manufacturer wanted to ensure their business remained financially viable, since they had established a reputation in the trade.

Turning points occurred when a number of options were developed to bring the dispute to an end. Once each party realised that the other was negotiating seriously, contrary to their prior expectations, each side was prepared to make a concession in order to reach an agreement.

A Settlement agreement was reached by the parties at the end of eight hours of mediation. The agreement was recorded in writing with a Tomlin Order drafted and approved, to bring the dispute to an end.

One of the legal representatives stated that they were "extremely impressed with the process".

c) Government IT contract dispute resolved with specialist mediators

293 Amount in dispute: £ 44,000 Time between referral and mediation: Three months Cost: £ 825 per party

A major government department entered into a contract for the supply of software licences. It was understood by the department that a trial period for software suitability and testing would precede final acceptance. During the trial, testers declared the software unsuitable and informed the supplier of termination of the contract.

The parties were in dispute over:

– whether the department were entitled to terminate the agreement without making any payment;

– whether payment was contingent upon successful completion of the trial; and

– whether the software provided met the requirements of the brief.

A second dispute related to the duration of a contract for the provision of consultancy support and software maintenance following the issue of a further invoice.

A clause in both contracts directed the parties to arbitration in the event of a dispute. However, the parties wished to attempt to resolve the matter by mediation in the first instance to minimise costs, retain control of the dispute and resolve it more quickly. They agreed they would pursue arbitration should the mediation fail.

The parties were both keen for a mediator with substantial IT experience. CEDR Solve was able to advise parties on several mediators suited to their requirements. Our dispute resolution adviser provided support and guidance throughout the process, particularly to the participants and advisers who had not been involved in a mediation before.

Exploratory work in the mediation established that there were additional factual matters in dispute and was helpful in highlighting the risks to each party of going to arbitration or litigation.

The parties were initially willing to negotiate, but on a positional basis. The mediator engaged the key decision-makers of each party in thorough reality testing and an evaluation of best and worst case scenarios. This produced immediate movement in negotiations and led swiftly to a final settlement.

The parties were able to see the commercial sense of the settlement and save face. The settlement was written up and signed at the mediation by the parties.

d) Entrenched parties in breach of copyright dispute achieve a clean break

An individual approached a publisher with a business plan for a new product. **294** The publisher decided not to back the idea, but two years later the individual discovered that the publisher had launched its own product which the individual believed was based on his idea.

At the initial presentation of the idea, the publisher had signed a confidentiality agreement with the individual. The individual claimed that this agreement had been breached together with his copyright in the business plan. The publisher, however, claimed that the idea had been developed entirely independently by one of its employees.

The amount in dispute was difficult to quantify, but parties had already spent a great deal in legal costs. The parties came to CEDR Solve to attempt mediation three weeks before the initial trial date to try and avoid further costs.

This was a heated and emotional dispute and it became apparent at the mediation that the parties had a deep mistrust of each other. The realisation that their relationship was strained beyond repair clarified that the purpose of the mediation was to achieve a clean break agreement.

The parties held genuinely opposing views as to success at trial and so an examination of the merits of each party's case was unlikely to assist with settlement. The mediator concentrated instead on the fact that parties had agreed to come to mediation.

Any settlement would be met by the publisher's insurers, who were in telephone contact throughout the mediation. This knowledge enabled the publisher to move from a very emotional approach towards a commercial deal.

A key turning point came when the individual made a significant downwards jump in terms of what he would accept and then stated this to be the bottom line. This was taken seriously following a previous warning from the other side that any final offer should indeed be final. This appeared to cause the publisher to re-evaluate its position and agree to meet the bottom line.

e) Engineering firm resolves share purchase dispute in two days

295   Amount in dispute: £ 26 million Time between referral and mediation: Two and a half months Length of mediation: Two days Cost: £ 7,600 per party

An engineering company developed a promising high specification machine but technical problems led to delays in marketing the product and thus financial difficulties. Continuing problems and lack of sales brought the company to the brink of liquidation. In order to continue operations the company was sold to one of its suppliers under a share sale agreement. After the purchase the supplier alleged that it discovered the stock of the company was about £ 6 million less than warranted, that additional creditors were not listed in the management accounts and additional liabilities existed in relation to the sale contract for the machine.

The total amount in dispute was £ 26 million, which was the amount the supplier had invested since the purchase, in an attempt to keep the engineering company afloat. The vendors had continued as employees but not directors of the engineering company, but were dismissed a year later on the basis of gross misconduct due to the alleged misrepresentations above. The ex-directors/employees therefore commenced proceedings for unfair dismissal in the Employment Tribunal.

The parties wanted to resolve all the issues through mediation and approached CEDR Solve for assistance with selecting an appropriate mediator. The parties were keen to select a mediator who could handle the strong emotions involved in this dispute.

The mediator's lengthy pre-mediation telephone contact with both sides built trust and enabled parties to come to the mediation with a proper understanding of their risk on particular issues.

The mediation commenced with a joint Session, which allowed the individuals involved to express their strong emotions in a manageable way. It became clear that, as well as a financial settlement, a driving influence in reaching agreement was a need to save face and to address the feeling of being ‚cheated'. The mediator helped the parties to identify the issues, and then grouped together the principals in one room and the legal representatives in another to tackle a number of issues in parallel sessions, run by the assistant mediator. Interestingly, due to the existence of personal guarantees by the ex-directors for the debts of the company, which could be called in at any time by the purchasers, discussions during the Course of the mediation centred on the commercial and personal interests of the parties rather than legal positions. The mediator was fairly robust with the parties in terms of reality-testing their positions and offers, and this often led to a more sensible offer being put to the parties.

After a long two-day mediation, parties reached a Settlement in relation to an agreement for lease, a side letter of nearly guarantee, and a side letter containing non-binding undertakings.

Parties commented that "the mediator was excellent … built rapport well and was a great reality tester".

f) Commercial solution found to scientific design rights dispute

A dispute arose between two companies over the design rights for equipment **296** used in scientific testing. The legal arguments concerning the design rights were complex and arguable both ways. The parties decided to attempt mediation to retain control of the dispute and to move towards a potentially acceptable commercial solution rather than face the risk and expense of a complex trial.

The parties attended the mediation with their legal representatives, patent agents and counsel.

At the mediation important developments were made when the mediator brought together the principals from each party to explore and identify possible commercial solutions, whilst the legal representatives discussed parallel issues.

With the mediator keeping everyone informed of progress being made an agreement was reached in principle. It was necessary for the parties to sign off on technical drawings, which would take time to prepare, so the mediation session closed and the mediator remained in contact with the parties until final settlement was reached.

g) £ 17 million construction dispute resolved in two days

Amount in dispute: £ 17 million Length of mediation: Two days Cost: £ 5,600 **297** per party

A dispute arose between the main contractor and a subcontractor in connection with the construction of a power station.

The main contractor employed the subcontractor to prepare the ground works for the power station. The subcontractor alleged that, due to a number of variations to the initial contract specifications requested by the main contractor, additional works were required. These variations extended the completion time of the ground work project. The effect of this was to substantially increase the subcontractor's costs. The main contractor counterclaimed alleging the delay in the groundwork had a knock-on effect in the commissioning of the power plant and had therefore increased their costs. The amount in dispute was £ 17 million.

Adjudication was an option for the parties, but they wished to attempt mediation in order to have more control over the outcome of the dispute. No separate legal representatives were involved as both parties had in-house legal teams.

The parties wanted a two-day mediation and had already identified two convenient dates in the following month. CEDR Solve was able to recommend a number of mediators available on those two days with the appropriate mediation skills and professional background for this dispute.

CEDR Solve arranged the venue and managed the exchange of documentation on behalf of the parties. At the request of the parties, CEDR Solve arranged a premediation conference call between the mediator and the parties to discuss the mediation procedure in advance. Settlement was reached on the second day of mediation after a series of joint and private meetings.

Discussion on previous negotiations clarified that the difference between the parties was much narrower than they had realized. The mediator was able to facilitate settlement during the mediation by careful and sensitive selection of appropriate negotiators to bring together at sub-group meetings at key moments.

h) Denmark – US telecoms dispute

298   Nationality of Parties: Danish and American

Facts: This dispute arose in connection with a claim for breach of warranty and misrepresentation arising out of a Stock Purchase Agreement entered into between the Claimant and the Respondent, both Danish companies, in the telecommunications industry. The Claimant maintained breaches of obligations, in essence of the Respondent's failure to make adequate disclosures and/or adequate provision by way of reserves and/or that amounts receivable, including royalties, were grossly overstated.

Amount in Dispute: US $ 6.6 million

Route to Mediation: In the event of any dispute, the Contract between the parties provided for conciliation under UNCITRAL Rules, to be administered by the LCIA. The conciliator was to be from CEDR. Proceedings had not commenced because of the contractual obligation placed on the parties, which provided for the use of conciliation in the event of any dispute.

Time between Decision to Mediate and Final Outcome: Two months

Mediators' Pre-mediation Work: 15 hours of preparation

Length of Mediation: One day

Cost per party (includes preparation): US $ 6,000

Conclusion/Post-mediation Work: The dispute between the parties was settled through the mediation process, albeit not until some weeks following the day of mediation itself.

Comments from those involved: One of the parties commented, '… we would not have concluded a settlement without your expert intervention and conduct of the mediation proceedings … I would like to thank [the Mediator and Assistant Mediator] for your excellent services in this matter.'

i) Israeli – US telecoms dispute

Nationality of Parties: Israeli and American **299**

Facts: The Claimant was granted a licence to operate a cellular telephone network in Israel. The Respondent, a US company, was the Claimant's main supplier. A malfunction in the Claimant's network was caused by a serious fault in the Respondent's telephones. This dispute involved three principal issues: the Claimant's withholding of payment to the Respondent for the cellular telephones, the extent of the Respondent's liability, if any, for a latent software problem in the telephones and the scope of the Claimant's *direct* expenses for repairs and the nature and amount of damages the Claimant allegedly suffered as a result of the software problems in the telephones.

Amount in Dispute: Between US $ 25 million and $ 30 million

Route to Mediation: The Respondent first suggested mediation as a means of solving the dispute but the Claimant rejected this suggestion. At a later date, the Claimant proposed an attempt at mediation, which the Respondent accepted. A UK mediator was chosen because of the neutrality of the UK, in relation to Israel and the USA, and CEDR was proposed by the Respondent's lawyers in the UK.

Time Between Decision to Mediate and Final Outcome: Four months

Mediators'Pre-mediation Work: There was a preliminary meeting between the Respondent Company's Vice-President, the Claimant's legal representative and CEDR. Prior to the mediation itself, the Mediators conducted eight hours of preparation.

Length of Mediation: Two days

Cost per party (includes preparation): US $10,000

Conclusion/Post-mediation Work: The parties achieved a settlement through the mediation process.

Comments from those involved:

The Respondent Company's Vice-President wrote to 'express my thanks to [your] mediators for a job well done'. She further indicated a 'considerable' management time saving as a result of using the mediation process, '[the] mediation timing was relatively quick as compared to the length of the dispute.'

j) Making the last mile shorter – a personal injury case study

Nature of dispute: Personal injury and insurance **300**

Sector: Information Technology

Amount in dispute: £ 2 million

Timing: The case was 6 years old and mediation was prior to the civil trial

Preparation time: 5 hours

Mediation time: 9 hours

Brief details of the dispute: A senior executive was seriously injured in an industrial accident at work. The executive won a liability trial and sought substantial damages. Mediation was suggested by leading counsel who felt that agreement might be possible with the help of a mediator.

Particular features

– The claimant felt that his company and ex-colleagues did not appreciate that he was now seriously disabled in earning capacity.

– The defendant's insurers felt that the claimant was too over-ambitious about his case and was capable of more than he had admitted.

– There was an added complexity to the valuation of future losses as the executive had moved abroad to live.

The mediation:

By pre-familiarisation with the case the mediator was able to instigate realitytesting early in the proceedings, which worked well and did not generate antagonism from either lawyers or parties. Time was allowed to both sides to let them think through their positions and review the reality of their cases. The parties were helped from over-concentration on detail by recognising early on that a settlement would require a broad-brush approach and detail could be revisited if it emerged that settlement was not possible.

k) Mediation saves time and money in international professional negligence dispute

301 A professional negligence claim was brought by the liquidators of an overseas company against their former professional advisers. The advisers acted for the overseas company in the sale of its assets to a company registered in the Caribbean. The liquidators asserted that the advisers had been negligent in carrying out their original instructions and in undertaking related transactions in the following months. The liquidators alleged that the advisers had acted as part of a fraudulent conspiracy.

The amount in dispute was US$ 10 million. Proceedings had been issued in the UK two years previously and the legal representatives, who had each used mediation before, recommended mediation to their respective clients.

The mediation took two months to set up and took place in London.

The lawyers' understanding of the mediation process greatly facilitated negotiations, increasing chances of success and encouraging the parties to explore commercial as well as purely legal issues. At the end of a two-day mediation the parties managed to resolve their dispute, reaching a binding written settlement.

One of the parties said that the main benefits of mediation had been an "early settlement" and a financial saving of "approximately £ 250,000" in legal expenses.

l) Swiss – British IT dispute

Nationality of parties: Swiss and British   **302**

Facts: The dispute arose from an agreement between the parties for the distribution of software. Party A owned the software and entered into a distribution agreement, under which Party B was granted an exclusive licence to market, distribute and support certain defined Licensed Software. Party A sought damages for an alleged breach of the agreement, in that the software was not in accordance with specifications. This was denied by Party B, who then issued a counterclaim for royalties withheld by Party A.

Amount in dispute: US $ 5 million

Route to mediation: The parties were in the early stages of an ICC arbitration; they then agreed between themselves to refer the matter to mediation.

Time between decision to mediate and final outcome: Three months

Mediator's Pre-mediation Work: Ten hours of preparation

Length of mediation: One day

Cost per party (includes preparation work): US $ 10,300

Conclusion/post-mediation work: The parties failed to settle their dispute through the mediation process on the day. However, the case settled shortly after mediation due to the active work of the mediator.

Comments from those involved: Party A's lawyer thought that the mediation process 'certainly helped in reaching a settlement in principle'. He also stated that he appreciated the 'tenacity and hard work' of the mediator and assistant mediator both on the day and afterwards.

m) UK, USA and Germany electronic trading

Nationality of Parties: British, American and German   **303**

Facts: The parties entered into a contract to design, develop and customize an electronic network-based trading system in order for the Claimant, a UK company, to run live auctions on the Internet. The Respondent was also to provide support and maintenance for the System. The Claimant alleged that during a ten-month period the System malfunctioned. They alleged that the System crashed four times during live auctions. The Claimant purported to terminate the Contract for material breach and claimed damages. The Respondent and guarantors alleged that the Claimant was in repudiatory breach of the Contract and counter-claimed damages.

Amount in Dispute: US $ 3.2 million

Route to Mediation: The parties agreed to refer the matter to mediation.

Time between Decision to Mediate and Final Outcome: Four months

Mediators' Pre-mediation Work: Eight hours of preparation

Length of Mediation: One day

Cost per party (includes preparation): US $ 5,200

Conclusion/Post-mediation Work: The parties achieved a settlement through the mediation process.

Comments from those involved: The senior manager of one of the parties commented 'the mediation allowed a proper airing of the issues and made it possible to find an acceptable settlement figure and the mediator was very good – she kept us talking when it looked impossible.'

n) USA – UK a contractual relationship for IT

304   Nationality of Parties: American and British

Facts: A mortgage and loan company entered into a ten-year agreement with an information technology company to provide the IT services for all its offices. Three years into the contract a dispute occurred over invoicing and payment. The IT company claimed that they had not been paid for their services while the mortgage and loan company claimed that improper invoicing was occurring.

Amount in dispute: US $ 314.5 million

Route to Mediation: As stipulated in the original outsourcing contract, the two parties agreed to enter into mediation before resorting to litigation.

Time between Decision to Mediate and Final Outcome: Four months

Mediator's Pre-mediation Work: Ten hours of preparation including extensive pre-mediation phone conversations with both parties.

Length of Mediation: Two days

Cost per Party (including preparation): US $ 10,000

Conclusion/Post-mediation Work: The mediation ended in a settlement, which preserved the cordial working relationship between the two companies and the remaining contract.

o) Commercial solution found to scientific design rights dispute

305   A dispute arose between two companies over the design rights for equipment used in scientific testing. The legal arguments concerning the design rights were complex and arguable both ways. The parties decided to attempt mediation to retain control of the dispute and to move towards a potentially acceptable commercial solution rather than face the risk and expense of a complex trial.

The parties attended the mediation with their legal representatives, patent agents and counsel.

At the mediation important developments were made when the mediator brought together the principals from each party to explore and identify possible commercial solutions, whilst the legal representatives discussed parallel issues.

With the mediator keeping everyone informed of progress being made an agreement was reached in principle. It was necessary for the parties to sign off on technical drawings, which would take time to prepare, so the mediation session closed and the mediator remained in contact with the parties until final settlement was reached.

p) Government IT contract dispute resolved with specialist mediators

Government IT contract dispute resolved with specialist mediators. **306**

Amount in dispute: £ 4.4 million

Time between referral and mediation: 3 months

Cost: £ 2,825 per party

A major government department entered into a contract for the supply of software. It was understood by the department that a trial period for software suitability and testing would precede final acceptance. During the trial, testers declared the software unsuitable and informed the supplier of termination of the contract.

The parties were in dispute over:

– whether the department were entitled to terminate the agreement without making any payment;

– whether payment was contingent upon successful completion of the trial; and

– whether the software provided met the requirements of the brief.

A second dispute related to the duration of a contract for the provision of consultancy support and software maintenance following the issue of a further invoice.

A clause in both contracts directed the parties to arbitration in the event of a dispute. However, the parties wished to attempt to resolve the matter by mediation in the first instance to minimise costs, retain control of the dispute and resolve it more quickly. They agreed they would pursue arbitration should the mediation fail.

The parties were both keen for a mediator with substantial IT experience. CEDR Solve was able to advise parties on several mediators suited to their requirements. Our dispute resolution adviser provided support and guidance throughout the process, particularly to the participants and advisers who had not been involved in a mediation before.

Exploratory work in the mediation established that there were additional factual matters in dispute and was helpful in highlighting the risks to each party of going to arbitration or litigation.

The parties were initially willing to negotiate, but on a positional basis. The mediator engaged the key decision-makers of each party in thorough reality testing and an evaluation of best and worst case scenarios. This produced immediate movement in negotiations and led swiftly to a final settlement. The parties were able to see the commercial sense of the settlement and save face.

The settlement was written up and signed at the mediation by the parties.

q) Portugal – UK IP dispute

307 Nationality of parties: Portuguese and British

Facts: The dispute arose over a promotion run by Party A offering tickets to an international sports match. Party B obtained an interim, prohibiting injunction against the promotion, claiming that it ran contrary to their strict rules on ticket sales and distributions. Party A sought to pursue damages on the cross undertaking given to them at the time of the injunction.

Amount in dispute: US $ 1.3 million

Route to mediation: After ongoing negotiations proved unsuccessful, the parties sought a stay on a directions hearing that was due, and agreed between themselves to refer the matter to mediation.

Time between decision to mediate and final outcome: Three weeks

Mediator's Pre-mediation Work: Ten hours of preparation

Length of mediation: One day

Cost per party (includes preparation work): US $ 5,600

Conclusion/Post-mediation Work: The parties adjourned the mediation to explore a sponsorship deal as a method of resolution. They failed however to reach agreement. The mediator stayed in telephone contact and brokered a financial settlement of the litigation as an alternative. A joint statement had been agreed.

Comments from those involved: Party B's lawyer was pleased with the way that the day was handled. He thought the mediator did well to manage the parties in what was an emotional case. He was very pleased with the mediation service and thought that there was nothing further that CEDR Solve could have done. Party A's lawyer agreed that it was an excellent service and stated that it was 'very efficient, organised and helpful'.

r) UK – USA IP dispute

308 Nationality of Parties: American and British

Facts: The Claimant, UK-based, represented a number of small businesses, which had been producing spare parts for motor vehicles over a period of many years. The Respondent, a European subsidiary of a US parent company, attempted to enforce intellectual property rights over the spare parts.

Amount in Dispute: Approximately US $ 1.6 million

Route to Mediation: The Respondent Company proposed mediation through CEDR.

Time between Decision to Mediate and Final Outcome: Eight months

Mediators' Pre-mediation Work: There was a meeting between the Respondent Company, their legal representatives and CEDR. There was a further meeting between the Respondent Company's Patent Agent, their legal representative and the Claimant's legal representative. Prior to the mediation itself, the Mediator conducted eight hours of preparation.

Length of Mediation: One day

Cost per party (includes preparation): US $ 4,600

Conclusion/Post-mediation Work: The parties achieved a successful settlement through the mediation process.

Comments from those involved: One party commented 'the mediation was very well conducted and allowed us to make a breakthrough in a difficult situation. We had really not expected to settle this'.

s) USA – UK industrial espionage

Nationality of parties: American and British   **309**

Facts: The dispute concerned an allegation by Party A that in founding a company, Party B had breached its fiduciary duties, misappropriated trade secrets and engaged in other torts. Party B denied these allegations.

Amount in dispute: US $ 200,000

Route to mediation: After the parties had conducted informal settlement discussions and could not arrive at an agreement, they agreed amongst themselves to attempt one last chance through formal mediation.

Time between decision to mediate and final outcome: One month

Mediator's Pre-mediation Work: Eight hours of preparation

Length of mediation: One day

Cost per party (includes preparation work): US $ 4,800

Conclusion/Post-mediation Work: The parties settled the dispute successfully through the mediation process.

Comments from those involved: One of the parties' legal representatives stated that the mediator's pre-mediation contact was the best that he had ever seen and that the mediation was very efficiently put together by CEDR Solve.

The (American) lawyer for the other party was not familiar with mediation in the UK, and commented that the mediator was very good at dealing with a dispute involving both the British and US legal systems. She said the mediator was 'prepared, clearly intelligent, experienced and she worked really hard to get it done'.

5. Praxisfälle

310   Es werden im Folgenden einige Praxisfälle des Autors, der bisher 24 Mediationen/Schiedsverfahren und ein Schiedsgutachten als Mediator, Schiedsrichter und -gutachter betreut hat (bis auf ein Schiedsverfahren, das in 2008 mit einem Schiedsurteil abgeschlossen wurde, konnten alle übrigen Verfahren „mit einem Vergleich" abgeschlossen werden) geschildert, die der Autor in dieser Form veröffentlichen kann:

a) Patentlizenzvertrag

311   Bei den Personen handelt es sich um einen deutschen Erfinder, der Inhaber eines Herzkatheter-Patents war und einem sehr großen US-Pharmakonzern. Der deutsche Erfinder lizenzierte das v.g. Patent an die US-Firma. Der Patentlizenzvertrag stammt aus dem Jahre 1986 und wurde drei mal geändert. Anwendbares Recht war deutsches Recht. Der Vertrag enthielt keine Streitschlichtungsklausel. Einige Jahre später hatte der Erfinder die Vermutung, dass an ihn zu wenig Lizenzgebühren gezahlt wurden. Nach Auffassung des Erfinders summierten sich die zu wenig gezahlten Lizenzgebühren auf einen Betrag von insgesamt 16 Mio. US-Dollar. Am 24.7.2001 wurde seitens des Erfinders trotz fehlender Streitschlichtungsklausel eine Mediation gegenüber seinem Lizenznehmer vorgeschlagen, um das Problem der zuwenig gezahlten Lizenzgebühren zu klären. Am 16.8.2001 wurde die Mediation in Minneapolis, USA, mit Hilfe eines pensionierten staatlichen Richters durchgeführt. Am 16.8. begann die Mediation um 10:00 Uhr und endete am 17.8. um 1:00 Uhr nachts. Der Erfinder und Lizenzgeber erhielt unter bestimmten Randbedingungen, die letztlich alle erfüllt wurden, eine einmalige Zahlung in Höhe von 80 Mio. US-Dollar. Gleichzeitig verkaufte der Erfinder und Lizenzgeber sein Patent an den Wettbewerber des Lizenznehmers, der dem Wettbewerber die Produktionsstätten für den Herzkatheter in der Schweiz zum Preis von 2,1 Milliarden Dollar verkauft hatte.

Es waren also letztlich drei Parteien an dieser Mediation beteiligt: Der deutsche Erfinder und Lizenzgeber, der US-Lizenznehmer sowie der Wettbewerber des US-Lizenznehmers, der letztlich Käufer des Patents des deutschen Erfinders wurde. Die Mediation verlief sehr sachlich und zielorientiert und konnte auf finanzieller Basis zum Erfolg geführt werden.

b) Entwicklung einer Software (Hotelbuchung)

Die Mediation wurde zwischen zwei Medianden durchgeführt. Es handelte sich um den Münchner Hotelverbund (Auftraggeber) und die Firma Web Creatives GbR (Auftragnehmer). Gegenstand des Streits war die Erfüllung der Software-Erstellung. Die Streitdauer betrug bis zum Beginn der Mediation neun Monate. Die Mediation selbst benötigte sieben Wochen einschl. dreier Schriftsätze der Parteien. Die Verhandlungszeit am 3.10.2003 (Tag der Deutschen Einheit!) betrug zwei Stunden und 20 Minuten. Am 3.10.2003 wurde zwischen den Parteien folgender Vergleich geschlossen: Der Auftragnehmer zahlt an den Auftraggeber einen bestimmten Betrag zur Abgeltung aller Forderungen. Der Auftraggeber zahlt fünf und der Auftragnehmer zahlt sechs Stunden von elf Stunden Zeitaufwand des Mediators. Jede Partei trägt 50% der Kosten der IHK München (MediationsZentrum München). **312**

Streitanlass war aus Sicht des Autors und Mediators die mangelnde Abstimmung der Pflichten bei der Software-Erstellung bzgl. beider Parteien. Ferner handelte es sich bei den Personen auf beiden Seiten um sehr unterschiedliche Charaktere. **313**

Der Fall wurde veröffentlicht in: Wirtschaft, Das IHK-Magazin für München und Oberbayern 06/2004. **314**

c) Patent- und Know-how-Lizenzvertrag

Bei den Medianden handelte es sich um zwei deutsche Firmen, die im Textilmaschinenbau tätig sind. Streitgegenstand waren der Fortbestand und die Rechte/Pflichten aus einem Patent-/Know-how-Lizenzvertrag, der von beiden Seiten gekündigt wurde. **315**

Die Streitdauer bis zum Beginn der Mediation betrug ca. 1,5 Jahre. Die Dauer der Mediation selbst betrug ca. sieben Wochen. Die Schiedsklage wurde am 12.12.2005 eingereicht. Zwischen den Parteien wurde dann jedoch einvernehmlich statt des Schiedsverfahrens die Durchführung eines Mediationsverfahrens am 2.2.2006 vereinbart. Bei einem gemeinsamen Abendessen am 21.3.2006 wurde vor dem eigentlichen Mediationstermin innerhalb von fünf Stunden ein möglicher Vergleich nicht nur diskutiert, sondern nahezu abgeschlossen. Da die eine Partei selbst an dem **316**

Abendessen nicht teilnehmen konnte, vielmehr „nur" durch seinen Rechtsbeistand vertreten wurde (die andere Partei war mit der gesamten Geschäftsführung und dem Rechtsbeistand bei dem Abendessen anwesend), konnte der Vergleich lediglich diskutiert und nicht abgeschlossen werden. Am 22.3.2006 wurde dann innerhalb von sieben Stunden ein Vergleich geschlossen. Der Lizenzvertrag wurde einvernehmlich aufgehoben, die geleistete Einstandszahlung blieb bei dem (ehemaligen) Lizenzgeber und das lizenzierte Know-how wurde weiterhin geheim gehalten. Der (ehemalige) Lizenzgeber erhielt ein Kontrollrecht bzgl. der Auslieferung der lizenzierten Maschinenbauteile durch den (ehemaligen) Lizenznehmer. Dieses Kontrollrecht wurde letztlich deshalb eingeräumt, weil am 22.3.2006 – wohl erstmalig – offen angesprochen wurde, dass der eine Geschäftsführer des Lizenznehmers sich vor Beginn seines Arbeitsvertrags beim Lizenznehmer beim Lizenzgeber die streitgegenständliche Maschine zusammen mit dem Geschäftsführer des Lizenzgebers angesehen hatte und die dabei ihn vom Lizenznehmer offenbarten erfinderischen Ideen bei seinem neuen Arbeitgeber „einbrachte" und der Lizenznehmer eine Patentanmeldung vornahm, um diese erfinderischen Ideen des Lizenzgebers zu schützen. Dies war der eigentliche Kern des Streitanlasses. Die Medianden hatten jedoch diesen Streitanlass nur unzureichend kommuniziert, woraufhin der Streit eskalierte. Im Rahmen des Vergleichs übernahm der ehemalige Lizenznehmer die Kosten des Schiedsverfahrens und der Mediation (32 Stunden). Jede Partei trug ihre eigenen Kosten einschl. der eigenen Anwaltskosten.

317 Der Fall wurde in „WIRTSCHAFT, Das IHK-Magazin für München und Oberbayern 10/2006" veröffentlicht.

318 In allen drei geschilderten Fällen wurden auf Bitten der jeweiligen Medianden seitens des Mediators rechtliche Hinweise in einer sehr neutralen Form gegeben. In allen drei Fällen wurde unter Verzicht auf Befangenheitsanträge der Medianden die „Shuttle-Diplomatie" seitens des Mediators durchgeführt. Der Mediator führte also Gespräche mit jedem Medianden und den entsprechenden Rechtsbeiständen und gab in einem von dem jeweiligen Medianden bestimmten Umfang Informationen an den anderen Medianden und dessen Rechtsbeistände weiter.

In diesen drei Fällen machte diese Vorgehensweise sehr viel Sinn, da die Parteien – nicht deren jeweilige Rechtsbeistände – die Gespräche mit sehr viel Emotionen „belasteten" und es daher auch nach eigener Einschätzung der Parteien und ihren jeweiligen Rechtsbeiständen in allen drei Fällen sinnvoller war, in getrennten Räumlichkeiten die jeweilige

Mediation durchzuführen. In bestimmten Zeitabständen, die sehr individuell waren, wurden dann gemeinschaftliche Gespräche in einem Raum jeweils geführt.

d) Liefervertrag über Maschinenbauteile

In einem weiteren Fall, der in „WIRTSCHAFT, Das IHK-Magazin für **319** München und Oberbayern" 6/2015 veröffentlicht wurde, gab es einen Streit zwischen drei Parteien (Haimer GmbH, Zwischenhändler und internationaler Konzern) über mangelhafte Bauteile. Die Fa. Haimer GmbH hatte zunächst den Konzern vor einem staatlichen Gericht in Deutschland verklagt. Das Landgericht wies die Klägerin darauf hin, dass aufgrund des Vertrags zwischen dem Zwischenhändler und dem Konzern zunächst ein Streitschlichtungsverfahren vor dem Verfahren vor dem Landgericht durchgeführt werden müsse. Die Klage wurde daraufhin von der Haimer GmbH zurückgenommen und zwischen den Parteien einvernehmlich eine Mediation nach den Regeln des Mediations-Zentrums der IHK für München und Oberbayern vereinbart, die dann innerhalb eines Tages unter Mitwirkung des Mediators (des Autors dieses Werks) erfolgreich endete. Maßgeblich für die Einigung waren neben der generellen Einigungsbereitschaft aller Parteien und der professionellen Mitwirkung der Parteivertreter auch die separaten Caucus-Treffen der einzelnen Parteien mit dem Mediator, in denen der Mediator sehr viel mehr Informationen über die Intentionen der jeweiligen Partei erfuhr und mit diesem Wissen dann die Parteien besser dabei unterstützen konnte, eine rechtliche, vor allem aber eine für alle Beteiligten zufriedenstellende zeitnahe wirtschaftliche Lösung zu finden.

Teil D
Mediator Tool Box: FRAND-Lizenzgebühren

I. Einführung

1. Die wachsende Bedeutung von (technischen) Standards: 5G und IoT

Immer mehr Technologien werden seit vielen Jahren erheblich komple- **320**
xer. Mangels finanzieller und technischer Ressourcen nur einer oder weniger Firmen werden diese Technologien von sehr vielen Beteiligten gemeinsam entwickelt und produziert. Diese ressourcenbedingte unver-
meidliche Zusammenarbeit führt auch zu entsprechenden sehr komplexen rechtlichen Streitigkeiten. In zunehmendem Umfang werden deshalb
auch andere Streitbeilegungsverfahren als nur die Verfahren vor staatlichen Gerichten genutzt. Neben dem Verhandeln sind dies insbesondere
die Schiedsgerichtsbarkeit und die Mediation.

Diese Ausführungen befassen sich beispielhaft mit einer sehr speziellen
Problematik: Es geht um die Streitbeilegung mittels der Mediation bei
Streitigkeiten, die die Bestimmung der angemessenen („**FRAND**", Fair
Reasonable And Non-Discriminatory) Lizenzgebühren bei Patent-/Ur-
heberrechts-/Know-how-Lizenzen im Mobilfunkbereich betreffen.

Was muss der Mediator neben seinen normalen Aufgaben beachten, **321**
wenn er jetzt schon bei komplexen Technologien und erst recht bei 5G
(neuer Mobilfunkstandard ab 2020; es werden ca. 5.000 Firmen erwartet,
die Inhaber standardessentieller Patente bzgl. 5G sind bzw. noch werden
könnten) und bei IoT (Internet of Things; als Beispiele können der „3D-
Druck", autonom sich bewegende Transportmittel wie z.B. Pkw, Lkw
und Flugzeuge und weitgehend personalfrei funktionierende Fabriken
z.B. in der Automobilindustrie genannt werden)-Streitigkeiten zum Thema FRAND-Lizenzgebühren als unabhängiger Mittler begleitet? Es werden im Folgenden nur einige, mithin also nicht abschließend Aspekte
vorgestellt, die ein Mediator und die sich streitenden Parteien einschließlich der sie begleitenden Berater bei der Bestimmung von FRAND-Lizenzgebühren beachten sollten oder sogar müssten. Der Mediator – insbesondere dann, wenn er neben seiner Ausbildung als Mediator gleichzeitig Rechtsanwalt oder Patentanwalt ist und einen Tätigkeitsschwer-

punkt im IP-Recht hat – könnte auf Wunsch bzw. nach vorheriger Zustimmung der Parteien und deren Beratern versuchen, mit Hinweisen auf
derartige Hilfestellungen den Streit zu strukturieren und zumindest Teil-
aspekte der Streitigkeiten abzuschichten und zu befrieden.

322   Zunächst sind dies einige rechtliche Aspekte, d. h. Vorschriften und Vorschläge der Europäischen Kommission, die bisher wegweisend für das
Thema FRAND-Lizenzgebühren waren.

a)   GVO Technologietransfervereinbarungen (GVO TT), Leitlinien (LL GVO TT) und Leitlinien über horizontale Zusammenarbeit (LL HZ)

323   Die GVO TT, die den kartellrechtlichen Rahmen für Technologietrans-
fervereinbarungen (insbesondere Patent- und Know-how-Lizenzverein-
barungen) absteckt, beinhaltet nicht in der Verordnung selbst, sondern
nur in den Leitlinien[1] Hinweise auf Lizenzgebühren:

324   Den Parteien einer Lizenzvereinbarung steht es in der Regel frei, die
vom Lizenznehmer zu zahlenden Lizenzgebühren und die Zahlungsmodalitäten festzulegen; Art. 101 Abs. 1 AEUV wird hiervon nicht berührt.
Dieser Grundsatz gilt sowohl für Vereinbarungen zwischen Wettbewerbern als auch für Vereinbarungen zwischen Nicht-Wettbewerbern. Lizenzgebühren können in Form von Pauschalzahlungen, als Prozentsatz
vom Verkaufspreis oder aber als fester Betrag für jedes Produkt erhoben
werden, das die lizenzierte Technologie enthält. Kommt die lizenzierte
Technologie einem Input gleich, das in das Endprodukt eingeht, ist es in
der Regel nicht wettbewerbsschädigend, dass die Lizenzzahlung auf der
Grundlage des Preises des Endprodukts berechnet wird, sofern es die lizenzierte Technologie enthält.[2] Bei Software-Lizenzen gelten Lizenzgebühren, die sich nach der Anzahl der Nutzer und der Geräte bestimmen,
allgemein als mit Art. 101 Abs. 1 vereinbar.

325   Bei Lizenzvereinbarungen zwischen Wettbewerbern ist zu berücksichtigen, dass Lizenzgebühren in seltenen Fällen auf eine Preisfestsetzung
hinauslaufen können, die nach Art. 4 Abs. 1 Buchst. a als Kernbeschrän-

---

1 LL GVO TT; Mitt. der Kommission 2014/C 89/03, Rn. 184 ff.
2 Dies gilt unbeschadet der möglichen Anwendung des Art. 102 AEUV auf die Festsetzung der Lizenzgebühren (siehe Urteil des Gerichtshofs vom 14.2.1978, United Brands,
27/76, Rn. 250, sowie Urteil des Gerichtshofs vom 16.7.2009, Der Grüne Punkt – Duales
System Deutschland GmbH, C-385/07 P, Slg. 2009, I-6155, Rn. 142).

kung betrachtet wird (siehe die Rn. (100) bis (101) und (116) LL GVO TT). Eine Kernbeschränkung nach Art. 4 Abs. 1 Buchst. a liegt vor, wenn Wettbewerber wechselseitige Lizenzgebühren in Fällen vorsehen, in denen die Lizenz nur zum Schein geschlossen wurde, da sie weder die Zusammenführung ergänzender Technologien ermöglicht noch den Wettbewerb in anderer Weise fördert. Als Kernbeschränkungen nach Art. 4 Abs. 1 Buchstaben a und d gelten auch Vereinbarungen, bei denen sich die Lizenzgebühren auf Produkte erstrecken, die der Lizenznehmer ausschließlich mit seinen eigenen Technologierechten produziert.

Andere Arten von Gebührenregelungen zwischen Wettbewerbern fallen **326** bis zur Marktanteilsschwelle von 20% unter die Gruppenfreistellung, auch wenn sie wettbewerbsbeschränkend wirken. Außerhalb des Safe-Harbour-Bereichs der Gruppenfreistellung ist Art. 101 Abs. 1 AEUV unter Umständen anwendbar, wenn Wettbewerber einander wechselseitig Lizenzen erteilen und Gebühren festlegen, die im Vergleich zum Marktwert der Lizenz eindeutig unverhältnismäßig sind und erheblichen Einfluss auf die Marktpreise haben. Bei der Beurteilung, ob Lizenzgebühren unverhältnismäßig sind, sind die Lizenzgebühren zu prüfen, die andere Lizenznehmer auf dem Produktmarkt für dieselbe oder für eine substituierbare Technologie entrichten. In diesen Fällen ist es unwahrscheinlich, dass die Voraussetzungen des Art. 101 Abs. 3 erfüllt sind.

Die Gruppenfreistellung gilt zwar nur so lange, wie die Technologierech- **327** te gültig und rechtswirksam sind, doch können die Vertragsparteien in der Regel ohne Verstoß gegen Art. 101 Abs. 1 AEUV vereinbaren, die Lizenzgebührenpflicht über die Geltungsdauer der lizenzierten Rechte des geistigen Eigentums hinaus auszudehnen. Wenn diese Rechte erloschen sind, können Dritte die betreffende Technologie rechtmäßig nutzen und mit den Vertragsparteien konkurrieren. Ein solcher tatsächlicher oder potenzieller Wettbewerb genügt in der Regel, damit die betreffende Lizenzgebühr keine spürbaren wettbewerbsschädigenden Wirkungen hat.

Bei Vereinbarungen zwischen Nicht-Wettbewerbern gilt die Gruppen- **328** freistellung für Vereinbarungen, bei denen die Lizenzgebühren auf der Grundlage sämtlicher Produkte, das heißt der Vertragsprodukte und der mit Technologien Dritter produzierten Produkte, berechnet werden. Solche Vereinbarungen können zwar die Berechnung der Lizenzgebühren erleichtern, sie können aber auch zu Ausschlüssen führen, indem sie die Kosten für die Inputs Dritter erhöhen und somit ähnliche Wirkungen haben wie Wettbewerbsverbote. Fallen Lizenzgebühren nicht nur für Produkte an, die mit der lizenzierten Technologie hergestellt werden, sondern auch für Produkte, die mit Technologien Dritter hergestellt werden, so erhöhen sich durch die Lizenzgebühren auch die Kosten für die letzteren Produkte, so dass die Nachfrage nach Technologien Dritter zurückgeht. Außerhalb des Anwendungsbereichs der Gruppenfreistellung muss daher geprüft werden, ob mit der Beschränkung Ausschlusseffekte verbunden sind. Es empfiehlt sich demnach, bei einer Prüfung die in Abschnitt 4.2.7 LL GVO TT dargelegten Kriterien heranzuziehen. Weisen die betreffenden Vereinbarungen spürbare Ausschlusseffekte auf, so fallen sie unter Art. 101 Abs. 1 AEUV. In diesem Fall dürften die Voraussetzungen des Art. 101 Abs. 3 in der Regel nicht erfüllt sein, es sei denn, es gibt keine andere praktikable Möglichkeit zur Berechnung und Kontrolle der Lizenzgebühren.

329 Die LL GVO TT enthalten neben diesen allgemeinen Leitlinien zu Lizenzgebühren nur in den Leitlinien zu Technologiepools zum „Safe-Harbour-Bereich"[3], der die Voraussetzungen für die Vereinbarkeit mit Art. 101 Abs. 1 AEUV aufstellt, einen konkreten Hinweis auf FRAND: „e) Lizenzen für die im Pool zusammengeführten Technologien werden in fairer, angemessener und diskriminierungsfreier Weise (FRAND-Grundsatz) allen potenziellen Lizenznehmern erteilt."

330 Diese allgemeinen kartellrechtlichen Ausführungen zu Lizenzgebühren stellen in Rn. 184 Satz 1 LL GVO TT, als wichtigste Grundregel für die Bemessung der Lizenzgebühren fest, dass „es den Parteien in der Regel frei steht, die vom Lizenznehmer zu zahlenden Lizenzgebühren und die Zahlungsmodalitäten festzulegen; Art. 101 Abs. 1 AEUV wird hiervon nicht berührt". Es gilt also auch aus Sicht der Europäischen Kommission zunächst Vertragsfreiheit! In den folgenden Unterabschnitten[4] werden dann kartellrechtliche Einschränkungen dieser Vertragsfreiheit erläutert. Die LL GVO TT enthalten also nur wenige Hinweise zum Thema FRAND-Lizenzgebühren.

331 Diese finden sich aber in relativ ausführlicher Form in den LL HZ.[5] In den LL HZ werden zunächst im Abschnitt „7. Vereinbarungen über Nor-

---

3 Buchstabe e) der Rn. 261 der LL GVO TT; vgl. auch zu FRAND die LL GVO TT, Rn. 264 f., 268 f.
4 LL GVO TT, Rn. 185 ff.
5 Mitt. der Kommission 2011/C 11/01, Rn. 257 ff.

men"[6] wieder allgemeine kartellrechtliche Ausführungen zu Lizenzgebühren[7] vorgenommen. Die eigentlichen Hinweise auf FRAND-Lizenzgebühren finden sich erst in der Rn. 285 LL HZ („FRAND-Selbstverpflichtung") und dann in Ausführung des Grundsatzes der vorgenannten „FRAND-Selbstverpflichtung" in den Rn. 287–327 LL HZ, insbesondere in den Rn. 287–291 LL HZ.[8]

Zur Gewährleistung eines tatsächlichen Zugangs zu der Norm müsste **332** das Konzept für Rechte des geistigen Eigentums auch vorsehen, dass die Beteiligten (wenn ihre Rechte des geistigen Eigentums Bestandteil der Norm werden sollen) eine unwiderrufliche schriftliche Verpflichtung abgeben müssen, Dritten zu fairen, zumutbaren und diskriminierungsfreien Bedingungen Lizenzen für diese Rechte zu erteilen („FRAND-Selbstverpflichtung").[9] Diese Selbstverpflichtung sollte vor Annahme der Norm abgegeben werden. Gleichzeitig sollte das Konzept für Rechte des geistigen Eigentums den Inhabern der entsprechenden Rechte ermöglichen, gewisse Technologien von dem Normungsprozess und damit von der Lizenzangebotspflicht auszuschließen, vorausgesetzt, dieser Ausschluss erfolgt zu einem frühen Zeitpunkt der Normentwicklung. Um die Wirksamkeit einer FRAND-Selbstverpflichtung zu gewährleisten, sollten alle teilnehmenden Inhaber von Rechten des geistigen Eigentums, die eine solche Verpflichtung eingegangen sind, sicherstellen müssen, dass auch Unternehmen, an die sie ihre Rechte des geistigen Eigentums (einschließlich des Rechts zur Lizenzerteilung) übertragen, an diese Verpflichtung gebunden sind. Dies könnte beispielsweise mittels einer entsprechenden Klausel zwischen Käufer und Verkäufer geregelt werden.

Das Konzept für Rechte des geistigen Eigentums müsste Mitglieder zur **333** gutgläubigen Offenlegung derjenigen Rechte des geistigen Eigentums verpflichten, die für die Anwendung einer in Ausarbeitung befindlichen Norm erforderlich sein könnten. Dadurch könnte die Branche fundierte Entscheidungen hinsichtlich der Wahl der Technologie treffen und so zu dem Ziel des Normzugangs beitragen. Die Verpflichtung zur Offenlegung könnte in einer laufenden Offenlegung während der Entwicklung der Norm sowie in angemessenen Bemühungen bestehen, darüber zu in-

---

6 LL HZ, Rn. 257 ff.
7 LL HZ, Rn. 267 ff., 274
8 Einschlägige Beispiele werden in den Rn. 325–327 LL HZ behandelt.
9 FRAND kann auch gebührenfreie Lizenzen umfassen.

formieren, welche ihrer bestehenden oder beantragten Rechte des geistigen Eigentums für die anvisierte Norm in Betracht kämen.[10] Es reicht auch aus, wenn Beteiligte erklären, dass sie bei einer bestimmten Technologie wahrscheinlich Rechte des geistigen Eigentums geltend machen werden (dies kann ohne Nennung der Ansprüche oder des Verwertungszwecks geschehen). Da die Gefahr einer Beschränkung des Zugangs nicht besteht, wenn es sich um eine Normenorganisation handelt, die mit gebührenfreien Lizenzen arbeitet, ist die Offenlegung von Rechten des geistigen Eigentums in diesem Zusammenhang nicht von Bedeutung.

FRAND-Selbstverpflichtung

334   Die FRAND-Selbstverpflichtung soll sicherstellen, dass die für eine Norm wesentliche patentierte Technologie den Anwendern dieser Norm zu fairen, zumutbaren und diskriminierungsfreien Bedingungen zugänglich ist. So können die Inhaber dieser Rechte durch die FRAND-Selbstverpflichtungen insbesondere davon abgehalten werden, dass sie die Anwendung einer Norm erschweren, indem sie die Lizenzerteilung ablehnen oder unfaire bzw. unangemessene (d. h. überhöhte) Gebühren verlangen, nachdem sich die Branche der Norm angeschlossen hat, und/oder indem sie diskriminierende Lizenzgebühren verlangen.

335   Zur Einhaltung von Art. 101 durch eine Normenorganisation ist es nicht erforderlich, dass diese selbst überprüft, ob die Lizenzierung nach dem FRAND-Grundsatz erfolgt. Die Beteiligten müssen selbst prüfen, ob die Lizenzbedingungen und insbesondere die erhobenen Gebühren die FRAND-Voraussetzungen erfüllen. Deshalb müssen sich die Beteiligten bei den betreffenden Rechten des geistigen Eigentums vorab über die Bedeutung einer FRAND-Selbstverpflichtung im Klaren sein, und zwar insbesondere hinsichtlich ihrer Möglichkeit, die Gebühren frei festzulegen.

336   Im Falle eines Rechtsstreits wird bei der wettbewerbsrechtlichen Prüfung, ob im Rahmen der Normung unfaire oder unzumutbare Gebühren für den Zugang zu Rechten des geistigen Eigentums verlangt wurden, untersucht, ob die Gebühren in einem angemessenen Verhältnis zu dem

---

10 Um das gewünschte Ergebnis zu erzielen, muss die gutgläubige Offenlegung nicht so weit gehen, dass von den Beteiligten verlangt wird, ihre Rechte des geistigen Eigentums mit der potenziellen Norm zu vergleichen und dann zusätzlich zu bestätigen, dass ihre Rechte des geistigen Eigentums für die geplante Norm nicht in Betracht kommen.

wirtschaftlichen Wert der Rechte des geistigen Eigentums stehen.[11] Grundsätzlich gibt es dafür mehrere Prüfmethoden. Prinzipiell eignen sich kostenbezogene Methoden in diesem Kontext eher weniger, da es schwierig ist, die Kosten einzuschätzen, die mit der Entwicklung eines bestimmten Patents oder von Patentbündeln verbunden sind. Stattdessen könnten die Lizenzgebühren, die das betreffende Unternehmen in einem Wettbewerbsumfeld für die einschlägigen Patente in Rechnung stellt, bevor die Branche an die Norm gebunden ist (ex ante), mit jenen verglichen werden, die der Branche in Rechnung gestellt werden, nachdem die Norm für sie bindend geworden ist (ex post). Dies setzt voraus, dass der Vergleich in kohärenter und verlässlicher Weise vorgenommen werden kann.[12]

Eine weitere Methode wäre die Einholung eines unabhängigen Experten- **337** gutachtens, in dem der objektive Stellenwert der Rechte des geistigen Eigentums und deren Notwendigkeit für die betreffende Norm untersucht werden. In einem geeigneten Fall könnten auch vorab im Rahmen eines bestimmten Normungsprozesses offengelegte Angaben zu den Lizenzbedingungen herangezogen werden. Dies setzt wiederum voraus, dass der Vergleich in kohärenter und verlässlicher Weise vorgenommen werden kann. Auch die bei vergleichbaren Normen für dasselbe Recht des geistigen Eigentums geltenden Gebührensätze können als Orientierung für die FRAND-Gebührensätze dienen. Diese Leitlinien enthalten keine vollständige Liste aller in Frage kommenden Methoden für die Prüfung, ob überhöhte Lizenzgebühren verlangt werden.

Von diesen Leitlinien unberührt bleibt die Möglichkeit der Beteiligten, **338** die zuständigen Zivil- und Handelsgerichte zur Beilegung von Streitfällen betreffend die Höhe der FRAND-Gebührensätze anzurufen.

---

11 Siehe Rs. 27/76, United Brands, Rn. 250; siehe auch Rs. C-385/07 P, Der Grüne Punkt – Duales System Deutschland GmbH, Slg. 2009, I-6155, Rn. 142.
12 Siehe Rs. 395/87, Ministère public/Jean-Louis Tournier, Slg. 1989, 2521, Rn. 38; verbundene Rs. 110/88, 241/88 und 242/88, Francois Lucazeau/SACEM, Slg. 1989, 2811, Rn. 33.

b) European Commission: Patents and Standards (2014), JRC Science And Policy Report: Fair, Reasonable and Non-Discriminatory (FRAND) Licensing Terms (2015), CRA: Transparency, Predictability and Efficiency of SSO-based Standardization and SEP Licensing (2016), JRC Science For Policy Report: Licensing Terms of Standard Essential Patents (2017)

339 Die Kommission ist schon seit einigen Jahren im Rahmen ihrer Bemühungen, eine breite und schnelle Innovationsförderung unter gleichzeitiger Beachtung kartellrechtlicher Rahmenbedingungen zu erzielen, der Auffassung, dass die effiziente Lizenzierung standardessentieller Patente (SEPs) insbesondere in den Bereichen Communication, Consumer Electronics, Automotive und Smart Grids risikobehaftet sei und es zu kartellrechtswidrigen und innovationshemmenden Auswirkungen komme bzw. kommen könnte. Zur Verdeutlichung wird ergänzend das Schaubild der „Five priority domains: the building blocks of ICT standard setting" aus der „Communication from the Commission to the European Parliament, The Council, The European Economic and Social Committee and the Comittee of the Regions" zu den „ICT Standardisation Priorities for the Digital Single Market", 19.4.2016, COM (2016) 176 final, 5, dargestellt, um die technischen Zusammenhänge zu verdeutlichen:

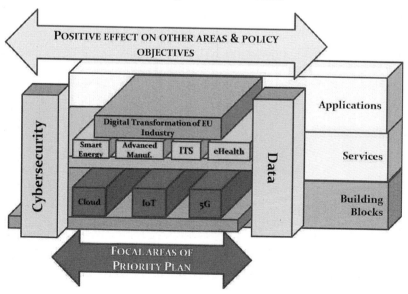

Die Kommission meinte daher letztlich, die Vertragsautonomie bei der **340** Bestimmung von FRAND-Lizenzgebühren nicht nur dem Korrektiv der Entscheidungen staatlicher Gerichte überlassen zu können, sondern selbst noch regulatorisch diese Gebühren zu bestimmen. Dazu wurden eine Reihe von Gutachten in Auftrag gegeben: European Commission: Patents and Standards (2014), JRC Science And Policy Report: Fair, Reasonable and Non-Discriminatory (FRAND) Licensing Terms (2015), CRA: Transparency, Predictability and Efficiency of SSO-based Standardization and SEP Licensing (2016), JRC Science For Policy Report: Licensing Terms of Standard Essential Patents (2017).

Die Ergebnisse dieser Gutachten und Reports erweckten und erwecken **341** immer noch den Eindruck, dass es keinerlei Fakten gab und gibt, vielmehr „theoretische" Befürchtungen die Triebfeder für diese Aktivitäten waren.[13]

c) EC Communication from the Commission to the European Parliament, the Council and the European and Social Committee – Setting out the EU Approach to Standard Essential Patents (29.11.2017)

Bis zum 29.11.2017 gab es daher die – nicht unbegründete – Sorge, **342** dass die Kommission bei der Bestimmung der FRAND-Lizenzgebühren regulatorisch tätig werden und damit die nach wie vor doch weitestgehend funktionierende Ausgewogenheit von Vertragsautonomie und korrigierender, zum Teil auch zukunftsweisender Rechtsprechung beeinträchtigen könnte: Die SEP-Inhaber befürchteten und die Chip-/Gerätehersteller befürworteten die einheitliche Regelung bei der FRAND-Lizenzierung.

Mit Erleichterung wurde dann die endgültige Version der Communica- **343** tion der Kommission vom 29.11.2017 aufgenommen, die einen Kompromiss darstellt, mit dem beide Fronten mithin leben können:

---

13 So z. B. *Koren W. Wong-Ervin*, Troubling Aspects of the European Commission's Standard Essential Patents Roadmap, Competition Policy International (CPI), May 2017, 1 ff. Wong-Ervin ist der Direktor des Global Antitrust Institute und u. a. früherer „Counsel for Intellectual Property and International Antitrust at the U. S. Federal Trade Commission".

EUROPEAN
COMMISSION

Brussels, 29.11.2017
COM(2017) 712 final

COMMUNICATION FROM THE COMMISSION TO THE EUROPEAN

**PARLIAMENT, THE COUNCIL AND THE EUROPEAN ECONOMIC
AND SOCIAL COMMITTEE**

Setting out the EU approach to Standard Essential Patents

INTRODUCTION

The interplay between patents and standards is important for innovation and growth. Standards ensure that interoperable and safe technologies are widely disseminated among companies and consumers. Patents provide R&D with incentives and enable innovative companies to receive an adequate return on investments. Standards[1] frequently make reference to technologies that are protected by patents. A patent that protects technology essential to a standard is called a standard-essential patent (SEP). SEPs therefore protect technologies that are essential for complying with technical standards and for marketing products based on such standards.

Standards support innovation and growth in Europe, in particular providing for interoperability of digital technologies that are the foundation of the Digital Single Market (DSM). For example, computers, smartphones or tablets connect to the internet or other devices via standardised technologies such as long-term evolution (LTE), WiFi, or Bluetooth, all of which are protected by SEPs. Without the widespread use of such standardised technologies, such interconnectivity would not be possible[2].

---

1 Regulation (EU) 1025/2012 on European standardisation defines the meaning of the terms "standard" and "technical specification". In this document the term "standard" is used with both meanings for the sake of brevity.
2 For instance, company X marketing residential alarm systems connected to the internet both via WiFi and LTE to provide consumers with enhanced security in case of power cut, would need a licence for these standardised technologies.

In the hyper-connected era, interconnectivity becomes even more crucial. A wide range of new products need to be interconnected, as to provide consumers with additional products and services (e.g. smart house appliances) and to create new business opportunities for European companies.

The digitalisation of the economy creates great opportunities for EU industry. The estimated economic potential of IoT applications in devices for humans, homes, offices, factories, worksites, retail environments, cities, vehicles and the outdoors will be up to EUR 9 trillion per year by 2025 in developed countries[3]. The digitalisation of products and services can add more than EUR 110 billion in revenue to the European economy per year over the next five years[4]. The ability of connected devices and systems to work together is crucial for maximising this economic potential. Without interoperability, enabled by standards, 40 % of the potential benefits of IoT systems would not be reaped[5].- Without formal standardisation and SEPs, there would be, for example, no connected vehicles. Telediagnosis or remote operations with distant hospitals or to exchange patient information would not be possible either.

Patent holders contribute technology for developing standards within standard developing organisations (SDOs). Once a standard is established and the holders of the SEPs have given a commitment to license them on fair, reasonable and non-discriminatory (FRAND) terms, the technology included in the standard should be available to any potential user of the standard. Smooth licensing practices are therefore essential to guarantee fair, reasonable and non-discriminatory access to the standardised technologies and to reward patent holders so they continue to invest in R&D and standardisation activities. This in turn plays a prominent role in developing a connected society, where new market players outside the traditional ICT sectors (producers of household appliances, connected cars, etc.) need access to the standardised technology.

The evidence however suggests that the licensing and enforcement of SEPs is not seamless and may lead to conflicts. Technology users accuse SEP holders of charging excessive licensing fees based on weak patent portfolios and of using litigation threats. SEP holders claim that technology users 'free ride' on their innovations and consciously infringe intellectual property rights (IPR) without engaging in good faith licensing negotiations[6]. Problems may be particularly acute when players coming from new industrial sectors who are unfamiliar with the traditional ICT business need access to standardised technologies. Disputes and delays in negotiations between technological users and hol-

---

3 McKinsey, 2015. See also the objective set by President Juncker for 5G and the IoT in the State of the Union speech, 14.9.2016.
4 PricewaterhouseCoopers, 2015 and Boston Consulting Group, 2015. See also: https://ec.europa.eu/digital-single-market/en/digitising-european-industry#usefullinks.
5 See McKinsey (2015).
6 The economic stakes are very high: for example, the royalty income for 2G, 3G and 4G standards is approximately EUR 18 billion per year (CRA 2016).

ders may ultimately delay the widespread use of key standardised technologies. This can hamper the development of interconnected products in Europe, eventually affecting the competitiveness of the EU economy.

In its April 2016 Communication on Standardisation Priorities for the Digital Single Market[7], the Commission identified three main areas where the SEP licensing environment could be improved: opaque information on SEP exposure; unclear valuation of patented technologies reading on standards and the definition of FRAND; and the risk of uncertainty in enforcement of SEPs. In addition, the role of open source communities in the development of standards also should be assessed.

There is therefore a need for a clear, balanced and reasonable policy for Standard Essential Patents in the EU with the aim of contributing to the development of the Internet of Things and harnessing Europe's lead role in in this context.

Conflicting interests of stakeholders in certain SDOs may make it difficult for these organisations to provide effective guidance on such complex legal and intellectual property (IP) policy issues. Licensing platform initiatives in this area are still at an early stage and have not yet been adopted by implementers, who may well be hesitant given the uncertainty in the current SEP regulatory environment and who have little incentive to enter into a deal in this context.

In addition, the standardisation of 5G and IoT is a global issue. Europe's industry retains a leading position in many sectors in global markets. The Commission notes the important role European standardisation plays in the global context[8].

The Commission therefore considers that there is an urgent need to set out key principles that foster a balanced, smooth and predictable framework for SEPs. These key principles reflect two main objectives: incentivising the development and inclusion of top technologies in standards, by preserving fair and adequate return for these contributions, and ensuring smooth and wide dissemination of standardised technologies based on fair access conditions. A balanced and successful policy on SEPs licensing should work to the benefit of start-ups in Europe and should serve all EU citizens by giving them access to products and services based on the best performing standardised technology.

This Communication draws on the responsibility of all actors in the SEP licensing context, and all stakeholders are encouraged to contribute to making this framework work in practice. It is not intended to represent a statement of the law and is without prejudice to the interpretation of EU law by the Court of Justice of the European Union (CJEU). It does not bind the Commission as regards the application of EU rules on competition, and in particular Articles 101 and 102 of the Treaty on the Functioning of the European Union (TFEU).

---

7 The public consultation organised by the Commission in 2014 clearly shows divergent opinions on the challenges and solutions concerning the SEP environment. See http://ec.europa.eu/growth/tools-databases/newsroom/cf/itemdetail.cfm?item_id=7833.
8 Patents declared to the ETSI represent 70% of worldwide SEPs (IPlytics, 2017).

1. Increasing transparency on SEPs exposure

Information on the existence, scope and relevance of SEPs is vital for fair licensing negotiations and for allowing potential users of a standard to identify the scale of their exposure to SEPs and necessary licensing partners. However, currently the only information on SEPs accessible to users can be found in declaration databases maintained by SDOs which may lack transparency. This situation makes licensing negotiations and the anticipation of risks related to SEPs particularly difficult to navigate for start-ups and SMEs. The primary purpose of declarations is to reassure an SDO and all third parties that the technology will be accessible to users, typically under a commitment to license under FRAND conditions.

SDO databases may record tens of thousands of SEPs for a single standard, and this trend is growing[9]. The declarations are based on a self-assessment by the patent holder, and are not subject to scrutiny regarding the essentiality of the declared patent, which can evolve in the course of the standard adoption procedure. In addition, stakeholders report that even in concrete licensing negotiations licensors fail to substantiate their claims with more precise information. This is particularly unsatisfactory in the context of IoT where new players with little experience of SEPs licensing are continually entering the market for connectivity. The Commission therefore believes that measures, as outlined below, are needed to improve the information on SEPs.

1.1. Improving quality and accessibility of information recorded in SDO databases

The Commission believes that SDOs should provide detailed information in their databases to support the SEP licensing framework. While SDO databases collect large amounts of declaration data[10], they often do not provide user-friendly accessibility to interested parties, and lack essential quality features. The Commission therefore takes the view that the quality and accessibility of the databases should be improved[11]. First, data should be easily accessible through user friendly interfaces, both for patent holders, implementers and third parties. All declared information should be searchable based on the relevant standardisation projects, which may also require the transformation of hi-

---

9 For instance, more than 23 500 patents have been declared essential to the Global System for Mobile Communication standard and the 3G or Universal Mobile Telecommunication System standards developed at the European Telecommunications Standards Institute (ETSI). Such standard apply to all smartphones and devices having a mobile connection. For more figures, see 'Landscaping study on SEPs' IPlytics (2017) and 'Patents and Standards – A modern framework for IPR-based standardization' ECSIP (2014).

10 Some SDOs require specific patent disclosures as they recognise their benefits, while others permit blanket declarations. This section of the Communication refers to SDOs with specific patent disclosure.

11 See for example the long running 'DARE' project to improve the ETSI's database.

storic data into current formats. Quality processes should eliminate also duplications and other obvious flaws. Finally, there should be links to patent office databases, including updates of patent status, ownership and its transfer.

Work on improving databases needs to be combined with a stricter scrutiny on compliance with declaration obligations as defined in current SDO policies to avoid incomplete declarations[12].

1.2. Developing an information tool to assist licensing negotiations

The Commission notes that the current declaration system in SDOs supports the technical standard setting process and is not geared towards future SEP licensing. However, it is clear that there are net benefits in extending the current practice and purpose of declarations and databases to the creation of new transparency tools which, without losing their main purpose, can greatly facilitate licensing negotiation. Proportionality considerations are essential in this context. Whilst excessive burdens for stakeholders should be avoided, it should be born in mind that in concrete licensing negotiations, patent holders necessarily have to invest in substantiating to SEP users why patents from the patent holders' portfolio are essential to the standard or how these patents are being infringed[13]. The Commission therefore believes that proposed incremental improvements with controlled costs can substantially reduce overall transaction costs during licensing negotiations as well as infringement risks, to benefit both parties in negotiations[14].

1.2.1. More up-to-date and precise declarations

Declarations occur early on in the standardisation process, with normally no review later on. However, technical solutions proposed in standards negotiations evolve up until the final standard[15] is agreed. While the majority of declarations concern patent applications, the patent claims under the final patent granted after adoption of the standard can differ considerably[16], as their content may change during the granting process. Therefore, rightholders should review the relevance of their declarations at the time of adoption of the final standard (and subsequent significant revisions) and when a final granting decision on the patent is taken.

---

12 For further details, please see the summary report of the public consultation organised by DG GROW in 2015. http://ec.europa.eu/DocsRoom/documents/14482/attachments/1/translations/en/renditions/native.
13 See CRA (2016).
14 See section 3 below in relation to effective enforcement.
15 For instance, a potential patent or patent application initially declared for a candidate technology may not be retained in the released standard, or the declared patent application may be revised during the granting process.
16 For instance, 71% of SEPs declared at major SDOs (73% at the ETSI) are only granted after the standard has been released (IPlytics, 2017).

Declarations should also include enough information to assess patent exposure. Patent holders should at least make reference to the section of the standard that is relevant to the SEP and to the link with the patent family. Declarations should also clearly identify a contact for the owner/licensor of the declared SEP.

Finally, it should be noted that SEPs on key technologies are more frequently litigated[17]. Associated information is relevant for all interested licensees and can play a role in limiting the possibility of future litigation. SDOs should therefore provide the possibility and incentives for patent holders and technology users to report the case reference and main outcome of final decisions, positive or negative, on declared SEPs (including on essentiality and patent validity). As companies usually only litigate a few valuable patents within a portfolio, and both patent holders and users should have an interest in reporting decisions in their respective favour, the associated burden of this measure would be limited.

1.2.2. Essentiality checks

Evidence points to the risk of broad over-declarations and makes a strong case for more reliability with respect to SEP essentiality[18]. Stakeholders report that recorded declarations create a **de facto** presumption of essentiality in negotiations with licensees[19]. This scenario places a high burden on any willing licensee, especially SMEs and start-ups, to check the essentiality of a large number of SEPs in licensing negotiations.

There is therefore a need for a higher degree of scrutiny on essentiality claims. This would require scrutiny being performed by an independent party with technical capabilities and market recognition, at the right point in time. Having said this, introducing such a scrutiny requirement to SEPs must be balanced against the cost[20]. However, an incremental approach, whereby scrutiny takes place at the request of either rightholders or prospective users, calibrating the depth of scrutiny and limiting checks to one patent within a family and to samples, could ensure the right cost-benefit balance of this measure[21].

1.2.3. Means of implementation

While there are clear benefits to such increased transparency, the related burden needs to remain proportionate. Measures could therefore be extended gradually, and apply to new and key standards only, e. g. 5G.

---

17 See ECSIP (2014).
18 See IPlytics (2017) and CRA (2016) and the summary of DG GROW public consultation on SEPs (2015).
19 A number of studies on various key technologies suggests that when rigorously tested, only between 10% and 50% of declared patents are essential (CRA, 2016 and IPlytics, 2017).
20 The cost of essentiality checks may be negligible compared to licensing revenues for key technologies (see CRA, 2016).
21 For an analysis of cost and benefits, please see IPlytics (2017).

As a first step, stakeholders could be incentivised to value increased transparency, e.g. by way of certification that their declared SEP portfolios comply with transparency criteria. This certification could later be used in licensing negotiations and litigation. In addition, a recent study undertaken for the Commission suggests that SDOs may consider introducing (modest) fees for confirming SEP declarations after standard release and patent grants, to incentive SEP holders to revise and maintain only relevant declarations[22].

When considering essentiality checks, patent offices may well be natural candidates for exploiting synergies and reducing costs[23]. The Commission will support further analysis of their feasibility to ensure effective and proportionate solutions. Depending on the outcome of this project, an independent European body could be tasked to proceed with SEP essentiality assessment.

The Commission:
- *calls on SDOs to urgently ensure that their databases comply with the main quality features described above and will co-operater with SDOs to facilitate this process;*
- *calls on SDOs to transform the current declaration system into a tool providing more up-to-date and precise information on SEPs and will co-operate with SDOs in order to facilitate that process;*
- *considers that declared SEDs should be subject to reliable scrutiny of their essentiality for a standard, and will launch a pilot projekt for SEPs in selected technologies with a view to facilitating the introduction of an appropriate scrutiny mechanism.*

2. General Principles for FRAND Licensing terms for SEPS

The Commission considers that the parties are best placed to arrive at a common understanding of what are fair licensing conditions and fair rates, through good faith negotiations. Currently, licensing is hampered by unclear and diverging interpretations of the meaning of FRAND. The debate is particularly heated when it comes to valuation principles. Divergent views and litigation over FRAND licensing risk delaying the uptake of new technologies, standardisation processes and the roll-out of IoT in Europe. The Commission considers therefore that it is both necessary and beneficial to establish a first set of key signposts on the FRAND concept, so as to provide for a more stable licensing environment, guide parties in their negotiations and reduce litigation.

---

22 See CRA (2016).
23 See IPlytics (2017).

The guiding elements set out below are based on the results of a public consultation[24], analysis of best practices[25], studies[26], as well as national case law[27]. The Commission encourages stakeholders to engage in dialogue with each other and with the Commission, with the view to achieving further clarification and developing best practices. The Commission will monitor progress achieved and take complementary action on FRAND licensing, as needed.

2.1. Licensing Principles

As the CJEU has confirmed, an 'undertaking to grant licences on FRAND terms creates legitimate expectations on the part of third parties that the proprietor of the SEP will in fact grant licences on such terms'[28].

Both parties must be willing to engage in good faith negotiations, with the view to establishing licensing conditions that are fair, reasonable and non-discriminatory. Parties to a SEP licensing agreement, negotiating in good faith, are in the best position to determine the FRAND terms most appropriate to their specific situation.

Efficiency considerations, reasonable licence fee expectations on both sides, the facilitation of the uptake by implementers to promote wide diffusion of the standard should be taken into account. It should be stressed in this respect that there is no one-size-fit-all solution to what FRAND is: what can be considered fair and reasonable differs from sector to sector and over time. For this reason, the Commission encourages stakeholders to pursue sectoral discussions with a view to establishing common licensing practices, based on the principles reflected in this Communication.

The Commission considers that the following IP valuation principles should be taken into account:

- Licensing terms have to bear a clear relationship to the economic value of the patented technology. That value primarily needs to focus on the technology itself and in principle should not include any element resulting from the decision to include the technology in the standard. In cases where the technology is developed mainly for the standard and has little market value outside the standard, alternative evaluation methods, such as the relative importance of the technology in the standard compared to other contributions in the standard, should be considered.

---

24 Public consultation on patents and standards: A modern framework for standardisation involving intellectual property rights.
25 Licensing Terms of Standard Essential Patents: A Comprehensive Analysis of Cases, JRC 2017.
26 Study on Transparency, Predictability and Efficiency of SDO-based Standardization and SEP Licensing, Published on: 12/12/2016, (CRA study).
27 See, in particular, Unwired Planet v. Huaweï [2017] EWHC 711 (Pat).
28 Case C-170/13 Huawei Technologies, EU:C:2015:477, paragraph 53.

- Determining a FRAND value should require taking into account the present value added[29] of the patented technology. That value should be irrespective of the market success of the product which is unrelated to the patented technology.

- FRAND valuation should ensure continued incentives for SEP holders to contribute their best available technology to standards.

- Finally, to avoid royalty stacking, in defining a FRAND value, an individual SEP cannot be considered in isolation. Parties need to take into account a reasonable aggregate rate for the standard, assessing the overall added value of the technology[30]. The implementation of measures on SEP transparency can already support this objective. It can be addressed further, within the scope of EU competition law, by the creation of industry licensing platforms and patent pools, or based on indications by standardisation participants on the maximum cumulative rate that could be reasonably envisaged or expected.

2.2.   Efficiency and non-discrimination

The non-discrimination element of FRAND indicates that rightholders cannot discriminate between implementers that are 'similarly situated'[31].

Given that FRAND is not one-size-fits-all, solutions can differ from sector to sector and depending on the business models in question.

As mentioned above, FRAND negotiations imply good faith negotiations from both parties. Efficiency considerations can come into play as well. Transaction costs relating to the negotiation of a licence should be kept to the minimum necessary. Furthermore, in sectors where cross-licencing practices are widespread, efficiency gains related to such practices should be taken into account. These points need to be taken into account when assessing on a case by case basis whether a licensing offer is compatible with FRAND.

In line with the approach presented above, the Commission considers that the same principles of efficiency support the practice of SEP portfolio licensing for products with global circulation[32]. As noted in a recent ruling[33], a country-by-country licensing approach may not be efficient and may not be in line with a recognised commercial practice in the sector.

---

29 The *present value* is the value discounted to the time of the conclusion of the licence agreement. Allowing for the discounting over time is important against the backdrop of licence agreement running over several years in sometimes technologically fast moving business environments.

30 On royalty stacking see CRA study.

31 Unwired Planet v. Huaweï [2017] EWHC 711 (Pat).

32 However, FRAND licensing requires remuneration to be calculated in a manner that implementers wishing to develop a product for a specific, geographically limited area are not placed at a disadvantage.

33 Unwired Planet v. Huaweï [2017] EWHC 711 (Pat).

2.3. Patent pools and licensing platforms to facilitate SEP licensing

The creation of patent pools or other licensing platforms, within the scope of EU competition law, should be encouraged. They can address many of the SEP licensing challenges by offering better scrutiny on essentiality, more clarity on aggregate licensing fees and one-stop-shop solutions. For IoT industries, and particularly SMEs, newly exposed to SEP licensing disputes, this will bring more clarity to licensing conditions of SEP holders in a specific sector.

Measures to encourage the setting up of pools for key standardised technologies should be encouraged, e.g. facilitating access to pool management offers and technical assistance by SDO[34]. The Commission will consider further measures if these efforts are ineffective in IoT sectors.

2.4. Exploiting and deepening FRAND expertise

There is a need to increase accessibility of experience, expertise and know-how around FRAND determination. Valuable insight has been gained and approaches developed from licensing agreements, mediations, arbitrations and court decisions over many years. Significant resources and efforts have been devoted to clarifying, analysing and valuing patents and technology. As there is no common repository for such expertise, work and research may be unnecessarily duplicated at serious cost to the parties involved. More accessible FRAND-related information could increase predictability for businesses such as IoT players, facilitate the licensing process in general and provide support and benchmarks in dispute settlement.

The Commission will therefore set up an expert group with the view to gathering industry practice and additional expertise on FRAND licencing. In addition, the Commission will use all appropriate tools available to obtain further information to support its policy making with sufficient evidence.

In view of current developments, the Commission considers that SEP licencing should be based on the basis of the following principles:
− There is no one-size-fit-all solution on what FRAND is: what can be considered fair and reasonable can differ from sector to sector and over time. Efficiency considerations, reasonable licence fee expectations on both sides, the facilitation of the uptake by implementers to promote wide diffusion of the standard should be taken into account.
− Determining a FRAND value should require taking into account the present value added of the patented technology. That value should be

---

34 For instance, the creation of pools may be encouraged by means of measures such as strengthening the relationship between SDOs and pools, providing incentives to participation and making universities and SMEs more aware of the advantages of becoming a licensor in a pool (ECSIP, 2015).

> *irrespective of the market success of the product which is unrelated to the value of the patented technology.*
> - *In defining a FRAND value, parties need to take account of a reasonable aggregate rate for the standard.*
> - *The non-discrimination element of FRAND indicates that rightholders cannot discriminate between implementers that are 'similarly situated'.*
> - *For products with a global circulation, SEP licences granted on a worldwide basis may contribute to a more efficient approach and therefore can be compatible with FRAND.*
> - *The Commission calls on SDOs and SEP holders to develop effective solutions to facilitate the licensing of a large number of implementers in the IoT environment (especially SMEs), via patent pools or other licensing platforms, while offering sufficient transparency and predictability.*
> - *The Commission will monitor licencing practices, in particular in the IoT sector. It will also set up an expert group with the view to deepening expertise on industry licensing practices, sound IP valuation and FRAND determination.*

3. A Predictable enforcement environment for SEPS

Disputes on SEPs are an important factor in the licensing system when negotiations fail. A balanced and predictable enforcement environment has particularly positive effects on parties' behaviour during negotiations, which in turn can speed up the spread of standardised technologies. IoT stakeholders report however that uncertainties and imbalances in the enforcement system have serious implications for market entry. SEPs show a higher degree of litigation than other patents[35], which reinforces the need for a clear dispute framework in this area. While this Communication focuses on specific guidance on Standard Essential Patents, the *Guidance on certain aspects of Directive 2004/48/EC of the European Parliament and of the Council on the enforcement of intellectual property rights*[36] clarifies the IPRED regime more generally. The possibility to enforce is one of the key aspects of intellectual property rights[37]. The debate in the SEPs area has mainly focused on the availability of injunctive relief. Such relief aims to protect SEP holders against infringers unwilling to conclude a licence on FRAND terms. At the same time, safeguards are needed against the risk that good-faith technology users threatened with an injunction accept licensing terms that are not FRAND, or in the worst case, are unable to market their products (hold-ups).

---

35 ECSIP (2014).
36 COM(2017)708.
37 Directive 2004/48/EC of 29.4.2004 on the enforcement of intellectual property rights, pub. OJ L 195 of 2.6.2004, recital 3.

3.1. Availability of injunctive relief under the Huawei vs ZTE jurisprudence

In its Huawei judgment[38], the CJEU established obligations applying to both sides of a SEP-licensing agreement, when assessing whether the holder of a SEP can seek an injunction against a potential licensee without being in breach of Article 102 TFEU. SEP holders may not seek injunctions against users willing to enter into a licence on FRAND terms, and the CJEU establishdy ed behavioural criteria to assess when a potential licensee can be considered willing to enter into such a licence.

The Commission considers that the elements below – which arise from national case-law in applying the *Huawei* judgment[39], provide useful additional guidance for stakeholders.

A number of courts have stressed that a prospective SEP licensee has to receive sufficiently detailed and relevant information to determine the relevance of the SEP portfolio and compliance with FRAND[40]. The concrete requirements may vary according to the individual case, but the Commission believes that to assess a FRAND offer and make an appropriate counter-offer, clear explanations are necessary on: the essentiality for a standard, the allegedly infringing products of the SEP user, the proposed royalty calculation and the non-discrimination element of FRAND.

Concerning the counter-offer, it follows from *Huawei* that it should be concrete and specific, i.e. it cannot be limited to contesting the SEP holder's offer and a general reference to third- party determination of the royalty. It should also contain information on the exact use of the standard in the specific pro-

---

38 Case C-170/13 *Huawei Technologies*, EU:C:2015:477.
39 The CJEU held that Article 102 TFEU must be interpreted as meaning that the proprietor of a patent essential to a standard established by a standardisation body, which has given an irrevocable undertaking to that body to grant a licence to third parties on fair, reasonable and non-discriminatory ('FRAND') terms, does not abuse its dominant position, within the meaning of that article, by bringing an action for infringement seeking an injunction prohibiting the infringement of its patent or seeking the recall of products for the manufacture of which that patent has been used, as long as:
(1) prior to bringing that action, the proprietor has, first, alerted the alleged infringer of the infringement complained about by designating that patent and specifying the way in which it has been infringed, and, secondly, after the alleged infringer has expressed its willingness to conclude a licensing agreement on FRAND terms, presented to that infringer a specific, written offer for a licence on such terms, specifying, in particular, the royalty and the way in which it is to be calculated, and
(2) where the alleged infringer continues to use the patent in question, the alleged infringer has not diligently responded to that offer, in accordance with recognised commercial practices in the field and in good faith, this being a matter which must be established on the basis of objective factors and which implies, in particular, that there are no delaying tactics.
40 OLG Düsseldorf, Case I-15 U 66/15, Order of 17 November 2016 and OLG Karlsruhe, Case 6 U 58/16, Order of 8 September 2016.

duct. The willingness of the parties to submit to binding third-party FRAND determination – should the (counter-)offer be found not to be FRAND – is however an indication of a FRAND behaviour.

In terms of timeliness of the counter-offer of the potential licensee, no general benchmark can be established, as case-specific elements play a role. These include the number of asserted SEPs and the details contained in the infringement claim. However, there is a probable trade- off between the time considered as reasonable for responding to the offer and the detail and quality of the information provided in the SEP holder's initial offer. In this respect, measures that improve the upstream transparency on SEP exposure[41] will have a very positive impact on the enforcement system.

If more reliable information on SEPs is available upfront via the declaration system, as highlighted in section 1 above, the number of declared SEPs would be considerably reduced. This should be taken into account when assessing acceptable response times for SEP users to react to a FRAND offer.

With respect to the security to be provided by the SEP user as protection against an injunction, the amount should be fixed at a level that discourages patent hold-out strategies. Similar considerations could apply when assessing the magnitude of damages. The Commission will support an exchange of best practice by experts and stakeholders on the calculation method of damages in SEP cases.

3.2. Proportionality considerations

When assessing the availability of injunctive relief, courts are bound by Article 3(2) of the IPR Enforcement Directive[42], and notably the requirement to ensure that injunctive relief is effective, proportionate and dissuasive. Given the broad impact an injunction may have on businesses, consumers and on the public interest, particularly in the context of the digitalised economy, the proportionality assessment needs to be done carefully on a case-by-case basis. The Commission feels that considerations need to be given to the relative relevance of the disputed technology for the application in question and the potential spill-over effects of an injunction on third parties.

3.3. Litigation on the basis of patent portfolios

In line with the Huawei judgment, which refers to *recognised commercial practices in the field*[43], national courts have also considered portfolio licences granted outside national territories to be compliant with FRAND, provided that the portfolio is limited to all the SEPs that a licensee needs to produce/

---

41 See section 1 above.
42 Directive 2004/48/EC of 29.4.2004 on the enforcement of intellectual property rights, OJ L 195 of 2.6.2004, p. 16.
43 Case C-170/13 *Huawei Technologies*, EU:C:2015:477 (para 65).

market its product (see section 2.2 above). In this context, SEP holders may offer more patents, including non-SEPs, but cannot require a licensee to accept a licence for these other patents as well. The general non-willingness or non-acceptance to offer or accept all SEPs that a licensee needs may be an indication of bad faith. In order to be FRAND, the counteroffer needs to be related to all SEPs that a licensee needs and cannot be based on individual patent(s) only. Portfolios should however not include competing technologies, but only complementary technologies if necessary[44]. While putative licensees may always question the validity/essentiality of individual patents, the licensing of all SEPs that a licensee needs can be particularly efficient. The Commission will therefore work with stakeholders (including where appropriate courts, arbitrators and mediators) to develop and use consistent methodologies, such as sampling, which allow for efficient and effective SEP dispute resolution, in compliance with the industry practice of portfolio licensing.

3.4. Alternative dispute resolution

The Commission takes the view that alternative dispute resolution (ADR) mechanisms such as mediation and arbitration can offer swifter and less costly dispute resolution[45]. While there can be no obligation for parties to use ADR, the Commission believes that the potential benefits of this tool are currently underexploited.

Recourse to ADR is often hampered by unpredictability and criticised for lack of transparency of previous decisions. The success of such mechanisms depends not only on appropriate procedures, but also on the quality of experts. When it enters into operation, the Unified Patent Court should provide a dedicated arbitration and mediation centre benefitting from a pool of specialised judges, thus ensuring high quality and efficient proceedings, coherent practice and limited scope for forum shopping. As announced in its November 2016 strategy on IP for SMEs, the Commission is, together with the EUIPO, mapping IP mediation and arbitration tools with the view to facilitating the further roll-out of IP mediation and arbitration services, for SMEs in particular[46].

The Commission considers that the outcomes of disputes should also be included in SDOs' databases as mentioned in the chapter on transparency[47].

---

44 See *mutatis mutandis* Guidelines on the application of Article 101 of the Treaty on the Functioning of the European Union to technology transfer agreements, OJ C 89, 28.3.2014, p. 3, paragraph 250–55.
45 Different ADR mechanisms already exist, such as the WIPO's Arbitration and Mediation Centre.
46 Commission Staff Working Document, 'Putting intellectual property at the service of SMEs to foster innovation and growth', SWD(2016)373 of 22.11.2016.
47 See section 1.2.1 above.

3.5. Patent assertion entities and SEPs

Patent Assertion Entities[48] (PAEs) are becoming increasingly involved in the SEP licensing market. Studies[49] suggest that the European litigation system – including the one that is due to be established under the Unified Patent Court – has sufficient safeguards to protect against the potentially harmful effects of certain PAEs in the EU[50]. PAEs should be subject to the same rules as any other SEP holder, including after the transfer of SEPs from patent holders to PAEs. Increased transparency and predictability should further reduce the margin for abuse. The application of the proportionality principle by courts provides yet another safeguard. The Commission will closely monitor the ongoing impact of these market players on the SEP licensing market in Europe, in particular once the EU unitary patent is operational.

3.6. Awareness raising

There is a need for relevant stakeholders, in particular SDOs and SEP holders, to proactively raise awareness of the FRAND licensing process and its implications, particularly for SMEs (both patent holders and implementers of the standards). The Commission will support awareness actions on this issue.

> *The Commission considers that the FRAND process requires both parties to negotiate in good faith, including responding in a timely manner. Injunctive relief can, however, be sought against parties acting in bad faith (i.e. parties unwilling to take up a licence on FRAND terms), but it must be used proportionally.*
>
> *The Commission will:*
> - *work with stakeholders to develop and use methodologies, such as sampling, which allow for efficient and effective SEP litigation, in compliance with the industry practice of portfolio licensing;*
> - *further facilitate the roll-out of mediation and alternative dispute resolution tools; and*
> - *monitor the impact of PAEs in Europe.*

4. Open source and standards

In the context of current advances in technology, open source software (OSS) implementation is, in addition to standards, also driving innovation, and is becoming increasingly widespread, including in the area of ICT standards. Integration between open source projects and standards development processes is a win-win situation: on one side the alignment of open source and standardi-

---

48 For the attempt of a definition see the JRC study 'Patent Assertion Entities in Europe', chapter 3. http://publications.jrc.ec.europa.eu/repository/bitstream/JRC103321/lfna 28145enn.pdf.

49 http://publications.jrc.ec.europa.eu/repository/bitstream/JRC103321/lfna28145enn.pdf.

50 JRC study above.

sation can speed-up the standards development process and the take-up of ICT standards (especially for SMEs) and on the other side standards can provide for interoperability of open source software implementations[51]. Activities in this direction are taking place within different SDOs[52].

Open source and standardisation processes both have similarities in common (e. g. collaborative open processes, contribution to innovation) and differences (IPR policies, agility, maintenance, transparency, balance of the processes etc.). There is therefore a need to pay attention to the interaction between open source community projects and SDOs processes.

The Commission supports open source solutions, i.e. through R&I projects funded under Horizon 2020. Flexible and effective interactions between standardisation and open source communities will promote and accelerate the uptake of advanced technology developments.

The Commission will continue to collaborate with stakeholders, open source communities and SDOs to promote an effective relationship between standardisation and open source. It will also fund studies to analyse complementarities, ways of interacting and differences between the two processes, and recommend solutions for smooth collaboration between the two communities.

The Commission will work with stakeholders, open source communities and SDOs for successful interaction between open source and standardisation, by means of studies and analyses.

5. Conclusion

For Europe to reap the full benefit of the Single Market and the Digital Single Market, a balanced IPR framework is needed that supports a sustainable and efficient standardisation ecosystem and SEP licensing environment.

This Communication proposes a holistic approach and sets out key principles for SEP licensing taking into account how industrial sectors are organised as well as efficiency considerations. Working together with all stakeholders will be necessary for a successful implementation of the principles and to ensure concrete results of the actions announced, notably by fostering the participation of start-ups in the roll-out of the Internet of Things. The Commission therefore invites all stakeholders to actively engage in their implementation.

The Commission will closely monitor the SEP licensing markets with a particular focus on IoT technologies, by making use of the expert group that will be created and launching further studies if necessary. It will take stock of progress achieved and assess the need for further measures to ensure a balanced framework for smooth, efficient and effective licensing of SEPs on that basis.

---

51 In relation to Cloud computing, see the report on standards and open source: bridging the gap.
52 OASIS, ECMA, ITU-T, ETSI, etc.

345   Die Kommission berücksichtigt in ihrer Darstellung auch schon die aktuelle Rechtsprechung, d. h. nicht nur die Huawei/ZTE-Entscheidung des EuGH, sondern auch die aktuellen auf dem vorgenannten EuGH-Urteil aufbauenden Entscheidungen des OLG Düsseldorf und des OLG Karlsruhe und in UK die sehr detaillierte Entscheidung des Richters *Birss* in dem Fall Unwired Planet ./. Huawei.[14]

346   Sehr bedeutsam ist, dass die Communication im Abschnitt 3.4 (Alternative Dispute Resolution) die Mediation und Schiedsgerichtsbarkeit als Beispiele für die ADR ausdrücklich erwähnt und im Zusammenhang mit diesen beiden (in der Praxis schon häufigen) Möglichkeiten einmal auf den Unified Patent Court und dessen Patent Arbitration and Mediation Centre in Lissabon und Ljubljana und zudem in Fußnote 45 auch beispielhaft auf das WIPO Arbitration and Mediation Center verweist. Letzteres hat nach zahlreichen Erfahrungen des Autors als von dem Center benannter Mediator und auch als Parteivertreter in von diesem Center administrierten Mediationsverfahren den Vorteil großer Erfahrung und Kompetenz bei der zudem noch zeiteffektiven Administrierung derartiger Verfahren.

d) Guide to Licensing Negotiations Involving Standard Essential Patents, Japan Patent Office (5.6.2018)

347   Das Japanische Patentamt hat am 29.9.2017 auf Ihrer Webseite eine „Invitation to Contribute to Guidelines for Licensing Negotiations Involving Standard Essential Patents (SEPs)" ausgesprochen, um angesichts kürzerer Produktzyklen und steigender Anzahl von Patenten im Telekommunikationsbereich und insbesondere im IoT (Internet of Things) für die Zukunft besser gewappnet zu sein.[15] Der Bedarf für derartige Guidelines ergebe sich auch aus immer größeren Schwierigkeiten, Streitigkeiten bei Cross-Lizenzen beizulegen. Auch seien derzeit nicht mehr nur Telekommunikationsfirmen, sondern immer mehr Hersteller und Dienstleister aus Nicht-Telekommunikationsbereichen in die Verhandlungen eingebunden, was die Verhandlungen nicht vereinfacht. Die Guidelines, die am 5.6.2018 in Kraft traten, weisen zahlreiche Parallelen zu der zuvor besprochenen Communication der Europäischen Union auf:

---

14 Vgl. zunächst aktuelle Studien der IPlytics GmbH, Berlin, zu Daten zu SEPs und dann bzgl. beider Entscheidungen die Communication, Fn. 38, 40 und 27, 31.

15 https://www.jpo.go.jp/torikumi_e/seps-tebiki_e.html; siehe auch *Sidak*, Comments on the Japan Guidelines for Licensing Negotiations Involving Standard Essential Patents, 1.11.2017.

348

2. FRAND – die „richtige" Bezugsgröße für die Bestimmung der Höhe der Lizenzgebühr

Bevor die Parteien oder ein Dritter (z. B. Sachverständiger, Schiedsrich- **349** ter, staatlicher Richter) jeweils mit oder ohne Mitwirkung eines Mediators die Höhe einer FRAND-Lizenzgebühr bemessen bzw. bemisst, ist zunächst die technische (und insoweit die patentrechtliche) Bezugsgröße zu bestimmen, deren Ergebnis erhebliche Auswirkungen auf die Gesamtsumme der Erlöse einer FRAND-Lizenzierung hat.

350 Wenn beispielsweise SEPs die Anordnung der optischen Linsen der Kamera eines Smart Phones schützen, ist u. a. zu prüfen,

- welche Wertigkeit die Kamerafunktion im Verhältnis zur Wertigkeit der anderen (SEP-)geschützten Bauteile
- und letztlich dann auch zum Gesamtwert des Smart Phones hat.

Ist allein der Materialwert der

- einzelnen Bauteile
- oder des gesamten Smart Phones maßgeblich
- oder am Beispiel der Kamera ein zusätzlicher Wert dieser Komponente wichtig, der z. B. durch Kundenwünsche (z. B. Preis, Design, Benutzerfreundlichkeit) beeinflusst wird.

Wenn (angeblich) ca. 70% der Smart Phone-Käufer die Kamera als wichtigstes Kaufkriterium sehen, dann tritt der Materialwert dieser Komponente in den Hintergrund.

351 Wenn es sich dann noch bei den relevanten SEPs um Gemeinschaftserfindungen handelt, müsste nicht nur die Höhe der Miterfindungsanteile der Erfinder, sondern auch die Höhe der einzelnen Miteigentumsanteile der von den Arbeitgebern der jeweiligen Miterfinder in Anspruch genommenen Miterfinderanteile berücksichtigt werden.

352 Wenn zusätzlich zu den SEPs auch noch geheimes, wesentliches, identifiziertes Know-how und Urheberrechte (z. B. an Software, Datenbanken) sowie Designrechte (z. B. Gerichtsverfahren bzgl. der Designrechte bei Smart Phones) kommen, wird die Bestimmung der Bezugsgröße für (FRAND-)Lizenzgebühren nicht einfacher.

a) Rechtsprechung

353 Bisher gibt es nur wenige Urteile/Entscheidungen weltweit bzgl. FRAND-Lizenzgebühren.

aa) Deutschland

354 In Deutschland liegen bei Erstellung dieser Ausführungen (Januar 2018) keine Hinweise auf Gerichtsentscheidungen bzgl. konkreter FRAND-Lizenzgebühren nach EuGH Huawei ./. ZTE, die auch nur den Unterlassungsanspruch, nicht aber den Schadensersatzanspruch betraf, also ca. zwei Jahre nach dieser Entscheidung vor. Das OLG Düsseldorf hat in seiner Entscheidung Sisvel/Haier zur Höhe der Lizenzgebühr nur gesagt, dass eingeräumte Rabatte (in dem Fall: bis zu 90%) zu beachten sind.[16] Die Revision wurde zugelassen.

bb) EU

Die EuGH-Entscheidung Huawei ./. ZTE betraf – wie erwähnt – nur den **355** Unterlassungsanspruch, nicht aber den Schadensersatzanspruch. Es musste also nicht über die konkrete FRAND-Lizenzgebühr entschieden werden.

cc) China

Anfang 2015 wurde bekannt, dass die US-Firma Qualcomm in einem **356** Kartellrechtsstreit in China der dortigen Kartellbehörde unterlag. Diese stellte am 10.2.2015 fest, dass Qualcomm chinesisches Kartellrecht verletzt habe. Qualcomm musste in China eine Geldbuße von 975 Mio. US-Dollar zahlen. Nach dieser Entscheidung hatte Qualcomm Folgendes zu leisten:

– Qualcomm wird seine 3G- und 4G-Lizenzen an seinen chinesischen SEPs getrennt von Lizenzen an seinen anderen Patenten anbieten und Patentlisten während der Verhandlungen vorlegen. Wenn Qualcomm eine Cross-Lizenz von seinem chinesischen Lizenznehmer angeboten bekommt, wird er nach Treu und Glauben diese Verhandlungen führen und ein angemessenes Entgelt gewähren.

– Wenn Markengeräte in China verkauft werden, erhält Qualcomm 5% Lizenzgebühren für 3G-Geräte (incl. Multimode 3G-/4G-Geräte) und 3,5% für 4G-Geräte (incl. 3-mode-LTE-TDD-Geräte), die nicht CDMA oder WCDMA beinhalten. In jedem dieser Fälle beträgt die Bezugsgröße für die Lizenzgebühr 65% des (nicht definierten) Nettoverkaufspreises des jeweiligen Geräts.

– Qualcomm wird bestehenden Lizenznehmern ab 1.1.2015 die Möglichkeit anbieten, die neuen Bedingungen für den Verkauf von Markengeräten anzunehmen.

– Qualcomm wird Chip-Kunden „baseband chips" nicht unter der Bedingung zum Kauf anbieten, dass diese eine Lizenz zu Lizenzgebühren bekommen, die die NDRC (chinesische Kartellbehörde) als unangemessen ansah/ansieht oder dass der Chip-Customer unangemessene Lizenzbedingungen nicht ablehnen bzw. nicht dagegen vorgehen kann . Allerdings muss Qualcomm nicht jedem Dritten, der nicht ein

---

16 Urt. v. 30.3.2017 – I-15 U 66/15, BeckRS 2017, 124408, 188 ff. und dazu *Dorn*, GRUR-Prax 2017, 497.

Qualcomm-Lizenznehmer ist, Chips verkaufen und dies gilt auch nicht für einen Chip-Kunden, der sich weigert seine Verkäufe abzurechnen.

357 Anfang 2017 entschied der Beijing IP Court im Fall Iwncomm v. Sony, dass

- Sony SEP bzgl. des WAPI-Standards verletzt hat,
- die Erfindung eine Basiserfindung ist,
- Sony sich bei den Verhandlungen fehlerhaft verhalten hatte, und setzte – der Argumentation von Iwncomm folgend –
- eine Lizenzgebühr von RMB 1 je Stück fest, die mit 3 multipliziert wurde (3-facher Schadensersatz! Dieser Multiplikationsfaktor ist der höchste, der gemäß den Supreme Court 2001 Patent Trial Guidelines bis zu diesem Zeitpunkt festgesetzt wurde.). Der Schadensersatz betrug insgesamt RMB 8.629.173.

Interessant ist auch, dass das Gericht Sony zusätzlich zur Kostentragung von RMB 474.194 inklusive Anwaltsgebühren von RMB 400 verurteilte, was in letzter Zeit bei chinesischen IP Courts häufiger vorkommt.[17]

358 Am 11.1.2018 verkündete der Shenzen Intermediate Court die Entscheidungen in zwei SEP-Verletzungsfällen, die Huawei gegen Samsung initiiert hatte und die sich wohl eher an die Herangehensweise der deutschen Gerichte bei SEP-Fällen, als an (in 2017) die Unwired Planet v Huawei- oder (ebenfalls in 2017) an die TCL v Ericcson-Entscheidung anlehnen.[18]

dd) UK

359 Der First UK High Court, Richter *Birss*, verkündete am 5.4.2017 in dem Fall Unwired Planet ./. Huawei folgende Entscheidung[19], die in den Schlussfolgerungen auf den Seiten 163–165 des Urteils zusammengefasst und hier wörtlich wiedergegeben wird[20]:

---

17 Allen & Overy, 10.4.2017.
18 Bird & Bird 12.1.2018.
19 Case No: HP-2014-000005, Neutral Citation Number: 2017 EWHC 711 (Pat)) mit u. a. folgenden Aussagen zu FRAND-Lizenzgebühren im Zusammenhang mit SEPs im Bereich Mobilfunk-Standards (2G GSM, 3G UMTS, 4G LTE.
20 Vgl. zu dieser wegweisenden Entscheidung auch z. B. *Picht*, GRUR Int., 2017, 569 ff., 579.

In summary, my conclusions on the facts are:

(1) None of Unwired Planet's offers (April 2014, June 2014, June 2015 or August 2016) were FRAND.

(2) None of Huawei's offers (June 2015, August or October 2016) were FRAND.

(3) The Revised MNPA overstates the value of Unwired Planet's SEP portfolio. The HPA understates the value of that portfolio.

(4) The value R for the relative strength of Unwired Planet's portfolio as compared to Ericsson's for 4G is 7.69%. The values of R for 2G, 3G, and 4G range from 2.38% to 9.52%.

(5) The value S for Unwired Planet's share of all SEPs relevant to 4G handsets is 0.70%. The values of S for 2G, 3G, and 4G for infrastructure and handsets range from 0.21% to 1.30%. Here and below handsets refers to multimode.

(6) None of: the 2014 Unwired Planet-Lenovo licence, the 2016 Unwired Planet-Samsung licence, or the 2016 Ericsson-Huawei licence, are good comparables. The Ericsson-Samsung 2014 licence is the best place to start but other Ericsson licences are relevant.

(7) The right number E to use as a royalty rate which measures the value of Ericsson's 4G SEPs in order to scale against Unwired Planet is 0.80% for 4G. The value E for Ericsson's 2G and 3G SEPs is 0.67%.

(8) The benchmark FRAND rates for Unwired Planet's portfolio are:
a) 4G/LTE: 0.062% for handsets, and 0.072% for infrastructure;
b) 3G/UMTS: 0.032% for handsets, and 0.016% for infrastructure;
c) 2G/GSM: 0.064% for handsets, and 0.064% for infrastructure;

(9) As a cross-check, the value T for the total aggregate royalty burden implied by these rates for 4G handsets is 8.8%. The values of T for 2G, 3G, and 4G for infrastructure and handsets range from 3.1% to 8.8%.

(10) The fact the 2016 Unwired Planet-Samsung licence is not a good comparable does not mean it is irrelevant for hard-edged non-discrimination if that concept is applicable to FRAND. However applying the non-discrimination aspect of FRAND to that licence does not justify setting a lower rate for Huawei than the benchmark rates because a distortion of competition between Huawei and Samsung was not established.

263

(11) A UK portfolio licence is not FRAND. The FRAND licence between Unwired Planet and Huawei is a worldwide licence.

(12) In a FRAND worldwide licence the rates for China would be substantially lower than the benchmark rates. The rest of the world outside China would be divided into Major Markets (MM) and Other Markets (OM). The OM rates would be the same as the China rates because that is where the goods are made.

(13) The rates in a worldwide licence would be:

	Major Markets		China and Other Markets	
	Handsets	Infra-structure	Handsets	Infra-structure
2G/GSM	0.064%	0.064%	0.016%	0.032%
3G/UMTS	0.032%	0.016%	0.016%	0.004%
4G/LTE	0.052%	0.051%	0.026%	0.026%

(14) The detailed terms of a worldwide licence have been settled. They are FRAND.

(15) In a UK portfolio licence the uplift on the rates relative to the benchmark would be 100%.

(16) If a proper economic analysis had been done the answer might be different but in this case, as the holder of SEPs, Unwired Planet is in a dominant position.

(17) Unwired Planet did not abuse their dominant position by issuing these proceedings for an injunction prematurely, by maintaining a claim for an injunction in these proceedings, by seeking to insist on a worldwide licence, by attempting to impose unfair prices or by bundling SEPs and non-SEPs.

(18) Since Unwired Planet have established that Huawei have infringed valid patents EP (UK) 2 229 744 and EP (UK) 1 230 818, and since Huawei have not been prepared to take a licence on the terms I have found to be FRAND, and since Unwired Planet are not in breach of competition law, a final injunction to restrain infringement of these two patents by Huawei should be granted.

(19) If Unwired Planet had issued these proceedings prematurely, in the circumstances as they now are, refusal of an injunction would have been disproportionate.

(20) The final injunction will be considered at a hearing in a few weeks' time once Unwired Planet have drawn up a full set of the terms of the worldwide licence incorporating the decisions made in this judgment.

(21) To the extent damages should be awarded, they would be at the same rate as the appropriate FRAND rate.

Bei allem Respekt vor der sehr ausführlichen Entscheidung von *Birss* **360** darf bezweifelt werden, dass es „nur einen einzigen Satz FRAND-Klauseln"[21] gibt. Das ist ja gerade einerseits die Crux und andererseits der Vorteil, dass es nicht „die" FRAND-Lizenzgebühr gibt und vermutlich geben wird. Es kann und wird selbst im gleichen Marktsegment und selbst bei Personengleichheit der beteiligten Personen auf Firmen- und Beraterseite aufgrund der sich im einzelnen Fall doch immer wieder unterschiedlichen Sachverhaltsdetails zumindest teilweise andere Verhandlungs- und Urteilsergebnisse geben.

ee) Indien

Der Delhi High Court hat bis Mai 2015 zwei Entscheidungen in zwei Pa- **361** tentverletzungsverfahren und die indische Kartellbehörde CCI (Competition Commission of India) hat eine Entscheidung bzgl. FRAND-Lizenzierung getroffen.[22]

Die folgende Übersicht 1 (Table 1) zeigt die Lizenzgebührensätze, die **362** der Delhi High Court Micromax in Abhängigkeit vom Ausgang der Verhandlungen der FRAND-Lizenz (von Ericsson an Micromax) zu zahlen erlaubt hatte (dieser Lizenzvertrag wurde aber nie geschlossen). Zusätzlich zahlte Micromax an Ericsson 2.50 US-Dollar für jede „data card".[23]

---

21 *Birss*, Urteil Unwired Planet ./. Huawei, Rn. 150 ff., 153, 155 ff.: "only one set of true FRAND terms".
22 *Sidak*, FRAND in India: The Delhi High Court's emerging jurisprudence on royalties for standard-essential patents, Journal of Intellectual Property Law & Practice, 2015, Vol. 10, No. 8
23 *Sidak*, a. a. O., 611, re. Sp., 612, li. Sp.

363   **Table 1.** *Sidak*, Estimate of Licensing Revenues for the Five Major Mobile Communications SEP Holders

	2013		2014	
	Licensing Revenues and Global Handset Revenues (Millions of 2014 Dollars)	**Royalty Yield**	**Licensing Revenues and Global Handset Revenues (Millions of 2014 Dollars)**	**Royalty Yield**
Qualcomm	$ 8,019	2.08 %	$ 7,862	2.04 %
Ericsson	$ 1,649	0.43 %	$ 1,446	0.38 %
Nokia	$ 405	0.11 %	$ 435	0.11 %
InterDigital	$ 269	0.07 %	$ 403	0.10 %
Alcatel-Lucent	$ 31	0.01 %	$ 17	0.00 %
Total	$ 10,374	2.70 %	$ 10,163	2.64 %
Global Handset Revenues	$ 384,659		$ 384,956	

Source: International Data Corp., *supra* note 14; 2015 Qualcomm 10-K, *supra* note 13, at 38; Ericsson Annual Report, *supra* note 13, at 63, 74; Nokia Report 2015, *supra* note 13, at 21; Nokia Report 2014, *supra* note 13, at 144; 2015 InterDigital 10-K, *supra* note 13, at 50, 53; Alcatel-Lucent Report, *supra* note 13, at 25; Bureau of Economic Analysis, *supra* note 18.

364   Die folgende Übersicht 2 (Table 2) zeigt die Lizenzgebührensätze, die der Delhi High Court im Rahmen einer Zwischenentscheidung im Fall Ericcson ./. Micromax bestimmt hatte. Das Gericht nahm als Bezugsgröße den „net sales price" des (kompletten) Mobilfunkgeräts , also nicht nur den Preis der patentgeschützten „chipset technology".[24] Das Gericht berief sich dabei letztlich auf den Fall Csiro ./. Cisco vor dem District Court for the Eastern District of Texas, zudem auf die Qualcomm-Entscheidung des NDRC[25] sowie auf eine ähnliche Entscheidung des Gerichts im Fall Ericsson ./. Intex und berief sich in letzterem Fall wiederum auf seine Entscheidung im Fall Ericsson ./. Micromax vom 12.11.2014.[26]

---

24 *Sidak*, a. a. O., 610, li. Sp., 612, li. Sp.
25 S. o. Teil D, I., 1., a) cc)
26 *Sidak*, a. a. O., 614, re. Sp.; in den Fällen Ericsson ./. Xiaomi und iBall ./. Ericsson wurden vom High Court 370 Delhi bis Mai 2015 keine Lizenzgebühren entschieden, *Sidak*, a. a. O., 615 f.

Table 2. *Mallinson,* Estimate of Licensing Revenues for the Five Major Mobile **365**
Communications SEP Holders

	2013		2014	
	Licensing Revenues and Global Handset Revenues (Millions)	Royalty Yield	Licensing Revenues and Global Handset Revenues (Millions)	Royalty Yield
Qualcomm	$ 7,878	2.09%	$ 7,862	1.92%
Ericsson	$ 1,583	0.42%	$ 1,480	0.36%
Nokia	$ 688	0.18%	$ 791	0.19%
InterDigital	$ 264	0.07%	$ 416	0.10%
Alcatel-Lucent	$ 100	0.03%	$ 75	0.02%
Total	$ 10,513	2.79%	$ 10,625	2.59%
Global Handset Revenues	$ 377,000		$ 410,000	

Source: Mallinson, *supra* note 2, at 4–5.
Note: Table 2 preserves Mallinson's estimates in nominal dollars.

ff) USA

Bowman/Heiden stellen in ihrer Studie einige Beispiele der US-Recht- **366**
sprechung bzgl. FRAND-Lizenzgebühren vor, ohne allerdings auf die jeweiligen Bezugsgrößen einzugehen.[27]

---

27 Center for Intellectual Property (CIP), Department of technology Management and
Economics, Chalmers University of Technology, haben im Dezember 2015 eine Studie
veröffentlicht: „Valuing Standard Essential Patents in the Knowledge Economy: A
comparison of F/RAND Royalty Methodologies in US Courts."

367 **Table 1.** *Bowman/Heiden*, Comparative overview of recent F/RAND cases

Plaintive	Defendants	Trial	Standard	No. of SEPs	Value Base*	F/RAND Rate
Microsoft[1]	Motorola Mobility (Google)	Bench	H.264	16	MPEG-LA patent pool	$ 0.00555
			802.11	11	Mixed basea[a]	$ 0.03471
Ericsson	D-Link, Netgear. Belkin, Dell, HP, Acer, Toshiba, Intel	Jury	802.11	3	Previous industry licenses with 3rd parties	$ 0.152[2]
Innovatio	Cisco, Motorola Solutions, SonicWALL, Netgear, HP	Bench	802.11	19	Chipset profits	$ 0.0956
CSIRO	Cisco Systems	Bench	802.11	1	End products	$ 0.833[3]

[1] Note that Microsoft used for breach of contract, so Motorola/Google is the actor seeking F/RAND royalties for their SEP portfolio.

[2] The F/RAND rate has been vacated and remanded with instructions from CAFC.

[3] The royalty rate, for the most part, is not explicitly based on a F/RAND commitment due to the historical circumstances of CSIRO relations with the 802.11 standard and the wireless industry.

* The term value base is used to denote the source from which the F/RAND royalty was calculated [a] Based on an average of Via patent pool rates, prior non-F/RAND 3rd-party component-level license agreement, and a prior consultancy valuation report
Source: Official trial documents

368 Es kann allerdings auf die einzelnen Urteilsbegründungen der o. g. Entscheidungen in UK (Unwired Planet ./. Huawei) und in Indien (Ericsson ./. Micromax, Ericsson ./. Intex) sowie auf die Publikation von *Nilsson* verwiesen werden, der einen sehr aktuellen Überblick über die Versuche der US-Gerichte zur Bestimmung der „angemessenen Bezugsgröße", die SSPPU (Smallest Salable Patent Practising Unit) gibt.[28]

369 Am 8.11.2017 unterschrieb der Richter *James V. Selna*, US District Court, Central District of California, im Fall TCL v. Ericcson ein 115-seitiges „Memorandum of Findings of Fact and Conclusion of Law" („Memorandum"), gefolgt von seinem „Final Judgement and Injuction" vom 22.12.2017.

---

28 *Nilsson*, Appropriate base to determine a fair return on investment: A legal and economic perspective on FRAND, GRUR Int, 2017, 1017 ff., 1023 f.

Selna akzeptierte die FRAND-Berechnungsmethoden beider Parteien sowie die daraus folgenden Lizenzgebühren nicht als FRAND und legte seiner Entscheidung eine eigene Berechnungsmethode zugrunde.[29] U. a. waren folgende Gründe für seine FRAND-Berechnungsmethode maßgeblich:

- ETSI lehne eine Meistbegünstigungsklausel ab, da man sonst die bisherigen erteilten Lizenzen mit den später erteilten Lizenzen vergleichen müsse.[30]
- Wenn man Lizenzgebühren auf der Grundlage von Verkäufen in bestimmten Ländern/Regionen festlege, führte das dazu, dass der Herstellungsort in einem Land die Basis für die niedrigste Lizenzgebühr in jedem Land bilde, selbst wenn das Produkt in einem anderen Land mit einer niedrigeren Lizenzgebühr verkauft wird.
- Die Festlegung der Faktoren zur Bestimmung, welche Firmen im Vergleich mit TCL und deren Lizenzierungsbedingungen, die bzgl. der Nichtdiskriminierung bei FRAND anzunehmen sind, als gleichwertig anzusehen sind, beinhalteten (i) den Umfang der örtlichen Präsenz einer Firma (z. B. sind „local kings"[31] ausgeschlossen, die im Gegensatz zu TCL, die weltweit tätig ist, nur eine Lizenz in einem Land benötigen), (ii) den Umfang der benötigten Lizenz und (iii) angemessenes Verkaufsvolumen. Relevant seien auch vergleichbare Lizenzen.[32] Eine große Anzahl von Lizenzen könnten Bedenken vermindern, ob individuelle Lizenzen FRAND seien, asymmetrische Informationen hätten oder durch drohende Klagen übermäßig beeinflusst. Nicht relevante Faktoren seien (i) der gesamte Erfolg oder das gesamte Risiko einer Firma, (ii) die Markenbekanntheit und (iii) ein Gerätebetriebssystem.

gg) Japan

Es wird in Japan[33] – auf Einladung des Japanischen Patentamts vom **371** 29.9.2017 demnächst „Guidelines for Licensing Negotiations Involving Standard Essential Patents" geben. Diese Einladung enthält in Ziffer 3 (Reasonable royalty levels) im Unterpunkt (1) (Royalty base) die beispielhaft aufgeführte Frage: „e. g. The contribution of a standard to product sales: entire market value, or the smallest salable patent-practising

---

29 Memorandum, 46: „top down royalty rate".
30 Memorandum, 13 f.
31 Memorandum, 58 ff., 94 ff.
32 Memorandum, 54 ff.
33 S. o. Rn. 347 (Teil D I. 1. d).

unit?". Damit werden die Kriterien genannt, die auch immer wieder von US- Gerichten, aber auch von den erwähnten und noch zu erwähnenden anderen Quellen (Gerichte in Europa, insbesondere in UK, in Indien und von der Europäischen Kommission, z.B. die Communication vom 29.11.2017) aufgeführt werden.[34]

b) Ausblick

372   Es bleibt zu hoffen, dass bald auch die deutschen Gerichte den Beispielen der Gerichte in USA, Indien und insbesondere in UK folgen und die Grundsätze der Huawei ./. ZTE-EuGH-Entscheidung (nur Prüfung des Unterlassungsanspruchs) auch bzgl. der Schadensersatzansprüche (endlich), letztlich also der FRAND-Beurteilungskriterien weiterentwickeln. Es sollte auch nicht auf Entscheidungen des Unified Patent Court gewartet werden. Bis dort Fälle geprüft und entschieden werden, dürften unabhängig von der in Deutschland noch anhängigen Verfassungsbeschwerde und der generellen Brexit-Problematik mit Sicherheit noch einige Jahre vergehen.

3. Höhe der Lizenzgebühr

373   Wenn die Bestimmung der Bezugsgröße erfolgt ist, muss die Höhe der „angemessenen" Lizenzgebühren ermittelt werden. Hierzu sind die positiven und negativen Bewertungskriterien für die Höhe der Lizenzgebühr aus Sicht aller beteiligten Parteien jeweils zunächst zu sammeln und dann zu bewerten. Zudem sind auch entsprechende Vertragsklauseln für den Lizenzvertrag, der von den Parteien verhandelt werden soll, und zwar unabhängig davon, ob es sich um einen ganz „normalen" Lizenzvertrag oder aber um einen Vertrag handelt, der als „Vergleich" in einem (Patent-)Verletzungsverfahren geschlossen wird.

a) Bewertungskriterien

374   Wie können Mediatoren die Parteien bei der Aufstellung von Bewertungskriterien unterstützen und welche Rahmenbedingungen, welches „Gerüst" sollten die Parteien beachten, um ihre Streitigkeit(en) zu strukturieren?

---

34 Vgl. auch die Kommentierung dieser Einladung des Japanischen Patentamts von *Sidak* vom 1.11.2017, a. a. O., 5 ff., 8 ff., der letztlich zu dem Schluss kommt, dass es keiner SEP-Guidelines in Japan bedarf, es vielmehr ausreicht, unter Beachtung bestehender vertragsrechtlicher Grundsätze FRAND-Bedingungen zu verhandeln.

aa) Überblick

(1) Allgemeine Faktoren

- **Allgemein** 375
  Umfang des Benutzungsrechts (Monopolstellung, die der Lizenznehmer erlangt)

- **Verkaufsobjekt**
  - Art des Erzeugnisses (einmalige oder wiederkehrende Fertigung,
    Type)
  - Verkaufspreise
  - Kalkulation
  - Geplante Stückzahl des Erzeugnisses und seiner Teile

- **Fertigung**
  - Fertigungsreife
  - Entwicklungs- und Versuchskosten
  - Mögliche Fertigungsart (Einzelfertigung, Serienfertigung)
  - Anforderungen an die Fertigung (maschinelle Ausrüstung, Werk-
    zeuge, Modelle, Vorrichtungen, Arbeitskräfte, Materialbeschaf-
    fung)
  - Einordnung in das Fertigungsprogramm
  - Auftretende Engpässe und sonstige Schwierigkeiten
  - Fertigungskosten
  - Zusätzlicher Finanzbedarf und seine Deckungsmöglichkeiten
  - Fertigungsrisiken
  - Auswertung und Untervergabe von Lizenzen

- **Marktsituation**
  - Marktanteil (nach den in Betracht kommenden Ländern spezifi-
    ziert)
  - Konkurrenzlage Marktstellung des Lizenzgebers Mitbewerber
    (auch künftig mögliche) in Bezug auf das Erzeugnis in Bezug auf
    die Lizenz
  - Konkurrenzerzeugnisse Lieferfähigkeit (eigene und fremde) Auf-
    nahmefähigkeit des (betreffenden) Marktes; (vorsichtig geschätzte)
    Umsatzerwartung (geschätzte) Umsatzerwartung Import/Export im
    Lande des Lizenznehmers (Zollschutz) Entstehende Konkurrenz
    auf dritten Märkten (drohende Umsatzverluste, Gewinnminderung)
    Einfluss auf die Ergebnis-Entwicklung (Gewinne oder Verluste)
    Wie hoch ist das Risiko? Gefahr der technischen Überholung

- **Technischer Stand**
  - Weiterentwicklung im eigenen Unternehmen (Konzentration der Entwicklungsarbeit aus Gründen der Rationalisierung und Sicherheit)
  - Weitergabe von Ergebnissen der Forschungs- und Entwicklungsarbeit (vertragliche Ansprüche)
  - Weiterentwicklung in fremden Unternehmen (Rückfluss von Know-how bzw. Verbesserungserfindungen)
  - Voraussichtliches Veralten der betreffenden Type (technischer Fortschritt)
  - Patentlage
  - Patentlizenzen und sonstige Know-how-Verträge
  - Spezielle (ungeschützte) Erfahrungen
  - Technischer Reifegrad; Automatisierungsgrad
  - Produktionsverhältnisse beim Lizenznehmer
  - Möglicherweise frei werdende Kapazität

- **Absatzverhältnisse**
  - Konditionen (auch Garantieleistungen)
  - Kundendienst (Service)
  - Werbung (einschließlich Unterlagen)
  - Verwendung des Namens des Lizenzgebers (Eintragung des Markennamens im Empfängerland; negative Wirkungen bei verminderter Qualität)
  - Verkaufsorganisation
  - Bindungen des Lizenznehmers hinsichtlich der Belieferung bestimmter Märkte

- **Lizenznehmer**
  - Nutzen für den Lizenznehmer eingesparte Kosten ermäßigte Selbstkosten (z.B. Entwicklungskosten, ausbleibende Fehlentwicklungen, Beratungskosten, Kosten für die Beschaffung von Produktionsmitteln und den Aufbau zusätzlicher Abteilungen) größere Umsatzmenge erhöhte Verkaufserlöse
  - Entwicklungsstand des Lizenznehmers Ausbildungsniveau des Landes, wirtschaftliche Verhältnisse bestehendes Unternehmen mit Fertigung ähnlicher Erzeugnisse ohne Fertigung ähnlicher Erzeugnisse neues Unternehmen
  - Finanzielle Stärke des Partners
  - Erfahrungen mit Fairness des Lizenznehmers (Vertrauensverhältnis)

- **Entstehungskosten der Erfindung**
  - Berechenbare Größen (z. B. Kosten aus der Beratung durch Spezialisten des Lizenzgebers, Recherchekosten, Eintragungskosten usw.)
  - Schätzwerte
  - Vergleichbare (Markt-)Preise für Teile der Erfindung (auch Erfahrungen aus vorangegangenen ähnlichen Fällen)
  - Kosten des Firmenzeichens (Werbung für den Firmennamen oder das spezielle Erzeugnis)
  - Nutzenentgang beim Lizenznehmer

- **Art der Zusammenarbeit**
  - Kapitalverhältnisse (Beteiligung)
  - Einfluss auf die Geschäftsführung (z. B. Preisbestimmung)
  - Rechnungslegung; Büchereinsicht
  - Lieferung von Teilen (unter Berücksichtigung der Termine) an den Lizenznehmer vollständige Lieferung zur Montage komplette Teile-Sätze. Lieferung schwierig zu fertigender Teile (zwecks Qualitätssicherung) Normteile vitale Teile (mit der Möglichkeit der Umsatzkontrolle) Bewertung der Teile
  - Lieferung von Unterlagen aus Konstruktion, Fertigung und Montage
  - Bereitstellung von speziellem Material und Sondermaschinen
  - Lieferung von Werkzeugen, Vorrichtungen, Modellen
  - Austausch von Mitarbeitern, Fertigungsarbeiter (Regelung der Vergütung, auch der Differenzen bei Unterschieden zum heimatlichen Verdienst) Spezialisten Führungskräfte Qualitätskontrolle

- **Sonstige Faktoren**
  - Zusätzliche Vergabe von Know-how in Unterlagen (z. B. Zeichnungen, umfangreiche textliche Erläuterungen, Abbildungen, Schemata, Pläne)
  - Steuerliche Aspekte (z. B. was bleibt nach der steuerlichen Belastung von der Lizenzgebühr übrig?)
  - Juristische Fragen (z. B. Kündigung des Vertrages, Urheber- und Eigentumsrechte, Weitergabe an Dritte, Rückgabe von Unterlagen, Genehmigungszwang durch ausländische Regierung)
  - Kenntnis aller Argumente für den Wert des Know-how
  - Ablauf des Patentes (Laufzeit des Vertrages)
  - Laufende Hingabe (schrittweise Einbringung) von zusätzlichem Know-how (unvollständiges Know-how kann schlechte Erzeugnisse zur Folge haben)
  - Beginn der Wirksamkeit der Lizenz (Auswirkung auf den Ertrag, Anlaufzeit)

- Zahlungsweise: einmalige Abfindung (ggf. in Raten), umsatzabhängige (produktionsabhängige) Vergütung, Kapitalbeteiligung, Vergütung der sonstigen Kosten (z. B. für Reisen, Beratung, Steuern auf die Lizenzgebühr) und sonstige Regelungen (z. B. Zurückbehalten von Neuentwicklungen, statischen Berechnungen)
- Transfer-Möglichkeit (Risiko)
- Mögliche Sicherungen (z. B. Zurückbehalten von Neuentwicklungen, statischen Berechnungen)
- Verhandlungsposition
- Risiko über die Vertragsdauer hinaus
- Politische Einflüsse (z. B. staatliche Einstellung und Vorschriften beim Lizenznehmer)

376 Schon aus der Aufzählung der für die Bewertung der Lizenzgebühr erheblichen Faktoren, die keineswegs vollständig ist, lässt sich ersehen, dass eine Berechnung der Lizenzgebühr nach festen Formeln nicht möglich ist. Dabei ist zu berücksichtigen, dass nicht nur die Berechnung der einzelnen Faktoren, sondern auch die Festlegung ihres Verhältnisses zueinander erhebliche Schwierigkeiten bereitet. Lüdecke kommt daher in seiner o. g. Schrift zu dem Ergebnis, dass sich feste Formeln oder fixe Zahlen, aufgrund derer die Lizenzgebühr errechnet werden kann, nicht aufstellen lassen. Derartige Formeln können allenfalls dem Fachmann gewisse Anhaltspunkte geben.

377 Dies ergibt sich auch aus der Rechtsprechung zur Ermittlung einer angemessenen Lizenzabgabe als Schadensersatz für Patentverletzungen, bei der sich das Reichsgericht und der Bundesgerichtshof mit allgemeinen Grundsätzen zu helfen versuchten. Die Lizenzgebühr sei nach dem „Üblichen und Billigen", nach dem „Vernünftigen", nach dem, was bei vertraglicher Vereinbarung ausbedungen worden wäre, und nach dem objektiven, sachlich angemessenen Wert zu bemessen.

Dieselben Probleme treten auch bei der Rechtsprechung über die angemessene Höhe von staatlichen Benutzungsanordnungen und Zwangslizenzen gem. § 13 und § 24 des Patentgesetzes auf.

(2) Art der Lizenzgebühren

(a) Einmalzahlung

378 Ergänzend wird darauf hingewiesen, dass zu beachten ist, welche Art der Lizenzgebühr zu zahlen ist (z. B. Einmalzahlung und/oder eine umsatzabhängige Gebühr in Prozent oder ein Währungsbetrag je Stück und/oder eine Mindestlizenzgebühr).

Es kann also vereinbart werden, dass die Lizenzgebühr völlig unabhän- **379** gig vom Umsatz oder von der Produktion festgesetzt wird, indem für einen bestimmten Zeitraum ein fester Betrag zu zahlen ist oder nur eine einmalige Zahlung zu erfolgen hat. Dies ist jedoch selten. Ist es der Fall, so muss festgelegt werden, wann die Zahlung zu erfolgen hat. Die Partei-en ersparen sich durch die Festlegung eines einmaligen Beitrags zwar eine Menge Verwaltungsaufwand. Andererseits kann es zu Überraschun-gen kommen, wenn die Umsatzerwartungen entweder positiv oder nega-tiv verlaufen, so dass immer eine Partei das Nachsehen hat.

Neben der Vereinbarung einer Pauschallizenzgebühr für den gesamten **380** Vertrag wird bei Lizenzverträgen häufig neben z.B. einer Stücklizenz eine einmalige Zahlung vereinbart. Für diese einmalige Zahlung haben sich unterschiedliche Bezeichnungen herausgebildet, aus denen sich teil-weise auch schon die Funktion dieser einmaligen Gebühr ableiten lässt. Als Bezeichnungen lassen sich hier antreffen: Grundlizenzgebühr, Grundzahlung, einmalige Pauschalgebühr, Abschlussgebühr, Vorweg-vergütung, lump sum, down payment oder À-fond-perdu-Zahlung. Die Funktion einer solchen einmaligen Zahlung kann sehr unterschiedlich sein. Sie geht von der Vergütung für die Übergabe von Unterlagen oder von Know-how bis zu einer Zahlung für die Bereitschaft zum Vertrags-abschluss als solchem, also einer Abschlussgebühr. Für den Lizenzgeber hat eine solche einmalige Zahlung den Vorteil, dass der Lizenznehmer in angemessener Weise insbesondere an den Entwicklungskosten sowie an den Schutzrechtsaufwendungen des Lizenzgebers beteiligt wird.

Es ist im Übrigen auch denkbar, dass die einmalige Zahlung auf später **381** zu zahlende Lizenzgebühren, die z.B. als Stücklizenz erbracht werden, ganz oder teilweise angerechnet wird. In diesem Fall wäre sie mit einer Art Mindestlizenz vergleichbar. Soweit eine derartige Anrechnung auf eine zusätzlich vereinbarte Stücklizenz oder Umsatzlizenz vorgenom-men werden soll, bedarf es allerdings regelmäßig einer ausdrücklichen diesbezüglichen Vereinbarung.

Ebenso dürfte es sich regelmäßig empfehlen, im Vertrag festzulegen, ob **382** die Lizenzgebühr bei vorzeitiger Auflösung des Vertrages zurückzuzah-len ist oder nicht. Bei Fehlen einer solchen Vereinbarung wäre nach dem Gesamtzusammenhang des einzelnen Vertrages festzustellen, welche Funktion die einmalige Pauschalgebühr haben soll mit der Konsequenz, dass die Gefahr einer Auseinandersetzung besteht.

(b) Umsatzabhängige Lizenzgebühr in Prozent oder Stücklizenzgebühr

Begriff

383   Die Höhe der Lizenz allein sagt jedoch über die Zahlungsverpflichtung des Lizenznehmers noch nichts aus, wenn die genaue Bezugsgröße nicht festliegt. Häufig besteht die Lizenzgebühr in einem bestimmten Prozentsatz des Umsatzes. In Ziff. 10 der Richtlinien für die Vergütung von Arbeitnehmererfindungen im privaten Dienst ist angegeben, dass sich der Lizenzsatz in der Maschinen- und Werkzeugindustrie zwischen 1/3% und 10% bewegt. Diese Spanne ist allerdings zu groß, um für die Höhe der Lizenzgebühr sinnvolle Anhaltspunkte bieten zu können. In dem Maschinenbau wird man häufig annehmen können, dass ein typischer Erfahrungswert für vereinbarte Lizenzsätze bei 3% bis 5% liegt. Entscheidend für die Höhe ist dabei, ob eine wesentliche Verbesserung der Wirkungsweise, eine erhebliche Erweiterung des Anwendungsbereiches der Maschine oder aber eine wesentliche Senkung der Herstellungskosten o. Ä. gegeben ist. Bei entscheidenden Verbesserungen für den Gesamtablauf der Maschine wird man an die obere Grenze des erwähnten Erfahrungswertes gehen können, u. U. auch noch etwas darüber, während das Vorhandensein technisch gleichwertiger Lösungen oder eines geringeren wirtschaftlichen Effektes für einen niedrigeren Lizenzsatz spricht. Bei Softwarelizenzen sind zum Teil sehr viel höhere Lizenzsätze üblich. Dies liegt wohl in erster Linie daran, dass Software i. d. R. sehr schnell veraltet ist. Es kann daher durchaus sein, dass Software bei einer Lebensdauer von einem Jahr zu einem Lizenzsatz von etwa 50% des Nettoverkaufspreises lizenziert wird. Es kann aber auch sein, dass aus Werbegründen oder wegen Softwarepiraterie nur sehr geringe Lizenzgebühren verlangt werden (z. B. auch bei sog. Public-Domain-Software). Im Übrigen gelten aber die Ausführungen zu Patentlizenz- und Know-how-Gebühren entsprechend.

384   Wird die Berechnung der Höhe der Lizenzgebühren an den Umsatz gekoppelt, ergibt sich ein Problem auch daraus, dass keineswegs feststeht, was unter dem Begriff Umsatz zu verstehen ist. Der Begriff Umsatz wird in der Praxis mit verschiedenem Inhalt verwendet. Wird er zugrunde gelegt, so muss im Einzelnen festgestellt werden, was hierunter zu verstehen ist, wenn Auslegungsschwierigkeiten vermieden werden sollen.

Hier muss geklärt werden, ob sich z. B. der Umsatz aus den Verkäufen mit Preisstellung ab Werk, dem Einzelhandelspreis, dem Listenpreis oder dem Nettoverkaufspreis zusammensetzen soll und ob Nebenkosten inbegriffen sind. Bei der Verwendung des Begriffes Nettoverkaufspreis ist weiterhin zu klären, ob sich dieser Preis unter Abzug von Skonti und

weiteren Abzügen versteht oder nicht. Es empfiehlt sich daher dringend, die Bezugsgröße vertraglich genau zu klären.
Bei Verfahrenslizenzen kann eine Stücklizenz auf jeden mit dem Verfahren hergestellten Gegenstand berechnet werden. U. U. kommt auch die Berechnung eines gewissen Betrages für eine bestimmte Menge des herzustellenden Gegenstandes in Betracht; so kann z. B. auf das Gewicht, die Länge oder die Meter eines bestimmten Produkts abgestellt werden. Ein solcher Fall lag der unveröffentlichten Entscheidung des BGH vom 17.10.1966 zugrunde. Die Entscheidung betraf folgenden Sachverhalt: Die Klägerin hatte eine Maschine zu einem vereinbarten Kaufpreis geliefert, ferner war eine Lizenzgebühr für die Benutzung des Verfahrens als Produktionsabgabe vorgesehen. Diese war in der Weise zu zahlen, dass je Tonne des gefertigten Materials ein näher festgelegter Betrag zu entrichten war.

Die Mitbenutzung zusätzlicher Schutzrechte kann die Lizenzgebühren- **385** höhe mindern.

Beteiligung am Entgelt

Um Klarheit zu schaffen, empfiehlt es sich zu vereinbaren, dass der Li- **386** zenznehmer einen bestimmten Prozentsatz des seinem Abnehmer in Rechnung gestellten Entgelts – abzüglich etwaiger Rabatte, ausgenommen Barzahlungsrabatte, Boni, Skonto, Rückführungsgebühren – zu zahlen hat.

Hierdurch ist jedoch noch nicht geregelt, ob die Lizenz auch von Neben- **387** kosten wie Fracht, Rollgeld, Verpackung, Inbetriebsetzungskosten, Versicherungskosten und bei Auslandsgeschäften ggf. auch von Zöllen zu berechnen ist. Da die Nebenkosten mit dem aufgrund des Lizenzvertrags hergestellten Gegenstand i. d. R. nichts zu tun haben, liegt es nahe, sie in Abzug zu bringen. Eine Ausgliederung der Nebenkosten ist aber in der Praxis schwierig, wenn sie dem Kunden nicht gesondert in Rechnung gestellt werden. Diese Gesichtspunkte werden berücksichtigt, wenn die Vertragspartner vereinbaren, dass die Nebenkosten in Abzug kommen, soweit sie gesondert in Rechnung gestellt sind. Dabei können auch Beispiele für Nebenkosten angeführt werden. Wird eine derartige Vereinbarung getroffen, so genügt es nicht, dass die Nebenkosten gesondert in Rechnung gestellt werden. Erforderlich ist vielmehr auch, dass sie gesondert in Rechnung gestellt werden dürfen. So darf bei der Vereinbarung von frachtfreier Lieferung der Lizenznehmer die Lizenzgebühr nicht dadurch verkürzen, dass er in der dem Kunden erteilten Abrechnung den Gesamtpreis in den Preis für Ware und für Fracht aufgliedert.

388 Zur Sicherung der Ansprüche kann es sich bei dieser Berechnungsart empfehlen zu vereinbaren, dass der Lizenznehmer dem Lizenzgeber jeweils die Kaufpreisforderungen gegen seine Kunden abtritt, die in einem bestimmten Verhältnis zur Gesamtforderung stehen. Wird die Sicherung gegenüber der gesicherten Forderung zu hoch, dann besteht die Gefahr, dass sie von der Rechtsprechung nicht anerkannt wird. Diese Sicherung kann vor allem dann in Betracht kommen, wenn zwischen dem Abschluss des Kaufvertrages und der Zahlung durch den Kunden des Lizenznehmers üblicherweise eine längere Zeit verstreicht.

Die Lizenzgebühren können auch nach der Umsatzhöhe gestaffelt werden, z.B. kann eine Ermäßigung der Lizenzgebühr bei sehr hohen Umsätzen vorgesehen werden. Eine solche Regelung kann vor allen Dingen dann sinnvoll sein, wenn die hohen Umsätze nicht mehr auf dem technischen Fortschritt der Erfindung beruhen, sondern vor allem auf den Verkaufsanstrengungen des Lizenznehmers, seinen Vertriebsmethoden oder seiner Position im Wettbewerb. Eine solche Abstaffelung der Lizenzgebühren setzt eine ausdrückliche Vereinbarung im Vertrag voraus.

Entstehung des Anspruchs

389 Als Zeitpunkt für die Entstehung des Anspruchs auf die Lizenzgebühr kommen der Abschluss des Vertrages mit dem Kunden, die Fertigstellung oder die Lieferung der Maschinen, die Rechnungsstellung an den Kunden oder der Eingang der Zahlung des Kunden in Betracht.

Wird einer der fünf zuerst erwähnten Zeitpunkte gewählt, so sollte auch etwas darüber gesagt werden, ob der Nichteingang der Zahlung einen Einfluss auf die Lizenzgebühr hat oder nicht. Es könnte z.B. bestimmt werden, dass der Anspruch auf die Lizenzgebühr entfällt, wenn feststeht, dass vom Kunden keine Zahlung zu erlangen ist oder aber auch, dass der Nichteingang der Zahlung den Anspruch auf die Lizenzgebühr unberührt lässt. Die Feststellung, dass der Kunde nicht leistet, muss nach objektiven Gesichtspunkten getroffen werden. Zweifelhaft kann die Frage sein, ob ein Anspruch des Lizenzgebers auf die Lizenzgebühr bestehen bleibt, wenn der Lizenznehmer nicht alle zweckdienlichen Maßnahmen ergreift, um vom Kunden Zahlung zu erlangen. Auch diese Frage sollte im Vertrag geklärt werden. Bei der Wahl des Zeitpunktes ist zu beachten, dass der Abschluss des Vertrages und die Rechnungsstellung an den Kunden u.U. manipuliert werden können.

Stücklizenz

Allgemeines

Einfacher ist die Abrechnung, wenn die Parteien vereinbaren, dass der **390** Lizenznehmer entweder für jedes Produkt, das er aufgrund des Lizenzvertrages hergestellt hat, oder für jedes Produkt, das er vertrieben hat, einen festen Betrag zahlt. Dies hat jedoch den Nachteil, dass der Lizenzgeber an Preissteigerungen, die gerade bei den meist langfristigen Lizenzverträgen eine Rolle spielen können, nicht teilnimmt. Andererseits hat es aber den Vorteil, dass die Kontrolle für den Lizenzgeber wesentlich leichter ist, vor allem, wenn zur Buchhaltung des Lizenznehmers nicht das erforderliche Vertrauen besteht.

Entstehung des Anspruchs

Hier kommt als Zeitpunkt der Entstehung des Anspruchs vor allem die **391** Fertigstellung des Produkts in Betracht.

Veränderung der Lizenzgebühr

Sind fortlaufend Lizenzgebühren zu zahlen, so kann vereinbart werden, **392** dass der Lizenzsatz im Laufe der Zeit gesteigert oder gesenkt wird, je nachdem, ob zu erwarten ist, dass der zu erzielende Gewinn sich im Laufe der Zeit erhöht, z.B. weil zunächst hohe Anlaufkosten, ggf. Weiterentwicklungskosten, um eine Erfindung produktionsreif zu machen, u.Ä. anfallen, oder verringert, weil z.B. zu erwarten ist, dass die Erfindung im Laufe der Zeit an Wert verliert.

Beteiligung am Gewinn

Eine Beteiligung am Gewinn sollte nur vereinbart werden, wenn ein **393** enges Vertrauensverhältnis zwischen den Vertragsparteien besteht, weil gerade die Berechnung des Gewinns Anlass zu zahlreichen Meinungsverschiedenheiten sein kann. Insofern sei nur beispielhaft auf die Probleme verwiesen, die sich schon bei der Berechnung sog. Nettolizenzeinnahmen ergeben können. Eine Gewinnbeteiligung kommt insbesondere bei gesellschaftsähnlichen Verträgen in Betracht. Über die Ermittlung und Ausschüttung des Gewinns sind die bei Gesellschaftsverträgen üblichen Vereinbarungen zu treffen.

(c) Mindestlizenzgebühr

In vielen Fällen wird auch eine Mindestlizenz vorgesehen, d.h., dass der **394** Lizenznehmer verpflichtet wird, unabhängig vom Umsatz oder von den

hergestellten Maschinen in einem festgesetzten Zeitraum einen bestimmten Betrag zu zahlen. Es kann auch bestimmt werden, dass die
Mindestlizenz als Vorauszahlung zu entrichten ist. Bei ausschließlichen
Lizenzen kann eine der Mindestlizenz ähnliche Wirkung durch die Vereinbarung erzielt werden, dass sich die ausschließliche Lizenz in eine
einfache verwandelt, wenn die zu zahlenden Lizenzgebühren einen bestimmten Betrag nicht erreichen. Die aufgrund des Umsatzes oder der
hergestellten Maschinen zu zahlende Lizenzgebühr wird auf die Mindestlizenz i. d. R. angerechnet.

395   Durch die Mindestlizcnz wird sichergestellt, dass der Lizenzgeber unabhängig vom Abs. eine Entschädigung für die Zurverfügungstellung seiner Erfindung erhält. Der Lizenznehmer übernimmt damit das Risiko,
ob ein bestimmter Mindestumsatz erreicht wird oder nicht. Dies gilt
selbst dann, wenn dem Lizenznehmer die Herstellung oder der Vertrieb
generell nicht oder nicht mehr möglich ist, ohne dass ihn ein Verschulden
trifft. Kriegsbedingte Umstände wie z. B. Rohstoffknappheit, mangelnder wirtschaftlicher Erfolg sowie mangelnde technische Wettbewerbsfä-
higkeit des Lizenzgegenstandes können dazu führen, dass die Grundsätze über den Wegfall der Geschäftsgrundlage Anwendung finden. Dies
kann auch der Fall sein, wenn die Erfindung überholt ist oder bei einer
nicht geschützten Erfindung, wenn sie offenkundig wird. Ist in diesen
Fällen jedoch eine Mindestlizenzgebühr vereinbart worden, ist nach der
vom Reichsgericht begründeten Rechtsprechung, die der Bundesgerichtshof fortgeführt hat, davon auszugehen, dass der Lizenznehmer
durch das Versprechen von Mindestlizenzgebühren im Allgemeinen die
Gefahr der Erreichung eines bestimmten Mindestumsatzes trägt, d. h.,
dass der geschäftliche Misserfolg eines Lizenzvertrages in den Risikobe-
reich des Lizenznehmers fällt.

396   Daher muss der Lizenznehmer die Mindestlizenzgebühr im Sinne einer
Garantieverpflichtung so lange zahlen, wie der Vertrag fortbesteht. Allenfalls in besonders gelagerten Fällen höherer Gewalt kann er von seiner Verpflichtung für die Zeitdauer der Verhinderung freigestellt sein.
Diese weitgehende Verpflichtung des Lizenznehmers im Falle einer
Mindestlizenz erscheint auch – abgesehen von dem besonderen Risiko,
das ein solcher Lizenznehmer mit einer derartigen Vereinbarung bewusst
unternimmt – dadurch gerechtfertigt, dass der Lizenzgeber selbst an die
vertraglichen Bedingungen gebunden bleibt, z. B. ggf. keine weiteren
Verfügungen über den Lizenzgegenstand treffen kann. Soweit ein Fall
des Wegfalls der Geschäftsgrundlage gegeben ist, wird man dem Lizenznehmer – entsprechend den obigen Ausführungen – ein Kündigungs-

recht zugestehen, das dann auch die Verpflichtung zur Zahlung der Mindestlizenzgebühren beendigen würde.

Häufig hat die Vereinbarung einer Mindestlizenz aber auch den Zweck, **397** den Lizenznehmer anzuhalten, sich für die Herstellung und den Vertrieb der Sachen, die der Lizenz zugrunde liegen, einzusetzen. Der Lizenzgeber wird nämlich häufig auch daran interessiert sein, dass die Erfindung tatsächlich verwertet wird. Mit dem Erhalt einer Lizenzgebühr allein ist ihm dann nicht gedient. Ist eine Mindestlizenz vereinbart, so ist auch bei einfachen Lizenzen zu prüfen, ob hierdurch auch eine Ausübungspflicht für den Lizenznehmer begründet wird. In der Regel wird man dies annehmen müssen, es sei denn, dass sich aus den Umständen etwas anderes ergibt.

Das Reichsgericht hat sich wiederholt mit der Frage beschäftigt, ob in **398** der Garantie einer bestimmten Mindestproduktion oder eines bestimmten Mindestverkaufs durch den Lizenznehmer, wenn eine Stücklizenz vorgesehen ist, auch die Vereinbarung einer Mindestlizenz liegt. So führt das Reichsgericht aus, dass hierin nicht zwingend und unter allen Umständen die Festsetzung einer Mindestlizenz liegt. Es handelte sich aber um einen besonders gelagerten Fall. In einer anderen Entscheidung nahm das Reichsgericht jedoch die Zusage einer Mindestlizenz an. Dies dürfte auch dem wirtschaftlichen Sinn einer solchen Vereinbarung entsprechen, da eine derartige Absprache im Zweifel mit der Vorstellung verbunden wird, dass damit automatisch eine bestimmte Mindestlizenzsumme festgelegt sei, die sich unschwer aus der vereinbarten Lizenzgebühr errechnen lässt. In diesem Zusammenhang ist allerdings darauf hinzuweisen, dass es fraglich ist, ob der Bundesgerichtshof diese Auffassung teilen wird. In einer Entscheidung des BGH ging es um die Vereinbarung, dass der Lizenznehmer sich für den Zeitraum von einem Jahr verpflichtet hatte, eine „Stückzahl von mindestens 1000 Stück zu erreichen". Als die Lizenznehmerin diese Verpflichtung aus dem Lizenzvertrag nicht erfüllte und der Lizenzgeber Schadensersatz wegen Nichterfüllung des Lizenzvertrages geltend machte, hat sich der Bundesgerichtshof in keinem Punkt seiner Entscheidung mit der Frage auseinandergesetzt, ob in dieser Vereinbarung eine Mindestlizenzgebühr zu sehen sei.

(3) Checkliste: Bestimmung der Lizenzgebühren

Im Folgenden werden einige der Aspekte für die allgemeine Bestim- **399** mung der Lizenzgebühren stichwortartig angesprochen:

Einstandssumme (lump sum, down payment)

Anrechenbar, rückforderbar, in Raten (Höhe der Raten? Fälligkeit?), jährlich oder einmal? Nur eine Summe einmal (keine zusätzlichen Gebühren)?

Umsatzlizenzgebühr in %

Anrechenbar? Rückforderbar? Höhe? Ab wann? Unterschiede nach Rechten (Welche Rechte? Status der Rechte? Art der Lizenz?)

Bewertungsfaktoren

Z.B. Umfang des Benutzungsrechts, Verkaufsobjekt, Fertigung, Marktsituation, Stand der Technik, Absatzverhältnisse, Lizenznehmer, Entstehungskosten des Know-how, der Rechte, Art der Zusammenarbeit, sonstige Faktoren.

Bezugsgröße

Umsatz und/oder (Teil-)Produkt und/oder (Teil-)Verfahren? Schutz nur durch eine Erfindung/Patentanmeldung/ein Patent und/oder geheimes Know-how und/ oder Marken und/oder Urheberrechte (Zeichnungen, Handbücher, Computerprogramme in allen Phasen)?
Bezugsgröße für Preis: Nettofakturenwert, Brutto, Netto, Werksabgabepreis, Endverkaufspreis genau definieren! Welche Abzüge: Transport, Verpackung, Versicherung, Steuern und x? Wenn Abzüge, dann in welcher Höhe: im „üblichen" Umfang oder feste Prozentsätze? Was gilt für (zusätzliche?) Stücklizenzen, Unterlizenzen, Mindestlizenzgebühren? Anhaltspunkte Nr. 3 ff. RL ArbEG als „objektive" Begründungshilfen auch für Verhandlungen! (Kopien der RL an Verhandlungspartner! Erspart evtl. allseits beliebte Rechts- und Patentanwälte!), RL ArbEG gelten nur in DE, nicht z.B. in USA! Gemeinschaftserfindungen + Gemeinschaftsurheberrechte (*Erfinder* entscheiden über *Miterfinderanteile* der Höhe nach, über *Mitinhaberanteile* entscheiden *Arbeitgeber*!), § 741 ff. BGB, Georgia Pacific Factors (= 15 Faktoren).

F+E-Verträge:

– keine Festlegung der Lizenzgebühren
– Festlegung am Ende von F+E
– Rahmensätze für Einmal-/Stück-/Umsatz-/Mindestlizenzgebühren und Rabattstaffeln
– Festlegung der Einmallizenzgebühr
– Festlegung der Anrechenbarkeit, Rückforderbarkeit, Fälligkeit, Buchführung, Buchprüfung etc. bei Projektbeginn

Rabattstaffeln: steigend, sinkend, Stufen festlegen

Stücklizenzgebühren

Bezugsgröße irrelevant, aber Problem bei sinkenden/steigenden Markt-preisen für lizenzierte Produkte/Verfahren.

Patentkosten (Anmeldung, Aufrechterhaltung) und Kosten für andere Rechte (z. B. Marken).

Sonstige Gebühren

Einweisung, Abnahme, Training, Zusammenarbeit, Transport, Reisekos-ten (Bundesreisekostengesetz oder genaue Festlegung, wer zu welchen Tarifen wie oft wohin kommen muss).

Diskriminierende Lizenzgebühren, Lizenzgebühren nach Vertrags-ende (= Art. 4 (1) a), d) (2) a) GFTT und R 156–160 LL).

Beispiel:

Lizenzgebührenberechnung

1. Ausgangssituation

– Hilfestellung nur aus bisherigen Erfahrungen bezüglich spezieller Anwen-dungen
– Oft keine Marktkenntnisse bezüglich Produktpreise und Lizenzgebühren
– Produkte (Produkte + Verfahren) häufig neu → keine Vergleichsmöglich-keit

2. Lösung

2.1 Zunächst Bewertungsfaktoren zur Rechtfertigung der Höhe der Lizenz-gebühr sammeln:
Bewertungsfaktoren
Es sei hier nur auf einige wesentliche Gesichtspunkte hingewiesen, die für die Festlegung der Lizenzgebühr eine Rolle spielen können. Es sind dies z. B. die Faktoren gem. Rn. 99 ff.!

2.2 Festlegung der Höhe der Lizenzgebühr unter Zuhilfenahme/Berücksich-tigung
  – aktueller und einschlägiger Rechtsprechung
  – von aktuellen und einschlägigen Entscheidungen der Schiedsstelle beim Deutschen Patentamt,
  – der Nr. 10 der Vergütungsrichtlinie für Arbeitnehmererfindungen, der Fachliteratur, von Lizenzsätzen von Konkurrenzprodukten, von Schät-zungen (Massenprodukt oder Einzelstücke), der „richtigen" Bezugs-größe, genaue Definition der Bezugsgröße inklusive der möglichen Abzüge wie z. B. Fracht, Versicherung, Verpackung, Steuern.

Beispiel:

„Nettoverkaufspreis" ist der von LN ihren Kunden für jeden Vertragsgegenstand oder jeden Teil eines Vertragsgegenstandes in Rechnung gestellte Betrag abzgl. Fracht, Versicherung, Steuern (Provisionen, Rabatte, Wagniszuschläge etc. sind nicht abziehbar). Was ist Vertragsgegenstand? Durch z. B. ein patentgeschütztes Teilprodukt oder Gesamtprodukt?

2.3 Besonderheiten

Was fällt unter „Verwertung"?

„Verwerten" ist das Gebrauchen, Herstellen, Herstellen lassen im Wege der verlängerten Werkbank, Anbieten, Inverkehrbringen, Verkaufen, Vermieten, Verleasen und sonstige entgeltliche Verwertungen. Unter entgeltliche Verwertung fallen auch Gegenleistungen, die im Zusammenhang mit Cross-Lizenzen, Nichtangriffsvereinbarungen und allen anderen Verträgen mit Dritten, die eine negative oder positive Lizenz enthalten oder aufgrund von Gerichts- (vor ordentlichen Gerichten und/oder Schiedsgerichten) und/oder gerichtlichen und/oder außergerichtlichen Vergleichsverfahren von LN in Verbindung mit der Nutzung der Vertragsschutzrechte und/oder des Know-how erzielt werden.

Gemeinschaftserfindung

Problem:

Ein Partner produziert nicht und braucht daher vorherige Zustimmung des Mitinhabers der Erfindung, um Erfindung mit Dritten zu verwerten (F+E und/oder Lizenz).

Konsequenz:

Zustimmung auch für Art, Höhe der Lizenzgebühren und für Aufteilung der Anteile erforderlich (s. o. Beispiel D.4.3!).

Beispiel für Regelung der Lizenzgebühren und Nutzungsrechte in einem F+E-Vertrag:

1. Forschungs- und Entwicklungsergebnis

1.1 Das Forschungs- und Entwicklungsergebnis wird dem Auftraggeber nach Abschluss des Vorhabens gemäß dem Angebot zur Verfügung gestellt.

1.2 Der Auftraggeber erhält entsprechend der Aufgabenstellung an den entstandenen Erfindungen und an den von der X angemeldeten oder ihr erteilten Schutzrechten ein nichtausschließliches Nutzungsrecht. Der Auftraggeber erstattet der X einen zu vereinbarenden Anteil der Kosten für Anmeldung, Aufrechterhaltung und Verteidigung oder Schutzrechte sowie bei Benutzung die gesetzliche Arbeitnehmererfindervergütung.

1.3 Auf Verlangen erhält der Auftraggeber anstelle des Rechts gemäß Ziff. 4.2 an den entstandenen Erfindungen, an den angemeldeten oder erteilten Schutzrechten ein ausschließliches, entgeltliches Nutzungsrecht für den seinem Auftrag zugrunde liegenden Anwendungszweck. Das Verlangen ist spätestens drei Monate nach Mitteilung der Erfindung schriftlich gegenüber der X zu erklären. Die X behält ein nichtausschließliches, unentgeltliches Nutzungsrecht für eigene wissenschaftliche Zwecke.

1.4 Der Auftraggeber erhält an den bei der Durchführung des Vorhabens entstandenen urheberrechtlich geschützten Forschungs- und Entwicklungsergebnissen sowie am Know-how ein nichtausschließliches, unentgeltliches Nutzungsrecht. Die Einräumung eines ausschließlichen Nutzungsrechts für den Anwendungszweck bedarf einer gesonderten Vereinbarung.

1.5 Werden bei der Durchführung des Vorhabens bereits vorhandene Schutz- oder Urheberrechte der X verwandt, und sind sie zur Verwertung der Forschungs- und Entwicklungsergebnisse durch den Auftraggeber notwendig, so erhält der Auftraggeber daran ein gesondert zu vereinbarendes, nichtausschließliches, entgeltliches Nutzungsrecht, soweit keine anderweitigen Verpflichtungen der X entgegenstehen.

Warum so (= keine Festlegung)?

Problem:
Bei Auftragserteilung will Auftraggeber oft schon Lizenzgebühren (Art + Umfang) wissen

Lösung 1: Auftraggeber folgende Fragen stellen:
– Wer soll Garantie für Projekterfindung übernehmen?
– Welche Wichtigkeit hat Erfindung, die noch nicht besteht?
– Welche Bezugsgröße und welche Bewertungsfaktoren sollen gelten?
– Gibt es vor Projektbeginn schon bestehende Rechte (welche?) und/oder während der Projektlaufzeit aber außerhalb des Projekts entstehende Rechte bei Auftraggeber und/oder Auftragnehmer und/oder bei Dritten?

Welche Lizenzgebührenarten (Einmalzahlung und/oder Umsatz- oder Stücklizenzgebühr?) sollen gelten? (Teil-)Anrechenbarkeit der Umsatz-/Stücklizenzgebühren auf Einmalzahlung? Welche Raten sind wann zahlbar? Mindestlizenzgebühren? Wann? Anrechenbarkeit (ob und auf was?)? Rückforderbarkeit der Lizenzgebühren? Wer zahlt Gebühren für Anmeldung, Erteilung und Aufrechterhaltung, Verteidigung der vor und im Projekt entstandenen Schutzrechte auf dem Anwendungsgebiet?

Andere Lösungsansätze:
– Keine Festlegung der Lizenzgebühren.
– Festlegung der Lizenzgebühren am Ende des F+E-Vertrages.
– Es werden Rahmensätze festgelegt für Einmal-/Stück-/Umsatz-/Mindestlizenzgebühren und evtl. auch für Rabattstaffeln, falls diese vorgesehen werden sollen.
– Es wird für den Fall, dass vor Projektbeginn bei dem Lizenzgeber (= Auftragnehmer) „nur" eine Patentanmeldung vorliegt, für den Fall der Patenterteilung die Zahlung einer Einmalgebühr (deren Höhe noch festzulegen oder auch nicht festzulegen ist) oder die Zahlung von Teilbeträgen festge-

legt. Die Zahlung einer Einmalgebühr oder einer ersten Rate der Einmalgebühr kann für den Beginn der Produktion auch festgelegt werden.
– Anrechenbarkeit, Rückforderbarkeit und allgemeine Zahlungskonditionen (z.B. Fälligkeit der jeweiligen Lizenzgebühren, Buchführung, Buchprüfung etc.) können bereits bei Projektbeginn festgelegt werden.
– Der ganze Lizenzvertrag wird bis auf die Höhe der Gebühren ausgehandelt. Es wird der Lizenzvertrag auch im Hinblick auf die Gebühren komplett ausgehandelt.

400   *Hauck/Kamlah*[35] schlagen bei der kartellrechtlichen Bewertung der Portfoliolizenzierung eine transparente Preisfindung vor. Ausgangspunkt der Überlegung sei die dem Patentinhaber vom EuGH auferlegte Pflicht, in seinem Lizenzangebot die Art und Weise der Berechnung der Lizenzgebühren anzugeben. Damit sei auch die vom Patentinhaber zugrunde gelegte Kalkulation gemeint. Bei Lizenzierung eines ganzen Bündels nationaler Patente sollte zu den offenzulegenden Kalkulationsgrundlagen zunächst die Lizenzgebühr bei Nutzung aller Patente des Portfolios gehören. Dazu gehöre (auch)

– eine Aufstellung des Patentinhabers aus der ersichtlich sei, welche Patente in welchen Ländern in Kraft stehen und ob sie in den dort jeweils gewährten Anspruchsfassungen aus seiner Sicht bei Einhaltung des Standards benutzt werden;
– eine Darlegung, wie er die Gebühr für das Gesamtportfolio auf die einzelnen Patente verteilt habe.

401   Auf dieser Grundlage könnten dann ohne Weiteres auch anteilige Lizenzgebühren für Länder berechnet werden, in denen nicht alle Patente des Portfolios in Kraft stehen oder benutzt werden. Eine derartige Aufschlüsselung nach Patenten und Ländern lässt sich ohne Weiteres in einer einfachen Tabelle darstellen:

402   *Lizenz für alle Patente: 100%*
Patent 1 (= 35%)
Patent 2 (= 20%)
Patent 3 (= 15%)
Patent 4 (= 30%)
Patentabdeckung je Land

---

35 Was ist „FRAND"? Inhaltliche Fragen zu kartellrechtlichen Zwangslizenzen nach Huawei/ZTE, GRUR 2016, 420 ff., 424 f., 425 (2 Tabellen).

Wenn dann die Länder entsprechend ihres wirtschaftlichen Gewichts für **403** den jeweiligen Produktmarkt des Lizenznehmers gewichtet würden, könne aus der oben gezeigten Tabelle ohne größeren Aufwand ein gewichteter Durchschnittslizenzsatz gebildet werden, der dann für den gesamten Wirtschaftraum anwendbar ist:[36]

404

Lizenz für alle Patente: 100%	Land 1 (= 20%)	Land 2 (= 5%)	Land 3 (= 45%)	Land 4 (= 30%)	Marktabdeckung je Patent
Patent 1 (= 35%)	+	+	+	+	100%
Patent 2 (= 20%)	+	–	–	+	50%
Patent 3 (= 15%)	+	–	–	–	20%
Patent 4 (= 30%)	+	+	–	+	55%
Patentabdeckung je Land	100%	65%	35%	85%	*Gemittelte Lizenz: 64,5%*
Gesamtanteil je Land	20%	3,25%	15,75%	25,5%	

bb) Georgia Pacific Factors

Eine Bewertungshilfe, insbesondere im Hinblick auf die Bestimmung **405** angemessener Lizenzgebühren für Produkte, die in den USA verwertet werden, stellen die sog. „Georgia Pacific Factors" dar. Diese Bewertungsfaktoren werden von US-Gerichten verwandt und beruhen auf der Entscheidung „Georgia-Pacific Corp. v. United States Plywood Corp., 318 F. Supp. 1116 (S.D.N.Y. 1970), aff'd in part, modified in part, 446 F. 2d 295 (2d Cir.), cert. denied, 404 U.S. 870 (1971)" (Es wird von dem Gericht, das die angemessene Lizenzgebühr bestimmen muss, bei allen Faktoren auf den Zeitpunkt der erstmöglichen [hypothetischen] Lizenzgebührenverhandlung abgestellt!):

Faktor 1: Es muss eine bereits etablierte Lizenzgebühr für das verletzte **406** Patent bestanden haben. Dies ist dann der Fall, wenn der Patentinhaber und der Verletzer Wettbewerber sind und daher der Patentinhaber Marktanteile im Hinblick auf die eigene Lizenzierung verlieren würde. Ein weiterer Anhaltspunkt kann darin bestehen, dass bereits ein Lizenznehmer gefunden wurde. Besteht bereits ein Patent oder nur eine Patentanmeldung? Es muss bereits ein Markt für das Produkt bestanden haben. Besteht ein *arm's-length agreement*? Dies ist dann z.B. der Fall, wenn eine Unterlizenz vergeben wird. Ist das verletzte Patent wertvoll? Dies

---

36 *Hauck/Kamlah*, GRUR 2016, 420 ff., 424 f.

kann dann der Fall sein, wenn z. B. der Lizenznehmer sich mit einem Verletzer auf eine Cross-License und vielleicht auch noch auf eine erhebliche Zahlung einigt. Wenn ein Großteil dieser Merkmale vorliegt, kann von einer etablierten Lizenzgebühr gesprochen werden.

Faktor 2: Wie hoch sind Lizenzgebühren für vergleichbare Patente?

Faktor 3: Art und Umfang der Lizenz? Handelt es sich um eine ausschließliche oder nur um eine nichtausschließliche Lizenz? Ist das örtliche Vertragsgebiet eingeschränkt? Gibt es Beschränkungen im Hinblick auf die Abnehmer?

Faktor 4: Welche Patentlizenzpolitik hat der Kläger (Lizenzgeber und Lizenznehmer gegenüber Abnehmern)? Hätte der Kläger dem Verletzer zum Zeitpunkt der erstmöglichen Lizenzverhandlung eine Lizenz erteilt?

Faktor 5: Welche kommerziellen Beziehungen bestehen zwischen den Prozessparteien (Lizenznehmer – Verletzer)?

Sind der klagende Lizenznehmer und der Verletzer in demselben örtlichen Gebiet und in demselben Geschäftsgebiet Wettbewerber?

Faktor 6: Abgeleitete oder geschützte Verkäufe? War es die Strategie des Verletzers, die Verkäufe des verletzten Produkts anzuheben? Wenn dies der Fall ist, führt dies zu einem Anwachsen der angemessenen Lizenzgebühr.

Faktor 7: Die Laufzeit des Patents und die Lizenzvertragsdauer? Läuft der Lizenzvertrag entsprechend der Laufdauer des Schutzrechts? Wenn zum Zeitpunkt der erstmöglichen hypothetischen Vertragsverhandlung das verletzte Patent noch eine sehr lange Laufzeit hat, soll dieser Faktor zugunsten des Verletzers gewertet werden und die angemessene Lizenzgebührenhöhe leicht abfallen lassen.

Faktor 8: Etablierter Betrag, kommerzieller Erfolg, Popularität des Produkts, das aufgrund des verletzten Patents hergestellt wird? Die genannten Teilfaktoren können z. B. aufgrund der hervorragenden technischen Eigenschaften des Produkts bestehen. Diese Teilfaktoren können auch dann bejaht werden, wenn die verletzenden Verkäufe einen sehr hohen Profit erwarten lassen und der entsprechende Marktanteil des verletzten Produkts stark steigt.

Faktor 9: Brauchbarkeit und Vorteile des neuen Produkts, das durch das verletzte Patent geschützt ist, Verhältnis zu bisherigen (ähnlichen) Produkten? Insoweit kann es auf technische Vorteile sehr stark ankommen. Gibt es weitere Vorteile? Wird z. B. der Personaleinsatz durch das neue

Produkt verringert? Kann das neue Produkt preiswerter hergestellt werden? Bei medizinischen Produkten kann es auf die bessere Verträglichkeit beim Einsatz am Patienten ankommen. Ist das Produkt leichter zu handhaben?

Faktor 10: Die Natur der Erfindung, der Charakter der kommerziellen Ausgestaltung und Vorteile der Erfindung? Kann zum Zeitpunkt der hypothetischen Vertragsverhandlung das Produkt durch den Kläger (Lizenzgeber oder Lizenznehmer) bereits hergestellt und erfolgreich verkauft werden?

Faktor 11: Das Ausmaß der Nutzung des verletzten Patents durch den Verletzer vor der hypothetischen Vertragsverhandlung.

Gab es schon eine Nutzung durch den Verletzer zum Zeitpunkt der hypothetischen Vertragsverhandlung?

Faktor 12: Übliche Lizenzgebühren zum Zeitpunkt der hypothetischen Vertragsverhandlung.

Faktor 13: Der Anteil des Profits, der dem Produkt bzw. dem verletzten Patent zugerechnet werden kann? Dies ist ein sehr wichtiger Faktor, um die Lizenzgebühren für das entsprechende Produkt zu bestimmen. Der Verletzer behauptet i.d.R., dass das von ihm hergestellte Produkt eine Reihe von Eigenschaften hat, die zu Verkäufen führen, wobei diese Eigenschaften wiederum nicht von dem verletzten Patent erfasst werden sollen. Es hängt letztlich von der Einschätzung des Gerichts ab, ob dieser Zusammenhang doch besteht. Diese Einschätzung wird letztlich durch die Qualität der Beweismittel geprägt. War es für den Verletzer dadurch, dass das neue Produkt einen neuen Markt erschlossen hat, mit minimalem Geschäftsrisiko möglich, aufgrund der Verletzung in diesen neuen Markt einzudringen?

Faktor 14: Welche angemessene Lizenzgebühr schlagen qualifizierte Sachverständige vor? Hierbei werden zunächst die Parteien gehört. Es ist verständlich, dass der von der Klägerin benannte Sachverständige eine sehr hohe Lizenzgebühr und der von dem Verletzer benannte Sachverständige eine extrem niedrige Lizenzgebühr als „angemessene" Lizenzgebühr darzulegen versucht.

Faktor 15: Die Gebührenhöhe, die vernünftige Lizenzvertragspartner zum Zeitpunkt des Beginns der Verletzung ausgehandelt hätten. Dieser Faktor wird durch die Einschätzung des Gerichts im Hinblick auf die ersten 14 Faktoren bestimmt.

407   Auch die deutschen Gerichte verwenden letztlich sehr ähnliche Gesichtspunkte zur Bestimmung der Höhe eines Schadensersatzanspruchs im Hinblick auf verletzte Schutzrechte. Es sei hier auf die interessanten Aufsätze von *Rogge* und *Mellulis* verwiesen.[37]

cc) Länder/Regionen

(1) Europa

408   Das Joint Research Center der Europäischen Kommission ist 2017 in seiner Fallanalyse „Licensing Terms of Standard Essential Patents", die als Ziel eine rechtliche und ökonomische Analyse von „FRAND" in theoretischer und praktischer Hinsicht sowie Empfehlungen auf EU-Ebene im Zusammenhang mit „SEP Lizenzierung" hatte, zu der Erkenntnis gekommen, dass akzeptierte Methoden zur Berechnung von FRAND-Lizenzgebühren zwei Quellen überprüfbarer Daten nutzen: dies sind die Preise vergleichbarer Lizenzen und eine Bezugsgröße für Lizenzgebühren (Preise des verletzenden Produkts oder einer Komponente des Produkts, die die patentierte Technologie benutzt).[38] FRAND wird aufgrund der Vielfalt der Beurteilungskriterien als „Bandbreite" („range") und nicht als eine allein mögliche Lizenzgebühr gesehen.[39]

409   Die Communication der Europäischen Kommission vom 29.11.2017[40] enthält – wie bereits angedeutet – auch keine konkreten Hinweise auf spezielle Beurteilungskriterien. Sie überlässt es den Parteien und den Gerichten, die allgemein zu beachtenden Kriterien zu bestimmen.[41]

(a) EuGH: „Huawei ./. ZTE"

410   Der Europäische Gerichtshof, das OLG Düsseldorf und auch andere deutsche Gerichte haben bisher keine konkreten Beurteilungskriterien im Urteil Huawei ./. ZTE und im Anschluss daran empfohlen.

---

37 Zur Schadensberechnung im Wege der Lizenzanalogie bei zusammengesetzten Vorrichtungen, in: FS Fritz Traub zum 65. Geburtstag, Frankfurt/M. 1994.
38 124.
39 159 ff.
40 S. o. Rn. 344 (Teil D I. 1. c).
41 S. o. Rn. 344: „clear relationship to the economic value of the patented technology", „present value added to the patented technology", „continued incentives for SEP holders", „reasonable aggregate rate for the standard, assessing the overall added value of the technology".

(b) The UK High Court: „Unwired Planet ./. Huawei"

Es kann hier auf die bisherigen Ausführungen und insbesondere auf die **411**
Schlussfolgerungen von *Birss* (1), (2), (10) – (15) und (21) verwiesen
werden.[42]

(2) China, Indien, USA

Auch bzgl. dieser drei Länder kann auf die schon genannten Fundstellen **412**
Bezug genommen werden.[43]

b) Höhe

Ein Mediator wird bei derartigen Streitigkeiten im Bereich FRAND-Li- **413**
zenzgebühren mithin auch danach ausgewählt und dann während der
Mediation gefragt werden, welche Erfahrungen er bzgl. der Höhe der
konkreten Lizenzgebühr in derartigen speziellen Fällen aufweisen kann.

Der Mediator wird also nicht nur allgemein und konkret etwas zu den
Beurteilungskriterien, sondern gerade auch konkret etwas zur Höhe der
jeweiligen Lizenzgebühr sagen müssen.

aa) Allgemein

Bei der Berechnung bzw. Bestimmung der konkreten Höhe der Lizenz- **414**
gebühr ist u. a. zu beachten, dass es immer weniger grundlegende Erfindungen für z. B. ein komplett neues Produkt oder Verfahren gibt. Immer
häufiger werden nur noch Teile eines Gesamtprodukts durch Patente geschützt. Die damit zusammenhängenden Fragen wurden am Beispiel
eines Smartphones bereits erwähnt.[44]

Im Folgenden werden nun einige Beispiele aus der Literatur und Rechtsprechung erwähnt.[45]

---

42 S. o. Rn. 359 (Teil D I. 2. d).
43 S. o. Rn. 356 ff. (China), Rn. 361 ff. (Indien) und Rn. 366 ff. (USA).
44 Vgl. Teil D. I. 2.
45 Siehe auch zu Entscheidungen und SEP in der Literatur https://allthingsfrand.com/judi
cial/. Diese Webseite wurde von der App Association erstellt.

bb) Länder/Regionen

(1) Europa: „ETSI 2010"

415 ETSI[46] Table 1. Summary of ETSI Declarations and Announced Royalty Rates for LTE

	Number of Declared Essential Patents	Published Handset Royalty Rate
Alcatel-Lucent	9	2,00%
Apple	–	
AT&T	1	
Ericsson	146	1,50%
ETRI	35	
France Telecom	3	
Freescale Semiconductor	1	
Gemplus	1	
Hewlett Packard	1	
Huawei	182	1,50%
Icera	1	
iCODING	1	
Infineon	2	
InterDigital Technology Corp	282	
InterDigital Patent Holdings	155	
IPR Licensing, Inc.	4	
LG Electronics	50	
Motorola	16	2,25%
NEC	19	
NextWave Wireless	–	
Nokia Corporation	142	1,50%
Nokia Siemens Networks	32	0,80%

---

46 *Stasik*, Royalty Rates And Licensing Strategies for Essential Patents on LTE (4G) Telecommunication Standards, les Nouvelles 2010, 114 ff., 116 m. w. N.; siehe auch die Communication der Europäischen Kommission vom 29.11.2017, oben Rn. 344 (Teil D I. 1. c).

	Number of Declared Essential Patents	Published Handset Royalty Rate
Nortel Networks	46	1,00%
NTT DoCoMo	78	
Panasonic	39	
Qualcomm	350	3,25%
RIM	–	
Samsung	170	
Siemens	11	
Sony	12	
Sony-Ericsson	0	
Texas Instruments	26	
TDF	3	
T-Mobile Deutschland GmbH	12	
T-Mobile International AG	5	
Vodafone	–	
VoiceAge	6	
ZTE	–	1,00%
Totals	1941	14,80%

(Source: ETSI 2010)

(2)   The UK High Court: „Unwired Planet ./. Huawei"

Die Unwired Planet/Huawei-Entscheidung des Richters *Birss* zeigt auch **416** die sehr spezifische Sichtweise eines Gerichts aufgrund der ermittelten Fakten. Die Schlussfolgerung Nr. 11 des Urteils auf S. 164 beinhaltet zwei Sätze: „Eine UK Portfolio-Lizenz ist nicht FRAND. Die FRAND-Lizenz zwischen Unwired Planet und Huawei ist eine weltweite Lizenz."

Bzgl. der Höhe der in dieser Entscheidung festgesetzten Lizenzgebühren **417** wird zunächst auf die Schlussfolgerungen des Urteils des Richters *Birss* zur Wertigkeit („relative strength") des SEP-Portfolios der Unwired Planet im Vergleich zum SEP-Portfolio von Ericcson (Schlussfolgerung Nr. 4) und dann zur Wertigkeit des Unwired Planet-Anteils an allen

SEPS bzgl. 4G Handsets und bzgl. 2G, 3G und 4G für Infrastruktur und Multimode Handsets (Schlussfolgerung Nr. 5) verwiesen. Die weiteren Schlussfolgerungen Nr. 7–9 enthalten weitere Überlegungen zur prozentualen Fixierung der FRAND-Lizenzgebühren, deren Berücksichtigung dann letztlich zu der Schlussfolgerung Nr. 13, der Übersicht der Lizenzgebührensätze bei einer weltweiten Lizenz unter Trennung der „Major Markets" im Verhältnis zu „China and Other Markets" bei gleichzeitiger Differenzierung nach Handsets und Infrastruktur und andererseits bei gleichzeitiger Unterscheidung nach den Mobilfunkstandards 2G, 3G und 4G führt:[47]

	Major Markets		China and Other Markets	
	Handsets	Infrastructure	Handsets	Infrastructure
2G/GSM	0.064%	0.064%	0.016%	0.032%
3G/UMTS	0.032%	0.016%	0.016%	0.004%
4G/LTE	0.052%	0.051%	0.026%	0.026%

(3) USA

418 Beispielhaft werden hier nur einige Übersichten aus Veröffentlichungen jüngerer Zeit im Bereich Telekommunikation abgebildet.

(a) CUBICIBUC's LTE Strength Analysis

419 Diese Analyse vom 26.11.2017, die also drei Tage vor der Communication der Europäischen Kommission vom 29.11.2017 veröffentlicht wurde, untersucht die „LTE SEP Landschaft" und wurde auch deshalb hier erwähnt, da sie einen Vorgeschmack auf die „5G-Patentlandschaft" gibt, die bis zum Start von 5G (2020) etabliert, geprüft und bewertet sein muss und daher auch eine wichtige Rolle bei Streitigkeiten, insbesondere bei der Bestimmung der FRAND-Lizenzgebühren spielt.

420 In der Analyse vom 26.11.2017 wurden mehr als 5700 Patentfamilien auf der Basis der ETSI IPR Datenbank identifiziert.

---

47 S. o. Rn. 359 (Teil D I. 2. a) dd).

(b) *Armstrong/Mueller/Syrett*, The Smartphone Royalty Stack: Surveying Royalty Demands for the Components Within Modern Smartphones[48]

Dieser Artikel, der am 1.6.2014 veröffentlicht wurde, zeigt viele interessante rechtliche und wirtschaftliche Lizenzgebührenaspekte im Smartphone-Markt am Beispiel eines hypothetischen Smartphone-Kaufpreises von 400 US-Dollar auf.[49] **421**

Die erste Übersicht zeigt die Kosten der einzelnen Komponenten, die sich nach Recherchen der Autoren auf 120–150 US-Dollar summieren:[50] **422**

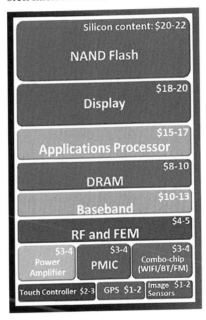
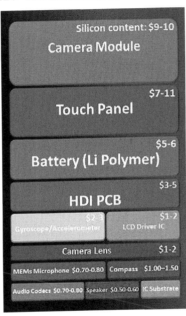

Die nächste Übersicht zeigt die Anzahl der jährlichen erteilten „U.S. Utility Patents" und der „U.S. District Court Infringement Suits" im Zeitraum 1993–2012:[51] **423**

---

48 *Ann K. Armstrong* ist Vice President and Associate General Counsel der Intel Group. *Joseph. J. Mueller* und *Timothy D. Syrett* sind Anwälte bei Wilmer Cutler Pickering Hale & Dorr LLP; siehe auch *Qies*, Valuing Standard Essential patents, An Examination of Announced FRAND Royalty Rates for LTE, December 2012.
49 Im Januar 2018 kostete ein Telefon bis zu ca. EUR 1.300,–.
50 *Armstrong/Mueller/Syrett*, a. a. O., 4.
51 *Armstrong/Mueller/Syrett*, a. a. O., 8.

424

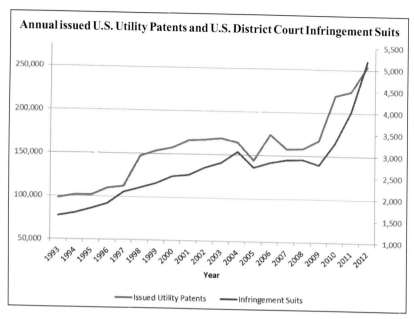

Annual issued U.S. Utility Patents and U.S. District Court Infringement Suits

Year

Issued Utility Patents   Infringement Suits

425   Die folgende Darstellung zeigt die von Firmen veröffentlichten Lizenzgebührensätze und die damit korrespondierenden US-Dollar-Beträge
(bei einem Smartphone-Gesamtpreis von 400 US-Dollar):[52]

426

Company	Announced LTE Rate	Royalty ($ 400 device)
Qualcomm	3.25 % of device	$ 13.00
Motorola	2.25 % of device	$ 9.00
Alcatel-Lucent	Up to 2 % of device	$ 8.00
Huawei	1.5 % of device	$ 6.00
Ericsson	1.5 % of device	$ 6.00
Nokia	1.5 % of device	$ 6.00
Nortel[53]	1 % of device	$ 4.00

---

52 *Armstrong/Mueller/Syrett*, a. a. O., 13 f.
53 Nortel is now bankrupt and its portfolio has been sold off. We nonetheless include Nortel's announced rate for completeness.

Company	Announced LTE Rate	Royalty ($400 device)
ZTE	*1% of device*	*$ 4.00*[54]
Siemens	0.8% of device	$ 3.20
Via Licensing	Unit Sliding-Scale[55] Fee Based on Volume	$ 2.10 per unit (sales over 10M units)
Sisvel Patent Pool	0.99 Euros per device[56]	$ 1.36
Vodafone	Free[57]	$ 0.00
Total		$ 54.30

Im Bereich „WiFi/802.11 (Standardized)", „WLAN", recherchierten die **427** Autoren die folgenden Lizenzgebühren, die nach in Verhandlungen/Gerichtsverfahren verlangten („requested") und in Gerichtsverfahren erzielten („court awarded") Lizenzgebühren (bei einem Smartphone-Gesamtpreis von 400 US-Dollar):[58]

---

54 ZTE is also a member of the Via Licensing LTE pool. LTE Licensors, ViaLicensing. com, http://www.vialicensing.com/licensecontent.aspx?id=1514 (last visited Feb. 20, 2014). Accordingly, we have not counted the $ 4 rate in the total.

55 See LTE License Fees, VIALICENSING.COM, http://www.vialicensing.com/license-content.aspx?id=1516 (last visited Feb. 20, 2014) (for the first 500,000 units, licensees pay $3 per unit, for units 500,001 to 2,500,000, licensees pay $2.55, and the per-unit fee continues to decrease to $2.10 per unit for units 10,000,001 or more). Companies participating in the patent pool include AT&T, China Mobile Communications Corp., Clear Wireless LLC, Deutsche Telekom AG, DTVG Licensing, Inc., Hewlett-Packard, KDDI, NTT DOCOMO, SK Telecom, Telecom Italia, Telefónica, and ZTE. See LTE Licensors, VIALICENSING.COM, http://www.vialicensing.com/licensecontent.aspx?id= 1514 (last visited Feb. 20, 2014).

56 Introduction and Royalty Rate, SISVEL.COM, http://www.sisvel.com/index.php/lte (last visited Feb. 20, 2014). Pool members include Cassidian, China Academy of Telecommunication Technology, Electronics and Telecommunications Research Institute, KPN, Orange, and TDF. In addition, Sisvel acquired LTE SEPs from Nokia that are included in the pool. Patent Owners, SISVEL.COM, http://www.sisvel.com/index.php/lte/patent-owners (last visited Feb. 20, 2014).

57 Vodafone Press Release, IPR Statement On Next Generation Mobile Network Technologies, Lteportal.com (June 30, 2008) http://www.lteportal.com/MediaChannel/Articles/Operators;1/Europe,_Middle_East,_Africa;1/IPR_statement_on_next_generation_mobile_network_technologies;114?PHPSESSID=5bbcbc66e9cedcf20acbb4f85-b4eaeb4 (last visited Feb. 20, 2014). According to the ETSI IPR Online Database, Vodafone has not yet declared any patents essential to LTE. ETSI IPR Online Database, ETSI.org, http://ipr.etsi.org/ (last visited Feb. 24, 2014).

58 *Armstrong/Mueller/Syrett,* a. a. O., 24 ff.

428

Company	Royalty ($ 400 device)	Royalty Rate/Unit
Lucent Technologies	$ 10,000 + 5 % of product[59] (requested)	~$ 20.00
Agere	5 % of product (requested)[60]	$ 20.00
Motorola	2.25 % of product (requested) $ 0.008 (court awarded)[61] $ 0.03 (court awarded for Xbox)[62]	$ 9.00
Innovatio IP Ventures	$ 3.39–$ 36.90[63] (requested) $ 0.0956 per Wi-Fi chip (court awarded)	$ 7.20[64]

---

59 Letter from *Roger E. Stricker*, Intellectual Prop. Vice President, Lucent Tech., to Chairman, IEEE 802.11 (Apr. 29, 1998), available at http://standards.ieee.org/about/sasb/patcom/loa-802_11a-lucent-29Apr1998.pdf.

60 Realtek Semiconductor Corp. v. LSI Corp., No. C-12-03451-RMW, 2013 WL 2181717, at *2 (N.D. Cal. 2013) (noting a 2002 demand by Agere of 5% on all 802.11b products sold by Realtek).

61 The court found that a RAND royalty rate could fall between 0.8 cents and 19.5 cents. Because Motorola did not assert at trial that Microsoft products other than the Xbox used Motorola's 802.11 patents, the court could not determine the correct RAND rate with specificity and defaulted to the lower bound for "all other Microsoft products" besides the Xbox. See Microsoft Corp. v. Motorola, Inc., No. C10-1823JLR, 2013 WL 2111217, at *101 n.28 (W.D. Wash. Apr. 25, 2013).

62 This rate was set based on the court's application of its RAND royalty rate analysis to the $400 Xbox.

63 In re Innovatio IP Ventures, LLC Patent Litig., No. 11-C-9308 2013 WL 5593609 at *12 (N.D. Ill. Oct. 3,2013), MDL No. 2303 (Innovatio advocated a damages methodology of determining a "Wi-Fi feature factor" for a device that takes into account the value of Wi-Fi to the product, multiplying that feature factor by the end device price and then applying a 6% rate to that figure, resulting in "royalties on average of approximately $3.39 per access point, $4.72 per laptop, up to $16.17 per tablet, and up to $36.90 per inventory tracking device (such as a bar code scanners)").

64 Calculated using a 30% "Wi-Fi" feature factor, based on the 20–30% range Innovatio advocated for tablets, and then 6% royalty rate to a $400 smartphone. See Innovatio, 2013 WL 5593609 at *12, 17.

Company	Royalty ($ 400 device)	Royalty Rate/Unit
Sisvel Patent Pool[65]	€ 0.71 per device (if licensee grants Nokia a license to its 802.11 SEPs) (requested) € 0.86 per device (if licensee does not grant Nokia a license to its 802.11 SEPs) (requested)	$ 1.18
Via Licensing[66]	Per Unit Sliding-Scale Fee Based on Volume, ranging from $ 0.55 to $ 0.05 (requested)[67]	$ 0.55
Ericsson	$ 0.50 (requested) $ 0.05 per patent per product (court awarded)	*$ 0.50[68]*
Total		**$ 50.23**

Bemerkenswert ist, dass – wie bei LTE – die Lizenzgebühren sich auf **429** über 50 US-Dollar summierten, die die einschlägigen Komponentenkosten weit überstiegen.[69]

In drei weiteren WiFi-Gerichtentscheidungen (Microsoft Corp. V. Moto- **430** rola, Inc.; In re Innovatio IP Ventures ./. zahlreiche Beklagte; Ericcson v. D-Link Corp.) zeigten sich erhebliche Unterschiede zwischen den verlangten und dann tatsächlich erzielten Lizenzgebühren:[70]

---

65 The patent owners for the Sisvel pool are Nokia Corporation, Ericsson, Electronics and Telecommunications Research Institute (ETRI), Sanyo Electric Co., Ltd., and Hera Wireless S. A. Wi-Fi Patent Owners, SISVEL, http://www.sisvel.com/index.php/wi-fi/patent-owners (last visited Feb. 20, 2014).
66 The Via Licensing Pool covers the older 802.11(a-j) standard. Licensors include Electronics and Telecommunications Research Institute (ETRI), Japan Radio Co., Ltd., Koninklijke Philips N.V., LG Electronics, Inc., and Nippon Telegraph and Telephone Corporation. 802.11 (a-j) Licensors, VIA LICENSING, http://www.vialicensing.com/licensing/ieee-80211-licensors.aspx (last visited Feb. 20, 2014).
67 802.11(a-j) License Fees, Via Licensing, http://www.vialicensing.com/licensing/ieee-80211-fees.aspx (last visited Feb. 20, 2014).
68 We have not included Ericsson's demand in the total figure because at least some of its patents are also licensed through Sisvel. See supra note 116.
69 *Armstrong/Mueller/Syrett*, a. a. O., 26.
70 *Armstrong/Mueller/Syrett*, a. a. O., 29.

431

Case	Patents In Suit	RAND Rate	Per-Patent Rate	Implied Industry Rate
Innovatio	19 (3 families)	$ 0.0956	$ 0.00503	$ 1.80[71]
Microsoft	24 US patents (5 families)[72]	$ 0.03471	$ 0.001446	$ 4.34[73]
Ericsson	3 patents (3 families)	$ 0.15	$ 0.05	$ 150.00

432   Zwischen Juni 2007 und Juni 2012 vermarktete die Dolby-Tochter Via Licensing, die u. a. sehr viele Patent Pools im Audio-Bereich administriert, NFC („Near Field Communications", Standardized) Patente zu folgenden Lizenzgebührensätzen:[74]

433

Annual Volume of Device	License Fee Per Device
Up to 1,000,000 devices	$ 0.490
1,000,001 – 10 million devices	$ 0.368
10,000,001 – 50 million devices	$ 0.245
50,000,001 – 100 million devices	$ 0.098
More than 100 million devices	$ 0.049

---

71 This is what the court determined to be the average profit margin on a $14.85 Wi-Fi chip, which the court treated as the appropriate royalty base to be divided among all the Wi-Fi essential patent holders. Id.

72 The Court found that only 11 of the 24 patents were relevant to the accused Xbox product, but some of his calculations and language appear to include the full 24 patents – we focus on those rates. See Microsoft Corp. v. Motorola, Inc., No. C10-1823JLR, 2013 WL 2111217 (W.D. Wash. Apr. 25, 2013).

73 This assumes that the royalty rate determined is for Motorola's full Wi-Fi portfolio of 24 patents (notwithstanding the Court's finding that certain Motorola patents were not used by Microsoft), and that Motorola's Wi-Fi patents are of average value. See id. at *99. This approach then estimates Motorola's share of the industry's total patents based on the data presented in the Innovatio case (the Microsoft decision does not state the total number of 802.11 patents), and extrapolates using Motorola's 0.8% share of total industry Wi-Fi patents.

74 *Armstrong/Mueller/Syrett*, a. a. O., 37 f.

(c) MP3 & AAC

Technicolor (ehemals Thomson) und Fraunhofer-Gesellschaft lizenzier- **434**
ten den wohl bekanntesten MP3 Standard. Die Lizenzgebühr betrug US
$ 0.75 je Decoder.

Advanced Audio Coding (AAC), die Nachfolgeentwicklung zu MP3 , **435**
wurde und wird über Via Licensing lizenziert. Die aktuellen Lizenzgebühren (Januar 2018), die sogar teilweise im Vergleich zu der Übersicht
im Artikel von *Armstrong/Mueller/Syrett* gestiegen sind, lauten[75]:

Volume (per unit[76]/annual reset)	Per Unit Fee
For the first 1 to 500,000 units	$ 0.98
For units 500,001 to 1,000,000	$ 0.76
For units 1,000,001 to 2,000,000	$ 0.62
For units 2,000,001 to 5,000,000	$ 0.52
For units 5,000,001 to 10,000,000	$ 0.42
For units 10,000,001 to 20,000,000	$ 0.24
For units 20,000,001 to 50,000,000	$ 0.20
For units 50,000,001 or more	$ 0.15

436

75 Siehe zunächst *Armstrong/Mueller/Syrett*, a.a.O., 42 und dann http://www.via-corp.
   com/us/en/licensing/aac/licensefees.html, siehe dort auch die Lizenzgebührensätze zu
   weiteren Lizenzprogrammen/Technologien; vgl. auch die Lizenzgebührensätze für verschiedene Lizenzprogramme, die Sisvel administriert, www.sisvel.com.
76 Consumer products with more than two channels count as 1.5 units. Id.

(d) *Sidak*[77]

437   *Sidak* erläutert mit Hilfe der Überlegungen von *Mallinson* und anhand der folgenden zehn folgenden Übersichten die gesamten SEP-Lizenzgebührenumsätze der Mobilfunkhersteller:[78]

438   **Table 1.** *Sidak*, Estimate of Licensing Revenues for the Five Major Mobile Communications SEP Holders

439

	2013		2014	
	Licensing Revenues and Global Handset Revenues (Millions of 2014 Dollars)	**Royalty Yield**	**Licensing Revenues and Global Handset Revenues (Millions of 2014 Dollars)**	**Royalty Yield**
Qualcomm	$ 8,019	2.08 %	$ 7,862	2.04 %
Ericsson	$ 1,649	0.43 %	$ 1,446	0.38 %
Nokia	$ 405	0.11 %	$ 435	0.11 %
InterDigital	$ 269	0.07 %	$ 403	0.10 %
Alcatel-Lucent	$ 31	0.01 %	$ 17	0.00 %
Total	$ 10,374	2.70 %	$ 10,163	2.64 %
Global Handset Revenues	$ 384,659		$ 384,956	

Source: International Data Corp., *supra* note 14; 2015 Qualcomm 10-K, *supra* note 13, at 38; Ericsson Annual Report, *supra* note 13, at 63, 74; Nokia Report 2015, *supra* note 13, at 21; Nokia Report 2014, *supra* note 13, at 144; 2015 InterDigital 10-K, *supra* note 13, at 50, 53; Alcatel-Lucent Report, *supra* note 13, at 25; Bureau of Economic Analysis, *supra* note 18.

---

77 What Aggregate Royalty Do Manufacturers of Mobile Phones Pay to License Standard-essential Patents?, The Criterion Journal On Innovation, 2016, 701 ff. unter Zugrundelegung des Artikels von *Mallinson* vom 19.8.2015, Cumulative Mobile-SEP Royalty Payments No More Than Around 5% of Mobile Handset revenues, WISEHARBOR (2015), http://www.wiseharbor.com/pdfs/Mallinson%200n%20cumulative%20mobile%20SEP%20royalties%20for%20IP%20Finance%202015Aug19.pdf.
78 *Sidak* und *Mallinson*, jeweils wie vor.

Table 2. *Mallinson,* Estimate of Licensing Revenues for the Five Major Mobile   **440**
Communications SEP Holders

441

	2013		2014	
	Licensing Revenues and Global Handset Revenues (Millions of 2014 Dollars)	**Royalty Yield**	**Licensing Revenues and Global Handset Revenues (Millions of 2014 Dollars)**	**Royalty Yield**
Qualcomm	$ 7,878	2.09 %	$ 7,862	1.92 %
Ericsson	$ 1,583	0.42 %	$ 1,480	0.36 %
Nokia	$ 688	0.18 %	$ 791	0.19 %
InterDigital	$ 264	0.07 %	$ 416	0.10 %
Alcatel-Lucent	$ 100	0.03 %	$ 75	0.02 %
Total	$ 10,513	2.79 %	$ 10,625	2.59 %
Global Handset Revenues	$ 377,000		$ 410,000	

Source: Mallinson, *supra* note 2, at 4–5.
Note: Table 2 preserves Mallinson's estimates in nominal dollars.

Table 3. Via Licensing's LTE License Fees for General Terminal Products Sold   **442**
or Otherwise Supplied

443

Volume (Per Unit/Year)	Per-Unit Fee for Each Licensed Product
For the first 1 to 500,000 units	$ 3.00
For units 500,001 to 2,500,000	$ 2.55
For units 2,500,001 to 5,000,000	$ 2.40
For units 5,000,001 to 10,000,000	$ 2.25
For units 10,000,001 and higher	$ 2.10

Source:
LTE License Fees, Via Licensing, http://www.via-corp.com/licen-secontent.aspx?id=1516.

444 **Table 4.** *Sidak*, Estimates of Typical Licensing Prices and Royalty Yields for Patent Pools with Fully Compliant Implementers

			2013						2014		
Standard	[A] Patent Pool Fee per Device (2014 Dollars)	[B] Total Number of 3G or 4G Compliant Mobile Phones Shipped (Millions)	[C] = [A] × [B] Total Revenues Received (Millions of 2014 Dollars)	[D] Global Handset Revenues (Millions of 2014 Dollars)	[E] = [C] ÷ [D] Royalty Yield		[A] Patent Pool Fee per Device (2014 Dollars)	[B] Total Number of 3G or 4G Compliant Mobile Phones Shipped (Millions)	[C] = [A] × [B] Total Revenues Received (Millions of 2014 Dollars)	[D] Global Handset Revenues (Millions of 2014 Dollars)	[E] = [C] ÷ [D] Royalty Yield
SIPRO WCDMA	$1.14	788 (3G)	$896	$384,659	0.23%		$1.00	803 (3G)	$799	$384,956	0.21%
Via Licensing LTE	$2.25	278 (4G)	$627	$384,659	0.16%		$2.23	445 (4G)	$991	$384,956	0.26%
Sissel LTE	$0.73	278 (4G)	$204	$384,659	0.05%		$0.73	445 (4G)	$324	$384,956	0.08%
Total			$1,727	$384,659	0.45%				$2,114	$384,956	0.55%

Source: International Data Corp., *supra* note 14; *New Licensing Terms!*, Sipro Lab Telecom, http://www.sipro.com/Licensing-Terms-W-CDMA.html; *LTE License Fees*, Via Licensing, http://www.via-corp.com/licensecontent.aspx?id=1516; *LTE/LTEA License Terms*, Sisvel, http://www.sisvel.com/lte-ltea/license-terms; Bureau of Economic Analysis, *supra* note 18.

Note: I use the number of 3G- or 4G-compliant mobile phones shipped as a proxy for the number of 3G- or 4G-compliant mobile phones produced. In 2013 dollars, the patent pool fee per device in 2013 was $1.12 for SIPRO, $2.22 for Via Licensing, and $0.72 for Sissel.

Table 5. *Mallinson*, Estimates of Typical Licensing Prices and Royalty Yields **445** for Patent Pools with Fully Compliant Implementers

446

Standard	2013			2014		
	Patent Pool Fee Per Device	**Market Value Weighting**	**Royalty Yield**	**Patent Pool Fee Per Device**	**Market Value Weighting**	**Royalty Yield**
SIPRO WCDMA	$ 1.00	85 %	0.42 %	$ 1.00	90 %	0.43 %
Via LTE Licensing	$ 2.50	25 %	0.31 %	$ 2.50	45 %	0.54 %
Sisvel LTE	$ 0.45	25 %	0.05 %	$ 0.45	45 %	0.10 %
Total	$ 3.95		0.78 %	$ 3.95		1.07 %

Source: Mallinson, *supra* note 2, at 6.

Note: Table 5 preserves Mallinson's estimates in nominal dollars. I understand Mallinson's **447** term "market value weighting" to mean the proportion of the market for mobile devices that reads on a given standard. For example, Mallinson estimates that in 2013, 85 percent of products in the market for mobile devices read on the 3G WCDMA standard. Mallinson uses the handset average selling price to calculate each patent pool's royalty yield. He calculates the average selling price to be $ 204 in 2013 and $ 209 in 2014. For SIPRO's royalty yield in 2013, for example, Mallinson arrives at his royalty yield of 0.42% by calculating: (85% 6 1.00) 7 $ 204 = 0.42%. Using Mallinson's reported values, I find that the calculated royalty yield for Sisvel in 2013 is halfway in between 0.05% and 0.06%. However, Mallinson reports that Sisvel's royalty yield in 2013 is 0.05%. Mallinson's reported royalty yield for Sisvel in 2013 could be due to a more precise measurement of market value weighting, average selling price, or patent pool fee per device.

Table 6. Regression of the Log of the Share of 4G Revenues Received by SEP **448** Holders on the Log of the Share of SEPs Contributed to the 4G LTE Standard, 2013 and 2014

449

Dependent Variable: Natural Log of the Share of 4G Revenues Received by SEP Holders in 2013 and 2014	
Natural Log of the Share of SEPs Contributed to the 4G LTE Standard	*1.861*** (0.462)*
Indicator Variable For Year 2014	*−0.309 (0.804)*
Constant	*−0.449 (1.442)*
R2	*0.701*
F	*8.19***
Observations	*10*

Notes: * indicates statistical significance at the 90-percent confidence level, ** indicates statistical significance at the 95-percent confidence level, and *** indicates statistical significance at the 99-percent confidence level. Standard errors are in parentheses.

450 **Table 7.** Predicted Implicit Revenues for Large Implementers in 2013 and 2014

Patent Holder	Share of Patents Contributed to 4G LTE Standard / Predicted Share of 4G Revenues Received in 2013 [A]	[A] × Global 4G Revenues in 2013 = [B] Predicted Revenues Received (2014 Dollars)	[B] ÷ Global Handset Revenues in 2013 = [C] Predicted Royalty Yield	Share of Patents Contributed to 4G LTE Standard / Predicted Share of 4G Revenues Received in 2014 [A]	[A] × Global 4G Revenues in 2014 = [B] Predicted Revenues Received (2014 Dollars)	[B] ÷ Global Handset Revenues in 2014 = [C] Predicted Royalty Yield
Apple	1.32% / 0.02%	$35,422,740	0.01%	1.32% / 0.01%	$33,243,452	0.01%
Huawei	10.19% / 0.91%	$1,594,079,616	0.41%	10.19% / 0.67%	$1,496,008,320	0.39%
RIM	0.52% / 0.00%	$6,359,281	0.00%	0.52% / 0.00%	$5,968,044	0.00%
Samsung	11.02% / 1.05%	$1,843,587,328	0.48%	11.02% / 0.77%	$1,730,165,632	0.45%
LG	5.36% / 0.27%	$481,652,320	0.13%	5.36% / 0.20%	$452,019,968	0.12%
Total	28.40% / 2.26%	$3,961,101,285	1.03%	28.40% / 1.66%	$3,717,405,416	0.97%

Note: I calculate global 4G revenues to be $175,254,828,440 in 2013 and $224,122,858,176 in 2014. I calculate global handset revenues to be $384,659,251,261 in 2013 and $384,956,220,857 in 2014.

Table 8. Predicted Aggregate Royalty Collected by Large Implementers and **451**
PAEs

452

	2013 (Millions of 2014 Dollars)			2014 (Millions of 2014 Dollars)		
	Lower Bound	Average	Upper Bound	Lower Bound	Average	Upper Bound
Large Implementers	$ 1,149	$ 3,961	$ 13,751	$ 1,078	$ 3,717	$ 12,905
PAEs	$ 969	$ 969	$ 969	$ 1,197	$ 1,197	$ 1,197
Total	$ 2,118	$ 4,930	$ 14,720	$ 2,275	$ 4,914	$ 14,102
Royalty Yield	0.55 %	1.28 %	3.83 %	0.59 %	1.28 %	3.66 %

Note: I calculate global handset revenues to be $ 384,659,251,261 in 2013 and
$ 384,956,220,857 in 2014.

Table 9 reports my estimates of the aggregate royalty yield for holders of **453**
mobile communication SEPs.

Table 9. *Sidak,* Estimates of Aggregate Mobile Communications SEP Licensing **454**
Revenues and Royalty Yields on Global Handset Revenues

455

	2013		2014	
	Revenues (Billions of 2014 Dollars)	Yield	Revenues (Billions of 2014 Dollars)	Yield
Major SEP Holders with Licensing Programs	$ 10.4	2.70 %	$ 10.2	2.64 %
Patent Pools	$ 1.7	0.45 %	$ 2.1	0.55 %
Other	$ 4.9	1.28 %	$ 4.9	1.28 %
Cumulative	$ 17.0	4.43 %	$ 17.2	4.47 %
Global Handset Revenues	$ 385		$ 385	

Source: InternatIonal Data Corp., *supra* note 14; 2015 Qualcomm 10-K, *supra* note 13, at
38; erICSSon annual report, *supra* note 13, at 63, 74; nokIa report 2015, *supra* note 13, at
21; nokIa report 2014, *supra* note 13, at 144; 2015 InterDigital 10-K, *supra* note 13, at 50,
53; AlcAtel-lucent RepoRt, *supra* note 13, at 25; New Licensing Terms!, SIpro lab tele-
Com, http://www.sipro.com/Licensing-Terms-W-CD-MA.html; LTE License Fees, VIa
lICensIng, http://www.via-corp.com/licensecontent.aspx?id=1516; LTE/LTEA License
Terms, SISVel, http://www.sisvel.com/lte-ltea/license-terms; bureau of eConomIC analy-
SIS, supra note 18.

456 **Table 10.** *Mallinson,* Estimates of Aggregate Mobile Communications SEP Licensing Revenues and Royalty Yields on Global Handset Revenues

457

	2013		2014	
	Revenues (Billions of Dollars)	Yield	Revenues (Billions of Dollars)	Yield
Major SEP Owners with Licensing Programs	$ 10.5	2.8 %	$ 10.6	2.6 %
Patent Pools	$ 2.94	0.78 %	< $ 4	< 1 %
Others	< $ 6	1.6 %	< $ 6	< 1.5 %
Cumulative Maximum	~ $ 19.4	~ 5.1 %	~ $ 20	~ 5 %
Global Handset Revenues	$ 377		$ 410	

Source: Mallinson, *supra* note 2, at 1–6.

Note: Table 10 preserves Mallinson's estimates in nominal dollars.

458 *Sidak* schließt sich den Ausführungen von *Mallinson* an und stellt fest, dass die SEP-Inhaber in den Jahren 2013 und 2014 (exzessive) Lizenzgebühren eingenommen haben: 4–5% der weltweiten Einnahmen aus dem Verkauf von Mobilfunktelefonen.[79]

(e) TCL v Ericcson 8.11.2017

459 Die jüngste Entscheidung eines US-Gerichts im Fall TCL v Ericcson vom 8.11.2017[80] kam für 2G, 3G, 4G – nach Regionen/Ländern unterteilt – zu folgenden Lizenzgebührensätzen:

	2 G	3 G	4 G
Court's U.S. Rate	0.164 %	0.300 %	0.450 %
Court's Europe Rate	0.118 %	0.264 %	
Court's RoW Rate	0.090 %	0.224 %	0.314 %

(4) China, Indien

460 Vor der bereits erwähnten Entscheidung der NDRC vom 10.2.2015 im Qualcomm-Fall aus 2015[81] hatte der Guangdong Higher Court am 28.10.2013 das Urteil des Shenzen Intermediate Court im Fall InterDigi-

---

79 *Sidak,* a. a. O., 719.
80 S. o. Rn. 369 (Teil D I. 2. a) ff.), Memorandum, 104.
81 Rn. 356.

tal v. Huawei bestätigt. InterDigital wurde zur Zahlung von 3.2 Mio. US-Dollar verurteilt. Zur Begründung wurden unfaire hohe Preise und unsachgemäße Koppelung oder Bündelung bei der Lizenzierung von SEP im 2G-, 3G- und 4G-Bereich. Die vom Shenzen Intermediate Court festgelegte FRAND-Lizenzgebühr wurde bestätigt , betrage also 0,019% des Verkaufspreises des Endprodukts, wobei aber offen blieb, wie der Shenzen Intermediate Court zu diesem Prozentsatz kam.[82]

Die jüngste Entscheidung des Shenzen Intermediate Court führte zu folgenden Lizenzgebührensätzen:[83] **461**

- 3G SEP: 5% und global 3G aggregate rate: 5%
- 4G (Huawei hielt 10% der Anzahl der 4G SEP): 4G global aggregate rate: 6–8%.

Es kann bzgl. Indien auf die o. g. Ausführungen verwiesen werden.[84] **462**

c) Vertragsklauseln

Im Folgenden werden einige Vertragsklauseln, die der Mediator den Parteien als Anregung für die Vertragsgestaltung vorschlagen könnte, vorgestellt: **463**

Vertragsbeispiele: Lizenzgebühren

Die folgenden Vertragsbeispiele geben einen gewissen Überblick über die Lizenzgebührenregelungen bei vertikalen und bei horizontalen Lizenzverträgen. Zum Teil handelt es sich um Verträge zwischen Industrievertragspartnern, teilweise werden Vertragsbeispiele genannt, die von öffentlich-rechtlich strukturierten Lizenzgebern angeboten werden.

Vertikale Verträge

Beispiel 1

"License Agreement

. . . .
. . . .
. . . .

1. Definitions

. . . .
. . . .
. . . .

---

82 S. o. zunächst zum Qualcomm-Fall Teil D I. 2. A) cc) und dann zum Fall InterDigital v. Huawei Pentheroudakis/Baron, JRC Science for Policy Report – Licensing Terms of Standard Essential Patents, 2017, 119 m. w. N.
83 S. o. Rn. 358.
84 Teil D I. 2. a) ee) und *Pentheroudakis/Baron*, a. a. O., 122.

1.4. "Licensed Products" shall mean all products, the manufacture, use or sale of which is covered by one or more claims of a Licensed Patent and/or by (a part of) the Copyrights, Know-how and or Improvements (Licensor) and/or derivatives of such Licensed Products.

1.5. "Field of Use" means technical applications of the Licensed Products scheduled at Appendix C.]

1.6. "Net Sales" shall mean the gross invoice less applicable V.A.T. (if any) or contract price to customers for Finished Products less five percent (5%) in lieu of all other deductions.

1.6.1. "Customer" means the final offerer (person or entity). Final offerer is not (e. g.) any intermediate dealer/distributor.

1.6.2. „Finished Product" shall mean any and all products in form for use by an End User and not intended for further technical manipulation or transformation.]

1.7. "Agreement Year" is the period of time between 1 March of one calendar year and 28 February of the following calendar year.
. . . .
. . . .
. . . .

4. Fees, Payments/Books and Records/Rights of Inspection

4.1. [Initial Payment Licensee shall pay to Licensor a non refundable Initial Payment of US $ . . . .].

4.2. Royalty
In addition, Licensee shall pay to Licensor a running royalty of 2 (two) US $ [. . .% of the Net Sales Price] for each Licensed Product made, used, offered for sale, sold or otherwise exploited under this Agreement (except those used for development purposes and returned). Paid royalties are non refundable.

4.3. Minimum License
Licensee shall pay to Licensor a non refundable Minimum License per each Agreement Year according to Appendix D.

4.3.1. If the total amount of paid royalties (4. 2.) of each Agreement Year will not exceed 80% of the Forecast for each Agreement year, the Minimum License for such Agreement Year will be . . . . US $.

4.4. Payments of Sublicensees
Licensee shall pay to Licensor 50% of any Onetime Payments (but not less than . . . . US $ per each Agreement Year), Minimum Licenses (but not less than . . . . US $ per each calendar year) and any other non-recurrent payments and of royalties (but not less than 2 US $ for each Licensed Product, [. . .% of Net Sales] of sublicensees) of all sublicense agreements including settlement agreements with third parties in and out of court. Payments of Sublicensees are non refundable.

4.5. Licensed Products in developing countries
Licensor and Licensee accept minor license fees for the exploitation of Licensed Products in developing countries. Licensor will determine the minor license fees on a case by case basis and Licensee will impose equivalent stipulations on sublicensees.

4.6. Quarterly Forecasts and Reports

4.6.1. Quarterly, within five days of the beginning of each Agreement Year quarter, Licensee shall deliver to Licensor a forecast in electronic or written form as stipulated in Appendix D summarizing the sales and the equivalent payment of such Agreement Year quarter. This Forecast shall include Licensee's and its sublicensee's Forecasts.

4.6.2. Quarterly, within five days of the end of each Agreement Year quarter, Licensee shall deliver to Licensor a report in electronic or in written form as stipulated in Annex D summarizing the previous quarter's sales or report and payment shall be for the calendar quarter in which Licensee's sublicensee first sells (or otherwise disposes of) a Licensed Product. Quarterly reports shall be certified by Licensee's chief financial officer (or the officers designate), and shall contain:

4.6.2.1. The quantity of Licensed Products sold or otherwise disposed of pursuant to this Agreement and/or a sublicense during the Agreement Year quarter in which the report is due; and

4.6.2.2. contact information of the recipients thereof; and

4.6.2.3. such other information and be in such form as Licensor or their independent auditor may prescribe.

4.7. Payment Procedure

4.7.1. [The initial payment (4.1.) shall be paid on . . . .]

4.7.2. Royalties (4.2.) shall be paid within 5 days subsequent to the end of each Agreement Year quarter.

4.7.3.1. The Minimum License per each Agreement Year (4.3.1.) shall be paid within 5 days subsequent to the end of each Agreement Year.

4.7.4. For the purpose of timing of payments, a Licensed Product shall be considered sold when invoiced: or if not invoiced, when delivered or otherwise disposed of. Consignment shipments shall be considered sold when the payment for such shipments is agreed upon between (sub-)Licensee and customer.

4.7.5. Payments to Licensor shall be made by wire transfer to the bank and account indicated in Section 8.5. of this Agreement, or to such other bank and account as Licensor may notify Licensee.

4.7.6. Licensee shall pay all local fees, taxes, duties, and charges of any kind, and shall not deduct them from any initial payments or royalties hereunder unless such deductions are requested by law.

7. Terms and Termination

....
....
....

1. Definitions

....
....
....

7.2. Failure to cure any substantial failure (e.g. failure to pay license fees, bankruptcy) within sixty days after receipt of notice describing the non-performance of an obligation shall entitle the Party giving such notice to terminate or suspend all or any portion of this Agreement with immediate effect. Licensor is entitled to terminate this Agreement if Licensee (e.g.) contests the secret or substantial nature of the licensed Know-how (as a part of Licensed Technology) and/or challenges the validity of Copyrights and/or of Licensed Patents in the Territory of License. Licensor is entitled to rescind the exclusivity to the non-exclusivity of the License if Licensee and/or its sublicenses (e.g.)

– will not exploit the License/Sublicenses with best efforts, or
– will not make payments, forecasts and reports as stipulated in Section 4, or
– contests the secret or substantial nature of the licensed Know-how (as a part of Licensed Technology) or challenges the validity of Copyrights and/or of Licensed Patents in the Territory of License,

and for other good causes.

7.3. Termination shall accelerate Licensee's payment and quarterly forecasts and reporting obligations according to Section 4 to 'within 5 days of termination'.

7.4. Upon termination, any license, right, title or interest created in favour of Licensee hereunder shall revert to Licensor. Except however, that:

7.4.1. All obligations of Licensee created hereunder with respect to Payments, Forecasts, Reports (Section 4), and Confidentiality Obligations of Licensee, Marking, Quality, Infringement (Section 3), shall continue in full force and effect until such time as Licensee and all sublicenses cease to deal with Licensed Products or the Licensed Technology in any way of whatsoever kind or nature, and

....
....
....

1. Definitions

. . . .
. . . .
. . . .

8.5. Notices

All notices, reports, payments, consents, approvals, and the like made hereunder shall be in writing, to the addresses or facsimile numbers, bank accounts below or in accordance with such other contact information as either Party may designate pursuant to proper notice, or by a properly transmitted facsimile.

Licensor

telephone: _____

fax:_____

Bank: _____

Address: _____

Account Name: _____

Account Number: _____

ABA Number: _____

Licensee

telephone: _____

fax: _____

Bank: _____

Address:_____

Account Name: _____

Account Number: _____

ABA Number: _____

Appendix D

Minimum License (4.3.1)

. . . .
. . . .
. . . .

2. Quarterly Forecasts and Reports (4.6.)

2.1. Forecasts

. . . .
. . . .
. . . .

2.2. Reports

....
....
....„

Beispiel 2
„Lizenzvertrag

....
....
....

1. Definitionen

....
....
....

1.4. „Lizenzierte Produkte" bedeutet alle Produkte, deren Herstellung, Gebrauch oder Verkauf, die jeweils von einem oder mehreren Ansprüchen eines lizenzierten Patents und/oder bei (einem Teil) der Urheberrechte, des Knowhow und/oder der Verbesserungen (Lizenzgeber) und/oder abgeleiteter Werke der lizenzierten Produkte erfasst sind.

1.5. [„Anwendungsgebiet" bedeutet, technische Anwendungen der lizenzierten Produkte gem. Appendix C.]

1.6. [„Nettoverkaufspreis" bedeutet der in Rechnung gestellte Bruttopreis abzüglich gesetzlicher Umsatzsteuer oder der vertraglich vereinbarte Preis an Kunden für Endprodukte abzüglich 5% (fünf Prozent) anstatt aller anderen Abzüge.

1.6.1. „Kunden" bedeutet, der Endkunde (natürliche Person oder juristische Person). Endkunde ist nicht (z.B.) ein Zwischenhändler/Zwischenvertreiber.

1.6.2. „Endprodukt" bedeutet, jedes Produkt, das durch den Verbraucher genutzt wird und für das keine weitere technische Manipulation oder weitere Bearbeitung beabsichtigt ist.]

1.7. „Vertragsjahr" ist der Zeitraum zwischen dem 1.3. eines Kalenderjahres und dem 28.2. des folgenden Kalenderjahres.
(...)

4. Gebühren, Bezahlung, Buchführung und Buchprüfung

4.1. [Einstandszahlung
Der Lizenznehmer zahlt an den Lizenzgeber eine nicht rückzahlbare Einstandszahlung von .... US $].

4.2. Lizenzgebühr

Zusätzlich zahlt der Lizenznehmer an den Lizenzgeber eine umsatzabhängige Lizenzgebühr von 2 (zwei) US $ [. . .% des Nettoverkaufspreises] für jedes lizenzierte Produkt, das nach diesem Vertrag hergestellt, gebraucht, zum Verkauf angeboten, verkauft oder anderweitig verwertet wird, mit Ausnahme der lizenzierten Produkte, die für Entwicklungszwecke genutzt wurden, und der lizenzierten Produkte, die an den Lizenznehmer zurückgeschickt wurden. Bezahlte Lizenzgebühren sind nicht rückzahlbar.

4.3. Mindestlizenzgebühr

Der Lizenznehmer zahlt an den Lizenzgeber eine nicht rückzahlbare Mindestlizenzgebühr in jedem Vertragsjahr gem. Appendix D.

4.3.1. Wenn der Gesamtbetrag aller bezahlten Lizenzgebühren (4.2) jedes Vertragsjahres 80% des Forecasts für jedes Vertragsjahr nicht übersteigt, beträgt die Mindestlizenzgebühr für ein derartiges Vertragsjahr . . . . US $.

4.4. Unterlizenzgebühren

Der Lizenznehmer zahlt an den Lizenzgeber 50% aller einmaligen Zahlungen (aber nicht weniger als US $ . . . . in jedem Vertragsjahr, Mindestlizenzgebühren (aber nicht weniger als US $ . . . . in jedem Vertragsjahr) und von allen umsatzunabhängigen Zahlungen und umsatzabhängigen Lizenzgebühren (aber nicht weniger als zwei US $ für jedes lizenzierte Produkt [. . .% des Nettoverkaufspreises] von Unterlizenznehmern) von allen Unterlizenzverträgen einschließlich inner- und außergerichtlicher Vergleiche mit Dritten. Zahlungen von Unterlizenznehmern sind nicht rückzahlbar.

4.5. Lizenzierte Produkte in Entwicklungsländern

Lizenzgeber und Lizenznehmer akzeptieren geringere Lizenzgebühren für die Verwertung der lizenzierten Produkte in Entwicklungsländern. Der Lizenzgeber bestimmt die geringeren Lizenzgebühren von Fall zu Fall, und der Lizenznehmer wird entsprechende Regelungen seinen Unterlizenznehmern auferlegen.

4.6. Vierteljährliche Forecasts und Berichte

4.6.1. Der Lizenznehmer schickt dem Lizenzgeber vierteljährlich innerhalb von fünf Tagen nach Beginn eines Vertragskalendervierteljahres einen Forecast in elektronischer oder schriftlicher Form gem. Appendix D. Dieser Forecast enthält die Verkäufe und die entsprechenden Zahlungen für das jeweilige Vertragskalendervierteljahr. Dieser Forecast beinhaltet die Forecasts des Lizenznehmers und seiner Unterlizenznehmer.

4.6.2. Innerhalb von fünf Tagen nach Ende eines Vertragskalendervierteljahres schickt der Lizenznehmer dem Lizenzgeber einen Bericht in elektronischer oder in schriftlicher Form gem. Appendix D. Dieser Bericht fasst die Verkäufe des letzten Vertragskalendervierteljahres des Lizenznehmers zusammen und enthält auch einen Bericht über das Kalendervierteljahr, in dem der jeweilige Unterlizenznehmer zum ersten Mal verkauft oder anderweitig über die lizenzierten Produkte verfügt hat. Die vierteljährlichen Berichte sind von dem Leiter der Finanzabteilung des Lizenznehmers oder der von ihm beauftragten Person zu verfassen und enthalten Folgendes:

4.6.2.1. Die Anzahl der lizenzierten Produkte, die nach diesem Vertrag und/oder gemäß einer Unterlizenz während des entsprechenden Vertragskalendervierteljahres, für das der Bericht zu erstellen war, verkauft wurden oder über die anderweitig verfügt wurde; und

4.6.2.2. Informationen über die Empfänger dieser lizenzierten Produkte; und

4.6.2.3. solche Informationen und in der Form, die der Lizenzgeber oder sein externer Prüfer zusätzlich vorschreiben darf.

4.7. Bezahlung

4.7.1. [Die Einstandszahlung (4.1.) ist bis zum . . . . zu zahlen.]

4.7.2. Lizenzgebühren (4.2.) sind innerhalb von fünf Tagen nach Ende eines jeden Vertragskalendervierteljahres zu zahlen.

4.7.3. Die Mindestlizenzgebühr (4.3.) ist innerhalb von fünf Tagen nach Beginn jedes Vertragskalendervierteljahres im Voraus zu zahlen und ist mit den Lizenzgebühren verrechenbar, die in dem Vertragskalendervierteljahr fällig waren, für das die Mindestlizenzgebühr zu zahlen war. Die Verrechnung ist jedoch nicht eher als fünf Arbeitstage nach Ende jedes Vertragsjahres möglich.

4.7.3.1. Die Mindestlizenzgebühr für jedes Vertragsjahr (4.3.1.) ist innerhalb von fünf Tagen nach Ende eines Vertragsjahres zu zahlen.

4.7.4. Um den Zeitpunkt der Zahlung zu bestimmen, gilt ein lizenziertes Produkt als verkauft, wenn es in Rechnung gestellt wurde. Wenn es nicht in Rechnung gestellt wurde, gilt es als verkauft, wenn es ausgeliefert oder über es anderweitig verfügt wurde. Konsignationslieferungen gelten als verkauft, wenn die Bezahlung für derartige Lieferungen zwischen dem (Unter-)Lizenznehmer und dem Kunden vereinbart wurde.

4.7.5. Zahlungen an den Lizenzgeber sind per Datentransfer an die Bank und das Konto gem. Abschnitt 8.5. dieses Vertrages zu richten oder an eine andere Bank oder ein Konto, das der Lizenzgeber dem Lizenznehmer mitteilt.

4.7.6. Der Lizenznehmer zahlt alle örtlichen Gebühren, Steuern und Lasten anderer Art und ist nicht berechtigt, diese von den Einstandssummen oder Lizenzgebühren abzuziehen, es sei denn, derartige Abzüge sind gesetzlich vorgeschrieben.

4.7.7. Überschüssige Zahlungen werden unverzüglich mit zeitlich nachfolgenden Zahlungsverpflichtungen verrechnet.

4.7.8. Wenn der Lizenzgeber den Lizenznehmer wegen fälliger Zahlungen schriftlich gemahnt hat und wenn der Lizenznehmer nicht innerhalb von 14 Tagen nach Datum gezahlt hat, zahlt der Lizenznehmer an den Lizenzgeber

Verzugszinsen in Höhe von 8,0% über dem jeweiligen Basiszinssatz der Deutschen Bundesbank.

4.7.9. Die Vertragsparteien vereinbaren, dass alle Zahlungen, die dieser Vertrag vorsieht, in US $ zu erfolgen haben.

4.8. Bücher
Der Lizenznehmer ist verpflichtet, komplette Bücher über alle Verkäufe, Benutzungen, Rückführungen oder anderweitige Verfügungen über die lizenzierten Produkte zu führen.

4.9. Buchprüfung
Der Lizenzgeber hat das Recht, eine Buchprüfung durch einen unabhängigen Prüfer durchführen zu lassen, soweit dies für die Überprüfung der ordnungsgemäßen Buchführung und für andere Feststellungen in diesem Zusammenhang notwendig ist. Die Buchprüfung ist während der üblichen Bürostunden nach vorheriger angemessener Ankündigung und nicht mehr als halbjährlich durchführbar. Derartige Prüfungen erfolgen auf Kosten des Lizenzgebers. Im Falle der Feststellung von Abweichungen zu Ungunsten des Lizenzgebers trägt der Lizenznehmer diese Kosten.

7. Vertragsdauer, Kündigung

7.1. Dieser Vertrag tritt am . . . . in Kraft und gilt bis zum . . . . [so lange, wie eines der lizenzierten Patente oder Urheberrechte in Kraft ist oder so lange, wie das Know-how geheim und wesentlich bleibt, je nachdem, welcher Zeitraum länger ist.]

7.2. Wird eine wesentliche Vertragsverletzung (z. B. Nichtzahlung von Lizenzgebühren, Insolvenz) nicht innerhalb von 60 Tagen nach Erhalt einer Mitteilung geheilt, die die Nichterfüllung einer Verpflichtung beschreibt, ist die Partei, die die genannte Mitteilung abgegeben hat, berechtigt, den Vertrag ganz oder teilweise fristlos zu kündigen. Der Lizenzgeber ist zur Kündigung dieses Vertrages berechtigt, wenn der Lizenznehmer (z. B.) die geheime oder wesentliche Natur des lizenzierten Know-how (als Teil der ‚Lizenzierten Technologie‘) angreift und/oder die Gültigkeit der Urheberrechte und/oder der lizenzierten Patente im Vertragsgebiet angreift. Der Lizenzgeber ist berechtigt, die Exklusivität in eine Nichtexklusivität der Lizenz zu verwandeln, wenn der Lizenznehmer und/oder seine Unterlizenznehmer (z. B.)

– die Lizenz/Unterlizenzen nicht bestmöglich ausüben, oder
– keine Zahlungen, Forecasts und Berichte gem. Abschnitt 4 vornehmen oder
– die geheime oder wesentliche Natur des lizenzierten Know-how (als Teil der lizenzierten Technologie) angreifen und/oder die Gültigkeit der Urheberrechte und/oder der lizenzierten Patente im Vertragsgebiet angreifen,
– oder aus anderen wichtigen Gründen.

7.3. Die Kündigung beschleunigt die Zahlung des Lizenznehmers und viertel-jährlichen Forecasts und Berichtspflichten gem. Abschnitt 4 auf „innerhalb von fünf Tagen ab Kündigung".

7.4. Die Kündigung des Vertrages führt zum Verlust aller Rechte des Lizenz-nehmers aufgrund dieses Vertrages zu Gunsten des Lizenzgebers. Ausgenom-men sind:

7.4.1. Alle Verpflichtungen des Lizenznehmers im Hinblick auf Zahlungen, auf Forecasts, Berichte (Abschnitt 4), Geheimhaltungsverpflichtungen des Lizenznehmers, Markierung, Qualität, Verletzung (Abschnitt 3). Diese Ver-pflichtungen bleiben so lange wirksam, bis der Lizenznehmer und alle Unter-lizenznehmer jede Verwertung der lizenzierten Produkte oder der lizenzierten Technologie einstellen.

8.5. Mitteilungen

Alle Mitteilungen, Berichte, Zahlungen, Zustimmung, Genehmigungen ha-ben schriftlich an die nachfolgenden Adressen oder Faxnummern, Bankan-schriften oder in Übereinstimmung mit anderen Vereinbarungen der Parteien zu erfolgen oder durch ein ordnungsgemäß übermitteltes Fax.

Lizenzgeber

Telefon: _____

Fax: _____

Bank: _____

Adresse: _____

Lizenznehmer:

Telefon: _____

Fax: _____

Bank: _____

Adresse: _____

Appendix D

1. Mindestlizenzgebühr (4.3.1)

....

....

....

2. Vierteljährliche Forecasts und Berichte (4.6.)

2.1. Forecasts

....

....

....

2.2. Berichte

....
....
.... "

Beispiel 3
„Lizenzvertrag (Patente und Know-how)
I. Präambel

....
....
....

II. Definitionen

....
....
....

4. „Anwendungsgebiet" ist die Anwendung auf dem Gebiet der robotergestützten ....-Technik im .... Einzige Aufgabe des Roboters ist hierbei das ....

5. „Vertragsgegenstände" sind komplette ....-Roboter, die Systeme und/oder Vorrichtungen oder Teile davon enthalten, die von LN aufgrund zumindest eines der Vertragsschutzrechte und/oder aufgrund des Know-how auf dem Anwendungsgebiet verwertet werden.

6. „Verwerten" ist jedes Verwerten (z. B. Herstellen, Inverkehrbringen, etc.) der Vertragsgegenstände auf dem Anwendungsgebiet im örtlichen Vertragsgebiet. Unter Verwertung fallen auch Gegenleistungen, die im Zusammenhang mit Cross-Lizenzen, Nichtangriffsvereinbarungen und allen anderen Verträgen mit Dritten, die eine negative oder positive Lizenz enthalten oder aufgrund von Gerichts- (vor ordentlichen Gerichten und/oder Schiedsgerichten) und/oder gerichtlichen und/oder außergerichtlichen Vergleichsverfahren von LN in Verbindung mit der Nutzung der Vertragsschutzrechte und/oder des Know-how erzielt werden. Im Hinblick auf die Software umfasst die Verwertung auch die Anpassung der Software an die Bedürfnisse des jeweiligen Abnehmers der Vertragsgegenstände.

7. „Nettoverkaufspreis" ist der Preis, der LN von einem Anbieter eines Vertragsgegenstandes oder jedes Teils eines Vertragsgegenstandes in Rechnung gestellt wird, abzüglich Fracht, Verpackung, Versicherung, Steuern, Zölle (Provisionen, Rabatte, Wagniszuschläge etc. sind nicht abziehbar).

319

III.

....
....
....

4. Gemeinschaftserfindungen

....
....
....

4.5. Jede Vertragspartei und ihre verbundenen Gesellschaften haben das Recht zur eigenen Nutzung der gemeinsamen Vertragsschutzrechte, ohne dass der anderen Vertragspartei hieraus eine Vergütung zusteht und ohne dass das Einverständnis der anderen Vertragspartei zu dieser Vorgehensweise eingeholt werden muss. Dies gilt jedoch nicht auf dem Anwendungsgebiet, auf dem LN auch bzgl. gemeinsamer Vertragsschutzrechte die Rechte und Pflichten gem. III.1.ff. zustehen bzw. obliegen.

4.6. Jede Vertragspartei ist berechtigt, im Rahmen von umfassenden Patentlizenzaustauschverträgen und Nachbau- und Zusammenarbeitsverträgen Dritten nichtausschließliche unterlizenzierbare Nutzungsrechte an den gemeinsamen Vertragsschutzrechten zu gewähren, wobei jedoch das Einverständnis der anderen Vertragspartei zu dieser Vorgehensweise nicht eingeholt werden muss. Die andere Vertragspartei ist unverzüglich zu informieren, falls ein Interessent eine Lizenznahme wünscht. Die Lizenzgebühren, die dem Interessenten vorgeschlagen werden sollen, sind zwischen den Vertragspartnern schriftlich abzustimmen. Etwaige Lizenzeinnahmen sollen in diesen Fällen derjenigen Vertragspartei, die die Lizenz vergeben hat, aufgrund des mit der Lizenzvergabe verbundenen Mehraufwands zu 60% zustehen. Die Vertragsparteien sind insoweit ausgleichspflichtig. Dies gilt jedoch nicht auf dem Anwendungsgebiet, auf dem LN auch bzgl. gemeinsamer Vertragsschutzrechte die Rechte und Pflichten gem. III.1.ff. zustehen bzw. obliegen.

4.7. Die Vertragsparteien werden jeweils bis zum 15.2. des auf ein Kalenderjahr folgenden Jahres ihre Lizenzeinnahmen wechselseitig abrechnen und entsprechend der anteiligen Inhaberschaft zzgl. der jeweils geltenden Umsatzsteuer auf das folgende Konto zahlen:

4.7.1.

....
....
....

des LN.

4.7.2.

....

....

....

des LG.

4.8. LG und LN tragen anfallende Erfindervergütungen nur für ihre eigenen Erfinder.

....

4.10.1. Die Vertragsparteien werden im gegenseitigen Einvernehmen darüber befinden, wie gegen den Verletzer vorgegangen werden soll. Beschließen beide Vertragsparteien, dass sie gemeinsam gegen den Verletzer vorgehen, tragen beide Vertragsparteien zu je 50% die Kosten der Verteidigung. Etwaige Einnahmen von dem Verletzer stehen beiden Vertragsparteien zu jeweils 50% zu.

4.10.2. Beschließen die Vertragsparteien, dass nur eine von ihnen auch im Namen der anderen Vertragspartei gegen den Verletzer vorgeht, gilt vorstehende Regelung sinngemäß.

4.10.3. Kommt ein Einvernehmen nach Ziffer 4.10.1, 4.10.2 nicht oder nicht in angemessener Zeit zustande, kann jede Vertragspartei gegen einen Verletzer alleine und auf eigene Kosten vorgehen. In diesem Fall stehen ihr etwaige Einnahmen aus der Verletzung alleine zu.

5. Ausübungspflicht
LN ist verpflichtet, die Lizenz bestmöglich auszuüben. Diese Ausübungspflicht wird durch die Mindestlizenz abgesichert (vergleiche III.7.3.).

7. Gebühren
Für die an den Vertragsschutzrechten und am Know-how erteilte Lizenz zahlt LN an LG:

7.1. eine einmalige Einstandsgebühr von US $ ...., zahlbar in einer ersten Rate von US $ .... und einer zweiten Rate von US $ .... Dieser Betrag kann nicht zurückgefordert werden und ist nicht anrechenbar.

7.2. Je Kalenderjahr nach Vertragsabschluss:

7.2.1. Eine Lizenzgebühr von US $ .... je Vertragsgegenstand für die ersten zehn im örtlichen Vertragsgebiet verwerteten Vertragsgegenstände.

7.2.2. Eine Lizenzgebühr von US $ .... je Vertragsgegenstand für jeden weiteren im örtlichen Vertragsgebiet verwerteten Vertragsgegenstand.

7.3. Eine Mindestlizenzgebühr von US $ .... pro Kalenderjahr, und zwar kalenderjährlich im Voraus und unabhängig davon, ob eines oder mehrere Vertragsschutzrechte oder nur noch das Know-how noch existieren bzw.

existiert. Die Lizenzgebühren nach Ziffer 7.2.1. und 7.2.2. sind darauf anzurechnen.

7.4. Sollte sich die Marktsituation für LN wesentlich verändern, hat LN und/oder LG das Recht, den Vertrag, insbesondere die Höhe der Lizenzgebühren, nachzuverhandeln.

8. Zahlungen

8.1. Die erste Rate der Einstandsgebühr gem. III.7.1. ist innerhalb von zwei Monaten nach Inkrafttreten des Vertrages zu zahlen.
Die zweite Rate der Einstandsgebühr gem. III.7.1. ist bis 31.1.2019 zu zahlen.

8.2. Die Vergütungen gem. III.7.2. sind kalenderjährlich abzurechnen, und zwar jeweils bis zum 31.1. des darauf folgenden Jahres und bis zum 15.2. jeden Jahres zu zahlen.

8.3. Die Mindestlizenzgebühren gem. III.7.3. sind bis zum 31.1. jedes Kalenderjahres, erstmalig am 31.1.2020 zu zahlen und sind nur mit den Vergütungen gem. III.7.2. für das Kalenderjahr verrechenbar, in dem die jeweilige Mindestlizenzgebühr gem. III.7.3. fällig war.

8.4. Die Zahlungen sind frei von Steuern, Gebühren und sonstigen Abzügen zuzüglich der geltenden Umsatzsteuer zu leisten auf das Konto:

....
....
....

Die Gutschrift auf dem vorgenannten Konto ist für den Zeitpunkt der Fälligkeit der Zahlung maßgeblich. Ab dem Fälligkeitstag werden Verzugszinsen in Höhe von 8,0% jährlich über dem jeweiligen Basiszinssatz der Deutschen Bundesbank berechnet, ohne dass es einer Mahnung bedarf. Höhere Zinsen können bei Nachweis berechnet werden.

9. Buchführung, Buchprüfung

9.1. LN ist verpflichtet, über die Verwertung von Vertragsgegenständen gesondert Buch zu führen, und zwar in der Weise, dass die genaue Menge der von ihr aufgrund dieses Vertrages verwerteten Vertragsgegenstände, die Empfänger und Lieferdaten sowie sonstige wesentliche Umstände ersichtlich sind.

9.2. LG ist berechtigt, die Richtigkeit der gesonderten Buchführung und ihre Übereinstimmung mit der allgemeinen Buchführung von LN durch einen zur Verschwiegenheit verpflichteten Wirtschaftsprüfer jährlich einmal prüfen zu lassen.
Die Buchprüfung für jedes Kalenderjahr kann bis zu zwei Jahren nach Ende jedes Kalenderjahres, in dem der Vertrag Bestand hat, erfolgen.

11. Aufrechterhaltung, Verteidigung, Nichtigerklärung und Abhängigkeit von Schutzrechten

11.1.2. Die Vertragsparteien werden sich über alle zu ergreifenden Maßnahmen verständigen, um Dritte an der unbefugten Nutzung der Vertragsschutzrechte zu hindern. Dies gilt insbesondere im Hinblick auf die Einleitung und Durchsetzung gerichtlicher Schritte und die damit verbundenen Kosten. Soweit LN bereit ist, im eigenen Namen allein gegen den Verletzer vorzugehen, stimmt LG bereits jetzt zu und sichert zu, LN – soweit dies erforderlich und LG verfügungsberechtigt und personell dazu in der Lage ist – in angemessener Form behilflich zu sein. Die Kosten eines von LN in Absprache mit LG eingeleiteten gerichtlichen Verfahrens tragen beide Parteien jeweils zur Hälfte. Die Erlöse aus einem derartigen Verfahren stehen den Parteien im Verhältnis ihrer Kostentragung zu.

11.3. Wird eines der lizenzierten Vertragsschutzrechte rechtskräftig für nichtig erklärt, so wird der Vertrag nur insoweit unwirksam. Das Recht zur Weiternutzung der anderen Vertragsschutzrechte und des Know-how bleibt hiervon unberührt. Die Parteien haben sich zum Zeitpunkt einer rechtskräftigen Nichtigerklärung über eine Anpassung der Lizenzgebühren gem. III.7.2. (Lizenzgebühr pro Vertragsgegenstand) und III.7.3. (jährliche Mindestlizenzgebühr) zu verständigen. Die vereinbarte Anpassung der Lizenzgebühren wird dann ab dem Zeitpunkt der Nichtigerklärung wirksam.
Bereits bezahlte Gebühren gem. III.8. können bei einer rechtskräftigen Nichtigerklärung, mit Ausnahme der Einstandsgebühr gem. III.7.1., zurückgefordert werden.
Dabei werden bereits bezahlte Gebühren gem. III.7.2. und gem. III.7.3. entsprechend der vereinbarten Anpassung, maximal jedoch bis zu einer Höhe von 50% der bei Vertragsabschluss festgesetzten Gebühren, an LN zurückbezahlt.
Dasselbe gilt im Falle der Beschränkung eines der Vertragsschutzrechte durch teilweise Nichtigerklärung oder der Abhängigkeit eines der Vertragsschutzrechte von einem älteren Schutzrecht.

11.4. III.11.1–3 gelten entsprechend für die als Urheberrechte bestehenden Vertragsschutzrechte und Gemeinschaftserfindungen gem. III.4.

13. Vertragsdauer

13.2. Hiervon unberührt bleibt das Recht zur außerordentlichen Kündigung aus wichtigem Grund.

13.2.1. Als wichtiger Grund zugunsten von LG gilt insbesondere, wenn LN sich mit den Abrechnungs- und Zahlungspflichten mehr als sechs Monate in Verzug befindet oder falls LN die Vertragsschutzrechte und/oder das Know-how angreift. Ausgenommen hiervon ist ein Verzug von LN mit der Zahlung der Mindestlizenzgebühr. Wenn LN sich mit der Zahlung der Mindestlizenzgebühr mehr als zwei Monate in Verzug befindet, ist LG zur außerordentlichen Kündigung aus wichtigem Grund berechtigt.

13.3. Im Fall des III.13.2. sind die Lizenzgebühren gem. III.7. nicht minderbar, nicht anrechenbar und nicht rückzahlbar."

Beispiel 4[85]

"License Agreement (nonexclusive)

....
....
....

Article I – Definitions

....
....
....

1.4. A "Licensed" Product shall mean any product or part thereof which:

is covered in whole or in part by an issued, unexpired claim or a pending claim contained in the Patent Rights in the country in which any Licensed Product is made, used or sold;

is manufactured by using a process which is covered in whole or in part by an issued, unexpired claim or a pending claim contained in the Patent Rights in the country in which any Licensed Process is used or in which the Licensed Product is used or sold.

....
....
....

1.6. "Net Sales Price" shall mean *Licensee's* billings for Licensed Products produced hereunder less the sum of the following:

(a) Discounts allowed in amounts customary in the trade;

(b) Sales, tariff duties and/or use taxes directly imposed and with reference to particular sales;

(c) Outbound transportation prepaid or allowed; and

(d) Amounts allowed or credited on returns.

No deductions shall be made for commissions paid to individuals whether they be with independent sales agencies or regularly employed by *Licensee* and on its payroll, or for cost of collections. Licensed Products shall be considered "sold" when billed out or invoiced.

---

85 MIT, 1989.

Article III – *Due Diligence*

3.1. *Licensee* shall use its best efforts to bring one or more Licensed Products or Licensed Processes to market through a thorough, vigorous and diligent program for exploitation of the Patent Rights.

3.2 In addition, *Licensee* shall adhere to the following milestones:

(a) *Licensee* shall deliver to X on or before . . . . a business plan showing the amount of money, number and kind of personnel and time budgeted and planned for each phase of development of the Licensed Products and Licensed Processes and shall provide similar reports to X) on an annual basis on or before the ninetieth (90th) day following the close of *Licensee's* fiscal year.

(b) *Licensee* shall develop a working model on or before . . . . and permit an in-plant inspection by X) on or before . . . . , and thereafter permit in-plant inspections by X) at regular intervals with at least . . . . ( ) months between each such inspection.

(c) *Licensee* shall make sales according to the following schedule:

2002 . . . . units/dollars
2003 . . . . units/dollars
2004 . . . . and each year . . . . units/dollars.
thereafter

[(d) Other milestones depending on invention being licensed.]

3.3. *Licensee's* failure to perform in accordance with Paragraphs 3.1 and 3.2 above shall be grounds for X) to terminate this Agreement pursuant to Paragraph 13.3 hereof.

Article IV – *Royalties*

4.1. For the rights, privileges and license granted hereunder, *Licensee* shall pay to X) in the manner hereinafter provided to the end of the term of the Patent Rights or until this Agreement shall be terminated as hereinafter provided:

(a) A license issue fee of . . . . Dollars ($ . . . .), which said license issue fee shall be deemed earned and due immediately upon the execution of this Agreement.

(b) A royalty in an amount equal to . . . . percent (%) of the Net Sales Price of the Licensed Products or Licensed Processes used, leased or sold by or for *Licensee*.

(c) In the event that *Licensee's* annual royalty payment to X) hereunder for licensed operations during the calendar year . . . . and each year thereafter shall fall below the sum of . . . . Dollars ($ . . . .), *Licensee* shall, with its last report for each said year, pay to X) the difference between said sum and the total royalties paid X) for each said year under 4.1 (b) above.

4.2. No multiple royalties shall be payable because any Licensed Product, its manufacture, use, lease or sale are or shall be covered by more than one Patent Rights Patent Application or Patent Rights Patent licensed under this Agreement.

4.3. Royalty payments shall be paid in United States dollars in . . . . or at such other place as X) may reasonably designate consistent with the laws and regulations controlling in any foreign country. If any currency conversion shall be required in connection with the payment of royalties hereunder, such conversions shall be made by using the exchange rate prevailing at the X) Bank (N.A.) on the last business day of the calendar quarterly reporting period to which such royalty payments relate.

Article V – Reports and Records

5.1. *Licensee* shall keep full, true and accurate books of account containing all particulars that may be necessary for the purpose of showing the amounts payable to X) hereunder. Said books of account shall be kept at *Licensee's* principal place of business or the principal place of business of the appropriate Division of *Licensee* to which this Agreement relates. Said books and the supporting data shall be open at all reasonable times for five (5) years following the end of the calendar year to which they pertain, to the inspection of X) or its agents for the purpose of verifying *Licensee's* royalty statement or compliance in other respects with this Agreement.

5.2. *Licensee*, within thirty (30) days after March 31, June 30, September 30 and December 31, of each year, shall deliver to X) true and accurate reports, giving such particulars of the business conducted by *Licensee* during the preceding three-month period under this Agreement as shall be pertinent to a royalty accounting hereunder. These shall include at least the following:

(a) Number of Licensed Products manufactured and sold.

(b) Total billings for Licensed Products sold.

(c) Accounting for all Licensed Processes used or sold.

(d) Deductions applicable as provided in Paragraph 1.6.

(e) Total royalties due.

[(f) Licensed Products manufactured and sold to the United States Government. (No royalty obligations shall arise due to use by, for or on behalf of the United States Government in view of the royalty-free, nonexclusive license heretofore granted to the United States Government)]

5.3. With each such report submitted, *Licensee* shall pay to X) the royalties due and payable under this Agreement. If no royalties shall be due, *Licensee* shall so report.

5.4. On or before the ninetieth (90th) day following the close of *Licensee's* fiscal year, *Licensee* shall provide X) with *Licensee's* certified financial statements for the preceding fiscal year including, at a minimum, a Balance Sheet and an Operating Statement.

5.5. The royalty payments set forth in this Agreement shall, if overdue, bear interest until payment at a per annum rate four percent (4%) above the prime rate in effect at the . . . . Bank (N.A.) on the due date. The payment of such interest shall not foreclose X) from exercising any other rights it may have as a consequence of the lateness of any payment.

Article XIV – Payments, Notices and other Communications

Any payment, notice or other communication pursuant to this Agreement shall be sufficiently made or given on the date of mailing if sent to such party by certified first class mail, postage prepaid, addressed to it at its address below or as it shall designate by written notice given to the other party:

In the case of X):

Director   _____

                _____

Licensing Office

                _____

                _____

In the case of *Licensee*:

[title]   _____
[company] _____
[address]   _____ "

Beispiel 5[86]

"License Agreement

Article 1

Definitions

1.02 "Calendar Quarter" shall mean each three month period, or any portion thereof, ending on March 31, June 30, September 30 and December 31.

1.07 "Licensed Products" shall mean products within the scope of the license grant contained in Section 2.01 (i) which employ monoclonal antibodies which are derived from the Cell Lines (the 'Abl Progeny'); (ii) any composi-

---

86 WIPO, 150 ff.

327

tion of matter which is claimed in or which results fully or partially from the Proprietary Rights or exploitation of claims of the Patent Rights; and (iii) any composition of matter used in or produced by use of any Licensed Process. Licensed Products shall be identified from time to time on Exhibit 3 hereto.

1.08 "Net Sales Value" shall mean (a) in the case of arm's length sales to unaffiliated buyers, the actual price paid for a Licensed Product after allowing deductions for sales and use tax, the legal incidence of which is on Licensee or its Affiliate, freight allowances, custom duties and trade, quantity and cash discounts and (b) in all other cases (including cases of use), the price which would have been realized from an unaffiliated buyer of a Licensed Product in an arm's length sale; provided, however that such price of a Licensed Product shall not be less than the complete cost (including all direct, indirect and overhead costs) of the manufacture and distribution of such Licensed Product, plus the usual profit mark-up of Licensee or its Affiliate in sales to unaffiliated buyers.

Article 4

Royalties

4.01 License Fee

In consideration of the license granted hereunder and upon execution of this License, Licensee shall pay to Licensor al license fee of US $ . . . . This license fee shall be in addition to the royalties payable pursuant to this License and, therefore, shall not be available for credit against future royalties.

4.02 Royalties

In consideration of the rights and licenses granted hereunder, Licensee shall pay to Licensor the following royalties: A royalty of [five percent (5%)] of the Net Sales Value of all sales of Licensed Products the manufacture use or sale of which utilizes any of the *** Proprietary Rights; notwithstanding the foregoing, the royalty rate shall be reduced to:

(1) 2,5% within any country in the Territory if a competitive product employing Abls in vivo diagnosis and/or therapy of human brain cancers which does not infringe upon the Patent Rights is marketed within such country by a party other than Licensee, any Affiliate or Sub-licensee in direct competition to a Licensed product hereunder;

(2) 2,5% with respect to any Licensed Product or Licensed Process for which, pursuant to Section 2.02 hereof, Licensee's rights hereunder become non-exclusive; and

(3) 2,5% within the United States if pursuant to Section 2.04 hereof, this license becomes non-exclusive.

4.03 Sub-licensee Royalties

Licensee shall pay to Licensor, fifty percent (50%) of all royalties and other amounts which are paid by unaffiliated Sub-licensees to Licensee in consideration for a sub-license under any of the licenses granted hereunder.

4.04 Sales Among Affiliates
Sales between and among Licensee and its Affiliates which are intended for re-sale shall not be subject to royalty, but in such cases royalties shall accrue and be calculated on the basis of sales or other dispositions by any such Affiliate of Licensed Products to a non-Affiliate in accordance with Section 4.1.

4.05 Sales to Federal Government
To the extent required by the Federal Government Interest, sales to the United States Government shall not be subject to royalty.

4.06 Combination Products
If, during any Calendar Quarter, a Licensed Product is sold in a package or kit containing another product or products which are not Licensed Products, then Net Sale Value for purposes of determining royalty payments on the combination package shall be calculated by multiplying the Net Sales Value of the combination package by the fraction of A/A+B, where A is the Net Sales Valuer during the Calendar Quarter of the Licensed Product when sold separately and B is the Net Sale Value during the Calendar Quarter of the other product or products when sold separately. In the event that no such separate sales are made of the Licensed Product or any of the other product or products in such combination package during the Calendar Quarter, the royalty to be paid with respect to such combination package shall be reasonably determined in good faith discussions between the parties.

4.07 Payments
Liability for royalties on Licensed Products manufactured by Licensee and/or its Affiliates shall accrue when a Licensed Product is sold, used or otherwise disposed of, subject to Section 4.03 hereof. Liability for amounts due under Section 4.02 hereof with respect to Sub-licensee royalties shall accrue upon receipt by Licensee of the underlying royalty payment from the unaffiliated Sub-licensee; provided that, in each case if a partial payment is made, a royalty will accrue pro rata to such partial payment. Any modification of the Cell Line shall not relieve Licensee of its royalty obligation as to such derivative or variant cell line. Royalties which have accrued in any Calendar Quarter shall be payable within 30 days after the end of such Calendar Quarter. Any royalties not paid to *** when due hereunder shall bear interest at the rate of interest announced by Chase Manhattan Bank, New York, New York, to be its "prime rate" as such "prime rat" is in effect from time to time from the date such royalties were due to the date such royalties are paid. Notwithstanding the foregoing, Licensor shall be entitled to treat any such late payment of royalties as a breach of this Agreement. Royalties shall be payable in U.S. dollars, at Licensor's option, by a check payable to the order of *** and drawn on a U.S. bank, or by wire transfer

to a bank account designated by Licensor. Where it is necessary to convert the amount of royalties due from another currency into U.S. dollars, conversion shall be made at the spot rate or the mean of the buy and sell spot rates, if no single rate is published, for the last business day of the Calendar Quarter in which such royalties have accrued as published by "The Wall Street Journal", or if no rate(s) is (are) therein published, as prevailing at the close of business on such day at Chase Manhattan Bank, New York, New York.

4.08 Royalty Reports; Inspection
Each royalty payment shall be accompanied by a report for the applicable period setting forth, in reasonable detail, the Licensed Products sold, used, or otherwise disposed of, Net Sales Values thereof, amounts or other consideration received from unaffiliated Sub-licensees in consideration for sub-licenses granted hereunder and any amounts of royalties from Licensee remaining to be paid on sales of Licensed Products previously sold. Licensee shall keep, and shall cause its Affiliates and Sub-licensees to keep, accurate records and books of account of all Licensed Products sold. Upon ten (10) days prior notice to Licensee and during normal business hours, but not more frequently than quarterly, an independent auditor paid for and selected by Licensor (which selection shall be with the reasonable consent of the Licensee) may inspect such books and records of Licensee, its Affiliates and Sub-licensees at their respective facilities for the three-year period immediately preceding the date of inspection to verify the correctness of the reports given to Licensor under this Section 4. 8. If a material discrepancy is found in such books and records, the right of inspection shall extend to books and records for periods prior to such three (3) year period. Nothing contained in this section 4.08 shall shorten the period established by any applicable statute of limitations."

Beispiel 6[87]

"Patent License Agreement" – exclusive

· ·
· ·
· ·

The Parties to this Agreement are:
1) The National Institutes of Health ("NIH"), the Centers for Disease Control and Prevention ("CDC"), or the Food and Drug Administration ("FDA"), hereinafter singly or collectively referred to as "PHS", agencies of the United States Public Health Service within the Department of Health and Human Services "DHHS"); and
2) The person, corporation, or institution identified above and/or on the Signature Page, having offices at the address indicated on the Signature Page, hereinafter referred to as "Licensee".

---

87 Muster des NIH, USA: www.nih.gor/od/ott.htm#LICENSE, 2.6.1999.

2. Definitions

....
....
....

2.02 "Commercial Development Plan"; means the written commercialization plan attached as Appendix F.

2.03 "First Commercial Sale" means the initial transfer by or on behalf of Licensee or its sublicensees of Licensed Products or the initial practice of a Licensed Process by or on behalf of Licensee or its sublicensees in exchange for cash or some equivalent to which value can be assigned for the purpose of determining Net Sales.

....
....
....

2.06 "Licensed Patent Rights" shall mean:

a) Patent applications (including provisional patent applications and PCT patent applications) and/or patents listed in Appendix A, all divisions and continuations of these applications, all patents issuing from such applications, divisions, and continuations, and any reissues, reexaminations, and extensions of all such patents;

b) to the extent that the following contain one or more claims directed to the invention or inventions disclosed in a) above: i) continuations-in-part of a) above; ii) all divisions and continuations of these continuations-in-part; iii) all patents issuing from such continuations-in-part, divisions, and continuations; iv) priority patent application(s) of a) above; and v) any reissues, reexaminations, and extensions of all such patents;

c) to the extent that the following contain one or more claims directed to the invention or inventions disclosed in a) above: all counterpart foreign and U.S. patent applications and patents to a) and b) above, including those listed in Appendix A.

Licensed Patent Rights shall not include b) or c) above to the extent that they contain one or more claims directed to new matter which is not the subject matter disclosed in a) above.

2.07 "Licensed Process(es)" means processes which, in the course of being practiced would, in the absence of this Agreement, infringe one or more claims of the Licensed Patent Rights that have not been held invalid or unenforceable by an unappealed or unappealable judgment of a court of competent jurisdiction.

2.08 "Licensed Product(s)" means tangible materials which, in the course of manufacture, use, offer to sell, sale, or importation would, in the absence of this Agreement, infringe one or more claims of the Licensed Patent Rights that have not been held invalid or unenforceable by an unappealed or unappealable judgment of a court of competent jurisdiction.

....
....
....

2.10 "Net Sales" means the total gross receipts for sales of Licensed Products or practice of Licensed Processes by or on behalf of Licensee or its sublicensees, and from leasing, renting, or otherwise making Licensed Products available to others without sale or other dispositions, whether invoiced or not, less returns and allowances, packing costs, insurance costs, freight out, taxes or excise duties imposed on the transaction (if separately invoiced), and wholesaler and cash discounts.

6. *Royalties and Reimbursement*

6.01 Licensee agrees to pay to PHS a noncreditable, nonrefundable license issue royalty as set forth in Appendix C within thirty (30) days from the date that this Agreement becomes effective.

6.02 Licensee agrees to pay to PHS a nonrefundable minimum annual royalty as set forth in Appendix C. The minimum annual royalty is due and payable on January 1 of each calendar year and may be credited against any earned royalties due for sales made in that year. The minimum annual royalty due for the first calendar year of this Agreement may be prorated according to the fraction of the calendar year remaining between the effective date of this Agreement and the next subsequent January 1.

6.03 Licensee agrees to pay PHS earned royalties as set forth in Appendix C.

6.04 Licensee agrees to pay PHS benchmark royalties as set forth in Appendix C.

6.05 Licensee agrees to pay PHS sublicensing royalties as set forth in Appendix C.

6.06 A patent or patent application licensed under this Agreement shall cease to fall within the Licensed Patent Rights for the purpose of computing earned royalty payments in any given country on the earliest of the dates that a) the application has been abandoned and not continued, b) the patent expires or irrevocably lapses, or c) the claim has been held to be invalid or unenforceable by an unappealed or unappealable decision of a court of competent jurisdiction or administrative agency.

6.07 No multiple royalties shall be payable because any Licensed Products or Licensed Processes are covered by more than one of the Licensed Patent Rights.

6.08 On sales of Licensed Products by Licensee to sublicensees or on sales made in other than an arm's-length transaction, the value of the Net Sales attributed under this Article 6 to such a transaction shall be that which would have been received in an arm's-length transaction, based on sales of like quantity and quality products on or about the time of such transaction.

6.09 With regard to expenses associated with the preparation, filing, prosecution, and maintenance of all patent applications and patents included within the Licensed Patent Rights incurred by PHS prior to the effective date of this Agreement, Licensee shall pay to PHS, as an additional royalty, within sixty (60) days of PHS's submission of a statement and request for payment to Licensee, an amount equivalent to such patent expenses previously incurred by PHS.

6.10 With regard to expenses associated with the preparation, filing, prosecution, and maintenance of all patent applications and patents included within the Licensed Patent Rights incurred by PHS on or after the effective date of this Agreement, PHS, at its sole option, may require Licensee:

(a) to pay PHS on an annual basis, within sixty (60) days of PHS's submission of a statement and request for payment, a royalty amount equivalent to all such patent expenses incurred during the previous calendar year(s); or

(b) to pay such expenses directly to the law firm employed by PHS to handle such functions. However, in such event, PHS and not Licensee shall be the client of such law firm.

In limited circumstances, Licensee may be given the right to assume responsibility for the preparation, filing, prosecution, or maintenance of any patent application or patent included with the Licensed Patent Rights. In that event, Licensee shall directly pay the attorneys or agents engaged to prepare, file, prosecute, or maintain such patent applications or patents and shall provide to PHS copies of each invoice associated with such services as well as documentation that such invoices have been paid.

6.11 Licensee may elect to surrender its rights in any country of the Licensed Territory under any Licensed Patent Rights upon ninety (90) days written notice to PHS and owe no payment obligation under Article 6.10 for patent-related expenses incurred in that country after ninety (90) days of the effective date of such written notice.

8. Record Keeping

8.01 Licensee agrees to keep accurate and correct records of Licensed Products made, used, sold, or imported and Licensed Processes practiced under this Agreement appropriate to determine the amount of royalties due PHS. Such records shall be retained for at least five (5) years following a given reporting period and shall be available during normal business hours for inspection at the expense of PHS by an accountant or other designated auditor selected by PHS for the sole purpose of verifying reports and payments hereunder.

The accountant or auditor shall only disclose to PHS information relating to the accuracy of reports and payments made under this Agreement. If an inspection shows an underreporting or underpayment in excess of five percent (5%) for any twelve (12) month period, then Licensee shall reimburse PHS for the cost of the inspection at the time Licensee pays the unreported royalties, including any late charges as required by Paragraph 9.08 of this Agreement. All payments required under this Paragraph shall be due within thirty (30) days of the date PHS provides Licensee notice of the payment due.

8.02 Licensee agrees to have an audit of sales and royalties conducted by an independent auditor at least every two (2) years if annual sales of the Licensed Product or Licensed Processes are over two (2) million dollars. The audit shall address, at a minimum, the amount of gross sales by or on behalf of Licensee during the audit period, terms of the license as to percentage or fixed royalty to be remitted to the Government, the amount of royalty funds owed to the Government under this Agreement, and whether the royalty amount owed has been paid to the Government and is reflected in the records of the Licensee. The audit shall also indicate the PHS license number, product, and the time period being audited. A report certified by the auditor shall be submitted promptly by the auditor directly to PHS on completion. Licensee shall pay for the entire cost of the audit.

9. Reports on Progress; Benchmarks; Sales; and Payments

9.01 Prior to signing this Agreement, Licensee has provided to PHS the Commercial Development Plan at Appendix F, under which Licensee intends to bring the subject matter of the Licensed Patent Rights to the point of Practical Application. This Commercial Development Plan is hereby incorporated by reference into this Agreement. Based on this plan, performance Benchmarks are determined as specified in Appendix E.

9.02 Licensee shall provide written annual reports on its product development progress or efforts to commercialize under the Commercial Development Plan for each of the Licensed Fields of Use within sixty (60) days after December 31 of each calendar year. These progress reports shall include, but not be limited to: progress on research and development, status of applications for regulatory approvals, manufacturing, sublicensing, marketing, importing, and sales during the preceding calendar year, as well as plans for the present calendar year. PHS also encourages these reports to include information on any of Licensee's public service activities that relate to the Licensed Patent Rights. If reported progress differs from that projected in the Commercial Development Plan and Benchmarks, Licensee shall explain the reasons for such differences. In any such annual report, Licensee may propose amendments to the Commercial Development Plan, acceptance of which by PHS may not be denied unreasonably. Licensee agrees to provide any additional information reasonably required by PHS to evaluate Licensee's performance under this Agreement. Licensee may amend the Benchmarks at any time upon written consent by PHS. PHS shall not unreasonably withhold approval of any request of Licensee to extend the time periods of this schedule if such request is supported by a reasonable showing by Licensee of diligence in its performance under the Commercial Development Plan and toward bringing the Licensed Products to the point of Practical Application as defined in 37 CFR 404.3 (d). Licensee shall amend the Commercial Development Plan and Benchmarks at the request of PHS to address any Licensed Fields of Use not specifically addressed in the plan originally submitted.

9.03 Licensee shall report to PHS the dates for achieving Benchmarks specified in Appendix E and the First Commercial Sale in each country in the Licensed Territory within thirty (30) days of such occurrences.

9.04 Licensee shall submit to PHS within sixty (60) days after each calendar half-year ending June 30 and December 31 a royalty report setting forth for the preceding half-year period the amount of the Licensed Products sold or Licensed Processes practiced by or on behalf of Licensee in each country within the Licensed Territory, the Net Sales, and the amount of royalty accordingly due. With each such royalty report, Licensee shall submit payment of the earned royalties due. If no earned royalties are due to PHS for any reporting period, the written report shall so state. The royalty report shall be certified as correct by an authorized officer of Licensee and shall include a detailed listing of all deductions made under Paragraph 2.10 to determine Net Sales made under Article 6 to determine royalties due.

9.05 Licensee agrees to forward semi-annually to PHS a copy of such reports received by Licensee from its sublicensees during the preceding half-year period as shall be pertinent to a royalty accounting to PHS by Licensee for activities under the sublicense.

9.06 Royalties due under Article 6 shall be paid in U.S. dollars. For conversion of foreign currency to U.S. dollars, the conversion rate shall be the New York foreign exchange rate quoted in The Wall Street Journal on the day that the payment is due. All checks and bank drafts shall be drawn on United States banks and shall be payable, as appropriate, to "NIH/Patent Licensing". All such payments shall be sent to the following address: NIH, P.O. Box 360120, Pittsburgh, PA 15251-6120. Any loss of exchange, value, taxes, or other expenses incurred in the transfer or conversion to U.S. dollars shall be paid entirely by Licensee. The royalty report required by Paragraph 9.04 of this Agreement shall accompany each such payment, and a copy of such report shall also be mailed to PHS at its address for notices indicated on the Signature Page of this Agreement.

9.07 Licensee shall be solely responsible for determining if any tax on royalty income is owed outside the United States and shall pay any such tax and be responsible for all filings with appropriate agencies of foreign governments.

9.08 Interest and penalties may be assessed by PHS on any overdue payments in accordance with the Federal Debt Collection Act. The payment of such late charges shall not prevent PHS from exercising any other rights it may have as a consequence of the lateness of any payment.

9.09 All plans and reports required by this Article 9 and marked "confidential" by Licensee shall, to the extent permitted by law, be treated by PHS as commercial and financial information obtained from a person and as privileged and confidential, and any proposed disclosure of such records by the PHS under the Freedom of Information Act (FOIA), 5 U.S.C. § 552 shall be subject to the predisclosure notification requirements of 45 CFR § 5.65 (d).

10. *Performance*

10.01 Licensee shall use its reasonable best efforts to bring the Licensed Products and Licensed Processes to Practical Application. "Reasonable best efforts" for the purposes of this provision shall include adherence to the Commercial Development Plan at Appendix F and performance of the Benchmarks at Appendix E. The efforts of a sublicensee shall be considered the efforts of Licensee.

10.02 Upon the First Commercial Sale, until the expiration of this Agreement, Licensee shall use its reasonable best efforts to make Licensed Products and Licensed Processes reasonably accessible to the United States public.

. . . .
. . . .
. . . .

13. Term; Termination, and Modification of Rights

. . . .
. . . .
. . . .

13.02 In the event that Licensee is in default in the performance of any material obligations under this Agreement, including but not limited to the obligations listed in Article 13.05, and if the default has not been remedied within ninety (90) days after the date of notice in writing of such default, PHS may terminate this Agreement by written notice and pursue outstanding amounts owed through procedures provided by the Federal Debt Collection Act.

13.05 PHS shall specifically have the right to terminate or modify, at its option, this Agreement, if PHS determines that the Licensee: 1) is not executing the Commercial Development Plan submitted with its request for al license and the Licensee cannot otherwise demonstrate to PHS's satisfaction that the Licensee has taken, or can be expected to take within a reasonable time, effective steps to achieve Practical Application of the Licensed Products or Licensed Processes; 2) has not achieved the *Benchmarks* as may be modified under

Paragraph 9.02; 3) has willfully made a false statement of, or willfully omitted, a material fact in the license application or in any report required by the license *Agreement*; 4) has committed a material breach of a covenant or agreement contained in the license; 5) is not keeping *Licensed Products* or *Licensed Processes* reasonably available to the public after commercial use commences; 6) cannot reasonably satisfy unmet health and safety needs; or 7) cannot reasonably justify a failure to comply with the domestic production requirement of Paragraph 5.02 unless waived. In making this determination, PHS will take into account the normal course of such commercial development programs conducted with sound and reasonable business practices and judgment and the annual reports submitted by Licensee under Paragraph 9.02. Prior to invoking this right, PHS shall give written notice to Licensee providing Licensee specific notice of, and a ninety (90) days opportunity to respond to, PHS's concerns as to the previous items 1) to 7). If Licensee fails to alleviate PHS's concerns as to the previous items 1) to 7) or fails to initiate corrective action to PHS's satisfaction, PHS may terminate this Agreement.

....
....
....

13.09 Within ninety (90) days of expiration or termination of this Agreement under this Article 13, a final report shall be submitted by Licensee. Any royalty payments, including those incurred but not yet paid (such as the full minimum annual royalty), and those related to patent expense, due to PHS shall become immediately due and payable upon termination or expiration. If terminated under this Article 13, sublicensees may elect to convert their sublicenses to direct licenses with PHS pursuant to Paragraph 4.03. Unless otherwise specifically provided for under this Agreement, upon termination or expiration of this Agreement, Licensee shall return all Licensed Products or other materials included within the Licensed Patent Rights to PHS or provide PHS with certification of the destruction thereof.

14. General Provisions

....
....
....

14.05 The construction, validity, performance, and effect of this Agreement shall be governed by Federal law as applied by the Federal courts in the District of Columbia.

....
....
....

14.07 This Agreement shall not be assigned by Licensee except: a) with the prior written consent of PHS, such consent not to be withheld unreasonably; or b) as part of a sale or transfer of substantially the entire business of Licensee relating to operations which concern this Agreement. Licensee shall notify PHS within ten (10) days of any assignment of this Agreement by Licensee, and Licensee shall pay PHS, as an additional royalty, one percent (1%) of the fair market value of any consideration received for any assignment of this Agreement within thirty (30) days of such assignment.

. . . .
. . . .
. . . .

14.10 Licensee agrees to mark the Licensed Products or their packaging sold in the United States with all applicable U.S. patent numbers and similarly to indicate "Patent Pending" status. All Licensed Products manufactured in, shipped to, or sold in other countries shall be marked in such a manner as to preserve PHS patent rights in such countries."

Beispiel 7

"License Agreement

. . . .
. . . .
. . . .

4. Payments, Reports & Records

4.1. Initial Payment
Licensee shall pay to Licensors an initial payment of 100.000 EUR.

4.2. Royalty Calculations
In addition, Licensee shall pay to Licensors a running royalty in accordance with the schedule at Appendix E, titled, 'Schedule of Royalty Rates', for each Licensed Device contained in each Licensed Product made, used, sold, offered for sale, or imported under this Agreement (except those returned an refunded) within a jurisdiction in which a Licensed Patent remains unexpired.

4.2.1. Licensee shall have no obligation to pay royalty on any Licensed Device on which another . . . licensee has paid Licensor an . . . royalty.

4.2.2. The Parties agree that the "flat" royalty rates and time period provided for at Appendix E represent weighted averages of relative values and expiration dates, and were selected by the Parties to avoid the difficulty and expense of implementing a more complex matrix of multiple rates, expiration dates, and products.

4.2.3. Licensee understands and acknowledges that this portfolio of Licensed Technology is offered for the convenience of Licensee, and Licensee is free to negotiate a license for the Licensed Technology, or any part thereof, on mutually acceptable terms and conditions which may be different from those set forth in this Agreement.

4.3. Quarterly Reports
Quarterly, within thirty days of the end of each calendar quarter, Licensee shall deliver to Licensor a report summarizing the previous quarter's sales (or report and payment shall be for the calendar quarter in which Licensee first sells (or otherwise disposes of) a Licensed Product. Quarterly reports shall be certified by Licensee's chief financial officer (or the officer's designate), and shall contain:

4.3.1. the quantity of each model type of Licensed Products sold or otherwise disposed of pursuant to this Agreement during the calendar quarter in which the report is due;

4.3.2. the number of Licensed Devices in each such Licensed Product; and

4.3.3. in the case of Implementations, contact information for the recipients there of; and

4.3.4. such other information and be in such form as Licensors or their outside auditor may prescribe.

4.4. Payment Procedure
4.4.1. For the purpose of timing of payments, a Licensed Product shall be considered sold when invoiced; or if not invoiced, when delivered or otherwise disposed of. Consignment shipments shall be considered sold when the payment for such shipments is agreed upon between Licensee and customer.

4.4.2. Payments to Licensors shall be made by wire transfer to the bank and account indicated in Section 7 of this Agreement, or to such other bank and account as Licensors may notify Licensee.

4.4.3. Licensee shall pay all local fees, taxes, duties, and charges of any kind, and shall not deduct them from any initial payments or royalties hereunder unless such deductions may be offset against Licensors' tax liability.

4.4.4. Excess payment amounts shall be applied to immediately subsequent payment obligations.

4.4.5. Licensee shall pay interest to Licensors on overdue payments. Interest shall be calculated at the rate of 1% above the highest prime rate in effect during the period in which the payment remains overdue.

4.4.6. Time is of the essence with respect to all payments required hereunder.

4.5. Books and Records
Licensee shall keep complete books and records of all sales, leases, uses, returns, or other disposals of Licensed Products under this Agreement.

4.6. Right of Inspection
Licensors shall have the right to have a professionally registered accountant inspect and make abstracts of such books and records to the extent necessary

to verify their accuracy, and that of other statements provided for herein; provided however, that such activity shall be made during regular business hours upon reasonable notice and not more often than annually."

Beispiel 8

„Lizenzvertrag

....

....

....

8. Lizenzgebühr

8.1. Für die erteilte Lizenz zahlt A) an B) eine umsatzunabhängige, nicht anrechenbare, nicht rückzahlbare Lizenzgebühr von 1.000.000 EUR. Das Know-how wird unverzüglich nach Überweisung des Betrags von 1.000.000 EUR an A) geschickt.

8.2. Für jede Verwertung in Form eines Vertragsgegenstandes zahlt A) an B) 7% des Nettoverkaufspreises, mindestens aber eine Lizenzgebühr von 200.000 EUR/Kalenderjahr.

9. Zahlungen

9.1. Die einmalige Gebühr gem. III.8.1 ist von A) innerhalb von 3 Wochen nach Inkrafttreten dieses Vertrags zu zahlen.

9.2. Die umsatzabhängige Lizenzgebühr gem. III.8.2 ist bis zum 31.1. des nächstfolgenden Kalenderjahres zu zahlen. Die Mindestlizenzgebühr gem. III.8.2 ist im Voraus am 31.1. des Kalenderjahres, erstmalig innerhalb von drei Wochen nach Inkrafttreten des Vertrages zu zahlen. Sie kann zum 31.1. des folgenden Kalenderjahres mit den umsatzabhängigen Lizenzgebühren des Kalenderjahres, in dem die Mindestlizenzgebühr zu zahlen war, verrechnet werden.

9.3. Die Zahlungen sind frei von Steuern, Gebühren und sonstigen Abzügen zuzüglich der geltenden Umsatzsteuer zu leisten auf das Konto:

BLZ: _____

Konto-Nr. _____

der _____

Die Gutschrift auf dem vorgenannten Konto ist für den Zeitpunkt der Fälligkeit der Zahlung maßgeblich. Ab dem Fälligkeitstag werden Verzugszinsen in Höhe von 8,0% über dem jeweiligen Basiszinssatz der Deutschen Bundesbank berechnet, ohne dass es einer Mahnung bedarf. Höhere Zinsen können bei Nachweis berechnet werden.

9.4. A) darf nur mit unbestrittenen oder rechtskräftig festgestellten Forderungen aufrechnen.

10. Buchführungspflicht, Buchführung

10.1. A) ist verpflichtet, über die Herstellung von Vertragsgegenständen gesondert Buch zu führen, und zwar in der Weise, dass die genaue Menge der von ihr aufgrund dieses Vertrages hergestellten Vertragsgegenstände, die Empfänger und Lieferdaten sowie sonstige wesentliche Umstände ersichtlich sind.

10.2. B) ist berechtigt, die Richtigkeit der Buchführung und ihre Übereinstimmung mit der allgemeinen Buchführung von A) durch einen zur Verschwiegenheit verpflichteten Wirtschaftsprüfer prüfen zu lassen. Die Kosten der Überprüfung trägt B), bei der Aufdeckung von Abweichungen von mehr als 1.000 EUR trägt die Kosten A)."

Beispiel 9

"License Agreement

....
....
....

II. Definitions

....
....
....

3. "Exploitation" means to use and have used the Contract Products for any purpose (e.g. to manufacture, have manufactured, sell, lease etc.).

4. "Net Sales" means the gross revenues actually collected by Licensee from third parties, on any exploitation of Contract Products, less (i) credit for damaged Contract Products; (ii) reimbursement for damaged Contract Products; (iii) costs for transportation and insurance (iv) value-added tax; and (v) custom duties; other deductions are not permitted.

III.

....
....
....

7. Initial Fee, Royalties, Payments and Statements, Books and Records, Rights of Inspecting Book and Records

7.1. Initial Fee, Minimum License

7.1.1. Promptly after the coming into force of this Contract (II.10.1) Licensee shall pay to A) the initial fee of 120.000 EUR to A's) bank account as stipulated in III.7.3.1. and shall not deduct them from the royalties due unless such deductions may be offset against A's) own tax liabilities.

7.1.2. Licensee shall pay to A) a minimum license of 225.000 EUR per calendar year in advance of each calendar year to A's) bank account as stipulated in III.7.3.1. and shall pay all local fees, taxes, duties, or charges of any kind and shall not deduct them from the minimum license due unless such deductions may be offset against A's) own tax liabilities.

7.2. Royalties
Licensee shall pay to A) royalties of 5% on Net Sales of each exploited Contract Product.

7.3. Payments and Statements Licensee shall render statements and payments as follows:

7.3.1. Licensee shall deliver to the address shown on the cover sheet of this Agreement or such place as A) may from time to time designate, yearly reports certified by Licensee's chief financial officer or the officer's designee within thirty (30) days after each period of 12 months ending with the last day of December. Payments are due for each year at the same time as each yearly report and shall be made to A's following bank account:

.... Bank .... (S.W.I.F.T. Code ...., Bank Code Germany ....) account No. ....

Licensee shall pay all local fees, taxes, duties, or charges of any kind and shall not deduct them from the royalties due unless such deductions may be offset against A's) own tax liabilities. Each yearly report shall:

7.3.1.1. state the number of each type of Contract Products and/or amended Contract Products leased, sold, or otherwise disposed of by Licensee during the calendar year with respect to which the report is due;

7.3.1.2. state the number of each type of Contract Products and/or amended Contract Products and

7.3.1.3. contain such other information and be in such form as A's) or its outside auditors may prescribe.

7.3.2. Any remittance in excess of royalties due with respect to the year for which the report is due shall be applied by A) to the next payment due.

7.3.3. Licensee's first report shall be for the year 2012.

7.3.4. Licensee shall deliver a final report and payment of royalties to A) certified by Licensee's chief financial officer or the officer's designee within thirty (30) days after termination of this Contract throughout the world. Such a final report shall include a report of all royalties due with respect to Contract Products and/or amended Contract Products not previously reported to A). Such final report shall be supplemented at the end of the next and subsequent calendar years, in the same manner as provided for by this Section, in the event that Licensee learns of any additional royalties due.

7.3.5. Licensee shall pay interest to A) from the due date to the date payment is made of any overdue royalties or fees, including the Initial Payment, at the rate of 8,0% above the prime rate as is in effect from time to time at the Deutsche Bundesbank, Frankfurt, Germany. Provided however, that if the interest rate thus determined is in excess of rates allowable by any applicable law, the maximum interest rate allowable by such law shall apply.

7.4. Books and Records
Licensee shall keep complete books and records of all uses, leases, sales, returns or other disposals by Licensee of Contract Products and A) shall have the right to inspect said books and records, in a mutually agreed manner, insofar as may be necessary to verify the accuracy of the same and of reports and statements provided for herein."

Beispiel 10
„Lizenzvertrag
....
....
....

8. Lizenzgebühr
Für die an den Vertragsschutzrechten erteilte Verwertungslizenz zahlt A) an B)

8.1. eine einmalige Gebühr von 100.000 EUR. Dieser Betrag kann nicht zurückgefordert werden, ist nicht anrechenbar und nicht minderbar. B) zahlt die Erfindervergütung selbst.

8.2. Zusätzlich zahlt A) an B) 50% der bisherigen und zukünftigen Patentkosten (Aufrechterhaltungskosten) für alle Vertragsschutzrechte.

8.3. Bei einer Vergabe von Unterlizenzen gem. III.5. erhält B) 50% aller Einnahmen von A) aus Unterlizenzen.

9. Zahlungen, Buchführung, Buchprüfung

9.1.1. Die Gebühr gem. III.8.1. ist innerhalb von drei Wochen nach Inkrafttreten des Vertrages an B) zu zahlen.

9.1.2. die Patentkosten (III.8.2.) sind nach Vorlage ordnungsgemäßer Belege innerhalb von vier Wochen nach Rechnungsdatum zu zahlen.

9.1.3. Unterlizenzeinnahmen (III.8.3.) sind zum 15.1. des auf ein Kalenderjahr folgenden Kalenderjahres abzurechnen und zu zahlen.

9.1.4. Stichtag für die fristgerechten Zahlungen gem. III.9.1.1.–9.1.3. ist jeweils der Tag der Gutschrift auf dem Konto gem. III.9.3.

9.2.1. B) hat das Recht, die Buchführung von A) durch einen von B) beauftragten, zur Berufsverschwiegenheit verpflichteten Wirtschaftsprüfer oder Steuerberater untersuchen und überprüfen zu lassen, soweit die Buchführung die Abrechnung der Vergütungen gem. III.8.3 betrifft.

9.2.2. Die Kosten hierfür trägt B), es sei denn, dass Abweichungen in Höhe von mindestens 1.000 EUR zu Ungunsten von B) festgestellt werden. In diesem Fall trägt A) diese Kosten.

9.3. Die Zahlungen sind frei von Steuern, Gebühren und sonstigen Abzügen zuzüglich der geltenden Umsatzsteuer zu leisten auf das Konto:

Bank: _____

BLZ: _____

Konto-Nr. : _____

der: _____

Die Gutschrift auf dem vorgenannten Konto ist für den Zeitpunkt der Fälligkeit der Zahlung maßgeblich. Ab dem Fälligkeitstag werden Verzugszinsen in Höhe von 8,0% über dem jeweiligen Basiszinssatz der Deutschen Bundesbank berechnet, ohne dass es einer Mahnung bedarf. Höhere Zinsen können bei Nachweis berechnet werden."

Beispiel 11

„Lizenzvertrag

....
....
....

8. Lizenzgebühr
Für die an dem Vertragsschutzrecht erteilte Lizenz zahlt A) an B)

8.1. eine einmalige Einstandsgebühr von 10.000 EUR und eine jährliche Mindestlizenzgebühr von 10.000 EUR. Diese Beträge können nicht zurückgefordert werden und sind nicht anrechenbar;

8.2. eine Unterlizenznehmer-Gebühr in Höhe von 50% (fünfzig Prozent) der von einem Unterlizenznehmer an A) für die Einräumung einer Unterlizenz an dem Vertragsschutzrecht gezahlten Einstandsgebühren;

8.3. eine Lizenzgebühr von 5% des Nettoverkaufspreises der von A) oder ihren Unterlizenznehmern im örtlichen Vertragsgebiet gem. III.1.1. verwerteten Vertragsgegenstände.

9. Zahlungen

9.1.1. Die Einstandsgebühr gem. III.8.1. (10.000 EUR) ist innerhalb von drei Wochen nach Inkrafttreten des Lizenzvertrages zu zahlen.

9.1.2. Die jährlichen Mindestlizenzgebühren von 10.000 EUR sind bis zum 31.1. jeden Kalenderjahres zu zahlen und mit den Umsatzlizenzgebühren (III.8.3.) nur des Kalenderjahres verrechenbar, in dem die jeweilige Mindestlizenzgebühr fällig war.

9.1.3. Die Lizenzgebühren gem. III.8.2., 8.3. sind kalenderjährlich abzurechnen, und zwar jeweils bis zum 31.1. des darauf folgenden Jahres und bis zum 15.2. jeden Jahres zu zahlen.

9.2. Die Zahlungen sind zuzüglich der jeweils geltenden Umsatzsteuer zu leisten auf das Konto:

Bank: _____

BLZ: _____

SWIFT Code: _____

Konto-Nr. : _____

der: _____

10. Buchführung

10.1 B) hat das Recht, die Buchführung von A) durch einen von B) beauftragten, zur Verschwiegenheit verpflichteten Wirtschaftsprüfer oder Steuerberater zu überprüfen, soweit sie die Abrechnung der Vergütung gem. III.8.2., 8.3. betrifft.

10.2. Die Kosten hierfür trägt B), es sei denn, dass Abweichungen in Höhe von mindestens 1.000 EUR zu Ungunsten von B) festgestellt werden."

Beispiel 12

„Lizenzvertrag

....

....

....

8. Lizenzgebühr
Für die an den Vertragsschutzrechten erteilte Lizenz zahlt A) an B)

8.1. eine einmalige Einstandsgebühr von 500.000 EUR und eine jährliche Mindestlizenzgebühr von 50.000 EUR. Diese Beträge können nicht zurückgefordert werden und sind nicht anrechenbar;

8.2. eine Unterlizenznehmer-Gebühr in Höhe von 50% (fünfzig Prozent) der von einem Unterlizenznehmer an A) für die Einräumung einer Unterlizenz an dem Vertragsschutzrecht gezahlten Einstandsgebühren;

8.3. eine Lizenzgebühr von 5% des Nettoverkaufspreises der von A) oder ihren Unterlizenznehmern im örtlichen Vertragsgebiet gem. III.1.1. verwerteten Vertragsgegenstände.

9. Zahlungen

9.1. Die Einstandsgebühr gem. III.8.1. (500.000 EUR) ist in Höhe von 200.000 EUR innerhalb von drei Wochen nach Inkrafttreten des Lizenzvertrages, in Höhe von 200.000 EUR nach Patenterteilung und in Höhe von 100.000 EUR nach Produktionsbeginn, der B) unverzüglich schriftlich mitzuteilen ist, zu zahlen. Die jährlichen Mindestlizenzgebühren von 30.000 EUR sind bis zum 31.1. jeden Kalenderjahres zu zahlen und mit den Umsatzlizenzgebühren gem. III.8.3. verrechenbar. Die Lizenzgebühren gem. III. 8.2., 8.3. sind kalenderjährlich abzurechnen, und zwar jeweils bis zum 31.1. des darauf folgenden Jahres und bis zum 15.2. jeden Jahres zu zahlen.

9.2 Die Zahlungen sind zuzüglich der jeweils geltenden Umsatzsteuer zu leisten auf das Konto:

Bank: _____

BLZ: _____

Konto-Nr. : _____

der: _____

10. Buchführung

10.1. B) hat das Recht, die Buchführung von A) durch einen von B) beauftragten, zur Verschwiegenheit verpflichteten Wirtschaftsprüfer oder Steuerberater zu überprüfen, soweit sie die Abrechnung der Vergütung gem. III.8.2., 8.3. betrifft.

10.2. Die Kosten hierfür trägt B), es sei denn, dass Abweichungen in Höhe von mindestens 1.000 EUR zu Ungunsten von B) festgestellt werden."

Beispiel 13[88]

„Lizenzvertrag

. . . .
. . . .
. . . .

---

[88] *Chrociel*, 1166 ff., 1171 ff.

Art. 13, Lizenzgebühren und Zahlung

1. Der Lizenznehmer verpflichtet sich, an den Lizenzgeber für die Nutzung der Patente und des Know-hows eine Lizenzgebühr von 1% des von dem Lizenznehmer durch den Betrieb von Verbrennungsanlagen erzielten Umsatzes zu zahlen.

2. Der Lizenznehmer verpflichtet sich darüber hinaus, dem Lizenzgeber für die mit der Entwicklung der in den Patenten und dem Know-how enthaltenen Technologie verbundenen Kosten eine Pauschallizenzgebühr von 1.000.000 EUR zu zahlen. Die Pauschallizenzgebühr ist ab dem fünften Jahr nach der Unterzeichnung dieses Vertrages in zehn jährlich gleich bleibenden Raten von 100.000 EUR zu zahlen. Die Raten sind jeweils am Jahrestag des Unterzeichnungsdatums zur Zahlung fällig.

3. Der mit dem Betrieb von Verbrennungsanlagen erzielte Umsatz des Lizenznehmers wird auf Grundlage des Umsatzes berechnet, den der Lizenznehmer insgesamt mit dem Betrieb von Verbrennungsanlagen erzielt, abzüglich der Kosten für den Kauf von Produkten von dem Lizenzgeber.

4. Der Lizenznehmer ist verpflichtet, die Lizenzgebühr von 1% bis zum Ablauf dieses Vertrages weiterzuzahlen, solange er die Patente und das Know-how benutzt, auch wenn das Know-how durch eine Handlung offenkundig werden sollte, die nicht durch den Lizenzgeber erfolgt. Sollten ein oder mehrere Patente für ungültig erklärt werden oder auslaufen, so hat dies keinen Einfluss auf die Vergütungspflicht des Lizenznehmers. Wenn sämtliche Patente für ungültig erklärt werden oder abgelaufen sind und der Lizenznehmer nur noch das Know-how benutzt, so ermäßigt sich die Lizenzgebühr ab dem Monat, der auf die Ungültigkeitserklärung oder den Ablauf des letzten bestehenden Patents folgt, auf 0,75%.
Die Parteien vereinbaren darüber hinaus, dass die jährlichen Raten durch den Lizenznehmer auch dann gezahlt werden, wenn sämtliche Patente vor dem Tag der letzten durch den Lizenznehmer vorzunehmenden Ratenzahlung für ungültig erklärt werden oder ausgelaufen sind.

5. Die Lizenzgebühr von 1% ist innerhalb von dreißig (30) Tagen nach Ende eines jeden Kalenderquartals zur Zahlung fällig. Innerhalb des gleichen Zeitrahmens ist von dem Lizenznehmer eine schriftliche Abrechnung für die Umsätze des jeweiligen Kalenderquartals vorzulegen.

6. Sämtliche Umsatzsteuern und indirekten Steuern, welche auf die Zahlung der Lizenzgebühr Anwendung finden, werden von dem Lizenznehmer getragen.

Art. 14, Mindestlizenzgebühr

Der Lizenznehmer verpflichtet sich, eine Mindestlizenzgebühr von 500.000 EUR pro Kalenderjahr zu zahlen. Diese Mindestlizenzgebühr ist jeweils dreißig (30) Tage nach Ende eines Kalenderjahres zur Zahlung fällig.

Art. 15, Aufzeichnungen

1. Der Lizenznehmer verpflichtet sich, gesonderte Aufzeichnungen über den Betrieb der Verbrennungsanlagen in dem Vertragsgebiet zu führen, und zwar für jede Verbrennungsanlage einzeln.

2. Der Lizenznehmer verpflichtet sich, dem Lizenzgeber vierteljährlich zeitgleich mit der nach Art. 13 fälligen Zahlung für jede Verbrennungsanlage gesondert einen schriftlichen Bericht über den Gesamtumsatz und die Preise der gekauften Produkte auszuhändigen.

3. Der Lizenzgeber oder ein von ihm benannter vereidigter Buchprüfer hat das Recht, auf Kosten des Lizenzgebers in die Aufzeichnungsbücher und andere Unterlagen des Lizenznehmers zu angemessenen Zeiten und ohne Störung des normalen Geschäftsbetriebes des Lizenznehmers Einsicht zu nehmen, um die Richtigkeit der Berichte und Zahlungen gemäß den Bestimmungen dieses Vertrages nachzuprüfen. Werden bei der Prüfung Unrichtigkeiten festgestellt, trägt der Lizenznehmer die Prüfungskosten.

. . . .
. . . .
. . . .

Art. 19, Rechtsverletzung, Angriffe gegen Rechtsbeständigkeit und Gerichtsverfahren

. . . .
. . . .
. . . .

Art. 20, Schutzrechte Dritter

. . . .
. . . .
. . . .

3. Wenn dem Lizenznehmer durch rechtskräftiges Urteil die Benutzung der Patente und des Know-how untersagt wird und der Lizenzgeber endgültig nicht in der Lage ist, für den Lizenznehmer ein Weiterbenutzungsrecht für die Patente und das Know-how sicherzustellen, ist der Lizenznehmer berechtigt, die Vergütungszahlungen einzustellen; bis zu diesem Zeitpunkt bereits gezahlte Vergütungen sind durch den Lizenzgeber nicht zurückzuzahlen. Der Lizenzgeber verpflichtet sich darüber hinaus, sämtliche Schadensersatzleistungen, zu denen der Lizenzgeber für die Vergangenheit verurteilt worden ist, zu übernehmen. Weitere Rechte aufgrund der Unmöglichkeit, die Patente und das Know-how weiterhin zu nutzen, stehen dem Lizenznehmer gegenüber dem Lizenzgeber nicht zu, insbesondere keine Ansprüche wegen entgangenen Gewinns oder vergeblicher Investitionen.

. . . .
. . . .
. . . .

Art. 21, Meistbegünstigungsklausel

Der Lizenzgeber ist verpflichtet, dem Lizenznehmer gleich günstige Bedingungen zu gewähren, wie er sie anderen Lizenznehmern nach dem Tag der Unterzeichnung dieses Vertrages gewährt, vorausgesetzt, dass die Rechte und Pflichten der jeweiligen anderen Lizenznehmer unter den entsprechenden Lizenzverträgen im Wesentlichen vergleichbar sind mit den Rechten und Pflichten des Lizenznehmers nach diesem Vertrag."

Beispiel 14[89]

„Ausschließlicher Lizenzvertrag

. . . .
. . . .
. . . .

§ 12 Ausübungspflicht

Der Lizenznehmer ist verpflichtet, die Lizenz auszuüben. Die jährlich herzustellende Mindestmenge beträgt 10.000 Träger à 6 m.

§ 13 Lizenzgebühr

(1) Der Lizenznehmer zahlt dem Lizenzgeber eine Lizenzgebühr in Höhe von 10% der Nettoverkaufspreise. Die Fälligkeit der Lizenzgebühren ist der Tag der Rechnungsstellung des LN, wobei Zahlungsausfälle bei Kunden des LN die Höhe der Lizenzgebühren nicht beeinflussen.

Die Mindestlizenzgebühr beträgt
– im ersten Jahr EUR 200.000,
– im zweiten Jahr EUR 300.000,
– im dritten und in den folgenden Jahren je EUR 500.000.

Die Mindestlizenzgebühr wird auf die umsatzbezogene Gebühr angerechnet.

(2) Binnen drei Wochen nach Unterschrift dieses Vertrages zahlt der LN an den LG für die Überlassung der technischen Unterlagen und die Übertragung des beschriebenen Know-how einen Betrag von 300.000 EUR. Eine Anrechnung auf die Umsatz-Lizenzgebühren findet nicht statt.

(3) Der gemäß (2) bezahlte Pauschalbetrag kann nicht zurückgefordert werden, auch falls der Vertrag aus irgendeinem Grund vorzeitig endet.

(4) Die Bestimmungen in §§ 8 und 9 bleiben unberührt.

---

89 *Pagenberg/Beier*, S. 770 ff.

§ 14 Buchführungspflicht

(1) Der LN ist verpflichtet, über die Herstellung von Lizenzgegenständen gesondert Buch zu führen, und zwar in der Weise, dass die genaue Anzahl der von ihm aufgrund dieses Vertrages hergestellten Gegenstände, die Empfänger und Lieferdaten sowie sonstige wesentliche Umstände ersichtlich sind.

(2) Der LG ist berechtigt, einmal pro Jahr die Richtigkeit der Buchführung und ihre Übereinstimmung mit der allgemeinen Buchführung des LN durch einen zur Verschwiegenheit verpflichteten unabhängigen Buchprüfer prüfen zu lassen. Die Kosten der Überprüfung trägt der LG, bei der Aufdeckung von Unrichtigkeiten (Abweichungen von mehr als 1% der geschuldeten Gebühren) trägt die Kosten der LN.

§ 15 Abrechnung und Zahlung

(1) Der LN hat über die Lizenzgebühr vierteljährlich abzurechnen, und zwar jeweils binnen eines Monats nach jeder Abrechnungsfrist. Binnen der gleichen Frist hat er die fällige Lizenzgebühr auf das Konto des LG zu überweisen. Die Überweisung erfolgt in der Währung des Sitzlandes des LG, sämtliche Überweisungskosten gehen zu Lasten des LN. Als Wechselkurs gilt der letzte Tag der jeweiligen Abrechnungsperiode.

(2) Bei verspäteter Zahlung werden ab dem Fälligkeitstag Verzugszinsen in Höhe von 8 Prozent über dem jeweiligen Diskontsatz der Europäischen Zentralbank berechnet, ohne dass es einer Mahnung bedarf.

§ 16 Steuern und Abgaben

(1) Sämtliche Umsatzsteuern und indirekte Steuern, die auf die Lizenzzahlungen entfallen, gehen zu Lasten des LN, ausgenommen Abzugsteuern, die in Deutschland erhoben werden. Die auf LG entfallenden Steuern sind ggf. von LN im Namen von LG vorzustrecken.

(2) Sämtliche direkte Steuern gehen zu Lasten des LG.

(3) Um die Erstattung der Pauschalsteuer für Lizenzzahlungen zu ermöglichen wird LG auf Wunsch von LN erforderliche Anträge und Formulare für die zuständigen Steuerbehörden unterzeichnen."

Beispiel 15[90]

„EU-Lizenzvertrag

....

....

....

---

90 *Henn*, S. 317 ff.

1.8. Net selling price

"Net Selling Price" is the net price for *"Agreement Products"*, excluding, to the extent they are reflected explicitly in the invoiced net price, royalties payable hereunder, returns, discounts, packaging costs, insurance and freight expenses, sales- and consumption-taxes and any other governmental fees or taxes payable in connection with the sale of *"Agreement Products"*.

. . . .
. . . .
. . . .

3. Turnover royalties

3.1. In consideration for the grant of the licence according to item 2 the Licensee shall pay to the *Licensor* a royalty calculated according to the sales of the *"Agreement Products"* which the *Licensee* or his sublicensees achieve during the term of this agreement (turnover royalty). This royalty amounts to 5,0% (five percent) of the *"Net Selling Price"*.

3.2. The turnover royalty according to item 3.1. amounts to 4,5% for the annual turnover which exceeds 1000 *'Agreement'* and to 4,0% for the annual turnover which exceeds 1500 *'Agreement Products'*. The annual turnover will be determined on the basis of the calendar year.

3.3. For any other disposal of *"Agreement Products"* according to item 2.1, the Licensee shall pay to the *Licensor* a royalty calculated according to the equivalent received by the Licensee.

3.4. The turnover royalty referred to the turnover achieved by the Licensee shall be computed by the Licensee half (calendar) yearly and each time within 30 days, and the turnover royalty referred to the turnover achieved by the sublicensees of the Licensee within 60 days, after expiry of a half calendar year, and within a further 30 days paid into the account specified by the *Licensor*, free of taxes, imposts, dues, and other deductions, plus turnover tax, if any. The *Licensor* shall make available to the Licensee forms established by himself.

3.5. The Licensee is not entitled to any set-off or retention against the claim for turnover royalties, unless this provision would be not admitted by the law to be applied.

3.6. In case of amounts invoiced in currency other than EURO of the European Central Bank (ECB), the invoiced amount according to item 3.1. will be replaced by its EURO-equivalent calculated in accordance with the mean monthly rate of exchange officially quoted in Frankfurt/M.

4. Minimum Royalties

4.1. Independent of the turnover the Licensee shall pay in advance free of taxes, imposts, dues, and other deductions, plus turnover tax, if any, as from Ja-

nuary 1, 2000 for the term of this agreement an annual minimum royalty, which amounts to
- 100.000 EUR (EURO one hundred thousand) in the calendar year 2000
- 150.000 EUR (EURO one hundred and fifty thousand) in the calendar year 2001
- 200.000 EUR (EURO two hundred thousand) from the calendar year 2002 onwards annually.

4.2. The *Licensor* can terminate the exclusiveness of the licence granted to the Licensee in accordance with item 2.1. if the Licensee has not satisfactory complied with the market requests in the *'Agreement Territory'*. The *Licensor*, however, is only entitled to this termination at three months notice as of the end of any calendar year, initially as of December 31, 2003, and after having sufficiently furnished the necessary proofs.

4.3. The *Licensor* can terminate the exclusiveness of the licence granted to the *Licensee* in accordance with item 2.1. at three months notice as of the end of any calendar half year if the Licensee is more than two months in arrears with the payment of minimum royalties fixed according to item 4.1.

4.4. The Licensee can waive the exclusiveness granted to him in accordance with item 2.1. at three months notice as of the end of any calendar year.

4.5. With effect of the termination according to items 4.2 and 4.3 or the resignation according to item 4.4 item 4.1 becomes invalid.

5. Right of Audit

5.1. The *Licensor* is authorized to have examined once annually by a sworn auditor or auditing company all documents which are necessary for computing the turnover royalties. The fees and expenses of this examination shall be paid by the *Licensor*, unless the resulting statements are differing more than two percent from the settlement of the Licensee according to item 3.4. In this case the fees and expenses shall be paid by the Licensee.

5.2. The Licensee is obliged to maintain special records for himself and his sublicensees from which can be seen for each particular accounting period the number of *'Agreement Products'* manufactured, their *'Net Selling Price'*, their country and date of delivery. These records shall be kept for at least three years.

. . . .
. . . .
. . . .

8. Marking obligation

8.1. The Licensee is obliged to mark each *'Agreement Product'* with an indication referring to the granted licence. The same obligation applies for his sublicensees, to them the obligation is to be contractually transferred by the Licensee."

Beispiel 16[91]

„Ausschließlicher Lizenzvertrag (Mechanik)

....
....
....

§ 5 Lizenzgebühr

(1) Der Lizenznehmer zahlt dem Lizenzgeber als Entgelt für die Lizenzerteilung laufende Umsatz-Lizenzgebühren nach Maßgabe der folgenden Staffel. Der Umsatz bezieht sich auf die Netto-Verkaufspreise abzüglich aller vom Lizenznehmer gewährter gesondert ausgewiesener Rabatte, Kosten für die Verpackung und Fracht, etwaiger Vorkaufsteuern, Zölle und Versicherungen sowie Skonti und Jahresend-Boni und Provisionen (Verkaufserlöse) in Bezug auf die Vertragsprodukte.
Der Anspruch entsteht mit der Auslieferung der Vertragsprodukte durch den Lizenznehmer. Nimmt der Lizenznehmer bereits ausgelieferte Vertragsprodukte zurück, so bleibt er zur Zahlung der bereits entstandenen Lizenzgebühr verpflichtet. Bei erneuter Auslieferung entsteht keine weitere Lizenzgebühr.
Die Lizenzgebühren betragen bei Quartalsumsätzen
a) bis zu SFR 3%
b) bis zu SFR 2,5%
c) darüber: 2%

(2) Der Lizenznehmer verpflichtet sich zur Zahlung einer Mindestlizenzgebühr in Höhe von:
im ersten Jahr: 10.000.– SFR,
im zweiten Jahr: 30.000.– SFR,
im dritten Jahr: 40.000.– SFR,
im vierten und den folgenden Jahren: 50.000.– SFR.
Eventuell anfallende Steuern sind hinzuzurechnen.
Die Mindestlizenzgebühr wird am 1. Februar für das zurückliegende Jahr fällig. Bereits geleistete Lizenzgebührenzahlungen gem. § 5 Abs. 1 werden angerechnet.

(3) Der Lizenznehmer zahlt dem Lizenzgeber als Entgelt für die geleisteten Entwicklungsarbeiten einen einmaligen Pauschalbetrag in Höhe von 100.000.– SFR. Dieser Betrag ist mit Abschluss des Vertrages zur Zahlung fällig. Er ist auch im Falle einer vorzeitigen Beendigung des Vertrages oder im Falle des vorzeitigen Wegfalls des Vertrags-Know-how nicht rückzahlbar. Eine Anrechnung auf die laufenden Lizenzgebühren erfolgt nicht.

---

91 *Osterrieth*, 173 ff.

(4) Sollte das Vertrags-Know-how während der Laufzeit des Vertrages offenkundig werden, ohne dass dies auf eine Mitwirkung des Lizenzgebers zurückzuführen ist, bleibt die Höhe der Lizenzgebühr hiervon unberührt, soweit noch mindestens eines der Vertragspatente in Kraft ist.
Gleiches gilt, wenn der Lizenznehmer nachweist, dass das Vertrags-Know-how bereits im Zeitpunkt der Mitteilung offenkundig war.

(5) Sollte ein Dritter hinsichtlich eines oder mehrerer Vertragsschutzrechte ein Vorbenutzungsrecht geltend machen, bleibt hiervon die Verpflichtung des Lizenznehmers zur Zahlung der Lizenzgebühr grundsätzlich unberührt, es sei denn, dass aufgrund der Ausübung des Vorbenutzungsrechts durch den Berechtigten der Rückgang des Marktanteils der Vertragsprodukte in dem Vertragsgebiet insgesamt von mehr als 20% festgestellt werden kann. In diesen Fällen werden die Parteien die Höhe der Lizenzgebühr neu festlegen.

§ 6 Abrechnung und Zahlung der Lizenzgebühr

(1) Abrechnungszeitraum ist jeweils ein Quartal. Die Abrechnung enthält vollständige Angaben zu den im Quartal erzielten Verkaufserlösen i. S. v. § 5 Abs. 1 sowie sämtlichen innerhalb eines Quartals an Abnehmer gelieferten Mengen der Vertragsprodukte sowie Namen und Adressen der Abnehmer. Der Lizenznehmer wird die schriftliche Abrechnung binnen eines Monats nach Quartalsende vorlegen.

(2) Die sich aus der Abrechnung ergebende Lizenzgebühr ist binnen eines Monats nach Quartalsende zur Zahlung fällig und auf das Konto des Lizenzgebers

Bank: _____

BLZ: _____

Kontonummer: _____

Verwendungszweck: _____

zu zahlen.

(3) Bei verspäteter Zahlung der Lizenzgebühren sind die Beträge mit 5% über dem Diskontsatz der Schweizer Bundesbank zu verzinsen.

(4) Hat der Lizenzgeber seine Zustimmung zur Erteilung von Unterlizenzen gegeben, wird der Lizenznehmer dem Lizenzgeber über die Umsätze der Unterlizenznehmer eine Abrechnung entsprechend § 6 Abs. 1 vorlegen und die sich hieraus gem. § 5 zu errechnenden Lizenzgebühren an den Lizenzgeber zahlen.

(5) Der Lizenznehmer wird über die Herstellung und die Verkäufe der Vertragsprodukte sowie über Verkaufserlöse Buch führen und die Unterlagen getrennt von anderen Unterlagen des Unternehmens aufbewahren. Gleiches gilt für die Umsatzzahlen der Unterlizenznehmer. Der Lizenzgeber ist berechtigt, in angemessenen Abständen, letztmalig ein Jahr nach Vertragsbeendigung, alle Bücher, Konten, Rechnungen und sonstigen Unterlagen, die unmittelbar

oder mittelbar mit der Lizenzgebührenrechnung zusammenhängen, durch einen unabhängigen, auch gegenüber dem Lizenzgeber zur Verschwiegenheit verpflichteten Steuerberater oder Buchprüfer prüfen zu lassen. Diese Rechte erstrecken sich auch auf die Unterlizenznehmer. Die Kosten hierfür trägt der Lizenznehmer.

§ 7 Ausübungspflicht

(1) Der Lizenznehmer wird das Lizenzrecht ausüben und bestmögliche Anstrengungen bei der Herstellung und dem Verkauf der Vertragsprodukte unternehmen. Er wird die Produktion spätestens am 1. März 2008 aufnehmen.

(2) Sollte die Umsatzentwicklung für das fünfte oder für die folgenden Vertragsjahre in der Weise hinter den Erwartungen der Parteien zurückbleiben, dass die nach § 5 Abs. 1 zu berechnende Lizenzgebühr weniger als die nach § 5 Abs. 2 zu berechnende Mindestlizenzgebühr in Höhe von 50.000.– SFR beträgt, behält sich der Lizenzgeber vor, die ausschließliche Lizenz innerhalb einer sechsmonatigen Frist zum darauf folgenden Kalenderjahr durch schriftliche Mitteilung an den Lizenznehmer in eine einfache Lizenz umzuwandeln. Macht der Lizenzgeber von diesem Recht Gebrauch, entfällt die Verpflichtung des Lizenznehmers zur Zahlung der Mindestlizenzgebühr."

Beispiel 17

„Markenlizenz

....

....

....

§ 5 Lizenzgebühr

(1) Der Lizenznehmer zahlt an den Lizenzgeber eine laufende Lizenzgebühr in Höhe von . . . % des Nettoverkaufspreises der unter der Marke vertriebenen Produkte.

(2) Ungeachtet des tatsächlichen Vertriebes zahlt der Lizenznehmer eine Mindestlizenzgebühr. Die Mindestlizenzgebühr beträgt:

– im ersten Vertragsjahr . . . . EUR
– im zweiten Vertragsjahr . . . . EUR
– in jedem folgenden Vertragsjahr . . . . EUR

(3) Als Nettoverkaufspreis gilt der jeweilige Rechnungspreis abzüglich gesondert ausgewiesener Rabatte, Kosten für Verpackung und Fracht sowie abzüglich etwaiger Verkaufssteuern, Zölle und Versicherungen, jedoch vor Abzug von Skonti.

(4) Der Anspruch auf die Lizenzgebühr entsteht mit der Auslieferung der mit der Marke versehenen Produkte durch den Lizenznehmer. Die Rücknahme

bereits ausgelieferter Produkte durch den Lizenznehmer lässt die Zahlungsverpflichtung unberührt; bei erneuter Auslieferung entsteht keine weitere Lizenzgebühr.

(5) Die Aufrechnung gegenüber der Lizenzgebühr durch den Lizenznehmer ist nur mit rechtskräftig festgestellten oder unbestrittenen Forderungen zulässig.

§ 6 Abrechnung

(1) Die Mindestlizenzgebühr ist innerhalb eines Zeitraumes von einem Monat nach Unterzeichnung dieses Vertrages beziehungsweise jeweils zu Beginn eines neuen Vertragsjahres zur Zahlung fällig.

(2) Der Lizenznehmer wird dem Lizenzgeber jeweils zum Monatsersten des auf das Ende eines jeden Kalendervierteljahres folgenden Monats eine Abrechnung über die Zahl und Verkaufserlöse der im vorangegangenen Kalendervierteljahr verkauften Lizenzprodukte erteilen sowie die sich daraus ergebende Lizenzgebühr an den Lizenzgeber abführen, sobald die laufende Lizenzgebühr den Betrag der Mindestlizenzgebühr überschreitet. Sämtliche Kosten der Rechnungserstellung sowie der Zahlung gehen zu Lasten des Lizenznehmers.

(3) Die Lizenzgebühr ist im Falle des Verzuges mit 8% über dem jeweiligen Diskontsatz der Deutschen Bundesbank bzw. . . . . zu verzinsen.

(4) Die Zahlung gilt mit der unwiderruflichen Gutschrift auf dem Konto des Lizenzgebers bei der . . . . als erfolgt.

(5) Der Lizenznehmer ist verpflichtet, über den Vertrieb der mit der Marke versehenen Produkte gesondert Buch zu führen. Der Lizenzgeber hat das Recht, diese Bücher in angemessenen Abständen, letztmalig sechs Monate nach Vertragsbeendigung, durch einen unabhängigen, auch dem Lizenzgeber gegenüber zur Verschwiegenheit verpflichteten vereidigten Buchprüfer, Wirtschaftsprüfer oder Steuerberater auf Übereinstimmung mit den Abrechnungen prüfen zu lassen. Die Kosten hierfür trägt der Lizenzgeber, es sei denn, dass sich bei der Prüfung Beanstandungen ergeben, die die Höhe der geschuldeten Lizenzgebühr zum Nachteil des Lizenzgebers betreffen. In diesem Falle trägt der Lizenznehmer die Kosten."

Beispiel 18

"Distributorship Agreement

. . . .
. . . .
. . . .

Article 1 – Definitions

. . . .
. . . .
. . . .

1.4. *'Contract Year'* means the period commencing on the *Effective Date* and ending December 31, 2002, for the first *Contract Year*, and each successive twelve (12) month period commencing with January 1, 2003.

1.5. *'Contract Quarter'* means the period commencing on the *Effective Date* and ending September 30, 2002 for the first *Contract Quarter*, and each successive three (3) month period commencing with October 1, 2002.

1.6. *'Net Purchases'* means the aggregate gross wholesale invoiced price from X) or its *Affiliates* to *Distributor*, less sales taxes, excise duties, rebates, cash discount, trade discounts allowed and taken if invoiced separately or specifically excluded from the selling price.

. . . .
. . . .
. . . .

Article 6 – Minimum Net Purchases

6.1. *Distributor* shall use its best efforts to sell and promote the *Products* in the *Territory* during the term of this Agreement.

Distributor shall purchase during each *Contract Year*, at least the following amount of *Products* from X) or its *Affiliates* (hereinafter referred to as "Minimum *Net Purchases*"):

- first *Contract Year* (2002): – sportswear: · units: · value: · accessories: · units: · value:

- second *Contract Year* (2003): – sportswear: · units: · value: · accessories: · units: · value:

- third *Contract Year* (2004): – sportswear: · units: · value: · accessories: · units: · value:

- fourth *Contract Year* (2005) – sportswear: · units: · value: · accessories: · units: · value:

For each subsequent *Contract Year*, the Minimum *Net Purchases* shall be defined by the parties hereto on a common consent basis, six (6) months prior to the end of the previous *Contract Year*.

Should the parties not reach an agreement for whatever reason the new Minimum *Net Purchases* of each *Contract Year* shall automatically correspond to eighty (80) percent of the actual *Net Purchases* of the previous *Contract Year* or to the Minimum *Net Purchases* of the previous *Contract Year*, whichever amount will be the highest one.

6.2. If *Distributor* fails to achieve the above Minimums during any *Contract Year*, X) at its sole option may appoint one or more additional distributors in the *Territory* or terminate this Agreement in accordance with article 9.3 hereafter.

Article 7 – *Reports*

7.1. Whenever necessary, but at least every three months, *Distributor* shall report to X) in writing about all matters of importance, particularly concerning advertising/promotion and marketing activities, *Products* on stock and competitors.

Distributor further agrees to submit to X) current statements related to the sale of the *Products* on a monthly, quarterly and/or yearly basis in compliance with the X) Reporting System.

7.2. *Distributor* agrees to submit to X) its certified financial statements (especially its balance sheets and profit and loss accounts) once yearly. Current price-lists for the *Products* shall also be submitted to X) whenever issued.

7.3. *Distributor* shall immediately inform X) of any substantial changes in its legal structure affecting *Distributor* or its *Affiliates* which could have influence on the relationship between the parties, such as any changes in its management, majority ownership, majority share-holding voting powers, formation of new subsidiaries or branches, joint-venture, liquidation or sale of part of its *Affiliates* or business.

If such changes, in the reasonable opinion of X), are likely to have an important impact on the business relationship between *Distributor* and X), then the parties shall meet in order to discuss in good faith the new situation.

If, in the opinion of any reasonable businessman, such situation might seriously jeopardize the continuation of this Agreement, provision of Paragraph 9.3 shall apply.

. . . .
. . . .
. . . .

9.2. If either party defaults and/or breaches its performance of any obligations provided for in this Agreement the other party may terminate this Agreement by giving written notice unless such default and/or breach is cured within thirty days from the date of notice. If the default and/or breach is not cured as indicated above, this Agreement shall be automatically terminated at the expiration if this thirty days (30) days period, as indicated above.

9.3. Notwithstanding the above, X) will have the right to terminate this Agreement by giving written notice to *Distributor* upon the occurrence of any one or more of the following events:

a) If *Distributor* shall fail to make any payment and remittance of payment due hereunder on its due date, provided however X) may not terminate this Agreement if such payment default is cured within thirty (30) days of receipt by *Distributor* of written notice of such default.

b) In the event that no Agreement is reached between the parties hereto within a reasonable period of time after the occurrence of any event referred to in Paragraph 7.3. above.

c) If *Distributor* shall be unable to pay its debts when due, or shall make any assignment for the benefit of creditors, or shall commence any case, proceeding or other actions seeking to have an order for relief entered on its behalf as debtor or to adjudicate the *Distributor* as bankrupt or insolvent or seeking a reorganisation, arrangement, adjustment, liquidation, dissolution or composition of the *Distributor* or its debts under any law relating to bankruptcy, insolvency, reorganisation or relief of debtors or seeking the appointment of a receiver, trustee, custodian or other similar official for the *Distributor* or for all or substantial part of its assets or any such case or proceeding.

d) If *Distributor* fails to achieve during any *Contract Year* the Minimum *Net Purchases* set forth in Paragraph 6.1 above.

9.4. Upon termination or expiration of this Agreement, all rights granted hereunder shall revert to X), and *Distributor* thereafter shall immediately cease and desist from all use of the *Marks* and all dealings in *Products* in any way and shall immediately deliver up to X) or its duly authorized representatives, all materials and papers upon which the *Marks* appear.

9.5. In event of rescission for any reason or termination of the contractual term, *Distributor* shall carry out the inventory of the *Products* in stock and forward the result thereof of X) by letter (with receipt acknowledge or registered) within ten (10) days thereof.

9.5.1. *Distributor* shall grant to X) sufficient time to inspect, examine, count and evaluate such inventory.

9.5.2. X) undertakes vis-à-vis *Distributor* to try to sell the products included in the inventory if *Distributor* shall not be able to sell within 90 (ninety) days counted of the termination of this Agreement and provided that:
9.5.2.1. They are included in the price lists which were in force;
9.5.2.2. the quantity of each product does not exceed the average number sold in the last 3 (three) months immediately prior to the date of the notice of intention to rescind.
Should X) not succeed in selling these *Products*, they shall be made unusable as set forth in article 9.5.3 below.
9.5.3. The *Products* held in stock by *Distributor* such as: those no longer on the current price lists; those of inferior quality; or those the quality of which

exceeds the average number sold in the last 3 (three) months must be made unusable.

9.5.4. The losses which *Distributor* may suffer as a result of complying with the obligations of this clause shall be borne exclusively by it, and consequently it shall not be entitled to any indemnity.

9.5.5. In no case may *Distributor* dispose of *Products* or their accessories and spare parts, without the prior written consent of X).

9.6. Any termination or expiration of this Agreement shall operate without prejudice to the rights and obligations of either party in relation to the other, except those from this article 9, which have accrued prior to the expiration or termination date of this Agreement.

9.7. Upon termination of this Agreement in accordance with Paragraph 9.1, 9.2 or 9.3., *Distributor* shall pay and remit to X), within thirty (30) days thereafter all monies accrued up to the date of termination of this Agreement.

....
....
....

Article 14 – *Notices*

14.1. Unless otherwise indicated by X) and/or *Distributor*, all notices, statements and payments required to be given or made to either party hereunder shall be in writing to the respective parties at the address first written above. Any change of address by either X) or *Distributor* must be by written notice duly given in accordance with this Paragraph."

Beispiel 19

"License Agreement

Article 1

Definitions

1.1. *'Territory'* means Germany and Austria.

1.2. *'Marks';* means the trademarks listed in Exhibit A attached hereto.

1.3. *'Licensed Products'* means those products branded with the *Marks* which *Licensor* grants Licensee the rights to manufacture, distribute and sell under the provisions herein, as listed in Exhibit B hereto.
The following products are specifically excluded from the *Licensed Products*: competition sportswear male and female.

1.4. *'Net Sales'* means the aggregate gross wholesale invoiced prices to non-affiliated dealers, less sales taxes, rebates, cash discounts, trade discounts allowed and taken, if invoiced separately or specifically excluded from the sales price.

For *Net Sales* to *Affiliates*, Licensee's selling price shall incorporate the arm's length profit of such Affiliates on such *Net Sales*.

1.5. *'Affiliate'* means a company or any other entity or person (as the case may be) which controls, is controlled by, or is under common control with a party to this Agreement.

1.6. *'Contract Year'* means the period commencing on the *Effective Date* and ending December 31, 2002 for the first Contract Year, and each successive twelve (12) month period commencing with January 1, 2003.

1.7. *'Contract Quarter'* means the period commencing on the *Effective Date* and ending June 30, 2002 for the first *Contract Quarter* and each successive three month period commencing with July 1, 2002.

. . . .
. . . .
. . . .

Article 5
Further Duties and Obligations Applicable to the Licensed Products

. . . .
. . . .
. . . .

5.5. Licensee shall render to *Licensor* on a monthly, quarterly, yearly or otherwise periodic basis as requested by *Licensor* information on existing inventory levels and sales turnover achieved on *Licensed Products*, such reporting being made in compliance with the requirements and using the format as applicable from time to time which *Licensor* has communicated to Licensee. Further to sales and inventory, the information to be supplied to *Licensor* shall comprise (inter alea) the amounts disbursed for advertising and promotion.

5.6. Licensee shall submit to *Licensor* its certified financial statements, especially its balance sheets and profit and loss accounts, as often as they occur but at least once yearly.

5.7. Licensee shall immediately inform *Licensor* of any substantial changes in its legal structure affecting Licensee or its *Affiliates* which could have influence on the relationship between the parties, such as any changes in its management, majority ownership, majority shareholding, voting powers, formation of new subsidiaries or branches, joint-venture, liquidation or sale of part of its *Affiliates* or business.
If, in the opinion of any reasonable businessman, such situation might seriously jeopardize the continuation of this Agreement, Paragraph 10.3 shall apply.

. . . .
. . . .
. . . .

Article 6

Endorsement Contracts

. . . .
. . . .
. . . .

6.2. In the event that *Licensor* permits Licensee to use and Licensee accepts to use the names, likeness, endorsement, and the like (*"Endorsement Rights"*) of any athletes, individual and/or organization with *Licensor* which has entered into Agreement, on and in relation to the *Licensed: Products*, Licensee shall assume and pay to *Licensor* a royalty equal to the royalty *Licensor* is obligated to pay to the athlete for the use of said *Endorsement Rights* on any *Licensed Products* sold by Licensee (unless under tax consideration such royalty has to be increased in order to include an arm's length profit).

. . . .
. . . .
. . . .

Article 8

Royalties

8.1. Licensee shall pay to *Licensor* for the license granted hereunder, a royalty equal to 6% of *Net Sales* by Licensee of *Licensed Products* (hereinafter referred to as *'Royalties'*).

8.2. Licensee shall vigorously push the sale of the *Licensed Products* in the *Territory.*
Licensee shall vigorously push the sale of the *Licensed Products* in the Minimum Net Sales at least equal to the average Net Sales achieved during the three preceeding *Contract Years.*

8.3. Withholding tax on payments to be made by Licensee under Paragraph 8.1. to his local tax authorities may be deducted by Licensee from amounts payable to *Licensor* if and as long as such withholding tax amounts are deductible from *Licensor's* own tax liabilities and do not exceed the percentage of deductible tax as fixed by the competent authorities in *Licensor's* country.
To avoid double-taxation, Licensee shall procure documents to *Licensor*, evidencing any such taxes paid by Licensee in applying all procedures required by any applicable double tax treaty and local tax laws.

Article 9

Payment

9.1. All royalty payments due to *Licensor* under this Agreement shall be made in EUR currency within 45 days following the end of each *Contract Quarter*, using the exchange rate prevailing in the *Territory* on the last day of the concerned *Contract Quarter*.

9.2. Should Licensee fall in arrears (superior to five working days) with royalty payments under the Agreement, the due amount shall be subject to an additional interest charge of 1% (one percent) per month or the interest charge actually paid by *Licensor* for its short term bank loans, whichever rate will be the higher one as of the due date for the payment of royalties.

9.3. Licensee shall maintain and preserve full and accurate books and records of all transactions related to this Agreement for at least two years following the termination or expiration of this Agreement. *Licensor* or its representatives shall have the right to inspect and examine all such books and records at any time during office hours.

9.4. Within 45 days after the termination of the respective *Calendar Quarter*, *Licensor* shall receive from Licensee an itemized royalty statement containing all details reasonably necessary to evidence Licensee's current royalty calculation.

On a yearly basis, all royalty calculations under this Agreement for the current *Contract Year* shall be certified as correct by Licensee's auditor who shall be an independent chartered accountant.

9.5. In the event that by virtue of any regulation, ruling or order of a competent public authority, Licensee should be unable to make the payments falling due hereunder, payment into a bank account in the country of Licensee to the credit of *Licensor* or to a trustee of *Licensor* or such other arrangements as may be permitted, shall be immediately arranged by Licensee upon instruction from *Licensor*. If such restriction to transfer royalties to *Licensor* should last for more than 12 months, the parties shall agree in good faith on further steps to be taken, subject to *Licensor's* right to terminate this Agreement according to Article 10 hereof.

9.6. The royalty payments to be made according to this Agreement shall be effected irrespective of any actual or alleged claim for compensation or retention, regardless of the reason from which such claim will have resulted or might have resulted.

Article 10

Duration – Termination

. . . .
. . . .
. . . .

10.2. If either party defaults and/or breaches its performance of any obligations provided for in this Agreement the other party may terminate this Agreement by giving written notice unless such default and/or breach is cured within thirty days from the date of notice. If the default and/or breach is not cured as indicated above, this Agreement shall be automatically terminated at the expiration if this thirty days (30) days period, as indicated above.

10.3. Notwithstanding the above, *Licensor* will have the right to terminate this Agreement by giving written notice to Licensee upon the occurrence of any one or more of the following events:

a) If Licensee shall fail to make any payment and remittance of payment due hereunder on its due date, provided however *Licensor* may not terminate this Agreement if such payment default is cured within ten (10) days of receipt by Licensee of written notice of such default.

b) If the event that no Agreement is reached between the parties hereto within a reasonable period of time after the occurrence of any event referred to in Paragraph 5.8 above.

c) If Licensee shall be unable to pay its debts when due, or shall make any assignment for the benefit of creditors, or shall commence any case, proceeding or other actions seeking to have an order for relief entered on its behalf as debtor or to adjudicate the Licensee as bankrupt or insolvent or seeking a reorganisation, arrangement, adjustment, liquidation, dissolution or composition of the Licensee or its debts under any law relating to bankruptcy, insolvency, reorganisation or relief of debtors or seeking the appointment of a receiver, trustee, custodian or other similar official for the Licensee for all or substantial part of its assets or any such case or proceeding.

d) If Licensee fails to achieve during any *Contract Year* the Minimum Net Sales as set forth in article 8.2.

10.4. Upon termination or expiration of this Agreement, all rights granted hereunder shall revert to *Licensor*, and Licensee thereafter shall immediately cease and desist from all use of the *Marks* and all dealings in *Licensed Products* (except as provided in Paragraph 10.5 hereunder) in any way and shall immediately deliver up to *Licensor* or its duly authorized representatives, all materials and papers upon which the *Marks* appear.

10.5. In event of rescission for any reason or termination of the contractual term, Licensee shall carry out the inventory of the *Licensed Products* in stock and forward the result thereof of *Licensor* by letter (with receipt acknowledge or registered) within ten (10) days thereof.

10.5.1. Licensee shall grant to *Licensor* sufficient time to inspect, examine, count and evaluate such inventory.

10.5.2. *Licensor* undertakes vis-à-vis Licensee to try to sell the products included in the inventory if Licensee shall not be able to sell within 90 (ninety) days counted of the termination of this Agreement and provided that:

10.5.2.1. They are included in the price lists which were in force.

10.5.2.2. They are of prime quality, i.e. they comply strictly with the conditions stipulated in Paragraphs 2.4 and 2.5 above.

10.5.2.3. The quantity of each product does not exceed the average number sold in the last 3 (three) months immediately prior to the date of the notice of intention to rescind.

Should *Licensor* not succeed in selling these *Licensed Products*, they shall be made unusable as set forth in article 10.5.4 below.

10.5.4. The *Licensed Products* held in stock by Licensee such as: those no longer on the current price lists; those of inferior quality; or those the quantity of which exceeds the average number sold in the last 3 (three) months must be made unusable.

10.5.4.1. The same destination shall be accorded to the other *Licensed Products* which fail to comply with the provisions of Paragraph 2.5 and 2.6 above, and to the semifinished or accessory products in the event it proves impossible to sell them.

10.5.4.2. The losses which Licensee may suffer as a result of complying with the obligations of this clause shall be borne exclusively by it, and consequently it shall not be entitled to any indemnity.

10.5.5. In no case may Licensee dispose of complete or semi-finished *Licensed Products* or their accessories and spare parts, without the prior written consent of *Licensor*.

10.6. Any termination or expiration of this Agreement shall operate without prejudice to the rights and obligations of either party in relation to the other, except those from this article 10, which have accrued prior to the expiration or termination date of this Agreement.

10.7. Upon termination of this Agreement in accordance with Paragraph 10.1, 10.2 or 10.3, Licensee shall pay and remit to *Licensor*, within forty five (45) days thereafter all monies accrued up to the date of termination of this Agreement.

. . . .
. . . .
. . . .

Article 15

Notices

Unless otherwise indicated by *Licensor* and/or Licensee, all notices, statements and payments required to be given or made to either party hereunder shall be in writing to the respective parties at the address first written above. Any change of address by either *Licensor* or Licensee must be by written notice duly given in accordance with this Paragraph."

Horizontale Verträge
Beispiel 1

„Vertrag über Gemeinschaftserfindungen

....
....
....

5. Nutzungsrechte/Lizenzgebühren/Zahlung/Buchführung/Buchprüfung

5.1 Jede Vertragspartei und ihre verbundenen Gesellschaften haben das Recht zur eigenen Verwertung (z.B. Herstellen, Vertreiben) der Verbrauchsschutzrechte, ohne dass das Einverständnis der anderen Vertragspartei zu dieser Vorgehensweise eingeholt werden muss, und ist bzw. sind berechtigt, Dritten nichtausschließliche unterlizenzierbare Lizenzen an den Vertragsschutzrechten ohne vorheriges schriftliches Einverständnis der anderen Vertragspartei zu erteilen. A) kann das Recht zur eigenen Verwertung der Vertragsschutzrechte und/oder zur Verwertung der Vertragsschutzrechte durch Lizenzen an Dritte gem. Ziffer 4.4 des in I.1. genannten Forschungsvertrags erst ab dem 6.5.2013 ausüben. Lizenzeinnahmen stehen B) zu 25% und A) zu 75% zu.

5.2 Verwertet (z.B. Herstellen, Vertreiben) B) die Vertragsschutzrechte selbst ((A) hat als Forschungsgesellschaft keine eigene Produktion), zahlt sie an A) eine fiktive Lizenzgebühr von 4,0% des Nettoverkaufspreises (Verkaufspreis, den Endkunde zahlt, abzüglich Fracht, Versicherung, Verpackung, Steuern, Zölle; andere Abzüge sind nicht gestattet) jedes verwerteten Vertragsgegenstandes (= Gegenstände, die .... Anordnungen enthalten), der von den Vertragsschutzrechten erfasst ist. Die Lizenzgebühr von 4,0% entspricht nach Auffassung beider Parteien dem Anteil eines üblichen Lizenzsatzes, der der Mitinhaberschaft der Vertragsparteien an den Vertragsschutzrechten von 25% (B) und 75% (A) entspricht.

5.3 Jede Partei trägt nur die Erfindervergütungen für ihre eigenen Erfinder.

5.4 Die Lizenzeinnahmen gem. 5.1, 5.2 sind kalenderjährlich abzurechnen, und zwar jeweils bis zum 31.1. des darauf folgenden Jahres und bis zum 15.2. jeden Jahres anteilig an B) bzw. A) auf folgende Konten zu zahlen:

Bank _____
BLZ _____
Konto-Nr. _____
der _____
Bank _____
BLZ _____
Konto-Nr. _____
der _____

Die Gutschrift auf dem vorgenannten Konto ist für den Zeitpunkt der Fälligkeit der Zahlung maßgeblich. Ab dem Fälligkeitstag werden Verzugszinsen in Höhe von 8,0% über dem jeweiligen Basiszinssatz der Deutschen Bundesbank berechnet, ohne dass es einer Mahnung bedarf. Höhere Zinsen können bei Nachweis berechnet werden.

5.5 Jede Vertragspartei ist verpflichtet, über die Verwertung von Vertragsgegenständen gesondert Buch zu führen, und zwar in der Weise, dass die genaue Menge der von ihr aufgrund dieses Vertrages verwerteten Vertragsgegenstände, die Empfänger und Lieferdaten sowie sonstige wesentliche Umstände ersichtlich sind.

5.6 Jede Vertragspartei ist berechtigt, die Richtigkeit der Buchführung und ihre Übereinstimmung mit der allgemeinen Buchführung der anderen Vertragspartei durch einen zur Verschwiegenheit verpflichteten Wirtschaftsprüfer prüfen zu lassen. Die Kosten der Überprüfung trägt die prüfende Vertragspartei, bei der Aufdeckung von Abweichungen von mehr als 1.000 EUR trägt die überprüfte Partei die Kosten."

Beispiel 2

„Vertrag über Gemeinschaftserfindungen

....
....
....

4. Nutzungsrechte/Lizenzgebühren/Zahlung/Buchführung/Buchprüfung

4.1 Jede Vertragspartei und ihre verbundenen Gesellschaften haben das Recht zur Nutzung (z. B. Herstellen, Vertreiben) der Vertragsschutzrechte, ohne dass das Einverständnis der anderen Vertragspartei zu dieser Vorgehensweise eingeholt werden muss, und ist bzw. sind berechtigt, Dritten nichtausschließliche unterlizenzierbare Nutzungsrechte an den Vertragsschutzrechten zu gewähren, jedoch erst nach vorherigem schriftlichen Einverständnis der anderen Vertragspartei. Lizenzeinnahmen der A) stehen B) zu 50%, Lizenzeinnahmen der B) stehen A) zu 25% zu. Jede Vertragspartei trägt nur die Erfindervergütung für ihren eigenen Erfinder.

4.2 Verwertet (z. B. Herstellen, Vertreiben) B die Vertragsschutzrechte selbst, zahlt sie ab 1.1.2013 an A) eine fiktive Lizenzgebühr von 2,0% des Nettoverkaufspreises (Verkaufspreis, den Endkunde zahlt, abzüglich Fracht, Versicherung, Verpackung, Steuern, Zölle) jedes verwerteten Vertragsgegenstandes, der von den Vertragsschutzrechten erfasst ist. Bei der Bemessung der Lizenzgebühr von 2,0% (dieser Prozentsatz entspricht nach Auffassung beider Parteien ca. der Hälfte eines üblichen Lizenzsatzes) wurde die Mitinhaberschaft jeder Vertragspartei an den Vertragsschutzrechten von jeweils 50% berücksichtigt. Bis 31.12. 2012 sind wechselseitig keine Lizenzzahlungen zu leisten.

4.3 Die Lizenzeinnahmen gem. 4.1 sind kalenderjährlich abzurechnen, und zwar jeweils bis zum 31.1. des darauffolgenden Jahres und bis zum 15.2. jeden Jahres anteilig an A) bzw. B) auf folgende Konten zu zahlen:

Bank _____

BLZ _____

Konto-Nr. _____

der __ _____

Bank _____

BLZ _____

Konto-Nr. _____

der _____

4.4 Jede Vertragspartei ist verpflichtet, über die Verwertung von Vertragsgegenständen gesondert Buch zu führen, und zwar in der Weise, dass die genaue Menge der von ihr aufgrund dieses Vertrages verwerteten Vertragsgegenstände, die Empfänger und Lieferdaten sowie sonstige wesentliche Umstände ersichtlich sind.

4.5 Jede Vertragspartei ist berechtigt, die Richtigkeit der Buchführung und ihre Übereinstimmung mit der allgemeinen Buchführung der anderen Vertragspartei durch einen zur Verschwiegenheit verpflichteten Wirtschaftsprüfer prüfen zu lassen. Die Kosten der Überprüfung trägt die prüfende Vertragspartei, bei der Aufdeckung von Abweichungen von mehr als 1.000 EUR trägt die überprüfte Partei die Kosten."

Beispiel 3

„Vertrag über Gemeinschaftserfindungen

. . . .
. . . .
. . . .

6. Nutzungsrecht/Lizenzgebühren/Zahlung/Buchführung/Buchprüfung

6.1 Jede Vertragspartei und ihre verbundenen Gesellschaften haben das Recht zur Nutzung der Vertragsschutzrechte für interne wissenschaftliche Zwecke, ohne dass das Einverständnis der anderen Vertragspartei zu dieser Vorgehensweise eingeholt werden muss.

6.2 A) ist berechtigt, Dritten ausschließliche oder nichtausschließliche, unterlizenzierbare Nutzungsrechte an den Vertragsschutzrechten auf den Anwendungsgebieten, ... Produkte , ..., ... Elemente im Automobil, Telekommunikationsprodukte, außer für die unter 6.4 genannten Produkte und Produktgruppen, zu gewähren, ohne dass das Einverständnis der B) hierzu eingeholt werden muss.

6.3 A) und B) sind jeweils berechtigt, Dritten nichtausschließliche unterlizenzierbare Nutzungsrechte an den Vertragsschutzrechten auf dem Anwendungsgebiet zu gewähren, ohne dass das Einverständnis der anderen Vertragspartei eingeholt werden muss.

6.4 A) und B) sind jeweils mit Zustimmung des anderen Vertragspartners berechtigt, Dritten nichtausschließliche, unterlizenzierbare Nutzungsrechte an den Vertragsschutzrechten auf den Anwendungsgebieten .... (incl. .... systeme), Komponenten für den wissenschaftlichen Gerätebau (z.B. .... -Linsen, ..., ..., und .... -Systeme (außer .... -Elementen in Automobilen) zu gewähren.

6.5 Außerhalb der Anwendungsgebiete gem. 6.2 und 6.4 ist grundsätzlich jede Vertragspartei berechtigt, nichtausschließliche, unterlizenzierbare Nutzungsrechte an den Vertragsschutzrechten zu gewähren, A) jedoch nur nach vorheriger schriftlicher Zustimmung der B).

6.6 Die andere Vertragspartei ist in den Fällen gem. 6.2, 6.3, und 6.4 darüber, dass Nutzungsrechte erteilt werden sollen bzw. wurden, zu informieren. B) und A) stimmen Art und Höhe der Lizenzgebühren, die die Lizenznehmer zahlen sollen in den Fällen gem. 6.3 und 6.4 jeweils kurzfristig ab.

6.7 Wenn eine der Vertragsparteien selbst die Vertragsschutzrechte verwertet (z.B. Herstellen, Herstellenlassen, Verkauf, Verkaufenlassen), zahlt sie an die andere Vertragspartei eine Vergütung, die einer fiktiven Lizenzgebühr von 2% (der Mitinhaberanteil von 50% wurde hierbei bereits berücksichtigt) des Nettoverkaufspreises (Endkundenpreis abzüglich Fracht, Versicherung, Verpackung, Steuern, Zölle; andere Abzüge sind nicht gestattet) jedes Produkts, das einen Teil der bzw. die Vertragsschutzrechte in irgendeiner Weise benutzt.

6.8 Lizenzeinnahmen gem. 6.2 bis 6.5 werden nach Abzug der Kosten des lizenzgebenden Partners jeweils hälftig geteilt. Die Zahlung an den jeweils anderen Partner erfolgt gem. 6.8.

6.9 Die Vergütungen gem. 6.1 sind kalenderjährlich entsprechend den Inhaberanteilen (je 50%) abzurechnen, und zwar jeweils bis zum 31.1. des darauffolgenden Jahres und bis zum 15.2. jeden Jahres anteilig an B) bzw. A) zu zahlen. Jede Vertragspartei trägt nur die Erfindervergütung für ihre Erfinder.

6.9.1 Die jeweilige Zahlung ist frei von Steuern, Gebühren und sonstigen Abzügen zuzüglich der geltenden Umsatzsteuer zu leisten auf das Konto:

Bank _____

BLZ _____

Konto-Nr. _____

der _____

Bank _____

BLZ _____

Konto-Nr. _____

der _____

Die Gutschrift auf dem vorgenannten Konto ist für den Zeitpunkt der Fälligkeit der Zahlung maßgeblich. Ab dem Fälligkeitstag werden Verzugszinsen in Höhe von 8,0% über dem jeweiligen Basiszinssatz der Deutschen Bundesbank berechnet, ohne dass es einer Mahnung bedarf. Höhere Zinsen können bei Nachweis berechnet werden.

6.9.2 Jede Vertragspartei ist verpflichtet, über die Verwertung von Vertragsgegenständen gesondert Buch zu führen, und zwar in der Weise, dass die genaue Menge der von ihr aufgrund dieses Vertrages verwerteten Vertragsgegenstände, die Empfänger und Lieferdaten sowie sonstige wesentliche Umstände ersichtlich sind.

6.9.3 Jede Vertragspartei ist berechtigt, die Richtigkeit der Buchführung der anderen Vertragspartei durch einen zur Verschwiegenheit verpflichteten Wirtschaftsprüfer prüfen zu lassen. Die Kosten der Überprüfung trägt die prüfende Vertragspartei, bei der Aufdeckung von Abweichungen von mehr als 1.000 EUR trägt die überprüfte Partei die Kosten."

Beispiel 4

„Vertrag über Gemeinschaftserfindungen

. . . .
. . . .
. . . .

5. Nutzungsrechte/Lizenzgebühren/Zahlung/Buchführung/Buchprüfung

5.1 Jede Vertragspartei und ihre verbundenen Gesellschaften haben das Recht zur eigenen Verwertung (z.B. Herstellen, Vertreiben) der Vertragsschutzrechte, ohne dass das Einverständnis der anderen Vertragspartei zu dieser Vorgehensweise eingeholt werden muss. A) hat allein das Recht, die Vertragsschutzrechte selbst und/oder durch Lizenznehmer verwerten zu lassen. Diese ausschließliche Lizenz gilt bis zum . . . . (= fünf Jahre nach Abnahmedatum der Ergebnisse des in I.2 genannten Projekts). Nach diesem Zeitpunkt ist jede Vertragspartei berechtigt, ohne vorherige Zustimmung der anderen Vertragspartei Lizenzen an Dritte zu erteilen. Lizenzgebühren für Lizenznehmer werden zwischen den Vertragsparteien im Einzelfall kurzfristig abgestimmt und stehen jeder Vertragspartei zu 50% zu. A) zahlt ab diesem Zeitpunkt 55%, B) 45% der Kosten für die Vertragsschutzrechte. Diese Kostenaufteilung berücksichtigt die Verwaltungsarbeit der B) bzgl. der Vertragsschutzrechte.

5.2 Verwertet (z.B. Herstellen, Vertreiben, Lizenzen, Unterlizenzen) A) die Vertragsschutzrechte, zahlt sie an B) eine Lizenzgebühr von 5,0% des Nettoverkaufspreises (Verkaufspreis, den Endkunde zahlt, abzüglich Fracht, Versicherung, Verpackung, Steuern, Zölle; andere Abzüge sind nicht gestattet) jedes selbst oder durch Dritte verwerteten Vertragsgegenstandes, der von den Vertragsschutzrechten erfasst ist.

5.3 Ferner zahlt A) 100% der Patentkosten gem. II.2.3.

5.4 Jede Partei trägt nur die Erfindervergütungen für ihre eigenen Erfinder.

5.5 Die Lizenzeinnahmen gem. II.3.1, 3.2 sind kalenderjährlich abzurechnen, und zwar jeweils bis zum 31.1. des darauffolgenden Jahres und bis zum 15.2. jeden Jahres an A) bzw. B) auf folgendes Konto zu zahlen:

Bank _____
BLZ _____
Konto-Nr. _____
der _____
Bank _____
BLZ _____
Konto-Nr. _____
der _____

Die Gutschrift auf dem vorgenannten Konto ist für den Zeitpunkt der Fälligkeit der Zahlung maßgeblich. Ab dem Fälligkeitstag werden Verzugszinsen in Höhe von 8,0% über dem jeweiligen Basiszinssatz der Deutschen Bundesbank berechnet, ohne dass es einer Mahnung bedarf. Höhere Zinsen können bei Nachweis berechnet werden.

5.6 Jede Vertragspartei ist verpflichtet, über die Verwertung von Vertragsgegenständen gesondert Buch zu führen, und zwar in der Weise, dass die genaue Menge der von ihr aufgrund dieses Vertrages verwerteten Vertragsgegenstände, die Empfänger und Lieferdaten sowie sonstige wesentliche Umstände ersichtlich sind.

5.7 Jede Vertragspartei ist berechtigt, die Richtigkeit der Buchführung und ihre Übereinstimmung mit der allgemeinen Buchführung der anderen Vertragspartei durch einen zur Verschwiegenheit verpflichteten Wirtschaftsprüfer prüfen zu lassen. Die Kosten der Überprüfung trägt die prüfende Vertragspartei, bei der Aufdeckung von Abweichungen von mehr als 1.000 EUR trägt die überprüfte Partei die Kosten."

Beispiel 5

„Vertrag über Gemeinschaftserfindungen

....

....,...............................

....

6. Nutzungsrechte/Lizenzgebühren/Zahlung/Buchführung/Buchprüfung

6.1 Jede Vertragspartei und ihre verbundenen Gesellschaften haben das Recht zur eigenen Verwertung (z. B. Herstellen, Vertreiben) der Vertragsschutzrechte A) und B), ohne dass das Einverständnis der anderen Vertragspartei zu dieser Vorgehensweise eingeholt werden muss, und ist bzw. sind berechtigt, Dritten nichtausschließliche unterlizenzierbare Lizenzen an den Vertragsschutzrechten ohne vorheriges schriftliches Einverständnis der anderen Vertragspartei zu erteilen. Lizenzeinnahmen stehen A) und B) ohne Abzug von Kosten zu je 50% zu.

6.2 Verwertet (z. B. Herstellen, Vertreiben) A) (B hat als Forschungsgesellschaft keine eigene Produktion) die Vertragsschutzrechte selbst, zahlt sie an B) eine fiktive Lizenzgebühr von 4,0% des Nettoverkaufspreises (Verkaufspreis, den Endkunde zahlt, abzüglich Fracht, Versicherung, Verpackung, Steuern, Zölle; andere Abzüge sind nicht gestattet) jedes verwerteten Vertragsgegenstandes .... gemäß Vertragsschutzrechten und/oder, der von den Vertragsschutzrechten erfasst ist. Die Lizenzgebühr von 4,0% entspricht nach Auffassung beider Parteien dem Anteil eines üblichen Lizenzsatzes, der die Aufteilung der Inhaberschaft der Vertragsparteien an den Vertragsschutzrechten berücksichtigt.

6.3 Jede Partei trägt nur die Erfindervergütungen für ihre eigenen Erfinder.

6.4 Die Lizenzeinnahmen gem. 6.1, 6.2 sind kalenderjährlich abzurechnen, und zwar jeweils bis zum 31.1. des darauffolgenden Jahres und bis zum 15.2. jeden Jahres anteilig an A) bzw. B) auf folgende Konten zu zahlen:

Bank _____

BLZ _____

Konto-Nr. _____

der _____

Bank _____

BLZ _____

Konto-Nr. _____

der _____

Die Gutschrift auf dem vorgenannten Konto ist für den Zeitpunkt der Fälligkeit der Zahlung maßgeblich. Ab dem Fälligkeitstag werden Verzugszinsen in Höhe von 8,0% über dem jeweiligen Basiszinssatz der Deutschen Bundesbank berechnet, ohne dass es einer Mahnung bedarf. Höhere Zinsen können bei Nachweis berechnet werden.

6.5 Jede Vertragspartei ist verpflichtet, über die Verwertung von Vertragsgegenständen gesondert Buch zu führen, und zwar in der Weise, dass die genaue Menge der von ihr aufgrund dieses Vertrages verwerteten Vertragsgegenstände, die Empfänger und Lieferdaten sowie sonstige wesentliche Umstände ersichtlich sind.

6.6 Jede Vertragspartei ist berechtigt, die Richtigkeit der Buchführung und ihre Übereinstimmung mit der allgemeinen Buchführung der anderen Vertragspartei durch einen zur Verschwiegenheit verpflichteten Wirtschaftsprüfer prüfen zu lassen. Die Kosten der Überprüfung trägt die prüfende Vertragspartei, bei der Aufdeckung von Abweichungen von mehr als 1.000 EUR, trägt die überprüfte Partei die Kosten."

Beispiel 6

„Vertrag über Gemeinschaftserfindungen

....
....
....

Art. 4: Use

A) and its Related Companies, as well as B) and its Related Companies, shall principally be entitled to use the Property Right, manufacture or have manufactured the Proprietary Products, free of any charge.

If the profit for the parties of the contract are very unbalanced so that one party has a great disadvantage when all circumstances are considered and if the one party wishes to negotiate a agreement, then the parties of the contract will negotiate a agreement to compensate the eventual disadvantage of the one party. The compensation of the eventual disadvantage will be up to the half of the usual licence fees.

For shipments and deliveries to A) and Related Companies, B) and its Related Companies shall neither directly nor indirectly apply any markup for the use of the Property Right in their price of the Proprietary Products.

Art. 5: Inventor awards

Each party hereto will bear any compensation due to its own employees regarding the use of the Property Right."

Beispiel 7

„Vertrag über Gemeinschaftserfindungen

....
....
....

7. Nutzungsrechte/Lizenzgebühren/Zahlung/Buchführung/Buchprüfung

7.1 Jede Vertragspartei und ihre verbundenen Gesellschaften haben das Recht zur internen wissenschaftlichen Nutzung der Vertragsschutzrechte, ohne dass das Einverständnis der anderen Vertragspartei zu dieser Vorgehensweise eingeholt werden muss. A) erhält eine ausschließliche Lizenz zur Verwertung der Vertragsschutzrechte und ist berechtigt, Dritten unterlizenzierbare Nutzungsrechte an den Vertragsschutzrechten zu gewähren. Lizenz- und Unterlizenzeinnahmen der A) stehen B) zu 70% zu.

7.2 Verwertet (z. B. Herstellen, Vertreiben) A) die Vertragsschutzrechte selbst, zahlt sie an B) eine nicht anrechenbare und nicht rückzahlbare einmalige Gebühr von . . . . EUR, auf das B)-Konto (II.6.4.) innerhalb von drei Wochen nach Vertragsunterzeichnung und eine fiktive Lizenzgebühr von 5,5% des Nettoverkaufspreises (Verkaufspreis, den Endkunde zahlt, abzüglich Fracht, Versicherung, Verpackung, Steuern, Zölle) jedes verwerteten Vertragsgegenstandes, der von den Vertragsschutzrechten erfasst ist. Bei der Bemessung der Lizenzgebühr von 5,5% (dieser Prozentsatz entspricht nach Auffassung beider Parteien ca. der Hälfte eines üblichen Lizenzsatzes) wurde die Mitinhaberschaft jeder Vertragsparteien an den Vertragsschutzrechten berücksichtigt.

7.3 Jede Partei trägt nur die Erfindervergütungen für ihre eigenen Erfinder.

7.4 Die umsatzabhängigen Lizenzeinnahmen gem. 6.1, 6.2 sind kalenderjährlich abzurechnen, und zwar jeweils bis zum 31.1. des darauffolgenden Jahres und bis zum 15.2. jeden Jahres an B) auf das folgende Konto zu zahlen:

Bank _____

BLZ _____

Konto-Nr. _____

der _____

Die Gutschrift auf dem vorgenannten Konto ist für den Zeitpunkt der Fälligkeit der Zahlung maßgeblich. Ab dem Fälligkeitstag werden Verzugszinsen in Höhe von 8,0% über dem jeweiligen Basiszinssatz der Deutschen Bundesbank berechnet, ohne dass es einer Mahnung bedarf. Höhere Zinsen können bei Nachweis berechnet werden. A) ist nur berechtigt, mit unbestrittenen oder rechtskräftig festgestellten Forderungen aufzurechnen.

7.5 A) ist verpflichtet, über die Verwertung von Vertragsgegenständen gesondert Buch zu führen, und zwar in der Weise, dass die genaue Menge der von ihr aufgrund dieses Vertrages verwerteten Vertragsgegenstände, die Empfänger und Lieferdaten sowie sonstige wesentliche Umstände ersichtlich sind.

7.6 B) ist berechtigt, die Richtigkeit der Buchführung und ihre Übereinstimmung mit der allgemeinen Buchführung der A) durch einen zur Verschwiegenheit verpflichteten Wirtschaftsprüfer prüfen zu lassen. Die Kosten der Überprüfung trägt B), bei der Aufdeckung von Abweichungen von mehr als 1.000 EUR trägt A) die Kosten."

Beispiel 8

„Vertrag über Patente (Gemeinschaftserfindungen), Know-how, Urheberrechte

. . . .
. . . .
. . . .

II. Definitionen

. . . .
. . . .
. . . .

4. ‚Vertragsschutzrechte' sind die in der Präambel aufgeführte Patentanmeldung, darauf basierende Schutzrechtsanmeldungen und Schutzrechte einschließlich der Urheberrechte der B) an dem in I.2 genannten Computerprogramm (Anlage A).

5. ‚Vertrags-Know-how' ist das geheime und wesentliche Know-how der B) gem. Anlage A.

6. ‚Computerprogramm' ist das Computerprogramm X) gem. Anlage A.

7. ‚Anwendungsgebiet' ist der Bereich . . . .

8. ‚Verwerten' ist das Gebrauchen, Herstellen, Herstellenlassen im Wege der verlängerten Werkbank, Anbieten, Inverkehrbringen, Verkaufen, Vermieten, Verleasen und sonstige entgeltliche Verwertungen. Unter entgeltliche Verwertung fallen auch Gegenleistungen, die im Zusammenhang mit Cross-Lizenzen, Nichtangriffsvereinbarungen und allen anderen Verträgen mit Dritten, die eine negative oder positive Lizenz enthalten oder aufgrund von Gerichts- (vor ordentlichen Gerichten und/oder Schiedsgerichten) und/oder gerichtlichen und/oder außergerichtlichen Vergleichsverfahren in Verbindung mit der Nutzung der Vertragsschutzrechte und/oder des Know-how erzielt werden.

7. ‚Nettoverkaufspreis' ist der Preis, der vom Endkunden für Vertragsgegenstände bezahlt wird abzüglich Fracht, Verpackung, Versicherung, Zölle, Steuern (andere Abzüge sind nicht gestattet).

III. Vertragsinhalt

Art der Lizenz

A) und B) sind Mitinhaber (B 70%/A 30%) der Vertragsschutzrechte, die die in I.1.1 genannte Patentanmeldung und darauf basierende Schutzrechtsanmeldungen und Schutzrechte betreffen.

....
....
....

8. Lizenzgebühr

8.1 Für das Recht, an den Vertragsschutzrechten auf dem Anwendungsgebiet ausschließliche (Unter-)Lizenzen erteilen zu können, zahlt A) an B) nicht anrechenbare und nicht rückzahlbare Lizenzgebühren:
Vertragsgegenstände je Vertragsgegenstand
1–5 150.000,– EUR
6–20 200.000,– EUR,
21–30 10% des Nettoverkaufspreises, mindestens aber 250.000,– EUR,
>30 8% des Nettoverkaufspreises, mindestens aber 200.000,– EUR.
Bei den Lizenzgebührenzahlungen haben die Vertragsparteien berücksichtigt, dass A) bereits gegenüber der Firma R) bzgl. der Vertragsgegenstände Investitionen vorgenommen hatte.

8.2 Eine Unterlizenznehmer-Gebühr in Höhe von 50% der von einem Unterlizenznehmer an A) für die Einräumung einer Unterlizenz gezahlten Einstandsgebühren, mindestens aber die Zahlung der Umsatzlizenzgebühren gem. III.8.1.

8.3 Wenn A) oder B) von einem Dritten wegen Verletzung von Schutzrechten des Dritten verklagt wurden, werden vom Zeitpunkt der Zustellung einer Klage die ab diesem Zeitpunkt fälligen Lizenzgebühren gem. III.8 auf ein Notaranderkonto gezahlt. Nach rechtskräftigem Abschluss des Verfahrens wird der hinterlegte Betrag an B) gezahlt. Dies gilt nicht, wenn aufgrund einer rechtskräftigen Entscheidung Zahlungen an den Dritten von A) zu leisten sind. Diese Zahlungen werden von dem an B) zu zahlenden Betrag abgezogen.
Wenn A) wegen Verletzung von Schutzrechten Dritter mit den Dritten einen Vergleich schließt, der Zahlungen von A) beinhaltet, gelten die vorstehenden Regelungen entsprechend.

9. Zahlungen

9.1 A) teilt B) bis spätestens zum 10.1., 10.4., 10.7., 10.10. jedes Kalenderjahres die Anzahl der verwerteten Vertragsgegenstände unter Beifügung der Kopien der jeweiligen Rechnungen von A) an ihre Kunden für das vorangegangene Kalendervierteljahr mit. B) erstellt daraufhin A) eine ordnungsgemäße Rechnung. A) zahlt den in Rechnung gestellten Betrag (III.8.1, 8.2) innerhalb von vier Wochen nach Absendedatum der Rechnung.

9.2 Die Zahlungen sind zuzüglich der jeweils geltenden Umsatzsteuer zu leisten auf das Konto:

Bank _____

BLZ _____

Konto-Nr. _____

der _____

10. Buchführung

10.1 B) hat das Recht, die Buchführung von A) durch einen zur Berufsverschwiegenheit verpflichteten Wirtschaftsprüfer oder Steuerberater untersuchen und überprüfen zu lassen, soweit die Buchführung die Abrechnung der Vergütung gem. III.8.1, 8.2 betrifft.

10.2 Die Kosten hierfür trägt B), es sei denn, dass Abweichungen in Höhe von mindestens 5.000 EUR zu Ungunsten von A) festgestellt werden."

II. Mediation et al. – Möglichkeiten der ADR

1. Vor- und Nachteile der häufigsten ADR-Mittel

Im Folgenden werden die Vor- und Nachteile der in der Praxis häufigsten **464** ADR-Mittel kurz vorgestellt

a) Verhandlungen

Vorteile (z.B.) **465**
- Eigenverantwortung der Parteien
- preiswert
- geheim
- Geschäftsbeziehungen auch in der Zukunft

Nachteile (z. B.)
- Bei Streit oft keine Einigung mehr möglich
- Emotionen, die die Geschäftsbeziehung in der Zukunft belasten
- Keine Geschäftsbeziehung mehr

b) Mediation

466 Definition
- Mediation ist ein FREIWILLIGES Verfahren, bei dem ein NEUTRA-LER Dritter (Mediator) die Parteien dabei UNTERSTÜTZT, ihre IN-TERESSEN zu identifizieren & ZUKUNFTSORIENTIERT zu berücksichtigen.
- Der Mediator ist z. B. kein (Schieds-)Richter, kein Schlichter, kein (Schieds-)Gutachter!
- Bundesverfassungsgericht (BvR 135/01, 14.2.2007): „Eine zunächst streitige Problemlage durch eine umständliche Lösung zu bewältigen, ist auch in einem Rechtsstaat grundsätzlich vorzugswürdig gegenüber einer rechtlichen Streitentscheidung."

Vorteile
- selbstbestimmte Entscheidung
- schnell
- preiswert
- geheim

Nachteile
- keine Entscheidung

c) Schiedsgericht

467 Vorteile
- ein oder drei Schieds*richter* (oft Rechtsanwälte/Richter) führen „neutrale" Entscheidung (Schiedsspruch = „Urteil") herbei
- Beginn des Verfahrens innerhalb weniger Tage/ Wochen, nur eine Instanz
- geheimes Verfahren
- preiswert, da nur eine Instanz

Nachteile
- Schiedsrichter oft keine technische/ wirtschaftliche Kompetenz
- Juristen neigen zum „Streiten" (Rechtsanwalt wird in DE zum Richter erzogen „Befähigung zum Richteramt")

– wenn nur ein Schiedsrichter, „willkürliche" Entscheidung der Richter ohne Einfluss der Parteien
– nur eine Instanz
– wenn streitwertabhängiges Verfahren, nicht unbedingt preiswerter als 1. Instanz bei einem staatlichen Gericht
– kann auch sehr lang dauern
– erhebliche Emotionen

d) Staatliches Gericht

Vorteile   **468**
– drei Berufsrichter (= Juristen)
– drei Instanzen (= Filter für „gerechte" Entscheidung)
– neutrale Entscheidung
– Beweiserhebung durch objektive Dritte + Beweiserhebung sonst nicht möglich
– Druck durch öffentliches Verfahren („schlechte Presse" für Wettbewerber führt zu Konsumverzicht Wettbewerbsprodukten)
– Wettbewerber kann vom Markt ausgeschlossen werden
– evtl. „Sieg" durch Prozesskostendruck in drei Instanzen
– Präzedenzfall schaffen „Gemeinkosten" – Urteil des BGH
– Verhandlungszwang durch Klageerhebung

Nachteile
– Richter oft keine technische/ wirtschaftliche Kompetenz
– „willkürliche" Entscheidung der Richter ohne Einfluss der Parteien
– lange Prozessdauer (1. mündliche Verhandlung > DE: nach 9–12 Monaten – Prozessdauer durch 3 Instanzen 8–10 Jahre > Italien: mehrere Jahre bis zum Verhandlungsbeginn > Indien: 20 Jahre)
– teuer, wenn drei Instanzen und viele Beweismittel („discovery" in USA; Zeugen/Sachverständige/Gutachten)
– öffentliches Verfahren
– erhebliche Emotionen über sehr langen Zeitraum

2. LL GVO TT und LL HZ

Die LL GVO TT und die LL HZ enthalten letztlich nur wenige Hinweise **469**
auf die Möglichkeiten der Streitschlichtung bei FRAND-Streitigkeiten.
Die LL GVO TT erwähnt im Abschnitt „Auswahl und Aufgabe unabhängiger Sachverständiger"[92] die Sachverständigen nur im Zusammenhang

---

92 Rn. 256 f.

mit der Gründung und Verwaltung eines Technologiepools. Es wird insoweit beispielhaft auf die sachverständige Beurteilung, ob eine Technologie standardessenziell ist, hingewiesen. Die Rn. 258 ist dagegen erheblich weiter gefasst:

470 „Schließlich sind alle Streitbeilegungsverfahren, die möglicherweise in den Gründungsurkunden vorgesehen sind, von Bedeutung und sollten berücksichtigt werden. Eine unabhängige Streitbeilegung ist wahrscheinlicher, je unabhängiger die mit der Streitbeilegung betrauten Gremien oder Personen vom Pool und seinen Mitgliedern sind."

471 Die LL HZ stellen allgemein

– auf Rechtsstreitigkeiten[93] und

– darauf ab, „dass diese Leitlinien keine vollständige Liste aller in Frage kommenden Methoden für die Prüfung enthalten, ob überhöhte Lizenzgebühren verlangt werden".[94]

472 Die LL HZ verweisen dagegen konkret

– auf Sachverständigengutachten bzgl. der Untersuchung des „objektiven Stellenwerts der Rechte des geistigen Eigentums und deren Notwendigkeit für die betreffende Norm"[95] und

– auf die „Möglichkeit der Beteiligten, die zuständigen Zivil- und Handelsgerichte zur Beilegung von Streitfällen betreffend die Höhe der FRAND-Gebührensätze anzurufen" hin.[96]

473 Es werden also ausdrücklich z.B. keine Verhandlungen und auch insbesondere keine Schiedsgerichts- und Mediationsverfahren genannt, obwohl auch diese Möglichkeiten schon seit geraumer Zeit genutzt werden.

3. Communication der Europäischen Kommission vom 29.11.2017

474 Die schon öfter genannte Communication vom 29.11.2017 enthält – wie bereits oben erwähnt – im Abschnitt 3.4 unter der Überschrift „ALTERNATIVE DISPUTE RESOLUTION"

---

93 LL HZ Rn. 289.
94 LL HZ Rn. 290 S. 5.
95 LL HZ Rn. 290.
96 Rn. 291 der LL HZ.

– einen konkreten Hinweis auf „mediation and arbitration" als schnellere („swifter") und kostengünstigere („less costly") Streitbeilegungsmöglichkeiten und
– es wird ausdrücklich auf das Arbitration and Mediation Centre des
UPC und
– das (seit sehr Langem) bereits existierende (und sehr gut und erfolgreich arbeitende) WIPO Arbitration and Mediation Center verwiesen.[97]

4. Queen Mary University of London, Pre-empting and Resolving Technology, Media and Telecoms Disputes – International Dispute Resolution Survey, London, November 2016

Die Zusammenfassung dieses aktuellen Reports[98], an dem auch der Au-   **475**
tor als einer von 343 Befragten und einer von 62 persönlich Interviewten
gerne teilgenommen hat, zeigt insbesondere den Wandel bei der Herangehensweise an Streitigkeiten:

„Business may need swifter solutions that neither litigation nor arbitration alone can provide"

Die wesentlichen Ergebnisse der Studie sind :   **476**

Types of TMT dispute

– This year's survey focussed on one area of disputes. However, the results showed a wide variety of potential dispute types related to technology matters. Respondents indicated experience of at least 17 different types of TMT related dispute
– There are a variety of reasons for disputes arising in relation to IP, IT
implementation programmes, data related issues, reputation management issues and outsourcing programmes
– TMT disputes are high risk and high-value, particularly in Europe and
North America: many involve sums in excess of US $ 100 m
– Predicted future areas for disputes are: IP, collaborations and data/se-
curity issues

---

97 Teil D I. 1. c
98 S. 6 des Reports.

In-house dispute resolution policies and preferences

- 75% of organisations surveyed had a dispute resolution (DR) policy
- Within DR policies mediation is the most encouraged mechanism, followed by arbitration
- Where a DR policy specifies arbitration, the three most important elements are: institution, seat, and confidentiality
- IT and Telecoms suppliers were less in favour of arbitration, preferring litigation and expert determination respectively
- When assessed at an all-respondents level (i. e. including private practitioners and other dispute resolution practitioners), arbitration is the most preferred DR method for TMT disputes. Court litigation is the least desirable method
- There is a lack of familiarity with mediation, particularly within civil jurisdictions

Dispute resolution mechanisms in practice

- Not all disputes progress to a binding decision. 41% of all disputes were settled via an amicable settlement
- The decision whether to initiate litigation or arbitration is a Board issue
- Whether or not a matter progresses to litigation or arbitration ultimately depends on legal and commercial factors
- Arbitration was most preferred but litigation was the most used
- Decisions are determined primarily by costs and legal merits and the parties' relationship

Suitability of international arbitration for TMT disputes (present and future)

- 92% of respondents indicated that international arbitration is well suited for TMT disputes
- Despite some criticisms and acknowledgement of opportunities for improvements, 82% of respondents believe there will be an increase in the use of international arbitration
- The attractive features are: enforceability, the ability to avoid a foreign jurisdiction, expertise of the decision maker and confidentiality/ privacy
- There is a desire to use technology to improve the international arbitration process

Choosing the player

- Expertise in the arbitral process and technical knowledge of the industry are both important to selecting external counsel and arbitrators
- Geography is a determining factor both in selecting the institution and in appointing counsel in the same jurisdiction as the contract governing law
- The most used institutions for TMT disputes are: ICC, WIPO, LCIA and SIAC. WIPO is more favoured in relation to IP matters

5. WIPO ADR for FRAND Disputes

Abschließend wird ausdrücklich auf die Regeln der WIPO ADR for Frand Disputes verwiesen, die aufgrund der wachsenden Bedeutung der FRAND-Problematik vom WIPO AMC initiiert wurden, um geeignete und auf diese spezielle Art von Streitigkeiten zugeschnittene Regelungen anbieten zu können.[99] **477**

III. Ausblick

Angesichts der Vielzahl der einzelnen – hier nur teilweise aufgeführten Aspekte –, die von den sich über FRAND-Lizenzgebühren streitenden Parteien, ihren Beratern und den vermittelnd (z.B. Mediatoren, Schlichter) und/oder sachverständig Tätigen und/oder entscheidenden Spruchkörpern (z.B. Kartellbehörden, Schiedsgerichte und staatliche Gerichte) beachtet werden müssen, sollten schon jetzt alle diese Möglichkeiten in ihrer gesamten Bandbreite („Konfliktmanagementsysteme") genutzt werden, um für Streitigkeiten gerade im Hinblick auf 5G und IoT schnell, kostengünstig und effektiv bei Bedarf agieren zu können. **478**

---

99 S. Anhang 3 c). Der folgende Disclaimer gilt für diese Regelungen: „Unless specified otherwise in particular terms of use, anyone may reproduce, distribute, adapt, translate and publicly perform the content on this website, without explicit permission, provided that the content is accompanied by an acknowledgement that WIPO is the source and that it is clearly indicated if changes were made to the original content. This is in line with the Creative Commons – Attribution (BY) 3.0 IGO – license.
All the info is here, if you/they need more to work with:
http://www.wipo.int/tools/en/disclaim.html."

Anhang

Anhang 1: Mediationsordnung IHK-MediationsZentrum

Das MediationsZentrum der IHK für München und Oberbayern (www.muen
chen.ihk.de) autorisierte zur Veröffentlichung der folgenden Mediationsordnung:

Mediationsordnung

Präambel

Die Mediation ist ein vertrauliches und strukturiertes Verfahren, bei dem die Parteien mit Hilfe eines oder mehrerer Mediatoren[1] freiwillig und eigenverantwort-
lich eine einvernehmliche Beilegung ihres Konfliktes anstreben.

Bei der IHK für München und Oberbayern besteht seit 2006 das MediationsZentrum. Dieses

- berät umfassend über Mediation und andere Verfahren der außergerichtlichen
  Konfliktbeilegung,
- bietet Musterklauseln für Verfahren der außergerichtlichen Streitbeilegung,
- unterstützt bei der Anbahnung von Mediationsverfahren,
- berät bei der Mediatorenauswahl und benennt qualifizierte Mediatoren,
- administriert Mediationsverfahren,
- stellt geeignete Räume mit Ausstattung für Verhandlungen zur Verfügung,
- erteilt als anerkannte Gütestelle vollstreckbare Titel über abgeschlossene
  Vergleiche.

Die Verhandlungen können entweder als Präsenzmediation geführt werden oder
im Wege der telefonischen Vermittlung durch den Mediator.

Das IHK-MediationsZentrum befindet sich in der Balanstraße 55–59,
81541 München.

Geschäftsstelle: Ulrike Augustin
Telefon: 089/5116-1256, Fax: 089/5116-81256,
E-Mail: Ulrike.Augustin@muenchen.ihk.de

Leitung: Assessor Volker Schlehe
Telefon: 089/5116-1254, Fax: 089/5116-81254,
E-Mail: Volker.Schlehe@muenchen.ihk.de

---

1 Soweit in dieser Mediationsordnung der Begriff Mediator verwendet wird, ist damit sowohl die weibliche Bezeichnung als auch die Ein- und Mehrzahl (Co-Mediatoren) gemeint.

Anhang 1 IHK-MediationsZentrum

§ 1 Zuständigkeit

1. Diese Mediationsordnung findet bei Wirtschaftskonflikten aller Art Anwendung, wenn die Parteien die Durchführung eines Mediationsverfahrens nach dieser Verfahrensordnung vereinbart haben. Eine solche Vereinbarung kann jederzeit schriftlich abgeschlossen werden. Bei Bedarf unterstützt das MediationsZentrum die Parteien beim Abschluss der Vereinbarung.
2. Das MediationsZentrum ist zuständig, wenn mindestens eine Partei einer deutschen IHK angehört. In diesem Fall ist es auch zuständig bei innerbetrieblichen, nachfolgerelevanten oder gesellschaftsrechtlichen Streitigkeiten in einem Unternehmen.
3. Soweit die Parteien nichts anderes vereinbart haben, findet die bei Einleitung eines Mediationsverfahrens gültige Mediationsordnung Anwendung.
4. Das MediationsZentrum ist auch zuständig, wenn die Anwendung der Verfahrens und Schlichtungsordnung vom 1.7.1998 der gemeinsamen Schlichtungsstelle der IHK München und des Münchener AnwaltVereins e. V. zur Beilegung kaufmännischer Streitigkeiten oder die frühere Verfahrensordnung des MediationsZentrums vom Dezember 2005 vereinbart wurde.

§ 2 Einleitung und Beginn des Verfahrens

1. Das Verfahren wird durch den Antrag auf Durchführung des Mediationsverfahrens mindestens einer Partei beim MediationsZentrum eingeleitet. Der Antrag muss schriftlich, per Telefax oder elektronisch gemäß § 126a BGB erfolgen und ist an folgende Adresse zu richten:

IHK-MediationsZentrum
Balanstraße 55–59   Telefon: 089 5116-1256 oder 5116-1254
81541 München   Telefax: 089 5116-81256 oder 5116-81254

2. Der Antrag soll enthalten:
   a) Namen, Anschrift, Telefon und ggf. weitere Kontaktdaten der Parteien und etwaiger Verfahrensbevollmächtigter,
   b) eine kurze verständliche Darstellung des Sachverhalts,
   c) soweit möglich Angaben zur Höhe des Streitwertes,
   d) Vorlage einer Mediationsvereinbarung, sofern vorhanden,
   e) Erklärung, dass diese Mediationsordnung für ihn/sie gelten soll, soweit sich dies nicht bereits aus einer vorhandenen Mediationsvereinbarung ergibt,
   f) Erklärung, ob die Parteien selbst einen (oder mehrere Mediatoren) bestimmen, oder ob das MediationsZentrum diese(n) auswählen und benennen soll sowie
   g) Angaben zum Anforderungsprofil des Mediators/der Mediatoren.
3. Das MediationsZentrum sendet den anderen Parteien den Antrag mit allen eingereichten Unterlagen zu, soweit diese nicht ausdrücklich als nur für den Mediator gekennzeichnet wurden. Die anderen Parteien erhalten Gelegen-

386

heit, den Sachverhalt aus ihrer Sicht gegenüber dem MediationsZentrum kurz darzustellen. Das Mediationsverfahren kann nur durchgeführt werden, wenn alle Parteien sich mit der Durchführung einverstanden erklärt haben; dies muss spätestens innerhalb der vom MediationsZentrum gesetzten Frist, die in der Regel 2 Wochen beträgt, erfolgen.

4. Das Mediationsverfahren beginnt, wenn die Voraussetzungen der §§ 1 und 2 Nr. 1–3 vorliegen und das Verfahrensentgelt einbezahlt ist. Das Mediations-Zentrum setzt die Parteien vom Beginn des Verfahrens in Kenntnis und teilt ihnen ggf. den benannten Mediator mit. Gleichzeitig übersendet es dem Mediator alle vorliegenden Unterlagen und fordert diesen zur Durchführung des Verfahrens auf.

5. Zwischen den Parteien und dem Mediator wird auf Grundlage dieser Verfahrensordnung ein Mediatorvertrag abgeschlossen. Der Mediator schickt auf Anforderung ein von allen Parteien unterschriebenes Exemplar an das MediationsZentrum.

6. Sofern das Verfahrensentgelt gemäß § 2 Nr. 4 Satz 1 trotz Mahnung nicht einbezahlt wird, teilt das MediationsZentrum den Parteien mit, dass eine Mediation nicht durchgeführt wird.

§ 3 Mediator

1. Die Aufgabe des Mediators beschränkt sich auf die Leitung und Durchführung des Mediationsverfahrens. Der Mediator ist allen Parteien gleichermaßen verpflichtet.

2. Die Parteien können einen oder mehrere Mediatoren selbst aussuchen. Hierbei kann das MediationsZentrum die Parteien beraten. Der Mediator muss die Voraussetzungen der Mediatorenordnung erfüllen.

3. Auf Wunsch der Parteien schlägt das MediationsZentrum geeignete Mediatoren aus dem Mediatorenpool zur Auswahl vor.

4. Wenn die Parteien eine direkte Benennung wünschen oder sich innerhalb von 3 Wochen ab Beginn des Verfahrens (§ 2 Nr. 4) nicht einigen können, erfolgt die Benennung des Mediators durch das MediationsZentrum, wobei die Vorstellungen der Parteien berücksichtigt werden.

5. Der Mediator hat gegenüber dem MediationsZentrum schriftlich zu erklären, dass er diese Verfahrensordnung anerkennt.

6. Die Parteien können einen Mediator jederzeit einvernehmlich wechseln. Dies ist dem MediationsZentrum mitzuteilen.

7. Der Mediator hat den Parteien alle Umstände offenzulegen, die seine Unabhängigkeit und Neutralität beeinträchtigen können. Er darf bei Vorliegen solcher Umstände nur als Mediator tätig werden, wenn die Parteien dem ausdrücklich zustimmen. Für ihn gelten die weitergehenden Regelungen nach § 3 Abs. 2–5 des Mediationsgesetzes. Ein Mediator ist verpflichtet zu prüfen, ob derartige Umstände vorliegen. Bei bloßen Zweifeln hat er das MediationsZentrum unverzüglich von sich aus zu informieren.

§ 4 Verfahrensablauf

1. Das Mediationsverfahren ist nicht öffentlich.
2. Der Mediator ist für den Ablauf der Mediation verantwortlich. Er fördert die Beilegung des Konflikts in jeder zweckmäßigen Art und Weise. Alle Parteien achten auf eine beschleunigte Durchführung des Verfahrens.
3. Der Mediator lädt zu einem oder mehreren Verhandlungstermin(en), an dem die Parteien persönlich oder ihre Vertreter mit umfassender Bevollmächtigung teilnehmen. Zeit und Ort der Verhandlung werden vom Mediator nach Rücksprache mit den Parteien festgesetzt.
4. Dritte können nur mit Zustimmung aller Parteien in die Mediation einbezogen werden.
5. Der Mediator vergewissert sich, dass die Parteien die Grundsätze und den Ablauf des Mediationsverfahrens verstanden haben und freiwillig an der Mediation teilnehmen.
6. Grundsätzlich findet das gesamte Mediationsverfahren in Gegenwart aller beteiligten Parteien statt. Soweit alle Parteien einverstanden sind, kann der Mediator vertrauliche Gespräche mit nur jeweils einer Partei führen (Einzelgespräche). Eine Information, die der Mediator dabei erhält, darf er einer anderen Partei nur mit ausdrücklicher Zustimmung der informationsgebenden Partei mitteilen.
7. Auf Antrag aller Parteien kann das MediationsZentrum in ein anderes außergerichtliches Streitbeilegungsverfahren überleiten.
8. Der Mediator ist nicht verpflichtet, ein Protokoll zu führen, sofern im Mediatorvertrag nichts anderes vereinbart wird.

§ 5 Beendigung des Verfahrens

1. Das Verfahren endet:
   a) durch die schriftliche Erklärung einer Partei oder des Mediators gegenüber dem MediationsZentrum, mit sofortiger Wirkung die Mediation beenden zu wollen.
   b) wenn die Parteien eine den Konflikt beendende Vereinbarung abgeschlossen haben.
   c) wenn die Parteien eine den Konflikt teilweise beendende Vereinbarung abgeschlossen haben und schriftlich erklären, dass sie das Verfahren mit Blick auf den übrigen Teil nicht fortsetzen wollen.
2. Das MediationsZentrum stellt die Verfahrensbeendigung schriftlich gegenüber allen Parteien und dem Mediator fest. Kommt eine Einigung nicht zustande, stellt das MediationsZentrum auf Antrag ein Zeugnis über den erfolglosen Mediationsversuch aus.

§ 6 Abschlussvereinbarung

1. Der Mediator wirkt im Falle einer Einigung darauf hin, dass die Parteien die Vereinbarung in Kenntnis der Sachlage treffen und ihren Inhalt verstehen. Er

hat die Parteien, die ohne fachliche Beratung an der Mediation teilnehmen, auf die Möglichkeit hinzuweisen, die Vereinbarung bei Bedarf durch externe Berater überprüfen zu lassen.

2. Soweit von den Parteien eine Abschlussvereinbarung abgeschlossen wird, soll diese schriftlich niedergelegt werden. Das Original der Abschlussvereinbarung wird beim MediationsZentrum aufbewahrt; die am Verfahren beteiligten Parteien erhalten je eine Kopie.

3. Das MediationsZentrum erteilt auf Antrag einer der Parteien eine vollstreckbare Urkunde über die in der Abschlussvereinbarung enthaltene Einigung, soweit sie anerkannte Gütestelle im Sinne des § 794 Abs. 1 Nr. 1 ZPO ist und die rechtlichen Voraussetzungen hierzu gegeben sind. Die antragstellende Partei trägt die Kosten für die Vollstreckbarerklärung.

§ 7 Verschwiegenheitspflicht und Vertraulichkeit

1. Der Mediator und die in die Durchführung des Mediationsverfahrens eingebundenen Personen sind nach Maßgabe von § 4 Mediationsgesetz zur Verschwiegenheit verpflichtet.

2. Die Parteien und der Mediator können vertraglich weitergehende Vertraulichkeits- bzw. Geheimhaltungspflichten festlegen.

§ 8 Verjährungshemmung und andere Verfahren

1. Die Verjährung der von der Mediation umfassten Ansprüche ist gem. § 203 BGB gehemmt, soweit die gesetzlichen Voraussetzungen vorliegen. Ist das MediationsZentrum anerkannte Gütestelle im Sinne des § 794 Abs. 1 Nr. 6 ZPO, gilt für die Hemmung der Verjährung § 204 Abs. 1 Nr. 4 i.V. mit Abs. 2 BGB.

2. Die Parteien sorgen dafür, dass laufende Gerichts- oder Schiedsgerichtsverfahren, denen derselbe Sachverhalt wie dem Mediationsverfahren zugrunde liegt, für die Dauer des Mediationsverfahrens ruhen und auch nicht neu eingeleitet werden. Das gilt nicht für gerichtliche Eilverfahren/Verfahren des einstweiligen Rechtsschutzes.

§ 9 Haftung

1. Das MediationsZentrum haftet nicht für die Tätigkeit des Mediators, außer dieser ist Angestellter des MediationsZentrums.

2. Die Haftung des Mediators richtet sich nach den gesetzlichen Bestimmungen und dem Mediatorenvertrag.

§ 10 Kosten

1. Zu den Kosten des jeweiligen Verfahrens gehören:
   a) die vom MediationsZentrum erhobene einmalige Verfahrenspauschale zuzüglich Auslagen (Schreibkosten, Porto, Raummiete, Getränke usw.),
   b) das Honorar des Mediators zuzüglich dessen Auslagen.

Anhang 1 IHK-MediationsZentrum

2. Das MediationsZentrum erhebt eine einmalige Verfahrenspauschale gemäß dem in der Anlage niedergelegten Kostenverzeichnis. Diese wird bei Antragstellung fällig. Sie kann bei einer vorzeitigen Beendigung des jeweiligen Verfahrens vor Aufnahme von Verhandlungen zwischen den Parteien ganz oder teilweise erstattet werden.
3. Der Mediator erhält ein Zeithonorar, das sich nach dem Kostenverzeichnis (Anlage) richtet, und Ersatz seiner Auslagen. Hierfür kann ein Vorschuss angefordert werden.
4. Die Parteien tragen ihre eigenen Kosten selbst und die Verfahrenskosten zu gleichen Teilen, es sei denn, die Parteien vereinbaren eine hiervon abweichende Kostenverteilung. § 91 Abs. 3 ZPO bleibt unberührt.
5. Die am jeweiligen Verfahren beteiligten Parteien haften für die Kosten gegenüber dem MediationsZentrum und dem Mediator als Gesamtschuldner.

§ 11 Inkrafttreten

Diese Verfahrensordnung tritt am 7.1.2013 in Kraft.

Anlagen 1–2: Kostenverzeichnis des IHK-MediationsZentrums
Mediationsklausel in deutscher und englischer Sprache

Stand: Dezember 2012

Anlage 1

Kostenverzeichnis des IHK-MediationsZentrums

1. Verfahrensentgelte

Streitwert	Verfahrensentgelte
bis 100.000 EUR	100 bis 250 EUR
über 100.000 EUR	251 bis 500 EUR
über 1.000.000 EUR	501 bis 2.500 EUR

2. Mediatorenhonorare

Streitwert	Mediator	Co-Mediator
bis 5.000 EUR	100 EUR	–
bis 100.000 EUR	175 EUR	125 EUR
über 100.000 EUR	225 EUR	175 EUR

3. Entgelte für die Benennung von Mediatoren außerhalb eines Verfahrens vor dem MediationsZentrum (Adhoc-Verfahren)

Für die Benennung eines oder mehrerer Mediatoren außerhalb eines von dem MediationsZentrum administrierten Verfahrens erhebt die Geschäftsstelle eine Pauschale von 75 bis 175 EUR.

4. Sonstige Kosten

Die IHK München kann bei Bedarf Räumlichkeiten für die Durchführung der Mediationsverfahren zur Verfügung stellen. Die Miete für Räumlichkeiten in der Orleansstraße 10–12 beträgt 50 EUR für den halben und 100 EUR für den ganzen Tag.

Die Gebühren für die Ausstellung eines vollstreckbaren Titels werden entsprechend den gesetzlichen Vorschriften festgesetzt.

Alle Beträge verstehen sich ggf. zuzüglich der gesetzlichen Umsatzsteuer.

Anlage 2

Mediationsklausel in deutscher und englischer Sprache

Mediationsklausel

Die Parteien verpflichten sich, im Falle einer sich aus diesem Vertrag ergebenden oder sich darauf beziehenden Streitigkeit vor Klageerhebung bei einem ordentlichen Gericht (oder Schiedsgericht) eine Mediation nach den Bestimmungen des IHK-MediationsZentrums der IHK für München und Oberbayern durchzuführen.

Mediation Clause

In the event of any dispute arising out of or in connection with this contract, before suit is filed in a regular court (or court of arbitration), shall be submitted to a mediation procedure in accordance with the regulations of the IHK-Mediations-Zentrum of the Chamber of Industry and Commerce for Munich and Upper Bavaria.

Anhang 2: DIS

Die DIS (www.disarb.org) autorisierte zur Veröffentlichung der folgenden Dokumente:

a) DIS-Konfliktmanagementordnung

DIS-Konfliktmanagementordnung 2010 (KMO)
(gültig ab dem 1.5.2010)

VORWORT

Viele Unternehmen möchten Streitigkeiten außergerichtlich beilegen oder dies zumindest versuchen, um gegenüber einem (Schieds-)Gerichtsverfahren Zeit und Kosten zu sparen. Verfahren der außergerichtlichen Streitbeilegung haben vor diesem Hintergrund zunehmend an Bedeutung gewonnen, wobei der Fokus bislang überwiegend auf der Schlichtung und Mediation lag.

Doch die außergerichtliche Streitbeilegung – auch in Deutschland meist als ADR (Alternative Dispute Resolution) bezeichnet – bleibt bei der Mediation nicht stehen, sondern entwickelt sich zunehmend zu einem Konfliktmanagement-System. Neben die Mediation als einigungsorientiertes Verfahren treten dort Verfahren, bei denen ein Dritter oder auch ein Gremium eine Einzelentscheidung trifft, die mit sachlich oder zeitlich unterschiedlicher Bindungswirkung ausgestattet wird. Diese Entscheidung soll den Parteien als Grundlage für eine Konfliktlösung dienen. Dabei wird das Instrumentarium der Streitbeilegung über die traditionellen deutschen Verfahren der Schlichtung und des Schiedsgutachtens hinaus erweitert, etwa durch Dispute Boards oder Adjudikation-Verfahren.

An Instrumenten besteht kein Mangel. Das Problem liegt darin, dem jeweiligen Konflikt das geeignete Streitbeilegungsverfahren zuzuordnen. Ungelöst war – bisher – die Frage, welche Streitbeilegungsvereinbarung in die Verträge aufgenommen werden soll. Denn bei Vertragsabschluss ist nicht bekannt, welcher Konflikt entstehen wird, so dass die ex-ante Zuordnung eines geeigneten Streitbeilegungsverfahrens unmöglich ist. Nur wer die Mediation prinzipiell als ein für jeden Konflikt geeignetes ADR-Instrument betrachtet, wird in seinen Verträgen eine Mediationsklausel aufnehmen. Doch setzt sich mehr und mehr die Einsicht durch, dass es kein ADR-Verfahren gibt, das sich zur Lösung eines jeden Konflikts eignet. Es ist vielmehr umgekehrt: Für jeden Konflikt gibt es ein geeignetes ADR-Verfahren, das jedoch gefunden und dem Konflikt aktiv zugeordnet werden muss. Doch wie lässt sich diese Zuordnung in der Praxis erreichen? Und welchen Inhalt soll eine Streitbeilegungsklausel in den Verträgen haben?

Mit diesen Fragen hat sich ein Arbeitskreis der DIS beschäftigt, an dem Hochschullehrer, Rechts- und Syndikusanwälte sowie Baupraktiker beteiligt waren. Dieser Arbeitskreis hat ein Konfliktklärungsverfahren entwickelt, in dem ein von der DIS benannter Konfliktmanager mit den Parteien möglichst innerhalb weniger Tage nach Ausbruch des Konflikts klärt, wie und mit welchem neutralen Dritten der Konflikt einer Lösung zugeführt werden soll.

Für ein solches vorgeschaltetes Konfliktklärungsverfahren muss es seinerseits Verfahrensregeln geben, damit die Parteien wissen, wie das Verfahren abläuft, und um im Vertrag ein klares, geregeltes Verfahren vereinbaren zu können. Dafür wurde die DIS-Konfliktmanagementordnung (DIS-KMO) erarbeitet.

Die Deutsche Institution für Schiedsgerichtsbarkeit hat mit ihrer Schlichtungs-ordnung schon frühzeitig ein Instrument für außergerichtliche Streitbeilegung zur Verfügung gestellt.

Sie hofft, mit dem neuartigen Verfahren der Konfliktklärung und den dazugehö-rigen Verfahrensordnungen den Unternehmen weiter entwickelte, optimierte In-strumente anzubieten, die eine zügige, kostengünstige und interessengerechte Konfliktlösung ermöglichen.

Als Verfahrensordnungen für das auszuwählende Streitbeilegungsverfahren ste-hen zur Verfügung:

- Eine Schlichtungsordnung (DIS-SchlO), in der keine konkreten Vorgaben für die Verfahrensprinzipien des Schlichters genannt werden;
- eine Mediationsordnung (DIS-MedO) für die Fälle, bei denen die Parteien zu einem konkreten Streitfall ein einigungsorientiertes Verfahren durchführen wollen;
- eine Schiedsgutachtensordnung (DIS-SchGO) für die Fälle, bei denen die Parteien ebenfalls zu einem konkreten Streitfall eine Drittentscheidung mit vorläufiger (oder endgültiger) Bindungswirkung zu einem bestimmten Streit-punkt anstreben;
- eine Gutachtensordnung (DIS-GO) für die Fälle, bei denen die Parteien eben-falls ein Drittvotum erhalten wollen, dies aber nicht bindend sein soll, also „nur" eine sachverständige Beurteilung und eine Empfehlung für die Streit-beilegung darstellt;
- eine Verfahrensordnung für Adjudikation (DIS-AVO) für die Fälle, bei denen die Parteien bereits zu Projektbeginn ein – meist aus drei Personen bestehen-des – Dispute Board einsetzen, das für alle Konflikte während der Projektab-wicklung zuständig ist. Es entscheidet entsprechend den Regelungen der DIS-SchGO vorläufig bindend, wird aber regelmäßig anstreben, vorab eine gütliche Einigung herbeizuführen. (Inkrafttreten in Kürze)

Alle Verfahrensordnungen können die Parteien auch ohne ein vorgeschaltetes Konfliktmanagement-Verfahren vereinbaren.

Berlin/Köln, 1.5.2010

KONFLIKTMANAGEMENTVEREINBARUNG

Die Deutsche Institution für Schiedsgerichtsbarkeit e. V. empfiehlt allen Partei-en, die für zukünftige Streitigkeiten ein Streitbeilegungsverfahren festlegen wol-len und zu diesem Zweck bereits bei Vertragsschluss die Durchführung eines

Konfliktmanagementverfahrens nach der DIS-Konfliktmanagementordnung (DIS-KMO) vereinbaren wollen, folgende Konfliktmanagementvereinbarung:

„Hinsichtlich aller Streitigkeiten, die sich aus oder in Zusammenhang mit dem Vertrag (… Bezeichnung des Vertrags …) ergeben und für deren Lösung die Parteien noch keine Vereinbarung über das Streitbeilegungsverfahren getroffen haben, wird ein Konfliktmanagementverfahren nach der Konfliktmanagementordnung der Deutschen Institution für Schiedsgerichtsbarkeit e. V. (DIS) (DIS-KMO) mit dem Ziel der Festlegung eines Streitbeilegungsverfahrens durchgeführt."

Es wird darauf hingewiesen, dass auch bei bereits entstandenen Streitigkeiten jederzeit noch eine Einigung über die Durchführung eines Konfliktmanagementverfahrens nach der DIS-Konfliktmanagementordnung möglich ist.

DIS-KONFLIKTMANAGEMENTORDNUNG

§ 1 Anwendungsbereich

1.1 Diese Konfliktmanagementordnung findet Anwendung, wenn Parteien ein Streitbeilegungsverfahren für entstandene oder zukünftige Streitigkeiten festlegen wollen und sie zu diesem Zweck die Durchführung eines Konfliktmanagementverfahrens nach der Konfliktmanagementordnung der Deutschen Institution für Schiedsgerichtsbarkeit e. V. (DIS) vereinbart haben.

1.2 Diese Konfliktmanagementordnung findet ferner Anwendung, wenn eine Partei ohne vorherige Vereinbarung mit der anderen Partei die Einleitung des Konfliktmanagementverfahrens beantragt und die andere Partei der Durchführung des Verfahrens schriftlich zustimmt.

1.3 Soweit die Parteien nichts anderes vereinbart haben, findet die bei Beginn des Konfliktmanagementverfahrens gültige Konfliktmanagementordnung Anwendung.

§ 2 Gegenstand und Ziel

In dem Konfliktmanagementverfahren erörtern die Parteien zeitnah nach Auftreten einer Streitigkeit, welches Streitbeilegungsverfahren sie durchführen wollen und wie dieses im Einzelnen ausgestaltet werden soll, um die Streitigkeit unter wirtschaftlichen, rechtlichen und sonstigen Gesichtspunkten einer Lösung zuzuführen. Die Parteien werden dabei von einem Konfliktmanager beraten und unterstützt. Der Konfliktmanager kann den Parteien Vorschläge bezüglich des Streitbeilegungsverfahrens unterbreiten, hat aber keine Entscheidungsbefugnis.

§ 3 Einleitung und Beginn

3.1 Die Partei, die ein Konfliktmanagementverfahren einleiten will (Antragsteller), hat bei der DIS-Hauptgeschäftsstelle einen schriftlichen Antrag einzureichen. Der Antrag muss Namen und Kontaktdaten der Parteien und gegebenenfalls der Verfahrensbevollmächtigten, eine kurze Beschreibung der Streitigkeit, des zugrunde liegenden Sachverhaltes, der geltend gemachten Ansprüche und – soweit möglich – Angaben zum Gegenstandswert enthalten. Der Antragsteller hat den Antrag in soviel Exemplaren einzureichen, dass je ein Exemplar des Antrags der anderen Partei, dem zu bestellenden Konfliktmanager und der DIS zur Verfügung steht. Fehlen Exemplare, so fordert die DIS-Hauptgeschäftsstelle den Antragsteller unter Fristsetzung zur Ergänzung auf.

3.2 Wird das Verfahren gemäß § 1 Abs. 1 eingeleitet, hat der Antragsteller dem Antrag eine Kopie der Vereinbarung zur Durchführung eines Konfliktmanagementverfahrens beizufügen. Ist die Vereinbarung nicht schriftlich geschlossen, hat der Antragsteller ihr Zustandekommen darzulegen.

3.3 Wird das Verfahren gemäß § 1 Abs. 2 eingeleitet, holt die DIS-Hauptgeschäftsstelle mit Übersendung des Antrags an die andere Partei deren schriftliche Zustimmung zur Durchführung dieses Verfahrens ein. Die andere Partei hat die Zustimmung der DIS-Hauptgeschäftsstelle gegenüber zu erklären; die DIS-Hauptgeschäftsstelle informiert den Antragsteller unverzüglich. Erklärt die andere Partei nicht innerhalb von zwei Wochen ab Empfang des Antrags der DIS-Hauptgeschäftsstelle gegenüber ihre Zustimmung, so gilt die Zustimmung als nicht erteilt. Hierüber informiert die DIS-Hauptgeschäftsstelle den Antragsteller unverzüglich.

3.4 Mit Einreichung des Antrags hat der Antragsteller die DIS-Verfahrensgebühr und einen vorläufigen Vorschuss für das Honorar des Konfliktmanagers nach der am Tag des Zugangs des Antrags bei der DIS-Hauptgeschäftsstelle gültigen Kostentabelle (Anlage zu § 11 Abs. 1) zu zahlen. Die DIS-Hauptgeschäftsstelle übersendet dem Antragsteller eine Rechnung über die DIS-Verfahrensgebühr und den vorläufigen Vorschuss und setzt dem Antragsteller eine Frist zur Zahlung, soweit sie nicht bereits geleistet wurde.

3.5 Die DIS-Hauptgeschäftsstelle übersendet den Antrag der anderen Partei unverzüglich. Sie kann die Übersendung davon abhängig machen, dass ihr die nach Abs. 1 erforderliche Anzahl von Exemplaren des Antrags vorliegt und die Zahlung nach Abs. 4 eingegangen ist.

3.6 Die Konfliktmanagementverfahren beginnt mit Zugang des Antrags (§ 3 Abs. 1) bei der DIS-Hauptgeschäftsstelle, im Fall des § 3 Abs. 3 mit Zugang der Zustimmung der anderen Partei bei der DIS-Hauptgeschäftsstelle, soweit innerhalb der von der DIS bestimmten Fristen, die angemessen verlängert werden können, die nach Abs. 1 erforderliche Anzahl von Exemplaren des Antrags der DIS vorliegen und die DIS-Verfahrensgebühr nach Abs. 4, gezahlt worden ist. Die DIS informiert beide Parteien unverzüglich über den Verfahrensbeginn.

§ 4 Bestellung des Konfliktmanagers

4.1 Unverzüglich nach Beginn des Verfahrens und Eingang der Zahlung gemäß § 3 Abs. 4 bestellt der Generalsekretär der DIS nach formloser Anhörung der Parteien einen unparteilichen und unabhängigen Konfliktmanager; dabei sollen übereinstimmende Wünsche der Parteien berücksichtigt werden.

4.2 Die DIS-Hauptgeschäftsstelle übersendet dem Konfliktmanager ein Exemplar des Antrags und unterrichtet die Parteien unverzüglich und schriftlich über die Person des bestellten Konfliktmanagers.

§ 5 Vorbereitung der Erörterung

5.1 Der Konfliktmanager nimmt unverzüglich, spätestens innerhalb einer Woche nach seiner Bestellung, mit den Parteien Kontakt auf, um Ort und Zeit eines Erörterungstermins mit ihnen festzulegen. Der Konfliktmanager gibt der anderen Partei Gelegenheit, zum Antrag gemäß § 3 Abs. 1 Stellung zu nehmen.

5.2 Der Erörterungstermin wird vom Konfliktmanager vorbereitet. Er kann den Parteien vorbereitende Hinweise geben oder Vorschläge machen.

§ 6 Gemeinsame Erörterung

6.1 In dem gemeinsamen Erörterungstermin berät und unterstützt der Konfliktmanager die Parteien bei ihrer Entscheidung über die Wahl des Streitbeilegungsverfahrens.

6.2 Dabei wird der Konfliktmanager mit den Parteien insbesondere erörtern,

(1) ob die Parteien eine einvernehmliche Streiterledigung mit Unterstützung durch einen neutralen Dritten anstreben, ob ein Votum durch einen sachkundigen neutralen Dritten oder eine Entscheidung durch ein (Schieds-)Gericht zweckmäßig ist;

(2) ob ein angestrebtes Votum

- nur empfehlenden Charakter haben soll,
- so lange vorläufig bindend sein soll, bis eine Partei Klage zum (Schieds-)Gericht erhebt oder das (Schieds-)Gericht das vorläufige Votum abändert,
- endgültig bindend sein soll und inwieweit ein (Schieds-)Gericht dieses Votum auf grobe Unrichtigkeit/Unbilligkeit und/oder schwere Verfahrensfehler überprüfen kann;

(3) ob die Parteien eine Erledigung der Streitigkeit auf der Grundlage einer rechtlichen Beurteilung und Bewertung wünschen, oder ob auch außerrechtliche Maßstäbe eine Rolle spielen sollen/können;

(4) welchen zeitlichen Rahmen die Parteien für die Erledigung der Streitigkeit anstreben;

(5) welche Kosten durch die unterschiedlichen Verfahren der Streitbeilegung voraussichtlich entstehen.

§ 7 Konfliktmanagementplan

7.1 Die Parteien streben an, in oder unverzüglich nach der gemeinsamen Erörterung mit Unterstützung des Konfliktmanagers einen Konfliktmanagementplan zu erstellen.

7.2 Der Konfliktmanagementplan regelt:

(1) das Verfahren der Streitbeilegung;

(2) die anzuwendende Verfahrensordnung für die Streitbeilegung.

7.3 Der Konfliktmanagementplan kann regeln:

(1) die Ernennung eines neutralen Dritten, der die Parteien bei der einvernehmlichen Streitbeilegung unterstützen oder die Streitigkeit ganz oder teilweise entscheiden soll;

(2) den Zeitplan der Streitbeilegung;

(3) eine Vereinbarung, wie die Streitigkeit einer Lösung zugeführt werden soll, wenn das zunächst gewählte Streitbeilegungsverfahren zu keiner endgültigen Lösung führt;

(4) andere Punkte, die die Parteien für wichtig halten.

7.4 Soweit die gemeinsame Erörterung zu keinem Konfliktmanagementplan führt, bestimmen die Parteien einvernehmlich, ob und gegebenenfalls wie das Verfahren fortgesetzt wird, etwa in einem Termin oder einer Telefon- oder Videokonferenz.

7.5 Der Konfliktmanagementplan wird von den Parteien unterschrieben und in Kopie von der zuletzt unterzeichnenden Partei an die DIS-Hauptgeschäftsstelle übersandt.

§ 8 Beendigung des Verfahrens

8.1 Das Konfliktmanagementverfahren ist beendet, wenn

(1) die Parteien einen Konfliktmanagementplan vereinbart haben;

(2) eine der Parteien das Verfahren schriftlich gegenüber der DIS und der anderen Partei für beendet erklärt, weil innerhalb eines Monats nach Bestellung eines Konfliktmanagers gemäß § 4 Abs. 1 kein Erörterungstermin gemäß § 6 stattgefunden hat oder in dem Erörterungstermins kein Konfliktmanagementplan vereinbart wurde.

(3) der Konfliktmanager das Verfahren schriftlich gegenüber der DIS und den Parteien für beendet erklärt, weil innerhalb von drei Monaten ab Verfahrensbeginn kein Erörterungstermin stattgefunden hat oder die Parteien innerhalb von drei Monaten nach einem Erörterungstermin keinen Konfliktmanagementplan vereinbart haben.

8.2 Das Verfahren endet an dem Tag, an dem der Konfliktmanagementplan von der letzten der beteiligten Parteien unterschrieben wird (§ 7 Abs. 5), oder an dem die Beendigungserklärung einer der Parteien oder des Konfliktmanagers der DIS zugeht. Die DIS informiert die Parteien unverzüglich über die Verfahrensbeendigung.

§ 9 Verjährung, befristeter Klageverzicht

9.1 Mit Beginn des Konfliktmanagementverfahrens (§ 3 Abs. 6) ist die Verjährung der in der Antragsschrift bezeichneten Ansprüche gehemmt.

9.2 Die Hemmung endet frühestens drei Monate nach Beendigung des Konfliktmanagementverfahrens gemäß § 8 Abs. 2.

9.3 Während des Konfliktmanagementverfahrens darf keine der Parteien eine Entscheidung über die streitige Angelegenheit vor einem (Schieds-)Gericht beantragen. Die Beantragung einstweiligen Rechtsschutzes ist den Parteien unbenommen.

§ 10 Vertraulichkeit

10.1 Die Parteien, der Konfliktmanager und die in der DIS-Hauptgeschäftsstelle mit einem Konfliktmanagementverfahren befassten Personen haben über das Verfahren und insbesondere über die beteiligten Parteien und die ausgetauschten Unterlagen Verschwiegenheit gegenüber jedermann zu bewahren.

10.2 Die Parteien verpflichten sich, den Konfliktmanager nicht als Zeugen in einem Verfahren, welches den Gegenstand des Konfliktmanagementverfahrens betrifft bzw. betroffen hat, zu benennen. Eine abweichende Regelung durch Parteivereinbarung ist möglich.

10.3 Vertragliche Vertraulichkeits- bzw. Geheimhaltungspflichten bleiben unberührt.

10.4 Jede Partei verpflichtet sich, den Konfliktmanager nicht ohne Zustimmung der anderen Partei als parteibenannten Schiedsrichter, Experten oder Parteivertreter und/oder Parteiberater in einem (schieds)gerichtlichen Verfahren oder einem außergerichtlichen Streitbeilegungsverfahren, welches den Gegenstand des Konfliktmanagementverfahrens betrifft bzw. betroffen hat, in Anspruch zu nehmen.

10.5 Der DIS ist gestattet, Informationen über Konfliktmanagementverfahren in einer Zusammenstellung statistischer Daten zu veröffentlichen, soweit die Informationen eine Identifizierung der Beteiligten ausschließen.

§ 11 Kosten

11.1 Die Kosten des Konfliktmanagementverfahrens (DIS-Verfahrensgebühr; Honorar und Auslagen des Konfliktmanagers) bestimmen sich nach der jeweils gültigen Kostentabelle (Anlage). Mit dem dort vorgesehenen Pauschalhonorar des Konfliktmanagers ist die Vorbereitung und Beratung in einem ersten Erörterungstermin abgegolten. Der Konfliktmanager hat auch dann Anspruch auf das vorgesehene Pauschalhonorar, wenn aus Gründen, die er nicht zu vertreten hat, kein Erörterungstermin durchgeführt wird.

11.2 Wollen die Parteien die Erörterung mit dem Konfliktmanager nach dem ersten Erörterungstermin fortsetzen, hat der Konfliktmanager für diese weitergehende Tätigkeit einen zusätzlichen Honoraranspruch. Die Parteien und der Konfliktmanager werden insoweit eine gesonderte Honorarvereinbarung treffen.

11.3 Die Parteien tragen die Kosten des Konfliktmanagementverfahrens gemäß Abs. 1 zu gleichen Teilen und haften dafür gesamtschuldnerisch.

§ 12 Haftung

Der Konfliktmanager, die DIS, ihre Organe und Mitarbeiter haften nur für vorsätzliches Fehlverhalten.

Anlage zu § 11 Abs. 1

Kostentabelle für DIS-Konfliktmanagementverfahren

1. DIS-Verfahrensgebühr
   Die Verfahrensgebühr der DIS beträgt 500,– €.
2. Honorar des Konfliktmanagers
   Das Honorar des Konfliktmanagers beträgt 2.500,– €. Notwendige Auslagen, insbesondere Reise- und Übernachtungskosten, werden gegen Nachweis gesondert erstattet.
3. Vorläufiger Vorschuss
   Der von der DIS-Hauptgeschäftsstelle nach § 3 Abs. 5 beim Antragsteller erhobene Vorschuss für das Honorar des Konfliktmanagers entspricht dem Honorar nach Nr. 2.
4. Mehrwertsteuer
   Die unter 1. und 2. aufgeführten Gebühren und Honorare gelten gegebenenfalls zuzüglich gesetzlicher Mehrwertsteuer.

Anhang 2 DIS

b) DIS-Mediationsordnung 2010 (MedO)

Mediationsvereinbarung

Die Deutsche Institution für Schiedsgerichtsbarkeit e. V. empfiehlt allen Parteien, die bereits bei Vertragsschluss eine Regelung für den Konfliktfall unter Bezugnahme auf die DIS-Mediationsordnung treffen wollen, folgende Mediationsvereinbarung:

„Hinsichtlich aller Streitigkeiten, die sich aus oder in Zusammenhang mit dem Vertrag (… Bezeichnung des Vertrags …) ergeben, wird ein Mediationsverfahren gemäß der Mediationsordnung der Deutschen Institution für Schiedsgerichtsbarkeit e. V. (DIS) durchgeführt."

Es kann empfehlenswert sein, ergänzende Regelungen über die Anzahl der Mediatoren, die Sprache und/oder den Ort des Verfahrens zu vereinbaren.

Es wird darauf hingewiesen, dass auch bei bereits entstandenen Streitigkeiten jederzeit noch eine Einigung über die Durchführung eines Mediationsverfahrens nach der DIS-Mediationsordnung möglich ist.

DIS-Mediationsordnung

§ 1 Anwendungsbereich

1.1 Diese Mediationsordnung findet Anwendung, wenn Parteien für bestimmte Streitigkeiten die Durchführung eines Mediationsverfahrens nach dieser Verfahrensordnung vereinbart haben.

1.2 Soweit die Parteien nichts anderes vereinbart haben, findet die bei Beginn des Mediationsverfahrens gültige Mediationsordnung Anwendung.

§ 2 Einleitung und Beginn

2.1 Die Partei, die ein Mediationsverfahren einleiten will (Antragsteller), hat der anderen Partei (Antragsgegner) einen schriftlichen Antrag zu übersenden. Der Antrag muss Namen und Kontaktdaten der Parteien und gegebenenfalls der Verfahrensbevollmächtigten enthalten. Der Antrag enthält weiter eine kurze Beschreibung des Konfliktes, des zugrunde liegenden Sachverhaltes, der geltend gemachten Ansprüche und – soweit möglich – Angaben zum Gegenstandswert. Sind mehrere Parteien Antragsteller im Sinne der S. 1 und 2, so stellen sie einen gemeinsamen Antrag.

2.2 Sieht der Antrag auf Einleitung eines DIS-Mediationsverfahrens vor, dass mehr als eine andere Partei in das Verfahren einbezogen wird, ist der Antrag jeder dieser Parteien zu übersenden.

2.3 Antragskopien sind der DIS-Hauptgeschäftsstelle in so vielen Exemplaren einzureichen, dass jedem Mediator und der DIS ein Exemplar zur Verfügung steht. Fehlen Exemplare, so fordert die DIS-Hauptgeschäftsstelle den Antragsteller unter Fristsetzung zur Ergänzung auf. Mit Einreichung des Antrags hat der Antragsteller die DIS-Verfahrensgebühr nach der am Tag des Zugangs des Antrags bei der DIS-Hauptgeschäftsstelle gültigen Kostentabelle (Anlage zu § 11 Abs. 5) zu zahlen. Die DIS-Hauptgeschäftsstelle übersendet dem Antragsteller eine Rechnung über die DIS-Verfahrensgebühr und setzt ihm eine Frist zur Zahlung, soweit sie nicht bereits geleistet wurde.

2.4 Das Mediationsverfahren beginnt mit dem Zugang der Antragskopie bei der DIS-Hauptgeschäftsstelle (§ 2 Abs. 3), soweit innerhalb der von der DIS bestimmten Fristen, die angemessen verlängert werden können, die nach Abs. 3 erforderliche Anzahl von Exemplaren des Antrags der DIS vorliegen und die DIS-Verfahrensgebühr nach Abs. 3 gezahlt worden ist. Die DIS informiert die Parteien unverzüglich über den Verfahrensbeginn.

§ 3 Stellung des Mediators

3.1 Die Mediation wird vom Mediator gemäß den Bestimmungen dieser Verfahrensordnung, im Übrigen nach seinem Ermessen, gestaltet. Von der Verfahrensordnung kann auf gemeinsamen Wunsch der Parteien abgewichen werden.

3.2 Der Mediator ist zur unabhängigen und unparteilichen Wahrnehmung seines Auftrags verpflichtet. Insbesondere ist er nicht befugt, Parteien oder Dritte in der Rechtsangelegenheit, die Gegenstand des Mediationsverfahrens ist oder gewesen ist, anwaltlich oder auf andere Art und Weise zu vertreten oder zu beraten. Der Mediator hat die Parteien und die DIS unverzüglich über alle Umstände aufzuklären, die Zweifel an seiner Unparteilichkeit und Unabhängigkeit hervorrufen könnten.

3.3 Als Mediator ist ausgeschlossen, wer eine der Parteien in derselben Angelegenheit berät oder vertritt oder vor dem Beginn des Mediationsverfahrens beraten oder vertreten hat.

3.4 Der Mediator fördert die Beilegung des Konflikts zwischen den Parteien in jeder zweckmäßigen Art und Weise. Er kann auf einvernehmlichen Wunsch aller Parteien Vorschläge zur Lösung des Streitfalls unterbreiten.

§ 4 Benennung des Mediators

4.1 Die Parteien sind bei der Auswahl und Benennung des Mediators frei. Soweit sie keine bestimmte Anzahl an Mediatoren vorgesehen haben, erfolgt die Mediation durch einen Mediator.

4.2 Haben die Parteien ein Mediationsverfahren mit einem Mediator vorgesehen, haben sie diesen innerhalb eines Monats ab Beginn des Mediationsverfahrens gemeinsam gegenüber der DIS zu benennen, soweit sie nicht die Benennung durch die DIS vorgesehen haben. Die DIS-Hauptgeschäftsstelle gibt auf Anfrage Anregungen für die Benennung eines Mediators.

4.3 Haben die Parteien ein Mediationsverfahren mit zwei Mediatoren vorgesehen, so benennt der gemäß § 4 Abs. 2 benannte Mediator unverzüglich mit Zustimmung der Parteien den Co-Mediator gegenüber der DIS.

4.4 Kann ein benannter Mediator aus tatsächlichen oder rechtlichen Gründen sein Amt nicht antreten oder fällt er aus anderen Gründen aus, gelten für die Benennung eines neuen Mediators ab dem Zeitpunkt, an dem der Ausfall des zunächst benannten Mediators feststeht, die Abs. 2 und 3 entsprechend.

4.5 Kommt die Benennung des Mediators nicht innerhalb eines Monats zustande, wird der Mediator auf Antrag zumindest einer Partei durch den DIS-Ernennungsausschuss benannt. Der Antrag ist innerhalb von zwei Wochen nach Ablauf der Monatsfrist zu stellen. Nach Ablauf der Frist von 2 Wochen gilt das Verfahren als beendet.

4.6 Wird die Benennung eines Mediators durch den DIS-Ernennungsausschuss beantragt, hat der Antragsteller mit dem Antrag auf Benennung die Gebühr gemäß Ziffer 1.2 der Kostentabelle (Anlage zu § 11 Abs. 5) zu zahlen. Die DIS kann die Benennung des Mediators vom Eingang der Gebühr abhängig machen.

§ 5 Bestellung des Mediators

Ein Mediator gilt mit Zugang seiner schriftlichen Annahmeerklärung bei der DIS als bestellt.

§ 6 Ablauf der Mediation

6.1 Der Mediator stimmt mit den Parteien einen Ablauf- und Zeitplan ab. Zur Vorbereitung der Ablaufplanung kann sich der Mediator schriftlich oder in einer vorbereitenden Sitzung über Anlass und Gegenstand des Konflikts informieren. Der Termin wird vom Mediator vorbereitet. Er kann den Parteien vorbereitende Hinweise geben oder Vorschläge machen.

6.2 Die Mediationssitzungen finden in Anwesenheit der Parteien statt. Inhaltliche Gespräche des Mediators mit nur einer Partei sind nur mit ausdrücklicher Zustimmung der anderen Parteien statthaft. Finden Einzelgespräche statt, sind sämtliche von der jeweiligen Partei dort offenbarte Informationen vom Mediator vertraulich zu behandeln, es sei denn, die betroffene Partei erklärt ausdrücklich, dass bestimmte Informationen den übrigen Parteien zugänglich gemacht werden sollen.

6.3 Die Parteien nehmen grundsätzlich persönlich an den Sitzungen teil. Juristische Personen sowie Verbände und Organisationen werden durch ihre Organe oder Bevollmächtigte vertreten, die mit dem Konflikt vertraut sind und deren Vertretungsmacht eine einvernehmliche Konfliktbeendigung ermöglicht. Rechtsanwälte und andere Berater können beigezogen werden.

6.4 Der Mediator ist nicht verpflichtet, ein Protokoll zu führen.

6.5 Das Mediationsverfahren ist nicht öffentlich.

§ 7 Ort der Mediation

Die Parteien bestimmen den Ort, an dem die Mediationssitzung stattfindet. Sofern die Parteien keinen Ort vereinbaren, findet die Mediationssitzung in den Räumen der DIS-Hauptgeschäftsstelle statt.

§ 8 Beendigung des Verfahrens

8.1 Das Mediationsverfahren endet, wenn

(1) die Parteien eine Einigung erzielt haben. Wird eine Einigung nur über Teile der Streitigkeit erzielt, ist das Mediationsverfahren erst dann beendet, wenn zumindest eine Partei erklärt, dass eine Einigung über die Streitigkeit im Übrigen nach ihrer Auffassung nicht erzielt werden kann;

(2) eine Partei es für beendet erklärt, sofern zuvor mindestens eine Mediationssitzung oder innerhalb von zwei Monaten ab Bestellung des Mediators keine Mediationssitzung stattgefunden hat. Die Erklärung erfolgt schriftlich gegenüber der anderen Partei und gegenüber dem Mediator. Eine Begründung ist nicht erforderlich;

(3) die Benennung des oder der Mediatoren nicht fristgemäß erfolgt und keine der Parteien gemäß § 4 Abs. 5 die Ersatzbenennung eines Mediators durch die DIS beantragt;

(4) der Mediator das Mediationsverfahren durch schriftliche Erklärung gegenüber beiden Parteien für beendet erklärt;

(5) das Mediationsverfahren nach dessen Beginn über einen Zeitraum von drei Monaten nicht betrieben wird. Das Mediationsverfahren wird nicht betrieben, wenn weder eine schriftliche Vorklärung noch ein Vorgespräch noch eine Mediationssitzung stattfinden.

8.2 Der Mediator stellt die Beendigung des Verfahrens schriftlich fest. Auf Verlangen einer Partei stellt er eine schriftliche Bescheinigung darüber aus, dass in dem Mediationsverfahren keine Einigung erzielt werden konnte. Im Fall des § 8 Abs. 1 (3) stellt die DIS die Beendigung des Verfahrens schriftlich fest.

§ 9 Verjährung, befristeter Klageverzicht

9.1 Die Verjährung von Ansprüchen, die Gegenstand des Mediationsverfahrens sind, ist ab Beginn des Mediationsverfahrens (§ 2 Abs. 4) gehemmt.

9.2 Die Hemmung endet frühestens drei Monate nach Beendigung des Mediationsverfahrens gemäß § 8 dieser Mediationsordnung.

9.3 Während des Mediationsverfahrens darf keine der Parteien eine Entscheidung über die streitige Angelegenheit vor einem (Schieds-)Gericht beantragen. Die Beantragung einstweiligen Rechtsschutzes ist den Parteien unbenommen.

§ 10 Vertraulichkeit

10.1 Die Parteien, der Mediator und die in der DIS-Hauptgeschäftsstelle mit einem Mediationsverfahren befassten Personen haben über das Verfahren und insbesondere über die beteiligten Parteien und die ausgetauschten Unterlagen Verschwiegenheit gegenüber jedermann zu bewahren.

10.2 Vertragliche Vertraulichkeits- bzw. Geheimhaltungspflichten bleiben unberührt.

10.3 Der DIS ist gestattet, Informationen über Mediationsverfahren in einer Zusammenstellung statistischer Daten zu veröffentlichen, soweit die Informationen eine Identifizierung der Beteiligten ausschließen.

§ 11 Kosten

11.1 Die Kosten des Mediationsverfahrens tragen die Parteien je zur Hälfte. Die eigenen Kosten, einschließlich etwaiger Anwaltskosten, trägt jede Partei selbst.

11.2 Der Mediator hat Anspruch auf Honorar und die Erstattung von Auslagen gegebenenfalls jeweils zuzüglich gesetzlicher Mehrwertsteuer. Dem Mediator gegenüber haften die Parteien gesamtschuldnerisch für die Kosten des Verfahrens.

11.3 Das Honorar des Mediators bemisst sich nach dessen Zeitaufwand. Reise- und Übernachtungskosten werden gegen Nachweis gesondert erstattet. Der Mediator hat Anspruch auf angemessene Abschlagszahlungen, die von den Parteien je zur Hälfte geleistet werden.

11.4 Die DIS hat Anspruch auf eine Antragsgebühr und gegebenenfalls eine Gebühr (Gebühren) für die Bestellung eines Mediators, gegebenenfalls jeweils zuzüglich gesetzlicher Mehrwertsteuer. Der DIS gegenüber haften die Parteien gesamtschuldnerisch für diese Gebühren.

11.5 Die Höhe des Honorars und der Gebühren ergibt sich aus der Anlage, die Bestandteil dieser Mediationsordnung ist.

§ 12 Haftung

Jeder Mediator, die DIS, ihre Organe und Mitarbeiter haften nur für vorsätzliches Fehlverhalten.

Anlage zu § 11 Abs. 5 MedO
Kostentabelle für DIS-Mediationsverfahren

1. DIS-Gebühren

1.1 Die Verfahrensgebühr (§ 2 Abs. 4) beträgt 250,– €.

1.2 Die Gebühr für die Benennung eines Mediators durch die DIS (§ 4 Abs. 6) beträgt 250,– €.

2. Honorar des Mediators

Das Honorar eines Mediators beträgt, soweit nichts anderes vereinbart ist, 300,– € pro Stunde.

3. Mehrwertsteuer

Die aufgeführten Gebühren und Honorare gelten zuzüglich gesetzlicher Mehrwertsteuer.

c) DIS-Schiedsgerichtsordnung 2018

Gültig ab 1. März 2018

VORWORT

Die Deutsche Institution für Schiedsgerichtsbarkeit e. V. (DIS) ist die führende Institution für die Schiedsgerichtsbarkeit und sonstige Formen der alternativen Streitbeilegung in Deutschland. Sie blickt auf eine lange, bis in die Zwanzigerjahre des vergangenen Jahrhunderts reichende Tradition in der schiedsrichterlichen Streitbeilegung zurück. Seit ihrer Gründung hat die DIS tausende von Schiedsverfahren erfolgreich administriert.

Mit der 2018 DIS-Schiedsgerichtsordnung stellt die DIS ein Regelwerk zur Verfügung, das auf nationale und internationale Schiedsverfahren mit Schiedsort innerhalb oder außerhalb Deutschlands Anwendung finden kann und für Unternehmen jeder Größe in allen Wirtschaftszweigen geeignet ist. Die 2018 DIS-Schiedsgerichtsordnung trägt den aktuellen Entwicklungen der nationalen und internationalen Schiedsgerichtsbarkeit und den praktischen Erfahrungen mit den vorherigen Schiedsgerichtsordnungen der DIS Rechnung. Sie wurde von namhaften Schiedsexperten sowie Unternehmensvertretern und Wissenschaftlern mit langjähriger Erfahrung mit Schiedsverfahren aus dem In- und Ausland entwickelt.

Das Regelwerk legt ein strukturiertes Verfahren fest und bietet einen institutionellen Rahmen, um Effizienz, Integrität und Fairness der betreffenden Schiedsverfahren zu sichern. Durch die Betreuung der DIS profitieren die Parteien vom *Know-how*, der langjährigen Erfahrung und der durch Spezialisierung erworbenen Kompetenz der DIS auf dem Gebiet der außergerichtlichen Streitbeilegung weltweit.

Für Unternehmen bedeuten streitige Verfahren stets eine Störung ihrer geschäftlichen Aktivitäten. Die 2018 DIS-Schiedsgerichtsordnung betont daher den Gedanken der frühzeitigen Konfliktlösung, der Verstärkung der Verfahrenseffizienz und der Verfahrensbeschleunigung. Gegenüber den Regeln anderer Schiedsgerichtsorganisationen setzt die 2018 DIS-Schiedsgerichtsordnung einen eigenen Akzent, indem sie die Tradition der deutschen Handelsschiedsgerichtsbarkeit fortsetzt, die einvernehmliche Streitbeilegung zu fördern. Diesem Anliegen dient auch die Konfliktmanagementordnung, die die DIS seit 2010 zur Verfügung stellt. In einer deutlich vereinfachten Fassung ist die Konfliktmanagementordnung als Anlage 6 in die 2018 DIS-Schiedsgerichtsordnung integriert.

Die 2018 DIS-Schiedsgerichtsordnung stellt den Parteien einen soliden Rahmen für das Verfahren zur Verfügung, bietet ihnen aber zugleich die Möglichkeit, die Regeln ihren individuellen Bedürfnissen anzupassen. Art. 27 der 2018 DIS-Schiedsgerichtsordnung verpflichtet nunmehr das Schiedsgericht, frühzeitig eine Verfahrenskonferenz mit den Parteien abzuhalten, um mit Hilfe eines auf den konkreten Streitfall abgestimmten Plans eine zügige und kostengünstige Streitbeilegung zu erreichen.

Neben der 2018 DIS-Schiedsgerichtsordnung bietet die DIS Verfahrensordnungen für das gesamte Spektrum von Verfahren zur alternativen Streitbeilegung an: Schlichtung, Mediation, Gutachten, Schiedsgutachten und Adjudikation. Für die Beilegung von Streitigkeiten mit Bezug zum Sport stellt die DIS zudem eine spezielle Sportschiedsgerichtsordnung zur Verfügung. Die Regelwerke der DIS erfassen damit die gesamte Bandbreite alternativer Streitbeilegung.

Berlin/Köln, März 2018

DIS-MUSTERKLAUSELN

Die DIS empfiehlt allen Parteien, die auf die 2018 DIS-Schiedsgerichtsordnung Bezug nehmen wollen, folgende Schiedsvereinbarungen:

(1) Alle Streitigkeiten, die sich aus oder im Zusammenhang mit diesem Vertrag oder über dessen Gültigkeit ergeben, werden nach der Schiedsgerichtsordnung der Deutschen Institution für Schiedsgerichtsbarkeit e. V. (DIS) unter Ausschluss des ordentlichen Rechtsweges endgültig entschieden.

(2) Das Schiedsgericht besteht aus [*bitte eintragen: „einem Einzelschiedsrichter" oder „drei Schiedsrichtern"*].

(3) Der Schiedsort ist [*bitte gewünschten Schiedsort eintragen*].

(4) Die Verfahrenssprache ist [*bitte gewünschte Verfahrenssprache eintragen*].

(5) Das in der Sache anwendbare Recht ist [*bitte gewünschtes Recht oder gewünschte Rechtsregeln eintragen*].

Musterklausel für beschleunigte Schiedsverfahren

(1) Alle Streitigkeiten, die sich aus oder im Zusammenhang mit diesem Vertrag oder über dessen Gültigkeit ergeben, werden nach der Schiedsgerichtsordnung der Deutschen Institution für Schiedsgerichtsbarkeit e. V. (DIS) unter Ausschluss des ordentlichen Rechtsweges endgültig entschieden.

(2) Das Schiedsgericht besteht aus [*bitte eintragen: „einem Einzelschiedsrichter" oder „drei Schiedsrichtern"*].

(3) Der Schiedsort ist [*bitte gewünschten Schiedsort eintragen*].

(4) Die Verfahrenssprache ist [*bitte gewünschte Verfahrenssprache eintragen*].

(5) Das in der Sache anwendbare Recht ist [*bitte gewünschtes Recht oder gewünschte Rechtsregeln eintragen*].

(6) Die Parteien vereinbaren, dass das Schiedsverfahren als beschleunigtes Verfahren durchgeführt und Anlage 4 der DIS-Schiedsgerichtsordnung angewendet wird.

Anhang 2 DIS

Musterklausel für den Gesellschaftsvertrag für Schiedsverfahren nach den Ergänzenden Regeln für gesellschaftsrechtliche Streitigkeiten

(1) Alle Streitigkeiten zwischen Gesellschaftern oder zwischen der Gesellschaft und ihren Gesellschaftern im Zusammenhang mit diesem Gesellschaftsvertrag oder über dessen Gültigkeit werden nach der Schiedsgerichtsordnung und den Ergänzenden Regeln für gesellschaftsrechtliche Streitigkeiten (DIS-ERGeS) der Deutschen Institution für Schiedsgerichtsbarkeit e. V. (DIS) unter Ausschluss des ordentlichen Rechtswegs endgültig entschieden.

(2) Ausgeschiedene Gesellschafter bleiben an diese Schiedsvereinbarung gebunden.

(3) Die Gesellschaft hat gegenüber Klagen, die gegen sie vor einem staatlichen Gericht anhängig gemacht werden und Streitigkeiten betreffen, die gemäß Ziffer 1 der Schiedsvereinbarung unterfallen, stets die Einrede der Schiedsvereinbarung zu erheben.

(4) Das Schiedsgericht besteht aus [*bitte eintragen: „einem Einzelschiedsrichter" oder „drei Schiedsrichtern"*].

(5) Der Schiedsort ist [*bitte gewünschten Schiedsort eintragen*].

(6) Die Verfahrenssprache ist [*bitte gewünschte Verfahrenssprache eintragen*].

(7) Das in der Sache anwendbare Recht ist [*bitte gewünschtes Recht eintragen*].

Es empfiehlt sich ferner, an anderer Stelle im (möglicherweise beurkundungspflichtigen) Gesellschaftsvertrag zu regeln, dass jeder Gesellschafter verpflichtet ist, der Gesellschaft seine aktuelle Postanschrift und elektronische Adresse oder die eines Zustellungsbevollmächtigten mitzuteilen, und dass ein an diese Adressen übermitteltes Schriftstück nach Ablauf einer angemessenen Frist als zugegangen gilt.

Allgemeine Vorschriften

Art. 1 Anwendungsbereich

1.1: Diese Schiedsgerichtsordnung gilt für nationale und internationale schiedsrichterliche Verfahren („Schiedsverfahren"), in denen Streitigkeiten gemäß der Schiedsgerichtsordnung der Deutschen Institution für Schiedsgerichtsbarkeit e. V. („DIS") beigelegt werden sollen.

1.2: Auf das Schiedsverfahren ist die Fassung der Schiedsgerichtsordnung anzuwenden, die bei Beginn des Schiedsverfahrens gemäß Art. 6 gilt.

1.3: Bestandteil dieser Schiedsgerichtsordnung sind folgende Anlagen:

- Anlage 1 (Geschäftsordnung)
- Anlage 2 (Kostenordnung)
- Anlage 3 (Maßnahmen zur Steigerung der Verfahrenseffizienz)
- Anlage 4 (Beschleunigtes Verfahren)

– Anlage 5 (Ergänzende Regeln für gesellschaftsrechtliche Streitigkeiten)
– Anlage 6 (Konfliktmanagementordnung).

1.4: Haben die Parteien vereinbart, dass das Beschleunigte Verfahren gemäß Anlage 4 oder die Ergänzenden Regeln für gesellschaftsrechtliche Streitigkeiten gemäß Anlage 5 anzuwenden sind, gilt diese Schiedsgerichtsordnung mit den Änderungen, die sich aus der jeweiligen Anlage ergeben.

Art. 2 Funktion der DIS

2.1: Die DIS administriert Schiedsverfahren gemäß dieser Schiedsgerichtsordnung und unterstützt in dieser Funktion die Parteien und das Schiedsgericht bei der effizienten Verfahrensführung. Die DIS entscheidet Streitigkeiten nicht selbst.

2.2: Bei der DIS kann außerdem die Bestellung eines Konfliktmanagers gemäß der Konfliktmanagementordnung (Anlage 6) beantragt werden. Der Konfliktmanager berät und unterstützt die Parteien bei der Auswahl des für ihren Fall am besten geeigneten Konfliktlösungsverfahrens. Die Bestellung eines Konfliktmanagers kann vor Einleitung eines Schiedsverfahrens, aber auch im Laufe eines Schiedsverfahrens beantragt werden. Ein Konfliktmanager wird nur bestellt, wenn keine Partei widerspricht.

Art. 3 Begriffsbestimmungen

3.1: In dieser Schiedsgerichtsordnung sind die Begriffe „Schiedskläger", „Schiedsbeklagter", „Partei" und „zusätzliche Partei" sowie andere Begriffe je nach Sachzusammenhang im Singular oder Plural zu verstehen.

3.2: „Schriftstücke" im Sinne dieser Schiedsgerichtsordnung sind neben der Schiedsklage, der Klageerwiderung, einer Widerklage, einer Klageerweiterung und einer Schiedsklage gegen eine zusätzliche Partei alle weiteren Schriftsätze und schriftlichen Mitteilungen der Parteien, des Schiedsgerichts oder der DIS, und zwar jeweils mit ihren Anlagen.

3.3: „Adressen" im Sinne dieser Schiedsgerichtsordnung sind Postanschriften und elektronische Adressen.

3.4: Personenbezeichnungen gelten für alle Geschlechter.

Art. 4 Übermittlung von Schriftstücken, Fristen

4.1: Der DIS sind alle Schriftstücke der Parteien und des Schiedsgerichts vorbehaltlich der Art. 4.2 und 4.3 elektronisch zu übermitteln, und zwar mittels E-Mail, auf mobilem Datenträger oder in einer anderen von der DIS zugelassenen Weise. Sofern die elektronische Übermittlung eines Schriftstücks nicht möglich ist, ist es in Papierform zu übermitteln.

4.2: Schiedsklagen gemäß Art. 5 und 19 sind der DIS sowohl in Papierform als auch elektronisch zu übermitteln. Zu übermitteln ist jeweils folgende Anzahl von Exemplaren:

Anhang 2 DIS

(i) Papierform:
für jede Partei ein Exemplar der Schiedsklage mit ihren Anlagen und für die DIS ein Exemplar der Schiedsklage ohne Anlagen

und

(ii) elektronische Form:
für jede Partei und für die DIS ein Exemplar der Schiedsklage mit ihren Anlagen.
Die DIS kann jederzeit zusätzliche Exemplare einer Schiedsklage und von Anlagen einer Schiedsklage anfordern.

4.3: Bis zur Konstituierung des Schiedsgerichts ist der DIS für jede Partei von einer etwaigen Widerklage und einer etwaigen Klageerweiterung zusätzlich zur elektronischen Form gemäß Art. 4.1 ein Exemplar in Papierform, jeweils mit ihren Anlagen, zu übermitteln. Die DIS kann jederzeit zusätzliche Exemplare anfordern.

4.4: Die Form der Übermittlung von Schriftstücken zwischen den Parteien und dem Schiedsgericht bestimmt das Schiedsgericht.

4.5: Vorbehaltlich der Art. 4.2 und 25 sind alle an das Schiedsgericht oder die DIS gerichteten Schriftstücke einer Partei gleichzeitig auch der anderen Partei zu übermitteln.

4.6: Schriftstücke sind jeweils an die Adresse des Empfängers zu richten, wie sie vom Empfänger selbst oder von der anderen Partei zuletzt mitgeteilt wurde. Schriftstücke in Papierform sind gegen Empfangsbescheinigung, durch eingeschriebenen Brief, Kurier, Telefax oder auf eine andere Art, die einen Nachweis des Empfangs ermöglicht, zu übermitteln.

4.7: Ein Schriftstück gilt als an dem Tag übermittelt, an dem es von der Partei oder ihren Verfahrensbevollmächtigten tatsächlich empfangen wurde. Ist ein Schriftstück in Papierform von der Partei oder ihren Verfahrensbevollmächtigten nicht tatsächlich empfangen worden, gilt es bei ordnungsgemäßer Übermittlung gemäß Art. 4.6 als an dem Tag empfangen, an dem es bei üblichem Verlauf des Übermittlungsvorgangs empfangen worden wäre.

4.8: Fristen gemäß dieser Schiedsgerichtsordnung beginnen mit dem Werktag am Empfangsort, der auf den Tag folgt, an dem gemäß Art. 4.7 die Übermittlung als erfolgt gilt. Im Falle der elektronischen Übermittlung beginnt die Frist mit dem nächsten Werktag nach der Übermittlung an die elektronische Adresse gemäß Art. 4.6. Gesetzliche Feiertage und arbeitsfreie Tage am Empfangsort, die in den Lauf einer Frist fallen, werden bei der Berechnung der Frist mitgezählt. Ist der letzte Tag einer Frist am Empfangsort ein gesetzlicher Feiertag oder ein arbeitsfreier Tag, endet die Frist mit Ablauf des darauffolgenden Werktages.

4.9: Mit Ausnahme der vom Schiedsgericht gesetzten Fristen kann die DIS nach ihrem Ermessen alle von ihr gesetzten und alle in dieser Schiedsgerichtsordnung genannten Fristen verlängern.

Schiedsklage, Klageerwiderung, Widerklage und Verfahrensverbindung

Art. 5 Schiedsklage, Übermittlung an den Schiedsbeklagten, Bearbeitungsgebühren

5.1: Eine Partei, die ein Schiedsverfahren gemäß dieser Schiedsgerichtsordnung einleiten will, hat eine Schiedsklage bei der DIS einzureichen.

5.2: Die Schiedsklage hat zu enthalten:

(i) die Namen und Adressen der Parteien,

(ii) die Namen und Adressen etwaiger Verfahrensbevollmächtigter des Schiedsklägers,

(iii) einen bestimmten Klageantrag,

(iv) den Betrag bezifferter Ansprüche und eine Schätzung des Streitwerts sonstiger Ansprüche,

(v) Tatsachen und Umstände, auf die die Klageansprüche gestützt werden,

(vi) die Schiedsvereinbarung(en), auf die der Schiedskläger sich beruft,

(vii) die Benennung eines Schiedsrichters, sofern dies gemäß dieser Schiedsgerichtsordnung erforderlich ist,

und

(viii) Angaben oder Vorschläge zum Schiedsort, zur Verfahrenssprache und zu den in der Sache anzuwendenden Rechtsregeln.

5.3: Der Schiedskläger hat an die DIS Bearbeitungsgebühren nach der bei Beginn des Schiedsverfahrens geltenden Kostenordnung (Anlage 2) zu zahlen. Werden die Bearbeitungsgebühren nicht innerhalb einer von der DIS gesetzten Frist bezahlt, kann die DIS das Schiedsverfahren gemäß Art. 42.5 beenden.

5.4: Sofern der Schiedskläger nicht die gemäß Art. 4.2 erforderliche Anzahl an Exemplaren der Schiedsklage und ihrer Anlagen einreicht oder die Schiedsklage nach Ansicht der DIS nicht alle in Art. 5.2 genannten Angaben enthält, kann die DIS dem Schiedskläger eine Frist zur Ergänzung setzen. Erfolgt die Ergänzung der Exemplare oder der Angaben gemäß Art. 5.2 *(ii), (iv), (vii)* und *(viii)* nicht innerhalb dieser Frist, kann die DIS das Schiedsverfahren gemäß Art. 42.6 beenden. Für die Ergänzung der Angaben gemäß Art. 5.2 *(i), (iii), (v)* und *(vi)* gilt Art. 6.2.

5.5: Die DIS übermittelt dem Schiedsbeklagten die Schiedsklage. Sind die Voraussetzungen gemäß Art. 5.3 oder 5.4 nicht erfüllt, kann die DIS von der Übermittlung absehen.

Art. 6 Beginn des Schiedsverfahrens

6.1: Das Schiedsverfahren beginnt am Tag des Eingangs der Schiedsklage, mit oder ohne Anlagen, bei der DIS in zumindest einer der beiden Formen der Übermittlung gemäß Art. 4.2, sofern die Schiedsklage mindestens die Angaben gemäß Art. 5.2 *(i), (iii), (v)* und *(vi)* enthält.

6.2: Erfolgt eine Ergänzung der Angaben gemäß Art. 5.2 *(i), (iii), (v)* und *(vi)* nicht innerhalb der gemäß Art. 5.4 gesetzten Frist, kann die DIS die Verfahrensakte schließen. Das Recht des Schiedsklägers, seine Ansprüche erneut geltend zu machen, bleibt unberührt.

Art. 7 Mitteilung durch den Schiedsbeklagten,
Klageerwiderung und Widerklage

7.1: Der Schiedsbeklagte hat der DIS innerhalb von 21 Tagen nach Übermittlung der Schiedsklage schriftlich mitzuteilen:

(i)   die Benennung eines Schiedsrichters, sofern dies gemäß dieser Schiedsgerichtsordnung erforderlich ist,

(ii) Angaben oder Vorschläge zum Schiedsort, zur Verfahrenssprache und zu den in der Sache anzuwendenden Rechtsregeln

und

(iii) einen Antrag auf Fristverlängerung gemäß Art. 7.2, sofern der Schiedsbeklagte eine Verlängerung der Frist zur Erwiderung auf die Schiedsklage („Klageerwiderung") benötigt.

7.2: Die Frist für die Klageerwiderung beträgt 45 Tage nach Übermittlung der Schiedsklage an den Schiedsbeklagten. Auf Antrag des Schiedsbeklagten verlängert die DIS die Frist um bis zu 30 weitere Tage.

7.3: Wenn der Schiedsbeklagte darlegt, dass aufgrund besonderer Umstände die Frist für die Klageerwiderung von insgesamt 75 Tagen nicht ausreichend ist, kann das Schiedsgericht auf Antrag des Schiedsbeklagten eine längere Frist gewähren. Sofern das Schiedsgericht noch nicht konstituiert ist, verlängert die DIS die Frist zunächst vorläufig bis zu einer Entscheidung des Schiedsgerichts über die Fristverlängerung.

7.4: Die Klageerwiderung hat zu enthalten:

(i)   die Namen und Adressen der Parteien,

(ii) die Namen und Adressen etwaiger Verfahrensbevollmächtigter des Schiedsbeklagten,

(iii) Tatsachen und Umstände, auf die die Klageerwiderung gestützt wird,

(iv) einen bestimmten Antrag

und

(v)   gegebenenfalls Angaben zur Schiedsvereinbarung, zur Zuständigkeit des Schiedsgerichts und zum Streitwert.

7.5: Im Falle einer Widerklage soll diese zusammen mit der Klageerwiderung eingereicht werden. Art. 5.2 gilt entsprechend. Die Widerklage ist bei der DIS einzureichen.

7.6: Der Schiedsbeklagte hat für die Widerklage an die DIS Bearbeitungsgebühren nach der bei Beginn des Schiedsverfahrens geltenden Kostenordnung (Anlage 2) zu zahlen. Werden die Bearbeitungsgebühren nicht innerhalb einer von der DIS gesetzten Frist bezahlt, kann die DIS das Schiedsverfahren hinsichtlich der Widerklage gemäß Art. 42.5 beenden.

7.7: Sofern der Schiedsbeklagte nicht die gemäß Art. 4.3 erforderliche Anzahl an Exemplaren der Widerklage und ihrer Anlagen einreicht oder die Widerklage nach Ansicht der DIS nicht alle gemäß Art. 7.5 erforderlichen Angaben enthält, kann die DIS dem Schiedsbeklagten eine Frist zur Ergänzung setzen. Erfolgt die Ergänzung nicht innerhalb dieser Frist, kann die DIS das Schiedsverfahren hinsichtlich der Widerklage gemäß Art. 42.6 beenden.

7.8: Die DIS übermittelt dem Schiedskläger und dem Schiedsgericht die Widerklage, sofern der Schiedsbeklagte ihnen diese nicht bereits übermittelt hat. Sind die Voraussetzungen gemäß Art. 7.6 oder 7.7 nicht erfüllt, kann die DIS von der Übermittlung der Widerklage absehen.

7.9: Das Schiedsgericht setzt eine angemessene Frist zur Erwiderung auf die Widerklage.

Art. 8 Verbindung mehrerer Schiedsverfahren

8.1: Die DIS kann auf Antrag einer Partei mehrere gemäß dieser Schiedsgerichtsordnung geführte Schiedsverfahren zu einem einzigen Verfahren verbinden, sofern alle Parteien sämtlicher Schiedsverfahren der Verfahrensverbindung zustimmen. Die Zuständigkeit des Schiedsgerichts für die Entscheidungen gemäß Art. 17 bis 19 bleibt hiervon unberührt.

8.2: Die Verbindung erfolgt auf das zuerst begonnene Schiedsverfahren, sofern die Parteien nichts anderes vereinbart haben.

Das Schiedsgericht

Art. 9 Unparteilichkeit und Unabhängigkeit der Schiedsrichter, Offenlegungspflichten

9.1: Jeder Schiedsrichter muss während des gesamten Schiedsverfahrens unparteilich und unabhängig sein sowie die von den Parteien vereinbarten Voraussetzungen erfüllen.

9.2: Im Übrigen sind die Parteien bei der Auswahl der Schiedsrichter frei. Die DIS kann auf Anfrage Anregungen für die Schiedsrichterauswahl geben.

9.3: Jede Person, die als Schiedsrichter bestellt werden soll, hat schriftlich mitzuteilen, ob sie das Schiedsrichteramt annimmt.

9.4: Im Falle der Annahme des Schiedsrichteramtes hat die Person schriftlich zu bestätigen, dass sie unparteilich und unabhängig ist, die von den Parteien vereinbarten Voraussetzungen erfüllt sowie für die Dauer des Schiedsverfahrens zeitlich verfügbar sein wird. Zudem hat die Person alle Tatsachen und Umstände offenzulegen, die bei objektiver Betrachtung vernünftige Zweifel der Parteien an ihrer Unparteilichkeit oder Unabhängigkeit hervorrufen können.

9.5: Die DIS übermittelt den Parteien die Erklärungen und etwaige Offenlegungen gemäß Art. 9.3 und 9.4 und setzt den Parteien eine Frist zur Stellungnahme zu der Bestellung der Person als Schiedsrichter.

9.6: Jeder Schiedsrichter hat während des gesamten Schiedsverfahrens eine fortdauernde Verpflichtung, alle gemäß Art. 9.4 erheblichen Tatsachen und Umstände den Parteien, den anderen Schiedsrichtern und der DIS unverzüglich schriftlich offenzulegen.

9.7: Im Übrigen gelten für die Bildung des Schiedsgerichts die Art. 10 bis 13 und Art. 20, sofern die Parteien nichts anderes vereinbart haben.

Art. 10 Anzahl der Schiedsrichter

10.1: Die Parteien können vereinbaren, dass das Schiedsgericht aus einem Einzelschiedsrichter, aus drei Schiedsrichtern oder einer anderen ungeraden Zahl von Schiedsrichtern besteht. Art. 16.4 bleibt unberührt.

10.2: Haben die Parteien keine Vereinbarung über die Anzahl der Schiedsrichter getroffen, kann jede Partei bei der DIS beantragen, dass das Schiedsgericht aus einem Einzelschiedsrichter bestehen soll. Der DIS Rat für Schiedsgerichtsbarkeit („DIS-Rat") entscheidet über diesen Antrag nach Anhörung der anderen Partei. Wird kein solcher Antrag gestellt oder einem solchen Antrag nicht stattgegeben, besteht das Schiedsgericht aus drei Schiedsrichtern.

Art. 11 Einzelschiedsrichter

Besteht das Schiedsgericht aus einem Einzelschiedsrichter, können die Parteien diesen gemeinsam benennen. Erfolgt die gemeinsame Benennung nicht innerhalb der von der DIS gesetzten Frist, wählt der Ernennungsausschuss der DIS („DIS-Ernennungsausschuss") den Einzelschiedsrichter aus und bestellt diesen gemäß Art. 13.2. In diesem Fall muss der Einzelschiedsrichter eine andere Nationalität als die Parteien aufweisen, sofern nicht alle Parteien die gleiche Nationalität aufweisen oder die Parteien etwas anderes vereinbart haben.

Art. 12 Schiedsgericht mit drei Schiedsrichtern

12.1: Besteht das Schiedsgericht aus drei Schiedsrichtern, haben beide Parteien je einen beisitzenden Schiedsrichter zu benennen. Benennt eine der Parteien keinen Schiedsrichter, wird der beisitzende Schiedsrichter durch den DIS-Ernennungsausschuss ausgewählt und gemäß Art. 13.2 bestellt.

12.2: Die beisitzenden Schiedsrichter haben den Vorsitzenden des Schiedsgerichts („Vorsitzenden") innerhalb einer Frist von 21 Tagen nach Aufforderung durch die DIS gemeinsam zu benennen. Die Parteien und die beisitzenden Schiedsrichter dürfen sich über die Auswahl des Vorsitzenden abstimmen.

12.3: Benennen die beisitzenden Schiedsrichter den Vorsitzenden nicht gemeinsam innerhalb der gemäß Art. 12.2 gesetzten Frist, wählt der DIS-Ernennungsausschuss den Vorsitzenden aus und bestellt diesen gemäß Art. 13.2. In diesem Fall muss der Vorsitzende eine andere Nationalität als die Parteien aufweisen, sofern nicht alle Parteien die gleiche Nationalität aufweisen oder die Parteien etwas anderes vereinbart haben.

Art. 13 Bestellung der Schiedsrichter

13.1: Jedes Mitglied des Schiedsgerichts ist von der DIS zu bestellen. Dies gilt auch dann, wenn es von einer Partei oder den beisitzenden Schiedsrichtern benannt worden ist.

13.2: Über die Bestellung eines Schiedsrichters entscheidet vorbehaltlich des Art. 13.3 der DIS-Ernennungsausschuss.

13.3: Über die Bestellung eines Schiedsrichters kann auch der Generalsekretär der DIS entscheiden, sofern keine Partei der Bestellung des betreffenden Schiedsrichters innerhalb der gemäß Art. 9.5 gesetzten Frist widerspricht.

13.4: Sobald alle Schiedsrichter bestellt sind, ist das Schiedsgericht konstituiert.

13.5: Solange nicht alle von der DIS eingeforderten Beträge bezahlt sind, kann die DIS von der Konstituierung des Schiedsgerichts oder von der Bestellung einzelner Schiedsrichter absehen.

Art. 14 Verfahrensleitung durch das Schiedsgericht

14.1: Nach der Konstituierung des Schiedsgerichts gemäß Art. 13.4 informiert die DIS das Schiedsgericht und die Parteien, dass von nun an das Schiedsgericht das Verfahren leitet.

14.2: Sofern die Parteien nichts anderes vereinbart haben, erfolgen in einem Schiedsverfahren mit mehr als einem Schiedsrichter die Entscheidungen des Schiedsgerichts mit Stimmenmehrheit. Kommt eine Stimmenmehrheit nicht zustande, entscheidet der Vorsitzende allein.

14.3: Ausnahmsweise kann über einzelne Verfahrensfragen der Vorsitzende auch ohne Abstimmung mit den beisitzenden Schiedsrichtern entscheiden, sofern diese ihn dazu ermächtigt haben.

Art. 15 Ablehnung eines Schiedsrichters

15.1: Eine Partei, die einen Schiedsrichter mit der Begründung ablehnen will, dass er eine oder mehrere der Voraussetzungen gemäß Art. 9.1 nicht erfüllt, hat einen Ablehnungsantrag gemäß Art. 15.2 zu stellen.

15.2: Der Ablehnungsantrag hat die Tatsachen und Umstände, auf die der Antrag gestützt wird, sowie die Mitteilung zu enthalten, wann die antragstellende Partei von diesen Tatsachen und Umständen Kenntnis erlangt hat. Der Ablehnungsantrag ist spätestens 14 Tage nach der Kenntniserlangung bei der DIS einzureichen.

15.3: Die DIS übermittelt den Ablehnungsantrag dem abgelehnten Schiedsrichter, den anderen Schiedsrichtern und der anderen Partei und setzt ihnen eine Frist zur Stellungnahme. Sie übermittelt die eingereichten Stellungnahmen den Parteien und den Schiedsrichtern.

15.4: Über den Ablehnungsantrag entscheidet der DIS-Rat.

15.5: Das Schiedsgericht kann das Schiedsverfahren bis zu einer Entscheidung, die dem Ablehnungsantrag stattgibt, fortsetzen.

Art. 16 Vorzeitige Beendigung des Schiedsrichteramtes

16.1: Das Amt eines Schiedsrichters endet an dem Tag, an dem

(i) der DIS-Rat dem Ablehnungsantrag gegen diesen Schiedsrichter stattgibt,

(ii) der DIS-Rat den Rücktritt des Schiedsrichters bewilligt,

(iii) der Schiedsrichter verstirbt,

(iv) der DIS-Rat den Schiedsrichter gemäß Art. 16.2 seines Amtes enthebt

oder

(v) sich alle Parteien auf die vorzeitige Beendigung des Amtes des Schiedsrichters einigen.

16.2: Der DIS-Rat kann einen Schiedsrichter seines Amtes entheben, wenn er der Ansicht ist, dass der Schiedsrichter seine Aufgaben gemäß dieser Schiedsgerichtsordnung nicht erfüllt oder außerstande ist oder sein wird, diese in Zukunft zu erfüllen. Das Verfahren der Amtsenthebung ist in Art. 9 der Geschäftsordnung (Anlage 1) geregelt.

16.3: Endet das Amt eines Schiedsrichters vorzeitig, ist vorbehaltlich des Art. 16.4 ein Ersatzschiedsrichter gemäß Art. 16.5 zu bestellen.

16.4: Sind alle Parteien und die anderen Schiedsrichter einverstanden, kann der DIS-Rat unter Berücksichtigung aller Umstände von der Bestellung eines Ersatzschiedsrichters absehen. Das Schiedsverfahren wird dann mit den anderen Schiedsrichtern fortgesetzt.

16.5: Für die Bestellung eines Ersatzschiedsrichters gilt das Verfahren, das für die Bestellung des zu ersetzenden Schiedsrichters anzuwenden war. Nach Anhörung der Parteien und der anderen Schiedsrichter sowie unter Berücksichtigung der Umstände, die der DIS-Rat für maßgeblich hält, kann er entscheiden, dass ein anderes Verfahren gemäß dieser Schiedsgerichtsordnung anzuwenden ist.

16.6: Ist ein Ersatzschiedsrichter bestellt worden, setzt das Schiedsgericht das Verfahren fort, ohne bereits vorgenommene Verfahrenshandlungen zu wiederholen. Dies gilt nicht, sofern die Parteien etwas anderes vereinbaren oder das Schiedsgericht nach Anhörung der Parteien eine Wiederholung für erforderlich hält.

Mehrvertragsverfahren, Mehrparteienverfahren und Einbeziehung zusätzlicher Parteien

Art. 17 Mehrvertragsverfahren

17.1: Ansprüche, die sich aus oder im Zusammenhang mit mehr als einem Vertrag ergeben, können in einem einzigen Schiedsverfahren („Mehrvertragsverfahren") behandelt werden, sofern sämtliche Parteien des Schiedsverfahrens dies vereinbart haben. Ist streitig, ob sämtliche Parteien dies vereinbart haben, insbesondere wenn keine ausdrückliche Vereinbarung eines Mehrvertragsverfahrens vorliegt, entscheidet hierüber das Schiedsgericht.

17.2: Für den Fall, dass Ansprüche auf der Grundlage von mehr als einer Schiedsvereinbarung geltend gemacht werden, gilt zusätzlich zu Art. 17.1, dass diese Ansprüche nur dann in einem einzigen Schiedsverfahren behandelt werden können, wenn die Schiedsvereinbarungen miteinander vereinbar sind. Ist streitig, ob die Schiedsvereinbarungen miteinander vereinbar sind, entscheidet hierüber vorbehaltlich des Art. 17.3 das Schiedsgericht.

17.3: Ist die DIS im Falle des Art. 17.2 der Ansicht, dass sie wegen Unvereinbarkeit der Schiedsvereinbarungen im Hinblick auf die jeweiligen Bestimmungen über die Bildung des Schiedsgerichts kein Schiedsgericht gemäß dieser Schiedsgerichtsordnung konstituieren kann, gilt Art. 42.4 *(ii)*.

17.4: Werden in einem Mehrvertragsverfahren Ansprüche zwischen mehr als zwei Parteien erhoben, gelten die Bestimmungen des Art. 18 (Mehrparteienverfahren) ergänzend zu den Bestimmungen dieses Art. 17.

Art. 18 Mehrparteienverfahren

18.1: Ansprüche zwischen mehr als zwei Parteien können in einem einzigen Schiedsverfahren („Mehrparteienverfahren") behandelt werden, wenn die Schiedsvereinbarung für sämtliche Parteien vorsieht, dass ihre Ansprüche in einem einzigen Schiedsverfahren behandelt werden können, oder wenn die Parteien dies in sonstiger Weise vereinbart haben. Ist streitig, ob die Parteien dies vereinbart haben, insbesondere wenn keine ausdrückliche Vereinbarung eines Mehrparteienverfahrens vorliegt, entscheidet hierüber das Schiedsgericht.

18.2: Werden in einem Mehrparteienverfahren Ansprüche erhoben, die sich aus oder im Zusammenhang mit mehr als einem Vertrag ergeben, gelten die Bestimmungen des Art. 17 (Mehrvertragsverfahren) ergänzend zu den Bestimmungen dieses Art. 18.

Art. 19 Einbeziehung zusätzlicher Parteien

19.1: Bis zur Bestellung eines Schiedsrichters kann jede Partei des Schiedsverfahrens bei der DIS eine Schiedsklage gegen eine zusätzliche Partei einreichen („Schiedsklage gegen eine zusätzliche Partei").

19.2: Die Schiedsklage gegen eine zusätzliche Partei hat zu enthalten:

(i) das Aktenzeichen des anhängigen Schiedsverfahrens,

(ii) die Namen und Adressen der Parteien, einschließlich der zusätzlichen Partei,

(iii) einen gegen die zusätzliche Partei gerichteten bestimmten Klageantrag,

(iv) den Betrag bezifferter Ansprüche und eine Schätzung des Streitwerts sonstiger Ansprüche gegen die zusätzliche Partei,

(v) Tatsachen und Umstände, auf die die Klageansprüche gegen die zusätzliche Partei gestützt werden,

und

(vi) die Schiedsvereinbarung(en), auf die sich die Partei beruft, die die Schiedsklage gegen die zusätzliche Partei erhebt.

Die übrigen Bestimmungen der Art. 5 und 6 gelten für die Schiedsklage gegen eine zusätzliche Partei entsprechend.

19.3: Innerhalb einer von der DIS gesetzten Frist hat die zusätzliche Partei einzureichen:

(i) ihre Stellungnahme zur Bildung des Schiedsgerichts

und

(ii) eine Klageerwiderung, für die die Bestimmungen des Art. 7.4 entsprechend gelten.

19.4: In der Klageerwiderung kann die zusätzliche Partei Ansprüche gegen jede andere Partei des Schiedsverfahrens geltend machen. Die Bestimmungen der Art. 7.5 bis 7.9 für die Widerklage gelten entsprechend.

19.5: Ist streitig, ob Ansprüche gegen die zusätzliche Partei oder Ansprüche der zusätzlichen Partei im anhängigen Schiedsverfahren behandelt werden können, entscheidet hierüber das Schiedsgericht. Bei seiner Entscheidung hat das Schiedsgericht die Bestimmungen des Art. 18 (Mehrparteienverfahren) und, im Falle von Mehrvertragsverfahren, zusätzlich die Bestimmungen des Art. 17 anzuwenden.

Art. 20 Schiedsgericht mit drei Schiedsrichtern in Mehrparteienverfahren

20.1: Im Falle eines Mehrparteienverfahrens (Art. 18) werden die beiden beisitzenden Schiedsrichter wie folgt benannt:

(i) Der Schiedskläger benennt oder mehrere Schiedskläger benennen gemeinsam einen beisitzenden Schiedsrichter

und

(ii) der Schiedsbeklagte benennt oder mehrere Schiedsbeklagte benennen gemeinsam einen beisitzenden Schiedsrichter.

20.2: Benennt eine Einzelpartei auf der Schiedskläger- oder auf der Schiedsbeklagtenseite keinen beisitzenden Schiedsrichter, wird der beisitzende Schiedsrichter durch den DIS-Ernennungsausschuss ausgewählt und gemäß Art. 13.2 bestellt.

20.3: Erfolgt keine gemeinsame Benennung eines beisitzenden Schiedsrichters durch Mehrparteien auf der Schiedskläger- oder auf der Schiedsbeklagtenseite, kann der DIS-Ernennungsausschuss nach Anhörung der Parteien nach seinem Ermessen

(i) nur für die Mehrparteien einen beisitzenden Schiedsrichter auswählen und gemäß Art. 13.2 bestellen sowie den von der Gegenseite benannten beisitzenden Schiedsrichter bestellen

oder

(ii) sowohl für die Mehrparteien als auch für die Gegenseite je einen beisitzenden Schiedsrichter auswählen und gemäß Art. 13.2 bestellen; eine bereits erfolgte Benennung wird gegenstandslos.

20.4: Für die Benennung oder Bestellung des Vorsitzenden gelten die Art. 12.2 und 12.3.

20.5: Im Falle der Einbeziehung einer zusätzlichen Partei gemäß Art. 19 kann die zusätzliche Partei einen beisitzenden Schiedsrichter nur mit der Schiedskläger- oder der Schiedsbeklagtenseite gemeinsam benennen. Erfolgt keine gemeinsame Benennung, kann der DIS-Ernennungsausschuss nach Anhörung der Parteien nach seinem Ermessen

(i) für die beisitzenden Schiedsrichter Art. 20.3 *(i)* sinngemäß anwenden,

(ii) für die beisitzenden Schiedsrichter Art. 20.3 *(ii)* sinngemäß anwenden

oder

(iii) sowohl die beiden beisitzenden Schiedsrichter als auch den Vorsitzenden auswählen und gemäß Art. 13.2 bestellen.

Im Falle des Art. 20.5 *(i)* und *(ii)* gelten für die Benennung oder Bestellung des Vorsitzenden die Art. 12.2 und 12.3. Im Falle des Art. 20.5 *(ii)* und *(iii)* werden bereits erfolgte Benennungen gegenstandslos.

Das Verfahren vor dem Schiedsgericht

Art. 21 Verfahrensregeln

21.1: Die Parteien sind gleich zu behandeln. Jeder Partei ist rechtliches Gehör zu gewähren.

21.2: Auf das Verfahren vor dem Schiedsgericht sind die Bestimmungen dieser Schiedsgerichtsordnung anzuwenden, soweit die Parteien nichts anderes vereinbaren.

21.3: Soweit die Schiedsgerichtsordnung keine Regelung enthält und die Parteien nichts anderes vereinbaren, bestimmt das Schiedsgericht das Verfahren nach Anhörung der Parteien nach seinem Ermessen.

21.4: Das Schiedsgericht hat die zwingenden Verfahrensvorschriften anzuwenden, die nach dem Recht des Schiedsorts für das anhängige Schiedsverfahren gelten.

Art. 22 Schiedsort

22.1: Haben die Parteien den Schiedsort nicht vereinbart, bestimmt ihn das Schiedsgericht.

22.2: Sofern die Parteien nichts anderes vereinbart haben, kann das Schiedsgericht Verfahrenshandlungen gleich welcher Art auch an einem anderen Ort als dem Schiedsort vornehmen.

Art. 23 Verfahrenssprache

Haben die Parteien die Verfahrenssprache nicht vereinbart, bestimmt das Schiedsgericht die Verfahrenssprache.

Art. 24 In der Sache anwendbares Recht

24.1: Die Parteien können die in der Sache anzuwendenden Rechtsregeln vereinbaren.

24.2: Haben die Parteien die in der Sache anzuwendenden Rechtsregeln nicht vereinbart, wendet das Schiedsgericht diejenigen Rechtsregeln an, die es für geeignet hält.

24.3: Das Schiedsgericht ist bei seiner Entscheidung an vertragliche Vereinbarungen der Parteien gebunden und hat bestehende Handelsbräuche zu berücksichtigen.

24.4: Das Schiedsgericht darf nur dann nach Billigkeit (*ex aequo et bono* oder als *amiable compositeur*) entscheiden, wenn die Parteien dies ausdrücklich vereinbart haben.

Art. 25 Einstweiliger Rechtsschutz

25.1: Haben die Parteien nichts anderes vereinbart, kann das Schiedsgericht auf Antrag einer Partei eine vorläufige oder sichernde Maßnahme anordnen und die Anordnung einer solchen Maßnahme abändern, aussetzen oder aufheben. Das Schiedsgericht übermittelt den Antrag der anderen Partei zur Stellungnahme. Es kann von jeder Partei im Zusammenhang mit einer solchen Maßnahme angemessene Sicherheit verlangen.

25.2: Das Schiedsgericht kann ausnahmsweise auf die vorherige Übermittlung eines Antrages gemäß Art. 25.1 und auf die vorherige Anhörung der anderen Partei verzichten, wenn andernfalls der mit dem Antrag verfolgte Zweck gefährdet werden könnte. In diesem Fall hat das Schiedsgericht der anderen Partei spätestens mit der Anordnung der Maßnahme den Antrag zu übermitteln und ihr unverzüglich rechtliches Gehör zu gewähren. Nach Anhörung der anderen Partei hat das Schiedsgericht die Anordnung der Maßnahme zu bestätigen, abzuändern, auszusetzen oder aufzuheben.

25.3: Die Parteien können die Anordnung einer vorläufigen oder sichernden Maßnahme jederzeit auch bei einem zuständigen Gericht beantragen.

Art. 26 Förderung einvernehmlicher Streitbeilegung

Das Schiedsgericht soll, sofern keine Partei widerspricht, in jeder Phase des Verfahrens eine einvernehmliche Beilegung der Streitigkeit oder einzelner Streitpunkte fördern.

Art. 27 Effiziente Verfahrensführung

27.1: Das Schiedsgericht und die Parteien sollen das Schiedsverfahren unter Berücksichtigung der Komplexität und der wirtschaftlichen Bedeutung des Falles effizient führen.

27.2: Das Schiedsgericht hat alsbald nach seiner Konstituierung, in der Regel innerhalb von 21 Tagen, eine Verfahrenskonferenz mit den Parteien abzuhalten.

27.3: Neben etwaigen externen Verfahrensbevollmächtigten sollen an der Verfahrenskonferenz auch die Parteien selbst oder eine intern beauftragte Person teilnehmen. Das Schiedsgericht kann die Anwesenheit eines gemäß Art. 2.2 bestellten Konfliktmanagers bei der Verfahrenskonferenz zulassen.

27.4: In der Verfahrenskonferenz erörtert das Schiedsgericht mit den Parteien, welche Verfahrensregeln gemäß Art. 21 auf das Verfahren vor dem Schiedsgericht anzuwenden sind, und den Verfahrenskalender. Es hat dabei die effiziente Gestaltung des Verfahrens zu erörtern, insbesondere

(i) inwieweit die in Anlage 3 genannten Maßnahmen zur Steigerung der Verfahrenseffizienz angewendet werden sollen,

(ii) ob das beschleunigte Verfahren gemäß Anlage 4 angewendet werden soll

und

(iii) ob eine einvernehmliche Beilegung der Streitigkeit oder einzelner Streitpunkte mittels einer Mediation oder eines anderen alternativen Streitbeilegungsverfahrens herbeigeführt werden kann.

27.5: In oder alsbald nach der Verfahrenskonferenz hat das Schiedsgericht eine verfahrensleitende Verfügung zu erlassen und den Verfahrenskalender festzulegen.

27.6: Das Schiedsgericht kann bei Bedarf weitere Verfahrenskonferenzen durchführen sowie weitere verfahrensleitende Verfügungen erlassen und den Verfahrenskalender abändern.

27.7: Das Schiedsgericht hat mit den Parteien in der ersten Verfahrenskonferenz und bei Bedarf in weiteren Verfahrenskonferenzen zu erörtern, ob Sachverständige eingesetzt werden sollen und wie das Sachverständigenverfahren effizient gestaltet werden kann.

27.8: Das Schiedsgericht übermittelt alle verfahrensleitenden Verfügungen sowie den Verfahrenskalender und etwaige Änderungen auch der DIS.

Art. 28 Feststellung des Sachverhalts, Bestellung von
Sachverständigen durch das Schiedsgericht

28.1: Das Schiedsgericht stellt den entscheidungserheblichen Sachverhalt fest.

28.2: Zu diesem Zweck kann das Schiedsgericht auch eigene Ermittlungen anstellen, insbesondere Sachverständige bestellen, andere als von den Parteien benannte Zeugen vernehmen und anordnen, dass Dokumente oder elektronisch gespeicherte Daten vorgelegt oder zugänglich gemacht werden. An Beweisangebote der Parteien ist das Schiedsgericht nicht gebunden.

28.3: Das Schiedsgericht hat, bevor es einen Sachverständigen bestellt, die Parteien anzuhören. Jeder vom Schiedsgericht bestellte Sachverständige muss während des gesamten Schiedsverfahrens unparteilich und unabhängig sein. Das Schiedsgericht hat die Vorschriften der Art. 9 und 15 sinngemäß auf den von ihm bestellten Sachverständigen anzuwenden mit der Maßgabe, dass das Schiedsgericht gegenüber dem Sachverständigen die Funktion der DIS gegenüber dem Schiedsrichter übernimmt.

Art. 29 Mündliche Verhandlung

29.1: Das Schiedsgericht hat eine mündliche Verhandlung durchzuführen, wenn
(i)   die Parteien dies vereinbart haben

oder

(ii)   eine der Parteien dies beantragt, sofern die Parteien mündliche Verhandlungen nicht ausgeschlossen haben.

Im Übrigen führt das Schiedsgericht eine mündliche Verhandlung durch, wenn es dies nach Anhörung der Parteien nach seinem Ermessen für notwendig hält.

29.2: Eine mündliche Verhandlung ist in geeigneter Weise zu protokollieren. Dies kann in Form eines Wortprotokolls geschehen.

Art. 30 Säumnis

Das Schiedsgericht setzt bei Säumnis des Schiedsbeklagten das Schiedsverfahren fort. Das tatsächliche Vorbringen des Schiedsklägers gilt nicht wegen der Säumnis des Schiedsbeklagten als zugestanden.

Art. 31 Schlussverfügung

Nach der letzten mündlichen Verhandlung oder dem letzten zugelassenen Schriftsatz erklärt das Schiedsgericht durch verfahrensleitende Verfügung, die auch der DIS zu übermitteln ist, das Verfahren für geschlossen. Danach dürfen Schriftsätze oder Beweismittel nur mit Einwilligung des Schiedsgerichts eingereicht werden.

Die Kosten

Art. 32 Kosten des Schiedsverfahrens

Die Kosten des Schiedsverfahrens umfassen insbesondere

(i) die Honorare und Auslagen der Schiedsrichter,

(ii) die Honorare und Auslagen vom Schiedsgericht bestellter Sachverständiger,

(iii) die den Parteien im Zusammenhang mit dem Schiedsverfahren anfallenden angemessenen Aufwendungen und Auslagen, einschließlich Rechtsanwaltskosten, Sachverständigenkosten und Zeugenauslagen

sowie

(iv) die Bearbeitungsgebühren der DIS.

Art. 33 Kostenentscheidungen des Schiedsgerichts

33.1: Das Schiedsgericht kann im Laufe des Schiedsverfahrens in Bezug auf Kosten jederzeit Entscheidungen treffen. Dies gilt auch für vorläufige Entscheidungen. Entscheidungen bezüglich Art. 32 *(i)* und *(iv)* sind der DIS vorbehalten.

33.2: Das Schiedsgericht entscheidet über die Verteilung der Kosten zwischen den Parteien.

33.3: Die Kostenentscheidungen trifft das Schiedsgericht nach seinem Ermessen. Es berücksichtigt dabei sämtliche Umstände des Falles, die es als maßgeblich erachtet. Insbesondere kann es den Ausgang des Verfahrens und die Effizienz der Verfahrensführung durch die Parteien berücksichtigen.

Art. 34 Honorare und Auslagen der Schiedsrichter

34.1: Die Schiedsrichter haben Anspruch auf Honorare und Erstattung ihrer Auslagen, sofern in dieser Schiedsgerichtsordnung nichts anderes bestimmt ist.

34.2: Die Honorare der Schiedsrichter werden gemäß der zu Beginn des Schiedsverfahrens geltenden Kostenordnung (Anlage 2) berechnet, vorbehaltlich des Art. 34.4 und einer möglichen Herabsetzung der Honorare durch den DIS-Rat gemäß Art. 37. Abweichende Honorarvereinbarungen zwischen den Parteien und den Schiedsrichtern sind unzulässig. Die Auslagen der Schiedsrichter werden in dem Umfang und der Höhe erstattet, wie in der zu Beginn des Schiedsverfahrens geltenden Kostenordnung (Anlage 2) vorgesehen.

34.3: Die DIS zahlt die Honorare und Auslagen der Schiedsrichter nach Beendigung des Schiedsverfahrens. Der DIS-Rat kann auf Antrag des Schiedsgerichts einen Honorarvorschuss in der Höhe gewähren, die er unter Berücksichtigung des Standes des Verfahrens für angemessen erachtet. Honorare, Auslagen und Honorarvorschüsse zahlt die DIS aus der Kostensicherheit gemäß Art. 35.1.

34.4: Endet das Schiedsverfahren vor Erlass eines Endschiedsspruchs oder mit einem Schiedsspruch mit vereinbartem Wortlaut, setzt der DIS-Rat die Honorare der Schiedsrichter nach Anhörung der Parteien und des Schiedsgerichts nach seinem Ermessen fest. Er berücksichtigt dabei insbesondere den Stand des Verfahrens sowie die Sorgfalt und Effizienz der Schiedsrichter in Anbetracht der Komplexität und der wirtschaftlichen Bedeutung der Streitigkeit.

34.5: Endet das Amt eines Schiedsrichters gemäß Art. 16.1, kann der DIS-Rat nach seinem Ermessen entscheiden, ob und gegebenenfalls in welcher Höhe diesem Schiedsrichter ein Honorar gezahlt wird und Auslagen erstattet werden. Der DIS-Rat berücksichtigt dabei die Gründe für die vorzeitige Beendigung des Schiedsrichteramtes und die Umstände des Falles.

Art. 35 Sicherheit für Honorare und Auslagen der Schiedsrichter

35.1: Die Parteien haben für die Honorare und Auslagen der Schiedsrichter Sicherheit zu leisten. Dies erfolgt durch Zahlung eines Betrages, der von der DIS auf der Grundlage von Art. 36 berechnet und im Laufe des Schiedsverfahrens festgesetzt wird („Kostensicherheit").

35.2: Bereits vor Konstituierung des Schiedsgerichts bestimmt die DIS den Betrag einer vorläufigen Sicherheit und setzt den Parteien eine Frist zur Zahlung. Die DIS kann nach ihrem Ermessen beide Parteien oder nur eine Partei zur Zahlung der vorläufigen Sicherheit auffordern.

35.3: Zu einem späteren Zeitpunkt setzt die DIS den Betrag der Kostensicherheit fest und setzt den Parteien eine Frist zur Zahlung. Die Kostensicherheit ist vom Schiedskläger und vom Schiedsbeklagten zu gleichen Teilen zu leisten. Bereits als vorläufige Sicherheit geleistete Zahlungen durch die Parteien werden angerechnet. Der Betrag der Kostensicherheit kann mit dem Betrag der vorläufigen Sicherheit übereinstimmen.

35.4: Zahlt eine Partei den auf sie entfallenden Anteil der vorläufigen Sicherheit oder der Kostensicherheit nicht, ist jede andere Partei berechtigt, den entsprechenden Betrag an deren Stelle zu zahlen, unbeschadet der Entscheidung des Schiedsgerichts gemäß Art. 33.2 über die Verteilung der Kosten zwischen den Parteien.

35.5: Haben die Parteien die vorläufige Sicherheit oder die Kostensicherheit nicht vollständig geleistet, kann die DIS das Schiedsverfahren gemäß Art. 42.5 beenden.

35.6: Die DIS kann jederzeit den Betrag der vorläufigen Sicherheit und der Kostensicherheit erhöhen oder herabsetzen.

35.7: In einem Mehrparteienverfahren (Art. 18) kann der DIS-Rat den Anteil der vorläufigen Sicherheit und der Kostensicherheit für jede Partei auch getrennt und in unterschiedlicher Höhe festsetzen oder mehrere Kostensicherheiten festsetzen.

Art. 36 Berechnungsgrundlage

36.1: Die vorläufige Sicherheit, die Kostensicherheit sowie die Bearbeitungsgebühren der DIS werden auf Grundlage des Streitwerts nach der zu Beginn des

Schiedsverfahrens geltenden Kostenordnung (Anlage 2) berechnet. Dies gilt auch für spätere Erhöhungen und Herabsetzungen.

36.2: Das Schiedsgericht setzt nach Anhörung der Parteien den Streitwert fest.

36.3: Innerhalb von 14 Tagen nach einer Streitwertfestsetzung des Schiedsgerichts gemäß Art. 36.2 kann jede Partei beantragen, dass der DIS-Rat die Festsetzung des Schiedsgerichts überprüft. Der DIS-Rat kann den vom Schiedsgericht festgesetzten Streitwert entweder bestätigen oder abändern. Die Entscheidung des DIS-Rates dient ausschließlich der Bestimmung der Berechnungsgrundlage für die vorläufige Sicherheit, die Kostensicherheit und die Bearbeitungsgebühren gemäß Art. 36.1.

Die Beendigung des Schiedsverfahrens durch Schiedsspruch oder auf sonstige Weise

Art. 37 Frist für den Schiedsspruch

Das Schiedsgericht soll der DIS den Schiedsspruch in der Regel innerhalb von drei Monaten nach der letzten mündlichen Verhandlung oder dem letzten zugelassenen Schriftsatz zur Durchsicht gemäß Art. 39.3 übermitteln. Der DIS-Rat kann das Honorar eines Schiedsrichters oder mehrerer Schiedsrichter auf Grundlage der Zeit, die das Schiedsgericht bis zum Erlass des Schiedsspruchs benötigt hat, nach seinem Ermessen herabsetzen. Bei der Entscheidung über eine Herabsetzung hat der DIS-Rat das Schiedsgericht anzuhören und die Umstände des Falles zu berücksichtigen.

Art. 38 Wirkung des Schiedsspruchs

Der Schiedsspruch ist endgültig und hat unter den Parteien die Wirkung eines rechtskräftigen gerichtlichen Urteils.

Art. 39 Inhalt, Form und Übermittlung des Schiedsspruchs

39.1: Jeder Schiedsspruch ist schriftlich zu verfassen. Im Schiedsspruch sind anzugeben:

(i) die Namen und die Adressen der Parteien, etwaiger Verfahrensbevollmächtigter und der Schiedsrichter,

(ii) die Entscheidung des Schiedsgerichts und ihre Begründung, sofern die Parteien nicht auf eine Begründung verzichtet haben oder es sich nicht um einen Schiedsspruch mit vereinbartem Wortlaut gemäß Art. 41 handelt,

(iii) der Schiedsort

und

(iv) das Datum des Schiedsspruchs.

39.2: Im Endschiedsspruch hat das Schiedsgericht die Kosten des Schiedsverfahrens anzugeben und gemäß Art. 33 über ihre Verteilung zu entscheiden. Die

Höhe der Kosten gemäß Art. 32 *(i)* und *(iv)* wird dem Schiedsgericht von der DIS mitgeteilt.

39.3: Das Schiedsgericht hat der DIS den Text des Schiedsspruchs zur Durchsicht zu übermitteln. Die DIS kann das Schiedsgericht auf mögliche formale Fehler hinweisen und andere unverbindliche Änderungsvorschläge unterbreiten. Das Schiedsgericht bleibt für den Inhalt des Schiedsspruchs allein verantwortlich.

39.4: Der Schiedsspruch ist von den Schiedsrichtern zu unterschreiben. Sofern ein Schiedsrichter nicht unterschreibt, ist der Grund hierfür im Schiedsspruch anzugeben.

39.5: Das Schiedsgericht hat der DIS so viele Originale des unterschriebenen Schiedsspruchs zu übermitteln, dass jede Partei und die DIS ein Exemplar erhalten.

39.6: Die DIS übermittelt jeder Partei ein Original des Schiedsspruchs, sofern sämtliche Kostensicherheiten und Bearbeitungsgebühren der DIS vollständig bezahlt worden sind. Art. 4.6 und 4.7 gelten entsprechend.

39.7: Der Schiedsspruch gilt als erlassen an dem im Schiedsspruch angegebenen Schiedsort und zu dem im Schiedsspruch angegebenen Datum.

Art. 40 Berichtigung des Schiedsspruchs

40.1: Das Schiedsgericht hat auf Antrag einer Partei
(i)   Rechen-, Schreib- und Druckfehler und Fehler ähnlicher Art im Schiedsspruch zu berichtigen

und

(ii)   einen ergänzenden Schiedsspruch zu im Schiedsverfahren geltend gemachten Ansprüchen zu erlassen, über die im Schiedsspruch nicht entschieden worden ist.

40.2: Das Schiedsgericht kann auf Antrag einer Partei den Schiedsspruch auslegen und den Tenor präzisieren.

40.3: Ein Antrag gemäß Art. 40.1 oder 40.2 ist bei der DIS innerhalb von 30 Tagen nach Übermittlung des Schiedsspruchs zu stellen. Die DIS übermittelt dem Schiedsgericht den Antrag unverzüglich.

40.4: Das Schiedsgericht hat die andere Partei anzuhören und über den Antrag innerhalb von 30 Tagen nach dem Tag, an dem der Vorsitzende den Antrag erhalten hat, zu entscheiden.

40.5: Nach Anhörung der Parteien kann das Schiedsgericht Berichtigungen nach Art. 40.1 auch ohne Antrag vornehmen. Die Berichtigung hat innerhalb von 60 Tagen nach dem Tag zu erfolgen, an dem der Schiedsspruch gemäß Art. 39.7 erlassen wurde.

40.6: Auf die Berichtigung des Schiedsspruchs sind die Bestimmungen der Art. 38 und 39 sinngemäß anzuwenden.

Art. 41 Schiedsspruch mit vereinbartem Wortlaut

41.1: Auf Antrag der Parteien kann das Schiedsgericht einen von den Parteien geschlossenen Vergleich in der Form eines Schiedsspruchs mit vereinbartem Wortlaut festhalten, sofern dem nach Ansicht des Schiedsgerichts kein wichtiger Grund entgegensteht.

41.2: Auf Antrag der Parteien kann das Schiedsgericht, wenn ein Verfahren nach der

– DIS-Mediationsordnung,
– DIS-Schlichtungsordnung,
– DIS-Verfahrensordnung für Adjudikation,
– DIS-Gutachtensordnung oder der
– DIS-Schiedsgutachtensordnung

stattgefunden hat und zu einem Vergleich der Parteien oder zu einer Entscheidung geführt hat, den Vergleich oder die Entscheidung in Form eines Schiedsspruchs mit vereinbartem Wortlaut festhalten, sofern dem nach Ansicht des Schiedsgerichts kein wichtiger Grund entgegensteht.

41.3: Auf den Schiedsspruch mit vereinbartem Wortlaut sind die Bestimmungen der Art. 38 bis 40 sinngemäß anzuwenden.

Art. 42 Beendigung des Schiedsverfahrens auf sonstige Weise

42.1: Vor Erlass des Endschiedsspruchs kann das Schiedsverfahren durch das Schiedsgericht gemäß Art. 42.2 oder durch die DIS gemäß Art. 42.4, 42.5 oder 42.6 beendet werden.

42.2: Das Schiedsgericht beendet das Schiedsverfahren durch Beschluss („Beendigungsbeschluss"), wenn

(i)   die Parteien die Beendigung des Schiedsverfahrens vereinbaren,
(ii) eine der Parteien die Beendigung beantragt und keine der anderen Parteien widerspricht oder, wenn das Schiedsgericht der Ansicht ist, dass eine Partei, die widerspricht, kein berechtigtes Interesse an der Fortführung des Schiedsverfahrens hat,
(iii) die Parteien das Schiedsverfahren trotz Aufforderung durch das Schiedsgericht nicht fortsetzen

oder

(iv) das Schiedsgericht der Ansicht ist, dass das Schiedsverfahren aus einem anderen Grund nicht fortgesetzt werden kann.

42.3: Der Beendigungsbeschluss ergeht unbeschadet des Rechts einer Partei, ihre Ansprüche erneut geltend zu machen.

42.4: Bis zur Konstituierung des Schiedsgerichts kann die DIS nach Anhörung der Parteien das Schiedsverfahren beenden, wenn

(i)   die Parteien die Beendigung des Schiedsverfahrens vereinbaren,

(ii) die DIS der Ansicht ist, dass sie kein Schiedsgericht gemäß dieser Schiedsgerichtsordnung konstituieren kann,

(iii) die Parteien das Schiedsverfahren trotz Aufforderung durch die DIS nicht fortsetzen

oder

(iv) die DIS der Ansicht ist, dass das Schiedsverfahren aus einem anderen Grund nicht fortgesetzt werden kann.

42.5: Der DIS-Rat kann das Schiedsverfahren darüber hinaus vor oder nach der Konstituierung des Schiedsgerichts beenden, wenn die Parteien die von der DIS eingeforderten vorläufigen Sicherheiten, Kostensicherheiten oder Bearbeitungsgebühren der DIS nicht innerhalb der von der DIS gesetzten Frist vollständig bezahlt haben. Ist das Schiedsgericht bereits konstituiert, kann es nach Rücksprache mit der DIS das Verfahren bis zu einer Beendigung durch den DIS-Rat aussetzen.

42.6: Die DIS kann das Schiedsverfahren vorbehaltlich des Art. 5.4 Satz 2 jederzeit beenden, wenn eine Partei der Aufforderung der DIS zur Ergänzung gemäß Art. 5, 7 oder 19 nicht innerhalb der von der DIS gesetzten Frist nachkommt.

42.7: Die vollständige oder teilweise Beendigung des Schiedsverfahrens gemäß Art. 42.4, 42.5 oder 42.6 lässt das Recht einer Partei, ihre Ansprüche erneut geltend zu machen, unberührt.

Sonstige Bestimmungen

Art. 43 Verlust des Rügerechts

Ist einer Bestimmung dieser Schiedsgerichtsordnung oder einer sonstigen auf das Schiedsverfahren anwendbaren Regelung nicht entsprochen worden, kann eine Partei, die einen ihr bekannten Mangel nicht unverzüglich rügt, diesen später nicht mehr geltend machen.

Art. 44 Vertraulichkeit

44.1: Sofern die Parteien nichts anderes vereinbart haben, haben die Parteien und ihre Verfahrensbevollmächtigten, die Schiedsrichter, die Mitarbeiter der DIS und sonstige bei der DIS mit dem Schiedsverfahren befasste Personen über das Schiedsverfahren Stillschweigen gegenüber jedermann zu bewahren. Insbesondere dürfen die Existenz des Verfahrens, Namen von Parteien, Streitgegenstände, Namen von Zeugen und Sachverständigen, prozessleitende Verfügungen oder Schiedssprüche sowie Beweismittel, die nicht öffentlich zugänglich sind, nicht offengelegt werden.

44.2: Dies gilt insoweit nicht, als eine Offenlegung aufgrund gesetzlicher oder behördlicher Pflichten oder zur Vollstreckung oder Aufhebung des Schiedsspruchs notwendig ist.

44.3: Die DIS kann statistische und sonstige allgemeine Informationen über Schiedsverfahren veröffentlichen, sofern diese Informationen die Parteien nicht nennen und auch darüber hinaus keinen Rückschluss auf bestimmte Schiedsverfahren zulassen. Schiedssprüche darf die DIS nur mit schriftlicher Einwilligung der Parteien veröffentlichen.

Art. 45 Haftungsbegrenzung

45.1: Die Haftung eines Schiedsrichters für seine Entscheidungtätigkeit ist ausgeschlossen, sofern er nicht eine vorsätzliche Pflichtverletzung begeht.

45.2: Für sonstige Handlungen oder Unterlassungen im Zusammenhang mit dem Schiedsverfahren ist die Haftung eines Schiedsrichters, der DIS, ihrer satzungsmäßigen Organe, ihrer Mitarbeiter und sonstiger bei der DIS mit dem Schiedsverfahren befasster Personen ausgeschlossen, soweit sie nicht eine vorsätzliche oder grob fahrlässige Pflichtverletzung begehen.

Anlage 1

Geschäftsordnung

Art. 1 Anwendungsbereich

Diese Geschäftsordnung für das Administrieren von Schiedsverfahren gemäß der Schiedsgerichtsordnung regelt die Funktionsweise des DIS-Rates für Schiedsgerichtsbarkeit („DIS-Rat"), des DIS-Ernennungsausschusses und des DIS-Sekretariats.

Art. 2 Befugnisse des DIS-Rates, des DIS-Ernennungsausschusses und des DIS-Sekretariats

2.1: Der DIS-Rat und der DIS-Ernennungsausschuss treffen die Entscheidungen und üben die Befugnisse und Tätigkeiten aus, die ihnen gemäß der Schiedsgerichtsordnung übertragen sind. Sie werden bei ihrer Arbeit vom DIS-Sekretariat unterstützt.

2.2: Das DIS-Sekretariat unter der Leitung des DIS-Generalsekretärs („Generalsekretär") trifft die Entscheidungen und übt die Befugnisse und Tätigkeiten aus, die der DIS gemäß der Schiedsgerichtsordnung übertragen sind oder die die DIS für zweckmäßig hält, um das jeweilige Schiedsverfahren ordnungsgemäß zu administrieren. Das DIS-Sekretariat kann jederzeit den DIS-Rat, den gemäß Ziffer 4.2 zuständigen DIS-Verfahrensausschuss oder den DIS-Ernennungsausschuss konsultieren.

Anhang 2 DIS

Art. 3 Der DIS-Rat für Schiedsgerichtsbarkeit

3.1: Der DIS-Rat besteht aus mindestens fünfzehn Mitgliedern („DIS-Ratsmitglieder"). Die DIS-Ratsmitglieder sollen aus mindestens fünf unterschiedlichen Ländern stammen und praktische Erfahrung in nationaler und internationaler Schiedsgerichtsbarkeit aufweisen. Für die DIS-Ratsmitglieder gelten die Bestimmungen von Ziffer 6 der DIS-Integritätsgrundsätze.

3.2: Die DIS-Ratsmitglieder werden vom geschäftsführenden DIS-Vorstand (§ 7.2 der DIS-Satzung) nach Anhörung des Vorsitzenden des DIS-Beirats ernannt. Geschäftsführende Vorstandsmitglieder der DIS, Mitglieder des DIS-Ernennungsausschusses und Mitarbeiter des DIS-Sekretariats dürfen nicht als DIS-Ratsmitglieder ernannt werden.

3.3: Die Amtszeit eines DIS-Ratsmitglieds beträgt vier Jahre und kann einmal verlängert werden.

3.4: Der DIS-Rat hält mindestens einmal jährlich eine Plenarsitzung ab, um Themen von allgemeiner Bedeutung für seine Praxis zu erörtern und zu entscheiden. Das DIS-Sekretariat nimmt an den Plenarsitzungen teil und kann die Mitglieder des DIS-Ernennungsausschusses hierzu einladen. Die Teilnahme an einer Plenarsitzung kann persönlich oder über geeignete Kommunikationsmittel erfolgen.

3.5: Die DIS-Ratsmitglieder wählen aus ihrer Mitte einen Präsidenten und bis zu zwei Vizepräsidenten. Der Präsident, oder bei seiner Verhinderung einer der Vizepräsidenten, lädt zu den Plenarsitzungen ein und führt den Vorsitz.

3.6: Die dem DIS-Rat übertragenen Entscheidungen in Bezug auf ein Schiedsverfahren werden allein von dem gemäß Ziffer 4.2 zuständigen DIS-Verfahrensausschuss getroffen. Der DIS-Rat ist nicht befugt, die Entscheidungen eines DIS-Verfahrensausschusses zu überprüfen, abzuändern oder aufzuheben.

3.7: Der DIS-Rat kann nach Rücksprache mit dem DIS-Sekretariat interne Richtlinien erlassen, die alle DIS-Verfahrensausschüsse zu beachten haben.

Art. 4 Die DIS-Verfahrensausschüsse

4.1: Das DIS-Sekretariat bildet mindestens fünf Ausschüsse zur Betreuung von Schiedsverfahren („DIS-Verfahrensausschüsse") mit je drei DIS-Ratsmitgliedern.

4.2: Nach Eingang einer Schiedsklage weist das DIS-Sekretariat das Schiedsverfahren einem DIS-Verfahrensausschuss zur Betreuung zu. Das DIS-Sekretariat kann jederzeit die Betreuung des Schiedsverfahrens einem anderen DIS-Verfahrensausschuss zuweisen oder ein DIS-Ratsmitglied in einem DIS-Verfahrensausschuss durch ein anderes DIS-Ratsmitglied ersetzen. Sämtliche Entscheidungen gemäß Ziffer 4.2 trifft das DIS-Sekretariat nach seinem Ermessen und berücksichtigt dabei insbesondere den jeweiligen Arbeitsanfall, etwaige Interessenkonflikte und sonstige Verhinderungen der betreffenden DIS-Ratsmitglieder.

4.3: Ein DIS-Ratsmitglied, das in Bezug auf ein Schiedsverfahren einen Interessenkonflikt hat, hat diesen unverzüglich dem DIS-Sekretariat offenzulegen und darf ab dem Zeitpunkt der Kenntniserlangung an einer Entscheidung im Zusammenhang mit dem betreffenden Schiedsverfahren nicht mehr mitwirken. Das betroffene DIS-Ratsmitglied darf keine weiteren Informationen oder Unterlagen bezüglich des betreffenden Schiedsverfahrens erhalten und hat bereits erhaltene Unterlagen zurückzugeben oder zu vernichten.

4.4: Entscheidungen eines DIS-Verfahrensausschusses erfolgen mit Stimmenmehrheit seiner Mitglieder. Ein Quorum von zwei Mitgliedern ist erforderlich.

4.5: Das DIS-Sekretariat bereitet für die Entscheidungen der DIS-Verfahrensausschüsse eine schriftliche Stellungnahme als Entscheidungsgrundlage vor, die gegebenenfalls auf die Praxis anderer DIS-Verfahrensausschüsse in vergleichbaren Fällen hinweisen soll und auch unverbindliche Empfehlungen enthalten kann.

Art. 5 Spezialisierte DIS-Verfahrensausschüsse

5.1: Sämtliche Schiedsverfahren, die von der DIS nach der Schiedsgerichtsordnung einer Industrie- und Handelskammer mit Verweis auf die DIS-Schiedsgerichtsordnung administriert werden, sollen demselben Verfahrensausschuss zugewiesen werden.

5.2: Die DIS kann jederzeit weitere Verfahrensausschüsse mit Schwerpunkttätigkeiten bilden, zum Beispiel für bestimmte Regionen oder für bestimmte Arten von Schiedsverfahren.

Art. 6 Der DIS-Ernennungsausschuss

6.1: Der DIS-Ernennungsausschuss besteht aus drei ständigen Mitgliedern und drei stellvertretenden Mitgliedern. Die Mitglieder des DIS-Ernennungsausschusses sollen praktische Erfahrung in nationaler und internationaler Schiedsgerichtsbarkeit aufweisen. Für die Mitglieder des DIS-Ernennungsausschusses gilt Ziffer 3 der DIS-Integritätsgrundsätze.

6.2: Die Mitglieder des DIS-Ernennungsausschusses werden vom geschäftsführenden DIS-Vorstand (§ 7.2 der DIS-Satzung) nach Anhörung des Vorsitzenden des DIS-Beirats ernannt. Geschäftsführende Vorstandsmitglieder der DIS, DIS-Ratsmitglieder und Mitarbeiter des DIS-Sekretariats dürfen nicht als Mitglieder des DIS-Ernennungsausschusses ernannt werden.

6.3: Die Amtszeit eines Mitglieds des DIS-Ernennungsausschusses beträgt drei Jahre und kann einmal verlängert werden.

6.4: Ein Mitglied des DIS-Ernennungsausschusses, das in Bezug auf ein Schiedsverfahren einen Interessenkonflikt hat, hat diesen unverzüglich dem DIS-Sekretariat offenzulegen und darf ab dem Zeitpunkt der Kenntniserlangung an einer Entscheidung im Zusammenhang mit dem betreffenden Schiedsverfahren nicht mehr mitwirken. Das betroffene Mitglied des DIS-Ernennungsausschusses darf keine weiteren Informationen oder Unterlagen bezüglich des betreffenden Schiedsverfahrens erhalten und hat bereits erhaltene Unterlagen zurückzugeben oder zu vernichten.

6.5: Entscheidungen des DIS-Ernennungsausschusses treffen die ständigen Mitglieder. Ein wegen eines Interessenkonflikts oder aus sonstigen Gründen verhindertes Mitglied des DIS-Ernennungsausschusses wird durch ein vom DIS-Sekretariat zu bestimmendes stellvertretendes Mitglied vertreten.

6.6: Der DIS-Ernennungsausschuss entscheidet mit Stimmenmehrheit.

6.7: Das DIS-Sekretariat bereitet für jede Entscheidung des DIS-Ernennungsausschusses eine schriftliche Stellungnahme als Entscheidungsgrundlage vor, die gegebenenfalls auf die Praxis des Ernennungsausschusses in vergleichbaren Fällen hinweisen soll und auch unverbindliche Empfehlungen enthalten kann.

Art. 7 Das DIS-Sekretariat

7.1: Im DIS-Sekretariat werden die Schiedsverfahren vom Case Management Team der DIS unter Leitung des Stellvertretenden Generalsekretärs administriert.

7.2: Der Generalsekretär kann den Stellvertretenden Generalsekretär oder einen anderen DIS-Mitarbeiter ermächtigen, bei seiner Abwesenheit oder Verhinderung über die Bestellung eines Schiedsrichters gemäß Art. 13.3 der Schiedsgerichtsordnung zu entscheiden.

7.3: Das DIS-Sekretariat kann Mitteilungen und andere Unterlagen zur Information der Parteien und der Schiedsrichter oder zur ordnungsgemäßen Durchführung von Schiedsverfahren gemäß der Schiedsgerichtsordnung veröffentlichen.

Art. 8 Schriftstücke und Mitteilungen, Begründungen, Vertraulichkeit

8.1: Sämtliche Schriftstücke, die nach der Schiedsgerichtsordnung an die DIS zu senden sind, und sämtliche Mitteilungen, die an den DIS-Rat, einen DIS-Verfahrensausschuss oder den DIS-Ernennungsausschuss gerichtet sind, sind an das DIS-Sekretariat zu senden.

8.2: Sämtliche Mitteilungen und Zustellungen von Entscheidungen des DIS-Ernennungsausschusses und der DIS-Verfahrensausschüsse an die Parteien oder Schiedsrichter in Bezug auf ein Schiedsverfahren erfolgen ausschließlich durch das DIS-Sekretariat.

8.3: Die Gründe für Entscheidungen der DIS-Verfahrensausschüsse und des DIS-Ernennungsausschusses werden nicht bekanntgegeben.

8.4: Informationen und Unterlagen zu einem Schiedsverfahren sowie zur Tätigkeit des DIS-Ernennungsausschusses, des DIS-Rates, eines DIS-Verfahrensausschusses und des DIS-Sekretariats sind vertraulich zu behandeln, soweit in Art. 44 der Schiedsgerichtsordnung nichts anderes bestimmt ist.

Art. 9 Amtsenthebung eines Schiedsrichters gemäß
Art. 16.2 der Schiedsgerichtsordnung

9.1: Eine Partei, die der Ansicht ist, dass ein Schiedsrichter seine Aufgaben gemäß der Schiedsgerichtsordnung nicht erfüllt oder außerstande ist oder sein wird, diese in Zukunft zu erfüllen, kann einen Antrag auf Amtsenthebung gemäß Art. 9.2 stellen.

9.2: Der Antrag auf Amtsenthebung hat die Tatsachen und Umstände, auf die der Antrag gestützt wird, sowie die Mitteilung zu enthalten, wann die antragstellende Partei von diesen Tatsachen und Umständen Kenntnis erlangt hat. Der Antrag auf Amtsenthebung ist spätestens 14 Tage nach der Kenntniserlangung bei der DIS einzureichen.

9.3: Die DIS übermittelt den Antrag auf Amtsenthebung dem betroffenen Schiedsrichter, den anderen Schiedsrichtern und der anderen Partei und setzt ihnen eine Frist zur Stellungnahme. Sie übermittelt die eingereichten Stellungnahmen den Parteien und den Schiedsrichtern.

9.4: Über den Antrag auf Amtsenthebung entscheidet der gemäß Art. 4.2 zuständige DIS-Verfahrensausschuss.

9.5: Ist der gemäß Art. 4.2 zuständige DIS-Verfahrensausschuss der Ansicht, dass ein Schiedsrichter seine Aufgaben gemäß der Schiedsgerichtsordnung nicht erfüllt oder außerstande ist oder sein wird, diese Pflichten in der Zukunft zu erfüllen, kann er den betreffenden Schiedsrichter nach Anhörung der Parteien und der Schiedsrichter auch ohne Antrag einer Partei seines Amtes entheben.

Art. 10 Übergangsregelung

Bis zu einer Änderung der DIS-Satzung haben die Bestimmungen des § 14 der DIS-Satzung zum DIS-Ernennungsausschuss Vorrang vor den Bestimmungen des Art. 6 dieser Geschäftsordnung.

Anlage 2

Kostenordnung

Ziffer 1 Allgemeine Vorschriften

1.1: Auf das gesamte Schiedsverfahren ist die bei dessen Beginn geltende Fassung dieser Kostenordnung anzuwenden.

1.2: Die Honorare der Schiedsrichter und die Bearbeitungsgebühren der DIS sind gemäß Ziffern 2 und 3 auf der Grundlage des Streitwerts zu berechnen. Ist der Streitwert nicht beziffert oder nicht geschätzt, fordert die DIS die Parteien unter Fristsetzung auf, dies nachzuholen. Kommen die Parteien dieser Aufforderung nicht innerhalb der von der DIS gesetzten Frist nach, sind Ziffern 2.3 und 3.3 anzuwenden.

1.3: Die Parteien haften für die Kosten des Schiedsverfahrens im Sinne von Art. 32 *(i)*, *(ii)* und *(iv)* der Schiedsgerichtsordnung gesamtschuldnerisch, unbeschadet etwaiger Erstattungsansprüche untereinander.

Ziffer 2   Honorare der Schiedsrichter

2.1: Die Honorare der Schiedsrichter sind auf der Grundlage des Streitwerts gemäß der nachfolgenden Tabelle zu berechnen:

Streitwert	Honorar für jeden der beisitzenden Schiedsrichter	Honorar für den Vorsitzenden des Schiedsgerichts/ Einzelschiedsrichter
bis 5.000 €	770 €	1.000 €
ab 5.000,01 € bis 20.000 €	1.150 €	1.500 €
ab 20.000,01 € bis 50.000 €	2.300 €	3.000 €
ab 50.000,01 € bis 70.000 €	3.000 €	4.000 €
ab 70.000,01 € bis 100.000 €	3.800 €	5.000 €
ab 100.000,01 € bis 500.000 €	4.450 € plus 2% des 100.000 € übersteigenden Betrags	Honorar eines beisitzenden Schiedsrichters plus 30%
ab 500.000,01 € bis 1.000.000 €	12.450 € plus 1,4% des 500.000 € übersteigenden Betrags	Honorar eines beisitzenden Schiedsrichters plus 30%
ab 1.000.000,01 € bis 2.000.000 €	19.450 € plus 1% des 1.000.000 € übersteigenden Betrags	Honorar eines beisitzenden Schiedsrichters plus 30%
ab 2.000.000,01 € bis 5.000.000 €	29.450 € plus 0,5% des 2.000.000 € übersteigenden Betrags	Honorar eines beisitzenden Schiedsrichters plus 30%
ab 5.000.000,01 € bis 10.000.000 €	44.450 € plus 0,3% des 5.000.000 € übersteigenden Betrags	Honorar eines beisitzenden Schiedsrichters plus 30%
ab 10.000.000,01 € bis 50.000.000 €	59.450 € plus 0,1% des 10.000.000 € übersteigenden Betrags	Honorar eines beisitzenden Schiedsrichters plus 30%
ab 50.000.000,01 € bis 100.000.000 €	99.450 € plus 0,06% des 50.000.000 € übersteigenden Betrags	Honorar eines beisitzenden Schiedsrichters plus 30%

über 100.000.000 €	129.450 € plus 0,05% des 100.000.000 € übersteigenden Betrags bis zu 650.000.000 €; ab 750.000.000 € wirkt sich die Erhöhung des Streitwerts nicht mehr auf die Berechnung des Honorars aus.	Honorar eines beisitzenden Schiedsrichters plus 30%

2.2: Im Falle einer Widerklage und einer Schiedsklage gegen eine zusätzliche Partei sind die Streitwerte von Schiedsklage und Widerklage und Schiedsklage gegen eine zusätzliche Partei für die Berechnung der Honorare zu addieren.

2.3: Fehlen in einer Schiedsklage, Widerklage oder Schiedsklage gegen eine zusätzliche Partei Angaben zum Streitwert oder wurde nach Ansicht der DIS ein Anspruch von einer Partei offensichtlich unterbewertet, kann die DIS die Berechnung der Honorare der Schiedsrichter bis zu einer Festsetzung des Streitwerts gemäß Art. 36 der Schiedsgerichtsordnung auf der Grundlage eines Streitwerts ihres Ermessens vornehmen.

2.4: Sind an einem Schiedsverfahren mehr als zwei Parteien beteiligt, erhöhen sich die in Abs. 1 aufgeführten Honorare jeweils um 10% für jede zusätzliche Partei, jedoch höchstens um insgesamt 50%.

2.5: In Fällen von besonderer rechtlicher oder tatsächlicher Komplexität kann der DIS-Rat auf Antrag des Schiedsgerichts und nach Anhörung der Parteien nach seinem Ermessen eine Erhöhung der gemäß Abs. 1 und 4 berechneten Honorare um bis zu 50% bestimmen. Bei der Entscheidung berücksichtigt der DIS-Rat insbesondere den Zeitaufwand, die Sorgfalt und Effizienz der Schiedsrichter in Anbetracht der Komplexität und der wirtschaftlichen Bedeutung der Streitigkeit sowie den Beitrag des Schiedsgerichts zur Förderung einer einvernehmlichen Streitbeilegung.

2.6: Die Entscheidung über einen Antrag auf einstweiligen Rechtsschutz gemäß Art. 25 der Schiedsgerichtsordnung gilt als ein Fall besonderer Komplexität im Sinne des Absatzes 5.

2.7: Wird gemäß Art. 16 der Schiedsgerichtsordnung ein Ersatzschiedsrichter bestellt, bestimmt der DIS-Rat nach seinem Ermessen, in welcher Höhe dem Ersatzschiedsrichter ein Honorar gezahlt wird.

2.8: Wird das Verfahren vor Konstituierung des Schiedsgerichts beendet, hat keiner der bereits bestellten Schiedsrichter Anspruch auf Honorar oder Auslagenerstattung.

Anhang 2 DIS

Ziffer 3 Bearbeitungsgebühren der DIS

3.1: Die Bearbeitungsgebühren der DIS betragen für eine Schiedsklage:

Streitwert	Bearbeitungsgebühren
bis 50.000 €	2% des Streitwerts, mindestens 750 €
ab 50.000,01 € bis 1.000.000 €	1.000 € plus 1% des 50.000 € übersteigenden Betrags
über 1.000.000 €	10.500 € plus 0,5% des 1.000.000 € übersteigenden Betrags, höchstens 40.000 €

3.2: Im Falle einer Widerklage und einer Schiedsklage gegen eine zusätzliche Partei gilt für die Bearbeitungsgebühren der DIS Ziffer 3.1 entsprechend. Die Bearbeitungsgebühren der DIS setzen sich in diesen Fällen aus den jeweiligen Bearbeitungsgebühren nach Ziffern 3.1 und 3.2 zusammen.

3.3: Fehlen in einer Schiedsklage, Widerklage oder Schiedsklage gegen eine zusätzliche Partei Angaben zum Streitwert oder wurde nach Ansicht der DIS ein Anspruch von einer Partei offensichtlich unterbewertet, kann die DIS die Berechnung ihrer Bearbeitungsgebühren bis zu einer Festsetzung des Streitwerts gemäß Art. 36 der Schiedsgerichtsordnung auf der Grundlage eines Streitwerts ihres Ermessens vornehmen.

3.4: Sind an einem Schiedsverfahren mehr als zwei Parteien beteiligt, erhöhen sich die in Ziffern 3.1 und 3.2 aufgeführten Bearbeitungsgebühren der DIS jeweils um 10% für jede weitere Partei. Die zusätzlichen Bearbeitungsgebühren betragen jeweils insgesamt höchstens 20.000 €.

3.5: Wird das Verfahren vor Konstituierung des Schiedsgerichts beendet, kann die DIS ihre Bearbeitungsgebühren um bis zu 50% reduzieren.

3.6: Im Falle einer Verbindung mehrerer Verfahren werden die Streitwerte der Klagen einer Partei in den jeweiligen Verfahren addiert und die neue Bearbeitungsgebühr für jede Partei auf der Grundlage dieser addierten Streitwerte berechnet. Bereits bezahlte Beträge werden angerechnet.

3.7: Wird ein Schriftstück im Sinne des Art. 3.2 der Schiedsgerichtsordnung bei der DIS in einer anderen Sprache als Deutsch oder Englisch eingereicht, kann die DIS die Kosten einer Übersetzung zusätzlich zu den Bearbeitungsgebühren der DIS erheben.

3.8: Wird vor Beginn des Schiedsverfahrens ein Verfahren nach der
– DIS-Mediationsordnung,
– DIS-Schlichtungsordnung,
– DIS-Verfahrensordnung für Adjudikation,
– DIS-Gutachtensordnung oder der
– DIS-Schiedsgutachtensordnung

durchgeführt, sind die für dieses Verfahren bereits bezahlten DIS-Bearbeitungsgebühren auf die DIS-Bearbeitungsgebühren des Schiedsverfahrens anzurechnen. Sofern ein solches Verfahren im Laufe des Schiedsverfahrens eingeleitet wird, werden keine zusätzlichen Bearbeitungsgebühren erhoben.

Ziffer 4 Vorläufige Sicherheit und Kostensicherheit

4.1: Der Gesamtbetrag der von den Parteien gemäß Art. 35 der Schiedsgerichtsordnung zu leistenden Sicherheiten entspricht in der Regel der Summe der voraussichtlichen Honorare der Schiedsrichter gemäß Ziffer 2, der voraussichtlichen Auslagen der Schiedsrichter gemäß Ziffer 5 sowie eines etwaigen Zuschlags gemäß Ziffer 6.

4.2: Die Höhe der vorläufigen Sicherheit und der Kostensicherheit wird jeweils von der DIS festgelegt. Die DIS kann bei der Berechnung der vorläufigen Sicherheit das Honorar des gesamten Schiedsgerichts oder zunächst nur einen Teil berücksichtigen. Im zweiten Falle sind die restlichen Honorare bei der Berechnung der Kostensicherheit zu berücksichtigen.

4.3: Im Falle der Einreichung einer Widerklage oder einer Schiedsklage gegen eine zusätzliche Partei kann der DIS-Rat auf Antrag einer Partei und nach Anhörung des Schiedsgerichts entscheiden, dass für die jeweiligen Klagen getrennte vorläufige Sicherheiten oder Kostensicherheiten festzusetzen sind.

4.4: Die vorläufige Sicherheit und die Kostensicherheit können von der DIS im Laufe des Verfahrens erhöht oder herabgesetzt werden.

4.5: Die DIS verwaltet die vorläufige Sicherheit und die Kostensicherheit bis zur Auszahlung an die Schiedsrichter. Etwaige Negativzinsen werden von der DIS vor Beendigung des Schiedsverfahrens ausgeglichen. Etwaige Zinserträge stehen der DIS zu.

Ziffer 5 Auslagen der Schiedsrichter

Die Erstattung der Auslagen gemäß Art. 34.1 der Schiedsgerichtsordnung erfolgt gemäß den von der DIS herausgegebenen Richtlinien in der bei Beginn des Schiedsverfahrens gültigen Fassung.

Ziffer 6 Umsatzsteuer

6.1: Die von der DIS an die Schiedsrichter ausgezahlten Honorare enthalten keine Umsatzsteuer oder vergleichbare Steuern oder Abgaben, die möglicherweise auf Schiedsrichterhonorare anfallen.

6.2: Die Parteien sind verpflichtet, den Schiedsrichtern anfallende Umsatzsteuer oder vergleichbare Steuern oder Abgaben zu erstatten. Die Erstattung ist ausschließlich zwischen den Parteien und den Schiedsrichtern vorzunehmen. Die DIS erhebt jedoch, zur Erleichterung der Erstattung, regelmäßig bei der Berechnung der vorläufigen Sicherheit und der Kostensicherheit einen Zuschlag in Höhe von bis zu 20% der Honorare, aus dem die Erstattung etwaiger Steuern oder Abgaben bei Vorlage einer von einem Schiedsrichter an eine oder mehrere Parteien ausgestellten Rechnung erfolgen kann.

6.3: Auf die Bearbeitungsgebühren der DIS können Umsatzsteuer oder vergleichbare Steuern oder Abgaben anfallen, die die Parteien zusätzlich zu den Bearbeitungsgebühren nach Ziffer 3 zu erstatten haben.

Anlage 3

Maßnahmen zur Steigerung der Verfahrenseffizienz

In der Verfahrenskonferenz hat das Schiedsgericht mit den Parteien die folgenden Maßnahmen zur Steigerung der Verfahrenseffizienz zu erörtern:

A. Begrenzung des Umfangs und der Anzahl der Schriftsätze sowie etwaiger schriftlicher Zeugenaussagen und von den Parteien vorgelegter Sachverständigengutachten

B. Durchführung nur einer mündlichen Verhandlung, einschließlich einer etwaigen Beweisaufnahme

C. Aufteilung des Schiedsverfahrens in mehrere Phasen

D. Erlass von Teilschiedssprüchen oder von anderen Teilentscheidungen

E. Regelung der Frage, ob die Möglichkeit der Vorlage von Dokumenten durch die nicht beweisbelastete Partei eingeräumt werden soll, sowie gegebenenfalls Beschränkung der Vorlage von Dokumenten

F. Mitteilung der vorläufigen Einschätzung des Schiedsgerichts zur Sach- und Rechtslage bei Einwilligung aller Parteien

G. Nutzung von Informationstechnologie

Soweit zwischen den Parteien keine Einigkeit über die Anwendung einer oder mehrerer Maßnahmen besteht, legt das Schiedsgericht in der Verfahrenskonferenz oder alsbald danach die anzuwendende(n) Maßnahme(n) nach seinem Ermessen fest.

Anlage 4

Beschleunigtes Verfahren

Art. 1

Der Endschiedsspruch ist spätestens sechs Monate nach Abschluss der Verfahrenskonferenz gemäß Art. 27.2 der Schiedsgerichtsordnung zu erlassen.

Art. 2

Das Schiedsgericht hat bei der Gestaltung des beschleunigten Verfahrens, insbesondere bei der Bestimmung von Fristen, stets das Beschleunigungsinteresse der Parteien zu berücksichtigen.

Art. 3

Jede Partei kann zusätzlich zur Schiedsklage gemäß Art. 5.1 der Schiedsgerichtsordnung und zur Klageerwiderung gemäß Art. 7.2 der Schiedsgerichtsordnung nur einen weiteren Schriftsatz einreichen. Im Falle einer Widerklage gemäß Art. 7.5 kann zusätzlich noch ein weiterer Schriftsatz zur Erwiderung auf die Widerklage eingereicht werden.

Art. 4

Es findet nur eine mündliche Verhandlung, einschließlich einer etwaigen Beweisaufnahme, statt. Auf eine mündliche Verhandlung kann verzichtet werden, wenn alle Parteien zustimmen.

Art. 5

Kann das Schiedsverfahren nicht innerhalb des in Art. 1 dieser Anlage genannten Zeitraums beendet werden, hat das Schiedsgericht die Parteien und die DIS schriftlich über die Gründe zu informieren und das Schiedsverfahren schnellstmöglich zu Ende zu führen. Die Überschreitung des in Art. 1 dieser Anlage genannten Zeitraums führt nicht zum Wegfall der Zuständigkeit des Schiedsgerichts.

Anlage 5

Ergänzende Regeln für gesellschaftsrechtliche Streitigkeiten

Art. 1 Anwendungsbereich

1.1: Die Ergänzenden Regeln für gesellschaftsrechtliche Streitigkeiten („DIS-ERGeS") werden angewendet, wenn die Parteien in der im Gesellschaftsvertrag oder außerhalb des Gesellschaftsvertrages getroffenen Schiedsvereinbarung auf sie Bezug genommen oder sich sonst auf ihre Anwendung geeinigt haben.

1.2: Auf das Schiedsverfahren ist die Fassung der DIS-ERGeS anzuwenden, die bei Beginn des Schiedsverfahrens gemäß Art. 6 der DIS-Schiedsgerichtsordnung gilt.

Art. 2 Einbeziehung Betroffener

2.1: In Streitigkeiten, über die gegenüber allen Gesellschaftern und der Gesellschaft nur einheitlich entschieden werden kann und in denen eine Partei die Wirkungen des Schiedsspruchs auf Gesellschafter oder die Gesellschaft erstrecken will, ohne dass sie als Partei des Schiedsverfahrens benannt sind („Betroffene"), ist den Betroffenen die Möglichkeit einzuräumen, dem Schiedsverfahren nach Maßgabe der Bestimmungen in diesen DIS-ERGeS als Partei oder streitgenössischer Nebenintervenient im Sinne von § 69 ZPO („Nebenintervenient") beizutreten. Dies gilt entsprechend für Streitigkeiten, über die gegenüber einzelnen Gesellschaftern oder der Gesellschaft nur einheitlich entschieden werden kann.

2.2: Der Schiedskläger hat in der Schiedsklage neben dem Schiedsbeklagten die Namen und Adressen der Gesellschafter oder der Gesellschaft, auf die sich die Wirkungen des Schiedsspruchs erstrecken sollen, als Betroffene zu benennen und die Deutsche Institution für Schiedsgerichtsbarkeit e. V. („DIS") aufzufordern, die Schiedsklage auch den Betroffenen zu übermitteln. In Ergänzung zu Art. 4.2 der DIS-Schiedsgerichtsordnung ist auch die erforderliche Anzahl von Exemplaren der Schiedsklage in Papierform und elektronischer Form für die benannten Betroffenen der DIS zu übermitteln.

2.3: Betroffene, die erst nach Ablauf der in diesen DIS-ERGeS vorgesehenen Fristen für die Benennung von Betroffenen als solche benannt werden, können dem Schiedsverfahren nach Maßgabe von Art. 4.3 beitreten.

Art. 3 Übermittlung der Schiedsklage und Aufforderung zum Beitritt

3.1: Die DIS übermittelt die Schiedsklage dem Schiedsbeklagten und den benannten Betroffenen nach Maßgabe des Art. 5.5 der DIS-Schiedsgerichtsordnung. Sie fordert die Betroffenen auf, der DIS gegenüber innerhalb eines Monats nach Übermittlung der Schiedsklage schriftlich zu erklären, ob sie dem Schiedsverfahren auf Schiedskläger- oder Schiedsbeklagtenseite als Partei oder Nebenintervenient beitreten. Über erfolgte Beitritte unterrichtet die DIS die Parteien und alle gemäß Art. 2.2 oder Art. 9.4 benannten Betroffenen.

3.2: Der Schiedsbeklagte kann innerhalb eines Monats nach Übermittlung der Schiedsklage weitere Betroffene unter Angabe ihrer Adresse benennen und die DIS auffordern, die Schiedsklage auch diesen Betroffenen zu übermitteln; er hat seiner Aufforderung eine entsprechende Anzahl von Exemplaren der Schiedsklage in Papierform und elektronischer Form entsprechend Art. 4.2 der DIS-Schiedsgerichtsordnung beizufügen. Für die benannten weiteren Betroffenen gelten die Regelungen in Art. 3.1.

Art. 4 Beitritt

4.1: Treten benannte Betroffene dem Schiedsverfahren fristgemäß gemäß Art. 3 oder gemäß Art. 9.4 als Partei bei, werden sie mit Eingang der Erklärung bei der DIS Partei des Schiedsverfahrens mit allen Rechten und Pflichten. Treten sie als Nebenintervenient bei, stehen ihnen die Rechte eines streitgenössischen Nebenintervenienten im Sinne von § 69 ZPO zu. Mit dem Beitritt erhalten benannte Betroffene das Recht, weitere Betroffene zu benennen. Hinsichtlich der so benannten weiteren Betroffenen gelten die Regelungen in Art. 3.2 entsprechend.

4.2: Erklärt ein benannter Betroffener den Beitritt nicht fristgemäß, gilt dies als Verzicht auf die Teilnahme am Schiedsverfahren. Das Recht, dem Schiedsverfahren gemäß Art. 4.3 zu einem späteren Zeitpunkt beizutreten, bleibt unberührt.

4.3: Benannte Betroffene können dem Schiedsverfahren zu jeder Zeit unter der Voraussetzung beitreten, dass sie keine Einwendungen gegen die Zusammensetzung des Schiedsgerichts erheben und *(i)* entweder das Verfahren in der Lage annehmen, in der es sich zur Zeit des Beitritts befindet,

(ii) oder das Schiedsgericht den Beitritt nach seinem freien Ermessen zulässt.

Im Übrigen gelten Art. 4.1 S. 1 und 2 entsprechend.

Art. 5 Fortlaufende Unterrichtung Betroffener

5.1: Das Schiedsgericht unterrichtet die benannten Betroffenen, die dem Schiedsverfahren nicht beigetreten sind, nach Art. 4.4 der DIS-Schiedsgerichtsordnung über den Fortgang des Schiedsverfahrens durch Übermittlung von Kopien von Schriftsätzen der Parteien oder Nebenintervenienten sowie schiedsgerichtlichen Entscheidungen und Verfügungen an die angegebenen Adressen der Betroffenen, soweit Betroffene auf eine solche Unterrichtung nicht ausdrücklich in schriftlicher Form verzichtet haben. Für sonstige Mitteilungen des Schiedsgerichts an die Parteien oder Nebenintervenienten gilt dies nur insoweit, als vernünftigerweise davon auszugehen ist, dass sie für die Entscheidung eines Betroffenen über den späteren Beitritt zum Schiedsverfahren bedeutsam sind. Soweit die DIS schiedsgerichtliche Entscheidungen den Parteien übermittelt, übermittelt sie solche Entscheidungen anstelle des Schiedsgerichts auch den benannten Betroffenen, die dem Schiedsverfahren nicht beigetreten sind.

5.2: Betroffene, die dem Schiedsverfahren nicht beigetreten sind, haben keinen Anspruch auf Teilnahme an Verfahrenskonferenzen und der mündlichen Verhandlung.

Art. 6 Erweiterung oder Änderung des Streitgegenstandes, Klagerücknahme

6.1: Eine Erweiterung oder Änderung des Streitgegenstandes (einschließlich etwaiger Widerklagen gemäß Art. 7.5 bis 7.9 der DIS-Schiedsgerichtsordnung und der Einbeziehung zusätzlicher Parteien gemäß Art. 19 der DIS-Schiedsgerichtsordnung) oder, im Falle einer Beschlussmängelstreitigkeit, die Erstreckung der Schiedsklage auf andere Beschlüsse ist nur mit Zustimmung aller Betroffenen zulässig.

6.2: Die vollständige oder teilweise Rücknahme der Schiedsklage ist ohne Zustimmung der Betroffenen zulässig, es sei denn, dass einer der Betroffenen dem innerhalb eines Monats nach Unterrichtung über die beabsichtigte Klagerücknahme widerspricht und das Schiedsgericht dessen berechtigtes Interesse an der Fortführung des Schiedsverfahrens anerkennt.

Art. 7 Einzelschiedsrichter

7.1: Besteht das Schiedsgericht aus einem Einzelschiedsrichter, können die Parteien und Nebenintervenienten den Einzelschiedsrichter innerhalb eines Monats nach Übermittlung der Schiedsklage an den Schiedsbeklagten und alle Betroffenen oder, im Falle des zulässigen Beitritts eines Betroffenen, innerhalb eines Monats nach dessen Beitritt gemeinsam benennen.

441

7.2: Wird die Schiedsklage von Schiedsbeklagten und Betroffenen zu unterschiedlichen Zeitpunkten empfangen, ist für die Fristberechnung der Empfang durch den Schiedsbeklagten oder Betroffenen maßgeblich, der sie als Letzter empfangen hat. Treten Betroffene dem Schiedsverfahren zu unterschiedlichen Zeitpunkten bei, ist für die Fristberechnung der letzte Beitritt maßgeblich.

7.3: Können die Parteien und Nebenintervenienten sich innerhalb der Fristen gemäß Art. 7.1 und 7.2 nicht auf die Person des Einzelschiedsrichters verständigen, wird der Einzelschiedsrichter auf Antrag eines Schiedsklägers, eines Schiedsbeklagten oder eines Nebenintervenienten durch den Ernennungsausschuss der DIS („DIS-Ernennungsausschuss") ausgewählt und gemäß Art. 13.2 der DIS-Schiedsgerichtsordnung bestellt. Art. 11 Satz 3 der DIS-Schiedsgerichtsordnung gilt mit der Maßgabe, dass die Nebenintervenienten den Parteien gleichstehen.

Art. 8 Schiedsgericht mit drei Schiedsrichtern

8.1: Besteht das Schiedsgericht aus drei Schiedsrichtern, muss die Schiedsklage abweichend von Art. 5.2 *(vii)* der DIS-Schiedsgerichtsordnung keine Benennung eines Schiedsrichters enthalten. Eine gleichwohl erfolgte Benennung gilt lediglich als Vorschlag.

8.2: Innerhalb eines Monats nach Übermittlung der Schiedsklage an den Schiedsbeklagten und alle Betroffenen oder, im Falle des zulässigen Beitritts eines Betroffenen, innerhalb eines Monats nach dem erfolgten Beitritt haben die Parteien und etwaigen Nebenintervenienten auf der Schiedsklägerseite und die Parteien und etwaigen Nebenintervenienten auf der Schiedsbeklagtenseite jeweils einen beisitzenden Schiedsrichter gegenüber der DIS zu benennen. Art. 7.2 gilt entsprechend.

8.3: Erfolgt keine gemeinsame Benennung eines beisitzenden Schiedsrichters durch mehrere Parteien und etwaige Nebenintervenienten auf Schiedskläger- oder Schiedsbeklagtenseite innerhalb der Frist gemäß Art. 8.2, wählt der DIS-Ernennungsausschuss zwei Schiedsrichter aus und bestellt sie gemäß Art. 13.2 der DIS-Schiedsgerichtsordnung.

8.4: Für die Benennung und Bestellung des Vorsitzenden des Schiedsgerichts gelten die Art. 12.2 und 12.3 der DIS-Schiedsgerichtsordnung mit der Maßgabe, dass die Nebenintervenienten den Parteien gleichstehen.

Art. 9 Zuständigkeitskonzentration bei Parallelverfahren

9.1: Im Falle der Einleitung mehrerer Schiedsverfahren mit einem Streitgegenstand, über den gegenüber den jeweils beteiligten Parteien und Betroffenen nur einheitlich entschieden werden kann, gelten die Regelungen der Art. 9.2 bis 9.4.

9.2: Das zeitlich vorrangig eingeleitete Schiedsverfahren („Vorrangverfahren") sperrt die Durchführung des zeitlich nachrangig eingeleiteten Schiedsverfahrens („Nachrangverfahren"). Das Nachrangverfahren ist unzulässig.

9.3: Für den zeitlichen Vorrang mehrerer Schiedsklagen ist der Zeitpunkt des Eingangs der Schiedsklage bei der DIS maßgeblich. Für den Nachweis des tageszeitgenauen Eingangs der Schiedsklage bei der DIS hat die Übermittlung der Schiedsklage abweichend von den Art. 4.1 und 4.2 der DIS-Schiedsgerichtsordnung immer auch per Telefax oder E-Mail (gemäß Art. 6.1 der DIS-Schiedsgerichtsordnung auch ohne Anlagen) zu erfolgen. Im Zweifelsfalle bestimmt die DIS den zeitlichen Vorrang nach ihrem Ermessen. Hält die DIS nach erstem Anschein einen Fall des Art. 9.1 für gegeben, soll sie die Parteien und die benannten Betroffenen der eingeleiteten Schiedsverfahren entsprechend informieren.

9.4: Hat der Schiedskläger die Schiedsklage im Nachrangverfahren innerhalb der Frist gemäß Art. 3.1 erhoben, in der er dem Vorrangverfahren als benannter Betroffener beitreten kann, wird die Klageerhebung wie sein Beitritt als benannter Betroffener zum Vorrangverfahren behandelt. Er wird weiterer Schiedskläger im Vorrangverfahren, es sei denn, er widerspricht innerhalb der Beitrittsfrist nach Art. 3.1. Er kann an der Bildung des Schiedsgerichts gemäß Art. 7 oder 8 mitwirken sowie weitere Betroffene im Vorrangverfahren gemäß Art. 4.1 benennen. Soweit in den Art. 7 oder 8 für den Beginn von Fristen auf den Zeitpunkt des Beitritts eines benannten Betroffenen abgestellt wird, wird für Zwecke dieses Art. 9.4 unterstellt, dass der Beitritt am Tage des Ablaufs der Beitrittsfrist gemäß Art. 3.1 erfolgt ist. Erklärt der Schiedskläger im Nachrangverfahren bereits vor Ablauf der Beitrittsfrist gemäß Art. 3.1 ausdrücklich sein Einverständnis mit dem Beitritt zum Vorrangverfahren, ist der Zeitpunkt dieser Erklärung für den Fristbeginn maßgeblich. Im Falle seines fristgemäßen Widerspruchs oder einer Klageerhebung nach Ablauf der Frist des Art. 3.1 wird er so behandelt, als sei er nicht Partei des Vorrangverfahrens geworden. Das Nachrangverfahren bleibt ungeachtet dessen unzulässig. Das Recht des Schiedsklägers gemäß Art. 4.3 bleibt unberührt.

Art. 10 Vertraulichkeit

Art. 44 der DIS-Schiedsgerichtsordnung gilt auch für alle benannten Betroffenen.

Art. 11 Wirkungserstreckung des Schiedsspruchs

11.1: Die Wirkungen des Schiedsspruchs erstrecken sich auf die Betroffenen, die innerhalb der in diesen DIS-ERGeS für die Benennung von Betroffenen vorgesehenen Fristen benannt wurden, unabhängig davon, ob sie von der ihnen eingeräumten Möglichkeit, dem Schiedsverfahren als Partei oder Nebenintervenient beizutreten, Gebrauch gemacht haben. Die fristgemäß als Betroffene benannten Gesellschafter verpflichten sich, die Wirkungen eines nach Maßgabe der Bestimmungen in den DIS-ERGeS ergangenen Schiedsspruchs anzuerkennen.

11.2: Die Wirkungen des Schiedsspruchs erstrecken sich zudem auf die Betroffenen, die zwar nach Ablauf der in diesen DIS-ERGeS für die Benennung von Betroffenen vorgesehenen Fristen benannt wurden, aber dem Schiedsverfahren als Partei oder Nebenintervenient beigetreten sind. Auch diese Betroffenen verpflichten sich, die Wirkungen eines nach Maßgabe der Bestimmungen in den DIS-ERGeS ergangenen Schiedsspruchs anzuerkennen.

Art. 12 Kosten

12.1: Betroffene, die dem schiedsrichterlichen Verfahren nicht als Partei oder Nebenintervenient beitreten, haben keinen Anspruch auf Kostenerstattung.

12.2: Bei der Berechnung der Kosten gemäß der Anlage 2 zur DIS-Schiedsgerichtsordnung (Kostenordnung) zählt ein benannter Betroffener als Partei.

Anlage 6

Konfliktmanagementordnung

Art. 1 Anwendungsbereich

1.1: Die Konfliktmanagementordnung („DIS-KMO") findet Anwendung, wenn

(i) die Parteien ein Konfliktmanagementverfahren nach der DIS-KMO vereinbart haben

oder

(ii) eine Partei ein Konfliktmanagementverfahren nach der DIS-KMO einleitet und die andere Partei der Durchführung zustimmt.

1.2: Auf das Konfliktmanagementverfahren ist die Fassung der DIS-KMO anzuwenden, die bei Beginn des Konfliktmanagementverfahrens gemäß Art. 2.4 gilt.

Art. 2 Einleitung und Beginn

2.1: Eine Partei, die ein Konfliktmanagementverfahren gemäß dieser DIS-KMO einleiten will, hat einen schriftlichen Antrag auf Einleitung eines Konfliktmanagementverfahrens bei der DIS zu stellen. Der Antrag hat zu enthalten:

(i) die Namen und Adressen der Parteien,

(ii) die Namen und Adressen etwaiger Verfahrensbevollmächtigter des Antragstellers,

(iii) eine kurze Beschreibung der Streitigkeit und des zugrunde liegenden Sachverhalts

und

(iv) die geltend gemachten Ansprüche und Angaben zum Streitwert.

2.2: Liegt zum Zeitpunkt der Antragstellung eine Vereinbarung zur Durchführung eines Konfliktmanagementverfahrens vor, hat der Antragsteller diese mit dem Antrag gemäß Art. 2.1 einzureichen und einen Nachweis über die Zahlung der Hälfte der Kosten gemäß Art. 9.1 *(i)* und *(ii)* beizufügen. Die DIS übersendet den Antrag auf Einleitung des Konfliktmanagementverfahrens der anderen Par-

tei und fordert diese zur Zahlung der anderen Hälfte der Kosten gemäß Art. 9.1
(i) und *(ii)* auf.

2.3: Liegt nach dem Vortrag des Antragstellers zum Zeitpunkt der Antragstellung keine Vereinbarung zur Durchführung eines Konfliktmanagementverfahrens vor oder wird eine solche nicht gemäß Art. 2.2 mit dem Antrag eingereicht, übersendet die DIS den Antrag auf Einleitung des Konfliktmanagementverfahrens der anderen Partei und fordert diese auf, innerhalb von 14 Tagen nach Empfang des Antrages gegenüber der DIS schriftlich zu erklären, ob sie der Durchführung zustimmt. Unterbleibt die Zustimmung der anderen Partei innerhalb dieser Frist, findet das Konfliktmanagementverfahren nicht statt. Wird die Zustimmung erteilt, fordert die DIS die Parteien zur Zahlung der Kosten gemäß Art. 9 *(i)* und *(ii)* auf.

2.4: Das Konfliktmanagementverfahren beginnt

(i) im Falle des Art. 2.2 mit dem Eingang des Antrages auf Einleitung eines Konfliktmanagementverfahrens bei der DIS

oder

(ii) im Falle des Art. 2.3 mit dem Eingang der Zustimmung der anderen Partei bei der DIS.

Die DIS informiert die Parteien über das Datum des Verfahrensbeginns.

Art. 3 Bestellung des Konfliktmanagers

Nach Beginn des Konfliktmanagementverfahrens gemäß Art. 2.4 bestellt die DIS nach formloser Anhörung der Parteien einen unparteilichen und unabhängigen Konfliktmanager. Solange die Kosten gemäß Art. 9.1 *(i)* und *(ii)* nicht bezahlt sind, kann die DIS von der Bestellung des Konfliktmanagers absehen.

Art. 4 Gemeinsame Erörterung

4.1: Der Konfliktmanager nimmt unverzüglich, spätestens innerhalb einer Woche nach seiner Bestellung, mit den Parteien Kontakt auf, um Ort und Zeit eines Erörterungstermins mit ihnen festzulegen. Der Konfliktmanager ist in der Vorbereitung des Erörterungstermins frei. Er kann den Parteien vorbereitende Hinweise geben.

4.2: In dem gemeinsamen Erörterungstermin berät und unterstützt der Konfliktmanager die Parteien umfassend bei ihrer Entscheidung über die Wahl und Ausgestaltung des Streitbeilegungsverfahrens.

4.3: Die Parteien streben an, sich mit Unterstützung des Konfliktmanagers in oder unverzüglich nach der gemeinsamen Erörterung auf ein Streitbeilegungsverfahren zu einigen. Die Parteien und der Konfliktmanager sind in der Auswahl des Streitbeilegungsverfahrens frei. Der Konfliktmanager kann den Parteien Vorschläge bezüglich des Streitbeilegungsverfahrens unterbreiten, hat aber keine Entscheidungsbefugnis.

Art. 5 Verfahrensende

5.1: Das Konfliktmanagementverfahren endet, wenn

(i)   die Parteien schriftlich erklären, dass sie sich auf ein Streitbeilegungsverfahren nach Art. 4.3 geeinigt haben;

(ii)   eine Partei gegenüber der DIS schriftlich die Beendigung erklärt;

(iii)   der Konfliktmanager gegenüber der DIS schriftlich die Beendigung erklärt, insbesondere wenn er erklärt, dass seiner Auffassung nach eine zweckdienliche Durchführung des Erörterungstermins nicht möglich oder eine Einigung der Parteien nicht zu erwarten ist,

oder

(iv)   die Parteien sich nicht innerhalb von zwei Monaten seit Beginn des Konfliktmanagementverfahrens gemäß Art. 2.4 auf ein Streitbeilegungsverfahren geeinigt haben.

5.2: Die DIS kann das Konfliktmanagementverfahren jederzeit beenden, wenn die Zahlung der Kosten gemäß Art. 9 nicht in der von der DIS gesetzten Frist geleistet wurde.

Art. 6 Verjährung

Mit Beginn des Konfliktmanagementverfahrens gemäß Art. 2.4 ist die Verjährung der in der Antragsschrift bezeichneten Ansprüche gehemmt. Die Hemmung endet drei Monate nach Beendigung des Konfliktmanagementverfahrens gemäß Art. 5.

Art. 7 Besonderheiten bei bereits eingeleiteten Streitbeilegungsverfahren

7.1: Haben die Parteien bereits ein anderes Streitbeilegungsverfahren eingeleitet, das Berührungspunkte mit dem Konfliktmanagementverfahren hat, so sollen die Parteien und der Konfliktmanager in der gemeinsamen Erörterung auch die Auswirkungen auf das bereits eingeleitete andere Verfahren berücksichtigen.

7.2: Sofern es sich bei dem bereits eingeleiteten anderen Verfahren um ein Schiedsverfahren nach der DIS-Schiedsgerichtsordnung handelt, gilt zusätzlich zu Art. 7.1 folgendes:

(i)   Die DIS-Bearbeitungsgebühr gemäß der DIS-KMO entfällt;

(ii)   abweichend von Art. 2.3 beträgt die Frist für eine Zustimmung der anderen Partei fünf Tage;

und

(iii)   abweichend von Art. 5.1 *(iv)* endet das Verfahren, wenn sich die Parteien nicht innerhalb von 30 Tagen seit Beginn des Konfliktmanagementverfahrens gemäß Art. 2.4 auf ein anderes als das bereits eingeleitete Streitbeilegungsverfahren gemäß Art. 7.1 geeinigt haben.

Art. 8 Vertraulichkeit

8.1: Sofern die Parteien nichts anderes vereinbart haben, haben die Parteien und ihre Verfahrensbevollmächtigten, der Konfliktmanager, die Mitarbeiter der DIS und sonstige bei der DIS mit dem Konfliktmanagementverfahren befasste Personen über das Konfliktmanagementverfahren Stillschweigen gegenüber jedermann zu bewahren. Insbesondere dürfen die Existenz des Verfahrens, Namen von Parteien, Streitgegenstände, Namen von Zeugen und Sachverständigen sowie Beweismittel, die nicht öffentlich zugänglich sind, nicht offengelegt werden. Dies gilt insoweit nicht, als eine Offenlegung aufgrund gesetzlicher oder behördlicher Pflichten notwendig ist.

8.2: Die Parteien verpflichten sich, den Konfliktmanager nicht als Zeugen in einem anderen Verfahren, das den Gegenstand des Konfliktmanagementverfahrens betrifft, zu benennen. Eine abweichende Regelung durch Parteivereinbarung ist möglich.

8.3: Jede Partei verpflichtet sich, den Konfliktmanager nicht ohne Zustimmung der anderen Partei als parteibenannten Schiedsrichter, Experten, Parteivertreter oder Parteiberater in einem gerichtlichen Verfahren, einem Schiedsverfahren oder einem anderen außergerichtlichen Streitbeilegungsverfahren, das den Gegenstand des Konfliktmanagementverfahrens betrifft, zu benennen oder anderweitig zu beauftragen.

8.4: Die DIS kann statistische und sonstige allgemeine Informationen über Konfliktmanagementverfahren veröffentlichen, sofern diese Informationen die Parteien nicht nennen und auch darüber hinaus keinen Rückschluss auf bestimmte Konfliktmanagementverfahren zulassen.

8.5: Vertragliche Vertraulichkeits- und Geheimhaltungspflichten der Parteien bleiben unberührt.

Art. 9 Kosten

9.1: Die Kosten des Konfliktmanagementverfahrens (DIS-Bearbeitungsgebühr, Honorar und Auslagen des Konfliktmanagers) bestimmen sich wie folgt:

(i) Die Bearbeitungsgebühr der DIS beträgt 500,– €.

(ii) Das Honorar des Konfliktmanagers beträgt pauschal 2.500,– €. Damit ist die Vorbereitung und Beratung in einem ersten Erörterungstermin abgegolten. Der Konfliktmanager hat auch dann Anspruch auf das vorgesehene Pauschalhonorar, wenn aus Gründen, die er nicht zu vertreten hat, kein Erörterungstermin durchgeführt wird.

(iii) Notwendige Auslagen des Konfliktmanagers, insbesondere Reise- und Übernachtungskosten, werden gegen Nachweis gesondert erstattet.

9.2: Für die Umsatzsteuer gilt Ziffer 6 der Anlage 2 zur DIS-Schiedsgerichtsordnung entsprechend.

9.3: Die Parteien tragen die Kosten des Konfliktmanagementverfahrens gemäß Art. 9.1 zu gleichen Teilen und haften dafür gesamtschuldnerisch.

Anhang 2 DIS

Art. 10 Haftungsbegrenzung

Für sämtliche Handlungen oder Unterlassungen im Zusammenhang mit dem Konfliktmanagementverfahren ist die Haftung eines Konfliktmanagers, der DIS, ihrer satzungsmäßigen Organe, ihrer Mitarbeiter und sonstiger bei der DIS mit dem Konfliktmanagementverfahren befasster Personen ausgeschlossen, soweit sie nicht eine vorsätzliche oder grob fahrlässige Pflichtverletzung begehen.

DIS-Integritätsgrundsätze

(1) Die nachstehenden Regelungen haben zum Ziel, die Integritätsgrundsätze transparent zu machen, die bei der DIS gelten im Zusammenhang mit

- der Benennung von Schiedsrichtern durch den DIS-Ernennungsausschuss;
- der Annahme von Mandaten als Schiedsrichter oder externer Parteivertreter durch Mitglieder von Organen der DIS oder andere Funktionsträger

in einem Verfahren nach der DIS-Schiedsgerichtsordnung.

(2) Die Integritätsgrundsätze sollen das Vertrauen in die Schiedsgerichtsbarkeit fördern und sind unter diesem Zweck auszulegen und anzuwenden. Alle Mitglieder von Organen der DIS und alle Personen, die innerhalb der DIS Funktionen bei der Verwaltung von Schiedsgerichtsverfahren ausüben, sind dem Interesse verpflichtet, das Vertrauen in die Schiedsgerichtsbarkeit zu fördern. Sie sind gehalten, auch in Fällen, für welche die nachstehenden Regelungen keine konkreten Anweisungen enthalten, im Geiste der Integritätsgrundsätze der DIS zu handeln und mögliche Interessenkonflikte unter Zugrundelegung höchster Integritätsstandards aufzulösen.

(3) Die Mitglieder des DIS-Ernennungsausschusses (§ 14 der DIS-Satzung) dürfen nicht:

(i) gleichzeitig Mitglieder des Vorstands oder des Beirats (§§ 7 und 9 der DIS-Satzung) sein;

(ii) mehr als zwei Amtszeiten wahrnehmen;

(iii) Mitglieder des Vorstands oder des Beirats oder der Geschäftsführung oder die Rechnungsprüfer als Schiedsrichter für Verfahren nach der DIS-Schiedsgerichtsordnung benennen;

(iv) während ihrer Amtszeit Mandate als Schiedsrichter für ein Verfahren nach der DIS-Schiedsgerichtsordnung annehmen.

Sie dürfen während ihrer Amtszeit jedoch in einem Verfahren nach der DIS-Schiedsgerichtsordnung als externer Parteivertreter tätig werden. In diesem Fall dürfen sie an Entscheidungen, die dieses Verfahren betreffen, gemäß § 14.6 der DIS-Satzung nicht mitwirken.

(4) Die Mitglieder der Geschäftsführung oder andere Angestellte der DIS dürfen nicht:

(i) Mandate als Schiedsrichter für ein Verfahren nach der DIS-Schiedsgerichtsordnung annehmen;

(ii) in Verfahren nach der DIS-Schiedsgerichtsordnung als externer Parteivertreter tätig werden.

(5) Die Mitglieder des Vorstands i. S. d. § 26 BGB (§ 7.2 der DIS-Satzung) dürfen während ihrer Amtszeit nicht:

(i) Mandate als Schiedsrichter für ein Verfahren nach der DIS-Schiedsgerichtsordnung annehmen;

(ii) in Verfahren nach der DIS-Schiedsgerichtsordnung als externer Parteivertreter tätig werden.

(6) Die anderen, nicht vertretungsberechtigten Mitglieder des Vorstands (§ 7 der DIS-Satzung) und die Mitglieder des Beirats (§ 9 der DIS-Satzung) dürfen während ihrer Amtszeit:

(i) unter Berücksichtigung der Einschränkungen nach Abs. 3 *(iii)* Mandate als Schiedsrichter für ein Verfahren nach der DIS-Schiedsgerichtsordnung annehmen;

(ii) in Verfahren nach der DIS-Schiedsgerichtsordnung als externer Parteivertreter tätig werden.

Deutsche Institution für Schiedsgerichtsbarkeit e. V.
German Arbitration Institute

www.disarb.org
dis@disarb.org

Die Schiedsgerichtsordnung ist in deutscher und englischer Sprache abgefasst. Der Wortlaut in beiden Sprachen ist gleichermaßen verbindlich.

Anhang 3: WIPO Schiedsgerichts- und Mediationszentren

a) Recommended WIPO Contract Clauses and Submission Agreements[1]

Future Disputes: **WIPO Mediation Clause** Any dispute, controversy or claim arising under, out of or relating to this contract and any subsequent amendments of this contract, including, without limitation, its formation, validity, binding effect, interpretation, performance, breach or termination, as well as non-contractual claims, shall be submitted to mediation in accordance with the WIPO Mediation Rules. The place of mediation shall be [specify place]. The language to be used in the mediation shall be [specify language].	**Künftige Streitigkeiten:** **Vertragsklausel für das Mediationsverfahren der WIPO** Alle Streitigkeiten, die sich aufgrund dieses Vertrags oder späterer Änderungen dieses Vertrags ergeben oder sich auf diesen beziehen, einschliesslich (ohne Einschränkung hierauf) dessen Entstehung, Gültigkeit, bindende Wirkung, Auslegung, Durchführung, Verletzung oder Beendigung, sowie ausservertragliche Ansprüche sind dem Mediationsverfahren gemäss den Regeln für das Mediationsverfahren der WIPO zu unterwerfen. Der Ort des Mediationsverfahrens soll .... sein. In dem Mediationsverfahren soll die .... Sprache verwendet werden.
Existing Disputes: **WIPO Mediation Submission Agreement** We, the undersigned parties, hereby agree to submit to mediation in accordance with the WIPO Mediation Rules the following dispute: [brief description of the dispute] The place of mediation shall be [specify place]. The language to be used in the mediation shall be [specify language].	**Bestehende Streitigkeiten:** **Unterwerfungsvereinbarung für das Mediationsverfahren der WIPO** Wir, die unterzeichnenden Parteien, kommen hiermit überein, die folgende Streitigkeit dem Mediationsverfahren gemäß den Regeln für das Mediationsverfahren der WIPO zu unterwerfen: [Kurze Beschreibung der Streitigkeit] Der Ort des Mediationsverfahrens soll .... sein. In dem Mediationsverfahren soll die .... Sprache verwendet werden.
Future Disputes: **WIPO Mediation Followed, in the Absence of a Settlement, by [Expedited] Arbitration Clause** Any dispute, controversy or claim arising under, out of or relating to this contract and	**Künftige Streitigkeiten:** **Vertragsklausel für das Mediationsverfahren der WIPO mit, für den Fall mangelnder Beilegung der Streitigkeit, nachfolgendem [Beschleunigten] Schiedsgerichtsverfahren der WIPO** Alle Streitigkeiten, die sich aufgrund dieses Vertrags oder späterer Änderungen

---

1 Available online at: http://www.wipo.int/amc/en/clauses/.

any subsequent amendments of this contract, including, without limitation, its formation, validity, binding effect, interpretation, performance, breach or termination, as well as non-contractual claims, shall be submitted to mediation in accordance with the WIPO Mediation Rules. The place of mediation shall be [specify place]. The language to be used in the mediation shall be [specify language].

If, and to the extent that, any such dispute, controversy or claim has not been settled pursuant to the mediation within [60][90] days of the commencement of the mediation, it shall, upon the filing of a Request for Arbitration by either party, be referred to and finally determined by arbitration in accordance with the WIPO [Expedited] Arbitration Rules. Alternatively, if, before the expiration of the said period of [60][90] days, either party fails to participate or to continue to participate in the mediation, the dispute, controversy or claim shall, upon the filing of a Request for Arbitration by the other party, be referred to and finally determined by arbitration in accordance with the WIPO [Expedited] Arbitration Rules. [The arbitral tribunal shall consist of [a sole arbitrator][three arbitrators].]* The place of arbitration shall be [specify place]. The language to be used in the arbitral proceedings shall be [specify language]. The dispute, controversy or claim referred to arbitration shall be decided in accordance with the law of [specify jurisdiction].

dieses Vertrags ergeben oder sich auf diesen beziehen, einschliesslich (ohne Einschränkung hierauf) dessen Entstehung, Gültigkeit, bindende Wirkung, Auslegung, Durchführung, Verletzung oder Beendigung, sowie ausservertragliche Ansprüche sind dem Mediationsverfahren gemäss den Regeln für das Mediationsverfahren der WIPO zu unterwerfen. Der Ort des Mediationsverfahrens soll .... sein. In dem Mediationsverfahren soll die .... Sprache verwendet werden.

Falls und insoweit als solche Streitigkeiten nicht innerhalb von [60] [90] Tagen seit Beginn des Mediationsverfahrens aufgrund des Mediationsverfahrens beigelegt werden, sind sie nach Einreichung eines Schiedsantrags einer Partei dem Schiedsgerichtsverfahren zu unterwerfen und endgültig im Schiedsgerichtsverfahren gemäss den Regeln für das [beschleunigte] Schiedsgerichtsverfahren der WIPO zu entscheiden. Alternativ soll, wenn vor Ablauf der genannten Frist von [60] [90] Tagen eine Partei versäumt, sich an dem Mediationsverfahren zu beteiligen oder nicht mehr an dem Mediationsverfahren teilnimmt, die Streitigkeit nach Einreichung eines Schiedsantrags durch die andere Partei dem Schiedsgerichtsverfahren unterworfen und endgültig im Schiedsgerichtsverfahren gemäss den Regeln für das [beschleunigte] Schiedsgerichtsverfahren der WIPO entschieden werden. Das Schiedsgericht soll aus [drei Schiedsrichtern] [einem Einzelschiedsrichter] bestehen.* Der Ort des Schiedsgerichtsverfahrens soll .... sein. In dem Schiedsgerichtsverfahren soll die .... Sprache verwendet werden. Die Streitigkeit soll unter Anwendung des Rechts von .... entschieden werden."

---

* The WIPO Expedited Arbitration Rules provide that the arbitral tribunal shall consist of a sole arbitrator.

* Die Regeln für das beschleunigte Schiedsgerichtsverfahren der WIPO sehen vor, dass das Schiedsgericht aus einem Einzelschiedsrichter besteht.

Anhang 3 WIPO

Existing Disputes: WIPO Mediation Followed, in the Absence of a Settlement, by [Expedited] Arbitration Submission Agreement

We, the undersigned parties, hereby agree to submit to mediation in accordance with the WIPO Mediation Rules the following dispute:

[brief description of the dispute]

The place of mediation shall be [specify place]. The language to be used in the mediation shall be [specify language].

We further agree that, if, and to the extent that, the dispute has not been settled pursuant to the mediation within [60][90] days of the commencement of the mediation, it shall, upon the filing of a Request for Arbitration by either party, be referred to and finally determined by arbitration in accordance with the WIPO [Expedited] Arbitration Rules. Alternatively, if, before the expiration of the said period of [60][90] days, either party fails to participate or to continue to participate in the mediation, the dispute shall, upon the filing of a Request for Arbitration by the other party, be referred to and finally determined by arbitration in accordance with the WIPO [Expedited] Arbitration Rules. [The arbitral tribunal shall consist of [a sole arbitrator][three arbitrators].]* The place of arbitration shall be [specify place]. The language to be used in the arbitral proceedings shall be [specify language]. The dispute referred to arbitration shall be decided in accordance with the law of [specify jurisdiction].

---

* The WIPO Expedited Arbitration Rules provide that the arbitral tribunal shall consist of a sole arbitrator.

Bestehende Streitigkeiten: Unterwerfungsvereinbarung für das Mediationsverfahren der WIPO mit, für den Fall mangelnder Beilegung der Streitigkeit, nachfolgendem [Beschleunigten] Schiedsgerichtsverfahren der WIPO

Wir, die unterzeichnenden Parteien, kommen hiermit überein, die folgende Streitigkeit dem Mediationsverfahren gemäss den Regeln für das Mediationsverfahren der WIPO zu unterwerfen:

[Kurze Beschreibung der Streitigkeit]

Der Ort des Mediationsverfahrens soll .... sein. In dem Mediationsverfahren soll die .... Sprache verwendet werden.

Wir kommen ferner überein, eine solche Streitigkeit, falls und insoweit als sie nicht innerhalb von [60] [90] Tagen seit Beginn des Mediationsverfahrens aufgrund des Mediationsverfahrens beigelegt worden ist, für den Fall der Einreichung eines Schiedsantrags einer Partei dem Schiedsgerichtsverfahren zu unterwerfen und endgültig im Schiedsgerichtsverfahren gemäss den Regeln für das [beschleunigte] Schiedsgerichtsverfahren der WIPO zu entscheiden. Alternativ soll, wenn vor Ablauf der genannten Frist von [60] [90] Tagen eine Partei versäumt, sich an dem Mediationsverfahren zu beteiligen oder nicht mehr an dem Mediationsverfahren teilnimmt, die Streitigkeit nach Einreichung eines Schiedsantrags durch die andere Partei dem Schiedsgerichtsverfahren unterworfen und endgültig im Schiedsgerichtsverfahren gemäss den Regeln für das [beschleunigte] Schiedsgerichtsverfahren der WIPO entschieden werden. Das Schiedsgericht soll aus [drei Schiedsrichtern] [einem Einzelschiedsrichter] bestehen.* Der Ort des Schiedsgerichtsverfahrens soll .... sein. In dem Schiedsgerichtsverfahren soll die .... Sprache verwendet werden. Die Streitigkeit soll unter Anwendung des Rechts von .... entschieden werden."

---

* Die Regeln für das beschleunigte Schiedsgerichtsverfahren der WIPO sehen vor, dass das Schiedsgericht aus einem Einzelschiedsrichter besteht.

Future Disputes: **WIPO Mediation Followed, in the** **Absence of a Settlement, by Expert** **Determination Clause**	**Künftige Streitigkeiten:** **Vertragsklausel für das Mediations-** **verfahren der WIPO mit, für den Fall** **mangelnder Beilegung der Streitigkeit,** **nachfolgendem Gutachterverfahren der** **WIPO**

Any dispute or difference between the parties arising under, out of or relating to [describe scope of the matter referred to expert determination] under this contract and any subsequent amendments of this contract shall be submitted to mediation in accordance with the WIPO Mediation Rules. The place of mediation shall be [specify place]. The language to be used in the mediation shall be [specify language].

If, and to the extent that, any such dispute or difference has not been settled pursuant to the mediation within [60][90] days of the commencement of the mediation, it shall, upon the filing of a Request for Expert Determination by either party, be referred to expert determination in accordance with the WIPO Expert Determination Rules. Alternatively, if, before the expiration of the said period of [60][90] days, either party fails to participate or to continue to participate in the mediation, the dispute or difference shall, upon the filing of a Request for Expert Determination by the other party, be referred to expert determination in accordance with the WIPO Expert Determination Rules. The determination made by the expert shall [not] be binding upon the parties. The language to be used in the expert determination shall be [specify language].

Alle Streitigkeiten zwischen den Parteien, die sich bezüglich [kurze Beschreibung des Gegenstands der dem Gutachterverfahren unterworfen werden soll] aufgrund dieses Vertrags oder späterer Änderungen dieses Vertrags ergeben oder sich auf diesen beziehen, sind dem Mediationsverfahren gemäss den Regeln für das Mediationsverfahren der WIPO zu unterwerfen. Der Ort des Mediationsverfahrens soll .... sein. In dem Mediationsverfahren soll die .... Sprache verwendet werden.

Falls und insoweit als solche Streitigkeiten nicht innerhalb von [60] [90] Tagen seit Beginn des Mediationsverfahrens aufgrund des Mediationsverfahrens beigelegt werden, sind sie nach Einreichung eines Antrags einer Partei auf Durchführung eines Gutachterverfahrens dem Gutachterverfahren gemäss den Regeln für das Gutachterverfahren der WIPO zu unterwerfen. Alternativ soll, wenn vor Ablauf der genannten Frist von [60] [90] Tagen eine Partei es versäumt, sich an dem Mediationsverfahren zu beteiligen oder nicht mehr an dem Mediationsverfahren teilnimmt, die Streitigkeit nach Einreichung eines Antrags auf Durchführung eines Gutachterverfahrens durch die andere Partei gemäss den Regeln für das Gutachterverfahren der WIPO dem Gutachterverfahren unterworfen werden. Das von dem Gutachter erstellte Gutachten soll [keine] bindende Wirkung für die Parteien entfalten. In dem Gutachterverfahren soll die .... Sprache verwendet werden.

Anhang 3 WIPO

Existing Disputes:
WIPO Mediation Followed, in the
Absence of a Settlement, by Expert
Determination Submission
Agreement

We, the undersigned parties, hereby agree to submit to mediation in accordance with the WIPO Mediation Rules the following matter:

[brief description of the dispute or difference between the parties]

The place of mediation shall be [specify place]. The language to be used in the mediation shall be [specify language].

We further agree that, if, and to the extent that, any such matter has not been settled pursuant to the mediation within [60][90] days of the commencement of the mediation, it shall, upon the filing of a Request for Expert Determination by either party, be referred to expert determination in accordance with the WIPO Expert Determination Rules. Alternatively, if, before the expiration of the said period of [60][90] days, either party fails to participate or to continue to participate in the mediation, the dispute or difference shall, upon the filing of a Request for Expert Determination by the other party, be referred to expert determination in accordance with the WIPO Expert Determination Rules. The determination made by the expert shall [not] be binding upon the parties. The language to be used in the expert determination shall be [specify language].

Bestehende Streitigkeiten:
Unterwerfungsvereinbarung für das
Mediationsverfahren der WIPO mit,
für den Fall mangelnder Beilegung der
Streitigkeit, nachfolgendem Gutachter-
verfahren der WIPO

Wir, die unterzeichnenden Parteien, kommen hiermit überein, die folgende Streitigkeit dem Mediationsverfahren gemäss den Regeln für das Mediationsverfahren der WIPO zu unterwerfen:

[kurze Beschreibung der Streitigkeit]

Der Ort des Mediationsverfahrens soll .... sein. In dem Mediationsverfahren soll die .... Sprache verwendet werden.

Darüber hinaus vereinbaren wir, eine solche Streitigkeit, falls und insoweit als sie nicht innerhalb von [60] [90] Tagen seit Beginn des Mediationsverfahrens beigelegt worden ist, für den Fall der Einreichung eines Gutachterantrags einer Partei dem Gutachterverfahren gemäss den Regeln für das Gutachterverfahren der WIPO zu unterwerfen. Alternativ soll, wenn vor Ablauf der genannten Frist von [60] [90] Tagen eine Partei versäumt, sich an dem Mediationsverfahren zu beteiligen oder nicht mehr an dem Mediationsverfahren teilnimmt, die Streitigkeit nach Einreichung eines Antrags auf Durchführung des Gutachterverfahrens durch die andere Partei dem Gutachterverfahren gemäss den Regeln für das Gutachterverfahren der WIPO unterworfen werden. Das von dem Gutachter erstellte Gutachten soll [keine] bindende Wirkung für die Parteien entfalten. In dem Gutachterverfahren soll die .... Sprache verwendet werden.

Future Disputes: **WIPO Arbitration Clause**	**Künftige Streitigkeiten:** **Vertragsklausel für das Schiedsgerichts-** **verfahren der WIPO**
Any dispute, controversy or claim arising under, out of or relating to this contract and any subsequent amendments of this contract, including, without limitation, its formation, validity, binding effect, interpretation, performance, breach or termination, as well as non-contractual claims, shall be referred to and finally determined by arbitration in accordance with the WIPO Arbitration Rules. The arbitral tribunal shall consist of [a sole arbitrator][three arbitrators]. The place of arbitration shall be [specify place]. The language to be used in the arbitral proceedings shall be [specify language]. The dispute, controversy or claim shall be decided in accordance with the law of [specify jurisdiction].	Alle Streitigkeiten, die sich aufgrund dieses Vertrags oder späterer Änderungen dieses Vertrags ergeben oder sich auf diesen beziehen, einschliesslich (ohne Einschränkung hierauf) dessen Entstehung, Gültigkeit, bindende Wirkung, Auslegung, Durchführung, Verletzung oder Beendigung, sowie ausservertragliche Ansprüche sind dem Schiedsgerichtsverfahren gemäss den Regeln für das Schiedsgerichtsverfahren der WIPO zu unterwerfen und endgültig im Schiedsgerichtsverfahren zu entscheiden. Das Schiedsgericht soll aus [drei Schiedsrichtern] [einem Einzelschiedsrichter] bestehen. Der Ort des Schiedsgerichtsverfahrens soll .... sein. In dem Schiedsgerichtsverfahren soll die .... Sprache verwendet werden. Die Streitigkeit soll unter Anwendung des Rechts von .... entschieden werden.
Existing Disputes: **WIPO Arbitration Submission** **Agreement**	**Bestehende Streitigkeiten:** **Unterwerfungsvereinbarung für das** **Schiedsgerichtsverfahren der WIPO**
We, the undersigned parties, hereby agree that the following dispute shall be referred to and finally determined by arbitration in accordance with the WIPO Arbitration Rules: [brief description of the dispute] The arbitral tribunal shall consist of [a sole arbitrator][three arbitrators]. The place of arbitration shall be [specify place]. The language to be used in the arbitral proceedings shall be [specify language]. The dispute shall be decided in accordance with the law of [specify jurisdiction].	Wir, die unterzeichnenden Parteien, kommen hiermit überein, die folgende Streitigkeit der endgültigen Entscheidung im Schiedsgerichtsverfahren gemäss den Regeln für das Schiedsgerichtsverfahren der WIPO zu unterwerfen: [Kurze Beschreibung der Streitigkeit] Das Schiedsgericht soll aus [drei Schiedsrichtern] [einem Einzelschiedsrichter] bestehen. Der Ort des Schiedsgerichtsverfahrens soll .... sein. In dem Schiedsgerichtsverfahren soll die .... Sprache verwendet werden. Die Streitigkeit soll unter Anwendung des Rechts von .... entschieden werden.

Future Disputes: WIPO Expedited Arbitration Clause	Künftige Streitigkeiten: Vertragsklausel für das Beschleunigte Schiedsgerichtsverfahren der WIPO
Any dispute, controversy or claim arising under, out of or relating to this contract and any subsequent amendments of this contract, including, without limitation, its formation, validity, binding effect, interpretation, performance, breach or termination, as well as non-contractual claims, shall be referred to and finally determined by arbitration in accordance with the WIPO Expedited Arbitration Rules. The place of arbitration shall be [specify place]. The language to be used in the arbitral proceedings shall be [specify language]. The dispute, controversy or claim shall be decided in accordance with the law of [specify jurisdiction].	Alle Streitigkeiten, die sich aufgrund dieses Vertrags oder späterer Änderungen dieses Vertrags ergeben oder sich auf diesen beziehen, einschliesslich (ohne Einschränkung hierauf) dessen Entstehung, Gültigkeit, bindende Wirkung, Auslegung, Durchführung, Verletzung oder Beendigung, sowie ausservertragliche Ansprüche sind dem beschleunigten Schiedsgerichtsverfahren gemäss den Regeln für das beschleunigte Schiedsgerichtsverfahren der WIPO zu unterwerfen und endgültig im beschleunigten Schiedsgerichtsverfahren zu entscheiden. Der Ort des Schiedsgerichtsverfahrens soll .... sein. In dem Schiedsgerichtsverfahren soll die .... Sprache verwendet werden. Die Streitigkeit soll unter Anwendung des Rechts von .... entschieden werden.
Existing Disputes: WIPO Expedited Arbitration Submission Agreement	Bestehende Streitigkeiten: Unterwerfungsvereinbarung für das Beschleunigte Schiedsgerichtsverfahren der WIPO
We, the undersigned parties, hereby agree that the following dispute shall be referred to and finally determined by arbitration in accordance with the WIPO Expedited Arbitration Rules: [brief description of the dispute] The place of arbitration shall be [specify place]. The language to be used in the arbitral proceedings shall be [specify language]. The dispute shall be decided in accordance with the law of [specify jurisdiction].	Wir, die unterzeichnenden Parteien, kommen hiermit überein, die folgende Streitigkeit der endgültigen Entscheidung im beschleunigten Schiedsgerichtsverfahren gemäss den Regeln für das beschleunigte Schiedsgerichtsverfahren der WIPO zu unterwerfen: [Kurze Beschreibung der Streitigkeit] Der Ort des Schiedsgerichtsverfahrens soll .... sein. In dem Schiedsgerichtsverfahren soll die .... Sprache verwendet werden. Die Streitigkeit soll unter Anwendung des Rechts von .... entschieden werden.

b) WIPO ADR Procedures[1]

The WIPO Arbitration and Mediation Center offers clauses, rules and neutrals for the following alternative dispute resolution (ADR) procedures:

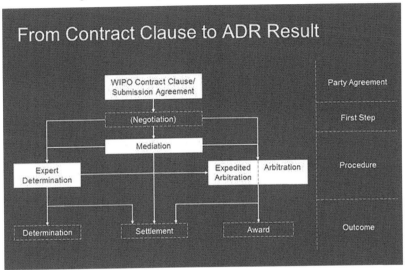

- **Mediation:** An informal consensual process in which a neutral intermediary, the mediator, assists the parties in reaching a settlement of their dispute, based on the parties'respective interests. The mediator cannot impose a decision. The settlement agreement has force of contract. In the absence of a mediation agreement, a party that wishes to propose submitting a dispute to WIPO Mediation may submit a unilateral request to the WIPO Center and the other party. Mediation leaves open available court or agreed arbitration options. (Depending on the parties'choice, mediation may be followed, in the absence of a settlement, by arbitration, expedited arbitration or expert determination.)
- **Arbitration:** A consensual procedure in which the parties submit their dispute to one or more chosen arbitrators, for a binding and final decision (award) based on the parties'respective rights and obligations and enforceable under arbitral law. As a private alternative, arbitration normally forecloses court options. (Depending on the parties'choice, arbitration may be preceded by mediation or expert determination.)
- **Expedited Arbitration:** An arbitration procedure that is carried out in a short time and at a reduced cost. The arbitral tribunal shall normally consist of a

---

1 Verfügbar unter http://www.wipo.int/amc/en/center/wipo-adr.html.

sole arbitrator. (Depending on the parties'choice, expedited arbitration may be preceded by mediation or expert determination.)

- **Expert Determination:** A consensual procedure in which the parties submit a specific matter (e.g., a technical question) to one or more experts who make a determination on the matter. The parties can agree for such outcome to be binding. (Depending on the parties'choice, expert determination may be preceded by mediation or followed by (expedited) arbitration.)

The WIPO Rules are appropriate for all commercial disputes. However, they contain provisions on confidentiality and technical and experimental evidence that are of special interest to parties to intellectual property disputes.

The Center makes available a general overview of its caseload as well as descriptive examples of arbitration and mediation cases.

The Center also administers procedures for the resolution of disputes related to the abusive registration and use of Internet domain names.

c) WIPO ADR for FRAND Disputes[1]

The WIPO Arbitration and Mediation Center (the „WIPO Center") makes available tailored model submission agreements that parties may use to refer a dispute concerning the determination of fair, reasonable and non-discriminatory (FRAND) terms to WIPO Mediation, WIPO Arbitration or WIPO Expedited Arbitration. The WIPO model submission agreements seek to ensure a cost- and time-effective FRAND determination and have been developed further to a series of consultations conducted by the WIPO Center with leading patent law, standardization and arbitration experts from a number of jurisdictions. The WIPO Center also took into account comments made by some members and the Secretariat of the European Telecommunication Standards Institute (ETSI). The following options are available:

WIPO Mediation options:

- WIPO Mediation for FRAND Disputes
- In the absence of a mediation agreement: Unilateral Request for WIPO Mediation for FRAND Disputes

WIPO Arbitration options:

- WIPO Arbitration for FRAND Disputes
- WIPO Expedited Arbitration for FRAND Disputes
- Multi-tier model submission agreements:
- WIPO Mediation followed by Arbitration for FRAND Disputes
- WIPO Mediation followed by Expedited Arbitration for FRAND Disputes

The WIPO model submission agreements build on the standard WIPO Mediation, Arbitration and Expedited Arbitration Rules and propose a set of optional FRAND-specific features. The WIPO model submission agreements can be adapted by parties in line with their needs. They also can be adapted for use in WIPO contract clauses. The WIPO Center is available to assist parties in such exercise upon request.

To facilitate submission of FRAND disputes to WIPO ADR, the WIPO Center has published the Guidance on WIPO FRAND ADR. The Guidance aims at helping parties and neutrals to understand and make use of procedural options that are available at difference stages of the process.

The WIPO Center maintains a special list of mediators, arbitrators and experts for patent standards.

The WIPO Center remains open to further develop WIPO model submission agreements in line with policy developments of standard setting organizations.

---

1 Verfügbar unter http://www.wipo.int/amc/en/center/specific-sectors/ict/frand/.

WIPO Mediation for FRAND Disputes

Model Submission Agreement

1. We, the undersigned parties, hereby agree to submit to mediation in accordance with the WIPO Mediation Rules the following dispute:

The dispute concerns the determination of FRAND terms relating to the Declaration[s] of [Name[s] of Company[ies]] to [Name of Standard-Setting Organization] and [list standard(s)] concerning [its/their patents referred to in the Declaration[s]] or [the following patents (each party shall select a maximum of [specify number] patents referred to in the Declaration[s]):][2]:

Nothing in this agreement shall prevent any party from bringing any argument or defense it chooses in the mediation[3].

2. The appointment of the mediator shall take place in accordance with the procedure set out in Article 7(a) of the WIPO Mediation Rules. In proposing candidates to the parties pursuant to Article 7(a)(i) of the WIPO Mediation Rules, the WIPO Arbitration and Mediation Center (WIPO Center) shall to the extent possible draw on its list of neutrals for patents in standards.

3. The place of mediation shall be [specify place]. The language to be used in the mediation shall be [specify language].

---

2 At the time of the conclusion of the mediation submission agreement, parties have the option to limit the scope of the proceedings to a certain number of patents referred to in the Declaration, or to refer an entire patent portfolio to mediation. A selection of patents ("sampling") may also be agreed by parties in the course of the proceedings. Parties further have the option to agree that the scope of the mediation shall include patents on a reciprocity basis / cross-licensing.

3 This may include patent essentiality, validity, infringement, and enforceability.

In the absence of a mediation agreement:
Unilateral Request for WIPO Mediation for FRAND Disputes

Request for WIPO Mediation
(Article 4 WIPO Mediation Rules)

1. Parties

Please provide the following contact information:

Requesting Party	Responding Party
Name: Country of domicile: Tel: E-mail: Address: Represented by: Tel: E-mail: Address:	Name: Country of domicile: Tel: E-mail: Address: Represented by: Tel: E-mail: Address:

2. Dispute

Please provide a brief description of the dispute:

> The dispute concerns the determination of FRAND terms relating to the Declaration[s] of [Name[s] of Company[ies]] to [Name of Standard-Setting Organization] and [list standard(s)] concerning [its/their patents referred to in the Declaration[s]] or [the following patents]:
>
> Nothing in this Request shall prevent any party from bringing any argument or defense it chooses in the mediation.

3. Submission to WIPO Mediation

a) The requesting party agrees to submit the above-described dispute to mediation in accordance with the WIPO Mediation Rules.

Please sign this form and submit it to arbiter.mail@wipo.int and the other party.

Place and Date: _____

Signature: _____

b) The responding party agrees to submit the above-described dispute to mediation in accordance with the WIPO Mediation Rules.

Please sign this form and submit it to arbiter.mail@wipo.int and the other party.

Place and Date: _____

Signature: _____

Anhang 3 WIPO

WIPO Arbitration for FRAND Disputes
Model Submission Agreement

1. "We, the undersigned parties, hereby agree that the following dispute shall be referred to and finally determined by arbitration in accordance with the WIPO Arbitration Rules (WIPO Rules) unless otherwise stated in this submission agreement:

The dispute concerns a FRAND adjudication relating to the Declaration[s] of [Name[s] of Company[ies]] to [Name of Standard-Setting Organization] and [list standard(s)] concerning:

- [its/their patents referred to in the Declaration[s]] or
- [the following patents (each party shall select a maximum of [specify number] patents referred to in the Declaration[s]):][4]

Nothing in this agreement shall prevent any party from bringing any argument or defense it chooses in the arbitration.[5]

2. The arbitral tribunal shall consist of three arbitrators. In making any default appointment under Article 19 of the WIPO Rules, including proposing candidates to the parties in accordance with Article 19(b) of the WIPO Rules, the WIPO Arbitration and Mediation Center (WIPO Center) shall to the extent possible draw on its list of neutrals for patents in standards. The periods of time relating to the appointment of the arbitrators in Articles 17(b) and 18 of the WIPO Rules shall be reduced to 15 days.

3. The place of arbitration shall be [specify place]. The language to be used in the arbitral proceedings shall be [specify language]. The dispute shall be decided in accordance with the law of [specify jurisdiction].

4. The parties agree the following schedule:[6]

---

4 At the time of the conclusion of the arbitration submission agreement, parties have the option to limit the scope of the arbitration to a certain number of patents referred to in the Declaration, or to refer a patent portfolio to the arbitration. A selection of patents ("sampling") may also be agreed by parties, or ordered by the arbitral tribunal, in the course of the arbitration proceedings (see Section 6). Parties further have the option to agree that the scope of the arbitration shall include patents on a reciprocity basis / cross-licensing.

5 This may include patent essentiality, validity, infringement, and enforceability. Parties can also agree to limit claims or defenses that they may bring in the arbitration, including patent essentiality, validity, infringement, and enforceability. They may for example agree that such arguments may be heard but no binding decision regarding these issues may be taken by the tribunal, or that such arguments may not be heard or decided upon by the tribunal.

6 The periods of time may be reduced or extended in the course of the arbitration in accordance with Article 4(f) and (g) of the WIPO Rules. Not every stage may apply in each procedure and, in that case, the timeline shall be counted from the prior stage.

Request for Arbitration (Article 6 WIPO Rules)	
Answer to the Request (Article 11 WIPO Rules)	15 days after receipt of the Request for Arbitration
Establishment of the Tribunal (Articles 17–23 WIPO Rules)	30 days after receipt of the Request for Arbitration
Preparatory Conference (Article 40 WIPO Rules)	15 days after establishment of the Tribunal
Statement of Claim (Article 41 WIPO Rules)	30 days after establishment of the Tribunal
Statement of Defense (Article 42 WIPO Rules)	30 days after Statement of Claim
Claimant Reply	15 days after Statement of Defense
Respondent Sur-Reply	15 days after Claimant Reply
All Document Production Completed (Article 50 WIPO Rules)	30 days after Respondent Sur-Reply
Fact Witness Statements (Article 56 WIPO Rules)	30 days after Document Production
[Fact Witness Depositions Completed]	[30 days after Fact Witness Statements]
Expert Witness Statements (Articles 56, 57 WIPO Rules)	30 days after Fact Witness Depositions
[Rebuttal Expert Witness Statements]	[30 days after Expert Witness Statements]
[Expert Witness Depositions Completed]	[20 days after Rebuttal Expert Witness Statements]
Hearing (Article 55 WIPO Rules)	30 days after Expert Witness Depositions
Claimant Post-Hearing Submission	30 days after Hearing
Respondent Post-Hearing Submission	30 days after Claimant Post-Hearing Submission
Claimant Reply	15 days after Respondent Post-Hearing Submission
Respondent Sur-Reply	15 days after Claimant Reply

5. All submissions shall be made on the specified due date via the WIPO Electronic Case Facility (ECAF).

6. An initial Preparatory Conference pursuant to Article 40 of the WIPO Rules is scheduled 15 days after the establishment of the arbitral tribunal. The arbitral tribunal shall draw up, in consultation with the parties, a document defining the scope of the arbitration, the methodology to be used and, if appropriate, stages of the proceedings.

7. Further to Articles 41 and 42 of the WIPO Rules, the parties shall, to the extent possible submit the documents and other evidence upon which they seek to rely concurrently with the Statement of Claim and the Statement of Defense. Supplemental documents and other evidence may be submitted concurrently with the Reply to the Statement of Defense and the Sur-Reply.

8. The arbitral tribunal shall not have the authority to issue interim injunctions under Article 48(a) of the WIPO Rules. In accordance with Article 48(b) of the WIPO Rules, the arbitral tribunal may order that a party provide security for the claim or counter-claim in an escrow account.

9. The parties shall try to informally resolve requests for production of documents and other evidence. The parties may bring requests for disclosure under Article 50(b) of the WIPO Rules only if they reach an impasse on the production of documents or other evidence.[7]

10. Further to Article 56 of the WIPO Rules, the parties shall simultaneously submit sworn witness statements for each witness of fact on whom they propose to rely at the Hearing pursuant to Article 55 of the WIPO Rules. Such a statement should be sufficiently detailed so as to stand as that witness's direct testimony.

11. Further to Article 56 of the WIPO Rules and in accordance with the schedule set forth above, the parties shall submit sworn expert witness statements for each expert witness on whom they propose to rely at the Hearing pursuant to Article 55 of the WIPO Rules. Such statements should be sufficiently detailed so as to stand as that witness's direct testimony.

12. The parties are permitted to depose witnesses expected to testify at the Hearing pursuant to Article 55 of the WIPO Rules in accordance with the schedule set forth above.

13. The Hearing pursuant to Article 55 of the WIPO Rules shall be held for not more than five days.

14. The parties may file wholly or partially dispositive motions as they wish. Once filed, the arbitral tribunal shall determine if a briefing schedule is appropriate or if the motion should be stayed. The filing of any motion will not necessarily suspend or postpone the agreed schedule."

WIPO Expedited Arbitration for FRAND Disputes
Model Submission Agreement

1. "We, the undersigned parties, hereby agree that the following dispute shall be referred to and finally determined by arbitration in accordance with the WIPO

---

7 When requests for the production of documents relate to comparable licenses of the patents referred to in Section 1, such licenses may contain confidentiality / non-disclosure obligations. Articles 54(c)–(e) and 57 of the WIPO Rules provide mechanisms for addressing such issues including by, where appropriate, special measures of protection or the appointment of a confidentiality advisor.

Expedited Arbitration Rules (WIPO Rules) unless otherwise stated in this submission agreement:

The dispute concerns a FRAND adjudication relating to the Declaration[s] of [Name[s] of Company[ies]] to [Name of Standard-Setting Organization] and [list standard(s)] concerning the following representative patents (each party shall select a maximum of [specify number] patents referred to in the Declaration[s]):[8]

Nothing in this agreement shall prevent any party from bringing any argument or defense it chooses in the arbitration.[9]

2. In making any default appointment under Article 14 of the WIPO Rules, including proposing candidates to the parties in accordance with Article 14(b) of the WIPO Rules, the WIPO Arbitration and Mediation Center (WIPO Center) shall to the extent possible draw on its list of neutrals for patents in standards.

3. The place of arbitration shall be [specify place]. The language to be used in the arbitral proceedings shall be [specify language]. The dispute shall be decided in accordance with the law of [specify jurisdiction].

4. The parties agree the following schedule:[10]

Request for Arbitration and Statement of Claim (Articles 6, 10, 35 WIPO Rules)	
Appointment of the sole arbitrator (Article 14 WIPO Rules)	15 days after receipt of the Request for Arbitration
Answer to the Request and Statement of Defense (Articles 20, 36 WIPO Rules)	20 days after receipt of the Request for Arbitration
Preparatory Conference (Article 41 WIPO Rules)	15 days after appointment of the sole arbitrator
Claimant Reply	15 days after Statement of Defense
Respondent Sur-Reply	15 days after Claimant Reply
All Document Production Completed (Article 44 WIPO Rules)	30 days after Respondent Sur-Reply
Fact and Expert Witness Statements (Articles 50, 51 WIPO Rules)	30 days after Document Production

---

8 Parties have the option to agree that the scope of the arbitration shall cover patents on a reciprocity basis / cross-licensing.

9 This may include patent essentiality, validity, infringement, and enforceability. Parties can also agree to limit claims or defenses that they may bring in the arbitration, including patent essentiality, validity, infringement, and enforceability. They may for example agree that such arguments may be heard but no binding decision regarding these issues may be taken by the tribunal, or that such arguments may not be heard or decided upon by the tribunal.

10 The periods of time may be reduced or extended in the course of the arbitration in accordance with Article 4(f) and (g) of the WIPO Rules. Not every stage may apply in each procedure and, in that case, the timeline shall be counted from the prior stage.

Anhang 3 WIPO

[Fact Witness Depositions Completed]	[30 days after Witness Statements]
[Rebuttal Expert Witness Statements]	[15 days after Expert Witness Statements]
[Expert Witness Depositions Completed]	[15 days after Rebuttal Expert Witness Statements]
Hearing (Article 49 WIPO Rules)	15 days after Fact and Expert Witness Statement

5. All submissions shall be made on the specified due date via the WIPO Electronic Case Facility (ECAF).

6. An initial Preparatory Conference pursuant to Article 34 of the WIPO Rules is scheduled 15 days after the appointment of the sole arbitrator. The sole arbitrator shall draw up, in consultation with the parties, a document defining the scope of the arbitration, the methodology to be used and, if appropriate, stages of the proceedings.

7. Further to Articles 35 and 36 of the WIPO Rules, the parties shall, to the extent possible submit the documents and other evidence upon which they seek to rely concurrently with the Statement of Claim and the Statement of Defense. Supplemental documents and other evidence may be submitted concurrently with the Reply to the Statement of Defense and the Sur-Reply.

8. The arbitral tribunal shall not have the authority to issue interim injunctions under Article 42(a) of the WIPO Rules. In accordance with Article 42(b) of the WIPO Rules, the arbitral tribunal may order that a party provide security for the claim or counter-claim in an escrow account.

9. The parties shall try to informally resolve requests for production of documents and other evidence. The parties may bring requests for disclosure under Article 44(b) of the WIPO Rules only if they reach an impasse on the production of documents or other evidence.[11]

10. Further to Article 50 of the WIPO Rules, the parties shall simultaneously submit sworn fact and expert witness statements for each witness of fact and each expert witness on whom they propose to rely at the Hearing pursuant to Article 49 of the WIPO Rules. Such a statement should be sufficiently detailed so as to stand as that witness's direct testimony.

11. [The parties are permitted to depose witnesses expected to testify at the Hearing pursuant to Article 49 of the WIPO Rules in accordance with the schedule set forth above.]

12. The Hearing pursuant to Article 49 of the WIPO Rules shall be held for not more than three days.

---

11 When requests for the production of documents relate to comparable licenses of the patents referred to in Section 1, such licenses may contain confidentiality / non-disclosure obligations. Articles 48(c)–(e) and 51 of the WIPO Rules provide mechanisms for addressing such issues including by, where appropriate, special measures of protection or the appointment of a confidentiality advisor.

13. The parties may file wholly or partially dispositive motions as they wish. Once filed, the arbitral tribunal shall determine if a briefing schedule is appropriate or if the motion should be stayed. The filing of any motion will not necessarily suspend or postpone the agreed schedule."

WIPO Mediation Followed by Arbitration for FRAND Disputes
Model Submission Agreement
"I. Mediation
1. We, the undersigned parties, hereby agree to submit to mediation in accordance with the WIPO Mediation Rules the following dispute:

The dispute concerns a FRAND adjudication relating to the Declaration[s] of [Name[s] of Company[ies]] to [Name of Standard-Setting Organization] and [list standard(s)] concerning:

- [its/their patents referred to in the Declaration[s]] or
- [the following patents (each party shall select a maximum of [specify number] patents referred to in the Declaration[s]):] [12]

Nothing in this agreement shall prevent any party from bringing any argument or defense it chooses in the mediation. [13]

2. The appointment of the mediator shall take place in accordance with the procedure set out in Article 7(a) of the WIPO Mediation Rules. In proposing candidates to the parties pursuant to Article 7(a)(i) of the WIPO Mediation Rules, the WIPO Arbitration and Mediation Center (WIPO Center) shall to the extent possible draw on its list of neutrals for patents in standards.

3. The place of mediation shall be [specify place]. The language to be used in the mediation shall be [specify language].

II. Arbitration
4. If, and to the extent that, the dispute has not been settled pursuant to the mediation within 60 days of the commencement of the mediation, it shall, upon the filing of a Request for Arbitration by either party, be referred to and finally deter-

---

12 At the time of the conclusion of the mediation followed by arbitration submission agreement, parties have the option to limit the scope of the proceedings to a certain number of patents referred to in the Declaration, or to refer an entire patent portfolio to mediation/arbitration. A selection of patents ("sampling") may also be agreed by parties, or ordered by the arbitral tribunal (see Section 9), in the course of the proceedings. Parties further have the option to agree that the scope of the mediation/arbitration shall include patents on a reciprocity basis / cross-licensing.

13 This may include patent essentiality, validity, infringement, and enforceability. Parties can also agree to limit claims or defenses that they may bring in the arbitration, including patent essentiality, validity, infringement, and enforceability. They may for example agree that such arguments may be heard but no binding decision regarding these issues may be taken by the tribunal, or that such arguments may not be heard or decided upon by the tribunal.

mined by arbitration in accordance with the WIPO Arbitration Rules (WIPO Rules), unless otherwise stated in this submission agreement. If, before the expiration of the said period of 60 days, either party fails to participate or to continue to participate in the mediation, the dispute shall, upon the filing of a Request for Arbitration by the other party, be referred to and finally determined by arbitration in accordance with the WIPO Rules.

5. The arbitral tribunal shall consist of three arbitrators. In making any default appointment under Article 19 of the WIPO Rules, including proposing candidates to the parties in accordance with Article 19(b) of the WIPO Rules, the WIPO Center shall to the extent possible draw on its list of neutrals for patents in standards. The periods of time relating to the appointment of arbitrators in Articles 17(b) and 18(b) of the WIPO Rules shall be reduced to 15 days.

6. The place of arbitration shall be [specify place]. The language to be used in the arbitral proceedings shall be [specify language]. The dispute shall be decided in accordance with the law of [specify jurisdiction].

7. The parties agree the following schedule:[14]

Request for Arbitration (Article 6 WIPO Rules)	
Answer to the Request (Article 11 WIPO Rules)	15 days after receipt of the Request for Arbitration
Establishment of the Tribunal (Articles 17–23 WIPO Rules)	30 days after establishment of the Tribunal
Preparatory Conference (Article 40 WIPO Rules)	15 days after establishment of the Tribunal
Statement of Claim (Article 41 WIPO Rules)	30 days after receipt of the Request for Arbitration
Statement of Defense (Article 42 WIPO Rules)	30 days after Statement of Claim
Claimant Reply	15 days after Statement of Defense
Respondent Sur-Reply	15 days after Claimant Reply
All Document Production Completed (Article 50 WIPO Rules)	30 days after Respondent Sur-Reply
Fact Witness Statements (Article 56 WIPO Rules)	30 days after Document Production
[Fact Witness Depositions Completed]	[30 days after Fact Witness Statements]
Expert Witness Statements (Articles 56, 57 WIPO Rules)	30 days after Fact Witness Depositions
[Rebuttal Expert Witness Statements]	[30 days after Expert Witness Statements]

---

14 The periods of time may be reduced or extended in the course of the arbitration in accordance with Article 4(f) and (g) of the WIPO Rules. Not every stage may apply in each procedure and, in that case, the timeline shall be counted from the prior stage.

[Expert Witness Depositions Completed]	[20 days after Rebuttal Expert Witness Statements]
Hearing (Article 55 WIPO Rules)	30 days after Expert Witness Depositions
Claimant Post-Hearing Submission	30 days after Hearing
Respondent Post-Hearing Submission	30 days after Claimant Post-Hearing Submission
Claimant Reply	15 days after Respondent Post-Hearing Submission
Respondent Sur-Reply	15 days after Claimant Reply

8. All submissions shall be made on the specified due date via the WIPO Electronic Case Facility (ECAF).

9. An initial Preparatory Conference pursuant to Article 40 of the WIPO Rules is scheduled 15 days after the establishment of the arbitral tribunal. The arbitral tribunal shall draw up, in consultation with the parties, a document defining the scope of the arbitration, the methodology to be used and, if appropriate, stages of the proceedings.

10. Further to Articles 41 and 42 of the WIPO Rules, the parties shall, to the extent possible submit the documents and other evidence upon which they seek to rely concurrently with the Statement of Claim and the Statement of Defense. Supplemental documents and other evidence may be submitted concurrently with the Reply to the Statement of Defense and the Sur-Reply.

11. The arbitral tribunal shall not have the authority to issue interim injunctions under Article 48(a) of the WIPO Rules. In accordance with Article 48(b) of the WIPO Rules, the arbitral tribunal may order that a party provide security for the claim or counter-claim in an escrow account.

12. The parties shall try to informally resolve requests for production of documents and other evidence. The parties may bring requests for disclosure under Article 50(b) of the WIPO Rules only if they reach an impasse on the production of documents or other evidence.[15]

13. Further to Article 56 of the WIPO Rules, the parties shall simultaneously submit sworn witness statements for each witness of fact on whom they propose to rely at the Hearing pursuant to Article 55 of the WIPO Rules. Such a statement should be sufficiently detailed so as to stand as that witness's direct testimony.

14. Further to Article 56 of the WIPO Rules and in accordance with the schedule set forth above, the parties shall submit sworn expert witness statements for each

---

15 When requests for the production of documents relate to comparable licenses of the patents referred to in Section 1, such licenses may contain confidentiality / non-disclosure obligations. Articles 54(c)–(e) and 57 of the WIPO Rules provide mechanisms for addressing such issues including by, where appropriate, special measures of protection or the appointment of a confidentiality advisor.

expert witness on whom they propose to rely at the Hearing pursuant to Article 55 of the WIPO Rules. Such statements should be sufficiently detailed so as to stand as that witness's direct testimony.

15. The parties are permitted to depose witnesses expected to testify at the Hearing pursuant to Article 55 of the WIPO Rules in accordance with the schedule set forth above.

16. The Hearing pursuant to Article 55 of the WIPO Rules shall be held for not more than five days.

17. The parties may file wholly or partially dispositive motions as they wish. Once filed, the arbitral tribunal shall determine if a briefing schedule is appropriate or if the motion should be stayed. The filing of any motion will not necessarily suspend or postpone the agreed schedule."

WIPO Mediation followed by Expedited Arbitration for FRAND Disputes
Model Submission Agreement
"I. Mediation

1. We, the undersigned parties, hereby agree to submit to mediation in accordance with the WIPO Mediation Rules the following dispute:

The dispute concerns a FRAND adjudication relating to the Declaration[s] of [Name[s] of Company[ies]] to [Name of Standard-Setting Organization] and [list standard(s)] concerning the following representative patents (each party shall select a maximum of [specify number] patents referred to in the Declaration):[16]

Nothing in this agreement shall prevent any party from bringing any argument or defense it chooses in the mediation.[17]

2. The appointment of the mediator shall take place in accordance with the procedure set out in Article 7(a) of the WIPO Mediation Rules. In proposing candidates to the parties pursuant to Article 7(a)(i) of the WIPO Mediation Rules, the WIPO Arbitration and Mediation Center (WIPO Center) shall to the extent possible draw on its list of neutrals for patents in standards.

3. The place of mediation shall be [specify place]. The language to be used in the mediation shall be [specify language].

---

16 Parties have the option to agree that the scope of the arbitration shall cover patents on a reciprocity basis / cross-licensing.

17 This may include patent essentiality, validity, infringement, and enforceability. Parties can also agree to limit claims or defenses that they may bring in the arbitration, including patent essentiality, validity, infringement, and enforceability. They may for example agree that such arguments may be heard but no binding decision regarding these issues may be taken by the tribunal, or that such arguments may not be heard or decided upon by the tribunal.

II. Arbitration

4. If, and to the extent that, the dispute has not been settled pursuant to the mediation within 60 days of the commencement of the mediation, it shall, upon the filing of a Request for Arbitration by either party, be referred to and finally determined by arbitration in accordance with the WIPO Expedited Arbitration Rules (WIPO Rules), unless otherwise stated in this submission agreement. If, before the expiration of the said period of 60 days, either party fails to participate or to continue to participate in the mediation, the dispute shall, upon the filing of a Request for Arbitration by the other party, be referred to and finally determined by arbitration in accordance with the WIPO Rules.

5. In making any default appointment under Article 14 of the WIPO Rules, including proposing candidates to the parties in accordance with Article 14(b) of the WIPO Rules, the WIPO Center shall to the extent possible draw on its list of neutrals for patents in standards.

6. The place of arbitration shall be [specify place]. The language to be used in the arbitral proceedings shall be [specify language]. The dispute shall be decided in accordance with the law of [specify jurisdiction].

7. The parties agree the following schedule:[18]

Request for Arbitration and Statement of Claim (Articles 6, 10, 35 WIPO Rules)	
Appointment of the sole arbitrator (Article 14 WIPO Rules)	15 days after receipt of the Request for Arbitration
Answer to the Request and Statement of Defense (Articles 20, 36 WIPO Rules)	20 days after receipt of the Request for Arbitration
Preparatory Conference (Article 34 of the WIPO Rules)	15 days after appointment of the sole arbitrator
Claimant Reply	15 days after Statement of Defense
Respondent Sur-Reply	15 days after Claimant Reply
All Document Production Completed (Article 44 WIPO Rules)	30 days after Respondent Sur-Reply
Fact and Expert Witness Statements (Articles 48, 49 WIPO Rules)	30 days after Document Production
[Fact Witness Depositions Completed]	[30 days after Witness Statements]
[Rebuttal Expert Witness Statements]	[15 days after Expert Witness Statements]
[Expert Witness Depositions Completed]	[15 days after Rebuttal Expert Witness Statements]
Hearing (Article 49 WIPO Rules)	15 days after Fact and Expert Witness Statement

---

18 The periods of time may be reduced or extended in the course of the arbitration in accordance with Article 4(f) and (g) of the WIPO Rules. Not every stage may apply in each procedure and, in that case, the timeline shall be counted from the prior stage.

8. All submissions shall be made on the specified due date via the WIPO Electronic Case Facility (ECAF).

9. An initial Preparatory Conference pursuant to Article 341 of the WIPO Rules is scheduled 15 days after the appointment of the sole arbitrator. The sole arbitrator shall draw up, in consultation with the parties, a document defining the scope of the arbitration, the methodology to be used and, if appropriate, stages of the proceedings.

10. Further to Articles 35 and 36 of the WIPO Rules, the parties shall, to the extent possible submit the documents and other evidence upon which they seek to rely concurrently with the Statement of Claim and the Statement of Defense. Supplemental documents and other evidence may be submitted concurrently with the Reply to the Statement of Defense and the Sur-Reply.

11. The arbitral tribunal shall not have the authority to issue interim injunctions under Article 42(a) of the WIPO Rules. In accordance with Article 42(b) of the WIPO Rules, the arbitral tribunal may order that a party provide security for the claim or counter-claim in an escrow account.

12. The parties shall try to informally resolve requests for production of documents and other evidence. The parties may bring requests for disclosure under Article 44(b) of the WIPO Rules only if they reach an impasse on the production of documents or other evidence.[19]

13. Further to Article 50 of the WIPO Rules, the parties shall simultaneously submit sworn fact and expert witness statements for each witness of fact and each expert witness on whom they propose to rely at the Hearing pursuant to Article 49 of the WIPO Rules. Such a statement should be sufficiently detailed so as to stand as that witness's direct testimony.

14. [The parties are permitted to depose witnesses expected to testify at the Hearing pursuant to Article 49 of the WIPO Rules in accordance with the schedule set forth above.]

15. The Hearing pursuant to Article 49 of the WIPO Rules shall be held for not more than three days.

16. The parties may file wholly or partially dispositive motions as they wish. Once filed, the arbitral tribunal shall determine if a briefing schedule is appropriate or if the motion should be stayed. The filing of any motion will not necessarily suspend or postpone the agreed schedule."

---

19 When requests for the production of documents relate to comparable licenses of the patents referred to in Section 1, such licenses may contain confidentiality / non-disclosure obligations. Articles 48(c)–(e) and 51 of the WIPO Rules provide mechanisms for addressing such issues including by, where appropriate, special measures of protection or the appointment of a confidentiality advisor.

Literaturverzeichnis

1. Allgemein zur Wirtschaftsmediation

Arntz	Eskalationsklauseln, Recht und Praxis mehrstufiger Eskalationsklauseln, Köln 2013
Baumbach/Lauterbach/ Albers/Hartmann	ZPO, 76. Aufl., München 2018
Bayerlein	Praxishandbuch Sachverständigenrecht, 5. Aufl., München 2015, zitiert: *Schlehe (Bearbeiter)*
Birner	Das Multi-Door Courthouse, Köln 2003
Bühring-Uhle (1. edition)/ Kirchhof/Scherer (2. edition)	Arbitration and Mediation in International Business, 2. Aufl., Alphen van den Rijn 2006
Bundesministerium der Justiz	Leitlinien zur Umsetzung der europäischen Mediationsrichtlinie, ZKM 2008, 132 ff.
Das Gupta	Kurzkommentare zu den Änderungen in der 2018 DIS-Schiedsgerichtsordnung, SchiedsVZ Beilage zu Heft 1/2018, 44 ff.
Dietz	Werkstattbuch Mediation, 2004
Ditges	Mediation und Rechtsstreit – ein Kosten- und Effizienzvergleich, IDR 2005, 74 ff.
Duve	Das Gesetz zur Rettung der gerichtlichen Mediation, ZKM 2012, 110 ff.
Duve/Eidenmüller/Hacke	Mediation in der Wirtschaft, 2. Aufl., Köln 2011
Eidenmüller	Vertrags- und Verfahrensrecht der Wirtschaftsmediation, Köln 2001
Eidenmüller/Prause	Die europäische Mediationsrichtlinie – Perspektiven für eine gesetzliche Regelung der Mediation in Deutschland, NJW 2008, 2738 ff.
Eidenmüller/Wagner	Mediationsrecht, Köln 2015
Falk/Heintel/Krainer	Das Mediationsverfahren am Flughafen Wien-Schwechat, Wiesbaden 2006
Fisher/Ury/Patton	Das Harvard-Konzept, 24. Auflage, 2004
Gifford	A Context-based Theory of Strategic Selection in Legal Negotiation, 46 Ohio State Law Journal 1985, 41, 60

Literaturverzeichnis

Friedrich	Schlichtungs- und Mediationsklauseln in Allgemeinen Geschäftsbedingungen, SchiedsVZ 2007, 31 ff.
Gottwald/Strempel	Streitschlichtung, Köln 1995
Gramm	Auf dem Weg zu einem Konfliktmanagement an der Hochschule für Angewandte Wissenschaften Hamburg, Konfliktdynamik, 4/2012, 348 ff.
Greger	Die von der Landesjustizverwaltung anerkannten Gütestellen: Alter Zopf mit Zukunftschancen, NJW 2011, 1478
ders.	ADR-Klauseln vor dem Aus?, SchiedsVZ 2016 Heft 6 , 306 f.
Greger/Stubbe	Schiedsgutachten, München 2007
Greger/Unberath	Die Zukunft der Mediation in Deutschland, München 2008
Greger/Unberath/Steffek	Recht der alternativen Konfliktlösung, 2. Aufl., München 2016
Groß	Das neue Mediationsgesetz – der große Wurf?, Editorial Betriebs-Berater, BB 1.2011, 10.1.2011, I
ders.	Der Anwalt als Konfliktmanager in Familienunternehmen, BB 7.2010, 8.2.2010, XIV
ders.	Ein neues Gesetz zur Verbesserung der Streitkultur – Realitätsferner oder sinnvoller Ansatz für praxisnahe Entscheidungsspielräume?, Deutscher AnwaltSpiegel, Ausgabe 21//20.10.2010, 15 ff.
ders.	IDR – Kommentar zur neuen Verfahrensordnung des IHK-Mediationszentrums, IDR 1/2006, 11
ders.	Mediation – nice to have?, Deutscher AnwaltSpiegel, Ausgabe 05//1.7.2009, 19 f.
ders.	Der Mediatorvertrag, 2. Aufl., Frankfurt am Main 2016
Hacke	Der ADR-Vertrag: Vertragsrecht und vertragliche Gestaltung der Mediation und anderer alternativer Konfliktlösungsverfahren, Heidelberg 2001
Haft/Schlieffen	Handbuch Mediation, 3. Aufl., 2016
Hagel	Der Unternehmensjurist als Risikomanager – Die mysteriöse Welt von Risikoanalysen und Entscheidungsbäumen, SchiedsVZ 2011, 65 ff.

Hagel/Steinbrecher	Systematisches Konfliktmanagement für externe Wirtschaftskonflikte (B2B), Konfliktdynamik 2012, 24
Hauser	Welches nationale mediationsrecht – am Beispiel der Verschwiegenheitspflicht – ist auf grenzüberschreitende Wirtschaftsmediation in der Europäischen Gemeinschaft anwendbar?, SchiedsVZ 2015, 89 ff.
Hayley/French	Mediation and Arbitration in England, les Nouvelles 2007, 335 ff.
Heibreder/Faller	Systemdesign – die Entwicklung von Konfliktmanagementsystemen in Unternehmen, Organisationen und Verwaltungen, 2012
Henssler/Koch	Mediation in der Anwaltspraxis, 2. Aufl., Bonn 2004
Hess	Mediation und weitere Verfahren konsensualer Streitbeilegung – Regelungsbedarf im Verfahrens- und Berufsrecht, Gutachten F zum 67. Deutschen Juristentag, Erfurt 2008
Heussen	Handbuch Vertragsverhandlung und Vertragsmanagement, 2. Aufl., Köln 2002, zitiert: Heussen-*Bearbeiter*
Hopt/Steffek	Mediation, Tübingen 2008
Hornung	Rechtliche Rahmenbedingungen für die Tätigkeit freier Mediatoren, Köln 2006
Hutner	Das internationale Privat- und Verfahrensrecht der Wirtschaftsmediation, Tübingen 2005
Kilian/Stompfe	Asymmetrische Streitbeilegungsklauseln in internatuionalen Wirtschaftsverträgen, SchiedsVZ 2017, 157 ff.
King's College London	The Use of Mediation in Construction Disputes, London 7 May 2009
dass.	Mediating Construction Disputes: An Evaluation of Exiting Practices, London 1/2010
dass.	Review of Civil Litigation Costs: Final Report, December 2009
Klowait	Mediation im Konzern, ZKM 2006, 172 ff.

Klowait/Gläßer (Hrsg.)	Mediationsgesetz, Handkommentar, 2. Aufl., Baden-Baden 2018, zitiert: Klowait/Gläßer-*Bearbeiter*
Klowait/Hill	Corporate Pledge – Königsweg zur Implementierung von Mediation in der Wirtschaft?, SchiedsVZ 2007, 83 ff.
König	Außergerichtliche Konfliktlösung und das neue Schiedsverfahrensrecht, Mitt. 1999, 347 ff.
Lachmann	Handbuch für die Schiedsgerichtspraxis, 3. Aufl., Köln 2008
Lambrette/Herrmann	Eine explorative Studie zur Akzeptanz von Wirtschafts- und Arbeitsmediation in Deutschland, Dresden 2002
Lax/Sebenius	The Manager as Negatiator, New York 1986
Leiss	Zur Effizienz außergerichtlicher Verfahren im Wirtschaftsrecht, München 2005
Leutner/Hacker	Zu Unrecht verschmäht: Der vollstreckbare Anwaltsvergleich, NJW 2012, 1318
Loos/Brewitz	Hindert eine Mediationsvereinbarung an der Klage? – Wie lange? SchiedsVZ 2012, 305
Mazza/Menz	Neuerungen in der 2018 DIS-Schiedsgerichtsordnung im Überblick, SchiedsVZ Beilage zu Heft 1/2018, 39 ff.

Münchener Kommentar zur Zivilprozessordnung, 4. Aufl., München 2013

Niklisch (Hrsg.)	Forschungs- und Entwicklungsverträge in Wissenschaft und Technik, München 2004
Nolte/Fischer	Mediation konkret, Weilheim 2006
Nölting	Mediatorenverträge, Köln 2003
Ortloff	Mediation – Regelungsbedarf, NJW 2008, 2544 ff.
PwC/Europa-Universität Viadrina	Commercial Dispute Resolution – Konfliktbearbeitungsverfahren im Vergleich, Frankfurt am Main, 2005
PwC/Europa-Universität Viadrina	Praxis des Konfliktmanagements deutscher Unternehmen. Ergebnisse einer qualitativen Folgestudie zu „Commercial Dispute Resolution – Konfliktbearbeitungsverfahren im Vergleich", Frankfurt am Main, 2007

PwC/Europa-Universität Viadrina	Konfliktmanagement – Von den Elementen zum System, Frankfurt am Main, 2011
PwC/Europa-Universität Viadrina	Konfliktmanagement als Instrument werteorientierter Unternehmensführung, Frankfurt am Main, 2013
PwC/Europa-University Viadrina	Konfliktmanagement in der deutschen Wirtschaft – Entwicklungen eines Jahrzehnts, Frankfurt am Main, 2016
Respondek	Asia Arbitration Guide, 5th edition 2017, www.rf-arbitration.com
Risse	Wirtschaftsmediation, München 2003
Schiffer (Hrsg.)	Schiedsverfahren und Mediation, 2. Aufl., Köln/Berlin/München 2005
Schlehe	Mediationsgesetz für Deutschland nach österreichischem Vorbild?, Seminararbeit zur Erlangung des Zertifikats Wirtschaftsmediator (IHK), München 2007
ders.	Praxishandbuch Sachverständigenrecht, 5. Aufl., München 2015
ders.	5 Jahre MediationsG – Nutzung gerichtsnaher Mediation, ZKM 2/2017, 61 ff.
Schoen	Konfliktmanagementsysteme für Wirtschaftsunternehmen, Köln 2003
Schroth	Einstweiliger Rechtsschutz im deutschen Schiedsverfahren, SchiedsVZ 2003, 102
Stein/Jonas	Zivilprozessordnung, 23. Aufl., Heidelberg 2104
Ury	Getting Past No, Negotiating with Difficult People, New York, 1991
von Senger	Strategeme, 3. Aufl., Bern, München, Wien 1996
Wagner/Thole	Die neue EU-Richtlinie zur Mediation, ZKM 2008, 36 ff.
Wälde	Efficient Management of Transnational Disputes: Case Study of a Successful Interconnector Dispute Resolution, TDM, February 2007, 1 ff., 14 ff.
Walz	Das ADR-Formularbuch, 2. Aufl., Köln 2017
Zöller	Zivilprozessordnung, 32. Aufl., Köln 2018

2. Mediation im Gewerblichen Rechtsschutz

Ali/Baker A Cross-Comparison of Institutional Mediation Rules. Dispute Resolution Journal, Vol. 57, No. 2, 2002, pp. 73–81

Anderson Intellectual Property Mediations: Special Techniques for a Special Field. Texas Intellectual Property Law Journal, Vol. 3, No. 23, 1994, pp. 23–32

Bettinger/Scheffelt Application Service Providing: Vertragsgestaltung und Konflikt-Management, CR 2001, 729 ff.

ders. Alternative Streitbeilegung für ``.EU'', WRP 2006, 548 ff.

Blackmand/McNeill Alternative Dispute Resolution in Commercial Intellectual Property Disputes. The American University Law Review, Issue 47, 1998, pp. 1709–1734

Blessing The Mediation Rules of WIPO and Others: A Ticket to Paradise or Into a Better Mousetrap? WIPO Conference on Rules for Institutional Arbitration and Mediation, 1995, pp. 119–131

Bowman/Heiden Valuing Standard Essential Patents in the Knowledge Economy: A Comparison of F/RAND Royalty Methodologies in US Courts, December 2015, 1 ff.

Budge/Wang Introduction To Arbitration And Mediation Procedures Of The PRC. Les Nouvelles, Journal of the Licensing Executives Society International, Vol. XLII, No. 1, March 2007, p. 328

Burchell In Good Faith – The Growing Importance of Mediation in Intellectual Property. Trademark World, No. 166, 2004, pp. 24–25

Christophersen Mediation – Instrument auch für den gewerblichen Rechtsschutz? Mitteilungen der deutschen Patentanwälte, Vol. 8, 2002, pp. 343–348

Ciracò Forget the Mechanics and Bring in the Gardeners: An Exploration of Mediation in Intellectual Property Disputes. Canadian Intellectual Property Review, Vol. 18, No. 2, 2002, pp. 432–462 Chrocziel/von Samson-Himmelstjerna, Mediation im Gewerblichen Rechtsschutz, in: Haft/Schlieffen, 663 ff.

Collar Fernandez/Spolter	International Intellectual Property Dispute Resolution: Is Mediation a Sleeping Giant? The Journal of World Intellectual Property, Vol. 1, No. 3, 1998, pp. 555–569
Dorn	Anforderungen an die Durchsetzung standardessentieller Patente, GRUR-Prax 2017, 497
Düwel	Mediation und Markenrecht – Ergebnisse statt Streit, MarkenR 2005, 174 ff.
de Castro/Schallnau/Blaya	Technology Transactions: Managing Risks Arising from Disputes. WIPO Magazine, September 2011
de Castro/Theurich	WIPO Arbitration and Mediation Center. World Arbitration Reporter, JurisNet LLC, Prof. Loukas Mistelis and Laurence Shore (eds.), Second Edition, 2010, Vol. 3, Chapter 10
dies.	Efficient Alternative Dispute Resolution (ADR) for Intellectual Property Disputes. Handbook of European Intellectual Property Management, Kogan Page, 2009, pp. 479–485
Dreyfus	Confucianism and Compact Discs: Alternative Dispute Resolution and its Role in the Protection of United States Intellectual Property Rights in China. Ohio State Journal on Dispute Resolution, Vol. 13, 1998, pp. 947–974
Drouault-Gardrat/Barbier	Mediation in France. Les Nouvelles, Journal of the Licensing Executives Society International, Vol. XLII, No. 1, March 2007, p. 335
French	Mediation And Arbitration in England. Les Nouvelles, Journal of the Licensing Executives Society International, Vol. XLII, No. 1, March 2007, p. 333
Frost	Schiedsgerichtsbarkeit im Bereich des geistigen Eigentums nach deutschem und US-amerikanischen Schiedsrecht, München 2001
García Martínez	El arbitraje y la mediación como fórmulas de resolución de los conflictos derivados del uso de la propiedad intelectual a través de Internet. Revista de Derecho Mercantil, No. 231, 1999, pp. 167–182

dies. La tutela de transmisión digital de obras: jurisdicción, arbitraje y mediación on-line o el procedimiento administrativo de impugnación de nombres de dominio? Informática y Derecho, Vol. 2, 2002, pp. 761–783

Goldscheider The Use of Reasonable Royalties as the Measure of Damages in Arbitration and Other ADR Proceedings that Adjudicate Intellectual Property Disputes. The American Review of International Arbitration, Vol. 6, No. 1, 1995, pp. 45–55

ders. The Employment of Experts in Mediating and Arbitrating Intellectual Property Disputes. The American Review of International Arbitration, Vol. 6, No. 4, 1995, pp. 399–407

Goldstein/Shea Scientific Collaborations and Inventorship Disputes. IP Litigator, November/December 2006, pp. 18–22

Groß Der Lizenzvertrag, 11. Aufl., Frankfurt am Main 2015

ders. Handbuch Technologietransfer, Frankfurt am Main 2010, 435 ff., 701 ff.

ders. Intellectual Property Rights and Mediation – A New Challenge or „Nice to Have"? Journal of International Dispute Resolution, No. 4, 2005, p. 147

ders. Konfliktlösung mit Verstand, Mediation – Experten helfen, WIRTSCHAFT, Das IHK-Magazin für München und Oberbayern, 10/2006, 8 (Interview von *Dr. Michael Groß* durch *Reinhard Müller*)

ders. MEDIATION, Streiten – mal anders, WIRTSCHAFT, Das IHK Magzin für München und Oberbayern, 06/2004, 50 (Interview von *Dr. Michael Groß* durch *Nilda Höhlein*)

ders. Tagungsbericht: WIPO-Conference on Dispute Resolution in International Science and Technology Collaboration, (Genf, 25./26.4.2005), IDR 3/2005, 139

ders.	Mediation – Gesetz mit Signalwirkung IHK München, Wirtschaft 03/2003: Absolut praxistauglich , 14 ff. (Interview von *Dr. Michael Groß* durch *Gabriele Lüke*)
ders.	Intellectual Property und Mediation, in *Klowait/ Gläßer*, 681 ff.
Groß/Strunk	Lizenzgebühren, 4. Aufl., Frankfurt am Main 2015
Hallscheidt	Sicherung von Property Rights bei komplexer Leistungserstellung, Wiesbaden 2005
Hasselblatt (Hrsg.)	Münchner Anwaltshandbuch Gewerblicher Rechtsschutz, 2. Auflage, 2005
Hauck/Kamlah	Was ist FRAND? Inhaltliche Fragen zu kartellrechtlichen Zwangslizenzen nach Huawei/ZTE, GRUR 2016, 420 ff.,
Hoffmann	Alternative dispute resolution dot com – Neue Fakten zu den Schieds- und Schlichtungsverfahren bei Domainkonflikten als Alternative zur gerichtlichen Streitbeilegung, Mitt. 2002, 261
Iimura	In-Court and Out-of-Court Settlements of Intellectual Property Right Disputes, 15.11.2002 (ohne Fundstelle)
Ingerl/Rohnke	Markengesetz, 3. Aufl., München 2010
Isaac	Mediation for Intellectual Property Disputes, IPLIN Intern – Faculty of Law, University of Windsor, August 12, 2008
Japan Intellectual Property Association	Study of Japanese Perspective on IP/ADR (Mediation and Arbitration). Intellectual Property Management, Vol. 53, No. 6, 2003, pp. 913–925
Joppich	Alternative Dispute Resolution under WIPO Rules for TV Format Protection Right Issues. The original article was published in German with the title „Fernsehformatstreitigkeiten und alternative Streitbeilegung" in GRUR-Prax 2010, 213.
Kaden	Mehr als gewinnen – Mit Wirtschaftsmediation Kosten sparen und Mehrwert erzielen, Mitt. 2008, 23 ff.
Kaskell	Is Your Infringement Dispute Suitable for Mediation? Alternatives to the High Cost of Litigation, Vol. 20, No. 3, 2002, pp. 45, 59–61

Konishi	Mediation/Arbitration Under Japanese Law. Les Nouvelles, Journal of the Licensing Executives Society International, Vol. XLII, No. 1, March 2007, p. 337
Kortian	Mediation And Arbitration Of Intellectual Property Disputes in Australia. Les Nouvelles, Journal of the Licensing Executives Society International, Vol. XLII, No. 1, March 2007, p. 315
Kurokawa	ADR's functions and practice. The Invention, Vol. 99, November 2002, pp. 12–22
Lack	IPR Mediation in an Increasingly Global and Technological Society. Know IP – Stockholm Network Monthly Bulletin on IPRS, Vol. 2, Issue 8, September 2006, pp. 4–7
ders.	National Intellectual Property Rights: The Importance of Mediation in an Increasing Global and Technological Society, IPR Helpdesk 2006, No. 25, 1 f.
Lang	A Practical Guide to Mediation in Intellectual Property, Technology & Related Disputes. European Intellectual Property Review (EIPR) Practice Series, Book 2, 2006, Sweet & Maxwell
Leathes	Why Mediation is Coming to Trade Marks. Managing Intellectual Property, June 2004, pp. 24–27
Leathes/Bulder/Kervers/ Schonewille	Einstein's Lessons in Mediation. Managing Intellectual Property, July/August 2006, pp. 23–26
Lee/Villarreal	Keep a Lid on Costs in IP Disputes. Texas Lawyer, January 26, 2009
Lenz	Wirtschaftsmediation – WIPO Workshop in Genf. Anwaltsblatt, Vol.12, 1998, pp. 657–658
Love	ADR: Keeping Quiet. Managing Intellectual Property, Vol. 6, Issue 41, 1994, pp. 4–5
Mallinson	Cumulative Mobile-SEP Royalty Payments No More Than Around 5% of Mobile Handset Revenues, WIESHARBOUR (2015), 19.08.2015
Mannhart	Mediation im System der außergerichtlichen Streitbeilegung, dargestellt anhand von Patentstreitigkeiten, Frankfurt/Main 2004

Martin	Arbitrating in the Alps Rather Than Litigating in Los Angeles: The Advantages of International Intellectual Property-Specific Alternative Dispute Resolution. Stanford Law Review, Vol. 49, 1997, pp. 917–970
Metcalf	Resolution of Patent and Technology Disputes by Arbitration and Mediation: A View from the United States. 74 Arbitration 4, November 2008
Metzger/Klein	Zur Effizienz der Schlichtung im IT-Bereich, CR 2017, 73 ff.
Niedostadek	Mediation im Gewerblichen Rechtsschutz, ZKM 2/ 2007
Nilsson	Appropriate base to determine a fair return on investment: A legal and economic perspective on FRAND, GRUR Int. 2017, 2017, 1017 ff.
Ochmann	Das schiedsrichterliche Verfahren unter Berücksichtigung der gewerblichen Schutzrechte und seine Vor- und Nachteile gegenüber dem staatlichen Gerichtsverfahren, GRUR 1993, 347, 350 ff.
Pentheroudakis/Baron	JRC Science for Policy Report – Licensing Terms of Standard Essential Patents, 2017
Picht	Unwired Planet v. Huawei: A Seminal SEP/FRAND Decision from the UK, GRUR Int. 2017, 569 ff.
ders.	Einheitspatentsystem: Die Kompetenzreichweite des Mediations- und Schiedszentrums, GRUR Int. 2018, 1 ff.
Plant	Some Aspects of Mediating Intellectual Property Disputes. WIPO Conference on Mediation, 1996, pp. 17–22
Player/Thoma	Mediation In An IP Context: Comparison Of WIPO Mediation Rules & ICC ADR Rules. Les Nouvelles, Journal of the Licensing Executives Society International, Vol. XLII, No. 1, March 2007, p. 309
Pooley	Successful Mediation of Intellectual Property Disputes, www.ip.frontline.com, 28.12.2005
Posell	Mediation spells trade dress success. Managing Intellectual Property, November 2008

Quadrio/Canese	A New Way to Resolve Disputes in Argentina. Managing Intellectual Property, Vol. 6, Issue 71, 1997, pp. 27–30
Queen Mary University of London/*Pinsent Masons*	Pre-Empting and resolving Technology, Media and telecoms Dispute – International Dispute Resolution Survey, November 2016
Quies	Valuing Standard Essential Patents – An Examination of Announced FRAND Royalty Rates for LTE, December 2012
Reinders	Vergleich von institutionellen ADR-Regeln im Hinblick auf gewerbliche Schutzrechte, Berlin 2010
Schäfer	ADR – Alternative Dispute Resolution, Schiedsgerichtsbarkeit und Mediation im gewerblichen Rechtsschutz, Mitt. 2001, 109 ff.
ders.	Die Schlichtungs- und Schiedsgerichtsordnungen der World Intellectual Property Organization (WIPO/OMPI). Betriebs-Berater, Supplement 5 to Issue 12, 1996, pp. 10–22
ders.	The Use of Arbitration and Mediation for Protecting Intellectual Property Rights: A German Perspective. The Trademark Reporter, Vol. 94, 2004, pp. 695–723
Schalkwijk/Davies	Table Talk – Some home truths about mediation. Trademark World, No. 163, 2003, pp. 25–27
Schallnau	Alternative Dispute Resolution in Research & Development collaborations – the WIPO Arbitration and Mediation Center. IPR Helpdesk Bulletin No. 41, January – March 2009
dies.	A Compilation of Practitioners' Views – Life Sciences Dispute Resolution, les Nouvelles, Volume LI No. 3, September 2016, available at SSRN: https://ssrn.com/abstract=2822266.
dies.	Efficient Dispute Resolution – Multiple Parties and Contracts in R&D and Related Commercial Transactions, IPR Helpdesk Bulletin No. 5, April–June 2012
dies.	Efficient Resolution of Disputes in Research & Development Collaborations and Related Commercial Agreements. IPR Helpdesk Bulletin No. 4, January – March 2012

dies.	Mediation in Research & Development Projects – the WIPO Arbitration and Mediation Center. IPR Helpdesk Bulletin No. 42, June 2009
dies.	Resolving Life Sciences Disputes Through WIPO Mediation and Arbitration, LSR 1/2018, 12 ff.
Schallnau/Feldges	WIPO Medition und Schiedsgerichtsbarkeit für den Grünen Bereich, GRUR Int. 1/2017, 12 ff.
Sidak	FRAND in India: The Delhi High Courts emerging jurisprudence on royalties for standard-essential patents, Journal of Intellectual Property Law & Practice, 2015, Vol. 10, No. 8, 609 ff.
ders.	What Aggregate Royalty Do Manufacturers of Mobile Phones Pay to License Standard-Essential Patents, The Criterion Journal on Innovation, 2016, 701 ff.
ders.	Comments on the Japan Guidelines for Licensing Negirtiations Involving Standard Essential Patents, 01.11.2017
Schneider	Mediation im Gewerblichen Rechtsschutz, Frankfurt am Main 2002
Schröder	Rechtsstreitigkeiten in der IT außergerichtlich beilegen, Kissing 2004
Sherry/Teece/Grindley	On the „Non-Discrimination" Aspect of F/RAND Licensing: A Response tot he Indian Competition Commission's Recent Orders, IIMB Management Review, 19.10.2017, 2017, 1 ff.
Shire	Alternative Dispute Resolution in Unfair Competition Disputes. American Bar Association, Annual Report, 1995–96, pp. 247–250
Smith	Mediation as an alternative to litigation in patent infringement disputes, ADR Bulletin: Vol. 11: No. 6, Article 1, 11-1-2009
Smith/Wilbers	The UDRP: Design Elements of an Effective ADR Mechanism. The American Review of International Arbitration, Vol. 15, No. 2, 2004, pp. 215–229
Sobieraj	Arbitration And Mediation In The United States. Les Nouvelles, Journal of the Licensing Executives Society International, Vol. XLII, No. 1, March 2007, p. 341

Literaturverzeichnis

Stasik	Royalty rates And Licensing Strategies for Essential Patents on LTE (4G) Telecommunication Standards, les Nouvelles 2010, 114 ff.
Streitz	IT-Projekte retten, München/Wien 2004
Stürmann	Mediation und Gemeinschaftsmarken – Mehr Trend oder mehr Wert? – Teil 2, MarkenR 2012, 191 ff.
Tan	Alternatives to Litigation Grow in Popularity. IP Asia, Vol. 13, No. 9, 2000, pp. 32–36
Tao	Resolving Business Disputes in China, The Hague 2005
Thalhofer	Handbuch IT-Litigation, Köln 2012, zitiert: Thalhofer/Bearbeiter
Theurich	Designing Tailored Alternative Dispute Resolution in Intellectual Property: the Experience of WIPO. La résolution des litiges de propriété intellectuelle/ Resolution of intellectual property disputes, Jacques de Werra (ed.), Schulthess (Suisse), L.G.D.J (France), Bruylant (Belgique), 2010, pp. 175–193
Theurich	Alternative Dispute Resolution in Art and Cultural Heritage – Explored in the Context of the World Intellectual Property Organization's Work. Kulturgüterschutz – Kunstrecht – Kulturrecht, Festschrift für Kurt Siehr zum 75. Geburtstag aus dem Kreise des Doktoranden- und Habilitandenseminars „Kunst und Recht", Schriften zum Kunst- und Kulturrecht, Kerstin Odendahl, Peter Johannes Weber (eds.), Nomos Verlag, Baden-Baden, 2010, Volume 8, pp. 569–594
Thompson/Sacksteder	Judicial Strategies for Resolving Intellectual Property Cases Without Trial – Early Neutral Evaluation. The Journal of World Intellectual Property, Vol. 1, No. 4, 1998, pp. 643–655
van Raden	Außergerichtliche Konfliktregelung im Gewerblichen Rechtsschutz, VPP-Rundbrief Nr. 2, 1998, 47 ff.
Volpert	Mediation – eine Alternative zum streitigen Verfahren auch im Gewerblichen Rechtsschutz?, Seminararbeit zur Erlangung des Zertifikats Wirtschaftsmediator (IHK), München 2007
von Lewinski	Alternative Dispute Resolution and Internet, CRi 2003, 167 ff.

Wichard	Domain-Namens-Streitbeilegung durch das WIPO Arbitration and Mediation Center, BB-Beilage 7 zu Heft 46/2002
WIPO Arbitration and Mediation Center	Course on Dispute Settlement in International Trade, Investment, and Intellectual Property (UNCTAD), 2003
WIPO Arbitration and Mediation Center	Dispute Resolution for the 21st Century. WIPO Publ. No.779, Geneva, 2003
WIPO Arbitration and Mediation Center	Why Mediate/Arbitrate Intellectual Property Disputes. Les Nouvelles, Journal of the Licensing Executives Society International, Vol. XLII, No. 1, March 2007, p. 301
WIPO Arbitration and Mediation Center	World Intellectual Property Organization, 1992–2007. Part III, pp. 93–104, WIPO Publ. No. 1007, Geneva, 2007
WIPO Arbitration and Mediation Center	Update on the WIPO Arbitration and Mediation Center's Experience in the Resolution of Intellectual Property Disputes. Les Nouvelles, Journal of the Licensing Executives Society International, March 2009, pp. 49–54
WIPO Arbitration and Mediation Center	Intellectual Property Dispute Resolution: WIPO Arbitration and Mediation Center's Experiences. Japanese National Group, A.I.P.P.I, Vol. 54 No. 6, June 2009, pp. 2–14
Wittenzellner	Errichtung eines Schiedszentrums bei der WIPO – Alternative für die Beilegung von Streitigkeiten im Bereich des gewerblichen Rechtsschutzes?, Mitt. 1995, 147 ff.
Rosenberger/Wündisch	Verträge über Forschung und Entwicklung, 3. Aufl., Köln 2018, zitiert: *Rosenberger/Wündisch-Bearbeiter*

3. Zeitschriften

IDR	(Journal of International Dispute Resolution)
les Nouvelles	z. B. Heft March 2007, (Überblick: Mediation & Arbitration Around The World)
SchiedsVZ	(Zeitschrift für Schiedsverfahren)
ZKM	(Zeitschrift für Konfliktmanagement)

4. Websites

www.abanet.org/dispute
www.adrforum.com.articles
http://arbiter.wipo.int/amc
www.cedr.com
www.cedr-solve.com
www.centrale-fuer-mediation.de
www.cmdronline.com/intellectual_property.htm
www.c-v-m.org
www.disarb.org
www.dgri.de
www.ebem-en.com
www.eucon-institut.de
www.jamsadr.com
www.lesi.org
www.muenchen.ihk.de
www.gerald.spindler.de
www.patent.gov.uk/about/ippd/mediation/whenis.htm
www.rechtsanwaltskammer-muenchen.de
www.viemediation.de

Stichwortverzeichnis

Die Zahlen verweisen auf die Randnummern

Rechtssicher im Vertrieb

- Einzige separate Kommentierung zur Vertikal-GVO
- Umfangreiche Behandlung des Vertriebs im Internet
- **Schwerpunkte 4. Auflage:** Rechtsfragen zu Verkaufs- und Vermittlungsplattformen im Internet; Fragen der Preisbindungen, des Systems der gespaltenen Preise sowie der Meistbegünstigungsklauseln
- Berücksichtigung der jüngsten Entscheidungspraxis der Kartellbehörden und Gerichte in der EU
- Mit zahlreichen Praxishinweisen für die Vertragsgestaltung

Die Autoren
RA Dr. **Jörg-Martin Schultze**, LL.M., RAin Dr. **Stephanie Pautke**, LL.M. und RAin Dr. **Dominique S. Wagener**, LL.M. sind in eigener Kanzlei Commeo LLP mit Sitz in Frankfurt am Main speziell im Bereich Kartell- und Vertriebsrecht tätig

Für mit Vertriebsfragen befasste Juristen in Unternehmen, Anwaltschaft und Wissenschaft sowie leitende Mitarbeiter im Vertrieb, die mit Fragen der Vertragsgestaltung beschäftigt sind

4., Auflage, ca. August 2018, Wettbewerb in Recht in Praxis – Kommentar, ca. 650 Seiten, Geb., ca. € 169,–
ISBN: 978-3-8005-1655-1